형법연구 Ⅷ

동아대학교 법학전문대학원 명예교수 허일태

서문

국가의 존립목적은 "국민 개개인에 대한 자유와 평등 그리고 사회적 정의의 실현을 통하여 국민 개개인의 인권을 최대한 꽃피우는 데 두어야 한다."고 수많은 법학 저서에서 수없이 노래하는 것을 법과대학 1학년 때 보았다. 그것이 필자의 뇌리에 오랫동안 각인되어선지, 국가의 핵심책무는 국민의 인권을 보장하는 데에 있으며, 이를 위하여 국가는 건강한 사회형성에 역량을 집중하여야 한다고 보았다. 그래서 국가의 공권력은 국민들에게 '자유와 평등 그리고 정의'라는 보편적 가치의 실현을 위해서 사용되어야지, 그것을 침해하거나 초월한 권한남용은 어떠한 경우에도 용납될 수 없다고 생각하게 되었다.

이를 어쩌나? 1975년 4월 8일 무고한 시민 8명을 사형 집행했던 이른바 '인혁당재건위 사건'은 국가공권력이 국민의 기본권을 보장하기는커녕 도리어 무참히 박살내는 반인륜적 국가폭력의 전형이었다. 그러기에 그와 같은 사법살인을 범한 국가폭력은 건강한 사회형성을 도모하기는커녕 오히려 개인의 인권을 무참히 유린하고 짓밟아 버린, 그래서 도저히 용납될 수 없는 폭거였다.

그럼에도 불구하고 우리 사회에서 그런 국가폭력을 주도했거나 부역했던 자들의 대부분이 독재나 권위주의적 권력자에 빌붙어 떵떵거리며 여생을 편히 살아가고 있는 모습을 보았다. 그래서 결심했다. 이 땅에서 더 이상의 사법살인을 비롯한 사법왜곡이 없어지는 데 기여해 보겠노라고.

1979년 4월에 떠났던 독일 유학에서 박사학위논문 주제로 사법왜곡행위를 통제하는 방안을 굳이 선택하게 된 것도 이와 같은 배경에서 연유하였다. 사법왜곡행위의 방지 내지 억제를 위한 연구를 통하여 법의 수호기관으로서 법관이나 검찰의 사법왜곡행위는 도덕적 차원의 문제를 넘어서 처벌해야 할 범죄임을 보았다. 법을 엄격히 집행해야 할 법관이나 검찰은 누구보다 법률을 준수해야 할 법적 책무를 지닌다. 그런 책무를 부담해야 할 법관이나 검찰의 사법왜곡이나 남용은 당해 피해자에 대해 치명적인 권익침해를 불러일으키고, 더러는 무고한 사람들의 생명까지 빼앗기도 하였던 용납될 수 없는 범죄임이 분명했다. 그러기에 사법권의 행사에 관한 대부분의 선진국은 사법왜곡이나 남용을 형사처벌하고 있음을 본다. 법관이나 검찰의 사법왜곡을 처벌하는 국가에서는 사법왜곡이나 남용의 현상이 우리나라와는 달리 그리 흔치 않다는 사실은 우리나라에서도 사법왜곡죄의 입법 필요성을 정당화하는 데에 부족함이 없어 보였다.

게다가 사법왜곡을 근본적으로 방지할 수 있는 입법도 별로 어렵지 않아 보인다. "법관이나 중재인 또는 검찰은 법을 왜곡하여 당사자일방에게 유리 또는 불리하게 재판하거나 수사한 때에는 1년 이상 10년 이하의 징역에 처한다."는 규정만으로도 충분하다. 이와 같은 규정을 두게 되면 우리 사회에서 자주 불거지는 사법왜곡 내지 사법남용도 근본적으로 줄어들 것이고, 그 악랄했던 사법살인도 쉽게 예방될 수 있기 때문이다.

그 이유는 다음과 같다. 첫째로 법관이나 검찰의 사법왜곡은 지금껏 도덕적 문제로만 치부했던 것을 걷어치우고, 형사처벌의 대상이 된다는 점을 명확히 인식하게 한다. 즉 사법왜곡을 범죄적 행태로 파악하게 되면 더 이상 사법왜곡의 자행을 막을 수 있게 된다. 둘째로 사법왜곡을 자행한 해당 법관이나 검찰 등은 곧바로 피고소인이 될 수 있다. 즉 고소 등을 통하여 법관이나 검찰도 곧바로 피의자의 신분으로 전환될 수 있기에 법관이나 검찰의 사법권행사에 훨씬 신중할 수밖에 없게 될 것이다.

그럼으로써 ① 법관이나 수사기관 등은 사실관계의 확정에 관해 실체적 진실주의를 더욱 추구하고, 적법절차 원칙도 더욱 철저히 준수하는 쪽으로 작용한다. ② 특정한 당사자를 위해 관련 법률의 해석과 적용을 확대나 축소하려는 사고방식도 삼가게 된다. ③ 법관은 형법 제53조의 작량감경 규정을 근거로 편의적 재량에 따라 양형을 마음껏 재단할 수 있었는바, 사법왜곡죄의 도입은 바로 이 조항의 문제점을 상당부분 통제할 수 있게 된다는 장점을 갖는다.

1984년 9월 초 독일에서 귀국 후, 필자는 동아대학교에 재직하면서 논문이나 학술발표 등을 통하여 법관이나 검찰 등 사법기관에 의한 사법왜곡에 대한 처벌의 필요성을 누누이 주장하였다. 그럼에도 오랫동안 아무 응답이 없었다. 수많은 법조인들과 법학자들은 법치국가원칙을 쉼 없이 노래하면서 법에 의한 사법정의를 실현해야 한다고 그들의 교과서나 논문 등에서 수없이 언급하고 있으면서도 말이다. 게다가 대부분의 법조인과 교수들도 법관이나 검찰 등의 사법왜곡행위이나 남용에 관해 도덕적 차원의 윤리적 일탈행위쯤으로 여기고 있을 뿐, 극복되어야 할 범죄로 파악하지 않아 보였다. 웃기지 않는가?

세월이 한참 흘러서야 전지연 교수가 저의 입장을 국내에서 최초로 받아들이고, 최근에 서보학 교수를 비롯하여 법조계 일부에서도 동조하는 모습을 보여주고 있다. 또한 이전 정권시절에 벌어진 대법원 수뇌부의 사법권 남용에 관한 검찰 수사가 진행되고 그런 남용에 관한 대책으로 '사법왜곡죄'를 신설하자는 형법개정안을 정의당 심상정 의원이 2018년 9월 28일 대표 발의하였다. 유감스럽게도 법안 서명의원은 12명뿐이고, 적폐청산에 그렇게도 열을 올린 더블어민주당 의원조차 5명에 불과하였다. 이처럼 사법왜곡죄의 신설을 위한 추세는 아직도 도도한 흐름이 되지 못한 실정이다. 게다가 사법정의를 위해 법률가가 되겠다고 큰소리쳤던 법조인 대다수 역시 아식노 사법왜곡쇠의 신설에 대해 신중한 입상을 보인 것은 참 한심한 일이다.

우리의 사법 환경에 관한 풍토가 이 모양이어서 명성(?)이 자자했던 어느 유명한 법조인은 권력자의 불의에 끊임없이 편승하였고, 그 과정에서 사법권남용 내지 사법왜곡이 수없이 이루어지게 함으로써 법치국가원칙의 근간을 훼손하는 데에 공신노릇을 하였다. 이런 법조인이 어디 그 한 사람에게만 국한된 일일까?

정권이 바뀔 때마다 정치판사 혹은 정치검사라는 용어가 시중에 난무하여 왔다. 그런 판사나 검사의 실체가 없다고 그들은 주장하여 왔지만, 우리는 정권의 입맛에 걸맞게 사법을 남용이나 왜곡하여 특정한 쪽에 유리하게끔 판결이나 수사하여 왔던 역사를 수없이 겪었다. 그런 법관이나 검찰을 청산하기 위해서는 누구보다 준법정신에 투철해야 할 사법권 행사자의 사법왜곡행위를 처벌할 수 있도록 입법화해야 한다.

참고로 법관 등의 사법왜곡에 대한 처벌은 거의 모든 국가의 형법전에 명시되어 있다. 심지어 우리 역사에서 차용해 왔던 대명률뿐만 아니라 우리나라 최초의 근대형법전인 1905년의 '형법대전'에도 사법왜곡죄의 처벌이 명시되어 있었다. 그 이유는 법관이나 검찰의 사법왜곡행위나 남용에 대한 처벌이 가능할 때 비로소 그들은 더 이상의 사법왜곡을 할 수 없게 됨과 동시에 국민의 억울함을 비벌 언덕으로써 기여할 수 있었기 때문일 것이다.

이와 함께 필자는 '자유와 평등 그리고 정의'가 실현될 수 있는 법치국가원칙의 형성에 걸맞은 법률문화의 창달을 위해 노력하여 왔다. 우리의 잘못된 법률문화에 대한 개선을 위해 형사실무상에서 문제된 형사법의 제 문제점들을 형사법교수뿐만 아니라 법관과 검찰을 포함한 형사법실무가들과 함께 고민하고, 해결방안을 모색하는 것을 목적으로 한국비교형사학회를 1998년 8월에 창립하였다. 본 학회는 그 목적에 걸맞게 학술활동을 지속적으로 고취하였고, 2002년부터는 활동범위를 넓혀 중국 형법연구회와 해마다 학술교류를 활발히 진행할 수 있도록 터전을 닦았다. 이 덕분에 매년 한중 형사법학술행사가 양국을 왕래하면서 개최되고 있다. 또한 1999년 3월 정진규 부산지검 제2차장검사, 손기식 부산고법부장판사와 함께 영남형사판례연구회의 창립을 주도하였다. 매월 2명의 발표자가 대법원 판례를 중심으로 발표를 하고, 끝장 토론을 추구하였다. 교수들뿐만 아니라 검찰 측에서도 많은 인원이 지속적으로 참여하였다. 이러한 영남판례연구회는 2009년 5월 제100회 발표회라는 이정표를 세우고, 2018년 3월 제200회를 부산지검에서 성대하게 개최하였다. 2019년 3월 11일에는 창립 20주년 기념행사를 가졌다.

필자가 형사판례에 관한 연구를 거듭하면서 깊이 느낀 것은 다음과 같다. 우리나라의 형사판례, 특히 대법원의 판시경향은 나쁜 놈은 처벌되어야 한다는 사상에 터잡고 있어 보였다. 몇 가지 사례를 보자. 형법은 제16조를 통하여 위법성의 인식 내지 인식가능성이 있어야 책임을 지울 수 있음을 밝히고 있음에도, 대법원에 따르면 위법성의 인식 내지 인식가능성이 없을 수 있는 행위자의 '법률의 부지'는 처벌에 아무런 지장이 없다는 사고방식에 젖어있다. 또한 형법 제30조의 적용대상은 해석상 고의범에 국한되어 있음에도 과실범의 공동정범을 인정함으로써 확장하여 해석하고, 재산죄의 경우 침해범이 아니라 위험범이라는 입장, 특히 손해의 발생을 구성요건의 요소로 삼고 있고 미수범을 처벌하는 배임죄조차 위험범으로 이해하는 입장에서 쉽게 엿볼 수 있다. 대법원의 이런 판시경향은 법치국가원칙, 특히 죄형법정주의를 무엇보다 중시해야 하는 형법적용의 기본원칙을 무시하는 태도이다.

이런 잘못된 대법원 판례를 비롯하여 법치국가적 관점에서 볼 때 용납될 수 없는 형사법과 형사특별법의 규정들을 개선하는 데에 기여할 수 있는 논문들을 1984년부터 줄곧 작성하여 왔다. 1995년 건강에 이상이 생겨 잠시 의식을 잃은 일이 발생하였다. 의식을 잃어가면서 후회하였던 것은 지금까지 작업한 논문들을 단행본으로 엮어두지 못했다는 점이었다. 그래서 그 이후 필자가 작성했던 논문들 약 20여 편 내외를 한권으로 묶어 단행본으로 출판하기 시작하였다. 그렇게 하여 1997년부터 '형법연구 Ⅰ', '형법연구 Ⅱ', '형벌과 인간의 존엄', '형법연구 Ⅲ', '형법연구 Ⅳ', '형법연구 Ⅴ', '형법연구 Ⅵ', '형법연구 Ⅶ' 등 형법연구 시리즈가 바로 그렇게 해서 태어난 책들이다. 여기에서 적시한 '형벌과 인간의 존엄'을 형법연구의 시리즈로 발간하지 못한 점이 못내 아쉽다.

이번에 출판되는 '형법연구 Ⅷ'에 실린 논문들 역시 저자의 형사법에 관한 기본사상을 담고 있다. 이 '형법연구 Ⅷ'의 내용은 총 3편으로 구성되어 있는 바, 제1편에서는 '한국 형법의 기초개념', '형법의 해석과 적용범위', '한국 형법상 범죄론', '한국 형법상 법률용어순화와 체계정합성을 위한 제언', '동아시아의 사형제도 현실과 미래', '등기명의신탁과 횡령죄의 성부', '법인대표자의 대표권 남용행위와 배임죄의 성부', '부동산 이중처분과 배임죄의 성립여부', '신분범의 행위주체 자격', '한국의 검찰상(檢察象)과 검사의 객관의무', '한국에서 수사권의 규제와 통제', '한국에서 형사절차상 자백의 지위', '한국에서 형사에 관한 법률구조에 관한 연구' 등 19개의 논문과 '전원합의체에서 판례변경을 요하는 형사실체법에 관한 대법원 판례들'이란 글들을 싣고 있다.

제2편에서는 '형사법적 관점에서 인간의 존엄과 형사책임의 근거', '공권력 남용의 문제와 해결방안', '법무부 형법개정과정과 개정작업의 올바른 방향', '인권운동의 방향', '범죄예방과 피해자 보상을 위한 국가의 역할', '민사사건의 형사화(刑事化)와 개선방안', '그럼에도 불구하고 사형제는 폐지되어야 한다.', '개인정보의 유출과 대응방안', '박근혜 최순실 게이트의 역설', '생활위험의 정당한 분배' 등 14개의 법률시평들을 그리고 제3편에서는 '국가보안법 폐지 성명서', '한국비교형사법학회의 창립모임과 창립취지', '영남형사판례연구회의 창립과 연구회의 활동' 등의 학술활동과 언론과의 인터뷰 및 '(재)유기천교수기념사업출판재단의 제4회 법률문화상 수상 소감' 등을 담았다.

지금껏 발표했던 필자의 논문들 중 '간통죄의 위헌성'을 논증했던 논문은 유일 헌법재판소의 위헌결정으로 나타났고, 사형제도의 폐지와 그 대안으로서 절대적 종신형은 사형폐지론자들의 폭넓은 공감대를 형성하였다. 부동산이중매매와 부동산명의신탁의 위배행위는 배임죄나 횡령죄가 될 수 없음을 법리적으로 명백히 밝히려고 노력하였다. 대법원에서도 필자의 입장을 수긍하는 분들이 많아지기 시작하였다. 형법 제20조의 사회상규에 관한 논문을 통하여 형법 제20조의 사회상규 규정은 우리 형법의 형식적 범죄 개념을 보완할 수 있는 탁월한 내용으로 파악하였다. 그리고 형법상 사회상규 개념은 형벌의 최후수단성에 비추어 볼 때 사회적으로 용납되고 허용될 수 있는 정도로 사안의 경미성과 처벌의 공익성 결여로 이해해야 함을 논증하였다.

그럼에도 일부 형사법학자들은 형법 제20조의 사회상규에 관한 조문이 법관들에게 불필요한 재량의 여지를 줄 수 있는 그래서 법치국가원칙에 반할 수 있는 조문으로 이해한다. 이런 입장을 취하는 분들은 형식적 범죄 개념을 채택한 독일 형법에서 불가피하게 처벌의 범위를 제한하기 위해 한스 벨첼(Hans Welzel)의 주장에 따라 형성된 '사회상당성이론'을 채택하고 있다. 그러나 이러한 사고방식이야말로 철저히 극복해야 될 일이다. 독일은 우리 형법 제20조와 같은 조문이 없기 때문에 구성요건의 차원에서 이론적으로 해결할 필요가 있지만, 우리의 경우 형법조문에 근거하여 해결하는 것이 법치국가원칙상 바람직한 태도이다. 사회상당성이론은 법관에게 적잖은 재량의 여지를 줄 수 있음에도 불구하고, 이론에 의한 제한은 적절하고, 형법 제20조의 사회상규 규정은 법관에게 지나친 재량의 여지를 남긴다는 논리는 합리적 비판을 넘어선다. 앞에서는 죄형법정주의를 추구하면서도, 뒷문으로는 법률규정보다 외국의 이론을 앞세운 사고방식은 이제 극복되어야 할 것이다.

지금껏 연구하면서 많은 분들의 학문적 업적과 응원에 신세를 적잖게 졌다. 서울대 명예교수인 신동운 교수는 형법 제20조의 사회상규를 규명하는 데 입법배경에 관한 조언을 주었고, 효당 엄상섭 선생님의 사상을 접해볼 수 있는 기회를 주었다. 그 덕분에 형법 제20조의 '사회상규'에 관한 논문이 태어나게 되었고, 엄상섭 선생님의 "권력과 자유"와 "형법논집"도 새롭게 햇빛을 볼 수 있게 되었다. 대법관으로 재임 시 형법의 해석과 적용의 경우 죄형법정주의 원칙을 철저히 관철하였고, 퇴임 후에도 형사판례연구회를 함께 진행해 온 김신 동아대 석좌교수의 문제의식은 큰 울림을 주었다. 부산정보대 이덕인 교수는 필자의 논문들 중 상당부분을 교정해 주었다. 본서의 출판 역시 이 교수의 역할이 크다. 게다가 필자도 관심이 깊었던 사형제도의 문제점에 관해 실증적 고찰을 통하여 사형제도 폐지 필요성의 정당성 확보에 크게 기여하고 있다. 동아대학 학부 때부터 맺어온 인연으로 신이철 박사는 필자의 형사소송법 관련 논문들에 관해 교정 작업을 맡아 주었다. 한양대 오영근 교수는 "형법연구 Ⅷ"에 실린 '전원합의체에서 판례변경을 요하는 형사실체법에 관한 대법원 판례들'을 작성하는 데에 결정적 역할을 하였다. 이들 모두에게 한없이 고맙고 감사함을 전한다. 끝으로 상업적 가치가 별로 없는 본서를 기꺼이 출판해준 '피앤씨미디어'의 박노일 대표께 깊은 감사를 전하고 싶다.

2019년 3월 15일
대마도가 가끔 보이는 부산 송도탑스빌 2706호실에서
허일태

차례

제1편 논 문

제 2 편 법률시평

제 3 편 학술활동의 일면

제 4 편 해전(海田) 허일태(許一泰)의 약력

제 1 편

논 문

제1장

한국형법의 기초개념

Ⅰ. 형법의 과제

1. 형법의 필요성과 성당성

가해자에 대한 복수의 허용은 또 다른 복수를 야기하여 가해자나 피해자 모두 평화롭고 안정된 삶을 지속적으로 누리기 힘들었다. 그래서 모든 국가는 원칙적으로 타인의 생명이나 신체 혹은 재산 등을 정당한 이유 없이 침해하는 사람에 대한 사적 복수(私的復讐)를 가할 수 없도록 함으로써 복수로 인한 혼란을 극복할 수 있었다. 그러기에 오늘날 모든 현대국가는 모든 범죄행위에 대해 사적 복수를 금지하고 그 대신에 국가형벌권만을 인정하는 추세로 탈바꿈하였다. 만일 현대국가에서 '형법이 없고, 민법이나 행정법만 존재한다면', 우리는 그런 범법자에 대한 복수는 물론 형벌로 처벌할 수 없게 되며, 그런 범법자에 대해 기껏해야 민사상 손해배상이나 행정처분으로서 과태료 등을 부과하는 길밖에 없다. 그럴 경우 어떤 현상이 벌어질까?

형벌의 부과 없이 오직 민사상 손해배상을 청구할 경우 가해자의 재산이 많거나 혹은 전혀 없을 때, 민사상 해결방식은 그런 가해자에 대해 무용지물이 될 수도 있다. 왜냐하면 많은 재산을 갖고 있는 자는 자신이 범한 범죄행위를 모두 돈으로 해결할 수 있어서 어떠한 범행도 무서워하지 않을 수 있고, 재산이 전혀 없는 자는 손해 배상할 형편이 되지 않아서 민사상 배상으로부터 자유스럽게 될 수 있기 때문이다. 또한 행정법을 위반하여 행정벌인 과태료의 부과나 인·허가의 취소만으로는 행위자의 범법행위를 미연에 방지할 수도 없을 뿐더러, 사적 복수에 버금갈 합당한 응징을 담보할 수 없는 심각한 단점을 수반한다.

이런 이유로 사회평화와 안전을 본질적으로 해치는 온갖 범행을 예방하고, 그런 범행을 응징할 수 있는 합당한 제재인 형벌을 수단으로 삼고 있는 형법의 필요성은 불가피하게 된다. 여기서 형법은 범인의 범법행위에 대한 사회윤리적 질책과 법공동체로부터 그런 범법행위를 결코 용납할 수 없다는 응답의 의미인 형벌을 수단으로 삼아야 하고, 형벌의 내용은 행위자의 범법행위를 충분히 예방할 수 있는 수준에 이르러야 한다. 이런 점에서 형벌의 본질은 범법행위에 대한 대가로서 인간이 참기 어려운 고통의 부과에서 핵심적 성격을 찾을 수 있다.

한편 형벌은 헌법상 인권의 본질적 내용을 침해하지 않는 범위 내에 국한되어야 하는 내재적 한계를 갖는다.1) 왜냐하면 형법은 형벌이란 제재를 통하여 범인의 범죄행위에 대한 사회적 질책을 체험하게 하여 모든 잠재적 범법행위를 예방할 수 있도록 함으로써 사회평화의 달성과 함께 그런 속에서 개인의 인간적 삶을 누리게 하는 데에 있기 때문이다.

따라서 예컨대 경범죄처벌법처럼 명시하고 있는 행위유형이 사회평화나 개인적 권리에 대해 현실적이고 심각한 법익침해 유형으로 삼기 어렵고,2) 과태료나 범칙금과 같은 벌칙의 내용 역시 형벌의 본질에 어울리지 않는 행정제재에 불과한 경우3)

---

1) 헌법 제37조 제2항: 국민의 모든 자유와 권리는 국가안전보장·질서유지 또는 공공복리를 위하여 필요한 경우에 한하여 법률로써 제한할 수 있으며, 제한하는 경우에도 자유와 권리의 본질적인 내용을 침해할 수 없다.

2) 경범죄처벌법(일부개정 2017. 10. 24.) 제3조(경범죄의 종류) ① 다음 각 호의 어느 하나에 해당하는 사람은 10만원 이하의 벌금, 구류 또는 과료의 형으로 처벌한다. <개정 2014. 11. 19, 2017. 7. 26, 2017. 10. 24>
  1. (빈집 등에의 침입) 다른 사람이 살지 아니하고 관리하지 아니하는 집 또는 그 울타리·건조물·배·자동차 안에 정당한 이유 없이 들어간 사람
  2. (흉기의 은닉휴대) 칼·쇠몽둥이·쇠톱 등 사람의 생명 또는 신체에 중대한 위해를 끼치거나 집이나 그 밖의 건조물에 침입하는 데에 사용될 수 있는 연장이나 기구를 정당한 이유 없이 숨겨서 지니고 다니는 사람
  3. (폭행 등 예비) 다른 사람의 신체에 위해를 끼칠 것을 공모하여 예비행위를 한 사람이 있는 경우 그 공모를 한 사람
  …

3) 제6조(정의) ① 이 장에서 "범칙행위"란 제3조 제1항 각 호 및 제2항 각 호의 어느 하나에 해당하는 위반행위를 말하며, 그 구체적인 범위는 대통령령으로 정한다.
② 이 장에서 "범칙자"란 범칙행위를 한 사람으로서 다음 각 호의 어느 하나에 해당하지 아니하

형벌의 영역에서 축출하여 사회방위 차원에서 행정벌인 '질서벌'에로의 전환이 불가피해 보인다.

2. 형법의 법익보호

형법은 헌법의 사회윤리적 가치질서에 근거하고, 이러한 가치실현을 지향하는 보호규범이자 평화규범이다. 특히 헌법은 '인간으로서의 존엄과 가치'를 기본권의 핵심적 내용으로 삼고, 국가에게 '인간으로서의 존엄과 가치'를 중심으로 하는 기본권을 보장할 의무를 부과하고 있다. 이 때문에 형법은 '인간으로서의 존엄과 가치'를 핵심으로 하는 헌법적 가치실현을 위해 평화상태의 확보와 유지 및 이의 침해에 대한 정당한 대응이라는 과제를 갖는다.

따라서 형법상 보호법익이란 '헌법적 가치질서의 확립을 위해 형법상 보호해야 할 가치'라고 할 수 있다. 이러한 보호법익에는 생명이나 신체 또는 재산 등을 비롯한 개인적인 것, 국가의 존속과 국가기밀의 유지와 사법(司法), 공무원의 청렴성 등과 같은 국가적인 것 및 화폐거래의 신뢰확보, 문서의 신용성, 신앙의 보호 등을 대상으로 하는 사회적인 것이 포함되고 있다.

그런데 '인간의 존엄과 가치'를 핵심으로 삼고 있는 헌법상 가치와 그에 따른 형법상 보호해야 할 법익은 언제나 항구적이고 영원한 것일 수 없다. 왜냐하면 헌법을

는 사람을 말한다.
1. 범칙행위를 상습적으로 하는 사람
2. 죄를 지은 동기나 수단 및 결과를 헤아려볼 때 구류처분을 하는 것이 적절하다고 인정되는 사람
3. 피해자가 있는 행위를 한 사람
4. 18세 미만인 사람
③ 이 장에서 "범칙금"이란 범칙자가 제7조에 따른 통고처분에 따라 국고 또는 제주특별자치도의 금고에 납부하여야 할 금전을 말한다.
제7조(통고처분) ① 경찰서장, 해양경찰서장, 제주특별자치도지사 또는 철도특별사법경찰대장은 범칙자로 인정되는 사람에 대하여 그 이유를 명백히 나타낸 서면으로 범칙금을 부과하고 이를 납부할 것을 통고할 수 있다. 다만, 다음 각 호의 어느 하나에 해당하는 사람에게는 통고하지 아니한다. <개정 2014. 11. 19, 2017. 7. 26>
1. 통고처분서 받기를 거부한 사람
2. 주거 또는 신원이 확실하지 아니한 사람
3. 그 밖에 통고처분을 하기가 매우 어려운 사람
② 제1항에 따라 통고할 범칙금의 액수는 범칙행위의 종류에 따라 대통령령으로 정한다.

비롯한 모든 법률은 초인적 질서일 수 없으며, 사회문화와 밀접한 관계를 갖고 있어 항상 변화 가능하기 때문이다. 예컨대 오늘날 헌법질서에 따르면 "모든 개인은 고도의 자기결정권을 갖고 있음을 천명하고 있다."[4)][5)]는 점에서 중세시대처럼 대외적인 평판을 매우 중시하였던 가치체계와 근본적으로 다르다. 그 결과 중세시대와 같이 외부적인 평판을 중시하는 문화상황에서는 실체적 진실에 근거한 사실의 적시도 명예훼손죄로 처벌할 정당성을 갖고 있다. 이에 반해 오늘날 외부적 판단보다는 자신의 자기결정권을 우선시하는 문화에서는 사실의 적시에 의한 명예훼손에 대한 처벌(현행 형법 제207조 제1항[6)])은 중세시대의 가치체계에서 비롯된 것으로 오늘날 가치체계와 반한다.

형법상 보호법익과 행위객체는 서로 다른 개념이다. 형법상 보호법익은 형법상 금지규범이나 요구규범에 의해서 보호하고자 하는 추상적 가치를 의미한다. 이에 반해 행위객체는 행위주체에 의해 침해될 수 있는 객관적 범죄구성요건의 징표 내지 대상이다. 예컨대 형법 제250조의 보호법익은 사람의 생명임에 반해, 행위객체는 객관적 구성요건요소로서 구체적이고 현실적인 '특정한 사람'이다. 그러므로 보호법익이란 금지규범(혹은 요구규범)을 통하여 수범자에게 요청하는 보호해야 할 보편적 가치이기 때문에 항상 추상적이고 사념적 가치임에 반하여, 행위객체는 특정범죄유형의 구체적 대상을 의미한다. 그럼에도 이러한 구별은 절대적일 수 없다. 왜냐하면 특정한 조문의 보호법익은 경우에 따라 행위객체로 둔갑될 수 있기 때문이다. 물론 행위대상이 물건이거나 사람 등 유체물의 경우 언제나 행위객체에 머물고 보호법익 자체일 수 없다. 그러나 행위태양이나 가치, 혹은 이득과 관련된 행위객체인 경우 보호법익으로 기능할 수 있음은 물론이다. 예컨대 권리행사방해죄에서 점유는 자기소유라도 타인의 점유 아래에 있는 물건에 대하여 성립한다. 이 경우 점유는 타인의 권리를 보호하려는 데에 있으므로 권리행사방해죄의 행위객체라기보다는 보호법익이라고 해야 할 것이다. 이에 반해 강도나 사기 혹은 공갈죄에서 타인의 점유는 행위자의 침해대상으로서 기능한다는 점에서 행위객체에 해당된다.

---

4) 헌법 제10조: 모든 국민은 인간으로서의 존엄과 가치를 가지며, 행복을 추구할 권리를 가진다. 특히 독일 헌법 제2조: 누구도 타인의 권리를 침해하지 않는 한, 자신의 인격을 꽃피울 권리를 갖는다.
5) 허영은 이를 '자기운명결정권'이라고 부른다. 『헌법이론과 헌법』(제5판), 464쪽 참조.
6) 공연히 사실을 적시하여 사람의 명예를 훼손한 자는 2년 이하의 징역이나 금고 또는 500만원 이하의 벌금에 처한다.

3. 형법의 적용대상과 한계

인간사회에서 필요한 자원은 한정되어 있어서 각자 향유하고자 하는 이익은 서로 상치될 수밖에 없는 구조이다. 그러기에 인간사회의 삶에는 상호 갈등이나 이익침해가 야기될 수 있는 위험에 항상 처해 있다. 이러한 위험을 쉽게 피할 수 있는 시스템을 갖추고 있는 사회나 국가일 때, 비로소 인간은 그 속에서 자신의 인간적인 삶을 제대로 향유할 수 있게 된다. 그러므로 인간은 사회의 공존을 위해 타인에 대한 침해를 자제해야 할 사회윤리적 도리를 이행해야 하며, 누구나 인간적 삶을 충실히 누릴 수 있도록 건강한 사회의 형성을 위해 인간으로서의 제구실을 다해야 할 책무를 진다. 누구든 사회 속에서 자신의 책무를 무시하고 반사회적 행위를 범할 경우, 그는 사회로부터 그에 상응한 질책 내지 불이익을 받을 수 있게 해야 한다.

그 책무의 불이행이나 태만이 인간의 인간다운 삶의 터전을 침해하거나 사회평화에 치명상을 입힐 경우 법률에 의한 제재가 필요한 것이다. 법률상 제재가 필요할지라도 경미한 제재에 의하여서도 사회질서와 평화를 유지할 수 있다면 형법의 개입은 불필요하다. 왜냐하면 형벌은 인간적 삶을 초토화하므로, 형벌의 이런 폐해를 막기 위해서 오직 최후의 수단으로서만 사용되어야 되기 때문이다.

이런 점에서 사회적 일탈행위에 대한 형벌의 개입은 사회적으로 용납할 수 없는 중요한 법익침해를 야기할 수 있는 짓거리에 국한되어야 한다. 즉 형벌은 인간이 감내하기 힘든 고통을 수반하므로 형벌을 받을 만한 범죄는 사회질서를 파괴하거나 인간적 삶의 토대를 침해하는 경우로 국한해야 한다. 이를 위해서 형벌 이외의 다른 제재에 의해서도 사회질서가 정상적으로 유지될 수 있는 한, 형벌의 사용은 자제되어야 함은 물론이다. 형벌의 이러한 성격을 직시할 때 형벌은 어떠한 경우에도 수형자인 그 범법자의 삶을 본질적으로 초토화시키는 정도에 이르지 않도록 하여야 한다는 한계를 지닌다.

Ⅱ. 형법의 목적과 형벌의 현실

1. 인간의 존엄성 의미와 보장

법학은 각 개인이 평화롭고 인간답게 살 수 있도록 하려는 법질서에 관한 학문이다. 특히 형법은 건강하고 평화로운 사회질서 형성과 그 유지를 위해 이를 심각하게 침해하는 행위들을 범죄로 평가하고, 그에 대한 질책을 통해 범죄예방에 기여함을 목적으로 삼는다. 범죄예방으로서 충분한 효과를 발휘하기 위해서는 범죄행위에 가해진 형벌 그 자체가 참기 어려운 고통이어야 하는 속성을 갖고 있어야 한다. 이 때문에 형벌은 오직 범죄예방을 위해 달리 효과적인 수단이 없는 때에 국한되어 사용되어져야 한다는 점에서 최후 제재수단의 역할에 그쳐야 한다. 따라서 형법학은 사회평화를 훼손하는 중대한 침해행위와 그런 행위에 가해질 형벌에 관한 규범학이다.

한편 형법의 제재수단인 형벌은 사회평화와 질서유지를 위해 불가피한 제재수단이긴 하지만, 헌법상 보장되는 인간존엄의 본질을 해칠 정도로 전락되어서는 아니 된다. 왜냐하면 인간은 다음과 같은 이유로 존엄하기 때문이다.

첫째로 인간은 자기 자신의 안위와 평화를 위해서 수많은 다수가 연대하여 현대적 의미의 국가를 구성하여 사회방위를 실현하고자 한다. 국가는 국가구성원인 개개인의 안위와 평화로운 삶의 유지에 존립목적을 두고 있다는 점에서, 국민의 안위보다 국가 자체가 우월적인 목적일 수 없고 국민을 위한 수단에 불과하다. 수단은 목적에 봉사해야 하므로, 국가는 국민에게 인간적인 삶을 제대로 누릴 수 있도록 제도를 구비하고, 이의 충실한 이행책무를 진다.

둘째로 인간은 국가존립의 유일한 구성원으로서 국가의 융성과 발전을 위해 봉사하였고 헌신하였다. 국가와 사회의 융성을 위해 이행한 헌신적 봉사는 우리 조상이나 부모님 그리고 우리들 국민이지, 다른 그 어떤 동물들일 수 없다. 이처럼 인간의 봉사와 희생으로 누구나 행복한 삶을 누릴 수 있는 건강한 국가를 형성하였다면, 그런 국가는 인간을 위해 충실히 봉사해야 할 책무를 져야 하는 것이 논리적이다. 즉 국가를 위해 헌신해 온 국민에 대해서 국가는 이들을 존엄의 대상으로 모셔야 할 책무를 진다.7) 그러므로 국민 개개인의 인권을 보장해야 할 국가가 도리어 합리적 근거 없이 기본적 인권침해를 해서는 아니 된다. 더욱이 인간의 본질적 인권이 결코 침해될 수 없도록 하는 것이야말로 최소한의 국가책무여야 한다.8)

셋째로 성숙한 인간은 출생 직후부터 길들여져 특정한 방식으로 생각하고, 특정한 기준에 맞게 처신하며, 특정한 규범을 준수하도록 만들어졌다.9) 그러므로 특정한 사회 속에서 살고 있는 성숙한 인간이라면 자신의 올바른 행위지침을 자신의 통찰력으로써 파악하여 그에 따른 행위방향을 설정할 수 있다. 그러기에 인간은 자신의 설정된 행위준칙에 근거하여 건강한 사회를 형성해 나가야 할 책무를 지닌 주체이다. 즉 인간은 동물과 달리 자신의 행위를 사회 속에서 적절히 조종해 나가면서 사회적 갈등을 회피해야 하며, 건전한 사회발전을 위해 자신의 능력에 어울리는 행동을 해야 할 책무가 있는 인격체이다.10) 국가는 국민의 이러한 사회적 책무에 대한 보답으로서 국민에게 인간의 존엄을 담보해야 하는 것이다.

그러므로 인간의 존엄성이라는 것은 첫째로 국가에 의한 인간으로서의 존엄과 가치의 보장이 국가존립의 목적이며, 국가는 그 목적인 국민을 위한 수단이자 봉사자로서의 책무를 진다는 것을 의미하고, 둘째로 국가구성원인 국민만이 국가의 존립과 사회평화의 유지 및 발전을 위해 대대로 희생해 왔기에 국가는 그 희생에 응답할 책무를 국민에게 진다는 것을 말하며, 셋째로 자기결정권을 행사할 수 있는 인간은 건전한 사회발전에 동참하여야 할 사회적 책무를 부담하여야 하며, 이러한 책무에 대한 응답으로서 국가의 인간에 대한 존경을 헌법적으로 보장해야 한다는 것을 의미한다.

이러한 이유로 헌법 제10조도 국민이라면 누구라도 인간으로서의 존엄성을 지니

7) 헌법 제10조: 모든 국민은 인간으로서의 존엄과 가치를 가지며, 행복을 추구할 권리를 가진다. 국가는 개인이 가지는 불가침의 기본적 인권을 확인하고 이를 보장할 의무를 진다.

8) 헌법 제37조 제2항: 국민의 자유와 권리는 … 필요한 경우에 제한할 수 있으며, 제한하는 경우에도 자유와 권리의 본질적인 내용을 침해할 수 없다.

9) 유발 하라리(조현욱 번역), 호모사피엔스, 234쪽 참조.

10) 동물과 달리 인간에게만 그러한 존엄성을 부담하는 것은 인간의 본질적 성격인 인격성을 갖고 있느냐 내지 가질 가능성을 가졌기 때문이다. 이러한 인격성은 자기결정권을 핵심으로 하며, 이는 양도하거나 포기할 수 없는 불가침적 권리인 것이다. 이러한 이유로 인간의 존엄성은 정신적으로 자율권을 갖는다는 점에서 존엄하고, 이러한 정신적 자율권은 그러나 인간의 생명과 육체를 전제로 하여야만 된다. 따라서 인간의 생명권과 신체에 대한 불가침권도 역시 인간 존엄의 핵심이라고 말할 수 있을 것이다. 이에 따라 인간의 자율적 의사에 대한 본질적 침해행위뿐만 아니라, 인간의 생명이나 육체에 대한 본질적 침해도 역시 인간의 존엄을 해치는 행위가 되는 것이다.

며, 국가는 인간의 존엄성을 담보해야 할 책무를 지고 있음을 천명하고 있는 것이다. 이런 책무에 반해 인간의 존엄성을 본질적으로 침해한다는 것은 국가의 존재이유를 부정하게 되므로 우리 헌법 제37조 제2항 후단에서 "… 제한하는 경우에도 자유와 권리의 본질적인 내용을 침해할 수 없다."고 명시하고 있다. 우리 헌법이 이런 내용을 명시하고 있음은 결코 우연일 수 없고, 필연적인 것임이 분명하다.

2. 형벌권의 발생근거와 내용 및 한계

1) 형벌부과의 근거

국가가 형성되기 이전에는 가해자의 침해에 대한 피해자의 복수(復讐)는 개인의 사적 감정에 기초한 것으로서 피해자 스스로를 보호할 수 있는 유일한 수단이었다. 그러므로 '복수'라는 의미는 '피해를 당한 자의 가해자에 대한 앙갚음'이라고 정의할 수 있다. 복수의 절차와 방식은 정해진 바가 없으므로, 언제 어떤 방식으로 어디에서 실현할 것인가에 대한 예견가능성이 없을 뿐더러, 앙갚음의 내용과 정도도 정해진 규칙이 없었다. 복수는 필연적으로 또 다른 복수를 낳게 하였고, 복수에 의한 피의 보복을 끊이지 않게 하여 사회혼란을 지속적으로 야기하는 악순환의 연결고리 역할을 충실히 수행했다. 그러므로 복수가 지속되는 한, 극심한 사회적 혼란은 영속될 수밖에 없으며, 그 결과 복수사회(復讐社會)는 안전과 평화를 희구하며 각 개인의 능력을 꽃피울 수 있는 여건 마련을 불가능하게 하였다. 게다가 복수를 통하여 얻게 되는 가족이나 집단의 위안과 평화는 복수할 상대를 제압할 수 있을 만큼 충분한 능력이나 무력을 갖고 있을 경우에만 가능하였다는 점에서 지극히 한시적일 수밖에 없었다. 왜냐하면 복수를 했던 자가 늙고 병이 들면 언제든지 다시금 복수를 당할 가능성에 노출될 수밖에 없게 되었기 때문이다.

이에 따라 복수로 인하여 야기되는 엄청난 문제점을 올바로 인식하고, 사회평화와 그 유지를 위해서 복수의 대안이 무엇인지에 관해 인간 이성의 눈으로 냉정하게 파악할 필요성이 대두되었다. 이러한 요청으로부터 사적 복수를 대신할 국가의 강력한 공권력인 형벌의 필요성이 정당화될 수 있게 되었다.

이 때 형벌은 복수의 대안으로서 손색이 없을 정도로 범죄행위의 억제를 위한 강력한 위하력(威嚇力)을 발휘하는 수단이어야 한다. 또한 복수와는 달리 처벌내용의 정당성과 처벌절차의 합법성을 가져야 한다. 왜냐하면 형벌이 사적 복수를 미연에 방지할 정도로 충분한 실효성을 갖지 못하거나, 형벌 부과절차의 적법성이 제대로 준수되지 않을 경우 범죄피해자는 언제나 다시금 복수를 할 수밖에 없는 사정으로 내몰릴 수 있기 때문이다. 그러므로 형벌은 민사상 손해배상이나 행정법상 과태료 정도의 제재로는 범죄의 억제를 할 수 없는 경우로 국한되어야 하고, 형벌의 내용이나 정도는 그 누구도 참기 어렵고 무서워할 만한 고통을 내용으로 해야 한다. 또한 형벌의 형성과 형벌부과의 절차는 사적(私的)인 복수와는 질적으로 달라야 한다. 즉 책임주의와 적법절차 원칙의 실현 등 법치국가원리가 제대로 작동하는 형사사법의 시스템 내에서 부과되는 형벌만이 사적 복수의 반복적인 연결고리를 끊을 수 있게 된다.

① 이런 점에서 국가 형벌권은 엄정한 사전경고를 통하여 복수를 야기할 만한 범법행위의 실행을 미연에 방지하려는 데에 일차적 목적을 가져야 한다(형벌목적의 범죄예방 최우선화 관철).

② 그럼에도 불구하고 범법행위가 발생하면, 국가는 범법자에 대해 복수와 차원이 다른 적법절차 등 형사사법의 근본원칙에 따라 수사와 재판을 적정하게 운용해야 하고(적법절차의 철저한 준수), 또한 책임에 상응한 처벌이 부과되도록 해야 한다(형사입법과 범죄성립요건 및 양형의 책임주의).

③ 아울러 국가는 범죄로 야기된 손실에 대해 복수에 버금갈 정도의 충분한 보상을 범죄피해자에게 제공해야만 한다(중대한 범죄로 야기된 피해자의 손해에 대한 국가의 보상책임원칙). 다만 국가가 범죄피해자에게 지급하는 범죄피해보상금은 피해의 원인 야기자 부담의 원칙에 따라 가해자에 대한 구상권(求償權)의 행사와 범죄로 인하여 발생한 수익의 몰수 등을 통하여 소날되어야 한다.

④ 죄를 범하는 자에 대해 국가공권력의 도움을 즉시 받을 수 없는 긴급상황에 처한 범죄피해자에게 정당방위나 긴급피난 또는 자력구제와 같은 사적 긴급형벌권(긴급성과 대응내용의 상당성을 요건으로 하는 복수의 성격)의 행사를 제한해서는 아니 된다(이른바 위법성조각사유의 윤리적 제한금지). 왜냐하면 국가만이 형벌권

을 행사할 수 있는 유일한 주체이지만, 범행 또는 위난의 현장에 즉시 달려가서 피해자를 도와줄 수 있는 시간적 제약이 발생할 수 있고, 그럼에도 국가만이 범죄에 대한 퇴치권(退治權)을 행사할 수 있다면, 피해자는 돌이킬 수 없는 피해의 위험에 직면할 수 있기 때문이다. 즉 이와 같은 한계상황이라면 국가는 범죄피해자에게 복수에 버금가는 개인적 자력구제인 정당방위나 긴급피난 또는 자구행위를 충분히 행사할 수 있도록 허용해 주어야 한다. 이처럼 각 개인이 위난이나 범죄에 직면한 긴급 상황에서는 국가를 대신하여 이들 위험을 회피할 수 있도록 개인에게 적절한 자력구제 등을 행사할 수 있도록 하는 긴급피난이나 정당방위 또는 자력구제의 권한은 천부적인 자연권의 일종으로 보아야 한다. 따라서 국가는 개인에게 부여한 정당방위나 긴급피난과 같은 권한을 축소하거나 제한하는 것을 삼가야 한다. 그럼에도 불구하고 일부 학자들은 정당방위나 긴급피난을 행사하는 데에 윤리적인 제한을 두어야 한다는 독일학자 견해를 무작정 따라서 주장하고 있으나,[11] 이는 올바른 태도가 아니다.

2) 공권력으로서 형벌권 행사의 정당성

(1) 형벌의 정당성과 적정성

형벌은 복수의 대안으로서 범죄자를 처벌함으로써 잠재적 범죄를 사전에 예방할 수 있어야 한다. 그러기 위해서 형벌의 본질은 복수의 대안이므로 단순히 범죄행위에 대한 응보로서 복수일 수 없으며, 복수와 달리 행위자의 행위책임에 어울리는 형사제재라야 한다. 즉 형벌은 범죄의 불법성과 책임에 상응하도록 처벌의 정도에 비례해야 하지만, 인간이 참기 어려운 고통의 정도를 넘어선 인간성을 말살해버리는 정도의 가혹한 성격을 가져서는 안 되는 것이다. 더욱이 형벌은 복수 자체일 수 없기 때문에 부당한 형벌은 복수와 본질적 차이가 없다는 점에서 부당한 형벌의 부과는 결코 허용될 수 없다.

이처럼 형벌은 인간이 참기 힘든 고통의 성격을 가지면서, 범죄로 인해 처벌된 자를 전과자라는 이름으로 사회적 낙인을 찍는다. 전과자라는 사회적 낙인은 사회생

---

11) 예컨대 김일수/서보학, 새로 쓴 형법총론(제10판), 박영사, 2004, 296쪽과 298쪽; 이재상, 형법총론(제5판 보정판), 박영사, 2005, §17/19 참조.

활을 정상적으로 영위해 나가는 데에 치명적인 부작용을 수반한다. 수형자에 대해 현재뿐 아니라 미래에도 치명적일 수 있는 형벌은 사회적으로 명백한 해악을 끼치는 악행에 대해서만 부과해야 된다는 결론은 자명하다. 그러므로 국가형벌권은 사회적으로 보호할 불가피성을 갖는 중요한 법익을 침해한 행위에 국한하여 행사되어야 하며, 그것도 형벌 이외의 수단으로 사회방위가 불가능한 예외적인 경우에 한하여 허용되어야 하는 것이다.

형벌권을 행사하는 자는 언제나 그것을 남용하려는 경향을 간과해서는 아니 된다. 범죄가 발생하면 수사기관은 범죄혐의자 또는 피의자를 소환하거나 구속하여 신문한다. 이들은 범죄피의자에 대해 범행 여부를 철저하게 추궁하며, 혐의점이 발견되면 형벌권의 실행을 위해 최선을 다하게 된다. 그런데 이 과정에서 수사와 소추의 성과가 이들 기관의 구성원 자신들의 인사고과(人事考課)에 반영된다. 또한 수사는 경찰과 검찰에게, 소추는 검사의 고유한 권한이지만, 그런 권한을 행사하는 데에서 철저한 정의감으로 충만해 있질 않다. 한국의 수사기관은 정치적으로 민감한 사안에서는 임용권자의 입맛에 길들여 왔음을 일제로부터의 해방에 따른 정부수립 이후에도 그들의 행적에서 너무도 쉽게 찾을 수 있지 않는가? 수사기관보다 독립적인 법관이라고 해서 예외도 아니었다. 지난날 권위주의적 정권 하에서 적지 않는 사법살인이 이루어졌음을 오늘날 확인할 수 있지 않는가? 그렇게 될 수 있도록 특정 법조인들과 이들 부역자들이 반헌법적이고 반법치국가적 행태를 자행해 왔음을 결코 잊어서는 아니 될 것이다. 심지어 대법원에 의한 유죄 여부가 확정되기도 전에 한국의 헌법재판소는 유죄를 추정하여 이른바 통합진보당을 해산한 바 있다.[12)]

수사기관과 법관의 이러한 태도에는 문제점이 적지 않다. 왜냐하면 첫째로 악행을 범하는 모든 범죄가 적발되는 것이 아니며, 범죄의 암수는 범죄통계에 잡히는 범죄보다 언제나 훨씬 많아서 걸려든 자만이 특별한 고통을 받게 되기 때문이다. 이는 형평성에 어긋날 수 있다. 둘째로 앞에서도 언급한 바와 같이 형벌을 받은 수형자는 지금 당장 경험하는 형벌의 고통으로만 끝나는 것이 아니라, 미래에 대하여 전과자로서의 낙인(烙印)의 삶을 쉽게 극복할 수 없기 때문이다

이처럼 형벌의 고통과 전과자의 낙인가능성 및 국가형벌권의 남용가능성으로 인

12) 헌재 2014. 12. 19. 2013헌다1, 판례집 26-2하, 1 [인용(해산)].

해 단순한 범죄혐의자에 대한 일방적인 형벌부과는 되도록 삼가야 한다. 의심스러울 때에는 피의자나 피고인의 이익으로 판단해야 하고, 확정판결 전이라면 무죄추정의 원칙이 고수되어야 한다는 것은 범죄의 수사뿐만 아니라, 재판의 절차에서도 유지되어야 한다.

또한 사회적으로 용납 가능한 사소한 일탈행위에 대해 무조건 형벌을 부과한다는 것은 형벌의 최후수단성이라는 성질에 반할 수 있다. 따라서 형벌을 받을 만한 범죄는 언제나 사회적으로 용납할 수 없는 중대한 법익침해에 국한되어야 하고, 형벌 이외의 수단으로는 법익보호를 충실히 할 수 없는 경우에 최후의 수단으로 이용되어야 할 것이다. 이러한 요건에 반하는 사소한 사회적 일탈행위에 대한 형벌은 원칙적으로 정당한 형벌일 수 없는 것이다.

(2) 형벌과 입법형성권

입법자가 형벌에 관한 입법형성권을 어떠한 내용을 담아내야 정당하고 적정한 것으로 인정받을 수 있을까? 헌법은 모든 국가권력의 시원(始原)을 국민주권에서 찾고 있다.[13] 국민주권에 근거한 입법권은 국민의 대표자인 국회에 의해서 국민의 입장에서 행사되어야 하며,[14] 국민의 기본권도 사회방위를 위해 불가피한 경우 법률에 의해 예외적으로 제한될 수 있다.[15] 그러나 국민기본권의 이러한 예외적 제한에도 불구하고 국민의 자유와 권리의 본질적인 내용을 침해할 수는 없어야 하며, 우리 헌법은 바로 그 점까지도 명시하고 있다.[16]

그렇다면 무엇이 국민의 자유와 권리의 본질적 내용일까? 국민이 자유와 권리의 주체가 되기 위해서는 우선적으로 인간으로서의 자격을 갖추어야 한다. 자격을 갖춘 인간의 자유와 권리 중에서 가장 핵심적인 것은 무엇일까? 그것은 누가 뭐라고 하더라도 다름 아닌 인간의 신체와 생명이라고 함을 부인할 수 없을 것이다. 왜냐하면 신체가 없는 생명이란 존재할 수 없으며, 생명 없는 신체 역시 시체에 불과하며, 생명을 지닌 신체가 없는 한 인간의 자유도 상정하기 어렵기 때문이다. 즉 살아 있

13) 헌법 제1조 제2항: 대한민국의 주권은 국민에게 있고, 모든 권력은 국민으로부터 나온다.

14) 헌법 제40조: 입법권은 국회에 속한다.

15) 헌법 제37조 제2항 전단: 국민의 모든 자유와 권리는 국가안전보장·질서유지 또는 공공복리를 위하여 필요한 경우에 한하여 법률로써 제한할 수 있으며, 제한하는 경우에도 자유와 권리의 본질적인 내용을 침해할 수 없다.

16) 헌법 제37조 제2항 후단.

는 인간이야 말로 자유를 향유할 수 있는 전제조건이라는 점에서 인간의 생명과 신체에 관한 권리는 기본권의 핵심이며, 신체의 본질적 부분을 훼손하는 행위나 생명의 줄을 끊어버리는 제도는 헌법상으로 허용될 수 없는 것이다.

헌법재판소에 따르면, 형벌에 관한 입법자의 입법형성권은 비록 광범위한 입법재량 내지 형성의 자유를 전제하지만, 특정 범죄의 법정형이 책임주의에 전혀 비례하지 않거나 지나치게 가혹하고, 특정 범죄에 대한 형법의 목적과 기능을 달성하는데 필요한 정도를 일탈하여 헌법상 평등의 원칙과 비례성원칙에 명백히 위배될 수 없어야 됨을 선언하였다.[17)]

한편 헌법 제37조 제2항 전단은 기본권의 제한가능성을 열어두고 있으나, 후단은 '기본권의 본질적 침해금지'를 명시하고 있는 바, 이 조항의 후단과 관련하여 헌재는 다음과 같은 입장을 표명하였다.

> "국회가 입법형성권을 행사함에 있어서 헌법상 보장된 기본권에 대한 법적 제한을 하는 법률을 제정할 시에는 특정한 법익보호의 필요성만으로는 충분하다 할 수 없고, 다른 법익과 비교하여 어느 쪽이 더 본질적이며 정당하고 합리적인 것인가 그 비례의 원칙에 따라 판단해야 할 또 다른 한계를 가지고 있다. 이는 헌법 제37조 제2항 후단의 '자유와 권리의 본질적 내용을 침해할 수 없다.'는 규정이 이를 말하며, 또한 국회가 입법을 함에 있어서 적용되어야 할 헌법상의 제 기본원칙도 그 한계의 기준으로 보아야 한다."[18)]

헌재는 한편으로 국회의 입법형성권에 관한 재량을 광범위하게 인정한다(2001헌가16결정)고 하면서도, 다른 한편 그런 입법형성권도 헌법상의 기본원칙과 본질적

17) "어떤 범죄를 어떻게 처벌할 것인가 하는 문제, 즉 법정형의 종류와 범위의 선택은 그 범죄의 죄질과 보호법익에 대한 고려뿐만 아니라 우리의 역사와 문화, 입법 당시의 시대적 상황, 국민일반의 가치관 내지 법감정(法感情) 그리고 범죄예방을 위한 형사정책적 측면 등 여러 가지 요소를 종합적으로 고려하여 입법자가 결정할 사항으로서 광범위한 입법재량 내지 형성의 자유가 인정되어야 할 분야이다. 따라서 어느 범죄에 대한 법정형이 그 범죄의 죄질 및 이에 따른 행위자의 책임에 비하여 지나치게 가혹한 것이어서 현저히 형벌체계상의 균형을 잃고 있다거나 그 범죄에 대한 형벌 본래의 목적과 기능을 달성함에 있어 필요한 정도를 일탈하였다는 등 헌법상의 평등의 원칙 및 비례의 원칙 등에 명백히 위배되는 경우가 아닌 한, 쉽사리 헌법에 위반된다고 단정하여서는 아니 된다."(헌재 2001.11.29, 2001헌가16결정, 판례집 제13권 2집, 570).

18) 헌재 1989. 9. 8. 88헌가6 결정.

침해금지에 위배되어서는 아니 된다는 이중적 태도를 보이고 있다. 광범위한 입법형성권을 인정한 2001년의 헌재 결정문(2001헌가16결정)보다는 헌법의 기본원칙에 제한된 범위에서 입법형성권을 인정한 1989년의 헌재결정문(88헌가6결정)이 형법에 관한 입성형성권에 관해 합당해 보인다. 그 이유는 다음과 같다. 첫째로 근대국가의 핵심적인 구조적 원리는 자유민주주의와 법치국가원리 및 사회국가원리이다.[19] 이들 중 하나인 법치국가원리는 법우선의 원칙에 따라 인간생활의 불가결한 기초가 되는 자유·평등·정의를 실현시키기 위해 공동생활에서 지켜야 할 행동지침인 법률을 마련하여 국가활동을 이에 입각해서 형성하는 국가원리를 의미한다. 그러므로 국회는 입법형성권과 관련하여 지나치게 광범위한 재량권을 갖고 있을 수 없으며, 어떤 경우에도 자유·평등·정의의 이념을 넘어선 입법형성권을 행사할 수 없다. 둘째로 우리 헌법 제10조가 인간의 존엄을 명시하고 있고, 이 규정은 인간존엄의 보장을 국가의 핵심책무로 인정하는 것을 의미하고, 더구나 헌법 제37조 제2항 후단은 기본권의 본질적 침해를 할 수 없다는 점을 명시하고 있어서, 국회의 입법형성권은 이러한 헌법규정과 헌법정신에 반할 수 없는 범위 내에서 한정될 수밖에 없다.

1989년의 헌재의 입장에 따르면, 정당하고 적정한 형벌을 가할 수 있는 형법에 대한 국회 입법형성권은 "① 헌법상 비례성의 원칙 내지 과잉금지원칙에 반하지 않아야 되고, ② 헌법 제37조 제2항 후단에서 명시한 '자유와 권리의 본질적 침해금지' 규정에 위배되어서는 아니 된다."는 점을 명백히 하고 있다. 헌재가 헌법 제37조 제2항 후단을 이렇게 이해한다면, 인간의 기본권 중에서 가장 중요한 생명에 대한 실질적 침해는 기본권의 본질적 침해이므로, 사형제도는 인간의 기본권의 핵심인 인간의 생명을 박탈하므로 용납될 수 없는 형벌이라고 천명했어야 논리적 타당성을 가진다. 그럼에도 불구하고, 우리나라 헌재는 사형제도[20]가 아직도 합헌이라는 주장을 굽히지 않고 있다.

(3) 과잉금지원칙과 그 한계

형사입법에서 해당 법률은 ① 정당한 목적을 가져야 되고(목적의 정당성), ② 목적달성을 위해 상당성을 담보해야 하며(수단의 상당성), ③ 다른 수단으로 해결할

---

19) 이에 관해서는 허영, 헌법이론과 헌법(신정 5판), 박영사, 2000, 190쪽 이하 참조.
20) 우리 형사실체법에서는 아직도 140개 이상의 범죄구성요건에서 사형을 형벌로 명시하고 있다.

수 없어야 하고(당해 수단의 최후성), ④ 피해가 최소한에 그쳐야 하며(피해의 최소성), ⑤ 다른 법익침해와의 관계에서 법익보호의 우월성을 인정할 수 있어야 한다(법익의 균형성). 그러나 과잉금지원칙을 원용하는 배경사상은 공리주의적 사고방식이 짙게 깔려 있다. 개별적인 이익보다 전체의 이익 내지 복리가 크다면 개별적 이익의 본질적 침해 여부와 관계없이 복리주의를 관철할 수 있는 명분을 얻을 수 있는 바, 이는 어떤 공익이라도 개인의 기본적 인권의 본질을 침해할 수 없다는 헌법상 원칙에 반할 수 있는 함정을 품고 있다.

이런 점에서 과잉금지원칙은 사익보다는 공익이 클 때에는 언제든지 관철될 수 있다고 할지라도, 그러나 이 원칙은 개별적 인간이 가지고 있는 기본권의 본질적 침해를 훼손할 수 없다는 선에서 그쳐야 한다.

(4) 인권의 본질적 침해금지의 원칙

인간의 모든 기본권 중에서 생명과 신체의 자유만큼 중요한 자유는 없음은 위에서 이미 언급한 바 있다. 오늘날 종교적 색채가 강한 이슬람사회의 율법적 형법을 두고 있는 국가들을 제외하고, 대다수 문명국가의 형법전은 신체를 절단하는 형벌을 두지 않는다. 신체의 절단형(切斷刑)은 인권의 본질을 침해하는 인간성에 반하는 잔인한 제재에 해당되기 때문이다. 그러므로 제아무리 기술이 뛰어난 상습적인 절도범일지라도 그의 손이나 팔을 절단하지는 않는다. 그 자의 손이나 팔을 절단하는 것이 형사정책적 차원에서는 그의 상습절도를 가장 잘 방지할 수 있는 최선의 대책일 수 있음에도 불구하고 말이다.

이처럼 인간의 손이나 팔은 결코 형벌로 절단할 수 없는 신체로 구성되어 있고, 그 신체에는 정신이 깃들어 있다. 손이나 팔이 생명을 핵심으로 하는 정신이 깃들지 아니하면, 그 손이나 팔은 정신이 없는 단순한 육체, 즉 시체에 불과한 것이다. 우리 헌법이나 형법이 손이나 팔을 절단하지 못하도록 하는 것은 시체에 불과한 육체를 절단하지 말라는 것이 아니라, 정신이 깃든 손이나 팔의 절단금지를 의미한 것이다. 이러한 점에서 인간의 신체는 기본적 인권의 본질적인 부분일 수밖에 없고, 생명이 없는 육체는 시체에 불과하며, 생명이 깃든 신체가 인권의 핵심임을 보여 준다. 이와 같은 논리는 인간의 생명이야말로 모든 기본적 인권 중에서 가장 본질적임을 의미한다. 따라서 헌법재판소의 입장과과 달리 헌법상 생명은 인간의 본질적 기본권이기 때문에 생명을 박탈할 수 있는 사형제도는 허용될 수 없다고 해야 한다.

3. 형벌의 목적

형법학은 한편으로 사회질서유지 차원에서 사회적 일탈행위에 의한 중요한 법익 침해행위에 관한 준칙을 설정하고, 다른 한편으로 사회방위수단인 형벌의 내용과 한계를 정의롭게 규명하고자 하는, 즉 범죄의 범위와 내용 그리고 형벌의 종류와 그 내용에 관한 학문이다. 이런 맥락에서 형법의 필요성과 목적이 선행적으로 규명되어야 한다.

형법은 응보나 예방 그 자체가 궁극적 목적이 아니고, 형벌이라는 수단을 통해서 법익보호와 사회평화에 기여함으로써 인간의 존엄을 확보하려는 인간사회의 실천학문이다. 이러한 목적을 가진 형법은 그 수단인 형벌을 통하여 사회적으로 중요한 법익을 보호하고 그렇게 함으로써 사회평화의 달성 및 그 유지에 필요한 한도에서 사용될 명분을 갖는다. 역으로 형벌 그 자체로 인해 사회적 평화가 근본적으로 침해할 정도의 내용을 지녀서는 아니 된다는 것이 형벌내용의 내재적 한계이다.

우리가 형벌의 이런 점들을 철저히 한다면 형벌의 궁극적 목적은 무엇보다 사회평화를 달성하여 각 개인 모두가 그들의 인격을 사회 내에서 최대한 누리게 하는 데 있다고 해야 한다. 즉 형벌은 사회평화의 실현 내지 유지에 효과적인 것이어야 한다. 다시 말해 사회평화의 달성이라는 목적과 관련성이 없는 형벌은 어떠한 경우에도 가해서는 아니 된다고 할 것이다.

형벌이 사회평화를 달성하기 위한 효과적인 수단이 되려면, 사회적으로 용납할 수 없는 행위를 한 자에 대해서만, 그리고 그가 책임진 만큼에 상응한 제재를 가하는 데서 그쳐야 한다. 그렇게 함으로써 한편으로는 범죄 행위자에게 참기 어려운 고통을 심어주고, 다른 한편으로는 사회일반에게도 준법정신의 불가피성을 일깨워줄 수 있기 때문이다.

형벌은 본질적으로 인간이 참기 어려운 고통을 핵심내용으로 삼고 있는 성격 때문에 형벌은 수형자에 대해 불가피한 고통을 수반하며, 바로 이런 점에서 형벌은 사회평화를 본질적으로 해치는 정도가 아닌, 장래의 막연한 위험에 대한 대처를 위해

선 결코 사용될 수 없어야 한다. 즉 형벌은 사회적으로 용납할 수 없는 지난날의 잘못된 행위를 대상으로 삼아야 할 것을 전제한다. 형벌이 이처럼 지난날의 과오에 대한 응보적 수단임의 성격을 완전히 부인할 수 없다. 과거의 잘못된 범행에 대한 상응한 비난이나 고통을 부과하는 식의 응보적 제재방식은 현재와 장래의 잠재적 범죄에 대한 예방에 기여하며, 이의 최종목표는 평화로운 사회를 달성하려는 데에 있다. 그러므로 형벌을 부과해도 범죄에 대한 예방목적을 달성할 수 없는 경우, 그런 형벌부과는 정의로운 형벌이라고 말하기 곤란하다. 범죄예방 목적을 달성할 수 있는 한도에서 지난 잘못에 대한 형벌부과는 정당할 수 있으며, 사회방위를 위해서도 불가피하다. 이러한 형벌부과는, 그러나 사회평화를 새롭게 침해할 수 있기 때문에, 사회평화의 침해를 야기하는 면보다 범죄의 예방에 근본적으로 더 기여한다는 확신이 있을 때에만 부과될 수 있도록 해야 한다.

형벌은 이처럼 수형자인 개인의 인간다운 삶을 초토화시키므로 인간이 참기 어려운 고통이며, 불명예를 수반하여 인간존엄성의 본질적인 부분을 침해한다는 점에서 형사실체법의 입법시에는 사회적으로 용납할 수 없는 행위유형만을 선별하고, 그러한 행위유형에 대해서만 형벌을 가할 수 있도록 해야 한다. 사회적으로 용납할 수 없는 범죄행위라는 것은 개개인의 생명이나 신체와 같은 개인적 법익이나 국가기밀의 유지, 사법(司法)의 공정성 유지, 공무원의 청렴성 같은 일반적 법익을 침해함으로써 평화로운 사회생활의 혼란을 야기하는 바로 그런 행위를 말한다. 그러므로 법익보호가 인간의 사회생활상 중요한 것이 아니라면, 형벌에 의한 보호가 불필요한 것이다. 사회적으로 중요한 법익이라 해도 그것이 형벌 이외의 다른 수단에 의해 충분히 보호될 수 있다면, 굳이 형벌이란 수단을 사용할 필요도 없고 사용해서도 아니되는 것이다.

이런 점에서 형벌은 행정기관의 제재인 행정벌과 구별되며, 형벌의 최후수단적인 성격을 담보하기 위해서라도 형벌이라고 칭하는 일체의 제재 중에서도 행정벌적 성격이 강하거나 유사한 경우에는 행정벌적 제재로의 과감한 이전이 필요하다(비범죄화).

형벌은 불법실현을 감행한 자가 책임능력을 질 수 있고, 자신의 불법행위에 관한 위법성을 인식을 했거나 적어도 인식가능성이 있어야 하며, 적법행위를 할 기대가능성이 구체적으로 기대됨에도 불구하고 불법행위로 나아간 경우에 국한하여 부과되어야 한다. 그리고 이때 형벌의 양정(量定)은 범죄의 예방적 관점을 고려하여 범죄행위의 불법성과 책임에 걸맞아야 함은 물론이다.

그럼에도 불구하고 형법 제53조는 작량감경이라는 제목 하에 다음과 같이 명시하고 있다. "범죄의 정상에 참작할 만한 사유가 있는 때에는 작량하여 그 형을 감경할 수 있다." 이 규정은 형의 감경을 할 경우 어떤 사유로 어느 정도까지 할 것인지에 관해 침묵을 지키고 있다. 그 결과 종전의 수많은 법관들은 이 규정을 '전가의 보도(傳家寶刀)'처럼 이용하여 형법상의 책임원칙을 철저히 유린하였다. 아직도 이 규정은 버젓이 살아있고, 작량감경 규정을 법치국가 관점에서 적정하게 제한하려는 움직임에 대해서 현직 법관 내지 법관출신 인사들 일부는 한사코 반대하고 있다.

이 작량감경 규정의 유례는 1908년 시행된 일본 형법에서 찾을 수 있으며, 1953년 우리 형법 제정시에 깊은 고려 없이 계수한 조문이다. 1908년 당시 일본은 천황제 국가이고 천황의 긴 팔인 법관들에게 천황을 대신하여 시혜적 혜택을 줄 수 있도록 하는 측면이 적지 않았다. 더불어 일본의 입법자는 형벌의 최후수단적 의미를 충실히 인식하여 형식적 형법의 성격을 지닌 일본 형법에 관해 사안이 사소하고 공익이 경미한 경우 법률상 감경에 준하여 감경할 수 있도록 하였다. 그러나 일본과 달리 우리나라는 민주공화국이고, 모든 권력은 국민으로부터 나오며(헌법 제1조 제2항), 사법권과 사법감시권도 국민의 통제를 받도록 되어 있다. 따라서 법관은 천황의 긴 팔일 수 없고, 더구나 시혜적 혜택을 줄 수 있는 권한도 없다. 더구나 우리 형법 제53조는 감경의 근거규정을 두고 있는 일본과 달리 그런 근거규정조차 없다는 점이다.

4. 형벌의 현실(특히 자유형)

종래의 응보사상에 따르면 형벌은 사리를 변별할 능력이 있는 자가 사회적으로 회피했어야 할 행위규범에 따르지 않고 도리어 그 행위규범을 범하였기 때문에 이에 대한 대가로서의 벌을 받아야 된다는 사고방식에 터 잡고 있다. 형벌은 법익보호나 범죄예방 및 범인의 재사회화의 목적 실현보다 비난받을 짓을 한 자에 대한 그

만큼의 고통을 행위자에게 가해야 한다는 사상(思想)에서 출발하였다. 이러한 응보사상 아래에서는 형벌, 특히 자유형을 통해서 수형자를 어떻게 교육하여 재사회화를 실현할 것인가에 대한 고려보다는 범한 범죄에 대하여 행위자의 책임을 어떻게 상쇄시킬 것인가에 더 주된 관심을 기울이게 된 것은 당연한 결론이었다. 그러나 복수의 대안으로서 형벌의 도입배경을 철저히 관찰한 입장, 즉 응보사상과 아울러 예방사상의 통합을 시도한 입장에서는 형벌의 목적은 과거의 범죄행위를 비난함으로써 장래의 범죄예방에 기여해야 한다고 주장하고 있다.

응보적 관점을 완전히 배제하고 책임은 형벌의 성립과 한계적 기능을 제시해 줄 뿐이고 오직 일반예방과 특별예방적 관점에서 형벌을 이해해야 한다는 입장도 없지 않다. 순수한 응보적 관점에서는 말할 것도 없고, 일반예방과 특별예방의 사상가들도 "자유형은 범죄자를 교정시설에 구금하여 사회로부터 격리함으로써 범죄자에게 충격을 줄 뿐만 아니라, 그를 개선·교육하여 사회에 복귀하도록 하는 데 기여하고, 사회일반인에게는 준법정신을 일깨워 범죄예방에 기여하고 있다."고 이해한다. 이러한 사상에는 기본적으로 자유형이 수형자의 재사회화를 위하여 충분히 오랫동안 올바르게 집행하게 되면, 그 수형자 대부분은 충분히 개선되어 재사회화된다는 견해가 자리 잡고 있다. 그러나 수형자를 구금함으로써 사회는 범죄의 불안으로부터 해방되고, 범죄자는 개선과 교화의 길로 접어들게 될 것이라는 소박한 생각은 오랫동안 자유형에 대한 집행의 구체적 결과를 볼 때 여지없이 깨지고 말았다.

자유형의 재사회화 이념은 더 이상 기능하지 않았고, 이미 죽은 것이라고 보는 실증적 조사가 속출하고 있다. 개선·교화의 목적으로 교정시설에 구금하는 자유형은 다소간의 사회적 치료요법의 도입을 통한 재사회화 노력조차 무위로 돌아가게 했으며, 형사정책의 선진국에서조차 자유형의 집행과정에서 사회적 치료요법의 도입을 강화하였음에도 범죄는 날로 누범화 흉포화 되어갔다. 그 결과 오늘날 자유형의 처벌을 받는 자가 받지 않는 자보다 통계적으로도 훨씬 많은 재범률을 기록하고 있다는 점은 심각한 문제를 제기한다. 이러한 현실 때문에 국제사회는 자유형의 폐해를 인정하고 다음과 같은 원칙을 천명하였다.

"자유형은 피선고인의 복지에 기여한다는 이유만으로 결코 선고되어서는 안 되며, 범행의 중대성과 일반예방의 이유로 가장 중한 제재를 포기할 수 없는 그런 경우에 제한하여, 적용해야 한다.”

Ⅲ. 죄형법정주의

1. 죄형법정주의의 현대적 의미

죄형법정주의는 현대 형법전에서 필수적 요건이 되었다. 왜냐하면 국가권력의 자의적인 행사로부터 국민의 기본권을 보호하기 위해 국민에게 법적 안정성과 예측가능성을 보장해 주고, 또한 형법의 일반예방기능을 확보하기 위한 제도적 장치로서 기능하기 때문이다.

그러나 입법의 현실에서 입법자는 건강한 사회를 형성하고 유지하는 데에 불가결한 법률, 즉 항상 정의이념에 지향된 입법을 충실히 제정할 정도의 능력과 자격을 겸비한 분들로 구성되지 않고 있음을 우리는 알고 있다. 그 결과 국민의 대표기관인 국회에 의해 형성된 일부 법률 중에도 위헌적인 법률이 있음을 적지 않게 목격하고 있으며,[21] 권위주의 정권 하에서는 그 내용면에서 더욱 불법적인 법률을 양산하였다. 예컨대 박정희 정권 시대의 긴급조치,[22] 특히 긴급조치 제9호는 불법적인 법률

---

21) 예컨대 ‘양심에 반하는 사죄 광고’는 위헌이라고 한 결정(헌재 1991. 4. 1. 89헌마160), ‘토지초과이득세’ 헌법 불합치 결정(헌재 1994. 7. 29. 92헌바49 등), ‘영화의 사전 심의는 검열’에 해당하여 위헌이라고 한 결정(헌재 1996. 10. 4. 93헌가13 등), ‘동성동본 금혼을 규정한 민법 제809조 제1항의 동성동본 금혼규정’에 대한 헌법불합치를 선언한 결정(헌재 1997. 7. 16. 95헌가6 등), ‘과외 금지’는 위헌이라는 결정(헌재 2000. 4. 27. 98헌가16, 98헌마429), ‘미국산 쇠고기 수입 반대 촛불 시위와 관련하여 제기된 사건에서 야간옥외집회를 금지한 것’은 위헌의 소지가 있다는 결정(헌재 2009. 9. 24. 2008헌가25), ‘배아는 기본권의 주체가 될 수 없어 배아연구는 가능하다’는 결정(헌재 2010. 5. 27. 2005헌마346) 등 적지 않은 법률들이 위헌결정이나 헌법불합치 결정을 받았다.

22) 긴급조치(緊急措置)는 1972년 개헌된 대한민국의 유신헌법 제53조에 규정되어 있던, 대통령의 권한으로 취할 수 있었던 특별조치를 말한다. 당시 대한민국의 대통령이었던 박정희는 이 조치를 발동함으로써 “헌법상의 국민의 자유와 권리를 잠정적으로 정지”할 수 있는 권한을 가졌다. 이는 역대 대한민국 헌법 가운데 대통령에게 가장 강력한 권한을 위임했던 긴급권으로, 박정희 대통령은 이를 총 9차례 공포했다. 1979년 10·26 사건으로 박정희 대통령이 사망한 직후 신군부(전두환 정권)의 주도로 1980년 10월 27일 헌법이 개정되면서 폐지되었다. 1977년에 재판받은 긴급조치 제9호 위반 피고인 118명 가운데 91명, 1978년에는 189명 가운데 153명이 1년 이상의 징역형을 선고받았지만 1976년 서울지방법원 영등포지원 재판부(재판장: 이영구, 배석: 조호은·민형기)는 후진국일수록 1인 독재정권이라고 말한 고등학교 교사에게 무죄를 선고했다가 2개월 뒤 전주지방법원으로 전보되어 다음 달 사임했다.

의 극치였다.[23)]

또한 사회는 언제나 변화하고 있으며, 법률상의 용어는 대체로 정형화되어 있기 때문에 사회변화를 충실히 담을 수 있는 법률의 제정이나 개정은 현실적으로 불가능하다. 게다가 법률을 해석하고 적용하는 법관이나 검찰 또는 행정기관의 주체가 법의 정신을 충실히 파악하고, 법률문언에서 발견되는 지엽적인 실수까지 보완하고, 국가와 사회, 국민을 위한 공정한 재판이나 정당한 사법행정을 집행하고 있느냐 하면, 반드시 그렇다고 답하기 곤란한 실정이다.

그러므로 죄형법정주의의 원칙은 국민들의 권익을 위해 적용되어야 할 원칙을 넘어서 법률적용자인 법관이나 검찰 등처럼 법률적용자(法律適用者)뿐만 아니라, 입법형성권자인 입법부에도 정의의 이념에 지향된 적정하고 정당한 법률의 제정을 요청하는 원리로 작동해야 한다.

2. 실질적 법치국가에 기초한 죄형법정주의

오늘날 법치국가의 내용은 헌법상 비례성의 원칙과 책임주의에 철저한 법률형성을 담보하고, 국민 모두의 평등권 보장과 정의의 이념을 지향하는 법률형성을 주된 이념적 목적으로 삼아야 한다. 그래서 국민 개개인의 기본권에 대한 본질적 침해를 야기하는 법률은 어떠한 경우에도 위헌적인 것이며, 어떠한 국가공권력일지라도 국민의 인권유린에 해당되는 모든 행위를 범죄로 파악해야 하여 인권을 유린하는 모든 행위에 대한 형사처벌을 명문화하며, 사회적으로 용납할 만한 행위에 대한 형법

23) '김상진 할복자살 사건'을 계기로 유신헌법 철폐와 정권퇴진을 요구하는 민주화운동이 거세게 일어나자, 이를 탄압하기 위해 1975년 5월 13일 선포된 긴급조치로 그 내용은 다음과 같다
① 유언비어의 날조·유포 및 사실의 왜곡·전파행위 금지
② 집회·시위 또는 신문·방송 기타 통신에 의해 헌법을 부정하거나 폐지를 청원·선포하는 행위 금지
③ 수업·연구 또는 사전에 허가받은 것을 제외한 일체의 집회·시위·정치 관여행위 금지
④ 이 조치에 대한 비방행위 금지
⑤ 금지 위반내용을 방송·보도·기타의 방법으로 전파하거나 그 내용의 표현물을 제작·소지하는 행위 금지
⑥ 주무장관에게 이 조치의 위반 당사자와 소속 학교·단체·사업체 등에 대해 제적·해임·휴교·폐간·면허취소 등의 조치를 취할 수 있는 권한 부여
⑦ 이런 명령이나 조치는 사법적 심사의 대상이 되지 않으며 위반자는 영장 없이 체포할 수 있다는 것 등.

의 비범죄화 및 불가벌성의 확립을 추구해야 한다.

그럼에도 불구하고 현행 형법 제8조는 이러한 죄형법정주의의 근본원칙을 크게 훼손하고 있다. 제8조에 따르면, "본법 총칙은 타 법령에 정한 죄에 적용한다. 단, 그 법령에 특별한 규정이 있는 때에는 예외로 한다."고 명시되어 있다. 이 규정에 의해서 대통령령이나 각부 장관의 명령에 의해서도 죄형법정주의원칙이 훼손될 수 있기 때문이다.

다시 말해 죄형법정주의의 원칙은 사회적 일탈행위 중에서 어떤 행위유형을 처벌할 것인지를 법률에 의해 명확히 명시하고, 처벌의 정도 역시 법률로 정해야 한다는 것이다. 죄형법정주의가 이런 의미라면 형법 제8조는 법률뿐만 아니라 법률일 수 없는 대통령령을 포함한 모든 각부의 령(領) 역시 형사처벌의 근거가 될 수 있음을 의미한다고 명시되어 있다. 그러나 이건 아니다. 죄형법정주의의 원칙에 따르면 오직 법률에 근거해서만 처벌 가능하기 때문이다. 그러므로 현행 형법 제8조는 다음과 같이 개정되어야 마땅하다.

"본법 총칙은 다른 법률에 정한 죄에 적용한다. 다만 그 법률에 특별한 규정이 있는 때에는 예외로 한다."

3. 형벌의 최후수단성에 걸맞지 않은 사회적 일탈행위의 비범죄화와 개별범죄자 처우를 중시한 특별예방의 고려

현실의 인간은 지극히 감정적이며, 극한적 환경에 처했을 때 늘 합리적으로 행동하는 이성적 인간상과는 거리가 멀다. 게다가 태어나서부터 죽을 때까지 생존기대수명도 이제는 평균적으로 80세를 훨씬 넘고 있으며,[24] 사람은 나이가 들어 중년기를 넘어 노년기가 될수록 정신적 연령이 오히려 미약해지는 경향에 있다. 이런 이유에서인지 종전보다도 왕성하게 활동하는 젊은 층이 두드러지게 감소하였음에도 인구증가에 따라 범법자도 약간씩 늘고 있는 실정이다. 예컨대 2016년 한국인은 5,160

---

24) 2016년 현재 한국인의 평균 수명은 82.4세라고 한다. http://blog.naver.com/printechman/221244087705

만에 달하고 있는데,[25] 교통사범을 제외할 때 2005년 1,517,134명, 2010년 1,651,158명 그리고 2015년 1,831,126명이 범죄를 범했다.

이러한 범죄혐의자의 숫자는 형법을 비롯한 특별형법을 얼마나 많이 그리고 어떻게 규율하고 있느냐의 여부에 따라 다소 달라질 수 있지만, 인구비례의 관점에서 보면 본질적인 부분에서 크게 달라진다고 할 수 없어 보인다. 왜냐하면 우리나라에서 매년 발생하는 범죄의 빈도는 인구 대비 범죄건수로 볼 때 3.5% 내외에서 크게 일탈한 적이 거의 없기 때문이다.[26]

따라서 사정이 이와 같다면 현대적 의미의 형벌은 사리분별을 명확히 판단할 수 있는 성숙한 행위자에 대한 범죄예방을 가장 중요한 목적으로 하고 있다고 말할 수 어렵게 되었다. 그와 같은 입장은 경험적 통계에 의하여 상당부분 공허한 것이 되고 말았기 때문이다. 국민의 입장에서 볼 때 국가형벌권의 내용이 광범위하고 가혹할수록 재사회화에 오히려 걸림돌이 될 뿐만 아니라, 전과자로 낙인찍히는 수형자의 범위를 확대하며, 단 한 번의 전과도 그 수형자의 인생을 초토화시키는 데 기여한다. 더욱이 국가형벌권으로서 사형제도의 존치는 그나마 재사회화를 형벌의 목적으로 두고 있음에도, 그 재사회화의 가능성조차 애초부터 무력화시킨다.

더구나 6·25전쟁시에 제정된 우리의 현행 형법전은 전시형법의 성격이 적지 않아서 ① 사상형법에 속하는 예비·음모죄와 책임주의의 형법에 친하지 않은 '결과적 가중범'의 규정이 외국에 비해 비상식적으로 많으며, ② 각종 범죄에 대한 법정형이 비교법적 관점에서 볼 때 지나치게 높으며, ③ 개인적 법익에 대한 것보다 국가적 내지 사회적 법익침해에 관한 범죄의 법정형이 두드러지게 높다. 게다가 '폭력행위 등 처벌에 관한 법률'을 비롯한 각종의 형사특별법이 지나치게 많고, 또한 형법상 범죄에 관한 법정형을 지나칠 정도로 높여 놨다.

오늘날 의미의 죄형법정주의는 이러한 경우에도 "국가형벌권의 부당한 사용에 의해 국민들의 인권침해가 야기되지 않도록 보장하는 데"에서 존재이유를 가진다. 그러므로 인간의 삶을 초토화시킬 수 있는 형벌의 본질을 직시할 때, 비록 형법전에 명시되어 있는 범죄라도 형벌의 성격에 상응하지 않는 범죄나 사회적 일탈행위, 특

25) 2016년 11월 30일 현재 인구는 51,687,682명에 이르고 있다. 이에 관해서는 http://rcps.egov.go.kr:8081/jsp/stat/ppl_stat_jf.jsp 참조.

26) 이에 관해 자세한 것은 http://www.spo.go.kr/spo/info/stats/stats03.jsp?&pager.offset=0& board_no=195&stype=&page_first=Y 참조.

히 경범죄처벌법 등의 범죄에 대해 비범죄화의 노력이 요구된다. 또한 범죄를 범한 행위당사자에 대한 구체적 탐구를 통하여 그가 어떤 연유로 범죄를 범하게 되었는가의 개별적 원인을 철저히 규명하고, 다시는 죄를 범하지 않도록 하는 데 주된 형벌의 목적과 개별적인 적절한 처우를 두는 방향으로의 제도개선이 요구된다.

이런 점에서 오늘날의 죄형법정주의는 형벌의 본질에 상응하는 중대한 불법행위에 대해서만 범죄를 구성할 수 있도록 하고, 각종 범죄자의 구체적 인간상에 대한 충분한 이해를 전제로 재범방지와 재사회화의 실현에 매진하기 위해 형사제재의 다양화와 일부 범법자에 대해서 맞춤형의 사회 내 처우로 눈을 돌려야 할 것이다.

4. 국가폭력과 공소시효에 관한 죄형법정주의

일제치하의 식민지 국민으로서 엄청난 고통을 이겨내고 자유 대한민국을 세운 우리 대한민국 국민은 불행하게도 특정 몇몇 대통령 시대의 권위주의적 체제 아래에서 국가폭력의 전성기를 보았다. 그 이후에도 국가폭력이 사라지기는커녕 수구적인 분들이 대통령이 될 때마다 국가폭력은 되살아나곤 하였다. 그런 국가폭력에 대한 대응은 막강한 당대의 대통령체제 아래서는 통제나 제재가 불가능하였고, 그 때문에 막상 처벌할 수 있는 환경이 마련될 때에는 공소시효에 근거하여 형사법적으로 처벌하기 어려운 구조로 되어 있다.

대한민국이라는 국가는 인간존엄을 보장하고 실천해야 할 의무주체[27]임에도 도리어 국민의 본질적 기본권을 유린할 때, 이를 사전에 예방하고 합당한 책임을 물을 수 있도록 하는 것이 정의의 이념에 부합하고 국민정서에도 합당할 것이다. 왜냐하면 죄형법정주의는 개인이 국가권력에 투쟁하여 쟁취한 것이기 때문이다. 그러므로 국가폭력으로 국민을 유린한 국가가 도리어 죄형법정주의를 원용하여 국가폭력을 면피하는 것이 정당한 것인지 의문스럽다. 이런 점에서 국가폭력의 경우 국가폭력 주체의 공소시효를 법률로써 무효로 규정하더라도 죄형법정주의에 어긋난 것이라고 보기 어렵다. 즉 주권자의 의사에 부합하는 민주국가가 국가폭력을 행사하는 폭

27) 헌법 제10조와 제37조 제2항 후단 참조.

력국가를 어떠한 경우에도 처벌할 수 있도록 하는 것이 현대적 의미의 실질적 법치국가원칙에 부합한다고 믿는다.

5. 죄형법정주의 효과

1) 죄형법정주의는 헌법상 명시되어 있는 원칙이므로 이를 폐기하려면 헌법 개정이 필요하다.

2) 죄형법정주의에 반하는 법률은 위헌법률심판과 헌법소원의 대상이 된다. 다만 우리나라 헌법재판소가 규범적 통제를 할 수 없기 때문에, 해당 법률에 의해 구체적으로 피해를 당한 자나 해당 법률의 적용을 해야 하는 법관이 헌법소원을 할 수 있을 뿐이다.

3) 죄형법정주의에 위반하는 판결은 항소, 상고, 비상상고의 대상이 된다.

4) 어떠한 사회적 일탈행위일지라도 죄형법정주의에 근거하지 않으면, 처벌될 수 없다.

5) 유추해석을 통하여 처벌의 확대를 할 수 없다.

6) 명확성의 원칙에 반한 처벌규정은 형사처벌의 근거가 될 수 없다.

7) 어떤 행위라도 소급하여 처벌될 수 없다.

8) 기본권의 본질적 침해를 야기하는 사형제도 등은 용납될 수 없다.

9) 사회적으로 최후의 수단이 아닌 방법에 의해 법익침해행위를 충분히 예방할 수 있는 한에서 비범죄화되어야 한다.

10) 일체의 본질적 인권유린행위에 대한 가벌화의 형성을 촉진한다.

11) 죄형법정주의는 국민이 국가권력에 대한 투쟁을 통해서 취득한 것이며, 더 나아가 '국가는 국민의 기본권을 보호하여 인간의 존엄성을 확보하고 유지해야 할 책무를' 우리 헌법은 명시하고 있다. 이처럼 국민의 기본권을 보장해야 할 국가의 공권력이 도리어 국가폭력을 통하여 국민의 본질적 기본권을 침해할 경우 국가는 죄형법정주의의 내용인 공소시효를 주장하여 면피할 수 있도록 하는 것이 정당하다고 할 수 있을까?

제2장

일제 강점기의 반민족행위와 권위주의 정권에서 범한 반인륜적 범죄행위에 대한 소급효금지원칙에 관하여[1]

Ⅰ.

형법은 사회평화를 유지하여 그 속에서 개개인의 인격을 꽃피울 수 있도록 실현하기 위해 사회방위를 담보할 수 있는 형벌을 법률효과로 삼고 있다. 형벌은 그러나 인간이 참기 어려운, 법률상 최후의 수단이자 가장 가혹한 수단이기에, 형벌권의 자의적 남용을 방지하기 위해서 죄형법정주의 원칙의 철저한 준수는 형벌권의 행사를 담당하는 국가사법기관의 핵심적 책무이다. 더욱이 죄형법정주의의 철저한 준수는 잠재적 범행을 제대로 예방하는 한편, 국가의 자의적 형벌권으로부터 개인의 자유를 보장하려는 데 기여한다. 따라서 죄형법정주의의 원칙 준수는 국민 개개인의 자유를 담보하는 데에 있으므로, 제아무리 반사회적 행위이더라도 그런 행위를 처벌할 수 있기 위해서는 미리 법률에 규정되어 있어야 한다는 소급효금지를 비롯한 법률주의, 명확성의 확보와 유추의 금지 원칙은 특단의 사정이 없는 한 준수되어야 한다.

하지만 불법적 법률에 의한 개인의 기본권침해나 자유박탈은 비록 그것이 죄형법정주의의 탈을 썼다고 해서 죄형법정주의의 진정한 모습은 아니다. 왜냐하면 죄형법정주의는 개인의 자유를 담보하기 위한 국가형벌권행사의 적정성을 유지하려는 데에 있는 것이지, 불법적인 국가형벌권의 보장을 위한 제도가 아니기 때문이다.[2]

1) 이 논문은 필자의 '형법연구 Ⅱ'에 수록된 것을 여기에서 다소 보완하였음.

이런 이유로 죄형법정주의는 형식적 차원에서 그 원칙의 준수를 무조건 강제할 것이 아니라, 개인의 자유를 포함한 인간의 존엄성을 확보할 수 있는 방안으로서 역할을 다하도록 하는 데에 참된 의미가 있다고 할 것이다. 이러한 점에서 죄형법정주의는 국가형벌권행사의 무조건적 보장이라는 형식적 차원이 아니라, 개인의 자유를 보장하기 위한 실질적 제한원리로서 의미를 가져야 된다.

그러면 이와 같은 실질적 의미를 지닌 죄형법정주의의 원칙 하에서는 여하한 경우에도, 즉 첫째로 일제하의 식민지 시대에 일제의 하수인으로서 식민체제 유지·협력을 위해 우리의 독립투사를 제거하기 위한 밀정행위와 모진 고문행위 그리고 그로 인해 야기된 살상행위와 같은 반인륜적 행위에 대해서까지도 소급효가 금지되어야 하는가? 둘째로 박정희나 전두환 군사독재정부와 같은 권위주의 체제 아래서 공권력에 의하여 자행된 반인륜적 범죄에 대해 공소시효는 배제될 수 없을까?

전자에 대해 다음과 같은 의문이 제기된다. 즉 우리가 우리의 결단으로 만든 독립국가일 때, 일제의 하수인으로 그 식민체제 유지를 위한 반인륜적 행위를 자행했던 자에 대해서조차 죄형법정주의의 철저한 준수를 주장하여 처벌을 반대할 수 없을까?

해방 이후 우리 제헌헌법의 아버지들은 그와 같은 일제의 하수인으로 반민족적 행위를 한 자에 대해 처벌의 소급효를 제헌헌법 제101조에 명시하였다. 그리고 이 헌법 조문을 근거로 『반민족행위처벌법』이 1948년 9월 22일에 제정되었다. 이 법률에 따르면, 1910년부터 1945년 사이에 있었던 반민족적 불법행위를 형사처벌한다는 것을 이 법의 목적으로 설정하였다. 그런데 이렇게 만들어진 법률이 죄형법정주의의 원칙인 소급효금지에 정면으로 반한다고 주장하는 학자가 있다.[3)]

2) 반야 아드레아스 벨케(한상훈 역), "소급효금지원칙의 의의와 한계", 민주주의법학연구회, 『민주법학』 제10호(1996), 131-138쪽: 소급효금지원칙은 그 기원에서 볼 때, 국가의 자의적 행사로부터 (시민을) 보호하기 위한 것으로 국가권력의 담당자는 이 원칙의 적용을 요구할 수 없다. … 소급효금지원칙은 국가로부터 시민을 보호하기 위한 것이지, 유책한 권력자를 후행국가(Nachfogenstaat)의 형사법적 청산으로부터 보호하려는 것은 아니기 때문이다.

3) 김성천, "형법에 의한 체제불법 청산", 『형사법연구』 제10호, 275쪽 참조.

Ⅱ.

중앙대 김성천 교수는 해방 이후 제정된 반민족행위처벌법이 소급효금지의 원칙에 위배된다는 점을 분명히 하고 있다. 그는 그 근거를 다음과 같이 요약하고 있다. "체제불법을 청산하고자 하는 이유가 불법체계를 극복하고 법치국가의 원리를 관철시키는 것이라면 그 청산과정 자체가 법치국가의 원리인 죄형법정주의를 저버려서는 안 되는 것이다. 그런 점에서 반민족행위처벌법은 소급효를 인정하는 법률이기 때문에 법치국가의 원리에 반한다. 따라서 식민지시대의 체제불법행위에 대해 적용할 준거법은 해방 후에 제정된 반민족행위처벌법이 아니라, 행위 당시의 형법이 되어야 하며, 식민지시대의 의용형법(依用刑法)은 한일합방조약 자체가 무효이기 때문에 유효성을 인정할 수 없다. 그러므로 행위시 법은 대한제국을 계승한 대한민국 임시정부의 법령이어야 하는데, 임시정부가 대한제국 형법을 개폐하지 않고 그대로 유지했으므로 대한제국 형법이 행위시 형법으로서 적용되어야 한다. 게다가 대한제국 형법이 불법으로 규정하고 있던 범죄행위에 대해서는 대체로 대한민국 형법도 역시 불법으로 규정하고 있기 때문에 불법의 연속성 측면에서 문제의 소지도 없다. 또한 식민지시대가 끝날 때까지는 사실상 공소권 행사가 불가능한 상황이기 때문에 해방이 되는 날까지는 공소시효의 진행이 정지되어 있었던 것으로 보아야 한다. 그 결과 공소시효 문제도 과거청산 작업에 장애요소가 되지 않는다."[4)]

형식적인 관점에서만 보면 김성천 교수의 견해는 법치국가의 틀 안에서 체제에 의한 반인륜적 범죄행위에 대한 과거청산에 정당성을 부여할 수 있는 이론적 토대를 마련하였다고 보여진다. 일제시대에 자신들의 안위를 위해 우리 민족을 짓밟았던 반인륜적 행위를 범했던 친일인사라고 해도 사후적으로 소급해서 처벌하는 것은 소급효금지를 원칙으로 삼는 죄형법정주의에 반할 수 있기 때문이다.

그러나 김 교수의 견해를 철저히 했을 때, 예컨대 박정희나 전두환처럼 군사쿠데타로 정권을 잡고 권력을 행사할 동안에 저질러진 반인륜적 범죄행위에 대해서는 사실상 공소권행사가 불가능하다는 상황논리 때문에 그 군사정부가 무너질 때까지

---

4) 위의 논문, 271쪽 이하, 특히 287쪽 참조.

는 공소시효의 진행이 정지된 것으로 보게 된다.

이는 다음과 같은 모순에 빠질 수 있게 된다. 첫째로 어느 군부가 군사쿠데타로 새로운 체제의 정권을 수립할 경우, 해당 정권은 불법체제의 국가이므로 그 정권 아래서의 모든 국가 활동은 당연히 적법성을 상실하게 될 수 있다. 예컨대 각종의 공무원임명이나 행정관청의 인·허가를 비롯한 모든 행정활동, 심지어 불법체제에서 양성된 법관이나 검사의 활동도 그 정당성을 확보하기 힘들 것이다. 왜냐하면 불법체제 내지 불법정권에 의해 수명받은 법관이나 검사도 불법적인 정권에 의해 임명된 것에 불과하기 때문이다. 이렇게 되면 불법체계 아래서 성립된 모든 국가 활동은 불법으로 귀결되기 때문에, 정당성을 갖춘 구체제로 회복되거나, 아니면 새로운 체제로 정비될 때마다 야기되는 법적 불안정성에 의한 희생은 너무도 명약관하한 일이 될 것이다. 그러한 희생은 소급효금지원칙의 이상으로 합법치적일 수가 없다. 왜냐하면 소급금지원칙의 철저화가 법적 안정성의 철저한 파괴를 무조건적으로 정당화시킬 수 있는 것은 아니기 때문이다. 결국 김 교수가 죄형법정주의의 형식적인 합법성의 요청을 담보하기 위해서 주장한 법치주의의 틀 속에서 소급효금지원칙이라는 죄형법정주의의 철저한 준수는 법치주의의 또 다른 축인 법적 안정성의 근본을 뒤흔든 셈이 된다. 이는 결코 바람직한 것이 아니다. 둘째로 불법체제시의 행위는 시효가 그 기간 동안 중단된다고 함으로써, 만일 군사정부에 의한 불법체제가 수백 년 유지된 경우에는 공소시효 역시 수백 년 동안 중단된다는 논리인데, 그러한 사고는 결국 공소시효의 근간을 뿌리째 흔들어 정의의 한 축인 법적 안정성을 파괴하는 이론임을 면하지 못할 것이다.

더구나 김 교수의 견해는 다음과 같은 문제점도 야기된다. 첫째로 해방 직후에 한반도에서 적용된 유효한 형법을 대한제국 시대의 형법인 형법대전으로 볼 것인가의 문제이다. 김 교수는 그것의 공정을 전제하고 있으나, 그 당시 한국의 법조실무와 학계 그리고 일반국민은 과연 대한제국 시대의 형법을 우리의 법으로 인정했는가 하는 점이다. 이 점에 대해 김 교수는 논리적으로 인정하고 있다는 태도를 취하고 있지만, 그것은 사실과 거리가 멀다. 이 문제는 추측이나 논리에 의해 해결될 성질이 아니고, 해방 직후에 우리 법조계에서 실무상 및 법제상으로 어떠한 법률을 형법의 法源으로 삼있는가의 문제와 관련된다. 그런데 우리가 일제로부터 해방이 되자마자 모든 일본 법률이 감쪽같이 사라지고, 그 대신 종래의 우리 법전이 완전하게 보완되었던 것은 아니었다. 물론 일부는 미군정 법령에 의해 유효한 법령이 제정·공포되어 시행되었지만, 대부분의 법률은 한반도에서 종래에 통용되었던 일본법을 1948년 7월 17일 시행·공포된 제헌헌법에 저촉되지 않은 범위 내에서 유효한 법의 법원(法源)으로 인정하였다.[5] 그 점은 형법도 예외가 아니어서 우리 헌법에 저촉되지 않은 한 일본 형법은 해방된 후 8년이 지나 우리 형법전이 공포·시행된 후에서야 우리의 형사실무에서 형법의 법원(法源)으로서 기능을 정지하게 되었다는 사실이다.

이것이 의미하는 바는 일제로부터 해방된 후에도 대한민국의 제헌헌법에 반하지 않은 한, 우리 형법이 제정되고, 공포·시행된 1953년까지는 일본 형법이 우리의 형사실무의 법원으로 인정되었다[6]는 것이고, 하물며 일제의 강점기에는 한반도에서 적용형법은 어디까지나 일본의 의용형법이었지, 대한제국의 형법대전이 아니었기 때문에, 그 형법대전이 일제시대의 행위시법이라고 보는 데는 무리가 있어 보인다.

둘째로 조선말기의 제왕적 국가체제를 고수하던 대한제국의 법통이 임시정부에 의해 계승되고, 일본으로부터 해방 이후 자유민주국가의 헌법을 가진 대한민국의 정통성을 보장하는 국가체제로 이어졌는가의 문제이다. 1948년 우리 제헌헌법의 전문에 따르면, 우리 대한민국은 "유구한 역사와 전통에 빛나는 우리 대한국민은 기미삼일운동으로 대한민국을 건립하여 세계에 선포한 위대한 독립정신을 계승하"였음을 보여주고 있을 뿐이지, 대한제국을 계승하였음을 명시한 어떠한 흔적도 찾아볼 수 없다. 따라서 대한제국의 형법이 임시정부를 통해 일제시대에도 계승하여 유효한 행위시의 법으로 존재했어야 할 정당성을 인정할 논리적 근거는 매우 희박하기 때문에, 1905년에 시행된 형법대전을 해방 이전에는 반민족행위에 대한 행위시법으로, 해방 직후에는 현행형법으로 적용되어야 할 효력 있는 형법으로 인식한 것은 비논리적으로 보인다.

---

5) 제헌헌법 제100조: "현행법령은 이 헌법에 저촉되지 아니하는 한 효력을 가진다"고 천명하였다.

6) 바로 이 때문에 엄상섭 선생은 다음과 같은 주장을 피력하였다(월간 법정, 통권 제21호): "우리 정부가 성립된 것은 한없이 기쁜 일이지만, 신생 정부 하에서도 오히려 왜어로 된 육법전서로부터 해방되지 못할 것을 생각하니 법률가로서 끝없는 우려를 느끼지 아니할 수 없다. 하루바삐 민형상민소(民刑商民訴) 및 형소(刑訴)의 5법만 일지라도 우리말로 제정하여서 그를 운용하게 되었다면 얼마나 즐거운 일인가? 더구나 윤리성과 정치성이 농후한 형법만이라도 먼저 편찬하여야 할 것이고, 또 비교적 단시일 내에 글 완수할 수도 있는 것이다. 그러나 국회에 대하여 요청하고 싶은 것은 비록 형법일지라도 국회에서 충분한 검토를 하려면 수개월이 걸릴 것이 분명하오니 우선 가통과의 형식으로 의결하여서 왜어로 된 법률로부터 국민을 해방시켜 달라는 것이다.

셋째로 대한제국 정부(1987-1910)에서 1905년 4월 29일에 제정·반포된 형법대전[7]이 일제 강점기에 적용되었어야 마땅할 법전이었는가의 문제이다. 왜냐하면 이 법전은 일본인들의 주도하에 이미 1908년에 290여 항목을 삭제하는 개정을 감행하였고, 다시금 1912년 조선형사령의 시행으로 모살(謀殺), 고살(故殺), 강도살인(强盜殺人), 친족존장살상(親族尊長殺傷) 등의 몇 개 조항만 남겨두고 폐지되었다.[8] 물론 이러한 폐지는 한일합방조약이 무효이기 때문에, 개정형법대전은 일제 강점기 전시대에 걸쳐서 유효하다고 주장할 수는 있을 것이다. 그러나 사실상 법적 효력을 잃은 상태에 있었을 뿐만 아니라, 해방 이후에도 형법대전을 효력 있는 법으로 인식한 법조인의 거의 없었다. 이러한 사실은 형법대전이 일제강점기의 행위시법으로 인정하는 데 큰 장애가 아니 될 수 없을 것이다.

끝으로 김 교수는 대한제국의 형법에 의해서 처벌대상이 된 행위가 해방 이후 대한민국 형법에 의해서도 범죄행위로 평가될 수 있다는 점을 들어, 이들 사이에 불법성의 연속성이 있기 때문에 대한제국의 형법대전을 행위시법으로 인정해도 좋다는 결론을 내린다.[9] 그 이유로 옛 규범체제상의 불법과 새 규범체제상의 불법 사이의 연속성이 인정되어야만 형사처벌이 가능하기 때문이란다. 이는 "범죄 후 법률의 변경에 의하여 그 행위가 범죄를 구성하지 아니하거나 형이 구법보다 경한 때에는 신법에 의한다."고 하는 형법 제1조 제2항 규정에 의해 명문으로 요구된다는 점을 부각시킨다.

그의 이러한 논리는 매우 기교적으로 보인다. 우리가 일제시대에 반인륜적 민족반역자를 처벌하는 데 있어서 해방 이후에도 그 실효성이 없는 형법대전의 해당 규정에 근거하여 처리할 것인가, 아니면 소급효금지원칙을 철저히 준수하면서도 죄형

---

7) 형법대전의 제정과정을 요약하여 살펴보면, 갑오개혁기부터 시작되었다. 당시 일본의 野澤鷄一이라는 일본인이 일본의 구형법(1880)을 모방하여 <형법초안>(1897)을 기초하였다. 그러나 이 초안은 1897년부터 1910년까지 존재했던 대한제국 정부가 "舊本新參"이라는 노선을 채택함에 따라 폐기되었다. 이후 대한제국 정부는 <대명률>과 <대전회통>을 근간으로 하면서 신식 법령과 외국의 입법례를 참고하여 형법을 제정한다는 원칙 아래 독자적으로 형법안을 기초하였다. 이 때부터 <형법대전>을 반포하기까지 법률기초위원회에서 수차의 회합과 함께 다수의 자료들을 참조하였는데, 중요한 것을 들어보면, (인률목록)(1899), <보통초안>과, <형법초안>, Laurent Crémazy의 <Le Code Pénal de la Corée: 형법대전>(1904)이다. 이에 관한 자세한 문헌으로는 문준영, 대한제국기 <형법대전> 제정에 관한 연구, 24쪽 이하 참조.

8) 이에 관한 자세한 문헌으로는 문준영, 위의 논문, 116쪽 이하 참조.

9) 김성천, 앞의 논문, 279쪽 이하 참조.

법정주의의 원칙을 깨지 않은 틀 내에서 그런 행위를 처벌할 수 있는가가 중요한 것이다. 즉 그런 행위에 대한 적용시법의 적용 문제이지, 그런 행위에 대해 불법성의 동일성을 따지는 문제가 아닌 것이다. 만일 불법성의 동질성이 인정된다고 해서 행위시법의 적용기준이 완화될 수 있다면, 그것 또한 죄형법정주의에 반하기 때문이다. 따라서 적용시법의 법률과 그 이후에 새롭게 창설된 국가에서 새롭게 제정된 법규정이 어느 행위에 대해 동일한 불법성을 인정하고 있다는 이유로 소급효를 무조건 인정할 수 있다고 보는 것은 매우 기교적인 해석으로 보인다.

Ⅲ.

죄형법정주의의 원칙은 철저히 준수되어야 함은 너무도 지당하다. 그렇다고 해서 그 원칙이 형식적으로 지나치게 좁게 해석되어서는 아니 되는 것을 우리의 군사독재정권에서 적지 않게 봐 왔다. 즉 법률이 지나치게 비인도적이거나 반인륜적이어서는 아니 됨을 과거의 국가보안법을 비롯한 적지 않은 법률에서 볼 수 있었다. 언론·출판의 자유를 지나치게 억압한 각종의 긴급조치나 법령 및 국가보안법의 일부 규정들이 본질적 기본권을 침해하는 불법적 법률로 이용된 적이 있었다는 것도 엄연한 사실이다.

어디 그것뿐인가? 형식적이고 철저한 죄형법정주의는 법관을 법률의 입으로서만 기능하게 하여 악법에 대해서도 합리적 법해석을 가로막는 역할을 하였다는 사실은 우리의 현대사에서 잘 알려진 사실이 아닌가? 이러한 이유로 제2차 세계대전을 겪고 난 수많은 국가들은 형식적 죄형법정주의[10]가 아니라, 실질적 죄형법정주의의 실현에 온갖 노력을 기울여 왔다. 따라서 죄형법정주의가 철저히 준수되어야 한다는 원칙은 실질적 죄형법정주의의 철저한 실현을 말한다 할 것이다.

그렇다면 실질적 죄형법정주의의 실현을 위한 근본적 출발점은 어디에 있을까? 우리는 이 문제에 대한 생각을 소홀히 하여 왔다. 이 문제에 대해 한국에서 처음으로 진지하게 고민한 사람은 우리 형법의 아버지라고 할 수 있는 엄상섭 선생이 아

---

10) 독일 나치의 불법적 법률에 관해 윤곽의 소개로는 허일태(역), 법철학의 입문(아르투어 카우프만 저), 129쪽 이하 참조.

닌가 싶다. 그는 "죄형법정주의는 통치권의 정상적 존재를 전제로 하고 정립된 원칙"11)임을 분명히 하였다. 그리고 반인륜적 범죄를 자행한 친일인사에 대한 헌법상의 소급입법적 근거를 형법제정에 대한 요강을 설명하면서 다음과 같이 서술하였다.

"죄형법정주의를 법례의 장두(章頭)에 선언하기로 하였다. 이것은 현대 형법으로서는 당연한 일이고, 우리 헌법 제232조에서도 규정된 바이니, 구태여 이 조문을 둘 필요가 없을 듯하며, 총회에서 그러한 의견을 가진 위원들도 상당히 있었으나, 이러한 조문을 둔다고 하여서 해될 것이 없을 뿐더러 소위 개인의 가장 큰 기본권인 자유권에 대한 마그나 카르타를 명백하게 형법 제1조로 규정하는 것을 형법 운용상의 대 정신을 뚜렷하게 형법전에 나타내 두는 것도 효과가 있을 것이라는 이유 하에서 원안이 지지되었다."

"여기서 한 가지 문제가 되는 것은 대한민국 헌법 제101조에 규정된 반민족 행위를 한 사람에게 대한 처벌법규와 본조의 관계일 것이다. 물론 형법은 헌법보나는 효력이 약한 법률이니 헌법에 저촉되는 한에 있어서 형법이 무효일 것은 두말할 것 없을 것이다. 그러나 내가 문제삼고자 하는 것은 우리 헌법 제101조의 입법근거인 것이다. … 또 『민족반역자를 처단하기 위함이라』는 단순한 감정론에 그칠 것이 아니라, 사전 입법적인 문제로서의 타당성을 발견하자는 것이다. 만일 이 타당성을 정확하게 규정지어 두지 아니한다면 정권의 변동이 있을 때마다 헌법만 다수결에 의하여 개정한다면 용이하게 정적을 사후입법으로 처단하려는 중대한 악결과(惡結果)를 초래할 가능성이 있기 때문이다. 그래서 나는 우리 헌법 제101조와 같이 사후 입법으로 처벌할 수 있는 것은 오직 다음과 같은 조건 하에서만 성립되는 것이고, 그 외에는 헌법의 개정에 의하더라도 사후 입법으로서 처벌할 수 없다고 확신한다.

그러면 그 조건이란 무엇인가? 만일 어느 국가가 국민들에게 대한 통치권을 정상적으로 가지고 있었던들 응당 그들 중의 반민족적 행위자에게 대한 입법을 하여서 처벌하였을 터인데, 어느 부정당한 폭력에 의하여 그들의 통치권을 강탈당하였기 때문에 그들의 반역자를 처벌할 법률을 제정·집행할 기회를 가지지 못하였다는 것이 그 조건이어야 할 것이다. 이것을 우리의 경우에 적용한다면 과거 40년 동안에

11) 엄상섭, 앞의 논문, 참조.

우리의 통치권을 일제에게 강탈당하지 아니하였던들 반민족적 행위에 대한 법규를 제정하여서 그러한 행위를 하는 사람이 있을 때마다 처단하였을 것이거늘 우리는 부당한 왜제(倭帝)의 강력(强力) 때문에 우리 민족이면서 우리를 해치는 행위를 하는 사람들을 목전에 두고 또 미워하면서도 그들을 처벌할 기회를 얻지 못하였기 때문에 부득이 사후 입법에 의하여서라도 처단할 수밖에 없다는 데서 우리 헌법 제101조의 타당성이 발견되는 것이고, 우리의 통치권을 우리 수중에 넣고 반민족행위자를 처단할 수 있었음에도 불구하고 그들을 처단하지 아니하였다면 사후 입법으로 처단하여서는 안 된다는 것이 죄형법정주의의 정신일 것이다."

Ⅳ.

필자는 죄형법정주의가 실질적 의미에서 구현되기 위해서는 그 전제로 "죄형법정주의는 통치권의 정상적 존재를 전제로 하고 정립된 원칙"이라는 엄상섭 선생의 의견에 동감한다. 여기서 통치권의 정상적 존재가 의미하는 바는 자국민의 자기결정권이라는 결단에 의해 성립된 헌법과 그것에 따른 정부가 들어서고 입법, 행정, 사법이라는 권한주체가 3권의 분립을 통하여 견제와 균형이 가능한 헌법체제를 유지하는 국가체제를 말한다고 보여진다. 왜냐하면 개인의 자유와 인권을 보장하기 위해서 존재한 국가가 오히려 개인의 자유를 근본적으로 박탈하는 불법국가나 강압적 방식에 의한 통치권행사를 한다면, 그런 체제에서 형식적인 죄형법정주의의 철저한 준수는 오히려 국민의 자유와 기본적 인권을 더욱 침해할 가능성이 적지 않으며, 죄형법정주의는 인간의 존엄을 담보하는데 아무런 실질적 의미도 있을 수 없기 때문이다.

그렇다고 해서 반인륜적 범죄행위가 통치권의 정상적 존재를 전제로 하지 않은 상황에서 발생할 때, 그런 행위에 대해 무조건 소급효를 인정할 수 있는가에 대해도 의문이 있다. 즉 만일 반인륜적 행위가 통치권의 정상적 상황이 아닌 때에 발생했다고 하여 무조건 그 행위에 대해 소급효를 인정하는 것은 소급효금지의 원칙을 무시할 만한 정도의 큰 실익이 있는가 하는 점이다. 행위자가 어느 행위를 하면서 그 행위에 대해 어떠한 상황에 처하더라도 가벌성이 전혀 없다고 믿을 만한 충분한 사유가 있을 때, 소급효금지의 원칙은 개별 행위자의 자기행위에 대한 예견가능성의 보장 때문에 준수되어야 한다. 따라서 엄상섭 선생이 소급효의 금지원칙을 유보하는데 요구한 요건인 “통치권의 정상적 존재를 전제로 한다”는 사상은 다소 수정할 필요성이 불가피하다고 사료된다. 소급효금지원칙의 철저화를 유보하기 위해서는 엄 선생이 요구한 요건 이외에 행위자의 행위가 정상적인 통치체제에 있으면 당연히 중대한 가벌성을 갖는 행위임을 행위자가 알거나 알 수 있어야 한다는 것을 첨가해야 된다고 본다. 그렇게 함으로써 행위자는 자신의 행위가 정상적인 통치권의 체제 아래라면 형사처벌이 된다는 것을 예견할 수 있기 때문이다.

이런 점에서 볼 때, 반민족적 혹은 반인륜적 행위를 한 자에 대해 소급효금지원칙이 배제되기 위해서는 한편으로 통치권의 정상적 존재를 인정할 수 없다는 사실이 인정되어야 하고, 다른 한편으로는 어떠한 국가의 법률에서도 그 행위가 보편적으로 가벌성이 인정되어야 하며, 또한 우리나라에서도 한일합방 전이나 해방 이후에도 역시 동일한 가벌성을 갖고 있다는 점이 증명되어야 할 것이다.

이러한 범죄들에 대한 행위유형은 김성천 교수가 자세히 분석하고 있는데, 그가 제시한 사례에 따르면, 첫째로 한일합방 협력행위, 둘째로 식민체제 유지 협력행위로, 이를 세분하면 식민지 시대에 일제의 하수인으로 우리 민족의 독립운동을 한 분들에 대한 가혹한 고문행위나 살상행위, 밀정행위, 전쟁수행 협조 선동행위 등을 들 수 있을 것이다[12].

V.

죄형법정주의의 원칙은 공소시효의 문제에 있어서도 원칙적으로 적용되어야 한다면, 일제 강점기의 반민족적 행위에 대해서도 공소시효의 원칙은 적용되는 것이 마땅하다. 따라서 일제 강점기의 반민족적 행위에 대해 제정헌법과 법률에 의해 소급효를 인정해서 처벌될 수 있다고 해도 그 이후 공소시효가 만료된 상황에 처한 경우, 공소시효의 문제를 제쳐두고 언제나 처벌할 수 있다는 사고방식 또한 형법의

12) 이에 관한 자세한 분석과 연구는 김성천, 앞의 논문, 280쪽 이하 참조.

기본원칙에 반할 수 있다. 다만 헌법이나 형법 또는 형사소송법에서 반인륜적 범죄나 반민족적 범죄에 대하여 공소시효제도를 아예 인정하지 않을 때에는 예외가 되겠지만.

일제강점기는 공식적으로 1910년부터 시작되었고, 제헌헌법 제101조에 근거한 반민족행위처벌법은 "1910년부터 1945년까지 일제를 위해 반민족적 행위를 한 자에 대해 형사 처벌한다."고 하였으므로, 그 처벌법에 의하면 그런 행위에 대해서는 공소시효를 인정하지 않고 있다. 그리고 그것은 위헌일 수 없다. 왜냐하면 제헌헌법에서 반민족행위에 대한 처벌법의 소급효를 이미 인정하고 있고, 또한 그 헌법에 근거하여 제정된 반민족행위처벌법은 일제강점기 기간 안에서 범해진 반민족행위라는 범법행위에 대해 공소시효제도를 박탈하고 있기 때문이다.

일제강점기의 반민족행위라고 해서 소급효를 인정하고, 그것도 모자라서 공소시효를 원천적으로 박탈할 수 있는가가 문제가 될 수 있다. 왜냐하면 반민족행위가 소급법이 아닌, 행위시법이 적용이 되었다면 당연히 공소시효의 만료로 처벌될 수 없는 행위가 될 수 있기 때문이다. 그럼에도 불구하고 일제강점기라는 특수한 상황 때문에 불가피하게 소급효가 허용된 반민족행위처벌법이 다시금 일제강점기 동안의 특정 행위에 대해 모두 일괄적으로 공소시효제도를 원천적으로 박탈한 것은 정의의 한 축인 법적 안정성을 해할 수도 있어 보인다.

Ⅵ.

실질적 죄형법정주의는 각 개인의 자유보장을 담보하는 데 주된 목적이 있는 것이지, 국가의 반인권적 범죄행위를 면책하기 위한 제도가 아니다. 더구나 순전히 형식적 죄형법정주의인 불법적 법률에 의한 죄형법정주의도 개인의 자유를 보장하기는커녕 오히려 침해할 수 있다는 사실을 나치정권과 우리의 군사독재정권의 경험에서 확인하였기 때문에, 오늘날 실질적 죄형법정주의의 원칙을 강조하고 있는 것은 보편적인 추세이다. 따라서 박정희 군사독재정부나 전두환 군사독재정부와 같은 권위주의체제 아래서 공권력에 의하여 자행된 반인륜적 범죄에 대해서까지 무조건적으로 죄형법정주의가 형식적인 차원에서 적용되어야만 한다는 것은 적정성의 원칙에서 비추어 볼 때 정당한 것인지 의심스러울 수 있다. 이와 관련하여 한국에서 군사쿠데타나 군사독재정부 체제 아래서 야기된 반인륜적 국가범죄에 대해 공소시효를 어떠한 경우에도 인정되어야 하는 것이 정의로운 것인지가 의심스럽다. 예를 들면 1980년대 '5·18 민주화운동'에 대해 일부 군인들의 무고한 광주시민의 집단적 살해사건을 비롯하여 권위주의적 국가권력에 의해 자행된 수많은 반인륜적 범죄에 대한 공소시효의 배제를 입법적인 근거에 의해 인정할 수도 있어 보인다. 또한 고문전문가인 이근안의 반인륜적 고문사건이나 이른바 국가안전기획부가 관여한 '수지김 사건'이나 중앙정보부에 의해 살해된 '최종길교수 사건' 등도 권위적인 국가권력이 개입되어진 것이 분명해졌지만, 이들 사건에 대해 공소시효가 완성되어 버렸기 때문에 처벌할 수 없게 된다면 정의로운 것인지 의문이 나지 않을 수 없다.

이에 대해 정부는 '헌정질서파괴범죄의공소시효등에관한특례법'을 제정하여 일정한 반인륜적 범죄에 대해서는 공소시효가 적용되지 않음을 명백히 하였고, 또한 이른바 5·18특별법 제2조는 "특정 기간에 발생한 헌정질서파괴범죄에 대하여 국가의 소추권행사에 장애사유가 존재한 기간은 공소시효의 진행이 정지된 것으로 본다."고 규정하였다. 그렇지만 이와 같은 특별법의 적용을 받지 아니하는 '수지김 사건'이나 '최종길교수 사건' 등에 대해서는 결국 해석론에 의해 해결될 수밖에 없게 되었다.

그런데 해석론에 의해 죄형법정주의의 예외를 인정할 수 있는 것은 실질적 죄형법정주의가 지배적인 정신으로 자리 잡을 수 있는 오늘날에서도 오직 반인륜적 법률인 불법적 법률의 경우에 한정될 수밖에 없고, 헌법적 질서에 본질적으로 반한 악법의 무조건적인 적용은 비록 죄형법정주의의 탈을 썼다 하더라도 개인의 자유를 침해하는 것이기 때문에, 실질적으로 죄형법정주의에 반하는 것이다. 따라서 비록 권위주의적 국가의 개입에 의해 범해진 반인륜적 범죄라고 할지라도 그에 대한 공소시효의 배제는 헌법과 그 정신에 일치한 법률적 근거가 없는 한, 소급효의 인정은 허용될 수 없다고 할 것이다. 비록 공소시효에 관한 소급효에 대해 헌법정신에 어울리는 법률적 근거가 존재한다고 해도, 그 소급효가 허용되기 위해서는 공소시효기간 동안에 공소를 제기할 수 없는 현실적인 특별한 사정이 있어 공소시효의 중단을 인정할 수밖에 없는 불가피한 사정이 있는 경우에 국한해야 될 것이고, 이러한 사정이 없는 데도 소급효를 인정하는 것은 무리라고 생각된다.

이 문제와 관련하여 조국 교수는 "반인권적 국가범죄와 공소시효의 정지·배제와 소급효금지의 원칙"이라는 논문에서 자세한 고찰을 통하여 다음과 같은 결론을 내리고 있다[13]. 즉 "형법상 소급효금지의 원칙은 헌법의 기본이념과 시민을 보호하기 위한 근대민주주의의 형법의 대원칙이지만, 이 원칙은 헌법의 기본이념과 시민의 기본권이 다름 아닌 국가권력에 의해 침해되고 조직적으로 은폐·조작되는 특단의 사정이 있는 경우는 자신의 예외를 승인할 수밖에 없다. 이러한 맥락에서 형사소송법 개정이나 특별법 제정을 통하여 '반인권적 국가범죄'에 대한 공소시효를 배제·정지하는 것은 소급효금지의 원칙에 반하지 않는다고 본다."

소급효금지원칙의 예외에 대한 조국 교수의 결론에 필자도 동감하는 부분도 적지 않지만, 그러나 다음과 같은 점이 부가되어야 할 것이다. 즉 첫째로 소급효금지원칙의 예외가 적용될 수 있기 위해서는 독재정권이나 권위주의적 정권 아래서 반인륜적 국가범죄를 범하는 경우에 국한되어야 한다. 둘째로 비록 국가권력에 의해 조직적으로 조작이나 은폐된 반인륜적 범죄라고 하더라도 공소시효의 중단을 인정할 수밖에 없는 불가피한 사정이 없는 한, 이미 공소시효가 완성된 범죄에 대해 단순히 입법적인 근거에 의해 공소시효를 배제하는 것은 실질적 죄형법정주의의 이념에 반하는 것으로 보아야 한다. 물론 국가권력이 개입된 장래의 반인륜적 범죄에 대하여 입법적으로 영구히 공소시효제도를 폐지하는 것은 부당하다 할 수 없겠지만.

---

13) 「형사법연구」 제17호(2002), 1-18쪽 참조.

제3장

형법의 해석과 적용

Ⅰ. 형법조문의 추상성과 해석의 필요성

1. 형법조문의 불완전성과 추상화

개인의 기본권이나 사회질서 혹은 국가의 안전망 등 중요한 법익을 침해하는 행위를 범죄[1])로 포섭시키는 형법 각 조문의 구성요건은 언제나 완벽하다고 할 수 없다. 사회방위를 위해 용납될 수 없는 새로운 유형의 행위들이 사회현실의 변화에 따라 다양한 방식으로 항상 일어날 수 있기 때문이다. 입법자는 사회를 방위하기 위해 이들 용납될 수 없는 새로운 행위유형을 규범적으로 규율할 필요가 불가피하게 된다. 이런 이유로 각 범죄의 구성요건은 언제나 명확하고 엄격한 법률용어만으로 한정할 수 없게 되고, 일반개념이나 추상적 개념을 필연적으로 사용할 수밖에 없게 된다.

한국에서 근대형법의 개시는 1905년의 형법대전(刑法大全)이다. 이 형법대전은 부칙을 제외하고도 조문이 678개나 된다. 그리고 살인죄에 관한 조문만도 제473조에서부터 제483조까지 11개의 조문으로 구성되어 있다. 이에 반해 1953년에 제정된 형법은 형법대전의 반을 조금 넘는 372개의 조문에 불과하고, 살인죄의 조문 역시

1) 형법은 범죄의 성립과 이에 따른 형벌로 구성되어 있다. 예컨대 형법 제329조에 따르면, "타인의 재물을 절취한 자는 6년 이하의 징역 또는 1천만원 이하의 벌금에 처한다."라고 명시되어 있다. 여기서 '타인의 재물을 절취한 자'라는 내용은 범죄의 성립을 구성하는 '구성요건'이라고 부르고, "6년 이하의 징역 또는 1천만원 이하의 벌금에 처한다."는 '법률효과'로서 형벌이다. 이를 법정형이라고 부른다.

제250조에서부터 제255조까지 6개의 조문에 그치고 있다. 이처럼 제정형법은 형법대전에 비해 큰 폭의 조문축소를 가져왔지만, 처벌대상이나 처벌범위를 형법대전보다 축소하였다고 볼 수 없다. 왜냐하면 1953년의 제정형법은 형법대전보다도 일반개념이나 추상적 개념을 훨씬 많이 이용하고 있기 때문이다.

더구나 오늘날 세계는 과학기술의 발전에 따라 사회문화의 추세가 종래보다 급진적으로 변화하고 있다. 이 변화된 사회현실에서 뒤돌아 볼 때 입법자가 형법의 제정 당시 명백하게 보였던 개념도 오늘날의 적용시점에서 보면 불명확하거나 불충분한 것으로 판명되는 경우가 적지 않음을 알 수 있다. 게다가 어떤 법률도 일단 제정되면, 쉽사리 그 법률의 개정이나 폐지가 어렵고, 형법의 경우 더욱 어렵다는 점도 제정형법의 개정 역사를 살펴보면 곧바로 알 수 있다.

2. 형법해석의 화석화의 극복 필요성

그러기에 형법의 조문에 대한 해석은 죄형법정주의의 관철이라는 측면을 유지해야 할 정당성이 차고 넘치지만, 무조건적이고 형식적인 죄형법정주의의 극단적 철저화일 필요는 없을 수 있다. 이미 오래 전에 제정되거나 개정된 형법조문이라도 현실에서 효력을 갖고 적용되는 '살아있는 유기체'의 성격을 부인할 수 없기 때문이다. 이런 점에서 형법조문에 대한 해석은 문언의 허용된 틀을 본질적으로 깨지 않는 범위 내에서는 사회변화와 사물의 본성에 걸맞은 목적론적 해석의 필요성을 부인할 수 없다. 즉 형법상 조문의 해석은 사회의 변화에 따른 시대정신과 관계없는 굳어있는 화석으로만 남아 있어야만 될 필요는 없다. 오히려 해당 조문의 어의는 법체계의 내재적 의미와 시대정신에 부합하고 변화된 사회에 타당하게 해석되어야 함이 불가피하게 요청된다고 할 것이다. 예컨대 형법 제355조 제1항의 횡령죄는 "타인의 재물을 보관하는 자가 그 재물을 횡령하거나 그 반환을 거부한 때"라는 요소로 구성되어 있는데, 여기서 '타인의 재물을 보관하는 자'의 의미가 궁금해진다. 형법상 보관은 점유와 어떻게 다른지, 그리고 타인 소유의 부동산을 명의신탁한 자나 미성년자의 부동산을 법정대리인으로서 처리할 수 있는 자 또는 법인의 대표가 법인명의의 부동산을 처분할 때 타인의 재물을 보관하는 자로 보아야 하는지 아닌지도 규명되어질 필요성이 발생한다. 이러한 문제들을 전체적으로 파악할 수 있을 때에서야 비로소 횡령죄의 행위주체에 관한 올바른 이해가 가능해지기 때문이다.

Ⅱ. 형법적용과 형법해석

1. 형법적용의 순서

사회에서 발생한 구체적 범죄사건에 대한 형법의 적용은 3단계의 과정을 거친다.

첫째로 판단 대상이 되는 사실관계의 확정이다. 이는 수사기관의 수사를 기초로 법원의 재판과정에서 확정된다.

둘째로 당해 사실관계에 대한 법적 판단을 할 범죄구성요건을 선택하고, 그 내용을 획정해야 된다.

셋째로 당해 사실관계가 그 범죄구성요건에 포섭되는가를 검토하여야 한다.

2. 형법해석의 방법

형법의 해석은 법조문에 내포된 표준적 의미내용을 밝히는 작업이다. 형법해석의 방법은 여러 가지가 있지만, 전통적인 것으로 문리해석, 체계적 해석, 역사적 해석 그리고 목적해석을 들 수 있다.

1) 문리적 해석

형법의 해석은 원칙적으로 문리해석에서 출발해야 한다. 문리해석이란 법규를 통상적으로 사용되고 있는 문언에 함축된 의미내용을 찾아서 해석하는 기법이다. 법률은 일반인에게 무엇을 금지하는가를 명시하는 규범이므로, 법적용자는 일반인의 언어관용이나 법률용어의 사용법에 비추어 일정한 표현에 부여될 수 있는 의미내용을 확정하고자 한다. 죄형법정주의도 역시 문리해석을 우선적으로 요구하고 있다. 즉 "행위시의 성문의 법률에 의하지 아니하면 처벌될 수 없다."는 죄형법정주의의 원칙은 성문의 법률을 필요로 하고, 성문의 법률은 성문으로 된 문언을 핵심으로 하고 있어서, 문언의 의미에 따른 해석이야말로 형법해석의 첫걸음이기 때문이다. 이런 점에서 형벌법규는 문언에 따라 엄격하게 해석·적용되어야 한다.

그러나 문리해석도 법문의 문언을 명확하게 해명할 수 없는 경우가 다반사이다. 예컨대 형법상 '폭행'이라는 문언이 최광의의 폭행 개념을 의미하는 것인지, 아니면 최협의의 폭행 개념, 즉 강간이나 강도시에 요구되는 타인의 항거를 불가능하게 할 수준의 폭행까지 포함하는 지의 여부를 알 수 없다. 폭행 개념의 내용과 정도는 폭행을 수단으로 하는 범죄유형에 따라 달라질 수 있기 때문이다.

그러기에 형법의 해석은 그 밖의 여러 해석방법을 동원하게 된다. 그렇다고 하더라도 법해석이 올바른 것인가에 대한 판단은 법문언의 의미내용에서 한계를 갖는다. 법해석을 통하여 얻어진 법적 의미내용은 법문언의 의미내용을 넘어설 수 없으며, 언제나 법문언과 조화를 이루어 내야 하기 때문이다.

이런 관점에서 형법 제1조 제1항은 행위주체의 행위시의 범법행위를 처벌하고 있음을 볼 때, 법인 임원의 행위시의 범법행위는 사후에 법인설립의 무효로 임원 자격이 원천적으로 무효가 된다고 할지라도 행위시의 행위주체임에는 틀림없다. 그러기에 독일 형법 제14조도 예컨대 법인의 대표기관이 행위시에 범법행위를 하였지만, 사후에 대표기관의 자격이 박탈될 경우에도 처벌에서 자유스러울 수 없음을 명시하고 있다.[2)] 우리 대법원 전원합의체는 법인의 대표가 행위시에는 형사처벌의 대상자였음에도 사후에 법인의 설립 자체가 무효가 된 사안에서, 법인 자체가 소급하여 설립의 무효가 되었으므로 그 법인의 대표자의 행위시의 행위도 소급하여 대표자격이 없는 행위가 되어 무죄가 된다는 논리를 펴고 있다. 죄형법정주의를 빙자하여.

2) 독일 형법 제14조 제1항과 제3항 참조. 제1항: "다음 각호의 1에 해당하는 자격으로 행위한 경우 특별한 인적 성질, 관계 또는 상황이 가벌성의 기초를 이루는 법률은 그와 같은 요소가 대리인에게는 존재하지 아니하고 본인에게만 존재하는 경우에도 그 대리인에 대하여 준용한다. 1. 법인의 대표기관 또는 그 기관의 구성원, … 제3항: 제1항 …은 대리권 또는 위임관계에 기초하여 이루어진 법률행위가 무효로 된 경우에도 준용된다.

2) 역사적 해석

역사적 해석이란 법률을 제정할 당시에 입법자가 의도하였던 입법목적이나 입법 구상이 무엇이었는가를 밝히는 기법이다. 이를 밝히기 위해서는 법률시안이나 초안, 입법이유서, 국회속기록 등의 입법자료를 동원하여 법률제정의 의도와 경위를 규명하여야 한다.

3) 논리적 해석

개개의 법조문을 개별적으로만 보지 않고 그것이 차지하는 당해 법체계 내의 지위를 분석하여 그 조문의 의미와 내용을 밝히는 기법이다. 대법원도 해석에 있어서 "… 논리적·체계적 해석방법을 당해 규정의 본질적 내용에 가장 접근한 해석을 위한 것으로서 죄형법정주의의 원칙에 부합한다."[3]고 판시한 바 있다.

이러한 해석방법에 대한 치명적인 실수를 헌법재판소는 헌법 제110조 제4항 단서 규정[4]에서 범하였다. 이 단서 규정의 내용이 의미하는 바는 형법에서 사형을 명시하고 있기 때문에 헌법상 사형제도의 인정근거가 된다는 것이 아니며, 형법에 근거하여 피고인에 대하여 사형이 선고된 경우라도 단심으로 할 수 없도록 함으로써 사형선고에 대해 신중할 것을 요청하는 정도의 의미이고, 더구나 형법에 사형을 법정형으로 두고 있지 아니하면 이 헌법조문의 단서조항은 아무런 쓸모도 없게 된다. 더욱이 해석의 논리적 원칙에 따르면 상위법은 하위법의 근거가 되며, 하위법이 상위법의 근거가 될 수 없는 것이다. 그럼에도 우리의 헌법재판소 재판관들 다수는 하위법인 형법 등에서 사형제도를 인정하고 있으니, 그것을 근거로 사형제도가 합헌임을 인정한다는 논리를 펴고 있는 것이다. 참으로 부끄러운 우리의 법조인의 자화상이다.

---

3) 대법원 2007.6.14. 선고 2007도2162 판결: "형벌법규는 문언에 따라 엄격하게 해석·적용하여야 하고 피고인에게 불리한 방향으로 지나치게 확장해석하거나 유추해석하여서는 아니 되나, 형벌법규의 해석에 있어서도 가능한 문언의 의미 내에서 당해 규정의 입법 취지와 목적 등을 고려한 법률체계적 연관성에 따라 그 문언의 논리적 의미를 분명히 밝히는 체계적·논리적 해석방법은 그 규정의 본질적 내용에 가장 접근한 해석을 위한 것으로서 죄형법정주의의 원칙에 부합한다."

4) "④ 비상계엄하의 군사재판은 군인·군무원의 범죄나 군사에 관한 간첩죄의 경우와 哨兵(초병)·哨所(초소)·有毒飮食物供給(유독음식물공급)·포로에 관한 罪(죄) 중 법률이 정한 경우에 한하여 단심으로 할 수 있다. 다만 사형을 선고한 경우에는 그러하지 아니한다."

4) 합목적적 해석

합목적적 해석이란 당해 법규범이 실현시키고자 하는 목적을 해석의 핵심지침으로 삼는 기법이다. 이런 해석을 통하여 법률의 적용범위가 法文에 비하여 축소되는 경우를 제한적 해석이라 하고, 그 반대의 경우를 확장적 해석이라고 부른다. 확장적 해석은 형법해석상 허용될 수 없음은 물론이다.

5) 헌법합치적 해석

헌법합치적 해석이란 어느 법규나 법조문이 헌법에 합치되는가의 여부에 의문이 있을 때, 헌법에 위반된 것이 명백하지 않은 한 헌법에 부합되게 해석하는 기법을 말한다. 이 기법은 국회가 다수결에 의해 제정된 법률을 법률적용기관이 가능한 존중해야 된다는 원칙에서 도출된 것이다.

3. 입법의 흠결과 유추해석

특정한 사실관계가 형사처벌될 정도로 중대하여 이에 대한 규제의 필요성이 매우 강하게 요구된다고 하여도 이에 대한 처벌법규가 없고, 또한 형법의 정당한 해석을 통하여서도 합리적으로 포섭할 수 없으면 처벌의 사각지대가 발생하게 된다. 이러한 처벌의 사각지대를 야기할 수 있는 상황을 입법의 흠결이라고 부른다.

입법의 흠결에 대처하기 위한 방법으로 유추해석의 기법이 사용된다. 유추해석이란 법적으로 규율되어 있지 아니한 개별 사안에 대하여 유사한 개별 사안에 적용되고 있는 기존의 법규를 차용하여 적용하는 해석기법을 의미한다. 유추해석은 원칙적으로 허용될 수 없다. 다만 피고인에게 유리한 경우에 한하여 허용될 뿐이다.

Ⅲ. 형법의 적용범위

1. 시간적 적용범위

1) 행위시법주의와 소급효금지원칙

어느 죄를 범한 시점과 그 죄에 대한 재판시점 사이에는 시간적 차이가 있다. 이 양자 사이에 법률이 변경되어 범죄의 성부가 달라지거나 형의 경중이 있는 경우, 행위시법과 재판시법 중 어느 법률을 적용해야 할 것인지가 문제된다.

행위시법주의란 행위자가 범한 실행행위 시점에 유효한 형벌법규를 적용하여 재판하는 원칙을 말한다. 따라서 행위시와 재판시의 법규가 다른 경우, 행위자에 대해 행위시의 법률을 적용하여야 한다는 입장이다. 이런 입장에 따르게 되면, 행위시에는 존재하였지만 재판시에는 존재하지 않은 구법(舊法)인 행위시법이 적용되게 되고, 구법은 재판시까지 추급효(追及效)를 갖게 된다.

이에 반해 재판시법주의는 행위시와 재판시의 법률이 다른 경우 재판시법의 법률을 적용하는 원칙을 말한다. 이런 원칙에 따르면 행위시에는 존재하지 않았지만, 재판시에는 존재하고 있는 신법, 다시 말해 재판시법이 과거에 범한 행위에 적용되어 신법의 소급효를 인정한 셈이 된다.

헌법 제13조 제1항 전단과 형법 제1조 제1항은 '행위시의 법률'에 의함을 천명하고 있다. 따라서 행위시의 법률에 의해 처벌될 수 없는 어떠한 일탈행위라도 사후에 그에 대한 처벌규정을 제정하고, 그 법을 근거로 재판을 해서는 아니 된다는 것이다. 즉 헌법과 형법은 소급금지원칙과 행위시법주의를 명시적으로 채택하고 있음을 보여 준다. 이러한 소급효금지원칙과 행위시법주의는 국가가 무엇을 범죄로 하고 있는가에 대해 국민이 사전에 알 수 있도록 하는 것을 전제로 하기 때문에 국민의 예측가능성을 통한 법적 안정성을 도모하는 기능을 한다.

행위시의 '법률'은 범죄행위가 되는 '구성요건'과 함께 '법정형'을 명시한 '유효한 형식적 법률'이면 족하기 때문에, 그 법률의 하위법규가 제정되지 않은 상태에서 이루어진 행위라고 할지라도 당해 법률이 적용됨은 물론이다.[5)]

---

5) 대법원 1994. 11. 8. 선고 94도2340 판결: "법률이 제정·공포될 경우에는 특례규정이 없는 한 모든

2. 행위시법주의와 재판시법주의 한계

1) 범죄행위 계속 중 법률의 변경이 있는 경우

형법 제1조 제1항에서 말하는 '행위시'란 범죄행위의 '종료시'[6]를 말한다. 따라서 행위가 신·구법에 걸쳐 실행된 경우에는 행위시법이 아닌, 재판시법이 적용되게 된다. 이런 경우 1995년 개정형법 부칙 제3조도 같은 맥락에서 재판시법주의를 명시적으로 명백히 하고 있다.[7] 포괄일죄에 관해 판례도 "포괄일죄로 되는 개개의 범죄행위가 법 개정의 전후에 걸쳐서 행하여진 경우에는 신·구법의 법정형에 대한 경중을 비교하여 볼 필요도 없이 '범죄 실행종료시의 법'이라고 할 수 있는 신법을 적용하여 포괄일죄로 처단하여야 한다."고 한다.[8]

2) 범죄행위종료와 결과발생 사이에 법률의 변경이 있는 경우

구법이 적용되던 시기에 행위가 종료되었으나, 신법의 적용시에 결과가 발생하면, 어떻게 될까? 대법원 판례에 따르면, 공소시효의 기산점에 관한 형사소송법 제252조 제1항의 '범죄종료시'란 결과를 포함한 것으로 이해하고 있다. 이런 입장을 철저히 하면, 실행행위시와 결과발생이 다른 경우, 결과발생시의 법률을 적용해도 소급효에 위반하지 않게 된다.

그러나 이는 첫째로 범죄구성요건상 행위와 결과는 불리된 개념이지, 하나로 통합된 개념이 아니라는 점에서, 행위의 실행 개념을 결과발생까지 포함하면, 해석의 범위를 넘는 유추해석을 하는 셈이 된다. 둘째로 형법 제1조 제2항의 취지에도 반한

국민에게 당연히 그 효력이 미치고 그 법률에 따른 시행령이 있어야만 효력이 있는 것은 아니며 골재채취법 제22조 제1항이 시행령에 위임한 내용은 허가의 절차·방법 등에 관한 것에 불과하고 범죄구성요건의 일부를 위임한 것이 아니므로, 골재채취법 시행 이후 피고인들이 허가 없이 골재를 채취하였다면 비록 행위 당시 시행령이 제정되지 아니하였다고 하더라도 골재채취법위반죄에 해당한다고 아니할 수 없다."

6) 대법원 1994. 5. 10. 선고 94도563 판결: 형법 제1조 제1항 소정의 '행위 시'의 의미에 대한 【판결요지】 범죄의 성립과 처벌은 행위 시의 법률에 의한다고 할 때의 '행위 시'라 함은 범죄행위의 '종료 시'를 의미한다.

7) 형법부칙 <제5057호, 1995. 12. 29> "제3조(1개의 행위에 대한 경과조치) 1개의 행위가 이 법 시행 전후에 걸쳐 이루어진 경우에는 이 법 시행 이후에 행한 것으로 본다."

8) 대법원 1998. 2. 24. 선고 97도183 판결.

다. 형법은 재판시법의 적용을 피고인의 보호차원에서 국한하려는 점에 주목한다면, 해석에 의해 피고인에게 불리한 적용을 하는 것은 형법 제2조의 입법취지에도 반한다.

3) 대법원의 오랫동안 일관되어 온 판례의 변경에 의한 처벌가능성

행위 당시 대법원 판례의 일관된 경향에 따르면, 오랫동안 처벌되지 않았던 행위를 대법원 판례의 변경에 의하여 처벌하는 것을 행위시법주의에 위반되는 것일까? 대법원의 다수입장은 행위시법주의에 반하지 않는다고 본다.[9] 이에 반해 대법원의 소수입장은 위반된다고 하면서, 일관된 판례에 대한 "국민의 법의식상 그러한 해석이 사실상 구속력이 있는 법률해석으로 자리 잡게 되었다고 할 수 있음"[10]을 근거로 들고 있다.[11] 일관된 대법원의 판례변경의 문제는 형법 제16조에 의해 해결될 수 있다고 보여진다. 왜냐하면 행위자는 '죄가 되지 아니한다는 일관된 대법원 판례'를 통하여 자신의 행위가 제16조에서 말하는 "죄가 되지 아니한 것으로 오인하고, 그 오인에 상당한 이유가 있는 때"에 해당될 수 있기 때문이다.

3. 한시법(限時法)과 백지형법(白紙刑法)

1) 한시형법

(1) 한시형법의 개념

한시형법은 일정한 시간적 범위에 한정하여 유효기간의 명시된 법률의 일체를 말한다. 이에 반해 한시형법을 보다 넓게 파악하여 이른바 임시법까지 한시법으로 포

---

9) 대법원 1999. 7. 15. 선고 95도2870 판결.

10) 위 판결(소수의견) "종래 대법원판례가 구 건축법의 양벌규정이 행위자 처벌의 근거규정이 될 수 없다고 일관되게 해석하여 옴으로써 국민의 법의식상 그러한 해석이 사실상 구속력이 있는 법률해석으로 자리 잡게 되었다고 할 수 있음에도 불구하고 단지 다른 법률의 양벌규정과 해석을 같이 하려는 취지에서 국민에게 불이익한 방향으로 그 해석을 변경하고 그에 따라 종전 대법원판례들을 소급적으로 변경하려는 것은 형사법에서 국민에게 법적안정성과 예측가능성을 보장하기 위하여 소급입법 금지의 원칙을 선언하고 있는 헌법의 정신과도 상용될 수 없는 점 등에 비추어 구 건축법의 양벌규정 자체가 행위자 처벌의 근거 규정이 될 수는 없다."

11) 이 문제는 형법 제16조의 착오조항에 의해 해결될 수 있다고 본다.

함하는 견해가 있다. 이런 후자의 견해에 따르면, 유효기간을 명시하지 않은 채 일정한 상황이 제거되면 효력이 종료할 것으로 규정한 경우도 한시형법으로 파악하여, 유효기간이 명시된 법률을 협의의 한시형법이라고 부르는 반면, 유효기간의 명시 없이 일정한 상황을 기준으로 유효한 법률을 임시법이라고 부른다. 한시형법은 제정 시에 유효기간이 명시된 경우도 있지만, 이후에 유효기간이 추가된 경우도 있다.

한시형법의 개념을 논하는 실익이 그 추급효를 인정할 것인가의 여부이며, 추급효를 인정하게 되면 피고인에게 불리한 결과가 발생한다. 형법의 해석상 피고인에게 굳이 불리하게 해석하는 것을 피하는 것이 원칙임을 감안할 때, 추급효가 인정될 가능성이 있는 한시형법의 개념은 협의로 한정하는 것이 타당한 것으로 보인다.[12)]

(2) 한시형법의 추급효

한시형법이 종료 후에 한시형법 유효 당시에 범해진 위반행위를 처벌할 수 있는지가 문제된다. 재판 당시에는 실효된 법률이 실효 전에 범해진 행위에 효력을 미치는 것을 한시형법의 추급효라고 부른다.

한시형법의 추급효와 관련하여 한시형법 자체에서 유효기간 경과 후에도 유효기간 중의 행위는 처벌한다는 명시적 규정을 둔 경우가 있고, 그렇지 않은 경우도 있다. 이런 경우 어떻게 처리하는 것이 형법의 규정과 정신의 차원에서 타당할까.

한시형법은 유효기간이 지나면 실효되므로 유효기간이 지나면 효력을 인정할 수 없다고 해야 한다. 첫째로 추급효를 인정하려면, 신법주의를 취하고 있는 형법 제1조 제2항을 부정하고 행위시법주의로 환원하는 규정을 두고 있어야 하는데, 그에 관한 규정이 없으며, 둘째로 법률이 실효한 후에 특별한 규정 없이 추급효를 인정하는 것은 죄형법정주의에 반하고, 셋째로 추급효의 인정은 국가정책을 효율성 있게 관철하려는 의도라는 점에 주목할 때, 국가정책을 관철하기 위해 형벌까지 동원해야 할 정당한 이유가 없으며, 넷째로 형법의 규정과 정신은 피고인에게 불리한 해석을 되도록 삼가고 있다는 점에서 형법 제1조 제2항에 반하여 이의 축소해석은 바람직하지 않다.

---

12) 오영근, 형법총론, 박영사, 2009, 76~77쪽 참조.

2) 백지형법의 보충규범이 변경된 경우

형법 제1조 제2항 및 제3항의 '법률의 변경'에서 말하는 '법률'은 '전체로서의 형사실체법'이라고 해야 된다. 왜냐하면 이러한 의미의 법률이어야만, 범죄 후나 재판확정 후 이의 개폐가 어느 행위의 처벌과 정도에 관한 여부를 기준 짓는 효과를 갖기 때문이다.

이에 따라 보충규범에 의해 형벌이 가볍게 된 경우에는 신법을 적용하고, 형벌이 폐지된 경우에는 형사소송법 제326조 제4호에 의해 면소판결(免訴判決)을 하여야 한다.

2. 장소적 적용범위

1) 속지주의

형법 제2조는 "본법은 대한민국 영역 내에서 죄를 범한 내국인과 외국인에게 적용한다."고 규정하고 있다. 장소적 적용범위에 관한 이런 적용원칙을 속지주의라고 부른다. 즉 속지주의란 어느 국가 영역 내에서 발생한 범죄에 대해 내국인이건 외국이건 그 국가의 형법을 적용한다는 원칙이다. 국가주권은 평등하다는 원칙 아래, 모든 국가는 속지주의를 채택하고 있다.

형법 제2조에서 말하는 '대한민국의 영역'이란 대한민국의 영토보다 넓은 개념으로 영토 이외에 영해(領海)와 영공(領空)을 모두 포함한다. 따라서 대한민국 영토뿐만 아니라, 영해에서 죄를 범한 중국인이나 일본인일지라도 한국의 형법이 적용되며, 영공에서도 마찬가지이다.

"대한민국의 영토는 한반도와 부속도서로 한다."로 헌법 제3조가 명시하고 있기 때문에, 일부 학설은 북한에도 우리 형법이 적용된다고 한다. 형식논리적으로 보면 틀린 말이 아니다. 그러나 대한민국은 유엔에 가입하였고, 모든 유엔에 가입된 국가주권을 존중해야 될 책무를 지녔으며, 실효성이 지배가 전혀 없는 선언적 규정을 무리하게 적용된다고 하는 것은 형법이 품위를 떨어뜨린 행위이다. 형법은 결코 아무데나 그리고 언제나 어떻게든 쓸 수 있는 그저 그런 정책이 아니며, 국가 내의 사회질서 차원에서 불가피한 경우에 개입될 수 있는 최후수단적 정책일 뿐이다. 북한에 대해 아무런 실효적 지배가 없는 상황에서 우리 형법이 북한에 적용된다고 강변하는 것은 지나친 개념법학적 사고이다.

속지주의를 자국의 선박과 항공기 내로 확대한 것으로 기국주의(旗國主義)가 있다. 기국주의란 당해 국가 외에서 자국의 선박이나 항공기 내에서 범해진 범죄에 대해 자국의 형법이 적용됨을 의미한다. 우리 형법 제4조도 "본법은 대한민국 영역 외에 있는 대한민국의 선박 또는 항공기 내에서 죄를 범한 외국인에게도 적용한다." 라고 하여 기국주의를 채택하고 있다.

치외법권이란 용어가 요즘도 등장하고 있지만, 이는 과거 제국주의시대에 강대국이 약소국을 지배하기 위한 도구 개념이며, 오늘날 이를 인정한다는 것은 국가주권에 반한다. 대법원은 한때 대한민국 내에서의 치외법권의 인정을 전제로 하는 표현한 바 있지만,[13] 최근 들어 부정하는 쪽으로 전환했다.[14]

속지주의를 관철할 때, '죄를 범한'의 의미는 중요한 역할을 한다. 이것이 실행행위만을 말하느냐, 아니면 실행행위의 결과도 포함하는 것으로 보느냐에 따라 의견이 달라질 수 있다. 판례는 후자의 견해에 따르고 있다.[15] 타당한 입장으로 보인다.

2) 속인주의(屬人主義)

속인주의란 자국민(自國民)의 범죄행위에 대해서는 어느 국가나 그 어디에서 실행되든 자국의 형법을 적용한다는 원칙이다. 형법 제3조는 "본법은 대한민국 영역 외에서 죄를 범한 내국인에게 적용한다."고 명시하여 속인주의를 채택하고 있다. 판례상 문제가 된 경우는 도박죄를 처벌하지 않은 외국의 카지노에서 도박을 한 내국

13) 대법원 1986. 6. 24. 선고 86도403 판결: "국제협정이나 관행에 의하여 **대한민국 내에 있는 미국문화원이 치외법권지역이고 그 곳을 미국영토의 연장으로 본다 하더라도** 그 곳에서 죄를 범한 대한민국 국민에 대하여 … 미국이 자국의 재판권을 주장하지 않고 있는 이상 … 미국문화원측이 동인들에 대한 처벌을 바라지 않았다고 하여 그 재판권이 배제되는 것도 아니다."

14) 대법원 2006. 9. 22. 선고 2006도5010 판결: "중국 북경시에 소재한 대한민국 영사관 내부는 여전히 중국의 영토에 속할 뿐 이를 대한민국의 영토로서 그 영역에 해당한다고 볼 수 없을 뿐 아니라 …."

15) 대법원 2000. 4. 21. 선고 99도3403 판결: "외국인이 대한민국 공무원에게 알선한다는 명목으로 금품을 수수하는 행위가 대한민국 영역 내에서 이루어진 이상, 비록 금품수수의 명목이 된 알선행위를 하는 장소가 대한민국 영역 외라 하더라도 대한민국 영역 내에서 죄를 범한 것이라고 하여야 할 것이므로, 형법 제2조에 의하여 대한민국의 형벌법규인 구 변호사법(2000. 1. 28. 법률 제6207호로 전문 개정되기 전의 것) 제90조 제1호가 적용되어야 한다."

인에게 형법이 적용되는지의 여부이다. 처벌된다고 함이 당연하다.[16]

3) 보호주의

보호주의란 외국인이 외국에서 죄를 범했더라도 그것이 자국이나 자국민에 대한 범죄이면 자국의 형법을 적용하는 원칙을 의미한다.

형법 제5조와 제6조가 보호주의를 천명하고 있다. 즉 형법 제5조에 따르면, "본법은 대한민국영역 외에서 다음에 기재한 죄를 범한 외국인에게 적용한다. 1. 내란의 죄, 2. 외환의 죄, 3. 국기에 관한 죄, 4. 통화에 관한 죄, 5. 유가증권, 우표와 인지에 관한 죄, 6. 문서에 관한 죄 중 제225조 내지 제230조, 7. 인장에 관한 죄 중 제238조." 형법 제6조는 "본법은 대한민국영역 외에서 대한민국 또는 대한민국국민에 대하여 전조에 기재한 이외의 죄를 범한 외국인에게 적용한다.[17][18] 단 행위지의 법률에 의하여 범죄를 구성하지 아니하거나 소추 또는 형의 집행을 면제할 경우에는 예외로 한다."고 명시하고 있다. 즉 보호주의를 철저히 관철하면 외국인에게 불합리한 경우가 발생하므로, 형법 제6조 단서를 통하여 그러한 불합리한 경우를 배제시켜주고 있다.

4) 세계주의

세계주의란 외국인이 외국에서 외국인에 대한 범죄에 대해서도 자국의 형법을 적용하는 원칙을 말한다. 세계주의는 주로 반인륜적 범죄들에 대해서 적용되는 것이 일반적이다.

우리 형법도 부분적으로 세계주의의 관점에서 규정하고 있는 범죄가 있다. 즉 형법 제5조 제4호에 따르면, 외국인이 외국에서 통화에 관한 죄를 범한 경우, 우리 형

16) 대법원 2004. 4. 23. 선고 2002도2518 판결: 형법 제3조는 "본법은 대한민국 영역 외에서 죄를 범한 내국인에게 적용한다."고 하여 형법의 적용 범위에 관한 속인주의를 규정하고 있고, 또한 국가 정책적 견지에서 도박죄의 보호법익보다 좀 더 높은 국가이익을 위하여 예외적으로 내국인이 출입을 허용하는 폐광지역개발지원에관한특별법 등에 따라 카지노에 출입하는 것은 법령에 의한 행위로 위법성이 조각된다고 할 것이나, 도박죄를 처벌하지 않는 외국 카지노에서의 도박이라는 사정만으로 그 위법성이 조각된다고 할 수 없다.

17) 대법원 2002. 11. 26. 선고 2002도4929 판결: 형법 제239조 제1항의 사인위조죄는 형법 제6조의 대한민국 또는 대한민국국민에 대하여 범한 죄에 해당하지 아니하므로 중국 국적자가 중국에서 대한민국 국적 주식회사의 인장을 위조한 경우에는 외국인의 국외범으로서 그에 대하여 재판권이 없다.

18) 대법원 2008. 7. 24. 선고 2008도4085 판결: 피고인이 뉴질랜드 시민권을 취득함으로써 우리나라 국적을 상실하였으므로, 그 후 뉴질랜드에서 대한민국 국민에 대하여 사기행위를 하였더라도 외국인이 대한민국 영역 외에서 대한민국 국민에 대하여 범죄를 저지른 경우에 해당한다.

법을 적용함을 명시하고 있고, 형법 제211조는 판매할 목적으로 외국에서 통용하거나 유통하는 화폐, 지폐 또는 은행권에 유사한 물건을 제조, 수입 또는 수출한 자를 벌하고 있다. 따라서 외국인이 외국에서 외국의 통용되는 화폐 등을 제조, 판매하는 행위에 대해서도 우리 형법을 적용할 수 있다.

Ⅳ. 형법의 적용과 관련한 사법기관의 법왜곡행위

1. 현행 형법과 죄형법정주의의 회피가능성

수많은 형법학자나 법조인들은 언제나 죄형법정주의를 강조한다. 그럼에도 예외적으로, 아니 예외적 원칙으로 죄형법정주의를 헌신짝처럼 버리기도 한다. 법률상 예외는 극히 엄격해야 함에도 우리 형법상 예외적 현상이 원칙으로 둔갑한 것이 한둘이 아니며, 한국에서 죄형법정주의와 관련된 다음과 같은 규정도 이런 현상 중의 하나이다. 예컨대 우리 형법 제53조(작량감경)는 다음과 같이 규정하고 있다.

"범죄의 정상에 참작할 만한 사유가 있는 때에는 그 형을 감경할 수 있다."

이 규정은 법관이 선고형을 감경할 수 있음을 규정하고 있을 뿐, 어느 정도 감경할 수 있는가에 관한 근거를 두고 있지 않다. 형법의 이런 규정의 연혁적 근거라고 볼 수 있는 구형법의 경우 형법상 작량감경 규정은 법률상 감경규정을 준용하도록 하고 있는바, 우리 형법은 그 점을 명시하지 않았기에 입법적 실수를 범한 것이 되었다. 그럼에도 형사실무에서는 이 직량감경 규정을 근거로 법관의 광범위한 재량에 의해 법정형의 하한 이하로까지 형을 선고하고 있다. 이 부분에서는 죄형법정주의의 원칙이 철저하게 준수되지 않고 있다. 죄형법정주의는 용어 그대로 범죄와 형벌을 법으로 정한 원칙에 따라 처벌해야 된다는 것을 의미한다. 따라서 범죄의 성립에 대해서만 죄형법정주의의 원칙이 적용되고, 양형에 관해서는 그렇지 않다는 사고방식이야말로 무서운 죄형전단적 태도이다.

이런 문제점을 시급히 해결하기 위해서는 법관의 작량감경에 의해 형을 감경할 경우, 법률상 임의적 감경의 범위를 벗어나지 않은 범위에서 형벌을 선고할 수 있는 법적인 근거가 필요해 보인다.

또한 법의 왜곡행위, 즉 범죄사실을 비롯하여 법의 해석과 적용 및 양형의 범위에 관한 법관이나 검찰의 사법왜곡은 국민의 이름으로 국가형벌권을 정당하게 행사해야 할 국가기관의 무서운 권한남용행위라는 점에서, 범죄사실관계의 왜곡을 비롯한 법률해석과 양형의 본질적 왜곡은 형사처벌의 대상이 되어야 한다. 이런 점에서 법관이나 검찰의 사법왜곡은 장래의 형법전에 반듯이 포함되어야 마땅하다고 본다.

현행 형법은 6·25사변의 전시 중에 제정되어 전시형법적(戰時刑法的) 성격에 치우친 관계로 예비와 음모죄를 총칙에서 규정하고 있을 뿐만 아니라, 형법각칙의 42개 범죄군 중에서 12개 범죄군이나 예비·음모를 처벌하고 있다. 그런데 형법은 기수범을 처벌하는 것을 원칙으로 하고, 미수범은 예외로 처벌하며, 전세계의 형법전도 비슷한 태도를 취하고 있다. 형법상 예외는 엄격해야 한다는 것은 형사법학의 상식이다. 예비·음모는 미수의 예외이며, 미수는 다시금 기수의 예외이다. 따라서 미수범은 극히 중요하고 예외적으로 처벌되어야 하며, 하물며 예비·음모에 대해서는 범죄 실행의 착수단계에 도달하지도 않는 상태이다. 더구나 "생각만으로는 처벌할 수 없다."는 사고방식은 형사입법상 전통이다. 예비·음모는 범죄 실행의 행태라기보다는 오히려 그런 행위를 하려는 의식과 준비행위에 불과하고, 어느 범죄의 준비행위라는 것도 통상적으로 인간들의 일상적 행위와 특별히 구별되지 않는 경우가 대부분이라는 점에서 예비·음모의 처벌은 극단적인 경우에만 인정되어야 한다.

바로 이런 이유로 독일이나 일본을 비롯하여 스위스, 오스트리아 등은 우리나라의 경우보다 3분의 1에 불과한 경우에만 예비행위를 처벌한다. 더욱이 단순한 음모행위까지 처벌하는 것은 이미 2000년 이전의 로마법에서도 금지하고 있기 때문이며, 현대형법에서 거의 극복된 사상이다. 하지만 우리 형법은 아직도 예비죄의 경우 음모까지 처벌하고 있다. 사상을 벌할 수 없다는 것이 계몽 이래의 보편적 상식임에도, 우리나라는 사상을 벌하고 있는 국가임을 보여주고 있다.

2. 사법기관의 법왜곡행위와 대표적 사법왜곡

이승만 정권 하에서도 사법살인이 적잖게 있었다. 6·25전쟁시에 '최창식 대령'에 대한 사법살인[19]을 비롯하여 '조봉암 국회부의장에 대한 사법살인'[20]이 그 대표적인 사례이다. 이러한 사법살인은 이승만 정권에서보다 박정희 정권 하에서 더 많았다. 권위주의적 정권에서 사법살인은 단순히 피해당사자에 대한 사형을 선고하는 데에만 그치지 않고, 집행까지 한 경우가 적지 않다. 우리 헌법이 기본권 보호를 천명하고 이를 제도적으로 담보하고자 적법절차를 비롯한 법치국가원칙을 천명하고 있는 대한민국에서 있을 수 없는 참으로 어처구니없는 일들이 벌어졌다.

그나마 다행스러운 일은 1993년 김영삼 정권 이후 사법살인을 안겨주었던 많은 사건에 대해 재심이 받아들여졌고, 이들 사건 대부분이 무죄로 판명되었다. 이들 사법살인 중에서 1975년 4월 8일에 사형이 집행된 이른바 '인혁당재건위 사건'[21]은 역사적으로 가장 악랄하고 잔인한 사법살인의 전형으로 손꼽힌다. 그런데 이러한 사법살인을 하였거나 할 수 있도록 주도적인 터전을 잡아준 섬뜩한 인물들이 다름 아닌 검찰과 법관이라는 법조인들이란 점이다.

이들은 군사쿠데타를 일으키고, 그것도 부족해서 다시금 반인륜적인 유신헌법의 제정을 통하여 영구통치를 꾀한 자에게 빌붙어 인권탄압과 법치국가원칙의 왜곡에 앞장섰다. 이들은 사법의 왜곡을 통하여 사법살인을 범한 살인자들임에도 불구하고 대단한 위인으로 취급받고 있는 것이 대한민국의 실정이다.

이러한 모습은 우리로 하여금 우리 사법제도가 부끄러울 뿐만 아니라, 그 제도를 운용하는 사람들이 무고한 국민들을 국가의 이름으로 살인행위를 범하였다는 점에서 참으로 충격적이다. 오늘날 문명국가에서 있을 수 없는 일들이, 그것도 정의를 바로잡겠다고 하는 사람들이, 그래서 법치국가원칙이며, 죄형법정주의나 책임주의 등을 들먹인 바로 그런 법조인들이.

필자가 어릴 때, 법조인은 정의를 실현하는 사명감이 아주 높은 사람이라고 생각

---

19) http://cafe.daum.net/Gongwoo/OrxR/400?q=%C3%D6%C3%A2%BD%C4%20%B4%EB%B7%C9 참조.

20) 이에 관해 http://blog.naver.com/PostView.nhn?blogId=diamond927&logNo=120122545012 참조.

21) 1975년 4월 9일은 스위스 제네바에 본부를 둔 '국제법학자협회'에서 정한 '사법사상 암흑의 날'이다. 인혁당재건위 사건은 사건의 시작부터 시형집행까지 현대 문명국가의 사법제도 아래에서는 도저히 일어날 수 없는 일이었다. 그래서인지 근대사법제도가 1895년에 도입되었기 때문에 1995년 4월 중에 실시된 방송사의 '근대 사법제도 100주년 기념설문조사'에서 현직 판사 315명이 인혁당재건위 사건을 우리나라 사법사상 가장 수치스러운 재판으로 꼽았다. 이 사건은 2007년 대법원재심을 통해 무죄로 밝혀졌다. 그러나 망자들의 명예는 회복되었지만 이미 사형 집행된 이들의 억울함을 어떻게 풀 수 있을까? 특히 http://blog.naver.com/PostPrint.nhn?blogId=choiys1989&logNo=220798317055 참조.

했다. 적어도 '인혁당재건위 사건'의 이전까지는. 그러나 이 사건 이후로 법조인은 어쩌면 장례사업자의 모습을 떠올리게 하였고, 살아갈수록 적지 않은 법조인들이 권력에 빌붙거나 불의에 친하고 있음을 보았다.

이런 생각이 과히 틀리지 않았던 것은 일부 특정 법조인이긴 하지만 그들의 법치국가원칙에 반한 행동들의 모습을 쉽게 찾아볼 수 있었기 때문이었다. 다음의 사례가 그런 유형의 법조인의 전형이 아닐까?

어느 유명한 법조인의 행적을 살펴보면, 그 분은 5·16군사쿠데타로 정권을 장악하고 그것도 모자라 영구적인 총통을 하려했던 박정희를 위해 악명 높기로 유명한 '유신헌법'의 제정에 깊이 관여하였다. 자유와 평등 그리고 정의의 이념 실현을 핵심으로 삼았어야 할 자유민주주의 국가의 근본을 본질적으로 침해했던 유신헌법의 제정은 군사쿠데타로 정권을 탈취했던 박정희 자신이 그 정권을 스스로 무력화시킨 또 하나의 쿠데타인 셈이다. 바로 그 유신헌법은 박정희의 지위를 대통령의 권한을 넘어 총통의 지위로 격상시켰고, 무소불위로 권력을 행사할 수 있도록 하였다.[22] 박정희 정권에서 총애를 받았던 그는 권력기관의 핵심중책을 맡았고, '재일교포유학생간첩조작 사건'을 비롯한 각종의 사법왜곡의 풍토를 제공하는 데에 직·간접적으로 기여하였다는 정황들이 적지 않다.[23] 그런 행위들로도 부족했던지 1992년 대통령선거가 한창일 때 김영삼을 대통령으로 당선시키기 위해 용납될 수 없는 지역감정을 앞세운 불법 선거전략을 세우고 이른바 '초원복국 사건'을 일으켰다.[24] 결과적으로 김영삼씨가 대통령으로 될 수 있게 했던 일등 공신이 되었다. 최근에도 전임 대통령의 비서실장으로서 우리나라 헌법질서의 근본을 뒤흔든 박근혜·최순실의 국정농단에 깊이 관여한 것으로 나타나고 있다.[25]

---

22) 박정희에 관련된 문헌 중의 하나는 http://100.daum.net/encyclopedia/view/b08b3644a 참조.

23) "SBS의 그것이 알고 싶다."에서 그에 관한 자세한 내용은 http://soken.tistory.com/1408 참조.

24) 그는 부산지역 관계기관장들을 모아놓고 초원복국집에서 "우리가 남이가", "김영삼 대권후보가 대통령에 당선되지 않으면 우리 모두 낙동강 오리알 신세가 되어야 한다."를 불법선거의 방식을 모의했고, 이 사건이 들통나자 오히려 도청했던 쪽을 비난하면서 '사이비보수집단'과 영남지역민과 그 출신자들이 일치단결하는 계기를 만들었다.

25) 그의 반헌법적 행태에 관한 기록은 김영한 정무수석의 비망록에 적지 않게 명시되어 있다. 이에 관해서는 http://blog.naver.com/PostView.nhn?blogId=omhkhg&logNo=220879014141 참조.

제4장

형법상 범죄론

Ⅰ. 범죄개념의 분류

1. 범죄개념의 의의와 역할

사회생활의 근간이 될 수 있는 중요한 법익을 침해할 수 있는 사회적 일탈행위 중에서 어떤 유형의 행위가 범죄로 되어야 하며, 이와 함께 그런 유형의 범죄행위에 대한 형벌의 정도에 관한 문제는 국민을 대표하는 입법자의 합리적인 재량의 범위에 속한다. 범죄개념은 바로 이런 입법재량에 대한 올바른 기준을 제공하는 역할을 해야 한다.

그런데 형벌은 '인간이 참기 힘든 고통'이라는 속성을 지녔고, 행위자의 권익에 대한 침해를 불가피하게 수반할 수밖에 없다. 이런 점에서 형벌은 다른 제재방식으로 사회방위를 통제할 수 없는 경우에만 최후수단으로써 개입되어야 한다. 따라서 형벌의 제재가 불가피한 범죄라는 것은 사회공동체의 근간 유지에 불가피한 중요한 법익을 침해하는 행위유형이어야 되고, 형벌에 의해서만 이런 행위유형에 대한 사회방위를 할 수 있는 경우에 국한되어야 한다.[1)]

---

1) 중국 형법은 이런 실질적 범죄 개념에 따른다고 할 수 있다. 즉 중국 형법 제13조가 이를 명시하고 있다. "국가주권과 영토의 완전성 및 안전을 위해하거나 국가를 분열시키고, … 기타 사회에 위해를 가하는 일체의 행위로서 법률에 따라 형벌에 의한 처벌을 받아야 하는 행위는 모두 범죄이다. 다만 사안이 현저히 경미하여 위해가 크지 아니한 경우에는 범죄로 인정하지 아니한다."

이와 관련하여 우리 헌법재판소는 법정형에 관한 입법자의 입법형성권의 내용과 범위를 다음과 같이 적시하였다.

> “어떤 범죄를 어떻게 처벌할 것인가 하는 문제, 즉 법정형의 종류와 범위의 선택은 그 범죄의 죄질과 보호법익에 대한 고려뿐만 아니라 우리의 역사와 문화, 입법 당시의 시대적 상황, 국민일반의 가치관 내지 법감정 그리고 범죄예방을 위한 형사정책적 측면 등 여러 가지 요소를 종합적으로 고려하여 입법자가 결정할 사항으로서 광범위한 입법재량 내지 형성의 자유가 인정되어야 할 분야이다. 따라서 어느 범죄에 대한 법정형이 그 범죄의 죄질 및 이에 따른 행위자의 책임에 비하여 지나치게 가혹한 것이어서 현저히 형벌체계상의 균형을 잃고 있다거나 그 범죄에 대한 형벌 본래의 목적과 기능을 달성함에 있어 필요한 정도를 일탈하는 등 헌법상의 평등의 원칙 및 비례의 원칙 등에 명백히 위배되는 경우가 아닌 한, 쉽사리 헌법에 위반된다고 단정하여서는 아니 된다.”[2)]

1) 실질적 범죄 개념

범죄개념은 형식적 관점과 실질적 관점으로 구분할 수 있다. 범죄개념을 실질적 관점에서 정의하게 되면, 어느 행위가 문언상으로 해당 법조문의 구성요건에 해당하는 하는 행위일지라도 사회에서 용인될 수 있는 사소한 짓거리에 불과한 것이라고 볼 수 있으면, 그런 행위유형은 형벌의 최후수단적 성격에 비추어 볼 때 굳이 구성요건에 해당된다고 볼 수 없다는 것이다. 이런 실질적 범죄 개념을 채택하고 있는 국가들은 주로 공산주의 국가의 형법인 바, 예컨대 중국 형법 제13조에서도 그 전형을 찾아볼 수 있다.

> “국가주권과 영토의 완전성 및 안전을 위해하거나 국가를 분열시키고, 인민민주전정(人民民主專政)의 정권을 전복시키고 사회주의제도를 무너뜨리거나 사회질서와 경제질서를 파괴하거나 국유재산이나 노동군중집체 소유의 재산을 침범하거나 공민개인소유의 재산을 침범하거나 공민의 인신에 대한 권리와 민주권리 및 기타 권리를 침범하거나 기타 사회에 위해를 가하는 일체의 행위로서 법률에 따라 형벌에 의한 처벌을 받아야

---

2) 헌재 1995. 4. 20. 93헌바40, 판례집 7-1, 539, 547 등.

하는 행위는 모두 범죄이다. 다만 사안이 현저히 경미하여 위해가 크지 아니한 경우에는 범죄로 인정하지 아니한다."

이러한 식의 범죄개념은 다음과 같은 문제점을 안고 있다. 비록 표면상으로 사안이 경미하고 위해가 크지 않은 사소한 짓거리에 지나지 않아 보이지만 실행행위의 내용은 사회적으로 용납할 수 없는 중대한 범행일 수 있음에도 아예 범죄에 해당되지 않는다고 평가될 수 있다. 따라서 외관상으로 사소한 짓거리이지만 실질은 엄청난 범법행위임에도 불구하고 처음부터 죄가 성립하지 않는다고 섣불리 판단할 수 있는 단점을 지닌다.

이처럼 사안이 현저히 경미하여 위해(危害)가 크지 않는 때에는 범죄로 인정하지 않는 실질적 범죄 개념을 채택할 경우, 수사를 통하여 범죄의 실질을 철저히 파악하지 않고서도 처음부터 범죄로 파악하지 않는 위험성을 품을 수 있다. 즉 구성요건에 해당된 중대한 범죄행위일지라도 외관상만으로 사안이 경미하고 위해가 크지 않다고 평가하여 범죄로 되지 않는다고 함으로써 철저한 수사가 결여될 수도 있다. 이런 경우 수사의 개시도 없이 어느 중대한 범행조차 경미한 사안에 해당될 수 있다는 위험성을 실질적 범죄 개념은 내포하게 된다.

2) 형식적 범죄 개념

형식적 범죄 개념은 기존의 형법상의 법률질서에 따른 범죄개념이다. 즉 범죄의 내용적 실질을 따지지 아니하고, 형법전이나 또는 특별형사법전에 규율되어 있는 범죄에 한정하는 개념이다. 범죄를 형식적 관점에서 철저히 하면, 아무리 사소한 행위일지라도 그 행위가 형법상 구성요건에 포섭될 수 있으면 범죄가 될 수 있는 위험에 빠지게 된다. 이는 형벌의 최후수단성임을 포기할 수 있게 한다.

예를 들면 형법 제260조 제1항은 "사람의 신체에 대하여 폭행을 가한 자는 2년 이하의 징역, 500만원 이하의 벌금, 구류 또는 과료에 처한다."고 명시하고 있는 바, 여기서 '폭행'의 개념은 사람의 신체에 대한 일체의 유형력 행사라고 정의된다.[3)] 그

---

3) 광주고등법원 1963. 6. 13. 선고 63노7 형사부판결: "무릇 폭행이라 함은 유형력의 행사를 말하는 것이므로 피고인의 본건 행위(뿌리치는 행위) 역시 유형력의 행사라고 할 수는 있(다)."

렇다면 사람이 많이 타고 있는 버스나 전철을 타면서 다른 사람에게 약간의 접촉을 가한 경우 형법상 폭행죄의 구성요건 성립에 아무런 지장이 없게 된다. 그러나 이는 형벌의 최후수단성과 마찰을 야기한다.

2. 한국 형법의 범죄개념과 형법내용상의 장점

우리나라 형법도 한편으로 형식적 범죄 개념에 따르고 있다. 따라서 폭행죄의 경우 타인에게 약간의 접촉도 폭행죄에 해당될 수 있게 된다. 그렇지만 그런 행위는 우리 형법 제20조의 사회상규에 반한다고 볼 수 없기 때문에 위법하지 않은 것으로 평가하게 된다.

독일은 한국의 사회상규와 같은 조항이 없기 때문에 구성요건의 해당성 차원에서 사회상당성이론이나 허용된 이론을 만들어야 할 필요성이 요구되었고, 일본은 '정당한 업무행위'가 위법성을 조각한다는 점에 착안하여 이 문언을 확장하려고 노력하여 왔었다.

한국 형법 제20조가 갖는 이러한 장점을 애써 무시하고, 형법 제20조의 사회상규에 관한 규정이 죄형법정주의의 원칙에 부정적인 영향을 주기 때문에, 이의 규정을 삭제해야 한다는 주장들이 교과서나 논문 등에서 적지 않게 주장되고 있음을 볼 수 있다. 그러나 이러한 주장은 다음과 같은 이유로 설득력이 별로 없을 뿐만 아니라, 사대주의의 형법사상에 철저히 물들은 입장이라고 하고 싶다.

첫째로 우리나라 형법이 형식적 범죄 개념을 취하고 있다는 점에 대해서는 아무도 이의가 없다. 그렇다면 구성요건의 해석은 형식적 범죄 개념에서 출발해야 한다. 구성요건에서 허용된 행위개념이나 객관적 귀속이론을 주장할 아무런 근거도 없기 때문이다. 그럼에도 불구하고 우리 형법은 한편으로 형식적 범죄 개념을 취하면서, 다른 한편으로 허용된 행위 개념과 객관적 귀속이론을 받아들이고 있는 모순을 범하고 있다.

둘째로 죄형법정주의라는 것은 엄격한 해석을 요하고 있어서 유추해석이나 지나친 목적론적 해석은 삼가야 된다. 형식적 범죄 개념을 취하면서 구성요건의 성립 여부에 관해 실실석 범죄 개념에 가까운 이론을 억지로 도입하는 것은 논리모순이다.

Ⅱ. 범죄체계론

1. 범죄론의 의의와 체계

범죄는 중대한 법익을 침해하는 현실의 구체적 사건, 예컨대 살인사건 등을 전제로 한다. 범죄사건을 한눈에 일괄하여 파악하고, 이에 관한 형법규범도 일괄적으로 적용하는 방법을 택할 수 있다. 그렇게 되면 범죄성립 여부를 판단함에 있어서 수사기관이나 법관의 자의성이 개입될 여지가 매우 크게 된다. 현실세계에서 야기된 범죄사건의 경우 그에 대한 법적용을 통일적이고, 체계적으로 파악하는 일은 한편으로 특정 범죄사건에 대해 법적용자의 자의성을 배제하고, 다른 한편으로 그 사건의 실체적 본질에 상응한 형벌권의 실현을 담보해 줄 수 있는 기능을 갖기 때문이다. 이런 점에서 범죄성립 여부를 논하고 평가하는 일련의 체계적인 시스템을 범죄론체계라고 한다.

1) 범죄체계의 전제로서 범죄의 성립요건과 법률효과

형법은 형벌을 받을 만한 짓거리의 개별적 성립요소를 확정하고, 이에 상응하는 형벌을 핵심적 수단으로 하는 법률효과를 부과하는 법질서를 말한다.

(1) 범죄의 성립

범죄가 성립하기 위해서는 형사실체법에서 명시한 금지규범(혹은 요구규범)에 위반된 행위를 범해야 할 뿐만 아니라, 정당화사유나 책임조각사유가 없어야 된다. 경우에 따라 객관적 처벌조건의 부존재(형법 제129조 제2항의 사전수뢰죄)나 인적처벌조각사유(헌법 제45조의 국회의원 원내면책특권)도 넓은 의미에서 범죄의 성립사유에 포함될 수 있다.

금지규범은 범죄구성요건의 형식으로 명시되어 있다. 예컨대 일반살인죄는 “사람을 살해한 자"로 규율되어 있다. 따라서 일반살인죄가 성립하기 위해서는 행위주체인 살인자가 행위객체인 피해자에 대해 살인행위를 실행하여, 그 결과발생인 피해자의 죽음을 야기하고, 살해행위와 피해자의 죽음 사이의 인과관계가 요구된다. 이뿐만 아니라 주관적인 내심의 의사로서 행위주체의 살인의사의 존재가 필요하다. 더 나아가 행위자의 살인행위에 대해 정당방위와 같은 위법성조각사유가 없어야 되며, 책임능력의 구비와 위법성의 인식 내지 인식가능성의 존재 및 적법행위의 기대가능성이 있어야 비로소 행위자의 살인범죄가 성립된다.

(2) 법률효과

범죄가 성립되면, 형사실체법은 이에 대한 법률효과로서 법정형이라는 이름으로 형벌의 효과를 정하고 있다. 우리 형법전은 법률효과로서 사형, 무기의 징역 또는 금고, 유기의 징역 또는 금고, 자격상실, 자격정지, 벌금, 구류, 과료 및 몰수를 명시하고 있다. 그러나 몰수는 범죄행위에 제공하였거나 제공하려고 한 물건 또는 범죄행위로 인하여 생하였거나 이로 인하여 취득한 물건을 국가가 몰수하거나, 몰수할 수 없으면 추징하는 것을 말하기 때문에 형벌이라고 말할 수 없다. 형벌은 법률체계상 최후의 수단이기 때문에 구류나 과료를 형벌의 일종으로 파악하는 것은 지나치게 형벌의 개입가능성을 허술하게 한다는 점에서, 현행형법에서 퇴출되어야 마땅해 보인다. 자격정지나 자격상실은 형벌의 독자성을 갖고 있다기보다는 부수적이기 때문에 고유한 의미의 형벌이라고 명하기 어렵다고 할 것이다. 이른바 보안처분도 범죄에 대한 법률효과임을 부인할 수 없다.

2. 체계상 사용된 용어

범죄란 성숙한 사람이라면 특정 중요 법익보호를 위해 회피해야 할 것으로 명시된 규범을 도리어 위배하는 행위, 즉 구성요건에 해당되고, 위법하며 유책한 인간의 행위이다. 따라서 형법상의 행위개념은 적어도 구성요건적 관련성을 가질 수 있는 자격을 필요로 한다. 구성요건을 실현시킬 수 없는 전구성요건적 행위는 형법상 행위개념이 아니고, 개념법학자들이 만들어 낸 '불필요한 조어'에 불과하다. 왜냐하면 형법상 의미 없는 인간의 행위는 비록 그것이 인간의 사회생활에 밀접히 관련되고 타인에게도 심한 영향을 줄지라도 애초부터 형벌의 대상이 될 수 없기 때문이다. 그러기에 수사의 대상이 될 수도 없다. 세상에서 가장 중요한 일 중의 하나는 자식을 낳게 하는 일련의 행위들인데, 그럼에도 그런 행위들은 형법상 행위일 수 없다.

형법상 행위개념에는 인간활동의 일체가 포함될 수 있다. 어떤 경우에는 특정 금지규범을 적극적인 동작을 통해서 실행할 수 있는가 하면, 어떤 경우에는 사회생활상 이행했어야 할 요구규범을 소극적으로 태만함으로써 이루어질 수 있다. 전자를 '작위'라 하고 후자를 '부작위'라고 부른다. 현실세계에서 일어난 범죄사건은 작위와 부작위가 서로 혼합된 채로 발생한 경우도 적지 않다. 물론 작위가 대부분의 형법상 행위로 나타나고 있다. 부작위에 의해 범죄를 구성할 때란 행위자가 형법상 이행했어야 할 책무를 소홀히 하거나 일부러 이행하지 않아 형법상 금지된 행위상황을 실현시킨 경우에 국한된다.

1) 행위개념의 구성

(1) 행위개념의 구성 필요성

종래의 제 행위론은 형법상의 해석론이나 입법론의 기초가 되기에는 별 실익이 없었다. 또는 사회적 행위론과 같이 사회적으로 중요한 행위에 국한해야 한다고 주장하면서, 그런 행위가 구성요건 전단계에서 파악되어야 하므로 가치중립적인 내용을 가져야 한다고 주장한 결과, 형법상 의미 있고 실익 있는 체계적합적인 행위개념으로 안주할 수 있었던 행위론이 사실상 부재하였다.

물론 지금까지 알려진 행위론들이 전혀 무익했던 것은 아니어서 형법상 의미 있는 인간의 행위에 대해 다양한 고찰과 그에 대한 해명의 공로를 부인할 수 없을 것이다. 그럼에도 불구하고 이제까지의 행위론이 가벌적 행위와 불가벌적 비행위에 대한 형법상 실익 있고 체계적합적인 구별을 담보할 수 있는 만족할 만한 행위개념을 제공하지 못했음을 부인할 수 없었기에, 일부 교수들이 행위개념부인론에 쉽게 동의할 수 있었다.[4)]

---

4) 예컨대 오영근, 형법총론(제3판), 2014, 75쪽 이하 참조.

그렇지만 우린 그런 의견에 동의할 수 없다. 왜냐하면 형법상 행위개념이 가벌적 행위인가 아니면 아예 처음부터 구성요건적 행위에 적합할 수 없는 비행위인가에 대한 기준을 제시하는 한계기능을 가져야 된다는 것을 무시할 수 없다면, 이러한 한계기능의 내용을 합리적으로 담보할 수 있는 행위개념의 상위개념기능, 즉 형법상 의미 있는 가벌적 행위가 무엇인가를 정의하는 것이 불가피하게 요구하게 되는데, 행위개념부인론은 이를 거부하기 때문이다.

그런데 형법은 수범자에 대한 행위결정규범이기 때문에 형법상의 행위개념을 설정하는 데 있어서도 인간의 활동자유에 대한 형법의 개입가능성을 가능하면 제한하는 것이 필요하며 그리고 그에 대한 통일적인 기준도 제시되는 것이 바람직한 것이다. 이런 점에서 형법상의 행위는 가벌적 기준이 되는 구성요건적 행위에 준하거나 어울릴 수 있는 행위를 축으로 하는 형법상 의미 있는 행위개념의 구성이 불가피한 것으로 보인다.

(2) **행위개념**

a. **정 의**

형법상 '행위'란 행위자 자신의 행동을 목적적으로 조종할 수 있는 자가, 사회방위 차원에서 볼 때, 회피했어야 할 현실적 위험을 피하지 않고 방치하거나 또는 그런 위험을 적극적으로 초래하는 인격적 행위태양을 말한다. 이를 다른 말로 표현하자면 "목적적 행위지배를 할 수 있는 자가 행위시에 회피했어야 할 현실적 위험을 회피하지 않거나 자초한 일체의 인격적 활동"이라고 할 수 있다.

b. **근 거**

우리가 사회적으로 기대하는 성숙한 인간이라면 자신의 행동으로 촉발되거나 야기된 사태의 인과과정을 실질적으로 조종하고 지배할 수 있는, 즉 그 사태의 핵심적 경과과정이나 내용(작품)을 주도적으로 지배하거나 형성할 수 있는 능력을 가진 것으로 전제된다. 이러한 인간은 자신의 활동과정에서 야기된 위험을 예상하고 그것을 회피하는 능력까지도 겸비하고 있다고 우리들 대부분 전제하고 있다. 그리고 성숙한 인간은 이러한 능력을 바탕으로 그의 과학적 지식에 기초하여 사회적 평화와 안전을 위하는 방향으로 자신의 활동을 지배하거나 조절함으로써 우리의 문화형성에 기여하는 존재로 파악되고 있다.

그렇다고 인간은 언제나 사회적 이익에 따른 활동만을 하는 존재이지도 않다. 사회적으로 악영향을 끼치는 활동도 가능한 이중적 존재이기 때문이다. 그러기에 인간은 사회적으로 부정적인 영향을 주는 침해적 행동을 회피할 수 있는 능력을 갖고 있고, 또한 그러한 침해적 행동을 회피해야 할 책무도 지고 있다. 이와 같은 책무에 근거하여 공동생활에 위험이 되는 행동을 피할 수 있었음에도 불구하고 위험을 야기한 자는 사회방위를 위해 그렇게 하지 않는 데에 대한 책임을 져야 하며, 극히 예외적인 경우에 한하여 최후의 수단으로써 형법적 대응을 부담하게 된다. 그러기에 성숙한 인간은 자기 자신의 활동범주에서 빚어진 결과에 대해 사회적 책무를 부담할 수 있는 인격자인 것이다. 형법은 이처럼 인간의 활동능력과 사회적 책무를 전제로 하여 사회방위를 위해 불가피한 경우에 예외적으로 개입하는 법적 도구이다.

이처럼 형법이 전제하고 있는 인간상은 과학적 지식에 기초하여 일정한 목표를 세워서 실행에 임할 뿐만 아니라, 그 목표의 실행으로 야기되는 부수적인 제반 사정까지 일정한 범위에서 예견할 수 있고, 목표달성에 부정적인 것을 회피할 수 있는 능력자임을 위에서 확인하였다.

그렇기 때문에 형법상 의미 있는 행위를 할 수 있는 이른바 '행위능력자'는 인간 모두가 포함되는 것이 아니라, '목적적 행위지배가 가능한 인격 있는' 행위능력자로 국한해야 한다.[5] 이러한 능력자에게는 자기가 목적하는 바를 실현할 수 있으며, 그 행위로 인하여 야기되거나 부수한 제 사정을 참작할 수 있는 능력이 있으면 족하고, 그 행위가 사회적으로 어떠한 의미를 갖는지 식별할 수 있는 능력을 굳이 요구하지 않는다. 이런 점에서 자신의 행위가 법적으로 위법한지 여부를 인식할 수 있고, 그에 따라 적법한 행위를 실행할 수 있는 책임능력과 구별된다.[6] 대법원도 책임능력

5) 종래 학자들은 모든 인간은 행위능력이 있는 것으로 간주하여 진통이 개시된 유아 때부터 시작하여 맥박과 호흡 또는 뇌의 기능이 영원히 정지되어 죽을 때까지 형법상 의미 있는 행위를 할 수 있는 존재로 보고 있다. 그러나 그것은 지나치다. 왜냐하면 인간이라고 해서 모두 범죄라는 작품활동을 할 수 있는 것은 아니고, 그런 활동을 할 수 있는 자에 한해서만 행위능력이 있다고 보아야 하기 때문에 행위능력은 태어나면서 주어지는 것이 아니라 의사형성능력 또는 자신의 행위를 목적적으로 조종할 수 있을 때에 비로소 구비되는 것이다. 민법에 있어서도 의사능력이 없는 자는 행위능력이 없는 것으로 보고 있다.

6) 우리 형법 제9조와 제10조가 행위능력이 아닌 책임능력을 규율하고 있다고 해석해야 할 이유는 다음과 같다. 형법 제9조가 14세 미만자에 대해 불가벌로 하는 것은 초등학교에 입학할 수 있는 6-7세의 어린아이일지라도 범죄구성요건의 객관적 요소인 행위주체를 비롯한 객체, 방법, 수단, 결

을 "사물의 시비선악을 변별할 능력이나 또는 인식하는 바에 따라 행동할 능력이 없어 그 행위의 위법성을 의식하지 못하고 또는 이에 따라 행위를 할 수 없는 상태"에 있는 것이라고 명백히 하고 있다.[7]

그러나 형법상 행위가 성립되기 위해서는 '행위능력' 있는 자의 행위가 필수적으로 요청되지만, 행위능력이 자기의 행위를 목적적으로 지배할 수 있는 능력을 말하는 것이라 해서, 형법상 행위개념이 목적적 행위론처럼 반드시 목적적 활동이어야만 한다고 말할 수 없다. 왜냐하면 형법상 '행위능력'은 행위자 자신의 의사에 근거하여 행위결과의 인과적 과정을 지배하거나 조종하는 능력을 말하는데 반해, 형법상 '행위'는 그런 능력을 가진 자가 현실세계에서 회피했어야 할 현실적 위험을 야기하는 인격적 태도이기 때문이다. 그러므로 행위능력자의 목적적 행위조종에 의한 작품형성 행위만이 형법상 의미 있는 행위로 간주될 수 있는 것이 아니라, 그런 능력자가 회피할 수 있었던 무의식적 실수로 인하여 현실적 위험을 야기하는 경우에도 때로는 그 위험을 회피해야 될 행위주체의 행위로서 형법상 행위로 인정되어야 할 필요가 있는 것이다. 이 때문에 그런 위험을 일반적으로 회피할 수 있었던 행위능력자에게는 사회평화를 위해 사회적으로 중요하게 평가되는 법익침해를 방지해야 할 의무가 부여될 수 있으며, 그러한 의무를 지고 있는 자가 법적으로 이행했어야 할 역할을 제대로 하지 않아서 보호해야 할 이익을 침해 내지 침해할 수 있는 경우에야 비로소 형법상 개입의 단초가 되는 형법상 행위가 존재한다고 해야 한다.

c. 요 건

이에 따라 형법상 의미 있는 행위가 존재하기 위해서는 첫째로 행위자가 일반적 행위능력을 구비하여야 하고, 둘째로 행위자가 어느 행위시에 구체적 행위능력을 가져야 된다. 셋째로 행위자가 피했어야 할 현실적 위험을 회피할 가능성이 있어야 하며, 넷째로 행위자가 그와 같은 현실적 위험을 회피할 수 있었음에도 불구하고, 이에 반해 그런 위험을 실현케 하는데 적합한 인격적 태도나 행동을 행사해야 한다.

과 등을 많은 경우 충분히 인식할 수 있는 것은 사실이지만, 그러나 불법에 대한 변별력이 없기 때문이다. 같은 맥락에서 형법 제10조도 역시 불법에 대한 시비를 할 수 있는 변별력을 문제삼는다고 보여진다(이에 관해서는 현행형법 제10조를 토대로 한 형법개정안 제21조 제1항의 "행위의 옳고 그름을 판단할 능력"이라는 표현과 각주 7)의 대법원 판결 참조).

7) 대판 1985. 5. 28, 85도361.

aa. **일반적 행위능력**

종래의 행위이론에 의하면, 모든 자연인은 그의 연령과 정신상태에 관계없이 형법상 의미에서 행위능력을 일반적으로 갖고 있다고 보았다. 즉 인간은 유아나 혼수상태에 빠져있는 식물인간조차도 행위능력 있는 행위주체로 보았다. 이런 인간유형들조차 행위능력자로 보는 본질적 이유는 인간의 경우 다른 동식물과 달리 그 자체로서의 인격을 가졌기 때문이라는 데에 두었다.

그러나 이러한 사고방식은 정당하지 않으며 타당하지도 않다. 왜냐하면 인간만이 동물과는 달리 유일하게 행위능력을 갖는다는 것은 인간 자신의 행동을 통해서 어느 사태나 사물의 인과과정을 조종하거나 지배할 수 있는 실행능력이 있기에 행위능력을 부여한 것이기 때문이다. 따라서 인간이라고 해서 무조건 행위능력이 인정될 수 있는 다는 것은 잘못된 전제이다.

그러므로 형법상의 의미 있는 행위를 할 수 있는 주체는 모든 자연인이 다 포함되는 것이 아니라, 자기의 활동을 계획적으로 조종할 수 있는 인간에게 국한해야 할 것이다. 더욱이 형법상 행위개념이 구성요건적 행위에 적합할 수 있는 내용과 가치를 가져야 된다면, 형법상 행위주체도 결국 범죄행위의 주체가 될 만한 자격을 가진 자에 한정해야 된다.

그런데 범죄행위의 주체가 될 수 있는 자격은 본질적으로 자기의 행위를 목적적으로 조종하거나 지배할 수 있는 자를 전제하고 있는 점을 고려한다면, 형법상 의미 있는 행위를 할 수 있는 행위주체도 그와 같은 능력을 구비하여야 하는 것은 당연하다고 할 것이다.

이런 점에서 혼수상태에 있는 식물인간은 목적적 활동가능성이 애초부터 불가능하기 때문에 형법상 행위능력이 없다고 해야 한다. 또한 자기 행위를 목적적으로 지배할 수 없어 회피해야 될 현실적 위험을 피할 수 없는 유아도 형법상 의미 있는 행위능력을 갖는 행위주체가 될 수 없다고 해야 한다. 그렇지만 정신병자 중에 사물에 대한 위험 자체를 인식을 할 수 있고, 그 위험을 피할 수 있는 행위지배능력을 갖고 있는 자가 있다면, 그는 형법상 행위능력 있는 행위주체가 될 수 있는 것이다. 이런 점에서 행위능력은 책임능력과는 다른 것이다. 즉 행위능력은 위험한 현실적 사실을 인식하고 자신의 계획적인 활동으로 그 위험을 회피할 수 있는 일반적 능력을 말하는데 반해, 책임능력은 그와 같은 위험한 사실을 인식하고 그 위험을 대처할 수 있는 것만으로 충분하지 않고, 불법에 대한 변별능력과 그에 따라 불법을 회피할 수 있는 능력을 말한다.[8)]

bb. 행위자격(행위시에 구체적 행위능력의 구비)

행위자가 성숙한 인간이어서 일반적인 행위능력을 갖고 있다고 할지라도, 그가 행위시에 순간적으로 졸거나 또는 최면상태에 빠져 구체적인 행위능력을 갖지 아니할 수도 있는 것이다. 그러므로 형법상의 의미 있는 행위가 존재하려면, 행위자는 일반적인 행위능력을 구비하여야 할 뿐만 아니라, 행위시에 구체적인 행위능력도 갖추어야 된다. 여기서 구체적 행위능력이라고 하는 것은 인간의 의식이 깃들은 상태에 있어 인격적 동작을 할 수 있는 것을 말하므로, 인간의 동작이나 태도가 외부적으로 발현되었다고 할지라도 그것이 인간의 의식의 개입이 없어 인격적 태도라고 볼 수 없는 것은 형법상의 의미 있는 행위가 될 수 없다고 해야 할 것이다. 예컨대 수면 중의 행위자는 비록 일반적인 행위능력을 가진 자라고 할지라도, 그가 수면 중에 실행한 동작이나 태도는 그의 의식이 깃들은 동작은 아니므로, 그에 대해 사회적으로 응답을 받을 수 있는, 그의 인격이 깃들은, 행동이나 태도라고 볼 수 없는 것이다.[9)] 그뿐만 아니라 경련에 의한 발작이나 무의식 중의 동작 또는 의사(意思)의 지배 밖에 있는 본능적인 반사적 동작 등도 역시 형법상의 의미 있는 행위자격을 가질 수 없는 것이다.

더 나아가서 항거 불가능한 절대적 폭력의 경우에도 역시 행위자가 구체적 행위능력이 없는 상태에서 이루어진 것이므로 형법상의 행위자격을 가질 수 없다. 또한 최면의 상태에서 한 행위도 인간의 정신적인 자아통제 없이 행한 동작이라면, 행위

8) 참고로 우리 형법개정안 제21조 제1항에 따르면 "정신장애로 인하여 행위의 옳고 그름을 판단할 능력이 없거나 그 판단에 따라 행위할 능력이 없는 자의 행위는 벌하지 아니한다."라고 하여 책임능력은 단순한 행위능력의 차원을 넘어서 불법성을 변별할 능력을 예정하고 있다. 이와 같은 취지에서 미국의 모범형법 §4.01(1)도 책임능력을 "법의 요구에 합치할 수 있는 능력"이라고 규정하고 있고, 독일 형법 제20조도 "…중한 정신질환으로 인하여 범죄행위의 불법을 변별하지 못하거나 그 변별에 따라서 행위할 능력이 없는 자"를 책임무능력자라고 명시하고 있다. 또한 일본 형법가안 제16조 제1항도 "정신장애로 인하여 행위의 시비를 변별하거나 그 변별에 따라 행동할 능력이 없는 자의 행위는 이를 벌하지 아니한다."고 함으로써 역시 불법에 대한 변별력을 책임능력의 요소로 보고 있다.

9) 그러나 수면 전에 취했어야 할 마땅한 조치를 게을리하여 수면 중에 야기된 결과는 구체적 행위능력 있는 자의 작품으로 보아야 할 것이다.

시에 행위능력이 있을 수 없으므로 형법상 의미가 있는 행위가 될 수 없는 것이다. 이 점은 반수면상태(半睡眠狀態)에서 꾼 꿈의 상태에서 살인공격자의 살해행위를 방어한다는 망상으로 옆에서 자고 있는 자기의 부인을 목 졸라 죽인 행위는 책임무능력자의 행위가 아니라, 행위무능력자의 행위라고 해야 할 것이다. 따라서 이 경우는 형법상의 행위가 없다고 보아야 한다.[10]

cc. **회피했어야 할 위험**

행위자가 행위시에 비록 구체적 행위능력을 가졌다 할지라도 그가 '회피했어야 할 위험'을 피하지 않고 그 위험의 현실화를 야기한 경우에야 비로소 형법상 행위의 문제가 제기된다. 그런데 회피했어야 될 위험이 무엇인지는 행위자의 주관적 의사에 따라 내용이 달라지는 것이 아니라, 사회 구성원 상호간에 통용되는 다수의 합일된 의사가 그 기초를 이루며, 그 같은 의사는 사회적으로 공인된 가치기준에 근거하기 마련이므로, 사회유지를 위해 불가피하게 보이는 중요한 이익에 대한 침해위험을 뜻한다고 해야 할 것이다.

dd. **회피했어야 할 위험의 회피가능성**

행위자가 비록 행위시에 구체적 행위능력을 가졌다고 할지라도 첫째로 실현한 위험에 대한 회피해야 할 의무가 전혀 없거나, 둘째로 피했어야 할 위험에 대하여 회피할 가능성이 있을 수 없는 경우에도 형법상 의미 있는 행위는 성립될 수 없다고 해야 할 것이다. 여기서 '회피할 의무가 전혀 없는 경우'[11]란 행위자가 자기 자신에 대한 폭행이나 애무 또는 비방 등으로 이 같은 동작이나 태도는 형법상 전혀 의미가 있을 수 없어 형법상의 행위자격을 가질 수 없다고 해야 할 것이다.

그리고 위험에 대하여 회피할 의무가 있다고 하더라도 행위자에게는 회피가능성이나 회피수단이 객관적으로 전혀 없는 경우에도 형법상 의미 있는 행위는 없다고 해야 할 것이다. 그러므로 물에 빠진 자식을 구할 수 있는 수영실력이 없어 수영 이

---

10) 그러나 일본의 고법판례는 단지 책임이 없다고 판시하였다(日本 大阪高判, 昭和 39.9.29).

11) 회피할 의무가 없다는 것은 회피의무를 전제로 한 것인데, 회피의무란 자신의 활동영역의 범위에서 야기된 위험을 방지하거나 극소화할 각 개인이 부담하는 사회적 내지 법적 의무를 뜻한다고 할 수 있다. 그러나 누가 어떠한 의무를 어떻게 부담하는가는 각 개인이 사회생활의 형성과정 중에서 실행한 활동이나 부담하는 역할을 통해서 생성되기 때문에 이는 구체적 사례별로 파악될 성질의 문제다.

외에 부모가 할 수 있는 모든 구조방법을 다 동원했어도 자식을 익사케 한 부모는 형법상 의미 있는 행위를 한 것이 아니다.

ee. **위험실현에 적합한 인격적 태도**

행위자는 피했어야 할 '위험을 실현케 하는 데 적합한 동작이나 인격적 태도'가 있어야 한다. 여기서 위험 실현의 방법으로서 인간의 거동이나 인격적 태도란 자신의 의식적 활동을 통해서 자신의 삶을 목적적으로 형성할 수 있는 능력을 전제로 한 인간의 사회적 태도 내지 거동을 의미하며, 그러한 태도가 어떠한 형식으로 회피해야 될 위험을 야기하느냐에 대해서는 제한이 없다. 그 때문에 고의행위든 과실행위든 그리고 작위든 부작위든 모든 방법이 가능하다 할 것이다. 그러나 위험실현의 방법은 위험을 야기케 하는데 적합한 수준에서 이루어져야 한다.

(3) 구체적 응용사례

사례: "어느 날 밤 남편 A와 부인 B 사이에 5개월 된 남아(男兒) C를 눕히고 함께 자던 중, 정신없이 깊은 잠에 빠진 A에 눌려 C가 질식사하였다."

이 사건에서 A가 실행한 행위의 존재적 측면만으로는 형법상 의미 있는 행위를 찾을 수 없다. 왜냐하면 잠자면서 행하는 동작은 구체적 행위능력이 결여된 동작이므로 형법상 행위자격을 가질 수 없기 때문이다. 그 밖에 검토해 볼 만한 것으로는 A가 C와 함께 잠자리에 들어간 행위를 생각해 볼 수 있지만 잠을 잔다거나 함께 잔다는 것은 사회생활에서 당연한 행위이고 형법상 아무런 의미가 없기 때문에 그 같은 행위는 형법상 의미 있는 행위의 자격이 없다고 해야 할 것이다. 끝으로 이러한 존재론적 측면만이 아니라 규범적 관점을 함께 하여 고려해 볼 만한 것으로는 A가 잠자리에 들면서 C를 치사케 하지 않도록 그 자신이 적절한 조치를 취할 의무를 부담하고 있는가를 문제해결의 준거점으로 보는 점이다. 이 경우 만일 A가 그런 의무를 부담한다고 본다면 그 범위에서 그 의무를 이행하지 않아 C를 치사케 했으므로, A는 과실치사의 죄책을 질 수 있는 행위를 범했다고 말할 수 있을 것이다. 그리고 A에게 그런 의무를 부담시킬 수 없다면, A에 의해 야기된 결과가 사회적으로 봐서 중요하다고 할지라도 형법상 의미 있는 A의 행위는 없다고 하는 것이 더 타당할 것이다. 이런 점에서 위 사례의 문제해결에 대한 올바른 준거점은 행위능력을 구비한 행위자가 사회적으로 회피했어야 할 위험과의 밀접한 상관관계에서 찾을 수 있다는 것을 보여준다.

따라서 형법상의 행위를 전구성요건적 행위의 존재적 구조나 내용만으로 이해하려는 학설인 인과적 행위론이나 목적적 행위론 또는 인격적 행위론 등으로는 위의 사례에서 제기된 문제의 올바른 해결책을 찾기가 힘들다. 그리고 사회적 행위론은 행위개념을 사회적으로 중요한 인간의 인격적 행동이라고 기본적으로 이해하고 있기 때문에, 위의 사례에서 A의 행위가 사회적으로 중요한가에 대하여 사회적 관점에서 검토하게 되므로 오직 존재적 관점에서 행위를 찾는 종래의 다른 행위론보다는 진일보하였다고 보여진다. 그러나 이 학설에서는 A가 C에 대한 위험회피 의무의 존재 여부와 위험회피 가능성 정도를 고려하지 않고 A의 동작이나 태도가 C의 죽음이라는 사회적으로 중요한 가치를 갖는다고 해서 무조건 형법상의 의미 있는 행위가 된다고 보는 것은 지나친 독단이다. 왜냐하면 예컨대 수영 잘하는 A가 개울가에서 놀다가 순간적으로 잠이든 순간 수영을 못하는 8세된 B라는 소년이 수심이 깊은 곳에 빠져 살려 달라는 아우성을 못 들어 B가 익사한 경우에 A의 B에 대한 구조방치는 생명의 침해라는 사회적으로 중요한 가치를 갖지만, 그러나 B에 대한 A의 행위가 형법상 의미를 갖기 위해서는 A가 B에 대해 구조의무가 있느냐의 여부가 중요한 관점이 되는 것이다. 즉 위험회피의무가 없으면 A의 B에 대한 태도는 형법상 아무런 의미가 없는 것이다. 그런데도 사회적 행위론은 이러한 관점을 등한시하고 오직 인격적 행위의 사회적 중요성을 강조한 것만으로는 위와 같은 사례를 타당하게 해명할 수 있는 능력이 부족한 것이다.

이런 점에서 필자가 제시한 행위개념이 위의 사례들에 대하여 가장 합리적인 해결책을 제시해 준다고 보여진다. 즉 위의 사례에서 A는 일반적 행위능력이 있지만, 잠자면서 야기된 거동은 구체적 행위능력이 결여된 것이므로 행위자격이 없는 것이 된다. 그러나 A는 잠자리에 들면서 C의 생명보호를 위해 적절한 조치를 취했어야 할 의무를 방치한 결과 피할 수 있었던 C의 죽음을 야기하였다는 점에서 A는 위험을 회피할 수 있는 조치를 취할 수 있는 시점에서는 구체적 행위능력이 있었던 것이기 때문에, 그는 C에 대한 과실치사행위를 하였다고 말할 수 있는 것이다.

2) 구성요건해당성

(1) 구성요건의 개념과 내용

구성요건이라 함은 범죄를 구성하는 객관적 및 주관적 요소를 말한다. 형법 제250조 제1항은 "사람을 살해한 자는 사형, 무기 또는 5년 이상의 징역형에 처한다."고 명시하고 있다. 여기서 '사람을 살해한 자'가 구성요건에 속한다.

사람을 살해하려면, 무엇보다 살인행위 주체가 요구된다. 우리는 형법교과서상 이를 행위자라고 부른다. 살인행위의 구체적 대상인 사람을 살인죄의 행위객체라고 한다. 그리고 주체가 사람을 죽인 행위를 살해행위라고 부르며, 이의 행위유형과 방법은 실로 다양하지만 사람을 인위적으로 죽게 하는 일체의 행위를 살인행위 내지 살해행위라고 할 수 있다. 살인죄의 기수범이 성립하려면, 행위주체가 행위객체에 대해 살인행위를 범하고, 그 객체가 피살되어야 한다. 즉 피해자의 죽음을 야기해야 한다. 우리는 이를 결과발생이라고 부른다.

모든 범죄에서 결과발생이 요구되는 것이 아니다. 결과발생이 요구되는 범죄는 결과범이거나 침해범에 국한된다. 결과범이나 침해범에 이르지 않은 위험범은 그것이 구체적 위험범이든 추상적 위험범이든 결과발생을 요하지 않는다.

구성요건상 결과발생이 요구되는 범죄에서는 범죄행위와 결과발생 사이에 인과관계가 문제된다. 인과관계가 없으면 결코 기수범에 이르지 않고 미수범에 그치며, 미수범이 불가벌인 경우 처벌에서 제외된다. 이에 반해 인과관계의 문제가 발생할 여지가 없는 위험범의 경우 원칙적으로 미수범을 논할 실익이 상대적으로 적어진다.

살인행위에는 행위자가 살인하겠다는 의사의 여부에 따라, 고의살인범과 과실치사범으로 구별된다. 형법 제250조 제1항의 살인죄는 행위자의 주관적 의사로서 고의가 요구된다.

따라서 살인죄의 구성요건에는 객관적 차원에서 행위주체, 행위객체, 행위와 행위수단이나 행위방법, 결과발생 그리고 인과관계가 요구되며, 주관적 차원에서 행위주체의 살해행위시에 고의로 실행행위를 범해야 한다. 만일 행위주체가 행위대상을 비롯하여 행위방법이나 결과발생의 야기에 관해 착오가 발생하면, 이를 사실의 착오 내지 구성요건적 착오라고 부른다.

우리는 구성요건상의 행위주체나 행위객체 및 실행행위 등을 구체적 사실이라고 생각할 때가 많다. 그러나 행위대상이나 행위 그 자체가 구체적 사실의 기술이라기보다는 평가적 관념을 포함하는 대상이거나 행위인 경우도 종종 있다. 예컨대 형법 제243조의 음화반포 등의 죄에서 명시하고 있는 '음란한' 문서는 문서 그 자체로는 구체적 대상이지만, 그것이 음란한 것인가는 평가적 개념이다. 형법 제298조 강제추행죄의 경우, 추행이라는 행위 자체가 단순한 구체적 사실의 기술이라기보다는 평가적 관념을 나타내는 실행행위이다.

(2) 구성요건해당성

실제의 사건에서 행위주체가 사람을 고의로 살해했다면, 그 행위자는 살인죄의 구성요건에 해당하는 행위를 범하였다. 이처럼 어느 구체적 사안이 어느 범죄구성요건에 해당되는 행위를 야기하였을 때, 그 구체적 사안이 어느 특정 범죄구성요건에 해당한다고 말하게 되는데, 우리는 이를 구성요건해당성이라고 부른다.

3) 위법성

구성요건에 해당된 행위는 원칙적으로 형법상 금지규범 내지 요구규범에 위반된 것이며, 이를 위법성이라고 부른다. 그러나 구성요건에 해당된 행위라고 해서 이들 모두가 규범위반으로 평가되는 위법성을 갖는다고 할 수 없다. 왜냐하면 비록 구성요건에 해당된 행위를 범하였지만, 긴급한 상황이어서 국가의 공권력에 의한 도움을 구할 시간적 여유가 없는 등 불가피한 경우에 한하여 국가는 개인에게 일종의 사적 구제 내지 제한된 범위에서 복수를 허용해 주고 있다. 즉 구성요건에 해당된 행위를 하였지만, 개인의 그런 행위가 현재의 부당한 침해나 현재의 위난을 방위하거나 피하기 위해 상당한 이유가 있는 경우에는 국가는 개인의 그런 행위에 대해 위법하지 않다고 평가한다. 이러한 허용을 위법성조각사유라고 부른다.

형법상 위법성조각사유에는 형법총칙에서 정당행위, 정당방위, 긴급피난, 자구행위, 피해자의 승낙 등을 규율하고 있으며, 이론상으로 추정적 승낙도 위법성조각사유로 인정되고 있다. 형법각칙에서도 위법성조각을 허용하는 규정을 두고 있다. 즉 형법 제310조는 "공연히 사실을 적시하여 사람의 명예를 훼손한 자"에 대해 그 "행위가 진실한 사실로서 오로지 공공의 이익에 관한 때에는 처벌하지 아니한다."고

함으로써 위법성을 조각하고 있다.

4) 책 임

범죄가 성립하기 위해서는 구체적 사안이 범죄구성요건에 해당되어야 하고, 그것이 위법성조각사유인 정당행위나 정당방위 등에 의해 위법성이 조각되지 않아야 하며, 마지막 관문인 책임의 단계를 통과해야 한다. 여기서 말하는 책임이란 행위자가 구성요건에 해당한 불법한 행위에 대해 첫째로 사리를 변별할 수 있는 책임능력자로서, 둘째로 자신의 행위에 대한 불법성을 인식할 수 있어야 하고, 셋째로 그럼에도 그것을 피하지 않고 실행함으로써 적법행위의 기대가능성의 존재를 인정할 수 있을 때, 그 행위자에게 가한 비난을 의미한다.

행위자에게 가한 비난가능성과 그 정도를 인정하고, 비난의 정도에 상응하게 책임을 지우는 것을 책임주의라고 한다.

5) 기타의 범죄성립요소

(1) 객관적 처벌조건

범죄가 성립하였어도 일정한 외적·객관적 조건이 충족되어야 형벌권이 발동하는 경우가 있는데, 이러한 조건을 객관적 처벌조건이라고 부른다. 예컨대 형법 제129조 제2항의 사전수뢰죄가 그런 사례의 대표적인 경우이다. 즉 사전수뢰죄가 성립하려면, 공무원으로 임용되지 않은 사람이 장차 담당하게 될 직무와 관련하여 뇌물을 수수하여야 하고, 뇌물을 수수한 사람은 그 후 '공무원이 되었다'는 객관적 사정이 있어야 한다. 대가성 있는 재물을 수수했다고 하더라도 아직 공무원이 되지 아니하였다면, 행위자는 형법 제129조 제2항에 의한 객관적 처벌조건이 결여되기 때문에 불가벌이 된다.[12] 그러므로 사전수뢰죄의 성립을 위해 행위주체가 자기 자신이 공무원이 되었다 혹은 될 것이라고 인식할 필요도 없다. 이런 점에서 객관적 처벌조건이란 행위주체가 구성요건상 인식하고 의욕해야 할 대상에 해당되지 않은 범죄구성의 객관적 조건을 말한다고 할 수 있다.

12) 파산범죄로 처벌하기 위해서는 '파산선고의 확정'(파산법 제366조, 제367조)이라는 조건이 충족되어야 한다.

(2) 인적처벌조각사유

국회의원은 자신의 국회 발언에 관한 면책특권을 갖고 있고, 친족상도례에서 친족 간의 재산범행에 대해 형을 면제하거나 친고죄로 하는 규정을 두고 있으며, 범인은닉죄(형법 제151조 제2항)나 증거인멸죄(형법 제155조 제4항)의 '친족 간의 특례' 규정에서도 어느 사람에게 존재하는 특별한 사정으로 처벌이 조각될 수 있음을 볼 수 있다. 이처럼 처벌이 조각되는 이와 같은 사유는 일부 특정한 범죄의 경우 어느 사람에게만 존재하는 특별한 사정이 그 해당 범죄의 처벌로부터 벗어나게 한다.

우리는 이를 인적처벌조각사유라고 한다. 이러한 인적처벌조각사유는 위법성조각이나 책임조각의 사유와는 법적 성격이 다르다. 왜냐하면 형법은 위법성조각사유나 책임조각의 경우 "벌하지 아니한다."라고 명시되어 있음에 반해, '친족 간의 특례'나 '친족상도례'의 경우 "형을 면제한다."라고 규정하고 있어, "벌하지 아니한다."는 것은 범죄가 성립하지 않는다는 것을, "형을 면제한다."는 것은 범죄는 성립하지만 일정한 사유로 형벌권이 발생하지 않는다는 것을 의미하기 때문이다.

3. 체계론

1) 범죄체계의 기본 틀

행위자가 범죄구성요건을 실행함으로써 객관적 구성요건과 주관적 구성요건의 요소를 충족하게 되어 구성요건에 해당하는 행위가 된다. 이를 도식화하면 다음과 같다.

행위자(주체) ⇨ 행위 ⇨
객관적으로: 신체의 동작, 행위수단이나 방법
주관적으로: 사건의 진행을 좌우할 수 있는 의식

⇨ 구성요건해당성(주체, 실행의사와 실행행위, 행위수단과 방법, 결과발생, 인과관계의 존재 등)

구성요건에 해당되는 행위는 원칙적으로 위법한 행위가 된다. 다만 위법성을 조각하는 사정이 있으면, 그 행위는 행위의 불법성을 상실하여 범죄가 더 이상 성립될 수 없다. 위법성조각사유에는 정당행위를 비롯하여 정당방위, 긴급피난, 자구행위와 피해자의 승낙 등이 있다. 이들 요건을 충족하기 위해서는 객관적 차원에서 위법성을 조각할 만한 객관적 사정이 있음을 요하고, 주관적 차원에서는 자신의 행위가 정당화됨을 알면서 실행해야 한다.

⇨ 위법성조각사유의 정당성에 관한 근거와 위법성(위법성조각사유의 부존재)

(1) 위법성조각사유의 객관적 조건

공통점: 침해나 위난 또는 사안의 현재성

정당방위: 현재의 자기나 타인의 법익에 대한 부당한 침해
침해에 대한 방위행위와 이유의 상당성

긴급피난: 현재의 자기나 타인의 법익에 대한 위난
위난을 피하기 위한 행위와 상당한 이유의 존재

자구행위: 청구권보전 불능시에 현저한 실행곤란의 야기
이를 피하기 위한 행위와 상당한 이유의 존재

피해자의 승낙: 처분할 수 있는 자의 승낙과 그 법익의 훼손
법률상 특별규정의 부존재

정당행위: 법령에 의한 행위, 업무로 인한 행위(예컨대 치료, 강의 등)
사회상규에 반하지 않는 행위(사회적으로 허용될 수 있는 사안의 경미성과 공익성의 결여 등)

(2) 위법성조각사유의 주관적 조건

정당방위의 경우 방위의사, 긴급피난시에 피난의사, 자구행위시에 자구의사, 피해자의 승낙시에 피해자의 승낙의 인식, 정당행위시에 법령에 의한 행위나 업무로 인한 행위임을 행위자가 인식하여야 하고, 또한 기타 사회상규에 반하지 아니한 행위의 경우 행위자 역시 자신의 행위가 사회상규에 일치하거나 반하지 아니함을 인식하고 있어야 할 것이다.

⇨ 책임

(1) 책임능력

사리를 변별하고 그에 따라 행동할 수 있는 능력의 존재

① 형사미성년자(14세 미만자)가 아닐 것(형법 제9조),

② 책임무능력자가 아닐 것(형법 제10조 제1항),

③ 다만 책임미약자는 형벌의 감경사유가 됨(형법 제10조 제2항)

(2) 위법성의 인식 내지 인식가능성

(3) 적법행위의 기대가능성

2) 체계론에서 각 구성부분의 근거

(1) 구성요건과 위법성

국가가 형성되기 이전에 개인에게 복수는 스스로를 보호할 수 있는 유일한 수단이었다. 복수라는 것은 피해를 당한 자의 가해자에 대한 앙갚음이라고 정의할 수 있다. 복수의 절차와 방식은 정해진 바가 없으므로, 언제 어떻게 어느 정도로 복수할 것인가에 대한 예견가능성도 없고, 앙갚음의 내용과 정도도 제각각이었다. 이에 따라 필연적으로 복수는 복수를 낳게 되었다. 그리고 복수를 통하여 얻게 되는 가족이나 집단의 위안과 평화는 상대를 제압할 수 있을 만큼 충분한 개인적 능력이나 무력을 갖고 있을 때라야만 가능하였다. 왜냐하면 영속적이지 못한 인간존재의 한계성을 고려할 때 복수를 했던 자가 늙고 병이 들면 언제든지 다시금 복수를 당할 가능성에 노출된다는 점에서 복수는 또 다른 복수를 상시적으로 야기하는 결정적 원인이 되고, 사회혼란의 악순환을 연결하는 고리 역할을 했기 때문이다. 그러므로 복수가 지속되는 한, 극심한 인간 사회의 혼란은 지속될 수밖에 없으며, 그 결과 복수사회(復讐社會)는 안전과 평화를 희구하며 각 개인의 능력을 꽃피울 수 있는 여건 마련을 불가능하게 한다.

이에 따라 사회방위를 위해 무엇이 불가피한 것인지에 관해 인간의 이성이 눈을 뜨자마자 복수로 인하여 야기되는 문제점을 해소하여 각 개개인의 인권을 충실히

누릴 수 있는 방안이 절실히 필요하게 되었던 것이다. 바로 이러한 요청으로부터 사인의 복수를 대신할 국가의 강력한 공권력인 형벌의 필요성이 정당화되었다. 그런데 형벌은 복수의 대안으로서 손색이 없을 정도로 국민에 대해 강력한 위하력(威嚇力)을 발휘하는 수단이지만, 복수와는 내용의 정당성과 절차의 합법성의 유무로 차별성을 가져야 했다. 왜냐하면 형벌이 복수를 미연에 방지할 정도로 충분한 실효성을 갖지 못하고, 게다가 형벌 부과절차의 적법성이 준수되지 않음으로써 부당하게 처벌되는 자는 언제나 다시금 복수를 할 수밖에 없는 사정으로 내몰리기 때문이다. 그러므로 형벌은 민사상의 손해배상이나 행정법상 과태료 정도의 제재로는 해소할 수 없고, 그 누구도 참기 어렵고 무서워할 만한 치명적인 고통을 내용으로 해야 한다. 하지만 형벌의 형성과 형벌부과의 절차는 사적인 복수와는 질적으로 달라야 한다는 점에서 적법절차와 책임주의 등 법치국가원리가 작동하는 형사사법의 기본원칙과 절차를 충실히 준수할 수 있도록 해야 한다.

① 이런 점에서 국가 형벌권은 엄정한 사전경고를 통하여 복수를 야기할 만한 범법행위의 실행을 미연에 방지하려는 데에 일차적 목적을 가져야 한다(**형벌목적의 범죄예방 최우선화 관철**).

② 그럼에도 불구하고 범법행위가 발생하면, 국가는 범법자에 대해 복수와 차원이 전혀 다르게 적법절차 등 형사사법의 근본원칙에 따라 수사와 재판을 적정하게 운용해야 하고(**적법절차의 철저한 준수**), 또한 책임에 상응한 처벌이 부과되도록 해야 한다(**형사입법과 범죄성립요건 및 양형의 책임주의**).

③ 아울러 국가는 범죄로 야기된 손실에 대해 복수에 버금갈 정도의 충분한 보상을 범죄피해자에게 제공해야만 한다(**중대한 범죄로 야기된 피해자의 손해에 대한 국가의 보상책임원칙**). 다만 국가가 범죄피해자에게 지급하는 범죄피해보상금은 원인 야기자 부담의 원칙에 따라 가해자에 대한 구상권의 행사와 벌금, 범죄로 인하여 발생한 수익의 몰수 등을 통하여 조달되어야 한다.

④ 범죄로 인한 법익 침해라는 긴급상황에 처한 범죄피해자에게는 범죄를 야기하는 자에 대하여 즉시 정당방위나 긴급피난 또는 자력구제와 같은 사적 긴급형벌권(복수의 성격)의 행사를 폭넓게 허용해야 한다(이른바 위법성조각사유). 왜냐하면 국가만이 형벌권을 행사할 수 있는 유일한 주체이지만, 소정의 조직으로 구성된 국

가라고 하더라도 즉시 범행 또는 위난의 현장에 달려갈 수 없는 상황이 발생할 수 있고, 그럼에도 국가만이 범죄에 대한 퇴치권(退治權)을 행사할 수 있다면, 피해자는 돌이킬 수 없는 피해의 위험에 직면할 수 있기 때문이다. 즉 이와 같은 한계상황이라면 국가는 범죄피해자에게 복수에 버금가는 개인적 자력구제인 정당방위나 긴급피난 또는 자구행위를 국내의 여러 학자들의 주장처럼 제한적으로 허용될 수 있는 것으로 보아서는 아니 되고, 충분히 행사할 수 있도록 허용해 주어야 마땅하다.

이처럼 각 개인이 위난이나 범죄에 직면한 긴급상황에서는 국가를 대신하여 이들 위험을 회피할 수 있도록 개인에게 적절한 자력구제 등을 행사할 수 있도록 하는 긴급피난이나 정당방위 또는 자력구제의 권한은 천부적인 자연권의 일종으로 보아야 한다. 따라서 국가는 개인에게 부여한 정당방위나 긴급피난과 같은 권한을 축소하거나 제한하는 것을 삼가야 한다.

(2) 책임의 근거

형벌의 전제가 되는 책임은 법으로 금지된 범법행위의 감행(敢行)에 대한 사회 일반인의 불용납(不容納)을 의미하는 사회적 질타 내지 비난을 뜻한다. 그러므로 우리가 범법행위자를 비난하려면 그 행위자 스스로 자신의 행위에 관해 범법행위임을 알거나 알 수 있어야 하며, 더 나아가서 자신의 성숙한 시민으로서의 능력에 비추어 그런 범법행위를 회피하거나 회피할 수 있어야 한다. 그런데 범법행위에 대한 행위자의 회피가능성은 현실적으로 실현 가능해야만 그자에게 규범적 회피의무를 요구할 수 있다.

이런 회피의무를 각 개인이 떠안고 있는 근거를 살피기 위해 지금까지 많은 법학자나 법조인은 행위자의 의사자유 존재 여부를 집중적으로 문제삼았다. 왜냐하면 인간은 어떠한 환경 아래에서도 언제나 달리 선택할 수 있는 자유로운 의사결정능력과 이에 따른 실행능력을 가진 것으로 전제할 수 있다면, “그런 인간에게 왜 그때 그런 회피의무를 이행하지 않았지.”라고 쉽게 비난할 수 있었기 때문이었다. 지난 수백 년 동안 학자들은 반복적으로 다음과 같이 답하였다. 즉 “인간은 통상적으로 자유의사를 가지며, 이 때문에 사회에서 요구된 금지행위를 회피할 수 있고, 이에 따라 그의 행위를 달리 선택할 수 있었음에도 금지된 행위의 길로 나아갔다는 이유로 그에 대한 사회적인 응분의 질타를 가할 수 있게 된다.”는 식으로 해명하여 왔다.

이처럼 인간은 의사자유를 갖고 있으며, 이때의 의사자유 의미를 외부적 영향 없이 오직 정신적으로 자유롭게 형성하거나 선택할 수 있는 행위양식으로 판단하여, 인간은 자신의 자유의지에 근거하여 어떤 행위실행을 형성하거나 선택할 수 있다고 하게 되면, 다음과 같은 모순에 봉착하게 된다. 인간이 자유의사를 가진 것으로 보려면 그런 자유의사는 인간 개인의 외적 환경이나 신체적 기능과 무관해야 함을 전제해야 되는데, 인간의 의사는 정신과 신체가 밀접하게 관계하며, 이 둘의 관계는 합일관계이지 양립관계가 불가능하다는 것은 불편한 진실이다.

그 근거는 다음과 같다. 생명이란 유기체가 주변에서 얻은 에너지를 이용해 자신을 재생산할 수 있게 해주는 일련의 과정들의 집합이다. 이처럼 생명이 자연과정들에 의해 조직된 물질의 작업으로부터 발생하듯, 마음이나 생각도 자연과정들에 의해 조직된 생명의 작업들로부터 출현된다고 볼 수 있는 근거는 차고 넘친다. 최근의 신경과학에 의하면, 인간은 대략 1천억 개의 뉴런을 갖고 있다. 이들 뉴런은 수많은 돌기를 갖고 있고, 단 하나의 뉴런이 다른 신경세포들과 1,000개의 시냅스[13]를 형성하고, 20만개의 시냅스들 수용한다. 그런데 하나의 신경세포에는 수전 개의 시냅스가 있어 다른 신경세포와 연결되어 있고, 이 연결부위를 '시냅스 간극'이라는 틈새를 두고 있다. 그 간극에는 세로토닌, 도파민, 히스타민, 감마아드레날린 등의 다수의 다양한 화학물질로 채워져 있고, 예컨대 뇌에 들어온 정보, 즉 뉴런에서의 전기신호는 시냅스에서 화학신호로 바뀌어 다른 신경세포로 전달돼 다시 전기신호로 바뀌는 과정을 거치면서 일련의 정보처리를 하게 된다. 이렇게 하여 생성된 고급정보는 뇌궁 아래쪽에 있는 해마[14]와 그 주변에서 기억을 형성하게 하고, 측두엽에 저장된다. 저장된 기억은 전두엽의 지휘소를 통해 필요와 상황에 따라 일정한 방식의

13) 뉴런의 독기가 다른 신경세포와 접속하는 부분을 시냅스라고 부른다

14) 해마는 바다 생물 해마를 닮았다고 해서 이름 붙여진 것인데, 길이 약 4cm, 폭 1cm쯤 되는 기관이다. 아주 단순화해서 말한다면, 세계를 감시하는 네 관련된 영역들에서 고도로 처리된 정보가 '내후각뇌피질'이라는 해마 옆의 피질영역으로 보내 들며, 이 내후각뇌피질 안의 뉴런들은 '관통로'를 통해 해마 자체('CA3' 영역)와 해마를 안고 있는 치상화의 신경세포들에게 신호를 전달한다. 치상화에서부터 '이끼섬유들'이 해마의 CA3 영역으로 뻗어가고, 거기서 해마 안의 CA1이라는 신경세포에게 신호를 전달한다. 이 세포들이 '해마이행부'에 있는 세포들로 신호를 보내면 거기서 다시금 내후각뇌피질로 신호를 돌려보내고, 내후각피질 자체가 자신에게 정보를 전송했던 감각영역을 향해 신호들을 돌려보내면서 네트워크를 완성한다. 바로 이런 시스템이 기억을 생성하게 한다. 이에 관해 자세한 것은 아님 시일 시음(김미선 옮김), 뇌의 조상, 출판사 시오, 2011, 173~175쪽 참조.

신체적 운동을 야기한다. 이것이 의미하는 바는 다음과 같다.

우리의 인식 내지 생각은 인지와 지각에 기초하고 있다. 이 인지와 지각[15]은 우리의 신경세포의 발달정도에 영향을 받으며, 특히 뉴런과 뉴런 사이를 연결하는 신경충동전달기제인 시냅스의 생성과 역할에 따라 달라질 수 있다. 아울러 인간의 온갖 정보를 저장하고, 이를 총체적으로 처리하는 인간의 뇌는 인간의 지능에 결정적 영향을 주게 된다. 게다가 시냅스의 다양한 생성과 내용은 경험적 기대과정에 따른 것으로 파악되는데, 여기서 경험적 기대과정이란 유전인자의 명령체계에 따라 성숙되어가지만, 환경이나 경험의 영향도 다소간 받아서 형성되는 시냅스의 생성과정을 뜻한다. 따라서 "인간의 의사자유는 인간의 유전적·환경적 요인에 의해 어느 정도 의존되어 있는 것이지, 이것으로부터 완전하게 독립될 수 없다"는 결론을 내릴 수밖에 없게 된다.

많은 교과서나 논문에서 인간의 의사자유를 인정하고, 형법저서들에서도 그 점을 적어도 잠재적으로 그렇다고 전제하고 있다. 이러한 사고방식은 연장된 실체인 사물과 사유하는 실체인 마음을 근본적으로 대비하여 서로 양립할 수 없는 것으로 전제한데서 기인한다. 그러나 인간의 생명은 물체로부터 기인하며, 마음은 생명체에서 나온다는 것을 오늘날의 뇌과학에서 거역할 수 없음을 직시해야 한다. 마음과 물질은 서로 긴밀하고 순환적인 관계여서 마음은 물질로부터 발현하고, 물질은 마음에 의해 움직인 것이다.[16]

그러므로 책임의 전제로서 인간의 의사자유가 인간의 육체, 특히 뇌의 구조와 역할과 무관하게 존재하느냐라는 식으로 질문하게 된다면, 이는 잘못된 질문이어서 올바른 대답을 할 수가 없다. 이러한 잘못된 질문을 우리는 거의 200년 동안 쉼 없이 무의미하게 되풀이하여 왔다. 최근에도 독일의 저명한 형법교수인 쉬네만(Prof. Dr. Schünemann)은 인간의 의사자유에 대한 문제를 제기하고 이의 존재성을 규명하

---

15) 인간의 기억과 지각에 관해 극단적으로 단순화한다면, 다음의 4가지 뇌의 엽이 결정적으로 관여한다. 후두엽은 뇌의 가장 뒷부분에 있는 엽으로 단순한 시각적 특성들을 분석하고 친숙한 사물, 얼굴이나 단어들을 체계적으로 받아들이며, 보이는 세계를 자세히 관찰하고 해석하는 일종의 관측소이다. 측두엽은 기념할 만한 기억들의 도서관 역할을 하며 분류목록을 지니고 있어서 일생동안 축적된 경험과 지혜들을 저장하고 인출한다. 두정엽은 우리 몸의 내부와 외부세계의 지도를 그리는 건축사무소 역할을 한다. 전두엽은 우리의 행동을 끊임없이 계획하고 운동 띠의 도움을 받아 그 계획들을 운동으로 번역한다. 아담 지먼, 앞의 책, 195~196쪽 참조.

16) 아담 지먼, 앞의 책, 특히 250쪽 이하 참조.

려고 노력하였다. 그는 '인간의 의사자유'의 존재 근거를 인간의 문화 창조능력과 언어사용의 방식을 통하여 사물을 지배하는 언어구조 속에서 찾으려고 하였다. 그러나 그가 의사자유를 인정하는 근거를 찾으려는 노력은 잘못된 방향에서 묻고 답한 것으로 보인다. 왜냐하면 인간의 문화 창조능력은 인간의 인지능력과 상상할 수 있는 자유의 영역과 관련된 문제라는 점에서 자유의사와 동일시되는 개념일 수 없으며, 오히려 인간이 사회적 동물로서 문화 창조와 사회평화 달성을 위한 인간적 능력, 즉 그럴 만한 지능을 갖고 있느냐의 문제에 해당되기 때문이다. 그러기에 술에 취한 사람은 육체만 취한 것이 아니라 정신도 취한 것처럼, 환경과 유전인자에 의존되어 있는 인간의 자유의지는 환경과 유전인자로부터 완전히 자유로울 수 없지 않은가.

a. **위법성의 인식 내지 인식 가능해야 할 정당성 이유**

행위자는 자신의 행위가 범죄의 성립을 가능하게 하는 구성요건에 해당된다는 사실을 알거나 알 수 있으면서도 그런 것을 실행하려는 의사로 감행해야 한다. 자신의 행위가 범죄구성요건에 해당됨을 믿었다고 하더라도, 자신의 그 행위는 정당방위 등 위법성조각사유에 해당한다고 믿었고, 또한 그런 사유가 있었다면 위법성의 인식은 없는 것이다. 다만 위법성조각사유가 사실상 없었음에도 불구하고 행위자가 그것의 존재가능성을 믿었고, 다른 사람들 역시 그렇게 믿을 수밖에 없었다면 위법성의 인식가능성은 없다고 해야 할 것이다.

이와 같은 이유로 형법 제16조는 "자기의 행위가 법령에 의하여 죄가 되지 아니하는 것으로 오인한 행위는 그 오인에 정당한 이유가 있는 때에 한하여 벌하지 아니한다."고 명시하고 있다. 즉 이 조문의 핵심내용은 어느 행위가 비록 특정 구성요건에 해당된다고 할지라도 그 행위자를 처벌하기 위해서는 그런 행위에 관해 위법성의 인식 내지 인식가능성을 필요로 함을 보여 준다.

b. **적법행위 기대가능성의 근거**

행위자가 책임능력이 있고 또한 자신의 행위가 위법함을 인식하거나 인식할 수 있었다고 하더라도, 그 행위자의 구성요건해당 행위가 행위자 자신의 자품으로 인정받을 수 있어야 한다. 만일 행위자가 저항할 수 없는 폭력이나 협박 등에 의한 타인의 조종에 의해 기계적으로 행동할 수밖에 없는 상황에서 야기된 행위자의 행위는 적법행위를 기대할 수 없다고 보아야 한다. 그런 행위자의 행위에서 야기된 범죄라는 작품은 행위자의 작품으로 돌릴 수 없기 때문이다.

바로 이런 이유로 형법 제12조가 '강요된 행위'라는 제목 하에, "저항할 수 없는 폭력이나 자기 또는 친족의 생명, 신체에 대한 위해를 방어할 방법이 없는 협박에 의해 강요된 행위는 벌하지 아니한다."고 명시하고 있다. 이에 따라 저항할 수 없는 모든 폭력은 책임이 조각되는 일반적 사유이고, 자기 또는 친족의 생명이나 신체에 대한 위해의 경우에는 저항할 수 없는 폭력에 이르지 아니하더라도 그런 위해를 방어할 방법이 없을 때에도 책임이 조각된다.

제5장
한국 형법상 법률용어의 순화와 체계정합성을 위한 제언

Ⅰ. 서 문

한국 형법전의 제정과정에서 결정적 영향을 미친 핵심은 다음 3가지 사유로 보인다. 그 첫째로는 1908년에 시행된 일본 형법(이하에서는 '구형법'이라고 칭함)으로 일제식민지 시대 동안인 1912년 조선형사령에 의해 한반도에서 적용되었다. 식민지 시대 동안 우리나라에서 34년간 운용되었던 그 일본 형법은 해방 이후에도 무려 8년 이상 동안 우리의 형사법으로 차용되었고, 형사실무계는 그 이상으로 그 일본 형법의 타성에 오랫동안 젖어 있었다. 우리 형법의 제정자들은 형사실무계의 이러한 편의를 무시하기보다는 오히려 고려할 수밖에 없었다. 둘째로 일본이 태평양 전쟁이던 1941년에 성안된 '일본 개정형법가안'의 역할이다. 한국 제정형법의 수많은 조문, 특히 우리 형법각칙은 '일본 개정형법가안' 각칙의 형식과 내용을 그대로 따르고 있음을 적지 않게 볼 수 있다.[1] '일본 개정형법가안'은 '구형법'[2]의 내용을 전면

1) 이에 관해 자세한 문헌은 유기천 교수의 저서인 형법각론(상권, 일조각, 1971, 제23쪽)에서 상세히 볼 수 있다. 예컨대 살인죄를 명시하고 있는 형법 제250조의 경우 일본 개정형법가안 제335조의 규정인 "사람을 살해한 자는 사형, 무기 또는 6년 이상의 징역에 처한다." 중에서 최하한의 법정형인 6년 이상의 징역을 5년 이상으로 수정했을 뿐이다. 촉탁·승낙에 의한 살인죄인 형법 제252조는 일본 개정형법가안 제338조 제1항이 범죄구성요건과 그 형기까지 동일하다.

2) 일본의 입장에서는 프랑스인 브아소나드(Gustave Emile Boissonade)의 도움으로 1882년에 제정되어 시행된 형법을 '구형법'이라고 하고, 일본에서도 산업화가 본격화됨에 따라 종래의 신고전주의적 형법관에서 주관주의적 형법의 색채를 상당 부분 가미된 형법전을 1907년에 제정하고, 1908년

적으로 배척하지 않았고, 일본에서 자신들의 실무상 편의를 위한 차원에서 구형법을 대폭 개정한 수준에 그쳤기 때문이다. 게다가 '일본 개정형법가안'은 제2차 세계대전 중에 진행되었고, 극도의 국가주의 실현과 사회혼란의 극복을 핵심 내용으로 삼았던 일종의 전시형법적인 요소를 적지 않게 품었다. 우리 형법도 전시 중인 1953년 9월 18일에 공포되고, 동년 10월 3일에 시행됨으로써 전시형법의 특색을 적지 않게 품고 있다. 즉 우리 형법은 전시상황에서 제정·시행되었기 때문에 극도의 사회적 혼란을 가급적 빨리 해결할 수 있는 차원에서 입법화될 수밖에 없었을 것이다. 그 결과로 주관주의 형법관, 중형주의 사상, 사회나 국가적 법익의 우선 및 생명이나 신체보다는 재산이나 물질 등에 더욱 많은 가치를 둔 형법전의 모습으로 나타났다. 셋째로 해방 직후 우리 형법을 우리 헌법과 헌법정신 및 법치국가원칙의 틀 안에서 체계정합적이고, 식민지 형법이나 '일본 개정형법가안'으로부터 철저히 벗어난 법치국가원칙에 철저하면서 나름의 고유한 독자적인 모습의 형법을 제정할 만한 역량을 갖춘 분들이 충분하지 아니하였다.[3][4]

그러다 보니 우리 형법전은 우리가 통상적으로 사용하고 있는 언어와 괴리되거나 다른 의미로 사용되는 용어들이 적지 않게 유입되게 되었고, 게다가 일부 조문은 체계정합적인 차원에서도 부실한 면을 보여주었다.

현행 형법전은 모름지기 형사처벌의 기본이 되는 '핵심 법전'이므로, 성숙한 한국인이 형법전을 한두 번 읽어보면 무엇이 금지되고 허용되는지에 관해 쉽게 이해하거나 해석할 수 있는 내용이어야 한다. 왜냐하면 그 정도로 이해할 수 있어야만 국민이 지켜야 될 것과 지키지 않아도 될 것에 관해 쉽게 구별할 수 있는 형법전이 될 수 있고, 이와 더불어 형법 규정을 쉽게 이해함으로써 형법의 준수를 보다 용이하게

에 시행된 것을 '신형법'이라고 하고 있다.

3) 형법이론과 실무를 충실히 겸비한 분들이 없었던 것은 아니다. 특히 김병로와 엄상섭은 형법의 근본문제에 관해 철저한 이해를 바탕으로 오늘날 우리들에게도 깊은 영향을 주었다. 예컨대 죄형법정주의를 규정한 형법 제1조의 명시, 적법행위의 기대가능성이 없는 경우 책임결여가 가능할 수 있음을 명시한 형법 제12조, 위법성의 인식가능성이 있어야 책임의 개연성을 시사한 형법 제16조, 사실의 착오와 법률의 착오의 규별(형법 제11조와 제16조), 형법은 최후의 수단이라는 원칙의 철저한 이해 하에서 형식적 범죄 개념에 충실한 우리 형법상 문제점을 극복하기 위한 형법 제20조의 '사회상규에 위배되지 아니하는 행위'의 위법성조각사유 인정, 상상적 경합과 실체적 경합범의 법정형을 책임주의에 걸맞게 배려한 태도(형법 제37조 이하 참조) 등은 오늘날 우리가 지켜야 할 고유의 가치라고 생각된다.

4) 조선에 대한 일본 형법의 영향에 관해서는 허일태, "근대 한국법률용어에 관한 고찰", 『한국어응용언어학』 제1호, 2013, 165쪽 이하 참조.

실현할 수 있기 때문이다.

이를 위해 한편으로 법제처(法制處)가 오래 전부터 우리나라의 법령 전반에 관해 '알기 쉬운 법령정비기준'을 마련하여 오고 있으며,[5] 다른 한편으로 법무부는 오늘날의 현실에 걸맞은 형법의 개정작업을 위해 2007년 6월부터 현재까지 형법개정시안을 마련하여 오고 있다. 이 과정에서 법무부의 위촉으로 '알기 쉬운 형법전의 정비' 작업을 2015년 7월 29일부터 논의를 시작하여[6] 2016년 12월까지 다수의 회의를 거쳐 현행 형법전을 알기 쉽도록 작업한 바 있다.

그러나 '알기 쉬운 법령정비기준'은 형법전에 국한되지 않고 현행 법령 전반에 걸쳐서 작업하고 있어, 형법전의 특유한 체계정합적인 성격과 형법상 법률용어 전반에 대해 충분한 검토를 아직까지도 완성하고 있지 못하고 있는 실정이고, '알기 쉬운 형법전의 정비작업' 또한 오직 현행 형법상의 용어에만 초점을 두고 있다는 점에서 제한을 갖고 있다. 이런 점에서 국민의 입장에서 장차 있어야 할 형법전의 모습을 알기 쉽게 이해할 수 있도록 도움을 제공하며, 아울러 체계정합적인 내용으로 정비함으로써 무엇이 금지되고 허용되고 있는지를 쉽게 파악할 수 있는 형법전의 모습을 제시해 볼 필요가 있다.

Ⅱ. 현행 형법전에서 볼 수 있는 일상적이지 않는 형법상의 용어들과 이들 용어의 정비

1. 형법 제10조[심신장애]

우리 형법은 이처럼 '구형법'이나 '일본개정형법가안'은 적지 않게 수용함으로써 일반국민이 일상생활에서 통상적으로 사용하고 있는 용어와 전혀 다른 의미를 갖기나 혹은 일상적으로 사용되지 않는 용어를 적지 않게 활용하고 있다.[7]

---

5) 2014년 12월에는 '알기 쉬운 법령기준정비'라는 단행본 제6판을 출판하였다.
6) http://blog.naver.com/PostView.nhn?blogId=ad674&logNo=220432743360 참조.
7) 일본 형법이 한국에 미친 영향에 관한 문헌으로는 허일태, "일본 형법과 사상이 한국 형법에 미친 영향과 한계", The Annual Report(Research Center for Korean Studies), Volume 11, 2011.

예컨대 형법 제10조는 제1항에서 "심신장애로 인하여 사물을 변별할 능력이 없거나 의사를 결정할 능력이 없는 자의 행위는 벌하지 아니한다."고 명시하고 있고 제2항과 제3항에서도 '심신장애'라는 용어를 반복적으로 사용하고 있다. 그리고 여기서 사용하고 있는 '심신장애'의 법률적 개념은 '心身障礙'가 아니라, '心神障礙'를 뜻한다. 왜냐하면 형법 제10조에서 말하는 심신장애의 의미는 정신병이나 정신장애로 인하여 사물에 관한 분별력의 결여되었거나 혹은 어떤 사안에 관해 자신의 의사결정을 합리적으로 처리할 만한 능력이 없는 경우로 파악하고 있기 때문이다. 그리고 이렇게 된 배경에는 '구형법'과 '일본개정형법가안'의 규정의 영향이 결정적인 것으로 보인다. 이들의 규정 역시 정신장애 내지 정신이상 상태를 '心神障礙'로 표기하였고, 우리 형법제정자들은 이 용어를 비판적 검토 없이 우리 형법전에 그대로 수용하였기 때문이다.

그러나 일반인들에겐 형법 제10조의 '심신장애'의 의미는 '心身障礙', 즉 마음과 신체가 장애를 가진 것으로 이해하는 것이 통상적이며, 의사들의 이해 역시 일반인과 크게 다르지 않아 보인다. 반면에 법학자나 법조인들은 이를 '心神障礙'로 정확히 이해하고 있다. 사정이 이렇다면 현행 형법 제10조의 '심신장애'라는 용어는 일반국민들이 쉽게 이해할 수 있는 용어인 '정신장애'로 표기했어야 마땅한 것이다.

2. 행위주체와 객체

형법 제250조에 의하면 "사람을 살해한 자는 사형, 무기 또는 5년 이상의 징역에 처한다." 이 규정에서 행위의 주체는 '자'이다. 그리고 형법 제329조의 경우도 "타인의 재물을 절취한 자는 6년 이하의 징역에 처한다."고 명시하고 있어서 행위주체 역시 '자'이다.

그런데 '者'라고 하는 것은 漢子인데 반해, '者'를 대신할 우리말은 '사람'이며, '자'라는 용어는 가끔 비하하는 의미로도 사용되기도 하며, '사람'이라는 용어보다는 덜 쓰인다. 이런 점에서 '자' 대신에 사람이라는 용어로 형법상 행위주체로 명시하는 것이 바람직해 보인다.

그런데 행위주체를 '자' 대신에 '사람'이라는 용어를 사용할 경우 살인죄처럼 일부 규정에서 문제가 될 수 있다. 예컨대 "사람을 살인한 사람은 무슨 형에 처한다."라고 하게 되어 그 표현이 자연스럽지 아니하다. 더구나 행위객체로서 사람은 행위자 자신도 포함되기 때문에 자살미수에 그친 사람까지 살인죄의 미수로 처벌할 가능성을 내포하게 만든다.

이런 점을 피하기 위해 '사람'을 '타인'으로 수정하는 것을 생각해 볼 수 있다. 그런데 우리 형법상 살인죄의 경우 행위객체가 '사람'임에 반해, 절도죄에서는 '타인'으로 사용하고 있다. 여기서 '사람'이란 자연인에만 국한됨에 반해, '타인'은 법인까지 포함된 것임을 알 수 있다. 그러므로 우리 형법상 '타인'이라는 용어의 사용은 자연인을 포함한 법인까지를 의미하고, 사람은 오직 자연인을 뜻하고 있으므로, 살인죄에서 사람을 타인으로 수정하는 것은 바람직하지 않다고 비판할 수 있다.

그러나 이러한 반론은 의미가 없어 보인다. 자연인이 아닌 자가 살인죄의 행위객체가 될 수 없기 때문이다. 따라서 살인죄의 경우 행위주체를 '사람'이라고 칭하고, 행위객체를 '타인'이라고 명시하는 것이 틀린 것도 아니고 부당한 해석을 피할 수 있는 이점도 있다.

3. 형법 제14조의 '정상의 주의'와 '태만'

형법 제14조의 과실범은 "정상의 주의를 태만함으로 인하여 죄의 성립요소인 사실을 인식하지 못한 행위는 법률에 특별한 규정이 있는 경우에 한하여 처벌한다."고 명시하고 있다.

여기서 우리말답지 않는 문구는 ① '정상의 주의'라는 표현과 ② '태만함으로 인하여'이다. '정상의 주의'라는 용어는 우리의 일상용어로 전혀 사용하지 않고 있다. 반면에 '정상적인 주의'나 혹은 '정상적으로 기울여야 할 주의'는 흔히들 사용하고 있다. 그리고 '태만함으로 인하여'에서 태만(怠慢)은 우리말로 '게을리'이며, 따라서 '태만함으로 인하여'는 '게을리하여'로 명시하는 것이 우리 모두가 쉽게 이해할 수 있는 용어이다 이런 점을 참작하여 볼 때 현행 형법 제14조의 규정은 다음과 같이 명시하는 것이 타당해 보인다.

"정상적으로 기울여야 할 주의를 게을리하여 죄의 성립요소인 사실을 인식하지 못한 행위는 법률에 특별한 규정이 있는 경우에만 처벌한다."

4. 전조[前條] 제2항과 제3항의 규정은 본조(本條)에 준용[準用]한다

형법 제22조 제3항에 따르면 "전조 제2항과 제3항의 규정은 본조에 준용한다."고 기술되어 있다. 법률전문가들은 전조, 전항, 본조 혹은 준용이라는 용어에 매우 익숙해 있지만 국민 일반은 그 내용을 이해하기가 어렵다. 특히 '본조'라는 용어는 우리의 사전에도 등재되어 있지 않는 법률용어이다. 이 때문에 이런 어려운 용어는 국민에게 친숙한 용어로 풀어서 사용하는 것이 규범내용의 의미이해를 높이게 한다는 점에서 바람직하다.

형법 제22조 제3항의 취지는 '긴급피난'에 관하여도 과잉정당방위를 인정하는 것처럼 과잉긴급피난을 인정하여 비록 구성요건에 해당하는 행위일지라도 이에 대한 위법성 내지 책임을 조각할 경우를 인정한다는 것이다. 그러나 일반인들은 이러한 취지로 이해하는 것이 쉽지 않다. 그러므로 굳이 전조, 본조 혹은 준용이라는 용어를 사용할 필요가 없이, 해당 조문의 내용을 그대로 적시하는 것이 국민 일반의 이해를 높일 수 있어 보인다. 이런 점에서 형법 제22조 제3항은 다음과 같이 명시할 필요가 있다.

"피난행위가 그 정도를 초과한 경우에는 정황에 따라 형을 감경하거나 면제할 수 있다. 야간이나 그 밖의 불안한 상태에서 공포를 느끼거나 경악하거나 흥분하거나 당황하였기 때문에 그 행위를 하였을 때에는 벌하지 않는다."

5. 형법 제51조[양형의 조건]

형법 제51조의 표지는 '量刑의 조건'이고 그 내용은 "형을 정함에 있어서는 다음 사항을 참작하여야 한다. 1. 범인의 연령, 成行, 지능과 환경"

여기에서 문제가 될 수 있는 부분은 ① '형을 정함에 있어서'와 ② '양형의 조건' 중에서 '조건'의 의미, ③ 性行의 뜻이다. 이들 모두 우리말답지 않으며, 이해하기 어려운 측면이 크다.

우선적으로 '형을 정함에 있어서는' 일본어투이므로 이를 '형을 정할 때에는'이라고 수정할 필요가 있다.

둘째로 '조건'이라는 의미는 事典에서 다음과 같이 3가지의 의미로 쓰인다.

1. 어떤 일을 이루게 하거나 이루지 못하게 하기 위하여 갖추어야 할 상태나 요소.
2. 일정한 일을 결정하기에 앞서 내놓는 요구나 견해.
3. 법률 행위 효력의 발생이나 소멸을 장래에 일어날 불확실한 사실에 의하여 제한하는 일.

이처럼 조건의 본래적 의미에 따르면, 양형의 조건이라는 표지는 형법 제51조의 본문의 내용과 일치하기 어렵다고 할 것이다. 왜냐하면 형법 제51조의 양형의 조건은 양형을 정할 때 참작해야 할 원칙을 의미하고 있기 때문이다. 이런 점에서 '양형의 조건'은 '양형의 원칙'으로 명칭변경을 해야 할 것이다.

셋째로 성행(性行)이라 함은 성격과 행동거지를 포함한 품행의 뜻이 강하다. 게다가 성행이라는 용어는 '盛行'과 혼돈할 우려도 적지 않으므로, 性行 대신에 품행(品行)으로 수정하는 것이 바람직해 보인다.

6. 형법 제53조[작량감경]

형법 제53조는 "범죄의 정상에 참작할 만한 사유가 있는 때에는 작량하여 그 형을 감경할 수 있다."고 명시하고 있다

‘酌量’이라는 용어는 ‘심작하여 헤아림’이란 의미를 갖고 있지만, 일반국민의 대부분은 전혀 이 용어를 사용하고 있질 않다. 그래서인지 1992년 형법개정안과 2011년 형법개정안에서도 ‘작량감경’ 대신에 ‘정상감경’이라는 표지로 수정하였다. 그러나 ‘정상감경’이라는 용어도 ‘정상적인 감경사유’라는 의미로 이해될 수 있다는 점에서 차라리 ‘정상참작감경’이라는 표현이 더 바람직스런 것으로 보인다. 게다가 형법 제53조의 본문이 “범죄의 정상에 참작할 만한 사유가 있는 때에는 그 형을 감경할 수 있다.”고 명시하고 있으므로, ‘정상참작감경’이라는 것이 조문의 핵심내용과 일치하고 있다는 점에서 장점을 갖는다.

Ⅲ. 형법상 체계정합성의 문제와 개선방안

1. 형법 제8조[총칙의 적용]

형법 제8조의 내용은 “본법 총칙은 타 법령에 정한 죄에 적용한다. 단, 그 법령에 특별한 규정이 있는 때에는 예외로 한다.”고 명시하고 있다. 그런데 형법 제1조에 의하면 범죄의 성립과 처벌은 어디까지나 행위시의 법률을 원칙으로 할 뿐, 그 어디에도 대통령령이나 행정부령에 의해서도 처벌될 수 있음을 명시하고 있지 않다. 그럼에도 불구하고 형법 제8조는 형법 제1조에서 천명한 죄형법정주의의 원칙을 무시하고, 대통령령이나 행정부령에 의한 처벌규정을 원칙적으로 허용하고 있는 셈이다.

왜 이러한 문제가 발생하였을까? 이는 우리 형법 제8조에서 ‘구형법’ 제8조와 ‘일본개정형법가안’ 제8조를 그대로 차용하기 때문으로 보인다. 이와 관련하여 현대 유럽의 형법전, 예컨대 오스트리아 형법의 경우 형법의 적용에 관한 어떠한 예외규정도 두지 않고 있으며, 독일 형법[8]과 스위스 형법[9]도 죄형법정주의 일반원칙, 즉

8) 제10조[소년 및 청년에 대한 특별규정] 소년 및 청년의 행위에 대하여는 소년법원법에 다른 규정이 없는 경우에 한하여 이 법이 적용된다.

9) 제9조 ① 본법은 군형법의 적용을 받는 자에 대해서는 적용되지 아니한다. ② 단, 만 18세가 아직 완료되지 아니한 자에 대해서는 2003년 6월 20일 소년형법의 규정들을 적용한다. 만 18세의 만료시기의 전후에 걸쳐 범한 죄에 대한 재판에는 소년형법 제3조 제2항을 적용한다.

법률에 의하지 아니하면 처벌할 수 없음을 명백히 하고 있다. 이에 반해 우리 형사 실체법의 경우에 조세범처벌법 제20조,[10] 관세법 제278조[11]와 담배사업법 제31조[12]에서 형법 총칙규정의 예외를 허용하고 있다.

이런 점에서 현행 형법 제8조는 "본법 총칙은 타 법률에 정한 형에 적용된다."는 내용으로 수정하여야 하며, 이렇게 수정하더라도 실정법상 아무런 문제도 발생하지 않고, 오히려 죄형법정주의를 철저히 하는 형법전으로서 의미를 가지게 된다.

2. 제12조[강요된 행위]

형법 제12조는 "저항할 수 없는 폭력이나 자기 또는 친족의 생명, 신체에 대한 위해를 방어할 방법이 없는 협박에 의하여 강요된 행위는 벌하지 아니한다."고 기술하고 있다. 이 조문의 내용을 살펴보면 '행위가 강요된 것'으로 명시되어 있다. 그러나 강요된 것은 어디까지나 '사람이 강요된 것'이므로, 형법 제12조의 제목을 '강요된 행위'에서 '강요된 사람'이나 '강요된 자'로 표기하는 것이 논리적이다. 그러므로 조문의 내용인 '강요된 행위' 역시 '강요된 자의 행위' 내지 '강요된 사람의 행위'로 수정하는 것이 바람직하다.

3. 형법 제13조[범의]

형법 제13조는 "죄의 성립요소인 사실을 인식하지 못한 행위는 벌하지 아니한다. 단 법률에 특별한 규정이 있는 경우에는 예외로 한다."고 명시하고 있다. 그러나 해

10) 제20조(「형법」 적용의 일부 배제) 제3조부터 제6조까지, 제10조, 제12조부터 제14조까지의 범칙행위를 한 자에 대해서는 「형법」 제38조 제1항 제2호 중 벌금경합에 관한 제한가중규정을 적용하지 아니한다.

11) 제278조(「형법」 적용의 일부 배제) 이 법에 따른 벌칙에 위반되는 행위를 한 자에게는 「형법」 제38조 제1항 제2호 중 벌금경합에 관한 제한가중규정을 적용하지 아니한다.

12) 제31조(「형법」의 적용 제한) 이 법에서 정한 죄를 범한 자에 대해서는 「형법」 제9조, 제10조 제2항, 제11조, 제16조, 제32조 제2항, 제38조 제1항 제2호 중 벌금 경합에 관한 제한가중규정과 같은 법 제53조는 적용하지 아니한다. 다만, 징역형에 처할 경우 또는 징역형과 벌금형을 병과할 경우의 징역형에 대해서는 그러하지 아니하다.

당 조문의 '범의' 표지는 조문의 내용과 일치하지 않는다. 형법상 '범의'라고 하는 것은 강학상 '고의'의 의미를 지칭한 것인데, 형법전이 고의의 의미를 정의한 제13조의 내용은 고의개념과는 거리가 멀고, 오히려 '사실의 착오'에 관한 개념을 기술한 것으로 보인다. 왜냐하면 '고의'개념의 핵심내용은 범죄구성요건의 내용에 대한 '인식'과 그것의 실현 '의사'를 포함하는 바, 제13조는 구성요건적 사실에 대한 '인식'문제만을 다루고 있을 뿐, 그것의 '실현의사'를 도외시하고 있다. 이에 반해 '사실의 착오'란 구성요건적 사실에 대한 잘못된 인식의 문제이며, 우리 형법 제13조가 바로 그런 점을 규정하고 있으므로, 형법 제13조는 고의개념의 핵심을 명시하고 있다기보다는 오히려 '사실의 착오'를 규율하고 있다고 보아야 한다.

이에 반해 고의는 범죄실행에 대한 인식과 실행의사를 핵심요소로 삼고 있으므로, 이에 관한 조문은 다음과 같이 명시해야 할 것이다.

[고의] **범죄행위의 실행을 인식(認識)하고 이를 의욕(意欲)한 자는 고의로 행위한 것이다. 범죄행위의 실현을 가능하다고 여기고 이를 용인(容認)하여 실행한 자는 고의로 행위한 것으로 본다.**

형법 제13조에서처럼 고의를 오직 '인식'의 문제로만 국한할 경우 고의개념은 지나치게 확대될 수 있는 우려가 발생한다. 또한 '인식'뿐만 아니라 행위실행의 '의욕'까지 언제나 요구하는 고의개념도 미필적 고의개념을 포섭할 수 없는 문제점이 발생한다. 아울러 해석에 의한 고의개념의 확장 가능성을 열어두는 것도 바람직한 것으로 보이질 않는다. 그러므로 미필적 고의에 대한 정의를 학설에 맡기지 말고 입법적인 해결이 요구된다.

4. 형법 제16조[법률의 착오]

형법은 법률의 착오를 인정하고 있다. 즉 현행 형법 제16조는 "자기의 행위가 법령에 의하여 죄가 되지 아니하는 것으로 오인한 행위는 그 오인에 정당한 이유가 있는 때에 한하여 벌하지 아니한다."고 명시하고 있다. 법률의 착오가 인정되기 위해서는 첫째로 행위자는 자신의 행위가 금지규범에 위반한다는 점을 알지 못하는 것에 그치지 않고, 금지규범에 위반한 자신의 행위가 구체적인 어떤 법령에 근거하여 위법하지 않게 되었다고 오해해야 하고, 둘째로 이러한 오해를 살 만한 정당한 이유가 있는 경우에 국한하여야 위법한 행위가 되지 않는다는 해석이 가능하다. 이런 이유로 우리나라 판례에 의하면, 형법 제16조에 의해 위법성이 조각될 수 있는 범위는 행위자 자신의 행위가 구성요건에 해당됨을 알고 있지만, 구체적인 법령에 의하여 위법성이 조각된다고 오인하여야 하고, 그 오인에 정당한 이유가 있어야만 벌할 수 없다는 입장을 견지하고 있다.[13] 형법 제16조에 대한 법원의 이와 같은 해석의 결과로 우리나라 판례는 법률의 부지(不知)의 경우에는 행위자의 오인이 정당한 이유를 가질지라도 위법성이 조각될 수 없다고 보았다.

그러나 형법 제16조를 그렇게 좁게 해석할 필요가 있는지 의심스럽다. 왜냐하면 우리가 행위자의 범법행위를 비난할 수 있기 위해서는 첫째로 행위자가 형사책임능력자이어야 하고, 둘째로 이런 능력자가 자신의 행위가 형법규범에 위배된다는 점을 알거나 알 수 있어야 하며, 셋째로 그런 것을 알거나 알 수 있다고 하더라도 적법행위의 기대가능성이 있어야만 한다는 것이 현대 형법학이론의 성과물이다.

사정이 이렇다면 법률의 부지 적용범위는 행위자가 자신의 행위에 대해 위법하다는 점을 알지 못하거나 알 수 없었다는 것으로 오인하고, 그러한 오인에 대해 정당한 이유가 있는 것으로 그쳐야지,[14] 어느 구체적인 특정 법령에 근거하여 자신의 행위가 규범에 위배하지 않는다고 오인하는 것을 철저하게 요구하는 것은 책임주의의 원칙에 반한 것이다.

그러므로 개정형법에서는 법률의 부지도 행위자의 오인에 정당한 이유가 있으면 위법성을 조각할 수 있도록 다음과 같이 수정하는 것이 요구된다.

[법률의 착오] 자기의 행위가 위법하지 않는 것으로 오인한 행위는 정당한 이유가

---

13) 대법원 2011. 10. 13. 선고 2010도15260 판결; 대법원 1990. 1. 23. 선고 89도1476 판결(공1990, 585); 대법원 1991. 10. 11. 선고 91도1566 판결(공1991, 2761); 대법원 1992. 4. 24. 선고 92도245 판결(공1992, 1772).

14) 법률의 착오를 인정하고 있는 유럽의 대륙법계 국가들에서는 이처럼 이해하고 있음은 물론이다.

있는 때에 한하여 벌하지 않는다. 다만, 그 오인에 정당한 이유가 없는 경우에도 형을 감경할 수 있다.

5. 형법 제40조 제1호의 '사형'

국가는 이성적이고 윤리적 존재이므로 거짓말을 할 수 없으며, 감정에 따라 공권력을 행사할 수 없다. 따라서 국가형벌권에 의한 형벌은 감정에 따른 복수일 수 없으며, "절도하지 말라."고 국가가 법률로 명령했으면, 국가 스스로가 절도행위를 허용할 수 없는 것처럼 "국가가 살인하지 말라."고 법률로 명령했음에도 살인을 허용하는 것은 윤리적 모순이다.

악질적 절도범에 대해 손을 절단하는 형벌이 재범을 방지하기 위한 최선의 형사정책일 수 있지만, 이를 부과하지 않은 이유는 그 행위가 너무나 잔인한 형벌이자, 반인도적 형벌이기 때문이다. 그렇다면 신체의 일부를 절단하는 형벌은 용납될 수 없는 잔인한 형벌이라고 하면서 사람의 목을 쳐서 죽이는 형벌은 더욱 잔인한 것인데, 사형이 용납된다는 것은 비논리적이고, 비이성적이다.

헌법 제37조 제2항은 기본권침해를 제한하고 있으며, 특히 후단은 기본권의 본질적 침해를 금하고 있다. 표현의 자유를 비롯하여 신체의 자유 등 모든 자유권의 핵심은 사람이 살아있음을 전제로 하는 것이다. 따라서 생명권은 모든 기본권의 핵심이며, 이것의 침해는 기본권의 본질적 침해에 해당되기 때문에 용납될 수 없다.

헌법 제110조 제4항에서 명시한 규정은 단지 국가의 비상사태 하의 법원에서 사형을 선고할 때에는 헌법의 하위법인 법률에 의해서는 결코 사형을 단심으로 확정할 수 없고 반드시 3심제를 거칠 것을 요청하고 있음에 불과할 뿐이며, 사형제도의 존치에 대한 어떠한 정당성도 담보하는 내용을 포함하고 있지 않다. 따라서 당해 헌법규정은 형법이 사형을 형벌로 두지 아니할 경우에는 아무짝에도 쓸모 없는 조항으로 남게 된다. 게다가 헌법은 하위법인 형법의 규범통제 아래에 있는 것이 아니라, 오히려 상위법인 헌법에 의해 형법의 존재근거와 범위가 결정된다. 그런데 형법의 사형규정에 근거하여 사형을 선고할 경우가 있으니, 헌법 제110조 제4항은 그런 점을 참작해야 한다는 점을 명시하고 있을 뿐이다. 그 결과로 실무상 사형을 선고하지 않거나 혹은 형사실체법에 사형에 관한 규정이 폐지되면 헌법 제110조 제4항은 아무런 의미 없는 규정이 될 수밖에 없게 된다. 다시 말해 헌법 제110조 제4항을 근거로 사형제도의 합헌성을 인정하는 태도는 하위법인 형법에 헌법이 의존하고 있음을 전제로 삼고 있다는 점에서 무식의 극치인 셈이다.

혹자는 말한다. 사형이 살인범죄에 대한 억제효과가 있다고. 사형제도의 존치와 집행이 살인범죄 등 강력범죄의 예방효과를 가지려면 그 효과가 입증되어야 한다. 그런데 1988년과 2002년 UN 인권위원회의 광범위한 조사결과 사형제도의 존치가 살인범죄의 발생억제에 특별한 효과가 있음을 밝혀내지 못했다. 또한 1998년 1월부터 지금까지 우리나라에서 사형집행이 한 건도 없음에도 불구하고 살인사건은 점진적으로 줄어들고 있다. 우리는 사람의 생명에 대해 참으로 조심스럽게 다루어야 한다. 물론 가해자의 인권이 중요한 것처럼 피해자의 인권 역시 중시되어야 하며, 실로 더욱 중시되어야 한다. 그러나 사형제가 살인범죄와 같은 강력범죄에 대한 예방효과가 확실하지 않다는 입장이 지배적이고, 경험상의 효과조차 기껏해야 의심스럽다고 한다면, 우리는 '의심스러울 때 사람을 죽이는 쪽으로 가야할까, 아니면 사람을 살리는 쪽으로 가야할까?

헌법재판소가 사형제도에 대한 합헌결정을 하였다고 하여, 우리 헌법규정과 정신이 훼손될 수 없는 것이다. 더구나 우리 헌법재판소는 헌법논리로 사형제도의 정당성을 허용한 것이 아니라, 국민의 복수감정과 공익적 차원이라는 추상적 내용으로 사형제의 존치를 인정하고 있다. 헌법재판소의 이러한 사고방식은 이미 수백년 전에 극복된 시대착오적인 입장이다. 형벌은 책임원칙에 따라 부과되어야지 단순한 복수로서의 성격을 가질 수 없다는 보편적인 상식조차 무시한 사고방식은 국제적 조롱거리일 뿐이다.

사형의 대안으로 감형 없는 절대적 종신형으로 사회방위를 충분히 할 수 있다.

Ⅳ. 결 론

지금부터 66년 전에 제정된 형법전에는 '구형법'과 1941년의 '일본개정형법가안'

의 많은 부분을 답습한 결과로 아직도 우리말답지 않은 용어가 적지 않게 산재해 있으며, 법규정의 내용 또한 우리가 쉽게 이해하기 어려운 것이 아직도 많다.

이런 부분 중에서 특히 급히 해결되어야 할 부분에 관해 고찰을 하였고, 이를 정리해 보면 다음과 같다.

① 형법 제10조의 심신장애(心神障礙)는 정신장애로 표기한다.

② 형법상 행위주체는 '자'를 대신하여 '사람'으로 명시해야 하며, 살인죄의 행위객체는 '사람' 대신에 '타인'이라고 수정해야 한다.

③ "정상의 주의를 태만함으로 인하여 죄의 성립요소인 사실을 인식하지 못한 행위는 법률에 특별한 규정이 있는 경우에 한하여 처벌한다."고 명시한 형법 제14조의 과실범은 "정상적으로 기울여야 할 주의를 게을리하여 죄의 성립요소인 사실을 인식하지 못한 행위는 법률에 특별한 규정이 있는 경우에만 처벌한다."로 수정한다.

④ 형법 제22조 제3항에 따르면 "전조 제2항과 제3항의 규정은 본조에 준용한다."고 명시되어 있는 바, 이처럼 '전조', '본조', '준용'이라는 어려운 용어는 국민 일반의 이해를 어렵게 한다. 이를 피하기 위해 이들 용어들 대신에 관련된 조문의 내용을 그대로 설시할 필요가 있다.

⑤ '양형의 조건'은 '양형의 원칙'으로 수정하고, '형을 정함에 있어서는' '형을 정할 때에는'으로, 그리고 '성행(性行)'은 '품행'이란 용어로 바꿔야 한다.

⑥ '작량감경'은 '정상참작감경'으로 수정이 필요하다.

⑦ 형법 제8조의 내용을 "본법 총칙은 타 법률에 정한 죄에 적용한다. 단, 그 법률에 특별한 규정이 있는 때에는 예외로 한다."고 명시한다.

⑧ 형법 제12조는 "저항할 수 없는 폭력이나 자기 또는 친족의 생명, 신체에 대한 위해를 방어할 방법이 없는 협박에 의하여 강요된 행위는 벌하지 아니한다."고 기술하고 있다. 그러나 여기서 강요된 것은 어디까지나 '사람이 강요된 것'이므로, 제12조의 제목을 '강요된 행위'에서 '강요된 사람'으로 표기하는 것이 논리적이다. 조문의 내용인 '강요된 행위' 역시 '강요된 자의 행위' 내지 '강요된 사람의 행위'로 수정하는 것이 바람직하다.

⑨ 현행 형법 제13조는 "죄의 성립요소인 사실을 인식하지 못한 행위는 벌하지 아니한다. 단 법률에 특별한 규정이 있는 경우에는 예외로 한다."고 명시하고 있으

나, 이는 '사실의 착오'에 관한 규정이다.

⑩ 고의의 개념에 관해서는 "범죄행위의 실행을 인식(認識)하고 이를 의욕(意欲)한 자는 고의로 행위한 것이다. 범죄행위의 실현을 가능하다고 여기고 이를 용인(容認)하여 실행한 자는 고의로 행위한 것으로 본다."로 규율해야 할 것이다.

⑪ 법률의 착오에 관한 현행 규정은 오해의 여지가 있으니, 이를 대신하여 "자기의 행위가 위법하지 않는 것으로 오인한 행위는 정당한 이유가 있는 때에 한하여 벌하지 않는다. 다만, 그 오인에 정당한 이유가 없는 경우에도 형을 감경할 수 있다."고 규정할 필요가 있다.

⑫ 사형제도는 윤리적 국가의 책무와 헌법에 위배되므로 폐지되어야 마땅하다.

제6장

근대 한국 법률용어에 관한 고찰

-일본어와 관련된 법률용어를 중심으로-

[요약]

고려와 조선 시대의 법률제도나 법률용어는 중국의 법률제도와 법률용어에 의해 결정적인 영향을 받았다. 특히 중국 명나라 시대의 법률인 대명률(大明律)은 조선 시대의 종합법전인 경국대전이나 대전회통의 핵심 내용으로 차용되는 등 조선시대 500년여의 세월 동안 조선의 법률과 법률문화에 깊은 영향을 미치었다.

한반도에서 이와 같은 지위에 있었던 대명률과 이에 따른 중국식 법률용어는 근·현대에 접어들면서 변화되기 시작하였다. 왜냐하면 조선 말엽에는 일본에서 형성된 법률용어가 점차 수용되기 시작하였기 때문이다. 그리고 이와 같은 계기는 1894년 시행한 갑오개혁으로 야기되었다. 갑오개혁을 일으킨 주체세력들은 일본의 근대화된 문물을 수입하여 조선의 부국강병(富國强兵)을 꾀하려고 하였다. 그러나 일본은 갑오개혁(甲午改革)의 주역들 생각과는 달리 조선의 개혁론자를 활용하여 한국에서 독자적인 지배력을 확대하는 계기로 삼고자 하였다. 일본의 의도는 일본의 계획대로 진행되었고, 일본은 조선에서 지배력을 강화하게 되면서 조선의 내정을 깊이 간섭하게 되었으며, 이를 빌미로 급기야 조선의 왕권을 침탈하고 1910년에는 조선을 자신들의 식민지로 삼았다.

이로써 일본의 법률제도와 법률용어가 아무런 저항 없이 한국의 법률제도와 법률용어의 형성에 결정적 영향을 미쳤다. 일본에서 형성된 법률용어는 1895년의 재판소 구성법 시행 때부터, 특히 1910년대 이후부터는 무분별하게 한국에서 사용되었다. 그 결과 사법제도를 비롯한 각종의 근대 일본 법률과 일본식 법률용어들이 일본의 식민지 기간 동안 한반도에서 직접 적용되었으며, 한국인도 일본식 법률용어와 법률제도에 점차 익숙해질 수밖에 없었다.

이에 따라 조선 시대 후반기까지 한국에서 거의 사용된 적이 없었던 일본식 법률 명칭이나 법률용어가 1895년부터, 특히 일본의 식민지 기간 동안 무제한으로 수용되면서 한국인들이 이해하기 어려운 새로운 법률용어와 '일본식 한자어'도 한국에서 점차 고착하게 되었다. 예컨대 현대적 법률제도의 도입에 따라 '법률의 착오', '금고', '형의 집행유예(執行猶豫)', '가출옥(假出獄)', '심신상실', '작량감경(酌量減輕)', 가계약(假契約: 임시계약), 게기(偈記: 열거), 공술(供述: 진술), 미불(未拂: 미지급)과 같은 어려운 법률용어들이 탄생되었다.

이런 용어는 종래 중국의 대명률뿐만 아니라 조선에서 제정된 경국대전이나 대전회통에서도 전혀 찾아 볼 수 없었다. 이들 새로운 법률용어의 상당부분은 유럽에서 근·현대에 형성된 법률제도를 일본이 계수하면서 일본식으로 각색하였다. 이처럼 일본식 표현으로 각색된 법률용어가 한국에 도입됨으로써, 유럽의 법률제도가 결과적으로 한국의 근대법률의 형성에 결정적 토대를 마련하였다. 그러나 일본에서 유입된 외래의 법률용어 중 상당부분은 한국인에게 매우 낯설고 오직 상징적 의미만을 준 경우가 적지 않고, 한국인에게 자연스럽게 이해될 수 있는 법률용어로 성숙되지 못하였다.

예컨대 위에서 언급한 일본에서 유입된 법률용어들이 그렇다. 그 밖에 형사법에 관련된 용어에 국한하더라도 '범죄구성요건(犯罪構成要件)', '원인(原因)에 있어서 자유로운 행위', '미필적(未畢的) 고의(故意)' 등과 같은 이해하기 어려운 법률용어들이 교과서와 법률논문 그리고 법률실무에서도 즐겨 사용되고 있으며, 이제는 이들 용어들이 한국의 공식적인 법률용어로 자리 잡기까지 하였다.

일본의 식민지로부터 해방이 된 지가 벌써 73년이라는 세월이 지났음에도 아직도 이와 같은 일본의 법률용어와 법률문화는 한국에 적지 않게 남아 있다. 이러한 법률용어와 문화는 한국에서 한국적이고 독자적인 법률문화의 창달에 큰 어려움을 던져주고 있다.

다행스러운 것은 한국정부가 이처럼 알기 어려운 법률용어들을 누구나 알기 쉽도록 전환하는 노력을 이미 몇 년 전부터 추진하여 왔다는 사실이다. 그리고 상당한 성과도 있었다. 현재에도 법무부나 각종 소관부처에서 발의한 법률용어에 대해 한국 법제처가 알기 쉬운 법률용어 작업 차원에서 이를 개선하는 작업을 적극 추진하고 있다.

그러나 법률가들에 의한 법률용어의 순화작업은 한계를 가지기 때문에, 언어학자들과 공동의 작업에 의한 이해하기 쉽고, 표현하기 좋은 한국식 법률용어의 형성이 시급히 요구된다.

Ⅰ. 문제의 제기

법학을 처음 접한 법과대학생이나 법학전문대학원생들이 법률이나 법학에서 사용된 법률용어에 대한 느낌은 다음과 같이 세 가지로 분류할 수 있어 보인다.

첫째로 법률용어들이 부호나 상징처럼 보인 경우가 적지 않다. 예컨대 형법은 '법률의 착오'라는 법률용어를 사용하고 있는 바,[1] 이 용어를 처음 접한 학생들은 그것이 무슨 의미인지 감을 잡기조차 어렵게 한다. 또한 '원인에 있어서 자유로운 행위'라는 문구도 형법교과서에서 자주 사용하고 있는 바, 이 문구가 "스스로를 책임무능력 상태에 빠지게 하여 그 상태에서 범죄결과를 야기함"이라는 의미를 모르고 그 법률용어를 처음 접한 대부분 학생들에게는 그것이 무슨 상징이나 부호처럼 보이기 쉽다.

둘째로 형법이나 형사법논문 또는 형법교과서에서 일본에서 형성된 법률용어의 사용빈도가 매우 높다. 더욱이 '일본식 한자어'의 남용도 법률서적의 이해를 어렵게 한 요인이 되고 있다. 여기서 '일본식 한자어'란 직역된 일본어나 일본식 한자어를 뜻이 아닌 한자의 음으로 표기하는 것을 말한다. 즉 일본어에서는 한자를 음독(音讀: 음으로 읽음)하거나 훈독(訓讀: 뜻으로 읽음)한다. 일본사람들이 한자로 적으면서도 한자의 음으로 읽지 않고 한자의 뜻으로 읽는 용어는 순수한 일본말인데, 뜻으로 번역해야 하는 이와 같은 용어를 우리가 한자의 음으로 그대로 사용하면서 이해

1) 형법 제16조(법률의 착오) "자기의 행위가 법령에 의하여 죄가 되지 아니하는 것으로 오인한 행위는 그 오인에 정당한 이유가 있는 때에는 벌하지 아니한다."

하기 어려운 '일본식 한자어'가 되었다.[2] 이러한 '일본식 한자어'의 사례로 현행 형법에서도 적지 않게 찾아볼 수 있다. 예컨대 형법 제134조(沒收와 追徵)[3]에서 명시하고 있는 '공(供)할 금품'이라는 표현이 바로 그런 경우이다. '공(供)하다'의 법률용어는 오늘날 판례에서도 사용하고 있다. 예컨대 대법원 판례[4]에 따르면, "한편 납세의무자가 시험이라는 용역을 다시 소정의 응시료 등의 비용을 받고 응시생들에게 제공한 때에는 위 법 제34조 제1항에서 정한 대리납부의무의 예외사유인 '공급받은 당해 용역을 과세사업에 공(供)하는 경우'에 해당하므로, 납세의무자가 그 법인에게 시험이라는 용역에 대한 대가를 지급하였다고 하여 납세의무자에게 법에서 정한 대리납부의무가 없다."고 판시하면서 일본식 한자어인 공(供)이란 용어를 사용하고 있다. 여기서 공(供)이란 우리말로는 제공이란 의미이다.

셋째로 각종의 형법상 논문이나 저서 등에서 '일본식 표현'의 언어관행을 쉽게 찾아볼 수 있다. '일본식 표현'이란 한국표준어 내지 문법체계에 맞지 아니한 것으로 일본의 문헌이나 법령에서 사용된 표현을 그대로 한국어로 번역한 문상 등을 의미한다. 예컨대 한국 법령문에서 흔히 볼 수 있는 일본식 표현의 하나로서 일본어 격조사인 'に'를 한국어로 직역하면 '에'가 되는 데서 생긴 오류이다. 일본어 'に'에 해당하는 우리말 조사는 많은 경우 '에'이지만, 때로는 '~를, ~에서, ~에게, ~로 ~과, ~보다, ~로서' 등으로 다양하다.

이하에서는 첫째로 일본에서 형성된 법률용어와 일본식 한자어 및 일본식 표현의 언어관행이 어떤 사유로 한국에서 폭넓게 수용되게 되었는지에 관한 사정을 살펴본다. 둘째로 이를 바탕으로 한국인이 이해하기 어려운 형법상의 법률용어를 보다 알기 쉬운 우리말로 개선하기 위해 한국정부는 무엇을 어떻게 하고 있는지를 파악하며, 셋째로 비록 형사사법의 범위에서 한국인 대부분에게 이해하기 어려워 아직도 개선해야 할 여지가 있는 법률용어 내지 법률문구의 목록을 작성하여 언어학자들과 함께 이에 관한 개선방안을 강구할 수 있도록 한다.

2) 이에 관해서는 법제처, 알기 쉬운 법령정비기준(제2판), 50쪽 참조.
3) "범인 또는 정을 아는 제3자가 받은 뇌물 또는 뇌물에 공(供)할 금품은 몰수한다."
4) 대법원 2010. 1. 28. 선고 2007두14190 판결.

Ⅱ. 조선 말엽의 법률문화와 일본 법률문화 유입의 계기

1. 조선 말엽의 상황과 법률문화

1) 중국의 대명률과 중국식 법률용어의 영향

조선왕조는 1392년부터 1897년까지 약 500년간 한반도를 통치하였다.[5] 그 통치기간 동안의 거의 끝자락에 왕으로 재임하였던 고종(高宗)은 1865년에 민란을 수습하고, 왕권을 강화하기 위한 차원에서 종합법전의 성질을 가진 대전회통(大典會通)[6]을 제정하였다. 대전회통은 경국대전(經國大典)[7]과 그 이후 편찬된 여러 성문법전(成文法典)의 중복된 입법내용을 피하여 고종 초기의 정치적·사회적 현실에 걸맞게 경국대전을 기본법으로 삼고 속대전(續大典)[8]과 대전통편(大典通編)[9]의 조문 입법규정 내용을 비교 나열하면서 현실적으로 보완해야 할 보충적 입법규정 등을 새 전교(傳教)의 규정으로서 보완하였다.

그런데 경국대전은 용대명률(用大明律)을 천명하여 중국의 대명률을 의용(依用)할 것을 명시하였다. 그 결과 대전회통 형전(刑典)도 다음과 같이 시작하고 있다. "(用律[10]) (原)用大明律 (續)依原典用大明律而原典續典有當律者從二典." 이를 풀이하면, "[原] 대명률을 적용한다. [續] 경국대전에 의거 대명률을 적용하되 경국대전과 속대전에 해당하는 율문(律文)이 있을 경우에는 두 법전에 따른다." 이러한 내용을 가진 대전회통은 경국대전의 수록내용을 원(原)으로 표기하고, 속대전에 처음 보이거나 경국대전의 내용이 바뀐 것을 증(增)으로 표기하였으며, 대전회통에 와서 처

5) 1897년에 대한제국으로 국명이 변경되었다.

6) 1865년(고종 2년) 왕명에 따라 영의정 조두순(趙斗淳), 좌의정 김병학(金炳學) 등이 편찬한 조선시대 마지막 법전이다. 6권 5책으로 구성되어 있으며 대전회통의 법원(法源)은 경국대전을 모법으로 하고 속대전(續大典)과 대전통편(大典通編)을 한 줄기로 삼았다. 그리고 대전통편을 편찬한 뒤 80년간의 수교(受教), 각종 조례(條例) 등을 보충하여 첨가하였다. 1863년(고종 즉위년) 대원군이 정권을 장악한 뒤, 임술민란을 수습하고 국가체제를 강화하는 과정에서 법전 편찬이 요청되었다.

7) 조선시대에 나라를 다스리는 기준이 된 최고의 법전. 세조 때 최항, 노사신, 강희맹 등이 집필을 시작하여 성종 7년(1476년)에 완성하고, 성종 16년(1485년)에 펴냈음.

8) 1746년(영조 22년)에 '경국대전' 시행 이후에 공포된 법령 중에서 시행할 법령만을 추려서 편찬한 통일 법전.

9) 1785년(정조 9년) '경국대전'과 '속대전' 및 그 뒤의 법령을 통합해 편찬한 통일 법전.

10) 용률(用律)은 형사법규의 적용 문제를 규정함을 의미.

음 보이거나 기존의 법전 내용이 바뀐 것은 보(補)로 표기함을 명시하였다.

위에서 언급한 대전회통을 비롯한 각종 조선왕조의 법전 모두는 모두 중국식 한문으로 표기되었다. 그 결과 경국대전뿐만 아니라 고종 2년에 제정된 대전회통까지의 법률은 이른바 한문에 능통한 소수의 사람만이 그 의미와 내용을 파악할 수 있었으며, 법전도 귀하였기 때문에 오늘날처럼 해당 법전을 손쉽게 접할 수도 없었다. 따라서 대전회통을 통하여 무엇을 금지하고 혹은 허용하고 있는지를 일반국민들은 거의 잘 알지 못하였다.

게다가 당시의 법률용어도 오늘날 우리가 사용하는 표현과 내용에서도 적지 않게 달랐다. 예컨대 대전회통은 대명률을 의용하고 있는 바, 대명률에 따르면 다음과 같은 법률용어, 즉 '오형(五刑)', '십악(十惡)', '응의자범죄(應議者犯罪)' 등의 용어를 사용하고 있다. 여기서 오형(五刑)이란 다섯 가지 형벌로 태형(笞刑), 장형(杖刑),[11] 도형(徒刑),[12] 유형(流刑),[13] 사형(死刑)의 종류를 총합하는 개념이었다. 그리고 십악(十惡)은 열 가지 죄악으로 모반(謀反),[14] 모대역(謨大逆),[15] 모반(謀叛),[16] 악역(惡逆),[17] 부도(不道),[18] 대불경(大不敬),[19] 불효(不孝),[20] 불목(不睦),[21] 불의(不義)[22]와 내란(內亂)[23]을 일컫는다. 이들 용어의 의미와 내용은 한국의 일반인은 말할 것도 없고, 거의 모든 한국 법조인조차 알 수 없는 상황이 되어 버렸다. 다만 동양법제사, 특히 중국법제사(中國法制史)를 전공한 소수의 분들 정도 이해가 가능할 것으로 보인다.

대명률에서는 죄형법정주의의 현대적 의미와 가까운 '단죄무정조(斷罪無正條)'라는 규정을 두고 있는 바, 이 용어 또한 오늘날 한국인에게는 전혀 친숙하지 않다.

---

11) 곤장(棍杖)으로 볼기를 때리는 형벌.
12) 죄인을 곤장(棍杖)으로 다스려 징역에 처하는 형벌로 징역 1년의 경우 곤장 60대를 침.
13) 귀양에 의한 형벌.
14) 사직(社稷)을 위망(危亡)하게 하려고 음모하는 것을 의미
15) 종묘(宗廟), 산능(山陵), 궁궐(宮闕) 등을 파괴하려고 음모.
16) 본국을 배반하고 외국과 통모하여 반역을 음모함을 의미.
17) 직계존속을 구타하거나 살해를 음모하는 등을 의미.
18) 한 가정 내의 3인을 살해하거나, 타인의 육체를 절단하거나 타인의 생기(生氣)를 채취하거나 사람을 해치는 독충 등을 기르거나 하는 행위 등을 말함.
19) 왕의 소유물건이나 왕에게 진상하는 수레나 가마와 왕의 복용물(服用物)을 절취하는 행위 등을 의미.
20) 직계존속을 고소·고발하거나 악담욕설 등을 하는 행위.
21) 상복(喪服)을 입어야 할 자신의 친족을 살해하려고 작당하는 행위를 의미.
22) 공직에 있는 상관을 살해하거나 윗님 등을 살해하는 행위 등을 의미.
23) 상복을 입어야 할 친족이나 부친 또는 할아버지의 첩을 간통한 자 및 그 상간자의 행위를 의미.

단죄무정조에서 명시하고 있는 내용은 다음과 같다. "무릇 법령에 기재된 것이 사리를 다하지 못하였거나 죄를 결정하는 데 형률(刑律)에 조문이 없는 경우 율문(律文) 내(內)에 가장 가까운 것을 의준(依準)하여 가할 것은 가하고, 감할 것은 감하여 죄명을 가정(假定)하고 형조(刑曹)에 보고하여 왕에게 주문(奏聞)한다."

또한 대전회통의 형전(刑典) 편(編)에 나오는 결옥일한(決獄日限)은 형사재판의 기한을 의미한다. 즉 결옥(決獄)은 형사판결을 뜻하고, 일한(日限)은 기한을 의미하는 중국식 표기였다. 만일 형사재판의 기한이란 용어 대신에 결옥일한이란 용어를 오늘날 사용한다면, 한국인의 대부분이 그 뜻을 알 수 없을 것이다.

2) 한국에서 근대적 법전의 편찬과 법률학의 발전

(1) 갑오개혁과 재판소구성법(1895년)

한국에서 근대법학 내지 근대적 법률용어 형성의 기초는 1894년 일어난 갑오개혁이 계기가 되었다.[24] 갑오개혁이란 1894년 7월 초부터 1896년 2월 초까지 약 19개월간 3차에 걸쳐 추진된 일련의 개혁운동을 말한다. 사법(司法)에 관한 갑오개혁은 2차 개혁에서 주로 이루어졌다.[25] 즉 2차 개혁 때는 의정부(議政府)를 일본의 예에 따라서 내각(內閣)이라 고치고 행정각부는 종래의 육조체제(六曹體制)를 탈피하고 일본을 모델로 한 7부(部) 체제(體制)를 두었으며, 형조(刑曹) 대신에 법부(法部)를 두면서 명칭변경을 하였다. 그리고 법부 안에 법률기초위원회가 1894년 6월 15일 법부령(法部令) 제7호로 설치되었다.[26] 이 위원회의 노력으로 사법제도는 행정관청으로부터 분리시켜 독립적인 기관인 재판소에 의해 처리될 수 있도록 재판소가 설치되었다. 재판에 대해서는 2심제(二審制)를 채택하였다. 1심 재판소로 지방재판소와 개항장 재판소(開港場裁判所)를, 2심 재판소로 고등재판소와 순회재판소를 설치

24) 갑오개혁은 일본측의 지원으로 추진되어 타율적인 개혁임을 부정할 수 없다. 그러나 갑오개혁을 추진한 개화파 관료들은 개항 후 1880년대 초반에 외교사절단원이나 유학생으로 외국에 있으면서 세계정세를 익히고 일본과 청나라의 개혁 등을 살핀 후 조선에 필요한 개혁방안을 실천에 옮긴 것이다. 이러한 갑오개혁의 정신은 독립협회운동과 계몽운동으로 이어져 한국의 근대화에 기여하였다고 보여진다.

25) 그러나 제2차 개혁은 개혁을 추진하던 박영효가 1895년 반역음모 혐의로 정계에서 쫓겨나 일본에 망명하면서 끝나고 말았다.

26) 이에 관한 자세한 것은 김효전, 근대한국의 법제와 법학, 326쪽 이하 참조.

하였고, 왕족에 대한 형사재판을 위해서 특별법원을 두었다. 이러한 사법제도 형성 근거는 재판소구성법[27]의 제정을 통하여 이루어졌다. 다시 말해 1895년 재판소구성법의 제정은 한국 역사에서 근대적 사법개혁의 첫걸음이 되었다.

재판소구성법은 61개의 조문으로 구성되었고, 이를 3편으로 분류하여 제1편 재판소에 관한 규정, 제2편 재판소의 직원에 관한 규정 그리고 제3편 사법사무장리(司法事務掌理)를 두었다. 제1편에는 다시금 제1장에 총칙규정을 두고, 제2장에는 지방재판소, 제3장에는 한성(漢城)과 인천(仁川), 기타 개항장 재판소 등에 관한 규정을 두었다. 재판소구성법은 이처럼 일반적인 것과 개별적인의 분류방식을 취하여 총칙에 관한 규정과 각칙에 관한 규정을 분리하였다. 그리고 일반적이고 공통적인 것은 총칙에 두고, 개별적이고 세부적인 사항을 각칙에서 명시하는 방식을 취하였다.

이와 함께 일본식 법률용어 내지 일본식 한자어가 재판소구성법을 시작으로 한국에 수용된 계기가 되었다. 예컨대 재판소구성법 제3조가 그런 모습의 전형을 함축하고 있다. 동법 제3조는 "각 재판소(裁判所)에 판사(判事), 검사(檢事), 서기(書記), 及 정리(廷吏)를 치(置)하니 其 원수(員數)는 본법(本法)에 정하는 외에 법무대신(法部大臣)이 정함."이라고 명시하고 있다. 여기서 사용된 재판소, 판사, 검사, 서기, 정리라는 법률용어는 대명률이나 대전회통 등에서 찾아볼 수 없는 따라서 일본에서 수입된 법률용어이다. 그리고 재판소구성법 규정의 기술방식은 중국어식이 아닌 한국어식 표현방식으로 서술되어 문자를 해독할 수 있는 한국인이라면 누구나 어느 정도 이해가 가능한 표현방식을 채택하였다. 게다가 당시 발달된 서구식 재판제도에 관한 법률규정을 일본을 통하여 계수되었다는 점에서 재판소구성법의 제정은 한국의 근대적 법률의 효시가 되었다.

그러나 일본을 통한 한국의 근대적 법률계수(法律繼受)는 법률용어와 법률문장의 기술방식에서 일본식 표현방식에 얽매이는 계기로 작용하였다. 이런 점에 관한 사례로는 재판소구성법 전반에서 찾아 볼 수 있다. 예컨대 동법 제37조에 따르면, "판사는 범죄죄질(犯罪罪質)에 의ᄒᆞ야 초사(初査)를 요(要)ᄒᆞᆷ으로 사료(思料)ᄒᆞ는 시(時)는 친행(親行)ᄒᆞ며 우(又)는 판사 혹(或) 경찰관으로 ᄒᆞ야곰 행(行)케 ᄒᆞᆷ을 득(得)ᄒᆞᆷ"이라고 기술하고 있다. 이와 같은 재판소구성법 제37조를 한국어의 문법체계에

27) 법률 제1호로 1895년 3월 25일 시행됨.

따라 기술하면, "판사는 범죄죄질에 의하여 초동수사를 해야 할 필요성이 있다고 판단되는 때에는 몸소 일을 처리하거나 판사 또는 경찰관으로 하여금 이를 처리하게 할 수 있다."

이처럼 재판소구성법의 문언은 조선시대에 한반도에서 사용된 적이 거의 없는 용어들인 판사, 초사(草查), 사료(思料), 친행(親行)과 경찰관 같은 용어사용과 '행케흠을 득흠'이라는 이해하기 어려운 생소한 문장을 볼 수 있다.

(2) 재판소구성법에 나타난 형사사법(刑事司法) 관련 근대 법률용어

재판소구성법은 행정과 분리된 독립된 재판소를 설치하고, 이의 종류를 5종으로 분류하여 다음과 같은 명칭을 부여하였다. 즉 지방재판소, 한성(漢城) 내지 인천 기타 개항장 재판소, 순회재판소, 고등재판소, 특별재판소. 이들 명칭은 그 이전의 시대에 사용하지 아니하였던 법률용어였다.

또한 재판소구성법은 위에서 언급한 바 있는 판사(判事), 검사(檢事), 서기(書記), 정리(廷吏)와 같은 법률용어 이외에도 관할권, 관할구역, 민사(民事), 재판권, 재판, 단독판사, 심리(審理), 지방재판소지청, 직원, 상소(上訴), 재판장, 사법경찰관, 개정(開廷), 재판의 평의(評議), 선고(宣告), 초사(草查), 사료(思料), 친행(親行)과 경찰관과 같은 신용어(新用語)를 사용하여, 근대 형사사법의 법률용어 형성에 크게 기여하였다.

(3) 형법대전(刑法大全: 1905년)

a. 형법대전의 제정과 그 배경

1894년 갑오개혁 이전부터 일본은 점진적으로 조선의 내정에 직·간접적으로 간여하여 왔으며, 이와 함께 일본 형법을 모델로 삼아 일본인의 주도로 1895년부터 작업을 개시하여 1897년 1월 완성된 형법초안은 조선에서 시행되지 아니하였다.[28] 그 이유 중의 하나는 일본의 내정간섭으로 신변에 불안을 느끼고 있었던 고종(高宗)이 1896년 2월 11일 친로세력(親露勢力)과 러시아 공사가 공모하여 비밀리에 고종을 러시아 공사관으로 옮긴 아관파천(俄館播遷) 사건이 일어나, 일본과 친일파 세력들은

---

28) 형법초안의 기초자는 법부 고문관이었던 星亨과 野澤鷄一였다. 이에 관해서는 장도, 형법총론, 아세아영인본, 2쪽 참조.

극도로 영향력이 미미하여졌다.[29] 다른 하나는 1900년 의화단(義和團) 사건으로 중국 내정이 불안정한 가운데 만주지방과 한반도의 권익을 둘러싸고 일본은 러시아와 대립하면서 1904년 2월 러시아에 대해 선전포고를 하고[30] 전면전을 개시하였다. 그 결과 1896년부터 1905년 5월까지는 일본의 조선에 대한 간섭이 현저히 약화되었다.

게다가 조선의 지배계급의 이른바 구본신참(舊本新參)[31] 사상도 형법초안의 시행을 어렵게 하였다. 조선왕조와 지배계급의 입장에서 볼 때, 종래의 형법전 체계에 비해 급격한 변화와 내용을 담았던 형법초안은 대명률이 몸에 밴 지배계급에는 지나치게 낯설었기 때문이다.

일본의 조선에 대한 힘의 공백 기간 동안 형법대전(刑法大全)이 1905년에 제정되어 시행되었다.[32] 형법대전은 비록 많은 부분 대명률의 법규를 수용하고 있지만, 한국 최초의 체계적이고 독자적 형법전(刑法典)이자, 대명률 체계의 법전형식을 상당부분 극복하여 근대적 형법체계에 한 발 다가가는 개혁적 형법전이었다. 왜냐하면 형법대전은 국한문 혼용체로 한국인의 언어적 표현방식으로 기술되었으며, 대명률의 법률체제인 육전의 형식을 극복하였고, 적용대상을 한국인 일반으로 하여 적용범위의 평등을 실현하였으며, 총칙규정에 해당하는 부분과 각칙규정을 별도로 구별하고 있다는 점에서 형법대전은 한편으로 한국 최초의 근대적 형법전의 태동이자, 다른 한편으로 조선시대 최후의 형법전이라고 말할 수 있다.[33]

---

29) 그러나 고종은 러시아의 공관에서 1897년 2월 20일 경운궁으로 환궁을 단행하였다.

30) 일본군은 1905년 1월에 여순(旅順)을 공략, 3월에는 봉천(奉天)을 점령하는 한편 5월에는 동해 해전에서 러시아의 발트 함대를 파괴하였다. 1905년 8월에는 미국의 포츠머스에서 평화회의가 열렸으며, 9월에 남사할린의 일본으로의 할양 등을 정한 강화조약(포츠머스 조약)이 체결되어 전쟁은 종결되었다.

31) 옛 것을 기본으로 하면서 옳고 바른 새로운 것을 참작하여 보완해야 된다는 의미. 이에 관해서는 문준영, 大韓帝國期 <刑法大全> 制定에 관한 硏究(1998년도 서울대학교 법학석사 학위논문), 46쪽 참조.

32) 형법대전의 시행에 즈음하여 삼성대신 민영환은 다음과 같은 조칙을 발표하였다. "형법은 정치의 필수로서 국가 존립을 위하여 먼저 취해야 할 일이다. 우리나라의 전헌(典憲)은 처음부터 완비되지 않은 것은 아니었으나, 과거와 현재의 제도가 다르고, 제도의 존폐가 무상(無常)하여 사람이 범하는 범죄는 더욱 많아지고 유사(有司)의 의현(疑眩)은 더욱 심해지니 짐이 심히 개탄하여 이에 선왕(先王)의 성헌(成憲)을 본(本)으로 하고 외국의 규례(規例)를 참고하여 왕(王)의 전(典)을 만들어 형법대전(刑法大典)이라고 명명하고 국내외에 알려 영원히 드리워 무궁케 하니 서민(庶民)은 외피(畏避)해야 할 것을 알게 되고 유사(有司)는 준봉(遵奉)하기에 쉽게 될지라. 오호 항상 공경할 일이로구나."

33) 문준영, 앞의 논문, 113쪽 참조.

b. 형법대전에 적시된 근대 법률용어

이러한 의미에서 형법대전은 한국의 법률용어와 법률문화 형성에 적지 않은 기여를 하였다고 볼 수 있다. 즉 형법대전에서 사용하고 있는 법률용어는 대명률의 그것과 달리 한국인이라면 누구나 읽고 알 수 있었다. 다만 형법대전은 일본의 형법 등의 영향으로 일본식 법률용어가 적지 않게 수용되었다. 형법대전 제1조부터 제4조까지의 규정을 보면, 그것이 대명률과 많은 부분 달리 규정되어 있음을 알 수 있다.

> 제1조 "본 법률은 일반인민범죄자(一般人民犯罪者)에게 시용(施用)ᄒᆞᆷ이라". 제2조 "범죄ᄒᆞᆫ 자(者)가 본 법률(法律)에 정조(正條)가 무(無)ᄒᆞᆫ 경우에ᄂᆞᆫ 인율비부(引律比附)ᄒᆞ야 처단(處斷)ᄒᆞᄃᆡ 사형(死刑)에ᄂᆞᆫ 비부(比附)ᄒᆞᆷ을 득(得)지 못ᄒᆞᆷ이라." 제3조 "본 법률 율례(律例) 제조(諸條)에 수범종범(首犯從犯)을 구별ᄒᆞ야 특서(特書)치 아니ᄒᆞᆫ 자ᄂᆞᆫ 수범(首犯)만 본율(本律)에 의ᄒᆞ고 종범(從犯)은 제135조의 예를 의ᄒᆞ야 처단ᄒᆞᆷ이라." 제4조 "본 법률 율례 제조(諸條)에 특정ᄒᆞᆫ 자ᄂᆞᆫ 법례죄례형례(法例罪例刑例)ᄅᆞᆯ 불구(不拘)ᄒᆞᆷ이라."

> 이들 규정들을 현대어로 옮기면, 다음과 같다: "본 법률(형법대전)은 일반인의 범죄자에게 적용된다. 범죄를 범한 행위가 본 법률에서 정한 범죄의 구성요건에 해당되지 아니하여도 유추해석하여 처벌될 수 있다. 다만 사형을 법정형으로 하는 범죄에 국한하여 유추해석은 허용되지 아니한다. 형법대전은 정범과 공범을 구별하며, 모든 범죄의 주체는 원칙적으로 정범으로 처벌되고, 종범(從犯)은 형법대전 제135조의 예[34]에 따라 처벌된다. 형법각칙에서 처벌이 명시된 특정 행위자는 형법총칙에 관한 규정에도 불구하고 적용된다."[35]

여기에서 언급된 제 규정의 법문내용을 살펴보면, 첫째로 형법전을 국한문 혼용하여 한국어의 표현방식에 따라 기술하였다. 둘째로 형법의 적용범위에 대해 원칙적으로 일반 인민을 대상으로 하고, 사형을 법정형으로 하는 범죄에 국한해서만은 죄형법정주의 철저화를, 그 밖의 범죄에 대해서는 인율비부(引律比附)가 가능함을

---

34) 從犯은 首犯의 형에 1등을 減ᄒᆞᆷ이라.

35) 이 마지막 구절인 "형법각칙의 구성요건에 해당되는 자는 형법총칙에 구속되지 않는다."는 의미가 정확히 무엇인지는 더 연구할 필요성이 있어 보인다.

천명하였다. 셋째로 현대적 의미의 정범과 공범의 구별 및 이들 처벌을 차별하고 있으며, 형법각칙의 구성요건에 해당되는 자는 형법총칙의 규정에 해당되는 법례, 죄례 및 형례에 구속되지 않는다는 점을 분명히 하고 있다.

형법대전에 나타난 현대적 의미와 내용을 가진 법률용어들의 일부 목록을 작성해 보면 다음과 같다.

> 형법대전 제1조에서 명시한 '법률', '범죄자', 제2조 '범죄한 자', 제5조 '국사범(國事犯)', 제6조 '원고(原告)'와 '피고(被告)', 제11조 '죄인(罪人)', 제18조의 '경찰관', 제19조 '증인'과 '증거물', 제21조 '형사집행(刑事執行)', 제22조 '민사집행(民事執行)'과 '판결', 제51조 '과실(過失)', 제66조 '범죄', 제76조 '재범(再犯)', 제78조 '공범(共犯)'과 '종범(從犯)', 제86조 '미수범', 제96조 '역형(役刑)', 제97조 '금옥(禁獄)' 등.

형법대전은 총 678개의 조문과 부칙 2개 조문으로 구성되어 있다는 점을 참작하면, 오늘날 이용되고 있는 법률용어 중의 상당부분이 형법대전에서 유래되었음을 알 수 있다.

Ⅲ. 조선에 대한 일본 형법의 영향

1. 장도를 중심으로 한 일본 유학자들의 영향

1) 장도와 일본 유학자의 영향

1895년 3월 25일 칙령 제49호에 의거하여 법관양성소 규정이 공포되고, 다음 달인 4월 12일 법관양성소 입학시험의 실시로 법관양성교육을 시작하여 동년 11월 10일 법관양성소 제1회 졸업생이 배출되었다.[36] 이는 근대적 법학교육이 이때부터 실시된 것을 의미한다.

한말(韓末)의 법률가는 1905년 우리의 최초의 독자적 형법전인 형법대전이 제정

36) 함태영 외 47명이 졸업하였다.

될 때까지 경국대전과 대전회통에 의거하여 중국의 대명률을 우리의 형사문제에 적용하였기 때문에 대명률에 관한 나름의 이해를 가졌다. 그러나 그들 중 일부는 법관양성교육을 통하여 근대적 법학과 법률에 접하게 되었다. 특히 1895년에는 조선정부가 장도를 포함하여 관비유학생을 일본에 여러 명 파견하여 일본의 법과대학에서 일본 법학과 법문화를 일본 현지에서 익히게 하였고, 이들 유학생들은 일본에 직수입된 서양의 법학과 법문화를 직접적으로 접하게 되었다.[37)]

이러한 법률가들 중에서 장도는 구한말 일본에서 법학을 배운 최초의 관비유학생 중 한 명이었으며, 1899년 귀국 후 갑오개혁 이후의 형사법규들을 망라하고 편집한 "신구형법대전"이라는 법령집을 출판함으로써 당시 일반인들에게 신법과 구법 등 형사법규의 전반을 알 수 있도록 하였다. 그는 또한 한국인으로서 처음으로 서구식 형법의 체계적 이론서인 형법총론 교과서를 저술하였다.[38)] 이 저술은 일본의 오카다(岡田朝太郎)의 그것과 체계와 내용에서 흡사한 부분이 많다. 이러한 점은 장도의 저서가 오카다의 형법교과서를 표준으로 삼고, 그러나 한국의 상황과 당시 한국에서 작성된 '형법초안'의 해석을 주된 목적으로 삼았다. 그의 이러한 역할은 종래 대명률 중심의 형법과 형법학을 극복하는 계기를 마련하였고, 근대 형법학에 직접적으로 연결되는 새로운 법률용어의 형성과 형법이론을 조국에 전파하는 기념비적 업적을 남겼다.

2) 장도의 저술에 나타난 형법에 관한 현대적 법률용어

장도는 1907년에 형법총론을 저술하였다. 이 저술에 나타난 근대적 법률용어를 정리하면 다음과 같다.

'범죄론(犯罪論)', '범죄의 실질적 정의', '범죄요소', '범의(犯意)', '사실의 착오', '법률의 착오', '예비소위(豫備所爲)', '미수범', '중지미수', '불능범', '정당방위', '범행(犯行)과 불행범(不行犯)', '기성범(旣成犯)', '계속범(繼續犯)', '단행범(單行犯)', '관행범(慣

37) 이에 관한 자세한 문헌은 허일태, "장도의 형법이론과 형법사상", 형법연구 Ⅳ, 동아대학교 출판부, 2009, 53쪽 이하 참조.

38) 그 무렵 형법에 관한 저술은 장도 이외에도 이면우의 형법각론, 이학재의 형법대전, 李炡의 형법대전, 장유순의 형법대전이 있었다.

行犯)', '국사범(國事犯)', '상사범(常事犯)', '형벌론', '주형(主刑)과 부가형(附加刑)', '자유형', '무기자유형', '유기자유형', '벌금', '몰수', '형의 가중감경', '재판상의 가중', '법률상의 가중', '작량감경(酌量減輕)', '자수(自首)', '환형처분(換刑處分)', '형기계산', '가출옥', '재산형', '재산형의 집행', '형의 소멸', '특사(特赦)', '복권(復權)', '시효' 등.

2. 일본 형법의 의용과 일본 형법의 제정배경

형법대전은 1905년 제정된 이듬해에 부분개정되었다. 그러나 1908년에 일본인들 손에 의해 대폭적인 개정이 이루어졌다. 게다가 1912년 조선형사령(朝鮮刑事令)에 의해 일본 형법이 의용(依用)[39]되면서 형법대전의 효력이 상실되었기 때문에, 형법대전의 적용기간은 그리 오래 지속되지 못하였다.

조선형사령에 의한 일본 형사법의 의용은 곧바로 일본의 형사 관련 법률, 법률제도, 법률용어와 법률문화를 비롯하여 형사에 관한 수사와 재판 그리고 형사판례 등 형사사법의 전반에 결정적인 영향을 미쳤다.[40]

그런데 조선에서 시행된 일본 형법은 1907년에 독일의 형법을 주된 모델로 삼아서 제정되었기 때문에, 고유의 중국식 한자를 비롯하여 일본어와 일본식 한자어를 이용하여 독일 형법을 번역하거나 독일 형법정신에 따른 규정 방식의 모양새를 취했다. 그 결과 일본을 비롯하여 동양에서 사용된 적이 없는 법률용어를 새롭게 작성해야 할 필요성이 적지 않게 제기되었다. 이를 위해 일본은 이미 1876년에 프랑스인 브아소나드를 초청하여 1810년의 나폴레옹형법을 보완한 형식의 일본 형법을 1882년에 제정하였다. 그리고 브아소나드에 의한 법학교육을 통하여 일부 엘리트 사법관료를 양성하였고,[41] 이들 중의 일부는 독일과 프랑스 혹은 이탈리아 등에서 유하

---

39) 1912년 3월 18일자로 공포되었음.

40) 조선형사령에 의해 조선에서 전면적으로 시행된 일본 형법은 일부 예외조치를 취하였다. 그것은 전근대적 형벌을 인정한 형법대전의 태형(笞刑) 제도를 그대로 존속시켜서, 일본의 식민지 지배에 항거한 조선인들에 대한 형벌로써 사용되었다. 그러나 이러한 형벌은 오직 조선에서만 적용되었고, 조선인에 대한 차별정책이라는 조선인들에 의한 항거로 태형제도는 1920년[1]에서야 비로소 폐지되었다.

41) 브아소나드가 세운 법학교육의 교육장소인 明法寮를 세우고, 이곳을 졸업한 사람으로 宮城浩藏, 井上正一, 磯部四郎, 龜山貞義 등이 있었다.

을 하였다. 이 때문에 이들 유럽의 선진 법학, 특히 형법학을 집중적으로 배울 수 있었고, 이들이 귀국하여 유럽식 형사법의 제정과 법률용어의 형성에 크게 기여하였다.[42)]

그런데 일본의 1882년 형법(이른바 구형법)은 시행 당시부터 예상되었던 자본주의의 급격한 발전에 수반된 범죄의 격증현상을 배경으로, 구형법전과 절충주의적 형법이론에 대한 비판은 날로 격렬해졌다. 이러한 상황에서 일본은 독일과 깊은 밀월관계를 형성하면서 1871년 독일제국형법과 형법상의 신파이론을 참작한 신형법(이른바 일본 형법)을 1907년에 제정하고, 1908년에 시행하였다.[43)]

3. 일본 형법전과 1941년 일본 개정형법가안에 나타난 법률용어

1) 일본 형법과 개정형법가안의 현행 한국 형법에 미친 영향

1907년 제정되고 1912년부터 한국에서 적용되었던 일본 형법은 1953년 10월 3일에서야 비로소 그 효력을 다하였다. 그러니까 41년 이상 일본 형법이 한국에서 형사실무와 형사법이론 그리고 한국의 형사법률문화에 대해 지대한 영향을 미쳤다. 그러다 보니 1953년에 제정된 한국 형법도 일본 형법의 내용과 운용방식을 상당부분 채택했다. 물론 한국 형법의 제정시에 롤 모델은 1941년 '일본 개정형법가안'이었다. 그렇게 될 수밖에 없었던 결정적 이유는 형법이 제정된 1953년은 남북한 사이의 전시상황이었고, 사회현상이 매우 불안정할 수밖에 없었다. 이에 따라 국가나 사회적 법익의 보호가 개인적 법익보호보다 우선시되는 상황이었다. 이점은 1930년대 중반부터 태평양전쟁을 수행하고 있었던 일본이 그 전쟁수행에 도움이 될 수 있는 '법안'을 마련할 수밖에 없었던 유사한 상황을 한국의 형법제정자는 잘 알고 있었다.

또 다른 이유는 1945년 일본으로부터 갑자기 해방된 한국에서 사회적 혼란이 적지 않았을 뿐만 아니라, 독자적으로 형법전을 한국의 현실과 미래에서 있어야 할 만한 형법전을 제정할 만한 인재가 그리 많지 않았을 것이다.

---

42) 이에 관한 자세한 것은 허일태 외, 일본형법이론사의 종합연구, 동아대학교 출판부, 2009, 17쪽 이하 참조.

43) 이에 관한 자세한 것은 허일태 외, 위의 책, 515쪽 이하 참조.

따라서 이하에서는 한국 현행 형법전에 큰 영향을 미쳤던 일본 형법과 1941년 일본 개정형법가안에서 사용된 법률용어를 정리해 보기로 한다.

2) 일본 형법과 일본 개정형법가안에 나탄 법률용어

일본 형법에 명시된 내란죄와 외환죄의 규정을 비롯하여 이들의 범죄구성요건조차 현행 한국 형법과 본질적 차이가 없다. 이것의 의미는 일본 형법이 한국의 형법에 얼마나 큰 영향을 주었는가를 가름할 수 있는 척도를 보여준다. 범죄의 종류에서도 역시 사정은 같다.

예컨대 국가와 사회적 법익에 관한 죄의 종류와 내용에서 일본형법은 '황실에 대한 죄'를 제외하고는 한국형법의 그것과 본질적 차이가 없어 보인다. '내란죄', '외환에 관한 죄', '국교에 관한 죄', '공무집행을 방해하는 죄', '도주의 죄', '범죄은익 및 증거인멸의 죄', '안녕질서에 대한 죄', '소요의 죄', '방화 및 실화의 죄', '일수 및 수리에 관한 죄', '교통방해죄', '주거침입죄', '비밀침해죄', '아편에 관한 죄', '음료수에 관한 죄', '통화위조의 죄', '문서위조의 죄', '유가증권위조의 죄', '인장위조의 죄', '위증의 죄', '무고의 죄', '외설, 간음 및 중혼의 죄', '도박에 관한 죄', '예배소 및 분묘에 관한 죄', '독직의 죄' 등이 그것이다.

한국형법은 상당부분 일본형법과 일치한다. 다만 '국기에 관한 죄' 및 '폭발물에 관한 죄'는 일본형법에 없고 한국형법에만 존치하고 있는 반면, '황실에 대한 죄'는 일본형법에는 존재하나 한국형법에는 없다. 그 밖의 범죄군은 거의 동일한 내용을 갖고 있다. 즉 한국형법에서도 '내란의 죄', '외환의 죄', '국교에 관한 죄', '공안을 해하는 죄', '공무원의 직무에 관한 죄', '공무방해에 관한 죄', '도주와 범인은닉의 죄', '위증과 증거인멸의 죄', '무고의 죄', '신앙에 관한 죄', '방화와 실화의 죄', '일수와 수리에 관한 죄', '교통방해의 죄', '음용수에 관한 죄', '통화에 관한 죄', '유가증권 등에 관한 죄', '문서에 관한 죄', '인장에 관한 죄', '성풍속에 관한 죄', '도박과 복표에 관한 죄'를 열거하고 있다. 순서상의 약간의 차이가 있지만, 범죄구성요건에서는 본질적 차이가 없어 보인다.

1941년 일본 개정형법가안은 한국 형법의 그것과 더욱 밀접한 관계에 있다. 형법총칙에 관한 규정만을 보더라도 한국 형법이 일본 개정형법가안을 얼마나 차용했는지를 파악할 수 있다. 총칙에 관한 일본 개정형법가안과 한국 형법의 그것을 비교해 보면 다음과 같다.

> 형법은 적용범위에 관해 제1조에서부터 제8조까지 명시하고 있다. 일본개정형법가안 역시 제1조부터 제8조까지 적용범위를 규율하고 있다. 한국형법은 제2장 제1절에서 죄의 성립과 형의 감면을 규율하고 있는바, 일본개정형법가안 역시 동일한 내용을 명시하고 있다. 이 부분에서 차이가 있다면 일본은 '기타 사회상규에 위배되지 아니한 행위'에 대한 불처벌[44]과 '피해자의 승낙'에 관한 규정이 없다. 그 밖에 미수범, 공범, 누범, 경합범에 관한 규정은 본질적으로 일본개정형법가안도 동일하다. 다만 한국형법은 누범과 경합범을 형벌규정 이전에 명시함에 반해 일본개정형법가안은 형벌규정 이후에 두고 있음에 차이가 있을 뿐이다. 집행유예와 선고유예에 관한 규정조차도 역시 양국이 동일하다. 가석방제도와 형의 시효 그리고 형의 소멸 역시 양국의 차이가 없다. 그러나 보안처분에 관한 규정은 한국은 특별형법에 두고 있지만, 일본은 개정형법가안에 두고 있으며, 한국에서는 원칙적으로 인정되지 아니한 부정기형을 일본개정형법가안은 두고 있다. 형벌에는 주형(主刑)과 부수형으로 구분될 수 있는데, 우리 형법상 주형에는 자격상실과 자격정지가 포함되어 있다. 실효성을 가졌던 형법전 중에는 우리 형법전을 제외하고는 자격상실이나 자격정지를 주형으로 삼고 있는 경우가 전세계적으로 유례를 찾아볼 수 없다. 다만 우리 형법의 롤모델이었던 일본개정형법가안에서 자격상실과 자격정지를 주형으로 삼고 있었을 뿐이다.

또한 형법총칙은 제53조의 작량감경 규정에 관해 일본 개정형법가안의 작량감경 규정을 모델로 삼고 있으면서도 감경기준에 관해 법률상 감경규정을 준용할 것을

44) 한국 형법에서 명시하고 있는 '기타 사회상규에 위배되지 아니한 행위'에 대한 불처벌은 형사정책적으로 뿐만 아니라 형법이론적으로 큰 의미를 가진다. 왜냐하면 한국 형법은 범죄의 개념을 순수 형식적으로 규정하고 있어서, 가령 폭행죄가 성립하려면, 사람의 신체에 대한 일체의 유형력 행사라고 정의해야 한다. 이에 따라 승객이 만원이 된 전철에 밀고 들어간 행위조차도 폭행죄의 성립 가능성은 존재한다. 바로 이와 같은 사건의 경우 일반인의 관점에서 사회적으로 용납되고 허용될 수 있는 행위로 형식적으로 범죄구성요건에 해당될지라도 정당행위로서 아예 범죄가 성립되지 않도록 배려할 수 있다.

명시한 일본과는 달리 감경기준에 대해서는 아직까지도 아무런 기준을 두지 않는 실수를 범하고 있다. 그 부분은 아직도 개선되지 않고 있다.

Ⅳ. 한국 형법과 이해하기 쉬운 법률용어 등의 개선 필요성

우리나라는 일본의 법률과 그 문화의 막강한 영향으로 아직도 적지 않게 일본식 표기와 이해하기 난해한 법률용어가 판을 치고 있음을 위에서 일부 살펴보았다. 이하에서는 이들에 관한 목록과 아울러 일본식 투의 표현방식을 바로잡아 이해하기 용이한 문장기술에 관한 목록 일부를 작성하고자 한다. 이를 통해 어려운 법률용어와 일본식 투의 어색한 표현을 한국어의 어법에 걸맞은 표현방식으로 바로잡을 개선작업이 요구된다.

1. 이해하기 어려운 법률용어와 문구

1) 중국식 한자어(형법조문에 국한)

가중(加重), 가혹행위(苛酷行爲), 간접정범(間接正犯), 감경(減輕), 강취(强取), 개피(開披), 경감(輕減), 국헌문란(國憲紊亂), 농아자(聾啞者), 누범(累犯), 모해위증(謀害僞證), 배임(背任), 배임수증(背任受贈), 부작위범(不作爲犯), 불능범(不能犯), 사상(死傷)에 이르게 하다, 상당(相當), 소인(消印), 수뢰(收賂), 양형(量刑), 여적(與敵), 위계(僞計), 위력(威力), 위해(危害)하다, 이적(利敵), 익수(溢水), 음행(淫行), 음란(淫亂), 자격모용(資格冒用), 자복(自服), 작량(酌量)하다, 종범(從犯), 중상해(重傷害), 증뢰(贈賂), 추행(醜行), 학대(虐待), 해(害), 허위(虛僞) 등.

2) 일본식 한자어(형법조문에 국한)

가석방, 간주(看做)하다, 감(減)하다, 공(供)하다, 공여(供與), 공술(供述), 과(課)하다, 기타(其他), 반(反)하다, 불구(不拘), 산입(算入)하다, 양도(讓渡), 오인(誤認), 음용수(飮用水), 익일(翌日), 인도(引渡)하다, 자(者), 참작(參酌)하다 등.

3) 형법학에서 사용되고 있는 전문용어

'객관적 귀속', '결과발생의 예견가능성', '결과적 가중범', '구성요건', '미필적 고의', '법률의 부지', '법률의 착오', '법치국가원칙', '보증인적 지위', '불법성', '불능미수', '사실의 착오', '상당인과관계설', '상상적 경합', '실체적 경합', '위법성', '위법성의 인식가능성', '위법성조각사유', '원인에 있어서 자유로운 행위', '인식 있는 과실', '적법행위의 기대가능성', '죄형법정주의', '책임조각사유' 등.

2. 표현이 자연스럽지 못한 일본어투의 어법

한국의 형법교과서에서 가장 많이 읽히는 책은 이재상 교수가 저술한 형법총론[45)] 이다. 이 책은 요점 정리가 잘 되어 있으며, 대법원 판례를 가급적 수용하려는 자세와 독일을 비롯한 외국의 학설과 입법례 등을 충실히 설명하고 있다. 그럼에도 불구하고 이 책의 기술방식을 보면, 일본어투의 모습을 여러 곳에서 발견할 수 있다. 이에 대한 사례를 몇 가지 열거해 보자.

> 3쪽의 중간쯤에서 ① '… 보안처분을 과(=부과)하는 법규범을 …', ② 4쪽의 아래쯤에서 '… 공범관계로서의 성질을 가진다.' ③ 11쪽에서 '이성에 반(反)하(=어긋나)는 장애로서', ④ 13쪽의 첫줄에서 '이론적인 면에 있어서도(=면에서도)', ⑤ 17쪽 맨 아래 줄의 윗줄에서 '형벌에 대하여(=은) 소급효 금지의 원칙이', ⑥ 18쪽의 4째 줄에서 '보안처분에 관하여는(=은) 법률에 특별한 규정이' 등.

언급된 몇 가지 사례에서 볼 수 있듯이 일본어투의 표현은 우리말에 어색하다. 위의 사례들을 우리말에 걸맞게 기술한다면, ① '보안처분을 부과하는', ② '공범관계로서 성질', ③ '이성에 어긋나는 장애로서', ④ '이론적인 면에서도', ⑤ '형벌은 소급효 금지의 원칙이', ⑥ '보안처분은 법률에 특별한 규정이' 등으로 표현해야 할 것이다.

---

45) 여기서 참고한 형법총론은 제7판으로 박영사에서 2011년 5월 출판되었다.

3. 개선작업

법제처의 주도로 2006년부터 일반국민이 쉽게 이해할 수 있도록 현행 법률을 알기 쉽게 정비하는 사업을 추진하고 있다. 알기 쉬운 법령 정비사업은 국민 누구나 쉽게 읽고 이해할 수 있도록 한자어나 일본어식 한자어, 전문용어 등의 어려운 법령용어를 쉬운 용어로 바꾸고, 복잡한 법령문장을 간결하고 명확하게 고쳐나가는 사업이다. 이러한 정비사업의 핵심은 법령을 알기 쉽게 만들기 위한 통일적이고 구체적인 정비기준을 마련하는 일이며, 그간 법제처의 주도로 국어, 일본어, 법률 분야 전문가의 공동연구 및 국회와의 협의를 거쳐 2006년부터 '알기 쉬운 법령 정비기준'을 발간하였다. 2009년에는 제2판을 2012년에는 제4판을 발간하여 우수정비사례를 대폭 추가하고 내용을 더욱 체계화하고 있다.

그런데 알기 쉬운 법률의 정비작업은 해당 법률의 수정이나 개정 내지 보안작업을 수반해야 된다는 점에서, 국회에서 해당 법률의 통과를 전제로 하고 있다. 그러므로 알기 쉬운 법령정비기준에 따른 법률의 정비작업은 수정이나 개정 또는 보안해야 할 법령에서 어려운 한자어나 용어, 일본식 한자어나 일본어투의 표현방식을 찾아내어, 개정안을 마련하는 작업이 요구된다. 이때 법률전문가뿐만 아니라 국어학자, 언어학자, 일본어 학자와 공동작업이 필수적으로 요구된다.

1953년에 제정된 형법은 1907년 일본 형법과 1941년 일본 개정형법가안의 영향을 크게 받아 그 표현방식과 내용에서도 일본의 그것들과 상당부분 일치하고 있음을 살펴보았다. 이런 점에서 현재 진행 중에 있는 형법개정작업은 오직 법률전문가만의 작업으로 끝날 것이 아니라, 국어학자와 언어학자 및 일본어 학자 등과 긴밀한 공동 작업을 통하여 국민에게 알기 쉬운 법령이 기준을 제공하고, 아울러 법률문화의 법률문장에서도 국민에게 더욱 편하게 다가설 수 있도록 해야 할 것이다.

제7장

법률의 부지와 불능미수에 관한 판례평석 요약

Ⅰ. 법률의 부지

【대상판결】 대법원 1985.4.9. 선고 85도25 판결

【사실관계】

피고인은 의정부시에서 디스코클럽을 경영하는 자로서 1983. 12. 23. 20:00경부터 같은 날 23:00경까지 위 디스코클럽에 미성년자인 공소외 인 등 10명을 출입시키고 맥주 등 주류를 판매한 사실은 이를 인정하고도 한편으로 1983. 4. 15. 14:00경 의정부경찰서 강당에서 개최된 청소년선도에 따른 관련 업주회의에서 업주측의 관심사라 할 수 있는 18세 이상자나 대학생인 미성년자들의 업소출입 가부에 관한 질의가 있었으나 그 확답을 얻지 못하였는데, 같은 달 26일 경기도 경찰국장 명의로 청소년유해업소 출입단속대상자가 18세 미만자와 고등학생이라는 내용의 공문이 의정부경찰서에 하달되고, 그 시경 관할지서와 파출소에 그러한 내용이 다시 하달됨으로써 업주들은 경찰서나 파출소에 직접 또는 전화상의 확인방법으로 그 내용을 알게 되었고, 위와 같은 사정을 알게 된 피고인은 종업원에게 단속 대상자가 18세 미만자와 고등학생임을 알려주고, 그 기준에 맞추어서 만 18세 이상자이고 고등학생이 아닌 공소외 인 등 10명을 출입시키고 주류를 판매하였다.

【판결요지】

가. 형법 제16조에 자기의 행위가 법령에 의하여 죄가 되지 아니한 것으로 오인한 행위는 그 오인에 정당한 이유가 있는 때에 한하여 벌하지 아니한다고 규정하고 있는 것은 단순한 법률의 부지의 경우를 말하는 것이 아니고 일반적으로 범죄가 되는 행위이지만 자기의 특수한 경우에는 법령에 의하여 허용된 행위로서 죄가 되지 아니한다고 그릇 인식하고 그와 같이 그릇 인식함에 있어 정당한 이유가 있는 경우에는 벌하지 아니한다는 취지이다.

나. 유흥접객업소의 업주가 경찰당국의 단속대상에서 제외되어 있는 만 18세 이상의 고등학생이 아닌 미성년자는 출입이 허용되는 것으로 알고 있었더라도 이는 미성년자보호법 규정을 알지 못한 단순한 법률의 부지에 해당하고 특히 법령에 의하여 허용된 행위로서 죄가 되지 않는다고 적극적으로 그릇 인정한 경우는 아니므로 비록 경찰당국이 단속대상에서 제외하였다 하여 이를 법률의 착오에 기인한 행위라고 할 수는 없다.

【해설】

Ⅰ. 들어가는 말

법률의 부지란 행위자가 일정한 행위를 금지하고 있는 규범을 알지 못해서 자신의 행위가 그 금지규범에 위반함을 모르는 경우이다. 규범의 효력에 대한 착오나 해석의 착오는 행위자가 금지규범 자체를 알고 있다는 점에서 금지규범 자체를 모르고 있는 법률의 부지와 구별된다. 이러한 관점에서 위 대상판결의 쟁점은 세 가지로 압축될 수 있다. 첫째로 법률의 착오를 명시하고 있는 형법 제16조의 적용범위에 법률의 부지가 포함되는 것인지의 여부(쟁점 ①), 둘째로 대상판결의 사실관계는 법률의 착오에 해당되는지, 아니면 법률의 부지에 해당되는 것인지의 여부(쟁점 ②), 셋째로 법률의 부지의 경우에도 위법성의 인식이 없거나 인식가능성이 없을 수 있는데, 이와 같은 경우 법률의 부지라는 이유만으로 처벌해야 할 이론적 근거가 있는지(쟁점 ③)이다.

대법원의 판결요지는 쟁점 ①에 대해서만 답하고 있고, 쟁점 ②와 쟁점 ③에 대한 명확한 이유제시가 없다. 답하고 있는 쟁점 ①에 대해서도 학설은 대법원 판결에 비판적 입장이다. 이하에서는 쟁점 ①과 쟁점 ②에 관해서만 논증하기로 한다. 쟁점 ③에 관해서는 이미 형법이론상 해결된 문제이기 때문이다.

Ⅱ. 법률의 착오의 적용범위에 법률의 부지가 포함되는지의 여부

1. 학설의 태도

학설에 따르면 형법 제16조의 착오는 위법성에 관한 착오를 의미하며, 이러한 착오는 ① 금지규범 자체를 아예 모르거나(법률의 부지), ② 금지규범 자체를 알고 있지만 효력이 없다고 생각하거나(효력의 착오), 해당 금지규범을 잘못 해석함으로써 적용범위를 잘못 판단하는 '포섭의 착오'를 일으킨 결과, 행위자가 자신의 행위가 금지규범에 해당되지 않는다고 생각하는 경우로 구분할 있다고 본다. 따라서 법률의 부지의 경우에도 위법성의 인식에 관한 착오이며, 그러한 착오에 빠지게 하거나 그러한 착오를 할 수밖에 없는 정당한 사유가 있을 때에는 형법 제16조에 따라 위법성의 인식이 없어 죄가 성립될 수 없다는 결론에 이른다.

2. 대법원의 태도

대법원에 따르면, 형법 제16조의 의미는 "단순한 법률의 부지의 경우를 말하는 것이 아니고 일반적으로 범죄가 되는 행위이지만 자기의 특수한 경우에는 법령에 의하여 허용된 행위로서 죄가 되지 아니한다고 그릇 인식하고 그와 같이 그릇 인식함에 있어 정당한 이유가 있는 경우에는 벌하지 아니한다."는 입장이다. 즉 대법원은 형법 제16조의 적용대상인 '법령'에 의하여 죄가 되지 아니하는 행위의 범위에 대해 행위자가 위반한 금지규범 자체의 불인식(즉 법률의 부지)을 포함시키지 않는 것으로 설시하고, 행위자는 자신 행위의 규범위반성을 알지만 자신의 특수한 경우에는 '법령'에 의하여 그 금지규범의 위반이 적극적으로 허용된 경우라고 한다.

그렇다면 형법 제16조에서 말하는 '법령'은 '법률의 부지'의 문제가 되는 법령은 포함되지 않고, '그 이외의 법령'으로 파악해야만 대법원의 입장이 다소라도 납득될 수 있어 보인다.

Ⅲ. 해당 사안이 법률의 착오와 법률의 부지 중 어느 쪽에 해당되는지

1. 학설의 태도

해당 사안은 피고인이 해당 미성년자보호법 자체를 전혀 모르는 것이 아니라 알고 있었지만, 적용범위가 18세 이상자인가 아니면 18세 미만자인가를 잘못 알았기 때문에, 잘못된 해석의 결과 적용범위의 착오로 인한 '포섭의 착오'에 해당될 수 있어 보인다. 따라서 법률의 부지에 관한 대법원의 입장을 따른다고 할지라도 해당 사안은 법률의 착오로 파악해야 하며, 이에 따라 피고인의 법률의 착오가 정당한 이유를 갖고 있는지를 따져보아야 했다.

2. 대법원의 태도

대법원은 이점에 관해 자세한 언급이 없이 해당 사안을 법률의 부지에 해당한다고 판시하고, 그 결과로 피고인의 위법성 인식가능성에 관한 어떤 검토도 필요 없다는 입장을 취한 셈이 되었다.

그러나 대법원의 이러한 태도는 법률의 부지에 관한 본론적인 입장과는 거리가 멀다. 왜냐하면 피고인은 금지규범인 '미성년자보호법'의 해당 조문을 전혀 모르고 있는 것이 아니고, 알고는 있었기 때문에 '단순한 법률의 부지'일 수 없으며, 피고인의 해당 규범에 대한 해석의 잘못으로 적용범위를 오해했을 뿐이기 때문이다.

게다가 대법원의 대상판결은 법률의 부지라는 이유만으로 행위자에 대한 책임비난의 핵심요소인 위법성의 인식 내지 인식가능성을 요구하는 현대 형법이론학에서 받아들이기 어려운 입장이다.

Ⅳ. 나오는 말

1. 대법원 판례의 배경

대법원이 1953년 10월 3일 제정형법의 시행 후에도 "법률의 부지는 범죄성립에 영향이 없다."는 입장을 갖게 된 배경에는 다음과 같은 사유들에서 기인한 것으로 보인다. 즉 제정형법의 시행 초기 때만해도 "법률의 부지는 용서받지 못한다."라는 로마법상의 전통이 법조계와 학계에서 지배하고 있었고, 구형법인 일본 형법 제38조 제3항은 법률의 부지의 경우에는 범죄성립에 영향이 없음을 명시하고 있었다.

이러한 내용의 구형법은 1953년 10일 2일까지 우리나라에 적용되었다. 일본대심원 판례 역시 이 조항을 충실하게 따른 결과, 법률의 부지는 죄의 성립 여부에 영향이 없다는 일관된 태도를 견지하였다. 독일 판례도 1951년 이전까지는 법률의 착오는 죄의 성립에 영향이 없고, 단지 공정성을 근거로 비형벌법규 이외의 법률의 착오에 대하여 독일 구형법 제59조(사실의 착오 규정)를 유추적용하여 고의를 조각하는 예외를 인정하였다.

2. 대법원 판례의 문제점

형법의 해석과 적용은 오늘날 범죄성립에 관해 이미 확립된 보편적인 이론에 입각해야 하고, 죄형법정주의의 준수에도 철저해야 한다. 수많은 대법원의 판례는 죄형법정주의와 이것의 준수를 노래하고 있다. 그럼에도 해당 사안과 같은 법률의 착오에 관해서는 합리적인 근거도 없이 법률의 부지라고 평가하거나 혹은 법률의 부지라는 이유만으로 행위자의 그런 착오가 정당한 이유가 있었는지를 검토한 적이 없다. 범죄로 처벌되기 위해서 행위자는 책임을 져야 하는데, 책임을 지기 위해서는 책임능력과 자신의 행위가 위법함을 알거나 알 수 있어야 하며, 적법행위의 기대가능성이 있어야 한다. 법률의 부지의 경우에도 행위자의 위법성의 인식이 가능하지 않을 수도 있는데, 이런 점을 일체 무시하고 있는 대법원 판례 입정은 정당하다고 할 수 없다. 살인이나 절도와 같은 자연범에 관해 행위자가 그런 행위를 금지하고 있는 줄 모른다고 변명한다는 것은 오늘날에도 역시 용납될 수 없을 것이다. 그러나 오늘날 우리나라에서 시행된 700여개가 넘는 행정형벌에 관한 법률들을 모두 파악할 수 있는 사람은 없으며, 관련 규정의 해석에 관해 관계당국의 의견에 따른 경우까지 처벌한다는 것은 형법 제16조의 입법취지에 반한다고 할 것이다.

Ⅱ. 불능미수

【대상판결】 대법원 1978. 3. 28. 선고 77도4049 판결

【사실관계】

피고인이 에페트린과 빙초산 등 화공약품을 혼합하고 섭씨 80도-90도로 가열하여 메스암페타민(속칭 '히로뽕') 1kg을 제조했으나 그의 제조기술과 경험부족으로 히로뽕 완제품 아닌 염산메칠에페트린을 생성시켰을 뿐으로 미수에 그친 사실을 인정하고, 그가 예비한 염산메칠에페트린으로 메타암페타민을 생성하기 위하여서는 염산에페트린이 원료로 사용되어야 하고 염산에페트린은 염산메칠에페트린에 의하여 생성시킬 가능성을 인정할 수 있(다)

【판결요지】

불능[미수]범의 판단기준으로서 위험성 판단은 피고인이 행위 당시에 인식한 사정을 놓고 이것이 객관적으로 일반인의 판단으로 보아 결과발생의 가능성이 있느냐를 따져야 하므로 히로뽕 제조를 위하여 에페트린에 빙초산을 혼합한 행위가 불능[미수]범이 아니라고 인정하려면 위와 같은 사정을 놓고 객관적으로 제약방법을 아는 과학적 일반인의 판단으로 보아 결과발생의 가능성이 있어야 한다.

【해설】

Ⅰ. 들어가는 말

학자들과 판례는 가벌적 불능미수의 성립을 위해서는 실행의 착수, 결과발생의 불가능 그리고 위험성의 존재가능성을 적시하고, 이들 3요소가 결합할 때 불능미수가 성립한다고 본다. 특히 불능미수범이 성립하는데 위험성이 존재해야 한다는 것은 형법 제27조가 "…결과발생이 불가능하더라도 위험성이 있을 때, 벌한다."고 명시한 데서 유래한다. 여기서 말하는 위험성은 법익침해의 위험성을 의미하기보다는 행위대상에 대한 구체적 침해위험성을 문제 삼는다. 이런 종류의 위험성의 기준에 대해 국내에서는 크게는 객관설과 절충설(이른바 '인상설')로 대별할 수 있지만, 좀

더 자세히 보면 무수히 많은 학설들이 난무하고 있다.

게다가 최근에 형법 제27조의 위험성 개념은 독자성을 갖고 있음을 전제로 이에 대한 인식은 특별한 방식으로 이해해야 한다는 입장이 최근에 나타나고 있다.

따라서 이하에서는 판례와 다수설의 입장을 우선적으로 살펴보고 그리고 위험성의 의미를 독자적으로 이해해야 한다는 입장에 관해서도 살펴보자.

Ⅱ. 형법 제27조에서 '위험성'의 의미

1. 대법원의 입장

대법원은 가벌적 불능미수범을 구별하는 기준으로써 행위대상에 대한 사실상의 위험성의 여부에 두고 있다. 즉 불능미수범의 판단기준으로서 위험성 판단은 피고인이 행위 당시에 인식한 사정을 놓고 이것이 객관적으로 일반인의 판단으로 보아 결과발생의 가능성이 있느냐를 따져 본다.

이에 따라 해당 사안에서 "피고인의 행위의 위험성을 판단하려면 피고인이 행위 당시에 인식한 사정, 즉 원심이 인정한 대로라면 에페트린에 빙초산을 혼합하여 80~90도의 가열하는 그 사정을 놓고 이것이 객관적으로 제약방법을 아는 일반인(과학적 일반인)의 판단으로 보아 결과발생의 가능성이 있느냐를 따졌어야 할 것"이라고 설시하고 있다. 그러면서 "이 점에 관한 심리절차 없이, 다시 말해서 어째서 위험성이 있다고 하는지 그 이유를 밝힌 바 없어 위험성이 있다고 판단한 조치에는 이유불비의 위법 아니면 불능범 내지는 위험성의 법리를 오해한 잘못이 있다고 하리니 이 점을 들고 있는 논지 부분도 이유 없다고 할 수 없다."고 판시하고, 해당 사건을 원심법원에 파기 환송하였다. 즉 원심법원이 형법 제27조가 명시한 '위험성'의 존재이유를 객관설을 근거로 밝혔어야 하는데, 이를 밝히지 않았다는 점을 지적하고 있다.

2. 학설의 입장

학설의 대다수도 이러한 객관설을 추구하고 있다. 다만 객관설 중에서 추상적 위험설을 따르고 있거나 구체적 위험설을 따르는 입장으로 대별될 수 있다. 구체적 위험설은 행위자의 행위 당시에 인식한 사정뿐만 아니라, 일반인이 인식할 수 있었던 사정을 기초로 일반적 경험법칙에 따라 사후적으로 결과발생의 개연성이 있다고 인정할 때에는 구체적 위험성이 있다고 보고, 이럴 경우에 처벌해야 한다는 입장이다.

이에 반하여 형법 제27조에서 명시한 '위험성'의 독자성을 인정하는 견해에 따르면, 불능미수의 경우 결과발생이 사실상 불가능하기 때문에 위험성의 개념은 평가상의 결과발생의 가능성으로 이해해야 한다는 것이다.

Ⅲ. 나오는 말

형법 제27조의 '위험성'에 관한 의미에 대해 판례나 학계의 다수설인 행위대상에 대한 침해위험성의 입장에 동의하기 어렵다. 논리적으로 보면 결과발생이 불가능하면, (구성요건적) 결과발생의 위험성은 현실적으로 가능하지 않고, 개연성도 없으며 그리고 결코 결과발생의 위험성은 있을 수 없다. 사실상의 위험성이 없다면 평가상으로도 위험성이 없는 것은 물론이다. 그럼에도 불구하고 결과발생이 불가능하더라도 위험성이 있을 때에는 처벌한다는 형법상의 규정 때문에 학자들은 위험성의 판단대상 내지 그 기준을 결과발생의 초래위험성 내지 구성요건 실현의 위험성, 혹은 독자적 위험성 개념에서만 찾는 데 심혈을 기울이고 있다.

특히 형법 제27조에서 명시한 '위험성'의 독자성을 인정하려는 입장 역시 논리법칙을 벗어난다. 왜냐하면 논리법칙상 사물의 법칙은 사고의 법칙을 넘어설 수 없는 것처럼 사고의 법칙의 결과물인 평가 역시 사물의 법칙을 본질적으로 벗어날 수 없다는 점에서, 어느 행위로 인해 행위객체에 대한 결과발생이 사실상 불가능하다면 평가상으로도 결과발생이 불가능하다고 판단될 수밖에 없기 때문이다.

모든 가벌적 범죄행위는 실행의 착수가 있으면, 행위대상에 대한 구체적 침해위험성이 없을지라도 법익침해의 실현위험성을 가져야 하므로, 형법 제27조에서 명시한 '위험'성은 행위대상에 대한 위험이라기보다는 법익침해에 대한 위험성이라고 하는 것이 논리적이다.

결과발생이 불가능하면, 구성요건적 결과발생을 초래할 객관적 위험성이 없을 뿐만 아니라, 그런 위험성의 가능성이나 개연성 역시 결코 있을 수 없다. 그러나 어느 행위에 의해서 구성요건적 결과발생이 불가능하더라도 법익에 대해서는 침해의 가능성이 있을 수 있다.

따라서 대법원이 판시한 이 사건에서도 위험성의 판단대상은 법익침해에 대한 위험싱이어야 하고, 판단기준은 그 행위자의 행위가 적어도 법적대적 의사로 히로뽕을 만드는 작업에 착수할 때 이를 지켜본 일반국민에게 그가 히로뽕 제조의 범죄행위를 범하고 있다는 범죄적 인상을 확실히 심어줄 정도여야 할 것이다. 그러므로 불능미수가 되기 위해서는 어느 행위에 의해 구성요건적 결과발생이 불가능하더라도 일반국민에게 법익침해 내지 법익교란의 위험성을 구체적으로 각인시켜 주어야 할 것이다.

제8장

동아시아의 사형제도 현실과 미래

Ⅰ. 문제의 제기

사형제도 폐지의 문제는 이제 전세계적이고 거슬릴 수 없는 도도한 경향임에는 나음과 같은 사유들로 너욱 확실해셨다.

이미 28년 전인 1989년 유엔총회에서 '사형제도 폐지목적으로 채택된 시민적 및 정치적 권리에 관한 국제규약 제2선택의정서(The Second Optional Protocol to the International Covenant on Civil and Political Rights)'1)를 통해 사형제도의 폐지 기반이 국제적인 차원에서 다져졌다. 이에 더하여 유엔총회의 결의를 통하여 사형제도의 집행에 관한 모라토리엄이 2007년 12월 처음 채택되었고, 그 이후 2008년 12월, 2010년 12월, 2012년 12월, 2014년 12월 그리고 2016년 9월에도 지속적으로 채택됨2)

---

* 이 논문은 2016. 10. 20. ~ 21.에 개최된 한국법률가대회의 세미나에서 발표한 내용을 기초로 토론 내용과 새로운 자료 등을 검토하여 작성되었고 한국법학원의 심사규정에 따른 심사 절차를 거쳤다.

1) 채택일 1989. 12. 15 / 발효일 1991. 7. 11 / 2016년 9월 현재 당사국 수는 83개국이며, 서명을 이미 했지만 아직 비준이 되지 않는 국가로는 Angola, Madagascar와 São Tomé and Príncipe가 있다. 이 의정서의 핵심내용은 다음과 같다. "의정서의 당사국은, 사형폐지가 인간존엄의 향상과 인권의 전진적 발전에 기여한다고 믿으며, 1948년 12월 10일에 채택된 세계인권선언 제3조 및 1966년 12월 16일에 채택된 시민적 및 정치적 권리에 관한 국제규약 제6조를 상기하며, 시민적 및 정치적 권리에 관한 국제규약 제6조는 폐지가 바람직함을 강력히 시사하는 문언으로 사형폐지를 언급하고 있음에 유의하며, 사형폐지를 위한 모든 조치가 생명권 향유에 있어서 전진으로 간주되어야 함을 확신하며, 이에 사형폐지를 위한 국제적 약속이 바람직하므로, 다음과 같이 합의하였다.
제1조 1. 이 선택의정서의 당사국의 관할 내에서는 누구도 사형을 집행당하지 아니한다
2. 각 당사국은 자국의 관할 내에서 사형폐지를 위한 모든 필요한 조치를 취한다."

2) 2007년 12월 18일 62/149호, 2008년 12월 18일 63/168호, 2010년 12월 21일 65/206호, 2012년 12월 20일 67/176호, 2014년 12월 18일 69/186호, 2016년 9월에 의해 2년마다 지속적으로 사형집행에

으로써 사형제도 폐지의 국제적 확산에 크게 기여하였다.

이런 점은 국제앰네스티 연례 사형현황 보고서에 의해 확인할 수 있다. 예컨대 국제앰네스티 보고서에 의하면 1977년에는 겨우 16개국에서 사형제도가 폐지되었을 뿐이었다. 그 이후 사형제도 폐지 국가의 지속적인 증가로 2015년 말에는 법률상 사형제도 폐지 국가가 102개국에 달했다.[3] 이는 법률상 사형제도 폐지 국가가 유엔에 가입한 198개국의 과반을 넘음을 의미한다. 전시(戰時)의 경우를 제외한 일반범죄에 대한 사형제도 폐지 국가도 6개국이고, 10년 이상 사형집행을 하지 않는 이른바 '실질적 사형제도 폐지국'은 32개국에 달한다. 그 결과 일반적 범죄에 관해 법률적이든 실질적이든 사형제도 폐지로 간주된 국가는 2016년 현재 140개국이나 된다. 사형제도 존치 국가는 58개국에 불과하므로 사형제도 폐지 국가는 전세계의 70%를 넘고 있음을 알 수 있다.

사형제도의 폐지에 관한 전세계적인 경향이 이와 같음에도 불구하고 동아시아의 대부분 국가는 사형제도를 아직도 법률상뿐만 아니라 실질적으로도 철폐하지 않고 있다. 중국, 인도네시아 및 일본 등 특히 인구가 많은 동아시아 국가에서 사형이라는 형벌은 법원에서의 선고는 물론이거니와 실질적으로도 집행되고 있다. 중국은 지구상에서 가장 많은 사형집행을 하고 있는 국가로 알려져 있으며, 국제앰네스티는 매년 1,000명 이상 사형을 집행한 것으로 추산하고 있다. 이런 상황임에도 불구하고 이들 동아시아 국가에서 사형제도가 법률상으로 단기간에 폐지할 만한 환경 역시 충분히 조성되어 있질 않다. 동아시아에서 경제 선진국으로 꼽고 있는 일본조차 2016년도에도 여전히 사형을 집행하고 있음을 볼 수 있기 때문이다.

예외적인 경우도 있다. 동일한 동아시아 국가이지만 필리핀은 사형제도가 법률상 이미 폐지된 상태이며,[4] 몽고는 2015년 사형제도폐지법안의 국회 통과로 2016년을 끝으로 형법상 사형제도폐지가 가능하게 되었으나, 2016년 8월 30일 몽고 국회가 신형법의 시행을 2017년 7월로 명시했기[5] 때문에 이젠 사형제도가 폐지되었다. 한

관한 유엔총회 결의에 의한 모라토리엄이 있었다.

3) 2014년까지만 해도 법률상 사형제도 존치 국가였던 피지를 비롯한 마다가스카르, 콩고와 수리남 등 4개국이 2015년에는 사형제도의 폐지 국가로 전환되었다.

4) 하지만 최근 로드리고 두테르테(rodrigo duterte)가 필리핀 대통령으로 취임 직후 이틀 새 15명의 마약범을 사살하고, 경찰들에게 1천명의 마약사범을 사살해도 괜찮다며, 사형제도도 부활시키겠다고 큰소리쳤었다. 이에 관해서는 http://petit3787.tistory.com/4 참조.

5) http://amnesty.or.kr/12786/

국은 1997년 12월 30일 23명에 대한 사형집행 이후 2018년 11월 현재까지 약 21년 동안 단 1명도 집행한 적이 없었다. 사형집행을 하지 않은지 10년이 지난 2008년 1월부터 국제앰네스티는 한국을 사실상 사형제도폐지국으로 분류되고 있고, 이런 지위를 취득한 지도 이미 11년을 넘어섰다.

한편 한국, 중국과 일본 등 3개국은 1989년 유엔총회에서 '사형제 폐지 목적으로 채택한 시민적 및 정치적 권리에 관한 국제규약 제2선택의정서'의 당사국이 아니다. 게다가 2007년부터 시작되고 그 이후에도 지속적으로 채택된 총 6차례(2016년 9월에도 채택됨)의 유엔총회의 '사형집행에 대한 모라토리엄'에 대한 표결에서 일본과 중국은 반대를, 한국은 기권하여 왔다.

이들 3국은 오랜 역사의 흐름 속에서 정치, 사회, 문화적인 차원에서 협력과 반목의 긴장된 역학관계를 되풀이하면서 공존해 오고 있다. 근·현대의 시기에 서구적 의미의 국가제도에 관한 규범적 체계를 완성하는 과정에서 이들 3국은 국가체제와 이를 지행하는 이데올로기의 차별성으로 인하여 서로 다른 경과과정을 밟아왔다. 그럼에도 불구하고 이들 국가의 형사규범 내면에 스며든 범죄와 형벌, 특히 사형제도에 대한 법문화적 내지 법철학적 인식의 기반은 그간 이들 국가에서 내면하고 있는 유구한 문화적인 밀월관계로 인하여 거의 동일한 궤적을 그리고 있다.

그렇다면 중국을 비롯한 일본 그리고 한국에서 오늘날 사형을 법정형으로 명시하고 있는 범죄 종류는 무엇이며, 이들 국가에서 사형제도의 장래는 어떠한 운명에 처해지게 될 것인가를 규명해 보는 것은 의미가 있어 보인다.

이하에서는 이들 국가의 사형제도 현황을 개괄적으로 살펴보고, 이와 함께 사형제도의 미래 모습을 그려본다. 이와 함께 한국에서의 사형제도 폐지를 위한 설득력 있는 논지를 제시함으로써 법률상 사형제도 폐지에 기여하고자 한다.

Ⅱ. 일본, 중국 그리고 한국의 사형제도 파노라마

1. 동아시아 국가에서 사형제도 존치의 공통 특징

서구권의 국가들 대부분이 그리스도교 문화와 전통을 기반으로 하고 있음에 반해, 동아시아의 한국, 중국과 일본은 유교로 특징 지워진 오륜오상적 가치(五倫五常的 價値)[6]가 각인된 역사적 문화를 갖고 있는 사회이자, 동아시아적 가치관을 형성하는 또 다른 기제인 불교의 영향 역시 적지 않았다. 유교는 유교적 가치관이 표방하는 관념 가운데 계층적 사회질서의 유지가 특히 강조되어 왔다. 이에 비해서 불교는 인간의 행·불행을 인간적 집착에서 비롯됨을 중시하고, 집착에서 해방되는 삶이야말로 진정한 행복을 누리는 참된 삶이며, 인간을 비롯한 모든 생명은 존엄한 것이고, 이들 생명에 대해 비차별적으로 바라본다. 바로 이런 점에서 계층적 사회질서 유지를 강조하는 유교와 서로 구별된다.

사형제도와 관련하여 본질적으로 폐지론의 입장에서 설 수 있었던 불교는 그러나 근대 이전부터 동아시아 각국의 사회시스템과는 직접적인 연결고리를 형성하지 않았다. 다만 어쩌다 특정한 고위직 불교신자들에 의해 사형집행이 제지된 역사가 없었던 것은 아니다. 예컨대 한국에서 1973년과 1974년 법무부 장관을 지낸 황산덕은 재임기간 중 사형을 집행하지 아니하였으며, 그는 독실한 불교신자였다. 일본의 경우 1989년부터 1993년까지 사형집행이 약 4년 동안 정지되었던 배경에는 당시의 일본 법무부 장관이 독실한 불교 스님 출신이었다는 점은 유의해볼 만하다.[7]

유교적 가치관은 법이 아니라 윤리적 인간상을 규율하고, 이러한 가치기준에 적합한 인간을 국가가 지향하는 이상적 인간으로 보는 정치체제라고 할 수 있다.[8] 유교적 의미에서 형벌의 목적은 장래의 범죄행위 억제와 계층 사이의 건전한 사회질

---

6) 유교(儒敎)에서 5개의 기본적 인간관계를 가리키는 것이 오륜(五倫)이고, 이 인간관계의 질서내용(秩序內用)을 가리키는 항상적(恒常的)인 것이 오상(五常)이다. 즉 부자유친(父子有親), 군신유의(君臣有義), 부부유별(夫婦有別), 장유유서(長幼有序), 붕우유신(朋友有信)이 오륜(五倫)이고, 부자(父子), 군신(君臣), 부부(夫婦), 장유(長幼), 붕우(朋友) 속에서 보이는 친(親)·의(義)·별(別)·서(序)·신(信)이 오상(五常)이다.

7) 일본에서는 1989년 11월 10일부터 1993년 3월 26일까지 실질적인 사형집행유예기간(모라토리엄)이 유지되었다. 1989년 8월 10일 취임: 고토 마사오(後藤正夫) 법무대신-일본은 반대했으나 국제사회가 1989년 12월 25일 제44회 유엔 총회에서 비준한 '시민적 및 정치적 권리에 관한 국제규약 제2선택 의정서(사형폐지조약)의 영향. 1990년 2월 28일 취임: 하세가와 신(長谷川信) 법무대신-헤세이(平成) 천황의 즉위. 1990년 9월 13일 취임: 카자마 세이로쿠(梶山静六) 법무대신: 3개월의 짧은 재임기간. **1990년 12월 29일 취임: 사토우 메구무(左藤恵) 법무대신: 신슈오 오타니파(真宗大谷派)의 독실한 불교신자였음(浄雲寺 제11대 주지). (사상과 신념에 근거하여 사형집행명령서에 결재하지 아니함) 재임기간(310일)**. 1991년 11월 5일: 타하라 타카시(田原隆) 법무대신: 1991년 7월 10일 효력을 발휘한 "시민적 및 정치적 권리에 관한 국제규약 제2선택 의정서(사형폐지조약)와 국제사회의 비난 여론 의식. 1992년 12월 22일 취임: 고토우다 마사하루(後藤田正晴) 법무대신: 기본적으로 원칙론자(3권분립에 근거한 사형제도 지지)였으나 재임기간 중 집행하지 아니함.

8) William Shaw, Legal Norms in a Confusion State, Berkeley: Institute of East Asian Studies, 1981.

서를 유지하기 위한 정의실현과 불의에 대한 적절한 응보에 따른 집행에 두고 있었다. 이처럼 동북아시아 문화권에서 오래도록 확산되어온 전통가치인 유교에서 그 정당성을 찾으려고 하는 사형제도의 지지자들은 서구적 인권이라든지 변화하는 전통적 법률추론에 대한 평가를 경시하는 경향이 강하였다.[9] 실제로 한국, 중국과 일본의 경우 상당수 법조인들과 연구자들이 사형제도에 대한 폐지논리보다 이를 제한하거나 개선하려는 노력을 시도하고 있다. 그러나 이것은 서구사회와 같이 사형제도에 대한 논의가 인권개념과 인간존엄에 대한 투쟁의 역사를 통해 진행된 것이 아니라, 아시아적 가치관에 근거한 독자적인 방법에 의한 노력이라고 하는 점에서 구별된다.[10]

2. 일본의 사형제도[11]

1) 사형에 해당하는 범죄구성요건

(1) 사형이 규정된 범죄

일본에서 사형을 법정형으로 명시한 범죄(미수 포함)는 아래와 같다. 형법과 특별형법으로 나누어 살펴본다.

① 형 법

일본형법상 법정형으로 사형이 규정된 경우는 10개로 내란죄(제77조 제1항: 수괴), 외환유치죄(제81조: 사망자가 발생하지 않은 경우 또는 미수의 경우에도 사형이 선고되지만 정상에 따라 법정감경·작량감경의 가능성이 있음), 외환원조죄(제82조), 현주건조물등방화죄(제108조: 치사의 결과가 발생한 경우), 폭발물파열죄(제117

9) 이덕인, "동북아시아 사형제도의 현실에 대한 비판적 성찰", 비교형사법연구 제12권 제1호, 한국비교형사법학회(2010), 74쪽.

10) Amnesty International, International Standard on the Death Penalty (AI Index: ACT 50/010/1998); Randle Coyne and Lyn Entzeroth, Capital Punishment and the Judicial Process, Durham, NC: Carolina Academic Press, 1994., p. 685; 그리고 W. A. Schabas, The Abolition of the Death Penalty International Law, 2nd ed., Cambridge University Press, 1997, p.20.

11) 일본의 사형제도에 관한 자세한 연구는 이덕인, 사형폐지의 정당성, 형설출판사, 2013, 177쪽 이하 참조.

조: 치사의 결과가 발생한 경우), 현주선조물등침해죄(제119조: 치사의 결과가 발생한 경우), 기차전복등치사죄(제126조 제3항), 수도독물등혼입치사죄(제146조), 살인죄(제199조), 강도치사죄·강도살인죄(제240조 후단), 강도강간치사죄(제241조)가 이에 속한다.

② **형사특별법**

형사특별법상 사형이 규정된 경우는 '조직적인 범죄의 처벌 및 범죄 수익의 규제 등에 관한 법률(제3조: 조직적인 살인죄)', '인질에 의한 강요 행위 등 처벌에 관한 법률(제4조: 인질살해죄)', '항공기의 강취 등에 관한 법률(제4조: 인질살해죄)', '해적행위의 처벌 및 해적행위의 대처에 관한 법률(제4조: 해적행위로 사람을 사망하게 한 경우), 선박강취·운행지배(제2조 제1호), 선박 내 재물강취 등(제2조 제2호), 선박 내에 있는 사람의 약취(제2조 제3호), 인질강요(제2조 제4호)', '폭발물취체벌칙(제1조: 폭발물사용)' 등 9개의 죄목이다.

(2) 사형의 선고에 관한 실무상 특징

내란죄나 반역죄로 사형이 실무상으로 적용된 사례는 아직까지 없다. 범죄의 미수에 그쳐 타인의 생명을 박탈하지 않더라도 법리상으로는 사형이 선고될 수 있으나, 판례는 타인의 생명을 빼앗은 경우에만 사형을 선고하고 있으며, 미수범의 경우에는 그런 적이 없다.

사형을 선고할 수 있는 범죄에 관해서 제1심 법원의 경우 원칙적으로 재판원이 참여하는 재판의 대상사건이 된다.[12] 그러나 대상사건에서 제외된 경우나 내란죄처럼 지방재판소가 관할하지 않는 사건 등은 제외된다.[13]

2) 사형선고의 기준

일본에서 사형선고를 할 것인지의 여부를 판단할 때 '나가야마 노리오 연쇄살인사건'에 대한 최고재판소가 1983년 7월 8일 내린 판결에서 제시한 사형적용기준을 참고하는 경우가 많다. 이른바 '나가야마기준'이라고 통칭되는 이 사건의 최고재판

---

12) 재판원이 참여하는 형사재판에 관한 법률 제2조 제1항 제1호.
13) 재판소법 제16조 제4항 참조.

소 판결이 제시한 기준은 다음과 같다.14)

즉 ① 범죄의 성질, ② 범행의 동기, ③ 범행태양, 특히 살해방법의 집요성과 잔학성, ④ 결과의 중대성, 특히 살해된 피해자의 수, ⑤ 유족의 피해감정, ⑥ 사회적 영향, ⑦ 범인의 연령, ⑧ 전과, ⑨ 범행 후의 정황.

이들 9개항 중에서 결과의 중대성이 사형선고에 가장 큰 영향을 미치고 있다. 예컨대 살해된 피해자의 수가 3명 이상인 경우 사형의 선고 가능성이 매우 높지만, 2명이 살해된 경우는 앞에서 언급한 9개의 항목을 종합적으로 판단하여 사형, 무기징역 또는 유기징역 중에서 선택적으로 선고하고 있기 때문이다. 단지 1명이 살해된 때에는 보험금을 노리거나 채무면탈 목적으로 살인한 경우, 몸값 목적의 납치살인 등과 약취유인, 강도, 강간, 강제추행, 방화, 테러의 결과로 피해자를 살해한 경우로 국한하여 사형이 선고되고 있다. 이와 같은 유형이 아닌 경우라면 무기징역이나 유기징역의 가능성이 높으며, 여성이 1명 살인으로 사형이 선고된 때가 있었다.15)

3) 사형의 선고와 집행

1945년 이후 일본에서는 약 900명에 대해 사형이 선고되었다. 이 가운데 여성 사형수는 2012년 9월 현재로 13명에 불과하다. 전체의 2%도 되지 않는다. 여성이 전체인구의 과반이나 된다는 점을 고려해 보면 여성에 의한 살인사건과 사형선고는 극히 미미해 보인다.

다소 오래된 자료이긴 하지만 일본에서 사형이 확정된 건수는 우리나라보다 훨씬 많다. 즉 2006년 21건, 2007년 23건, 2008년 10건, 2009년 17건, 2010년 9건, 2011년 22건, 2012년 10건, 2013년 8건, 2014년 7건, 2015년 2건 등 모두 129건이다.16)

게다가 최근 10년간 사형이 집행된 자는 42명에 이른다. 즉 2009년 7명, 2010년 2명, 2011년 0명, 2012년 7명, 2013년 8명, 2014년 3명, 2015년 3명, 2016년 3명, 2017년 4명, 2018년 15명이다.17)

---

14) 이에 관해 자세한 것은 이덕인, 앞의 책, 164쪽 참조.

15) 1951년 확정된 칸노무라(菅野村) 강도살인·방화 사건과 1991년 확정된 자살위장 남편살해 사건.

16) 検察統計年報·審級別確定裁判を受けた者の裁判の結果別人員.

17) https://ja.wikipedia.org/wiki/%E6%97%A5%E6%9C%AC%E3%81%AB%E3%81%8A%E3%81%91%E3%82%8B%E8%A2%AB%E6%AD%BB%E5%88%91%E5%9F%B7%E8%A1%8C%E8%80%85%E3%81%AE%E4%B8%80%E8%A6%A7 참조.

3. 중 국

중국은 사형제도의 남용국가라는 대외적으로 제기되는 비판을 잠재우기 위하여 이른바 '사형집행유예'[18]라는 독자적인 형벌제도를 일찍부터 운영하고 있다. 이 제도와 관련하여 최근 중국사회에서 거액의 금융사기범죄를 범했지만 경제사범에 불과한 범죄자에 대한 사형선고가 논란의 대상이 된 바 있다.[19] 1979년에 제정된 중국 형법[20]은 28개의 범죄에 대해 사형을 법정형으로 하고 있었고, 이 가운데 50% 내외가 반혁명 관련 범죄였으나, 1980~1990년대 범죄와의 전쟁을 벌이면서 사형선고가 가능한 범죄영역에 경제범죄[21]와 마약류범죄[22]도 포함되었기 때문이다.[23]

경제범죄는 범죄의 피해액이 천문학적인 숫자에 달하더라도 경우에 따라 피해가 보상될 수 있는 범죄에 불과하고, 이런 단순한 경제사범과 마약류사범에 대해서까지 사형을 법정형으로 하고, 사형선고와 집행까지 하는 것이 과연 타당한가라는 점에 아쉬움이 남았다. 중국 정부는 이런 문제들을 잠재우고 장기적인 안목에서 2049년 중국건국 100주년 때까지 사형제도의 폐지를 목적으로 개정형법을 통하여 점진적인 방법으로 사형을 법정형으로 하는 범죄의 숫자를 대폭 감소시키고 있다.

---

18) 이것은 사형을 선고함과 동시에 그 집행을 유예하고, 강제노동에 의한 노동개조를 실시하여 사형수의 태도를 평가한 뒤, 사형에 처하거나 무기징역으로 감형하는 제도이다. 그러나 이 제도는 당초 정치범에 대한 사형집행의 부담을 줄이기 위한 방편으로 고안된 것이었고, 그 범위를 모든 범죄로 확대하고 있으나 현실에서는 모든 사형수에 대해 적용되는 것은 아니며, 선별적으로 시행되고 있다.

19) http://money.chinatimes.com/news/news-content.aspx?id=20120120000577&cid=1208.

20) 중국의 현행 형법은 1979년 7월 1일 제5기 전국인민대표대회 상무위원회 제2차 회의에서 통과되어 7월 6일 전국인민대표대회 상무위원회 위원장령 제5호로 발령되어 1980년 1월 1일부터 시행되었다.

21) 뛰어난 사업수완으로 중국 갑부 순위 68위까지 오르면서 혜성같이 등장했던 우잉은 2007년 7억 7,000만위안(약 1,400억원)을 불법으로 모았다는 이유로 체포돼 2012년에 저장성 고급인민법원에서 사형선고를 받았다. 이에 관해서 경제사범에 대해서조차 사형제도의 허용은 지나치게 가혹하다는 동정여론이 일면서 사형 반대 움직임이 거세졌다. 결국 사형 승인권을 가진 중국 최고인민법원은 "우잉 사건이 각종 여론 매체와 사회 각계로부터 큰 관심을 받는 만큼 법에 따라 신중히 처리해야 한다."며, 이 사건을 저장성으로 되돌려 보냈고, 우잉은 사형집행유예선고를 받았다.

22) 중국은 2011년 마약 관련 혐의로 기소된 필리핀인 3명, 2009년 12월에는 영국인 1명, 2010년에는 일본인 4명에 대해 같은 혐의로 사형을 집행한 바 있다. 2001년에는 한국인 신모씨(당시 41세)에 대해 마약혐의로 사형을 집행했다. 그리고 2012년 5월 25일 한국인 장모씨가 중국에서 마약사범으로 사형에 선고되었다. 그 동안 중국에서 마약사범으로 사형이 선고된 한국인은 장모씨를 포함해 4명이다.

23) 특히 1997년 3월 14일 제8기 전국인민대표대회 제5차 회의에서 개정된 형법이 그렇다.

1) 사형을 법정형으로 삼고 있는 범죄 종류의 지속적 축소

중국 형사법 지도자들은 자국의 경제적 부흥과 함께 인권국가의 면모를 전세계에 보여줄 필요성을 실감하고, 사형제도가 인권과 밀접하게 관련된 문제이자 형벌체계 개혁의 대상에 해당된다는 점을 깊이 인식하고 있다.[24] 이러한 사고방식은 중국 형법제도 개혁의 중요한 영역이 되었다. 그 결과 1979년 7월 1일 제5기 전국인민대표대회 제2차 회의에서 통과된 1979년 형법전은 1997년에 이르러 전면적으로 개정되고, 그 이후에도 수차 개정되면서 중국 형법에서 사형을 법정형으로 삼고 있는 범죄의 범위가 급격히 축소되었다. 즉 2011년 제8차 개정형법에서는 13개의 범죄, 특히 경제적 범죄와 비폭력성 범죄에 대해 사형을 법정형에서 제외시켰다.[25] 이것은 중국이 점진적으로 사형제를 형법전에서 폐지하고 있음을 보여준 것으로 중국 형사법학자들에게 각인되었다. 게다가 이와 같은 사형제도의 개혁은 실무상 사회치안에 불리한 영향을 주지 않은 것으로 나타났다.

이런 영향 때문인지 2011년 제8차 개정형법에서 13개의 경제적 범죄와 비폭력성 범죄에 대한 사형의 법정형을 없앴다. 그럼에도 불구하고 다음과 같은 범죄에 대해 사형의 법정형을 채택하였다.

"제113조에 의해 국가적 법익을 범하여 국가와 인민에 대해 위해가 특히 중하여 그 정상이 악랄한 경우, 제115조 위험수단에 의한 공공안전침해로 치사 등의 결과를 발생할 때, 제119조 교통수단 등 파괴로 중대한 손실이 발생할 때, 제121조 항공기납치로 사람을 중상해할 때, 제125조의 총기 등을 제조하여 사람을 치사케한 경우, 제127조 총기 등을 탈취하여 공공안전을 침해하고 그 정상이 특히 중한 경우, 제141조 가짜약 생산이나 판매, 제144조 유독·유해식품 생산 혹은 판매죄, 제151조 무기와 탄약 밀수죄, 핵재료밀수죄, 위조화폐밀수죄, 제170조 화폐위조죄, 제171조 가짜화폐위조죄, 제183조 국가공무원의 보험사기 및 국유금융기구의 임직원과 국유금융기구가 비금융기구에 파견한 공무수행원의 중한 보험사기, 제199조 자금모집사

---

24) 중국학자들 중에서도 사형제도를 점진적으로 개선하려는 노력을 경주하고 있는 분들이 적지 않는데, 특히 중국형법연구회 회장인 趙秉志, 死刑制度之現實考察與完善建言, 중국인민공안대학출판사, 2006, 512면 참조.

25) 제8차 중국 개정형법은 2011년 5월 1일 시행되었다.

기죄를 범하고 그 액수가 막대하고, 기타 정상이 특히 중한 사, 세232조 고의살인죄, 제234조 잔인한 방법에 의한 다수인에 대한 중상해죄, 제236조 수명의 부녀 등을 강간하고, 그 정상이 악랄하거나 강간치사의 경우, 제238조 납치치사 등, 제240조 부녀나 아동의 유괴매매에 의한 범죄로 정상이 특히 중한 경우, 제248조 부녀나 아동의 학대치사죄, 제263조 특수강도죄, 제289조 집단약탈로 인한 치사 등의 죄, 제292조 집단패싸움 치사죄 등, 제317조 탈옥폭동죄 등, 제347조 마약 밀수·판매·운송·제조죄, 제349조 마약범죄비호와 마약범죄자비호의 중한 경우, 제350조 마약제조물 밀수죄 등, 제358조 중한 매춘조직죄와 강제매춘죄, 제369조 무장장비 등 파괴죄, 제370조 부실 무장장비 고의제공죄, 제385조의 10만 위안 이상의 횡령을 범한 탐오죄, 제385조 수뢰액이 10만 위안이 넘고 정상이 중한 경우, 그리고 이른바 군형법에 해당될 수 있는 범죄의 일군인 제421조 전시항명죄, 제422조 군사정보허위보고죄, 제423조 적진에 투항하여 협조한 자, 제424조 전시전장을 탈주하여 중대한 손실을 끼친 경우, 제426조 군사직무집행방해죄, 제430조 군인반역도주죄, 제431조 외국을 위한 군사비밀불법제공죄, 제433조 적과 결탁하여 전시 유언비어를 퍼뜨려 대중을 미혹시킨 죄, 제439조 무장장비 불법판매 등, 제446조 전시주민살상 혹은 주민재물 약탈죄."

2014년 10월 27일 제9차 개정형법이 이루어졌다. 이 개정형법은 2011년 제8차 개정형법과 관련하여 볼 때 여러 방면에서 중요한 개정이 이루어졌다. 특히 사형제도의 적용대상 범죄를 다시금 축소하였다. 즉 제8차 개정형법 36개의 형법조문에서 사형을 법정형으로 두고 있었다. 제9차 개정형법은 이 중에서 '무기탄약밀수죄', '핵재료밀수죄', '가짜화폐밀수죄', '화폐위조죄', '자금모금 사기죄를 범하고 정상이 특히 중한 범죄', '매춘조직죄', '강제매춘죄', '군사직무집행방해죄', '전시 유언비어를 퍼뜨려 대중을 미혹시킨 죄' 등 9개 범죄에 대해 사형의 법정형을 없앴다.

제9차 개정형법에서 사형의 축소는 다음과 같은 몇 가지 특징을 갖고 있다. ① 경제적 범죄와 비폭력성 범죄의 경우 사형의 법정형이 삭제되었고, 일부 비치명적 폭력범죄에 대한 사형도 삭제되었다. ② 그 밖에도 실무상으로 아예 사형이 적용되지 않거나 거의 적용되지 않은 범죄들에 대해서도 삭제하였다. ③ 제9차 개정형법에서도 사형제도의 축소가 적지 않다. 즉 제8차 개정형법은 한꺼번에 13개의 범죄에 대한 사형을 축소하였는바, 이것은 당시 형법각칙에서 법정형으로 사형을 둔 조문의 19.1%나 차지하였다. 이번 제9차 개정형법은 사형을 법정형으로 둔 범죄를 제8차 개정형법에 비해 9개의 범죄를 사형에서 제외함으로써 16.4%를 축소하였다. 이처럼 중국 제8차 개정형법수정에 이어 제9차 개정형법에서도 법정형으로서의 사형의 축소는 중국이 사형제를 점진적으로 폐지하려는 모습을 보여준다는 점에서 매우 큰 의미를 가진다.

2) 사형선고의 통일적 기준에 대한 개혁

중국은 사형선고의 기준 또한 통일적으로 실현될 수 있도록 함으로써 사형제에 관해서는 눈부신 성과를 가져왔다. 특히 2007년 이전까지만 하더라도 고급인민법원과 군사법원이 사형에 대한 재검토 권한을 갖고 있었지만, 각 지역마다 편차가 너무 커서 그 이후에는 이 권한을 최고인민법원이 회수하여 통일적으로 행사하도록 하였다. 또한 사형의 선고를 할 경우에 대한 증거와 절차적 기준을 엄격히 하였다.[26)]

4. 한 국

1) 사실상 사형폐지국가와 살인사건 발생의 연관관계

한국은 김영삼 정권(1993년 2월~1998년 2월)이 끝나가던 1997년 12월 30일, 23명의 사형수에 대한 집행을 끝으로 지난 10년 이상 사형집행을 하지 아니하는 사실로 2007년 12월 31일부터 국제앰네스티에 의해 사실상 사형폐지국가(Abolitionist in Practice)로 분류되고 있다.[27)] 한국의 최고법원인 대법원은 1995년 이래 매년 0~8명의 사형수에 대한 사형선고[28)]를 확정하여 왔고, 현재 전국적으로 61명(군인을 포함

26) 여기서 언급된 자료는 赵秉志, “中国死刑立法改革新思考-以《刑法修正案(九) (草案)》为主要视角”, 「吉林大学社会科学学报」, 2015. 1, 제55권 제1기에 실린 논문을 참조하였다.

27) Amnesty International, Death sentences and executions in 2010, Index: ACT 50/001/2011, p.45.

28) 2012년 1월 13일, 지난 해 7월 4일 4명의 동료 군인을 총기로 살해한 사병에 대해 한국의 보통군사법원 심판부는 “피고인의 범행 동기와 죄질 등 여러 정황에 비춰 극형이 불가피하다.”고 하여 사형을 선고한 바 있다. 이 사건은 한국 군사법원법에 따라, 자동적으로 항소되어 국방부 고등군사법원에서 2심 재판의 결과를 기다리고 있다(http://news.chosun.com/site/data/html_dir/2012/01/13/2012011301855.html).

하면 65명)에 달하는 사형수들이 각 교정시설(구치소, 교도소)에 분산 수감되어 있다. "사형확정 후 6개월 이내에 사형을 집행해야 한다."는 형사소송법 제465조의 규정[29]에도 불구하고, 사형이 최종 집행된 1997년 12월 이후 현재까지 대략 21년 동안 사형을 집행하지 않고 있다.

이처럼 오랫동안 사형집행이 되지 않았음에도 살인사건은 2005년에 비해 2015년에는 약 10%가 감소하였다. 즉 살인사건은 2005년도에 1,066건에서 2015년 958건[30]으로 감소하였다.[31] 이는 사형의 집행이 살인사건을 억제할 것이라는 일반국민과 일부 전문가들의 추측과 전혀 일치하지 않고 있음을 반증하고 있다.

2) 사형 대상 범죄의 범죄구성요건

한국에서 사형을 법정형으로서 부과하는 규정은 형법에서 처벌하는 범죄에만 그치지 않고, 군형법과 각종 형사특별법 등에서 매우 쉽게 찾아 볼 수 있다. 형법에서 사형을 선고할 수 있는 범죄구성요건은 21개뿐이지만, 형법 이외에 군형법과 각종 형사특별법이 법정형으로서의 사형을 이례적으로 많이 명시하고 있다. 그 결과 한국에서 사형을 법정형으로 삼고 있는 범죄구성요건의 개수가 무려 143개나 이른다. 이런 점에서 한국은 전세계에서 유래를 찾기 힘들 정도로 사형을 법정형으로서 많이 두고 있다.

우리나라와 달리 매년 수천명을 사형집행하는 중국은 형사실체법의 핵심인 형법에서만 사형을 법정형으로 두고 있을 뿐이다. 중국은 군형법에 관련된 범죄대상조차도 형법에서 규정하고 있다. 중국의 이런 점에 국한해서는 한국보다 현명해 보인다. 한국의 경우 형사실체법의 핵심적 범위와 내용을 기본법인 형법에만 두지 않고 있으며, 군형법과 국가보안법을 비롯한 상당수의 형사특별법에서 사형을 비롯한 각종의 형벌을 부과할 수 있도록 하고 있다. 그 결과 우리나라는 중국과 달리 사형을 법정형으로 삼고 있는 법률 역시 형법 이외에도 다수의 형사실체법에 산재하고 있

29) 형사소송법 제465조(사형집행명령의 시기) ① 사형집행의 명령은 판결이 확정된 날로부터 6월 이내에 하여야 한다.

30) 2015년도의 살인범죄로 인해 피해자가 사망한 경우는 353건으로 전체의 38.0%에 불과하다. 이는 살인범죄에 미수, 예비·음모, 방조가 포함되었기 때문이다. 살인범죄로 인해 상해를 입은 경우는 386건(41.6%), 신체 피해를 입지 않은 경우는 190건(20.5%)이었다.

31) 2016년 범죄백서 참조.

으며, 사형의 대상범죄도 중국보다 3배나 많은 법률상 사형제도 친환경국가에 속한다는 인상을 지우기 어렵기 때문이다.

(1) 형 법

제87조 제1호와 제2호에 의한 내란죄, 제88조에 의한 내란목적살인죄, 제92조 외환유치죄, 제93조 여적죄, 제94조 제1항 모병이적죄, 제95조 제1항과 제2항 시설제공이적죄, 제96조 시설파괴이적죄, 제98조 제1항과 제2항 간첩죄, 제119조 제1항과 제2항 폭발물사용죄, 제164조 제2항 현주건조물등방화치사죄, 제250조 제1항 살인죄, 제250조 제2항 존속살해죄, 제253조 위계 등 촉탁살인죄, 제301조의2 강간 등 살인치사죄, 제324조의4 인질살해죄, 제338조 강도살인죄, 제340조 제3항 해상강도살인·치사·강간죄.

(2) 군형법과 형사특별법

그 밖에도 군형법과 국가보안법을 비롯한 형사특별법에 의해서도 사형을 법정형으로 하는 범죄구성요건이 무려 122개나 된다.[32] 이 중에서 군형법에 의해 법정형으로서 사형을 명시한 범죄구성요건은 71개이고, 그 밖의 형사특별법에 의한 범죄구성요건도 51개의 죄목에서 사형을 법정형으로 삼고 있다. 따라서 우리나라는 총 143개의 범죄구성요건이 사형을 법정형으로 정하고 있는 바, 이는 비교대상국에 비추어 봤을 때 지나치게 많을 뿐만 아니라 사형을 선고형으로 선고한 적조차 전혀 없는 구성요건도 상당부분을 차지하고 있다.

3) 사형의 선고

(1) 종래의 사형에 관한 양형기순

대법원은 1990년대 이전까지만 하더라도 죄책이 심히 중대하고, 죄형의 균형이나 범죄의 일반예방 관점에서 사형이 불가피하다고 인정되는 경우로 한정하였다. 대법원의 이러한 태도는 형벌의 일반예방목적의 실질내용을 왜곡한 것으로 대단히 위험스런 발상이었고, 그 때문에 1990년대 중반까지 사형에 대한 선고가 너무도 쉽게 이

32) 이에 관한 자세한 것은 이덕인, 사형폐지의 정당성, 형설출판사, 2013, 153쪽 이하 참조.

루어졌다. 형벌의 목적 중에서 일반예방의 관점은 어디까지나 법정형을 통하여 잠재적 범죄자들에게 다시는 범죄를 현실적으로 범하는 것을 억제하는 데에 있다. 그러므로 이미 범죄를 범한 사람에 대한 양형의 기준으로서 형벌의 일반예방을 매우 중시한다는 것은 중형주의와 사형의 합작을 가능케 하는 잘못된 양형으로 귀착된 것이고, 형벌의 일반예방목적을 잘못 이해한 결과이기도 한 것이다. 어쩌면 이런 경향이 1990년대까지의 우리나라의 잘못된 양형 수준이기도 하였다.

그러나 다행스럽게 그 이후부터는 일반예방을 중시하던 양형기준을 범행에 대한 책임주의와 형벌의 목적에 비추어 정당한 것인지로 제한하기 시작하였다. 이런 결과로 ① 여러 명의 피해자가 발생해야 하는 것을 원칙으로 하고, ② 범죄의 동기나 목적이 반인륜적이고, ③ 범죄의 수법이 잔인하거나 악랄하며, ④ 피해자 측에 대한 반성의 기회를 행동으로 보여주지 않을 뿐더러 피해자 측이 가해자의 가증스런 행위를 용납하지 않고, ④ 출소할 경우 재범의 위험성 내지 사회적 불안요소를 감안하는 경우가 주류를 이루었다.[33)]

이와 같은 양형조건에서 행위자의 주관적 양형요소를 더욱 부각시켜 범행을 결의하고 준비하며 실행할 당시를 전후한 피고인의 정신상태나 심리상태 등의 변화에 대해 정신의학자나 임상심리학자의 의견을 참고토록 하였다. 이러한 절차를 밟지 아니하고 사형을 선고한 것에 대해 대법원은 사형을 파기하고 원심법원으로 되돌린 사건도 있었다.[34)]

2000대에 접어들면서 사법개혁의 일환으로 양형기준에 관한 사회적 합의도출이 강력하게 요청되었다. 이에 따라 사형에 관한 양형기준이 마련되었다.

(2) 사형을 선고할 정도의 현재의 양형기준[35)]

2009년 7월 1일부터 시행되어 온 살인사건 양형기준에 의하면 극단적 인명경시(人命輕視) 살인사건이라고 하더라도 언제나 사형만을 선고해야만 하는 것은 아니고 무기징역형도 선택 가능하다.

사형이 선고될 가능성을 갖추기 위해서는 특별양형인자와 일반양형인자의 가중

33) 예컨대 대판 2000. 7. 6, 2000도1507.
34) 대판 2003. 6. 13, 2003도924.
35) 2009년 4월 24일 의결되어 2009년 7월 1일부터 시행되어 왔으며, 그간 몇 차례의 수정이 있어왔고, 최종수정은 2013년 4월 22일자이고, 그해 5월 15일부터 시행되었다.

적 요소가 대부분 해당될 경우에 국한될 것으로 보인다.

특별양형인자로서는 행위양식과 행위자요소가 있는 바, ① 행위양식으로는 계획적 살인범행, 범행에 취약한 피해자, 사체손괴, 잔혹한 범행수법, 존속인 피해자, 비난할 만한 목적에 의한 약취·유인인 경우(4유형), 강도강간범인 경우(4유형), 피지위자에 대한 교사 등이며, ② 행위자의 요소로는 범행의 단순부인을 넘어선 반성 없는 태도와 특강법상 누범을 범했는지의 여부를 중시한다.

일반양형인자로는 ① 행위의 측면에서 사체유기의 여부를, ② 행위자의 측면에서 특강(누범)에 해당하지 않는 이종누범, 누범에 해당하지 않는 동종 및 폭력 실행전과(집행종료 후 10년 미만)를 중요하게 평가하고 있다.

(3) 사형선고의 현황

사형을 선고한 재1심 형사공판사건 종국처리현황을 지난 10년간을 살펴보면, 2005년 6명, 2006년 6명, 2007년 0명, 2008년 3명, 2009년 6명, 2010년 5명, 2011년 1명, 2012년 2명, 2013년 2명, 2014년 1명으로 나타나고 있다. 사형선고의 숫자는 점진적으로 축소하는 경향을 보이고 있다.

Ⅲ. 동아시아에서 사형제도 폐지를 위한 노력

1. 일 본

1) 오판가능성과 재심에서의 적지 않는 무죄사건 발생

일본에서 사형폐지에 관한 가장 유명한 논거는 전 최고재판소의 재판관이었던 단도 시게미츠(団藤重光)의 다음과 같은 주장이다. “원죄(冤罪)로 형을 집행한 경우 그 손실이 회복 불능인 것은 사형에 국한된 것은 아니지만 사형 이외의 형벌에 의하여 잃어버린 이익은 그 사람이 그 소지물로 가지고 있는 이익이지만, 사형에 의하여 잃어버린 생명은 그 사람 자체이며, 그 보는 이익의 귀속주체인 것에 본질적인 차이가 있다. 그 구별을 보르는 사람은 주체적인 인간으로서의 감각을 갖지 아니한 사람이다.”[36]

36) 団藤重光,『死刑廃止論 第三版』, 有斐閣, 1991. ISBN 4-641-04128-8. 54頁.

고 설파하고 있다.

그 밖에도 사형제도의 폐지논거로 오판가능성의 문제에서 찾고 있다. 오판가능성과 관련하여 재심을 통하여 무죄가 선고된 사건이 적지 않기 때문이다. 주요 사건을 살펴보면 다음과 같다.

① 멘타사건(免田事件) : 1948년 12월 30일 사건 발생, 1949년 1월 13일에 체포, 1951년 12월 25일에 사형확정, 체포에서 34년 6개월 후 확정, 31년 7개월 후, 1983년 7월 15일에 재심 무죄 확정(57세).

② 사이타가와사건(財田川事件) : 1950년 2월 28일 사건 발생, 1950년 4월 3일에 체포, 1957년 1월 22일에 사형확정, 체포 33년 11개월 후 확정에서 27년 2개월 후 1984년 3월 12일에 재심 무죄 확정(53세).

③ 시마타사건(島田事件) : 1954년 3월 10일 사건 발생, 1954년 5월 24일에 체포, 1960년 12월 5일에 사형확정, 체포 35년 3개월 후 확정, 29년 8개월 후, 1989년 8월 10일에 재심 무죄 확정(60세).

④ 마츠야마사건(松山事件) : 1955년 10월 18일 사건 발생, 1955년 12월 8일에 체포, 1960년 11월 1일에 사형확정, 체포 28년 7개월 후 확정, 23년 8개월 후, 1984년 7월 11일에 재심 무죄 확정(53세).

2) 국외도주범죄자와 사형제도

일본에서 범죄를 저지른 외국인이 사형제도폐지국으로 도피한 경우, 일본은 사형존치국가라는 이유로 범죄자의 인도가 거부되는 경우도 있다. 도쿄에서 일본인 여성을 살해하고 국외 도피한 이란인이 사형폐지국가인 스웨덴에서 구속된 사례[37]에서는 양국 사이 범죄인인도조약이 체결되지 않았기 때문에, 스웨덴의 국내법을 근거로 일본 측이 임의인도를 요청했다. 그러나 1994년 스웨덴 정부는 사형집행을 하지 않겠다는 보증을 하지 않는 한 그를 인도하지 않겠다고 했다. 이 사건은 판례에 준거하면 사형이 될 가능성이 적은 케이스였지만 재판을 시작하기도 전에 사형이 되지 않는 것이 100% 확실하게 보장하는 것은 일본 정부로서는 불가능했기 때문에 결국 그를 인도받지 않고, 스웨덴에서 대리로 처벌되고, 1995년 10년의 금고형 판결

---

37) 佐久間哲, 『死刑に処す 現代死刑囚ファイル』, 2005, 191頁~192頁.

을 받았다.

또한 사형제도 존치국가에 의해 사형의 적용에 차이가 있는 경우도 있다. 예컨대 2003년 발생한 후쿠오카 일가 4명 살해사건에서는 범인인 중국인 3명 가운데 2명이 중국으로 도주하고 공범인 1명만 일본에서 체포되어 1심에서 사형을 선고받고 항소 기각 후 상고했으나 2011년 10월 20일 최고재판소 제1소법정은 상고를 기각하고 사형을 확정했다. 그러나 중국에서 구속된 2명에 대해서는 사형과 무기징역으로 양형에 차별을 두었으며, 중국에서 사형이 확정된 사형수는 집행이 되고 말았다. 현재로는 일본과 도주한 범죄자를 인도하는 조약이 체결된 국가는 미국과 한국 두 나라 뿐이다.

일본의 사형제도 존치는 결과적으로 반인륜적 흉악범이라도 일본이나 혹은 사형제도 폐지국가에서 범죄를 범했는지 혹은 어느 국가에서 재판을 받게 되었는지에 따라 한 쪽은 사형을, 다른 쪽은 무기형 등으로 처벌받게 될 수 있는 불평을 야기할 수 있음을 보여준다.

3) 재판원제도와 사형

일본에서는 2009년부터 시작된 재판원제도에 의해 사형선고의 가능성이 있는 사안을 시민들이 재판관과 함께 심리하고 있다. 따라서 사형폐지를 위한 활동을 하고 있는 단체나 국민들 사이에서 사형제도의 존폐 논의가 심도 있게 진행되고 있다. 다만 재판원이 참여하는 형사재판에 관한 법률(재판원법) 제18조의 규정[38]에 의거하여 사형의 적용이 문제되는 사건에서 사형을 전제로 한 양형판단에 대해 질문(구체적으로 사형에 대한 생각 등)을 하고, 불공평한 재판을 할 우려의 유무를 판단하도록 규정한 것[39]에서부터 일방적인 재판원 선정이 이뤄질 가능성이 지적되고 있다.

일본의 재판원제도는 재판원으로 참여하는 시민이 재판관과 함께 유무죄 여부와 함께 양형을 다수결(9명 중 5명 이상)로 결정한다.[40] 경우에 따라서는 국민이 같은

---

38) "재판소가 이 법이 정하는 바에 따라 불공평한 재판을 할 우려가 있다고 인정된 자는 당해 사건 재판원이 될 수 없다."

39) 参考資料5 不公平な裁判をするおそれに関する質問の具体的イメージ -「裁判員の参加する刑事裁判に関する規則」の公布について(最高裁判所).

40) 양형결정은 다수결에 의하지만 직업법관 1명의 찬성이 반드시 있어야 한다. 따라서 유권자인 재판관 전원이 찬성하고도 직업 법관 1명이 동참하지 않으면 결정할 수 없다.

국민에게 사형을 선고하는 형식이 된다.41) 이러한 결과로 시민이 재판관으로 참여하는 참심제42)를 채택하는 국가들 가운데에서 일본은 사형을 선고할 수 있는 세계 유일한 나라이다.43) 이런 이유로 시민들이 경우에 따라(오판할 경우) '사법살인'을 저지르게 될 위험성이 있으므로 사형제도를 폐지한 후가 아니면 재판원제도를 도입해서는 안 된다는 지적이 사형폐지론자 측에서 제시되기도 하였다.

5) 현재의 상황

2011년 일본은 1991년 이후 19년만에 처음으로 한 건의 사형집행도 없었다. 그러나 그 다음 해인 2012년 2월 29일 일본 법무성은 살인죄로 사형이 확정돼 복역 중인 수형자 3명에 대해 사형을 집행하였다. 일본에서 사형집행의 재개는 2010년 7월 이후 1년 7개월 만에 처음이라는 점에서 참 짧아도 너무 짧다는 생각이 든다. 이와 관련하여 오가와 도시오 법무상은 2012년 2월 28일 참위원 예산위원회에서 "여론도 (사형을) 지지하고 있다. 법무상의 직책으로 집행해야 한다고 생각한다."고 말했다. 그 이후 2012년에는 4명을 추가로 집행하였으며, 2013년 8명, 2014년 3명, 2015년 3명 그리고 2016년에도 3명에 대해 사형을 집행하였다.

최근에는 사형집행에 신중해야 된다는 입장을 갖고 있는 일본변호사회를 중심으로 사형제도 폐지를 위한 노력을 하고 있다. 민주당 출신의 지바 게이코(千葉景子) 전 법무장관은 장관 재직 당시 법무성 내에 연구회를 발족하여 사형제도가 없는 국가의 사례를 중심으로 다양한 연구 활동을 하여 왔다. 일본변호사협회도 사형제도 폐지에 대한 논의를 시작해야 하며, 그 동안 모든 사형집행을 중지해야 한다는 결의문을 2011년 10월에 채택한 바 있다. 일본변호사회 소속 14명은 사형제도의 폐지를 위한 구체적인 노력의 일환으로 한국에서의 사형집행 중지의 현황을 파악하기 위해 한국을 방문하여 '한국국회에 제출된 사형제도 폐지법안' 및 '사형제도 폐지를 위한 한국사형폐지운동협의회의 활동' 등을 2012년 6월 3일부터 6월 6일까지 방문하여 조사하고, 토론하였다.44)

41) 다만 피의자가 일본 국민이어야만 하는 것은 아니고 외국인도 포함될 수 있음은 물론이다.
42) 배심제는 무죄, 유죄 여부만을 판단하는 것으로, 일반적으로 양형까지 결정하지 않는다.
43) 다른 참심제 도입국가로는 유럽국가의 사형폐지국가에서 주로 실시하고 있다. 사형제 존치국가인 한국에서 2008년부터 재판원제도가 시작되었으나, 한국은 1998년 이후 사형집행이 이뤄지지 않아 국제인권단체는 '사실상 사형폐지국가'로 분류하고 있음을 유의해야 한다.

이런 분위기는 일본 국회의원들의 의견을 압도할 수 있는 수준에 있지 않다. 그래서인지 사형폐지그룹에 속하는 민주당 소속의 오가와 도시오(小川敏夫) 법무장관은 취임기자회견에서 사형선고에 대한 의견은 매우 힘든 일이지만 책임 있는 행동을 해야 할 단계라고 밝힌 바 있고, 사형집행이 필요하다면 집행을 망설이지 않겠다는 의견을 표명한 바 있다.[45]

한편 일본변호사연합회는 2016년 10월 7일 사형제도가 기본적 인권의 핵을 이루는 생명에 대한 권리(국제인권[자유권] 약관 제6조)를 국가가 박탈하는 제도이며, 국제인권(자유권)규약위원회(이하 '자유권규약위원회'라 한다)와 유엔인권이사회에서 폐지를 충분히 고려하도록 요구되고 있음에 유의해야 하므로, 일본도 유엔 범죄방지 형사사법회의가 개최되는 2020년까지는 사형제도의 폐지를 실현하고 이에 대한 대체형벌로서 종신형의 도입 등을 천명하는 성명서를 발표하였다.[46]

2. 중 국[47]

1) 사형적용기준의 강화

중국에서 사형의 적용기준을 어떻게 정할 것인가 하는 것은 형법학계와 사법실무에서도 중요한 문제로 사형입법의 관건으로 보고 있다. 사형 적용의 기준과 관련하여 1979년 제정형법에서는 '죄대악극(罪大惡極)'이라는 표현을 두었다. 그리고 1997년 형법전에서는 '죄행이 극히 엄중(罪行极其严重)'이라는 표현으로 바꾸었고, 최근

---

44) 한국에서 방문 조사한 결과물을 일본 마이니치신문, "한국에서 사형제도 폐지운동의 현황", 2012. 6. 21, 22, 23 연재하여 기사화하였다.

45) http://sankei.jp.msn.com/affairs/news/120125/trl12012501210000-n1.htm.

46) 사형제도 폐지와 대체형벌에 대한 성명서의 내용: ① 일본에서 유엔 범죄방지 형사사법회의가 개최되는 2020년까지 사형제도 폐지를 목표로 해야 한다. ② 사형을 폐지하는 때에는 사형이 부과되어 온 것 같은 흉악범죄에 대한 대체형을 검토한다. 대체형벌은 형의 선고시에는 '가석방 가능성이 없는 종신형 제도' 또는 현재의 무기형 가석방의 시작시기를 10년으로 요구 사항을 가중 가석방 시작기간을 20년이나 25년 등으로 연장하는 '종신 무기형제도'의 도입을 검토한다. 그러나 종신형을 도입하는 경우도 시간이 지남에 따라 본인의 갱생가능성이 진행된 경우에는 법원 등의 새로운 판단에 따른 '무기형에 감형'이나 사면 등이 신청에 의하여 '형의 변경'을 가능하게 제도 설계가 검토되어야 할 것이다.
http://www.nichibenren.or.jp/activity/document/civil_liberties/year/2016/2016_3.html.

47) 卢建平, "死刑政策的科学表达", 「中外法学」, 2015. 제3기에 실린 논문 참조.

제9차 개정형법에서는 사형적용기준에 대해 그 어떠한 구체적 기준을 제시하지 않았다. 사실 사형적용기준에 대한 문제는 단순히 국내법에 국한된 문제가 아니다. 중국은 1998년 유엔의 '시민권리와 정치권리 국제공약'에 서명을 하였다. 이 공약을 비롯한 수많은 국제규약들은 모두 사형적용기준에 대해 명확한 규정을 하였는바, 중국의 경우에도 이와 같은 국제적 적용기준을 고려해 보아야 할 필요가 있기 때문이다.

또한 그 기준을 정함에 있어서 중국의 사형제도 정책을 무시할 수 없다. 사형적용기준에 대한 개혁은 사형제도의 정책과도 밀접히 연결되는 부분으로 사형제도의 정책을 어떻게 사형적용기준에 접목시킬지 하는 것도 깊이 생각해 보아야 할 문제이다. 그렇기 때문에 중국 형법연구회 자오빙즈(赵秉志) 회장은 "사형적용기준을 정함에 있어서 한편으로 유엔의 국제규약에 접근시키고, 다른 한편 사형제도의 정책에 관한 입법화를 통해 적용기준에 대한 입법개혁을 실시해야 할 것을 주장하였는바," 그의 이런 주장은 경청할 만해 보인다.[48] 게다가 제8차 개정형법의 시행 이래로 중국의 사회치안은 전반적으로 안정적인 추세를 보였으며, 일부 중한 범죄의 경우 발생비율이 하강세를 보이기도 하였다는 점은 사형제도의 점진적 폐지에 힘을 실어줄 것으로 보인다.[49]

중국에서 사형제도의 정책은 사형에 대한 입법과 사법을 함에 있어서 중요한 지도방침으로 작용되고 있다. 2010년 최고인민법원은 '관엄상제(宽严相济) 형사정책에 관한 의견'을 공포하였다. 여기에서는 사형을 적용함에 있어서 이를 정확히 이해하고 집행해야 한다고 규정하고 사형을 보류하되 그 적용을 엄격히 통제하고 신중해야 한다는 정책을 선보였다. 죄행이 극히 엄중한 범죄자에 대해서는 사형을 적용하고 법에 따라 사형에 처해야 한다고 규정하였다(제29조). 이에 따라 "사형을 보류하되 그 적용을 엄격히 통제하고 신중해야 한다."는 오늘날 중국에서 사형에 대한 입장을 표명한 것으로 사형제도의 정책으로 자리매김 되고 있다. 중국의 저명한 형사법학자들은 사형제도 폐지를 위한 개혁의 실행에 있어서 '사형제도 폐지'를 사형제

46) 赵秉志, "中国死刑立法改革新思考-以《刑法修正案(九)(草案)》为主要视角", 「吉林大学社会科学学报」, 2015. 1, 제55권 제1기에 실린 논문 참조.

49) 李适时, "关于中华人民共和国刑法修正案(九)(草案)的说明", 그가 2014. 10. 27. 제12기 전국인민대표대회 상무위원회 제11차 회의에서 발표한 내용이다.

도 정책의 내재적 함의에 포함시키는 전제하에서 사형제도의 정책을 법률로 입법화해야 할 것을 주문하고 있다.[50]

'사형제도 폐지'를 사형제도의 개혁정책에 넣을 것인가 하는 문제에 대하여 자오빙즈(赵秉志) 교수는 항상 긍정적인 태도를 취해왔다. 제9차 개정형법에서 9개의 범죄에 대해 사형을 취소한 배경에 관련해서 살펴볼 때 이 문제는 더욱 큰 의미를 가지게 된다. 중국이 현재 사형을 법정형으로 두고 있는 범죄가 점차적으로 감소하고 있는 상황에서 만약 '사형폐지'를 정책과 목표로서 제기하지 않으면 사형제도 개혁의 동력은 점차 힘을 잃어가게 될 것이기 때문이다. 또한 현재의 사형제도에 관한 정책대로라면 사형적용의 죄명을 어느 정도(10개 이하)까지 감소시킨 이후에는 사형제도의 정책 목표를 완전히 실현한 것으로 볼 수 있기 때문에 현재의 정책은 일정한 기간이 지난 후 사형개혁에 있어서 지도적 의의를 잃게 될 우려를 낳는다. 그렇기 때문에 중국은 응당 '사형제도 폐지'라는 목표를 명확히 정하고, 이를 사형제도에 대한 개혁정책의 기본내용으로서 법정화할 필요성이 매우 큰 것이다. 그렇기 때문에 사형에 대한 정책을 입법화할 것인지 여부에 대해 자오빙즈 교수는 매우 필요하다고 한다. 그 원인은 한편으로는 사형정책에 대한 입법화는 사형의 정책적 안정성을 유지할 수 있는 중요한 조치이고, 다른 한편 정책적인 차원에서 사형에 대해 규제하는 것보다 입법적으로 규제하는 것이 법률적인 강제력이 더 크게 작동되기 때문이라는 것이다. 중국에서 '사형폐지'를 사형제도의 개혁정책으로 형법에 입법화하게 되면 이것은 사형입법과 사법개혁에 있어서 매우 큰 실천력을 발생시킬 것이고 지속적으로 중국 사형제도 개혁의 속도와 역량에 박차를 가할 것이다.

2) 사형 적용대상에 대한 제한

사형정책에 있어서 그 적용대상을 제한하는 문제도 사형 적용을 감소시키는 중요한 요인이다. 중국의 경우 미성년자가 중범죄를 저지르는 비율이 꽤 높다. 미성년자 범죄 가운데 중범죄 비율이 60%~70%를 차지할 정도로 그 비율이 높다.[51] 1979년 제정 형법은 미성년자와 임신부에 대해 사형을 적용하지 않기로 규정하였다. 다만

50) 赵秉志와 루젠핑(盧建平) 등 중국의 저명한 형법학자들은 점진적인 사형폐지를 주장하고 있다.
51) 孙昌军·周亮, "我国未成年人犯罪率的统计分析", 「青少年犯罪问题」, 2004, 제5기.

만 16세 이상, 만 18세 미반인 미성년자에 대해서는 사형집행유예를 선고할 수 있도록 규정하였다. 더 나아가 1997년 개정형법은 미성년자에 대해 사형집행유예를 선고할 수 있다는 규정을 삭제하였다. 그리고 제8차 개정형법에서는 심판을 받을 때 만 75세 이상의 자에 대해서는 특별히 잔인한 수단으로 사람을 살인한 자를 제외하고는 사형을 적용하지 않기로 개정하였다.

3) 사형제도에 관한 중국의 장래

중국은 창건 이전에 이미 사형을 폐지할 것에 대한 주장이 있었다. 1922년 중국공산당이 창건된 지 1년도 지나지 않은 때에 중국 공산당은 처음으로 사형을 폐지하고 육형에 대한 폐지를 시행할 것을 주장하였다. 또한 1956년 중국 창건 이후 열린 제1차 당대표대회에서 류소기(劉少奇)는 중공중앙을 대표한 정치보고에서 정식으로 "점차적으로 사형을 폐지"할 것에 대한 위대한 구상을 제기하였다.[52)]

그런데 1957년에 이르러서는 이러한 구상이 변화를 가져오게 되었다. 당시 중국사회는 무산계급과 자산계급, 사회주의 길과 자본주의 길 사이의 모순이 주된 모순으로 자리 잡게 되었는데 이 시기로부터 중국에 있어서 사형폐지의 목표는 더 이상 당과 국가의 시정강령에 포함되지 않았다. 1958년 당시 정법작업의 주요 간부인 동필무(董必武)는 사법업무에 대해 다음과 같이 말했다.

"사형에 대해 우리는 종래로 폐지한다고 말하지 않는다. 다만 적게 적용할 뿐이다. 사형은 무기창고 안에 보관해 놓은 칼과도 같다. 필요한 때에는 꺼내어 사용해야 한다."[53)]

그 이후 문화대혁명을 거치고 무산계급 통치 하에 혁명을 이어가다 보니, 사형폐지라는 단어는 부정적인 경우에만 사용하게 되었고 오히려 당과 국가는 사형정책에 대해 "사형을 보류하되 엄격히 통제해야 한다."고 하였다. 이러한 정책이 1979년 제정형법까지 이어져 제정형법에서는 사형을 두게 되었고 현재에도 사형에 대해서는

---

52) 刘少奇, "在中国共产党第八次全国代表大会上的政治报告", 「建国以来重要文献选编(第九册)」, 中央文献出版社, 1993, 38쪽. 刘少奇는 1954년 중국인민대표대회 상무위원회 위원장을 역임하였고, 1956년 중공중앙 부주석을 역임하였으며 1959년에 중화인민공화국 국가주석으로 당선되었다.

53) 董必武, "董必武法学文集", 法律出版社, 2001, 414쪽.

"사형을 보류하되 그 적용을 엄격히 통제하고 신중해야 한다."고 사형에 대한 정책을 그대로 유지하고 있다.

그러나 "사형을 보류한다."는 것은 논리적이지 않다. 왜냐하면 사형은 영구적으로 보류될 수 없는 것이고 사형의 보류는 기간이 제한적일 수밖에 없기 때문이다. 특히 억울한 사건, 누명을 쓴 사건들을 돌이켜보아야 한다. 사법에도 착오가 발생하기 마련이다. 사형이 일단 집행하게 되면 다시 돌이킬 수 없는 결과를 발생시킨다. 억울하게 교도소에 수감된 후 국가배상을 통해 늦게 정의를 되찾아 온들 무슨 소용이 있겠는가.

중국의 대표적 학자들은 2021년 공산당 창건 100주년을 맞이하기 이전에 사형폐지라는 목표를 새롭게 쓰기를 기대하고 있으며, 2049년 중국 창건 100주년에 이르러서는 사형이 완전히 폐지될 것을 예정하고 있다.

3. 한국에서 사형제도 폐지 노력

1) 실질적 사형제도폐지국가의 실현

한국에서 사형집행의 모라토리움이 처음으로 시작된 기점은 공교롭게도 그 자신이 사형수의 신분이었던 金大中 전 대통령의 경험이 큰 영향력을 발휘하였다는 점에서 중국이나 일본의 경우와 구별된다. 근대사를 통틀어 국가형벌권에 의해 공식적으로 생명이 박탈당하는 신분에서 복권되어 국가원수의 자리에 오른 사람은 김대중 전 대통령이 유일하다. 물론 한국보다 먼저 사형제도를 헌법상 위헌으로 판단하여 형벌의 목록으로부터 추방한 남아프리카공화국이 있으나 넬슨 만델라 전 대통령의 과서 신분은 사형수가 아닌 종신수형자(終身受刑者)였다.

1981년 사형을 폐지한 프랑스의 경우를 살펴보면 국민 대다수의 존치의견에도 불구하고 당시 미테랑 대통령의 정치적 결단에 따라 사형제도는 역사 속으로 사라지게 되었다. 아직 한국 형법전에서 143개의 조문이 사형을 형벌로 하고 있으며, 중국이나 일본과 달리 사실상의 사형폐지를 가져오게 된 배경과 그 후 사형폐지를 적극적으로 공론화하여 논의할 수 있는 배경에는 여전히 국민의 일반적인 법감정이 용구하는 상황 아래에서도 사형집행의 모라토리움을 실천한 김대중 전 대통령의 공헌을 과소평가할 수 없다.

2) 사형제도 폐지를 위한 적극적 활동의 전개

한국, 중국, 일본의 경우 공통적으로 학자들(특히 형법학)은 비교적 자유롭고 비판적인 시각에서 사형제도의 존폐 문제를 논의해 왔다.[54] 그러나 구체적으로 이들 각국의 상황을 들여다보면 상이한 점을 볼 수 있다. 중국의 경우 사형집행 자체가 국가의 중대한 기밀사항으로 분류되기 때문에 이를 사회적 논점으로 다루기에는 상당한 제약이 따르고 있다. 일본에서는 범죄문제에 대한 엄형주의적(嚴刑主義的) 관점이 지배적이고, 사회일반의 입장은 자유로운 논의 분위기 속에서도 사형수에 대한 문제보다 사형수가 저지른 범죄의 피해자 보호에 더욱 주목하고 있는 실정이다. 다만 일본변호사협회를 중심으로 매년 사형문제에 대한 관심을 환기시키고 이를 저지하려는 움직임이 꾸준히 전개되고 있다.

한국에서도 사형폐지의 사회적 관심은 아직까지 주류적 입장이 되지 못하고 있다는 점은 중국, 일본과 다르지 않다. 하지만 그 내용면을 살펴보면 이들 국가와 준별된다고 할 수 있다. 그 중심에는 1989년 5월 결성되어 현재에 이르기까지 사형폐지운동협의회와 국제 앰네시티 한국지부 등 인권단체가 오랫동안 사형폐지를 위해 강연회와 서명운동, 입법청원, 헌법소원 등 사형폐지를 위해 조직적이면서 활발하게 노력해온 활동의 결과가 자리하고 있다. 이들 단체는 특정 종교가 아닌 천주교, 개신교, 불교 등 다양한 종교계 인사들과 법학자, 변호사 등이 중심이 되어 사형폐지의 정당성을 전파하고 있다. 아울러 2009년 3월, 한국의 각 대학 등에서 활동하고 있는 132명의 형사법학자들이 사형집행의 재개를 강력히 반대하는 공동의 의견을 선언한 사실 역시 사회적 측면에서 볼 때 중국과 일본에서는 찾아볼 수 없는 사형폐지와 관련된 특징 가운데 하나라고 생각된다.

---

54) 괄목할 만한 사실은 2005년 12월, 중국에서는 중국 형사법연구회 회장인 짜오빙스(趙秉志) 교수를 중심으로 하는 베이징(北京)사범대학 형사법률연구소와 우한(武漢)대학 형사법연구중심이 베이징사범대학 내에 상설포럼을 창설하여 매년 연례적으로 사형제도 폐지를 위한 학술행사를 개최하고 있다.

3) 종교·문화적 차원

한국사회는 중국, 일본과 달리 다양한 신앙이 공존하고 있는 국가이다. 2016년 기준으로 한국의 인구는 약 5,100여만명으로 이 가운데 종교생활을 하는 인구수의 비율은 일본이나 중국보다 근본적으로 많다. 특히 불교(1,072만명)와 개신교(861만명) 그리고 가톨릭교(514만명)인 등 종교를 가진 분들이 전체 한국인구의 48%에 해당된다. 중국이나 일본보다 한국이 이처럼 인구대비 많은 신앙인을 가지고 있다는 사실은 종교적 관점에서 볼 때 사형제도의 폐지논리에 훨씬 더 친숙할 수 있는 환경에 놓여있음을 의미한다. 왜냐하면 이들 종교에 독실한 믿음을 가진 신앙인은 대체로 생명존중사상이 뚜렷하기 때문이다. 특히 생명권에 대한 존중을 기본으로 하는 불교적 신앙과 인간에 대한 사랑을 강조하는 기독교적 신앙은 사형제도에 대해 근본적인 성찰을 가능하게 한다. 불교적 생명관에 따라 생명을 해치는 행위로부터 멀리 벗어나라[不殺生]는 가르침은 연기론적 세계관과 연결되어 부처의 행위에서 사형제도는 형벌로서 그 의미를 상실하게 되는 것이라는 인식으로 이어지게 한다.[55] 개신교의 경우 구약성서의 가르침에 따라 인간의 최고 존엄성은 하느님께 대한 자신의 관계가 드러나는 곳에서 명확히 나타나기 때문에 인간의 가장 심오한 존엄성은 은총을 통해 인간이 하느님의 신적인 생명에 참여한다는 사실에 있다는 점을 강조한다.[56] 나아가 신약성서에서는 생명존엄성의 창조론적 관점과 그리스도적 관점에 입각하여 사형제도의 정당성을 부인한다. 가톨릭의 경우 고(故) 김수환 추기경(樞機卿)은 새로운 삶의 희망을 박탈하는 사형제도는 모든 사람에 대한 모독이라는 점을 강조하였고, 미움을 갚을 수 있는 유일한 길은 사랑이므로 사형제도의 폐지를 강력히 촉구하였고, 현재에도 가톨릭인권위원회를 중심으로 사형폐지운동이 전개되고 있다.[57]

4) 헌법적 측면

동아시아 3개국 가운데 헌법재판의 개념이 생소한 중국에서는 사형 관련 법령의

55) 진희권, “불교의 생명관을 통해서 바라본 사형제도”, 교정담론 제4권 제1호, 아시아교정포럼(2010), 111쪽 이하.

56) 한국 개신교와 사형제도에 대해 자세한 것은 대한예수교 장로회 총회 사형제도폐지위원회(엮음), 기독교는 사형제도를 어떻게 이해하는가, 쿰란출판사, 1996 참조.

57) 한국 가톨릭과 사형제도에 대해 자세한 것은 김정우, 사형과 인간의 존엄성, 대구효성가톨릭대학교 가톨릭사상연구소, 1996 참조.

규범적 충돌을 최고인민법원이 판단하고 있다. 이에 대해 한국과 일본은 각각 헌법재판기관과 최고재판소가 사형제도의 위헌성을 몇 차례의 검토한 바 있다. 일본의 경우 최초의 사형제도에 대한 헌법재판은 모두 합헌으로 종결되었으나 1948년 사형제도가 일본 헌법 제36조(잔학한 형벌금지조항)에 저촉되는 지 여부를 검토하는 것이었고,[58] 1993년의 헌법재판 역시 그 연장선상에 있는 것이었다.[59]

한국에서도 1963년 최초로 대법원에 의해 사형제도의 위헌성이 다투어진 바 있으나 이는 당시 헌법 제12조 제1항(적법절차)과 관련된 내용이었다.[60] 이후 사형제도가 인간으로서의 존엄과 가치, 행복을 추구할 권리를 침해하고, 국가는 개인이 가지는 불가침의 기본적 인권을 확인하고 이를 보장할 의무가 있다는 차원(한국 헌법 제10조: 행복추구권)에서 사형제도의 위헌성이 논의되었다.[61] 그러나 독자적인 헌법재판을 담당하는 헌법재판소가 1988년 설치된 이후의 헌법재판은 사형제도가 헌법 제37조 제2항("국민의 모든 자유와 권리는 국가안전보장·질서유지 또는 공공복리를 위하여 필요한 경우에 한하여 법률로써 제한할 수 있으며, 제한하는 경우에도 자유와 권리의 본질적인 내용을 침해할 수 없다.")에 위배되는 것인지를 중심으로 전개되었다.[62]

이른바 '기본권 본질 침해 금지조항'이라고 일컬어지는 이 조항은 원래 제헌헌법 당시에는 존재하지 아니하는 것이었다. 그러나 한국에서 이승만 정권의 독재를 종식하고 장면(張勉) 정권이 입각하면서, 조봉암(曺奉巖) 사건[63]에서 나타난 적법한 국가형벌권의 실행을 가장한 사법살인(司法殺人)을 막기 위한 취지에서 그에 대한 반성적 성찰에 따라 제2공화국 헌법은 이를 명문으로 규정하게 되었다. 이 조문은 원래 당시 독일의 본기본법 제19조 제2항[64]을 가져와 한국 헌법에 이식한 것이었다.

그러나 이 조항은 정치군인 박정희에 의해 일어난 5·16군사쿠데타로 제2공화국의 헌법적 기능이 정지되고, 1961년 6월 6일 공포된 이른바 국가재건비상조치

58) 日本最高裁判所 判決, 1948年 3月 12日, 刑集 第2卷 第3号, 191쪽.
59) 日本最高裁判所 第3合議部 判決, 1993年 9月 21日, 最高裁判所判例集(刑事) 第262号, 421쪽.
60) 대판 1963. 2. 28, 62도241; 대판 1967. 9. 19, 67도988; 대판 1990. 4. 24, 90도319.
61) 대결 1994. 12. 19, 94초123; 대판 1991. 2. 26, 90도2906.
62) 헌재 1996. 11. 28, 95헌바1; 헌재 2010. 2. 25, 2008헌가23.
63) 조봉암 사건(진보당 사건): 1959. 2. 27. 대법원 사형확정, 1959. 7. 31. 사형집행.
64) Grundgesetz für die Bundesrepublik Deutschland(Grundgesetz, GG: Art 19 (2) In keinem Falle darf ein Grundrecht in seinem Wesensgehalt angetastet werden.

법[65]에 의해 1960년 헌법의 기능은 실질적으로 완전히 사문화되어 버렸다. 바로 이 시기에 전형적 사법살인 사건[66]이었던 '민족일보사건'[67]을 통해 사형이 집행된 조용수[68]는 기본권 본질적 침해금지를 두고 있었던 제2공화국 헌법 실종이 가져온 최대의 피해자가 되어 버렸다. 이후 기본권의 본질적 침해금지 조항은 1962년 전부 개정된 제3공화국 헌법에서 원상복구되었다. 그러나 박정희 정권은 1972년 10월, 유신헌법이라는 명칭으로 개정된 헌법을 통해 기본권의 본질적 침해금지 규정을 삭제하였다. 뒤이어 발생한 이른바 '인혁당재건위 사건(人民革命黨 事件)'[69]의 희생자는 세계 '최악의 사법살인'으로 악명을 떨치게 되었다. 그 이후 1980년 제5공화국 헌법에서 기본권의 본질적 침해금지조항은 부활하였고, 1987년에 개정된 현행 헌법에서도 유지되고 있다.

한국 헌법 제37조 제2항 후단에서 말하는 "(국민의) 자유와 권리의 본질적인 내용을 침해할 수 없다."는 내용에 대해 사형제도와 아무 관련이 없다는 입장이 한국에서도 적지 않다. 그러나 그러한 주장은 납득할 수 없다. 왜냐하면 국민이 자유와 권리를 향유하기 위해서는 생명의 유지를 전제로 할 수밖에 없으며, 자신의 생명에 대

65) 박정희 등에 의해 구성된 국가재건최고회의령(國家再建最高會議令) 제42호로 제정되었다. 국가재건최고회의령 제2조는 국민의 기본적 인권은 혁명과업수행에 지장이 없는 한도 내에서 보장하도록 하였다. 아울러 제9조를 통하여 군부에 의한 사법부 통제를 가능하게 하였고, 동령 제13조는 혁명 전 또는 그 뒤 반국가적·반민주적 불법행위 또는 반혁명적 행위를 한 자를 처벌할 수 있는 이른바 소급입법(遡及立法)의 근거를 마련하여 죄형법정주의 내지 법치국가 원칙을 근본적으로 파괴하였으며, 이의 처리를 위하여 혁명재판소·혁명검찰부를 두도록 되어 있다. 아울러 동령 제15조는 헌법과 비상조치법이 저촉하는 경우 비상조치법에 의함을 명시하고 있다. 이는 일단의 단체 회의령이 헌법과 법률의 우위에 서는 불법국가의 전형을 보여준 것이다.

66) '민족일보 사건'과 조용수는 지난 2006년 11월 과거사위원회로부터 명예를 회복받았고, 2008년 1월 16일 서울중앙지법 형사합의 22부가 재심에서 북한의 활동에 동조했다는 특수범죄 처벌에 관한 특별법 혐의로 사형이 선고됐던 조용수에게 무죄를 선고했다.

67) 1961년 5·16군사쿠데타로 정권을 장악한 박정희가 '용공분자 색출'이라는 목적 하에 대북강경책과 노동자 탄압을 비판해 오던 민족일보를 희생양으로 삼아 발행인 조용수와 논설위원 송지영을 비롯한 민족일보 수뇌부 10인을 구속한 뒤 5월 19일 제92호를 마지막으로 폐간선고를 내렸고, 10월 31일 최종공판에서 조용수 등에게 사형을 선고했다.

68) 조용수 사건(민족일보). 1961. 10. 31. 혁명재판소 상소심 사형확정, 1961. 12. 20. 박정희가 형을 재가한 다음날 서대문형무소에서 조용수에 대한 사형이 집행되었다.

69) **인민혁명당 사건**은 중앙정보부의 조작에 의해 사회주의 성향이 있는 도예종 등의 인물들이 기소되어 선고 18시간 만에 사형이 집행된 날조 사건임. 1964년 제1차 사건에서는 반공법, 1974년 제2차 사건에서는 국가보안법·대통령 긴급조치 4호 위반 등에 따라 기소되었다. 1975년 4월 8일 대법원이 사형을 확정하고, 그 후 18시간 만에 사형을 집행했다. 2005년 12월 27일 재판부는 인혁당 사건에 대한 재심소를 받아들여 2007년 1월 23일 서울중앙지법 형사합의 23부는 도예종 등 피고인 8명의 대통령 긴급조치 위반, 국가보안법 위반, 내란 예비·음모, 반공법 위반 혐의에 대해 무죄를 선고했다.

〈한국 헌법상 기본권 본질 침해금지 규정의 변천과정〉

헌법[제정 1948. 7. 17] 헌법 제1호	헌법[일부개정 1960. 6. 15] 헌법 제4호	헌법[전부개정 1962. 12. 26] 헌법 제6호
제28조 ① 국민의 모든 자유와 권리는 헌법에 열거되지 아니한 이유로써 경시되지는 아니한다. ② 국민의 자유와 권리를 제한하는 법률의 제정은 질서유지와 공공복리를 위하여 필요한 경우에 한한다.	제28조 ① 국민의 모든 자유와 권리는 헌법에 열거되지 아니한 이유로써 경시되지는 아니한다. ② 국민의 모든 자유와 권리는 질서유지와 공공복리를 위하여 필요한 경우에 한하여 법률로써 제한할 수 있다. 단, 그 제한은 자유와 권리의 본질적인 내용을 훼손하여서는 아니되며 언론, 출판에 대한 허가나 검열과 집회, 결사에 대한 허가를 규정할 수 없다.	제32조 ① 좌동 ② 국민의 모든 자유와 권리는 질서유지 또는 공공복리를 위하여 필요한 경우에 한하여 법률로써 제한할 수 있으며, 제한하는 경우에도 자유와 권리의 본질적인 내용을 침해할 수 없다.
헌법[전부개정 1972. 12. 27] 헌법 제8호	헌법[전부개정 1980. 10. 27] 헌법 제9호	헌법[전부개정 1987. 10. 29] 헌법 제10호
제32조 ① 상동 ② 국민의 자유와 권리를 제한하는 법률의 제정은 국가안전보장·질서유지 또는 공공복리를 위하여 필요한 경우에 한한다.	제35조 ① 좌동 ② 국민의 모든 자유와 권리는 국가안전보장·질서유지 또는 공공복리를 위하여 필요한 경우에 한하여 법률로써 제한할 수 있으며, 제한하는 경우에도 자유와 권리의 본질적인 내용을 침해할 수 없다.	제37조 ① 좌동 ② 국민의 모든 자유와 권리는 국가안전보장·질서유지 또는 공공복리를 위하여 필요한 경우에 한하여 법률로써 제한할 수 있으며, 제한하는 경우에도 자유와 권리의 본질적인 내용을 침해할 수 없다.

한 법익보다 달리 더 큰 법익을 상상하기 힘들기 때문이다.

5) 입법적 측면

한국과 일본은 사형제도를 입법적으로 폐지하기 위해 수차례에 걸쳐 국회의원들에 의해 관련 입법이 상정된 바 있으나, 두 나라 모두 국내규범으로의 사형제도 폐지법안을 국회에서 관철시키지 못하였다.70) 그러나 한국에서는 입법적인 측면에서

70) 한국의 경우 15대 국회에서 유재건 의원이 1999년 12월 7일, 16대 국회에서 정대철 의원이 2001년 10월 30일, 17대 국회에서 유인태 의원이 2004년 12월 9일, 18대 국회에서 박선영 의원이 2008년 9월 12일, 김부겸 의원이 2009년 10월 8일 그리고 주성용 의원이 2010년 11월 22일 사형폐지를 위한 특별법안을 의원입법의 형식으로 제안되었다. 이들 폐지법안 모두는 각 국회 회기가 경과함에 따라 자동 폐기되고 말았다.

일정한 변화가 예고되고 있다. 그것은 2010년 12월 7일자로 국회에서 가결된 범죄인인도에 관한 유럽협약(European Convention on Extradition) 가입동의안(의안번호 1806441호)이 2011년 11월 29일부터 국내법적 효력을 가지게 되었다는 사실이다. 유럽평의회와의 범죄인인도조약 제11조[71]에 따라 "인도 청구된 범죄가 청구국의 법에 의해서 사형으로 처벌될 수 있는 범죄이나 그러한 범죄에 관하여 피청구국의 법에 의하여는 사형으로 처벌되지 않거나 일반적으로 집행되지 않는 경우, 청구국이 피청구국에게 사형이 집행되지 않을 것임을 믿기에 충분한 보증을 제공하지 않는 한 인도청구는 거절될 수 있다."라는 규정을 반대하지 않고 수용하여 이 협약에 동의한 것은 한국의 실질적 사형폐지를 공식적으로 국제사회에 선언하는 것과 동일한 의미를 가지는 것이 된다. 왜냐하면 한국이 동 조약내용에 따라 유럽연합에서 인도된 반인륜적 살인범에게 사형집행이 불가능하지만, 반면에 한국 국내나 일본 등에서 동일한 범죄를 범한 한국인의 사형수에 대해서는 사형집행이 가능하다고 하게 되면 한국 헌법상 보장된 평등의 원칙에 반하기 때문이다.

6) 사형제도 존치론의 이론적·형사정책적·헌법적 논거 부족

한국에서 사형제도 존치론의 입장은 법률은 문화의 단면이고, 형벌 또한 그 시대와 그곳의 문화의 현상이므로, 국민들의 형벌에 관한 입장을 중시해야 한다는 데서 출발한다. 사형이란 형벌에 관한 관념은 사람을 살인했으면, 살인자 또한 그런 대가를 받는 것이 정당하다는 국민들의 복수논리를 밑바탕에 두고 있다. 그렇게 해야만 반인륜적 살인범죄 등을 억제할 수 있고, 피해를 당한 자의 보복심리를 완화시켜주기 때문이라고 본다. 한국의 헌법재판소 역시 이런 관점을 중시여기고 있다. 그러나 한국에서 사형집행이 중단된 지 20년이 지났지만 그로 인해 살인사건 등 반인륜적 사건이 격증했다는 경험적인 증거는 없다. 오히려 2016년의 살인사건은 948건으로 10년 전인 2006년 1,064건[72]보다 10% 이상 적게 나타났다는 것은 사형제도가 반인

---

71) Article 11: Capital punishment: If the offence for which extradition is requested is punishable by death under the law of the requesting Party, and if in respect of such offence the death-penalty is not provided for by the law of the requested Party or is not normally carried out, extradition may be refused unless the requesting Party gives such assurance as the requested Party considers sufficient that the death-penalty will not be carried out.

72) 범죄백서 2007년과 2017년도의 자료를 참조.

륜적 범죄억제효과를 가진다고 볼 수 없다.

헌법재판소는 헌법 제110조 제4항 후단 단서에 '사형'이란 용어가 존재하기 때문에 우리 헌법은 사형제도를 전제로 하고 있어, 사형제도는 위헌이 아니라고 판단했다.[73] 헌법재판관의 다수가 헌법 제110조 제4항 단서의 규정을 이렇게 이해한다는 것은 참으로 납득하기 힘들다. 그 이유는 다음과 같다.

대학교 1학년만 되어도 하위법은 상위법의 근거에 입각해야 된다고, 따라서 헌법은 형법의 제정근거가 되어야지, 형법이 헌법의 존재근거가 될 수는 없다는 것을 배웠다. 그런데 헌법재판소의 재판관 다수입장은 이런 상식이나 논리를 무시했다. 형법이나 형사실체법에 법정형으로 사형이 명시되어 있지 아니하면, 법원은 사형을 선고할 수 없을 것이고, 국가비상사태의 경우가 일어나더라도 법원은 사형선고와 친할 수 없는 일이다. 법원의 사형선고가 없으면 헌법 제110조 제4항 단서는 아무런 존재이유가 없게 된다. 이것은 형법상 사형제도가 존재하기 때문에, 헌법 제110조 제4항 단서의 존재근거가 된다는 것이고, 다른 말로 표현하면 형법의 사형제도는 헌법상 사형제도의 원천임을 입증해 주는 것이다. 그 결과 형법의 사형제도 존치가 헌법상 사형제도의 합법성의 근거가 된다는 어처구니없는 무식한 논지를 헌법재판관들이 펼친 것이다.

더 나아가서 헌법 제37조 제2항 후단은 기본권의 본질적 침해금지원칙을 이른바 공리주의에서 차용된 비례성의 원칙으로 해석하는 우를 범했다. 이런 결과로 신체를 절단하는 것은 용납할 수 없는 기본권의 본질적 침해이지만, 목을 쳐서 사형을 시키는 것은 비례성의 원칙에 반하지 않다고. 참으로 대단한 발상이다.

7) 필자의 입장[74]

다음과 같은 이유로 한국에서도 사형제도는 폐지되어야 마땅하다.

① 현대 국가는 반인륜적 살인범조차도 그자에 대해 동일한 형식의 복수로서의 형벌제도를 두고 있지 않다. 복수는 복수를 낳고 사회불안을 가중시킨다는 점에서 복수는 극복된 구시대의 사상이기 때문이다.

73) 헌재 2010. 2. 25, 2008헌가23.

74) 사형제도의 위헌성과 관련된 자세한 문헌으로는 허일태, 형법연구 Ⅴ, 동아대학교출판부, 2010, 37쪽 이하 참조.

② 국가는 감정적 존재가 아닌, 윤리적이고 이성적인 존재이다. 그러므로 국가가 절도를 하지 말라고 요구하면서 국가 스스로 절도하는 것을 용납할 수 없듯이, 국가가 타인을 살해하지 말라고 요구하면서 타인을 살해하는 사형제는 윤리적으로 모순된다.

③ 모든 인권국가에서는 반인륜적 흉악범에 대해 손발을 절단하는 등의 신체절단의 형벌을 부과하지 않는다. 그 이유는 이런 형벌은 잔인하고 비인도적 형벌이기 때문이라고 설명한다. 손발을 절단하는 것이 잔인하여 용납할 수 없는 형벌이라면, 사람을 죽이는 것은 더욱 잔인한 형벌이어서 결코 허용될 수 없어야 하지 않을까.

④ 우리 헌법 제37조 제2항 단서는 (기본적 인권을) "제한하는 경우에도 자유와 권리의 본질적인 내용을 침해할 수 없다."고 명시하고 있다. 여기서 기본적 인권의 본질적 내용은 생명이며, 이는 부인할 수 없는 사실이다. 예컨대 손발에 대한 절단형이 신체자유에 대한 본질적 침해라고 하여 용납할 수 없는 형벌이라면, 신체의 자유의 본질적 내용은 인간의 육체와 그 육체에 대한 생명의 결합으로 생긴 자유이다. 즉 신체의 자유 중에서 인간의 생명인 정신을 제거하면 인간의 육체만 남게 되는데, 생명이 없는 육체는 시체에 불과하다. 인간의 시체가 신체의 자유의 본질적 부분일 수 없으며, 생명을 전제로 하고 있는 신체만이 신체의 본질적 자유를 가질 수 있기 때문이다.

⑤ 우리나라는 유럽평의회와 'EU에서 인도된 범인에 대해 사형집행을 할 수 없도록 하는 등의 범죄인도조약'을 2009년에 체결하였고, 2011년에는 국회가 이를 비준했다. 이 때문에 EU에서 우리나라로 인도된 범인이 흉악범죄를 범했어도 사형을 집행할 수 없게 되었다. 이에 반해 우리나라에서 범한 반인륜적 흉악범에 대해 사형집행이 가능하다는 것은 '법 앞의 평등권'을 천명한 헌법상 평등권에 반한다.

⑥ 사형제가 품고 있는 위와 같은 문제점을 해소하고, 사형제와 동일한 정도로 반인륜적 흉악범의 재범가능성을 영원히 차단할 수 있는 '가석방 없는 절대적 종신형'은 사형제의 대안으로 이용될 수 있기 때문이다.

Ⅳ. 결 론

사형제도와 관련하여 동아시아 국가인 중국, 일본과 한국의 상황은 공통적으로 국민의 법감정상 불가피한 제도라는 인식이 아직도 여전히 지배적이었다. 그럼에도 오늘날에 와서는 과거와는 다른 차원에서 변화된 양상을 나타내고 있다. 예컨대 한국은 1997년 12월 사형을 집행한 이래로 18년 9개월의 세월이 흘렀다. 아직도 사형을 집행하지 않음에 따라 실질적 사형폐지국가로 분류되고 있다. 일본도 사형제도의 폐지를 위해 일본 변호사단체가 주체가 되어, 사형제도폐지운동을 체계적으로 전개하고 있다. 또한 중국조차도 근자에 들어와서 사형을 법정형으로 하고 있는 범죄의 범위를 급격하게 축소하고 있고, 2049년을 사형제도의 완전한 폐지의 원년이 될 수 있도록 노력하고 있음을 볼 수 있다.

이런 점에서 볼 때 동아시아에서 사형제도의 폐지는 앞으로 장기간 유지될 것으로 보이지만, 20~30년이 지나면 폐지될 것으로 보인다. 그 이유는 다음과 같다.

첫째로 동아시아 각국은 인간의 존엄을 대원칙으로 삼고 있고, 이에 따라 기본권의 본질적 침해를 삼가거나 축소하는 경향에 있다. 이 때문에 중국을 비롯한 일본과 한국은 신체의 자유권을 본질적으로 박탈하는 고문의 금지 등, 기본권의 본질적 권리침해를 제한하거나 허용하지 않고 있다. 예컨대 아무리 악질적인 강도범이라도 그자의 팔을 자르는 절단형(切斷刑)을 이들의 어떤 국가도 허용하지 않는다. 이러한 종류의 형벌허용은 헌법상 보장된 고문의 금지 등 인간기본권의 본질적 침해를 의미하기 때문이다. 신체의 절단형이 그렇게 잔인하고 인간존엄의 본질적 침해라서 허용될 수 없다면, 절단형보다 더욱 잔인한 사람의 생명박탈은 인간존엄에 대한 더 큰 본질적 침해이지 결코 그 이하일 수 없는 것이다.

둘째로 국가는 윤리적 존재이기에 자신의 언명을 준수하고, 자신의 행동에도 윤리적 정당성을 갖추어야 한다. 국가가 강도나 사기를 쳐도 좋다면 국민들의 준법정신은 파괴되고 사회평화는 걷잡을 수 없게 되기 때문이다. 그러므로 국가는 “범죄를 범하지 말라”, “사람을 죽이지 말라”고 국민과 약속하고, 이에 위반하면 형벌을 부과하고 있다. 그렇다면 한편으로 국가 스스로 ‘사람을 죽이지 말라’고 하면서 다른 한편으로 사람을 의도적으로 살해하는 사형제도의 허용은 그 자체 윤리적 모순이다.

셋째로 사형제도의 존치와 집행이 살인범죄 등 강력범죄의 예방효과를 가지려면 그 효과가 입증되어야 한다. 그런데 1988년과 2002년 UN 인권위원회의 광범위한 조사결과 사형제도의 존치가 살인범죄의 발생억제에 효과가 있음을 밝혀내지 못했다. 더욱이 한국이 실질적 사형폐지국가로 인정되어 지난 18년 9개월 이상 동안 사형집행을 하지 않았음에도 불구하고 2011년 이후 최근에는 오히려 반인륜적 살인사건이 점진적으로 축소하고 있는 사실은 사형제도가 살인사건의 예방효과를 의심케 한다. 그렇다면 사형제도가 살인범죄와 같은 강력범죄에 대한 예방효과가 없다면, '의심스러울 때 우리는 사람을 죽이는 쪽으로 가야 할까, 아니면 사람을 살리는 쪽으로 가야 할까?

제9장

등기명의신탁과 횡령죄의 성부

【대상판결】 대전지방법원 제1형사부 2014. 5. 21. 선고 2013노2260 판결

【사실관계】

이 사건 매매계약의 중개인인 **진○업은 강○이와 피고인에게 매도인 최○식의 소유** '서산시(성연면 갈현리 535-1)에 소재한' **답** 9,292㎡(**이하, '이 사건 부동산'이라 한다)의 매수를 권유**하였는데, 강○이와 피고인은 이 사건 부동산의 가액이 9억 8천만원에 이르는 고액이라 여러 사람의 자금을 끌어들이기 위하여 (노력하는) 과정에서 진○업의 친척 진○애와 정○모가 매수인으로 (50%의 지분에) 참여하고, **이 사건 부동산의 2/4지분에 대한 매매대금 중 강○이, 황○순, 변○숙, 유○홍이(이하 '피해자 측'이라고 한다) 3억원을, 피고인이 1억 9,000만원을 각 부담하기로 하였다.**[1)]

이 사건 매매계약 체결 당시 강○이는 중개인 진○업의 공인사무소에 참석하여 매도인 최○식을 만났고, 최○식도 강○이를 이 사건 부동산의 공동매수인으로 알고 있었다. 같은 날 **최○식이 이 사건 부동산 중 2/4 지분을 피고인에게,** 각 1/4 **지분을 진○애, 정○모에게 대금 9억 8,000만원에 매도하고, 계약금 9,800만원은 계약 당일, 잔금 8억 8,200만원은 2004. 8. 30. 각 지급받기로 하는 내용의 매매계약서가 작성되었으며,** 2004. 8. 24. **이 사건 부동산 중** 2/4 **지분에 관하여는 피고인 명의의, 각**

---

1) 강○이는 2004. 6. 14. 서산시 대산읍 영탑리 산 166-3(이하 '영탑리 부동산'이라고 한다)을 전○창에게 400,000,000원에 매도하였는데, 당시 전○창에게 영탑리 부동산은 개발가능성이 커 팔고 싶지 않은데 영탑리 부동산을 팔아 면적이 더 크고 입지가 더 좋은 이 사건 부동산을 매수하려고 한다고 말한 사실이 있다.

1/4 지분에 관하여는 진○애, 정○모 명의의 각 소유권이전등기가 마쳐졌다.

강○이는 2004. 8. 24. **매도인 최○식에게** 3**억원을 지급하였고,** 2004. 9. 22. **서산시청에 이 사건 부동산에 관한 취득세** 4,400,300**원을 납부하였다.** 진○업은 이 사건 매매계약 체결 후 약 1년 정도 지난 시점에서 이 사건 부동산의 재매매를 중개하려 하였으나, 이 사건 부동산이 2005. 8.경 토지거래허가구역으로 지정되면서 실패하였고, **강○이는** 2006. 12. 9. **피고인으로부터 '피고인 지분 토지**(1,400**평**) **중** 60%(840**평**)**는 강○이**(560**평**, 40%), **변○숙**(196**평**, 14%), **황○순**(42**평**, 3%), **유○홍**(42**평**, 3%)**의 소유임을 확인하고, 위** 840**평은 피고인 임의대로 매도 및 타인에게 위임하지 아니한다.'는 내용의 확인서**(**이하 '이 사건 확인서'라고 한다**)**를 교부받았다.**

피고인은 2007. 5. 4. **심○기로부터** 6,000**만원을 차용하면서, 이 사건 부동산에 관하여 같은 날 채권최고액을** 6,000**만원으로 하는 심○기 명의의 근저당권설정등기를 마쳤고,** 2008. 9. 3. **성연농업협동조합으로부터 추가로** 5,000**만원을 차용하면서, 이 사건 부동산에 관하여 같은 달** 4**일 기존의** 2005. 12. 14.**자 성연농업협동조합 명의의 근저당권 채권최고액을** 1**억** 6,000**만원에서** 2**억** 3,000**만원으로 변경하는 근저당권변경등기를 마쳤다.**

그 후 강○이는 2010. 8. 16. 피고인에게 자신의 지분에 관하여 소유권이전등기를 마쳐줄 것을 요구하였고, 이에 피고인은 강○이의 명의로 이 사건 부동산에 관한 가등기를 마쳐주겠다고 약속하였으나, 위 약속을 이행하지 아니하였다.

강○이를 포함한 피해자 측은 2012. 6. 27. 대전지방법원에 피고인을 상대로 민사소송을 제기하여 2012. 11. 2. 피고인이 강○이를 포함한 피해자 측에게 이 사건 부동산에 관하여 피해자 측의 지분별로 소유권이전등기 절차를 이행하고, 피고인이 피해자 측에 이 사건 부동산에 관하여 설정한 근저당권의 채권최고액 범위 내 대출금 상당의 손해를 입힌 부분에 대한 손해배상금 1억 1,000만원 및 이에 대한 지연손해금을 지급하라는 취지의 전부승소 판결을 선고받았다.

이에 피고인이 2012. 11. 28. 대전고등법원에 항소하였고, 그 항소심에서는 2013. 12. 10. 이 사건 매매계약의 당사자는 피해자 측이 아닌 강○이라는 이유로, 피해자 측이 매매계약 당사자임을 전제로 한 청구는 기각되었으나, 강○이가 이 사건 부동산에 관하여 3자간 등기명의신탁의 방법으로 피고인에게 명의신탁하였음을 전제로 이 사건 부동산 중 강○이의 지분에 관한 피고인 명의의 소유권이전등기의 말소등기절차를 이행하고, 강○이에게 이 사건 부동산에 관하여 설정한 근저당권의 채권최고액 범위 내 대출금 상당의 손해를 입힌 부분에 대한 손해배상금 1억 1,000만원 및 이에 대한 지연손해금을 지급하라는 취지의 판결이 선고되었고, 2013. 12. 27. 위 판결이 그대로 확정되었다.

【판단】

위 인정사실과 원심이 적법하게 채택하여 조사한 증거들에 의하여 인정되는 … 사정들을 종합하여 보면, **강○이가 이 사건 매매계약의 당사자로서 이 사건 부동산 중 2/4 지분을 피고인과 함께 매수하기로 매도인 최○식과 매매계약을 체결하면서, 3자간 등기명의신탁의 방법으로 피고인에게 명의신탁하였다고 봄이 상당하다.**

(따라서) 이 사건 범행은 피고인이 피해자의 승낙 없이 공동으로 매수한 이 사건 부동산에 (대해 자신에게 명의신탁되었음을 기화로) 근저당을 설정하여 이 사건 부동산의 15/49 지분을 횡령한 것(이다.)

【1심법원의 판결요지】[2)]

강○이가 이 사건 매매계약의 당사자로서 이 사건 부동산 중 2/4 지분을 피고인과 함께 매수하기로 매도인 최○식과 매매계약을 체결하면서, 3자간 등기명의신탁의 방법으로 피고인에게 명의신탁하였다.

따라서 피고인은 이 사건 부동산의 2/4지분 중 투자금액지분비율에 따른 피해자 지분 30/49 지분(3억원/4억 9,000만원) 지분에 대하여는 이를 임의로 처분하여서는 아니 됨에도 불구하고 피해자의 승낙을 받지 아니하고 2007. 5. 3. 심○기로부터 6,000만원을 차용하면서 본 건 토지에 2007. 5. 4. 근저당권자 심○기, 채권최고액 6,000만원으로 하는 근저당권설정등기를 경료하고, 2008. 9. 4. 성연농업협동조합에서 5,000만원을 추가로 대출받으면서 그 전에 설정되어 있던 근저당권자 성연농업협동조합, 채권최고액 1억 6,000만원의 근저당권 채권최고액을 2억 3,000만원으로 변경하여 근저당권설정등기를 경료하여 이 사건 부동산의 15/49(= 2/4 × 30/49) 지분을 횡령하였다.

---

2) 대전지방법원 2013. 8. 29. 선고 2012고단1401 판결(횡령).

연 구

Ⅰ. 문제의 제기

1. 사안의 요지

피고인은 피해자 강○이 등을 비롯한 진○애 및 정○모와 함께 충남 서산시 소재한 매도인 최○식의 소유 부동산 2,800여평(9,292㎡)을 9억 8천만원에 공동으로 매수하기로 하였다. 진○애와 정○모는 참여지분의 50%인 4억 9천만원을 부담하고, 강○이 등은 3억원을, 그리고 피고인은 1억 9천만원을 부담하기로 하였다. 계약 **당시 매도인이 이 사건 부동산(2,800여평) 중 2/4 지분을 피고인에게, 각 1/4 지분을 진○애, 정○모에게 대금 9억 8,000만원에 매도하고, 계약금 9,800만원은 계약 당일, 잔금 8억 8,200만원은 2004. 8. 30. 각 지급받기로 하는 내용의 매매계약서가 작성되었으며, 2004. 8. 24. 이 사건 부동산 중 2/4 지분에 관하여는 피고인 명의의, 각 1/4 지분에 관하여는 진○애, 정○모 명의의 각 소유권이전등기가 마쳐졌다.**

강○이는 2004. 8. 24. 매도인 최○식에게 3억원을 지급하였고, 추후의 매도시 편의를 위하여 강○이 등의 지분인 840평을 피고인 앞으로 명의신탁하였다. 그 결과 이 사건 부동산의 2/4에 해당하는 1,400평은 피고인 명의로, 나머지 1,400평에 대해서는 진○애와 정○모에게 각 1/4 지분에 해당하는 700평씩 소유권이전 등기가 되었다. 강○이는 2004. 9. 22. 서산시청에 이 사건 부동산에 관한 취득세 4,400,300원을 납부하였다. 이 사건 매매계약 체결 당시 강○이는 중개인 진○업의 공인사무소에 참석하여 매도인 최○식을 만났고, 최○식도 강○이를 이 사건 부동산의 공동매수인으로 알고 있었다.

피고인은 2007. 5. 4. 심○기로부터 6,000만원을 차용하면서, 이 사건 부동산에 관하여 같은 날 채권최고액을 6,000만원으로 하는 심○기 명의의 근저당권설정등기를 마쳤고, 2008. 9. 3. 성연농업협동조합으로부터 추가로 5,000만원을 차용하면서, 이 사건 부동산에 관하여 같은 달 4일 기존의 2005. 12. 14.자 성연농업협동조합 명의의 근저당권 채권최고액을 1억 6,000만원에서 2억 3,000만원으로 변경하는 근서당권변경등기를 마쳤다.

그로 인해 피고인은 자신에게 명의신탁된 강○이 등의 부동산에 관하여 설정한 근저당권의 채권최고액 범위 내 대출금 상당에 해당하는 손해배상금 1억 1,000만원 상당의 피해를 입혔다.

2. 쟁점사항

재산범죄로서 횡령죄는 자기가 보관하는 타인의 재물을 횡령하거나 그 반환을 거부함으로써 성립한다. 횡령죄가 성립하기 위해서는 첫째로 행위자는 '타인의 재물을 보관하는 자'여야 하고, 둘째로 그런 자가 그 재물을 '횡령'해야 한다. 이러한 횡령행위는 수탁자 자신에게 보관된 타인(즉 신탁자)의 재물에 대해 선량한 관리자로서의 임무를 위배하여 불법영득하는 데에 처벌의 정당성이 있다. 따라서 횡령죄의 본질은 신탁자에 대한 수탁자의 배신이나 신뢰의 위반에 있는 것이 아니라, 수탁자의 보관임무위배에 의한 불법영득에 있다고 보아야 할 것이다.

그런데 부동산 실권리자명의 등기에 관한 법률(이하 '부동산실명법'이라 함) 제4조 제2항 본문에 의하면 명의신탁에 의한 수탁자 명의의 소유권이전등기는 무효여서 수탁자의 이름으로 등기가 이전되었다고 할지라도 매도인은 여전히 그 부동산의 소유권을 보유하게 된다. 그러므로 피해자의 부동산이 명의신탁의 방식으로 피고인의 명의로 등기이전되어 있는 경우 피고인은 타인의 재물인 부동산을 보관하는 자에 해당되는지의 여부를 따져보아야 하고, 보관자에 해당된다면 피고인의 행위가 불법영득한 것인지를 검토할 필요가 있다.[3)]

---

3) 부동산실명법과 관련한 부동산명의신탁과 횡령죄의 성부에 관한 논문은 매우 많다. 2014년 이후의 연구성과물에 국한해서도 강동범, "계약명의신탁과 수탁자의 형사책임", 이화여대 법학논집 제18권 제4호, 특히 151쪽 이하; 김혜정, "명의신탁부동산에 대한 횡령죄 성부의 판단", 영남형사판례연구회, 2014; 박상기, "계약명의신탁과 수탁자의 법적 책임", 형사재판의 제문제 제7권, 123쪽 이하; 류석준, "명의수탁자가 명의신탁자에 대한 관계에서 횡령죄의 '타인의 재물을 보관하는 자'에 해당하는지 여부", 형사법연구 제27권 제2호, 3쪽 이하 참조; 우인성, "명의신탁 부동산의 처분과 재산범죄의 성립 여부", 2015년 형사판례연구회 발표문; 이경렬, "'명의수탁자의 처분과 횡령'의 불가벌적 사후행위", 형사판례연구 제22권, 139쪽 이하; 이원경, "부동산 명의신탁에 있어서의

그러므로 이하에서는 횡령죄에서 명시하고 있는 '보관'의 개념을 우선적으로 명확히 하고, 부동산도 횡령죄에서 보관의 대상이 될 수 있는지를 살펴본다(Ⅱ). 부동산실명법 제4조 제2항 본문에 따라 명의신탁약정에 따른 등기로 이루어진 부동산에 관한 물권변동은 무효로 되므로, 등기명의수탁자는 횡령죄에서 말하는 타인의 재물에 대한 '보관하는 자'의 지위를 갖는지의 규명을 통하여 그가 보관자의 지위를 가질 수 없음을 명백히 하고(Ⅲ), 대상판례에 대한 평석을 하고자 한다(Ⅳ).

Ⅱ. 횡령죄에서 보관의 개념과 부동산과의 관계

형법상 절도죄는 타인이 지배하고 있는 물건의 점유침해를, 횡령죄는 보관하고 있는 타인의 재물을 영득하는 것을 처벌하고 있다. 절도죄에서 '점유'는 침해의 대상으로서 그 배타적 지배관계의 문제이기 때문에 사실적인 지배를 필요로 한다. 이에 반해 횡령죄에서 '보관'은 행위주체를 결정짓는 신분적 요소로서 행위자에 의한 남용의 염려가 있는 지배력의 문제이다. 그러므로 절도죄의 '점유' 개념에서는 사실상의 지배만이 고려되는 것임에 반해, 횡령죄의 '보관' 개념에서는 사실상의 지배를 넘어서 법률상의 지배인 처분가능성을 내포해야 한다.[4]

그러므로 우리 형법상 횡령죄의 주체는 타인 재물의 단순 점유자가 아닌, 보관자여야 하고, 이러한 보관자는 타인의 재물에 대해 한편으로 처분가능성을 가지고 있으면서, 다른 한편으로 선량한 관리자의 임무를 부담할 것을 전제하므로, 보관의 임무는 통상적으로 위탁이나 위탁과 유사한 방식으로 이루어져야 할 것으로 보인다. 판례는 "보관이 위탁관계에 기인하여야 할 것임은 물론이나, 그것이 반드시 사용대차, 임대차, 위임 등의 계약에 의하여 설정되어야 하는 것은 아니고 사무관리, 관습, 조리, 신의칙에 의해서도 성립한다."고 판시하고 있다.[5] 판례의 이러한 입장이 크게

형사책임에 관한 비판적 재고", 형사법연구 제27권 제3호, 97쪽 이하; 최병각, "부동산 명의신탁과 형사처벌", 형사법연구 제27권 제2호, 49쪽 이하, 특히 56쪽 이하 참조.

4) 이 점은 판례도 같은 입장이다. 즉 판례에 따르면, "횡령죄에서의 재물의 보관은 재물에 대한 사실상 또는 법률상 지배력이 있는 상태를 의미하"는 것으로 이해하고 있다(대법원 1987. 10. 13. 선고 87도1778 판결; 대법원 2003. 9. 23. 선고 2003도3840 판결; 대법원 2008. 9. 11. 선고 2008도4859 판결; 대법원 2013. 12. 12. 선고 2012도16315 판결 등 참조).

5) 대법원 1987. 10. 13. 선고 87도1778 판결; 대법원 2003. 9. 23. 선고 2003도3840 판결; 대법원 2008.

틀린 것은 아니지만, 송금된 돈을 점유하는 것까지 보관의 개념에 포섭하고 있다.[6] 그러나 이는 보관이란 개념에 관한 잘못된 해석의 소산이다. 왜냐하면 잘못 송금된 돈은 보관자의 입장에서 볼 때 신탁자와의 관계에서 위탁이나 유사 위탁형식의 관여가 없었으며, 보관자도 잘못 송금받은 타인의 금전에 대해 관여하지 아니하였고, 자신의 통장에 입금된 후에야 비로소 발견할 수 있을 뿐이어서 이는 우연한 점유에 불과하기 때문이다. 보관의 개념을 판례처럼 우연하게 점유하고 있는 것까지 포함하여 해석하는 것은 점유이탈물횡령죄와의 한계를 불분명하게 할 뿐만 아니라, 처벌의 범위를 지나치게 확대할 수 있는 유추해석의 문제를 야기한다.

횡령죄에서 보관의 개념이 이처럼 위탁관계 등에 기초하여 타인의 재물을 맡아 관리하는 자가 처분을 할 수 있음을 의미한다면, 부동산의 물권변동 이전방식에서 형식주의를 채택하고 있는 우리의 민사법제[7]에서 부동산은 명의변경 여부에 관계없이 형법상 횡령죄의 성립요소인 '타인이 맡아서 처분을 할 수 있는, 즉 보관' 대상의 성질을 가질 수 있을까?

학설의 대부분[8]은 이를 긍정하고 있다. 그 근거는 부동산을 법률상 처분할 수 있는 지위에 있는 자를 보관자라고 할 수 있다는 점에 두고 있다.[9] 즉 동산의 경우 보관자는 그것을 점유함으로써 소유권을 취득하고 처분할 수 있다는 점에서, 부동산의 경우에도 법률상 처분을 할 수 있는 것으로 만족한다. 판례도 횡령죄에서 부동산의 보관은 그 부동산을 처분할 수 있는 권능의 유무를 기준으로 결정해야 한다는 입장[10]을 취하고 있다는 점에서 학설과 동일한 태도를 보이고 있다.

횡령죄에서 명시하고 있는 '보관' 개념의 사전적 의미는 '물건을 맡아서 관리함'을 뜻한다. 그런데 여기서 보관이란 개념은 행위주체를 결정짓는 신분적 성질을 갖고 있기 때문에, 타인의 물건에 대해 맡아서 관리 가능한 것, 즉 해당 물건을 맡아

---

9. 11. 선고 2008도4859 판결; 대법원 2013. 12. 12. 선고 2012도16315 판결 등 참조.

6) 대법원 1985. 9. 10. 선고 84도2644 판결.

7) 민법 제186조: 부동산에 관한 법률행위로 인한 물권의 득실변경은 등기하여야 효력이 생긴다.

8) 다만 김선복 교수는 이 점에 비판적이다. 이에 관해 자세한 것은 김선복, "절도죄와 횡령죄에서 재물의 개념", 공범론과 형사법의 제문제(하권), 정성근교수화갑기념논문집간행위원회, 1997, 703쪽 참조.

9) 이재상, 형법각론 제5판, 383쪽.

10) 대법원 2007. 5. 31. 선고 2007도1082 판결; 대법원 2004. 5. 27. 선고 2003도6988 판결; 대법원 1996. 1. 23. 95도784 판결.

처분할 수 있는 처분가능성을 요구한다. 그러기에 해당 물건을 맡아서 관리한다는 것은 행위자 자신이 맡아서 관리할 수 있는 신분을 지니고 있어야 한다. 타인의 물건에 대해 맡아 관리할 수 있는 신분을 직접 갖지 않고, 타인을 위한 대리인 등의 자격에 의해서만 법률상 지배가능성이 있는 경우를 보관의 개념에 포함한다는 것은 보관의 통상적 의미를 넘어선 유추해석이자 지나친 확대해석에 해당될 수 있어 보인다.11) 왜냐하면 부동산횡령죄의 경우 행위주체는 타인의 재물에 대한 보관자임을 전제하고 있어, 해당 부동산을 맡아서 관리할 수 있는 자, 즉 타인의 부동산을 자신의 이름으로 맡아서 처분을 할 수 있는 등기명의자만이 횡령죄에서 행위주체의 신분을 가질 수 있기 때문이다.

그러므로 해당 부동산을 자신의 명의로 맡아서 관리하지 않고, 타인을 위한 대리인의 자격 등에 의해 법률상 지배만 가능할 때에는 재물의 보관자라기보다는 타인의 사무처리자라고 새기는 것이 바람직해 보인다. 같은 이유에서 부동산에 대한 등기명의자가 아닌 자, 예컨대 행위자가 미성년자의 부동산을 법정대리인으로서 처분한 경우 그 부동산을 법률상 지배 가능하여 유효하게 처분할 수 있더라도 그는 맡아서 관리하는 보관자라기보다는 타인을 대신해서 타인의 사무를 처리할 수 있는 자로 새기는 것이 오히려 자연스럽게 보인다.

더구나 횡령죄는 불법영득의사로 자기가 보관하고 있는 타인의 재물을 횡령하는 범죄라는 점에서 영득죄에 속한다는 것은 학설과 판례가 일치하고 있다. 영득죄에서 영득의사는 소유자를 배제하고 소유권을 취득하려는 의사이며, 자기가 보관하고 있는 타인의 물건을 소유자처럼 처분하거나 이용함으로써 실현된다. 횡령죄는 영득행위를 통하여 소유권을 침해하는 범죄이므로 횡령죄의 객체는 영득될 수 있는 물건에 제한되어야 하는 것은 당연하다. 동산의 경우 소유권의 공시방법은 점유이므로 보관자는 자기가 점유하고 있는 타인의 물건을 소유자의 지위에서 처분할 수 있다. 이에 반해 부동산의 경우 우리 민법상 소유자가 누구인가는 등기부에 기재되어 있는 명의자를 기준으로 삼고 있는 형식주의를 취하고 있기 때문에 부동산의 점유자가 소유자의 승낙 없이 부동산에 대하여 소유권에 유사한 지위를 취득하는 것은

---

11) 이에 관한 자세한 문헌으로는 김영환, "한국에서의 법학방법론의 문제점", 법철학연구 제18권 제2호, 136쪽 이하 참조.

원천적으로 불가능하다.[12] 이에 대한 좋은 사례는 부동산에 대한 사실상 지배만 가능한 부동산임차인의 지위에서 나타난다.

바로 이런 이유에서 미성년자의 부동산을 법률상 권한에 의하여 처분할 수 있는 법정대리인이나 후견인 또는 법인소유의 부동산에 대한 법인의 대표이사는 해당 부동산을 부당하게 처분하더라도 횡령죄의 성립을 인정하기 어렵다.[13] 이런 경우에는 오히려 배임죄로 새기는 것이 합당해 보인다. 같은 맥락에서 오스트리아 형법은 횡령죄의 행위객체를 '위탁된 타인의 재물'이라고 명시하고 있지만,[14] 그럼에도 불구하고 위탁재물의 대상을 해석상 동산에 국한하고 있음을 참고할 필요가 있다.[15]

다만 일본 판례와 학설은 미성년자의 부동산을 법률상 권한에 의하여 처분할 수 있는 법정대리인이나 후견인[16] 또는 법인소유의 부동산에 대한 법인의 대표이사[17]는 해당 부동산을 부당하게 처분할 경우 횡령죄로 처벌할 수 있다고 한다. 일본이 횡령죄에서 이런 입장을 취할 수 있는 것은 다음과 같은 이유에서 그 근거를 찾을 수 있다.

첫째로 일본에서 부동산의 소유권 이전은 우리나라처럼 형식주의가 아니고, 의사주의를 따르고 있다.[18] 이에 따라 소유권등기이전의 명의가 없더라도 부동산매매계약의 체결로 곧바로 소유권이 이전될 수 있다는 점에서 등기명의이전 여부에 관계없이 부동산의 점유자는 해당 부동산에 대해 유효한 처분권능이 가능하다. 둘째로 일본 횡령죄의 구성요건은 '점유하고 있는 타인의 재물'임에 반해, 한국 횡령죄의 성립요건은 '보관하고 있는 타인의 재물'이다. 그러므로 일본의 경우 점유하고 있는 타인의 부동산은 부동산물권변동에서의 의사주의와 결합하여 실소유주와 유사한 지위를 획득할 수 있다는 점에서 해당 부동산을 처분할 경우 횡령죄 성립의 여지를

12) 김선복, 앞의 논문, 703쪽.

13) 이와 달리 횡령죄에서 보관자가 될 수 있다는 입장으로는 김성돈, 형법각론 제2판, SKKUP, 2009, 481쪽; ; 배종대, 형법각론 제7판, 520쪽; 이재상, 앞의 책, 384쪽 이하.

14) §133 (1) Wer **ein Gut, das ihm anvertraut worden ist**, sich oder einem Dritten mit dem Vorsatz zueignet, sich oder den Dritten dadurch unrechtmässig zu bereichern, ist mit Freiheitsstrafe bis zu bestrafen(**자신에게 위탁된 재물**을 자신이나 제3자가 불법하게 이득할 고의로 자신이나 제3자에게 영득하게 한 자는 6월 이하의 자유형 또는 360일 이하의 벌금형에 처한다).

15) Ernst Eugen Fabrizy, §133, Manzsche Kurzkommentare, Wien 2013, S. 420.

16) 大判大正6(1917).6.25.錄23輯699頁; 仙台高判昭和28(1953).1.30.特報35號11頁.

17) 東京高判昭和42(1967).12.26.下集9巻12號1525頁.

18) 日本民法 第176条 物権の設定及び移転は, 当事者の意思表示のみによって, その効力を生ずる(물권의 설정 및 이전은 당사자의 의사표시만으로 그 효력을 발생한다).

두고 있다.

Ⅲ. 부동산실명법 제4조에 의한 해당 부동산 물권변동 무효화로 인한 등기명의수탁자의 타인 재물의 '보관자' 여부

민사법 차원에서는 계약자유의 원칙이 임의법규보다 우선적으로 적용될 수 있기 때문에 명의신탁으로 자신의 부동산을 타인에게 등기명의수탁한 경우 명의수탁자는 타인의 부동산을 보관하는 보관자의 신분을 취득할 수 있음은 물론이다. 왜냐하면 이 경우에는 해당 부동산이 수탁자의 명의로 등기이전되었고, 따라서 등기명의수탁자는 그것을 소유권자와 유사한 지위에서 외견상 유효하게 처분할 수 있기 때문이다.

그런데 부동산실명법에 따르면, 일부 예외적 사정을 제외하면,[19] 부동산에 관한 명의신탁은 원칙적으로 무효가 되며,[20] 신탁자뿐만 아니라 수탁자도 형사처벌의 대상으로 될 수 있음을 명시하고 있다.[21] 따라서 그와 같은 예외적 사정을 제외하고, 명의신탁약정에 따라 자신이 매수한 부동산을 타인에게 명의신탁한 경우 부동산실명법 제4조 제1항과 제2항 본문에 근거하여 명의신탁약정의 무효화뿐만 아니라, 등기이전에 의한 부동산의 물권변동 역시 무효로 된다.

이와 같은 명의신탁에 의한 부동산물권변동이 무효가 된다고 하더라도 명의수탁

---

19) 제8조(종중, 배우자 및 종교단체에 대한 특례) 다음 각 호의 어느 하나에 해당하는 경우로서 조세포탈, 강제집행의 면탈 또는 법령상 제한의 회피를 목적으로 하지 아니하는 경우에는 제4조부터 제7조까지 및 제12조제1항부터 제3항까지를 적용하지 아니한다. <개정 2013. 7. 12>
   1. 종중이 보유한 부동산에 관한 물권을 종중(종중과 그 대표자를 같이 표시하여 등기한 경우를 포함한다) 외의 자의 명의로 등기한 경우
   2. 배우자 명의로 부동산에 관한 물권을 등기한 경우
   3. 종교단체의 명의로 그 산하 조직이 보유한 부동산에 관한 물권을 등기한 경우

20) 제4조(명의신탁약정의 효력) ① 명의신탁약정은 무효로 한다.
   ② 명의신탁약정에 따른 등기로 이루어진 부동산에 관한 물권변동은 무효로 한다.

21) 제7조(벌칙) ① 다음 각 호의 어느 하나에 해당하는 자 및 그를 교사하여 해당 규정을 위반하게 한 자는 5년 이하의 징역 또는 2억원 이하의 벌금에 처한다. 1. 제3조 제1항을 위반한 명의신탁자, 2. 제3조 제2항을 위반한 채권자 및 같은 항에 따른 서면에 채무자를 거짓으로 적어 제출하게 한 실채무자.
   ② 제3조 제1항을 위반한 명의수탁자 및 그를 교사하여 해당 규정을 위반하게 한 자는 3년 이하의 징역 또는 1억원 이하의 벌금에 처한다.

자에게 해당 부동산의 보관자라는 지위를 인정할 수 있을까? 이를 긍정할 경우 횡령죄가 성립할 수 있는 반면, 이를 부정할 경우 행위주체가 타인 재물의 보관자라는 신분을 유지할 수 없기 때문에 횡령죄가 성립될 수 없게 된다.

1. 부정설

부동산실명법이 명의신탁을 금지하고 형사처벌까지 규정하고 있음에도 신임관계에 기한 위탁관계를 인정하는 것은 논리모순이며, 입법취지에도 반한다는 입장이다.[22)]

2. 긍정설

이 견해에 따르면 첫째로 횡령죄에서 보관의 개념은 위탁관계에 굳이 기초할 필요가 없으며, 위탁관계가 무효라고 하더라도 사실상의 위탁관계가 인정되면 충분하다고 본다. 따라서 부정설의 견해는 횡령죄의 신뢰관계를 지나치게 중시한다는 점에서 부당하다는 것이다. 둘째로 부동산실명법은 명의신탁을 금지하는 경우에도 부동산 소유권을 수탁자에게 귀속시키려는 취지가 아니라, 거래를 무효화할 뿐이고, 따라서 명의수탁자는 등기를 이전받더라도 소유권을 취득하지 못하지만 타인의 부동산을 보관하는 자가 될 수 있다는 것이다.[23)]

3. 사 견

횡령죄에서 보관의 개념은 해당 물건에 대해 맡아서 관리 내지 유효한 처분을 할 수 있음을 의미함을 앞에서 살펴보았다. 그런데 부동산실명법 제4조 제2항 본문은

---

22) 천진호, "명의신탁부동산 처분행위의 형사책임", 비교형사법연구 제4권 제1호, 2002, 492쪽 참조.
23) 문형섭, 재산범죄의 이해, 전남대학교출판부, 2006, 199쪽 및 208쪽 이하 참조.

명의수탁자로 등기된 부동산에 관한 물권변동을 무효로 하고 있기 때문에, 이 규정에 근거할 때 수탁자 명의의 소유권이전등기는 무효이고 부동산의 소유권은 매도인이 그대로 보유하게 되므로 명의수탁자는 명의신탁자와의 관계에서 횡령죄에서 타인의 재물인 명의신탁자의 재물을 맡아서 관리하는 자의 지위에 있다고 볼 수 없는 것이다. 명의수탁자가 제3자와 한 처분행위가 부동산실명법 제4조 제3항에 의거하여 유효하게 될 가능성이 있다고 하더라도 이는 거래 상대방인 제3자를 보호하기 위하여 명의신탁 약정의 무효에 대한 예외를 설정한 취지일 뿐 매도인과 명의신탁자 사이에 처분행위를 유효하게 만드는 어떠한 보관관계가 존재함을 전제한 것은 아니다.[24]

일본 판례도 등기부상의 소유명의인이더라도 등기가 부적법이거나 무원인인 경우 등기가 무효이고, 등기명의인은 해당 부동산을 법률상 유효하게 처분할 수 없으므로 당해 부동산의 점유자는 아니라고 해석하고 있음[25]을 참고할 필요가 있다.[26]

Ⅳ. 대상사건에 대한 평석

1. 대상사건에서의 제3자간 등기명의신탁 여부

대상사건에 관해 원심은 이를 제3자간 등기명의신탁이라는 전제에서 출발하고 있다. 그런데 제3자간 등기명의신탁이란 명의신탁자가 부동산을 매수한 후 자신의 명의로 등기를 하지 아니하고 수탁자 앞으로 소유권이전등기를 경료하는 형식이다.[27] 그러나 대상사건이 이와 같은 전형적인 제3자간 등기명의신탁라고 보기 어렵

24) 이에 관해서는 대법원 2012. 11. 29. 선고 2011도7361 판결 참조.

25) 大判 明治43(1910). 4. 15. 錄15輯, 615頁; 大判 大正5(1916). 6. 24. 錄22輯, 1017頁.

26) 이러한 경우에도 등기부상의 소유명의인은 제3자에 대해서는 형식상 자유롭게 처분할 수 있는 지위에 있으므로 당해 부동산의 점유자라 해도 무방하지만, 등기명의인과 부동산소유자 사이에는 아무런 위탁신임관계는 없으므로 결론적으로 횡령죄는 성립하지 않게 된다는 것이 일본학계의 공통된 입장이다. 이에 관해서는 牧野, 各論下, 191頁; 井上=江藤, 各則, 166頁; 團藤, 注釋(6)[大塚仁], 399頁.

27) 대법원 2010. 9. 30. 선고 2010도8556 판결; 이동명, "不動産實權利者名義登記에관한法律의 立法過程에서의 爭點", 판례연구 1집, 제주판례연구회(1997. 1), 252 제2유형: 丙(선소유자)으로부터 甲이 계약하고 丙의 협조 하에 乙에게 명의신탁하여 乙의 명의로 등기하는 경우.

다. 그 이유는 다음과 같다.

첫째로 제3자간 등기명의신탁은 명의신탁자가 부동산을 매수해야 하는데, 대상사건의 경우 명의신탁자는 해당 부동산의 매수를 위해 활동했지만, 매매계약서와 등기이전 내용을 볼 때 명의수탁자 등의 이름으로 매매계약행위를 체결한 것이지, 명의신탁자의 이름으로 매매계약을 했다고 인정할 만한 합리적 근거가 없어 보인다.

둘째로 등기명의수탁자는 대상 부동산에 관한 매매계약서에 자신의 명의로 관여했을 뿐만 아니라, 해당 부동산 전체 중에서 2/4에 해당하는 지분(2,800평 중에서 1,400평에 해당되는 부분)에 대해 등기명의를 하였고, 그의 실질적 지분도 전체 해당 부동산 가운데 640평가량 된다는 점에서 부동산매매계약의 당사자 지위를 인정하기에 충분하다고 할 수 있다.[28)]

이에 반해 대상사건을 악의적인 계약명의신탁으로 볼 가능성도 없지 않다. 계약명의신탁이란 명의신탁자와 명의수탁자의 약정에 의하여 명의수탁자가 부동산 매매계약에 있어서 매수인으로서 매매계약의 당사자가 되는 경우이다. 대상사건에서 매도인 최○식은 해당 부동산을 명의신탁자인 강○이와 매매계약서를 체결하지 아니하였고, 오히려 명의수탁자인 피고인의 명의로 매매계약서를 체결하여 명의이전등기까지 마쳤고, 매도인 최○식은 명의신탁자와 명의수탁자의 관계를 명확히 인지하고 있었기 때문이다.

그렇다고 이를 곧바로 악의적인 계약명의신탁이라고 하기에는 의문점도 없지 않다. 왜냐하면 매도인 최○식 역시 강○이를 실질적 공동매수인으로 이해하고 있었고, 명의신탁자 강○이는 매도인 최○식에게 매매대금으로 3억원을 직접 지급한 바 있으며, 심지어 부동산명의등기이전 비용 4천여만원 전액을 부담함으로써 명의신탁자 강○이가 해당 부동산 매매계약과 등기이전에 주도적 역할을 담당하였음을 볼 수 있기 때문이다.

그러므로 대상사건을 전형적인 제3자간 등기명의신탁이라고 해야 할 확실한 근거가 있어 보이지 않고, 그렇다고 악의적인 계약명의신탁으로 파악하는 것 역시 자

---

28) 대상사건은 등기명의수탁된 지분은 2,800평 중에서 860평이지만, 부동산실명법에 의해 등기의 무효는 대상 부동산 전체가 아닌, 피고인 명의로 되어 있는 지분인 1,400평만이 이전등기가 무효로 될 수 있을 뿐이다. 게다가 해당 부동산의 매도인은 매수자를 알고 있을 뿐만 아니라, 대표적인 등기명의신탁자에 대해서도 알고 있는 사이이다.

연스럽지 않다. 그러므로 대상사건의 경우 흔히 분류하는 3가지 명의신탁 방식의 틀로 해결해야 할 정당한 이유가 없으며, 등기명의신탁의 일반원리에 따라 해결하는 것이 바람직해 보인다.

2. 대상사건의 평석

하급심은 대상사건을 중간생략 명의신탁이라고 파악하고 있는바, 대법원이 하급심과 같은 입장을 유지한다면 횡령죄의 성립을 인정하게 될 가능성이 높아 보인다. 왜냐하면 대법원은 특히 중간생략 명의신탁과 관련하여 명의신탁약정과 그에 의한 등기가 무효로 됨으로써 부동산은 매도인 소유로 복귀하고, 신탁자는 매매계약에 기한 소유권이전등기청구권을 보전하기 위하여 매도인을 대위하여 수탁자에게 무효인 그 명의의 등기 말소를 구할 수 있고, 따라서 수탁자는 부동산에 대하여 보관자의 지위에 있어 수탁자의 임의처분은 신탁자에 대하여 횡령죄가 성립한다[29]고 보고 있기 때문이다.

그러나 대법원의 이러한 입장은 수긍하기 어렵다. 가령 신탁자가 그 매매계약에 근거한 자신의 지분에 관해 소유권이전등기청구권을 보전하기 위해 매도인을 대위하여 수탁자에게 무효인 그 명의등기말소를 구할 수 있다고 하더라도, 그러한 권리가 있다는 것만으로 해당 부동산에 대한 소유권이나 소유권에 준한 권리가 있는 것은 아니며,[30] 따라서 수탁자는 신탁자의 재물 자체를 보관하고 있다고 할 수 없기 때문이다. 더구나 대상사건의 경우에는 명의신탁자는 해당 부동산에 대한 매매계약서에서 매매계약의 당사자로서 명시되어 있지 않으며, 이러한 매매계약서의 내용과 등기내용에 비추어 볼 때 수탁자가 오히려 매매계약의 당사자임이 더 큰 설득력을 가진다.

29) 대판 2001. 11. 27. 2000도3463; 대판 2002. 2. 22. 2001도6209; 대판 2002. 8. 27. 2002도2926; 대판 2008. 2. 29. 2007도11029; 대판 2008. 4. 10. 2008도1033; 대판 2010. 9. 30. 2010도8556. 정형식, "이른바 중간생략등기형 명의신탁에 있어서 수탁자가 부동산을 임의로 처분한 경우 횡령죄의 성립 여부(적극)", 대법원판례해설, 제39호, 2001년 하, 나아가 수탁자의 사망으로 상속인이 된 자가 부동산을 임의처분한 경우에도 신탁자에 대한 횡령죄가 성립한다는 판결은 대판 1996. 1. 23. 95도784; 대판 2007.6.28. 2006나48632.

30) 같은 입장으로는 오영근, 형법각론 제3판, 2014, 364쪽 참조.

횡령행위에 내한 처벌의 정당성은 수탁자 자신에게 보관된 신탁자의 재물에 대해 선량한 관리자로서의 임무를 위배하여 불법영득하는 데에 있으므로, 횡령죄의 본질은 신탁자에 대한 수탁자의 배신이나 신뢰의 위반에 있는 것이 아니라, 수탁자의 보관임무위배에 의한 타인 재물의 불법영득에 있는 것이다. 그러므로 해당 사건에서 핵심은 일차적으로 피고인이 명의신탁자인 강○이 등의 부동산에 관한 보관자의 지위에 있느냐와 이것이 인정된다면 이차적으로 명의수탁자로서의 임무를 위배하여 타인의 재물에 대한 불법영득을 취하였느냐의 문제에 귀결된다.

횡령죄에서 보관의 개념은 해당 물건에 대해 맡아서 관리 가능하거나 처분 가능함을 의미할 때 부동산실명법 제4조 제2항 본문은 수탁자 명의의 소유권이전등기를 무효화하고 매도인이 부동산소유권을 원래대로 보유하게 된다. 이에 따라 명의수탁자는 명의신탁자와의 관계에서 명의신탁자의 재물을 맡아서 관리하는 자의 지위에 있다고 볼 수 없는 것이다.

따라서 해당 부동산에서 명의신탁자인 강○이 등의 지분 가운데 피고인에게 등기명의신탁된 부분은 부동산실명법 제4조 제2항 본문에 근거하여 소유권이전등기가 무효로 되며, 그 지분에 대한 부동산의 소유권은 매도인이 그대로 보유하게 되므로, 명의수탁자는 명의신탁자와의 관계에서 명의신탁자의 재물을 맡아서 관리하는 자의 지위에 있다고 할 수 없다. 그러므로 피고인에 대해서는 부동산실명법 제7조 제2항에 의거하여 처벌할 수 있을 뿐, 횡령죄(형법 제355조 제1항) 처벌은 정당한 것으로 볼 수 없다고 할 것이다.[31)]

31) 게다가 명의수탁자의 실질적 재산처분행위는 명의수탁된 부동산에 대한 근저당설정에 의한 채권최고액이 2억 3천만원으로 자신의 지분에 해당하는 금액인 1억 9천만원을 다소 상회하지만, 자신이 실질적으로 처분한 금액은 1억 1천만원이고, 이는 자신의 지분에 의해 상계하고도 남는 금액에 해당될 수 있다.

제10장

[판례평석] 법인대표자의 권한남용과 배임죄의 성부

【대상판결】 서울고등법원(춘천) 제1형사부 2013. 9. 10. 선고 2012노217 판결

Ⅰ. 제1심: 춘천지방법원 영월지원 2012. 10. 25. 선고 2010고합43 판결

1. 법인대표자의 대표권 남용행위와 배임죄의 성부

제1심은 ① 근저당권설정행위로 인한 특정경제범죄가중처벌등에관한법률(이하 '특정경제범죄가중처벌법'이라 칭함)위반(배임)의 점과 관련하여, 거래의 상대방인 이남○이 당시 피해 회사에 대해 아무런 채권이 없었음에도 피고인이 김○례와 공모하여 근저당권을 설정해 준다는 것을 알았거나 충분히 알 수 있었고, 그 후 위 근저당권설정등기가 말소되면서 피해 회사의 자금이 지출되지 않았으므로, 피고인의 이러한 행위는 대표권 남용행위로서 무효이고, 이로 인하여 피해 회사가 사용자책임이나 불법행위에 따른 손해배상책임을 부담할 여지가 없다는 이유로 이 부분에 대해 주문에서 무죄로 판단하였다.

또한 ② 소유권이전행위로 인한 특정경제범죄가중처벌법위반(배임)의 점과 관련하여, 위와 같은 행위는 피해 회사의 영리 목적 또는 경영상 필요와 관계없이 피고인 또는 중산기업의 이익을 도모할 목적으로 그 권한을 남용한 것이고, 그 행위의 상대방인 중산기업의 대표이사 이남○도 피고인의 그와 같은 진의를 알았거나 알

수 있었다고 볼 수 있는바, 이는 피해 회사에 대한 대표권 남용행위로서 무효이고 이로 인하여 피해 회사가 사용자책임이나 법인의 불법행위 등에 따른 손해배상책임을 부담할 여지도 없다고 하면서 이 부분에 대하여도 주문에서 무죄로 판단하였다. …

2. 대표이사가 피해 회사를 상대로 지급명령을 확정시킨 행위와 관련하여 손해발생 내지 손해발생가능성 여부

제1심은 피고인이 이○○, 이남○, 우○○과 공모하여 피해 회사를 상대로 각 지급명령을 확정시킨 행위와 관련하여, 이○○은 피고인의 원심판시 제1의 업무상 배임 행위로 취득한 지급명령에 기하여 피해 회사 소유인 이 사건 아파트에 관한 경매절차에서 일반채권자로서 배당요구를 한 사실, 이남○은 피고인의 원심판시 제2의 업무상 배임 행위로 취득한 지급명령상의 채권액 6억원을 피보전권리로 하여 피해 회사가 한민○, 한태○, 김용○, 김영○에게 한 이 사건 아파트의 일부 세대 매도행위를 사해행위에 해당한다고 주장하면서 사해행위취소소송을 제기한 사실(서울중앙지방법원 2008가단429769), 우○○은 피고인의 원심판시 제3의 업무상 배임행위로 취득한 지급명령을 집행권원으로 하여 2008. 10.경 당시 피해 회사의 무한책임사원이었던 한○근 소유 부동산에 관한 강제경매를 신청한 사실(서울중앙지방법원 2008타경30544)이 인정되고, 나아가 이○○, 이남○, 우○○은 언제든지 확정된 지급명령을 집행권원으로 하여 피해 회사의 재산에 강제집행을 실시하여 허위채권의 만족을 얻을 수 있었으므로, 피고인의 위 각 행위로 인하여 경제적 관점에서는 피해 회사에 재산상 손해발생의 위험이 초래되었다고 봄이 상당하다고 하면서 이 부분에 대해 유죄로 판단하였다.

Ⅱ. 제2심의 법리와 판단

1. 법 리

(1) 배임죄에서 '재산상 손해를 가한 때'에는 현실적인 손해를 가한 경우뿐만 아니라 재산상 실해발생의 위험을 초래한 경우도 포함되나, 그러한 손해발생의 위험조차 초래되지 아니한 경우에는 배임죄가 성립하지 아니한다. 이에 따라 법인의 대표자가 그 법인 명의로 한 채무부담행위가 법률상 효력이 없는 경우에는 특별한 사정이 없는 한 그로 인하여 법인에 어떠한 손해가 발생하거나 발생할 위험이 있다고 할 수 없으므로 그 대표자의 행위는 배임죄를 구성하지 아니하며,[1] 주식회사의 대표이사 등이 회사의 이익을 위해서가 아니라 자기 또는 제3자의 이익을 도모할 목적으로 그 대표권을 행사한 경우에 상대방이 대표이사 등의 진의를 알았거나 알 수 있었을 때에는 그 행위는 회사에 대하여 무효가 되므로 위와 같이 보아야 할 것이다.[2]

…

(2) **참조법리**

회사의 대표이사가 자신의 개인채무를 담보하기 위하여 회사 명의의 약속어음을 발행하는 것은 다른 특별한 사정이 없는 한 대표권 남용행위에 해당하고, 만일 상대방이 그 사실을 알았거나 중대한 과실로 알지 못하였다면 대표이사가 그와 같이 회사 명의의 약속어음을 발행한 것은 회사에 대하여 효과가 미치지 아니한다고 할 것이므로 회사는 상대방에 대하여 어음금채무를 지지 아니한다. 또한 그 경우 회사는 원칙적으로 상대방에 대하여 민법 제35조 제1항에 의한 손해배상책임 또는 민법 제756조 제1항에 의한 사용자책임을 지지 아니한다.[3] 그러나 약속어음은 원칙적으로

1) 대법원 2010. 9. 30. 선고 2010도6490 판결 등 참조.
2) 대법원 1993. 6. 25. 선고 93다13391 판결; 대법원 2010. 5. 27. 선고 2010도1490 판결; 대법원 2011. 7. 14. 선고 2011도3180 판결; 대법원 2012. 2. 23. 선고 2011도15857 판결 등 참조.
3) 대법원 2011. 9. 29. 선고 2011도8110 판결 등 참조.

배서에 의하여 양도할 수 있고(어음법 제11조 제1항, 제77조 제1항), 약속어음상 채무의 이행을 청구받은 자는 그 소지인이 채무자를 해할 것을 알고 어음을 취득한 경우가 아니라면 발행인 또는 종전의 소지인에 대한 인적 관계로 인한 항변으로써 소지인에게 대항하지 못한다(어음법 제17조, 제77조 제1항). 그렇다면 회사의 대표이사가 대표권을 남용하여 회사 명의의 약속어음을 발행하였다면, 비록 상대방이 그 남용의 사실을 알았거나 중대한 과실로 알지 못하여 회사가 상대방에 대하여는 채무를 부담하지 아니한다 하더라도 약속어음이 제3자에게 유통될 경우 회사가 소지인에 대하여 어음금채무를 부담할 위험은 이미 발생하였다 할 것이므로, 그 약속어음이 제3자에게 유통되지 아니한다는 특별한 사정이 없는 한 경제적 관점에서는 회사에 대하여 배임죄에서의 재산상 실해 발생의 위험이 초래되었다고 봄이 상당하다.[4] 여기에서 그 약속어음이 제3자에게 유통되지 아니한다는 특별한 사정이 있는지 여부는 어음의 발행인과 수취인 기타 관련자들의 관계 및 그들 사이의 종전 거래실제, 유통하지 아니한다는 확약이 있는지 여부 등 약속어음 발행 전후의 구체적 경위와 사정, 발행된 어음의 문면·형식·재질, 기타 유통성에 영향을 주는 어음의 외형적 요소, 나아가 약속어음 외에 다른 담보가 제공되었는지 여부, 그 담보의 종류 또는 내용, 어음수취인, 기타 관련자들의 권리추급, 기타 그 권리관계의 전개양상 등 여러 사정들을 종합적으로 고려하여 판단하여야 한다(대법원 2013. 2. 14. 선고 2011도10302 판결 참조).

2. 제2심의 판단

(1) 위 각 특정경제범죄가중처벌법위반(배임)의 점과 관련하여, 위 법리와 특히 소유권이전행위로 인한 특정경제범죄가중처벌법위반(배임)의 점의 경우 중산기업 명의로 소유권이전등기가 마쳐진 이후 2007. 7. 3. 합의해제를 원인으로 그 소유권이전등기가 말소된 점(대표권남용에 따른 근저당권설정행위의 무효와 이후 해지로 인한 근저당권설정등기의 말소에 관한 위 대법원 2012. 2. 23. 선고 2011도15857 판

4) 대법원 2012. 12. 27. 선고 2012도10822 판결 참조.

결 참조) 등에 비추어 볼 때, 원심의 위와 같은 판단은 정당하다고 보이며, 검사가 들고 있는 판례(대법원 2005. 10. 28. 선고 2005도4915 판결)는 거래 상대방의 행위가 어느 정도에 이르렀을 때 배임죄의 교사범 또는 공동정범이 될 수 있는지에 대하여 설시를 한 것으로서 이 사건과는 그 사안이 다른바, 앞서 본 판례(대법원 2012. 2. 23. 선고 2011도15857 판결)에서 설시한 바와 같이, 위 근저당권설정행위와 소유권 이전행위로 인한 각 특정경제범죄가중처벌법위반(배임)의 점은 대표권 남용행위로서 무효이므로 피해 회사에 실질적인 손해가 발생할 가능성도 없고, 실제 손해도 없는 경우여서 배임죄가 성립하지 않는다고 할 것이다.

…

(2) 위의 법리와 제1심 법원이 적법하게 채택하여 조사한 증거들에 의해 인정되는 다음과 같은 사정, 즉 ① 이남○, 이○○, 우○○은 위 지급명령이 각 확정된 이후 이를 모두 포기한 점(이○○: 수사기록 98면, 이남○: 수사기록 3880면, 우○○: 수사기록 3878면), ② 위와 같이 지급명령이 포기됨에 있어 피해 회사가 그들에게 별도의 금원을 지급하는 등 재산상 지출이 전혀 없었던 점, ③ 지급명령이 확정되는 경우 그 효력은 당사자 사이에만 미치는 것인 점 등을 종합하여 볼 때, 피고인이 이남○, 이○○, 우○○과 공모하여 지급명령을 확정시킨 행위는 피해 회사의 영리 목적 또는 경영상 필요와 관계없이 피고인이 피고인 또는 이남○, 이○○, 우○○의 이익을 도모할 목적으로 그 권한을 남용한 것이고, 그 행위의 상대방인 이남○, 이○○, 우○○도 피고인의 그와 같은 진의를 알았거나 알 수 있었다고 봄이 상당한바, 이는 피해 회사에 대한 대표권 남용행위로서 무효이고 이로 인하여 피해 회사가 그 채무 본지에 따른 책임은 물론이고, 나아가 사용자책임이나 법인의 불법행위 등에 따른 손해배상책임조차도 부담할 여지가 없으므로 피고인의 위 행위로 인하여 경제적 관점에서 피해 회사에 재산상 손해 발생의 위험이 초래되었다고 볼 수 없다.[5]

5) 약속어음이 제3자에 유통될 경우 피해 회사의 소구책임 가능성이 있다는 이유로 어음 발행으로 인한 배임죄가 성립될 수도 있다는 취지이나, 이 사건의 경우 지급명령이 확정되어도 당사자 사이에서만 효력이 있으므로 위와 같은 문제는 발생하지 않는다.

연 구

Ⅰ. 문제의 제기

배임죄는 형법 제355조 제2항에서 다음과 같이 명시하고 있다. “타인의 사무를 처리하는 자가 그 임무에 위배하는 행위로써 재산상의 이익을 취득하거나 제3자로 하여금 이를 취득하게 하여 본인에게 손해를 가한 때에도 전항의 형(5년 이하의 징역 또는 1,500만원 이하의 벌금)과 같다.” 그리고 이에 관해 형을 가중한 ‘업무상 배임죄’(형법 제356조)는 “업무상의 임무에 위배하여 배임죄를 범한 자는 10년 이하의 징역 또는 3천만원 이하의 벌금에 처”하고 있다.

그런데 배임행위에 의하여 재산상 이익의 취득액이 5억원이 넘을 때에는 특정경제범죄가중처벌법 제3조가 적용되어 법정형이 본질적으로 가중된 형벌에 처할 수 있게 된다.[6] 그 결과 ‘특정경제범죄가중처벌법’의 적용대상이 되는 배임행위(혹은 ‘업무상 배임행위’)를 통하여 재산상 이익의 가액이 5억원이 넘는 경우에는 3년 이상의 유기징역, 50억원이 넘으면 무기 또는 5년 이상의 징역에 처하게 된다.

이러한 특정경제범죄가중처벌법상 배임죄의 성립에는 ① 행위주체가 ‘타인의 사무를 처리하는 자’라는 신분을 가져야 되고, ② 행위자가 ‘그 임무에 위배하는 행위를 범하여’야 하는 점에서는 형법상 배임죄와 동일하지만, ③ 이런 배임행위로 인하여 “재산상의 이득을 5억원 이상 취득하거나 제3자로 하여금 이를 취득하게 하여 본인에게 5억원 이상의 손해를 가해야 한다.”는 점에서 결정적으로 차이가 있다.

대상사건과 관련하여 제2심은 다음과 같은 입장을 취하고 있다.

① “근저당권설정행위와 소유권이전행위로 인한 각 특정경제범죄가중처벌법위반

---

6) 제3조(특정재산범죄의 가중처벌): 합헌결정 헌법재판소 2014헌바153 특정경제범죄 가중처벌 등에 관한 법률
① 「형법」 … 제355조(횡령·배임) 또는 제356조(업무상의 횡령과 배임)의 죄를 범한 사람은 그 범죄행위로 인하여 취득하거나 제3자로 하여금 취득하게 한 재물 또는 재산상 이익의 가액(이하 이 조에서 ‘이득액’이라 한다)이 5억원 이상일 때에는 다음 각 호의 구분에 따라 가중 처벌한다.
1. 이득액이 50억원 이상일 때: 무기 또는 5년 이상의 징역
2. 이득액이 5억원 이상 50억원 미만일 때: 3년 이상의 유기징역

(배임)의 점은 대표권 남용행위로서 무효이므로 피해 회사에 실질적인 손해가 발생할 가능성도 없고, 실제 손해도 없는 경우여서 배임죄가 성립하지 않는다."는 것이다. 즉 법인대표자가 대표권을 남용했지만, 그 남용행위가 법률상 무효인 경우에는 피해 회사에 실질적인 손해 발생의 가능성도 없기 때문에 특정경제범가중처벌법상 배임죄가 성립될 수 없다는 것이다.

② 회사의 대표이사가 대표권을 남용하여 다른 사람들과 공모하여 피해 회사에 대한 지급명령을 확정시킨 행위는 이들 다른 사람들의 이익을 도모하여 대표권의 권한을 남용하고, 그 행위의 상대방인 이남○ 등이 피고인의 그와 같은 진의를 알았거나 알 수 있었기 때문에 이는 피해 회사에 대한 대표권남용행위로서 무효이고 이로 인하여 피해 회사가 그 채무 본지에 따른 책임이나 사용자책임 혹은 법인의 불법행위 등에 따른 손해배상책임조차도 부담할 수 없다고 보아 피해 회사에 재산상 손해발생의 위험이 초래되었다고 볼 수 없어 무죄가 된다는 입장을 취하고 있다.[7)]

따라서 이하에서는 법인대표자의 대표권 남용행위가 무효로 될 경우 배임죄의 성부에 관한 문제와 피고인이 대표권 권한남용으로 법률행위가 무효로 될 경우 곧바로 실해발생이나 실해발생 가능성의 위험이 없는지, 특정경제범죄가중처벌법위반(배임)의 경우 침해범인지, 아니면 위험범인지 등을 규명하고, 대상사건의 경우 어떠한 형사실체법의 위반에 해당되는지를 검토해 보고자 한다.

Ⅱ. 법인대표자의 대표권남용과 배임죄의 성부

1. 법인대표자가 자신의 채무를 자신이 대표로 있는 법인으로 하여금 담보토록 하는 행위가 타인(법인)의 사무인지

배임죄의 행위주체는 '타인을 위하여 그 사무를 처리하는 자'로 제한된다. '타인을 위하여 사무를 처리하는 자'란 타인에 대한 내부관계에서 이행해야 할 일정한

7) 해당 사안의 경우 ① 지급명령이 가 확정된 이후 이를 모두 포기한 점, ② 위와 같이 지급명령이 포기됨에 있어 피해 회사가 그들에게 별도의 금원을 지급하는 등 재산상 지출이 전혀 없었던 점, ③ 지급명령이 확정되는 경우 그 효력은 당사자 사이에만 미치는 것인 점 등을 종합하여 볼 때, 실해의 발생이 없다는 것이다.

임무에 따라 그 타인의 사무를 처리하여야 할 법적 의무를 가지는 자를 의미한다. 즉 행위주체는 타인을 위해 그 타인과의 내부관계에서 이행해야 할 일정한 임무를 가지고 그 사무를 처리할 법적 성실의무를 부담하는 자여야 한다. 따라서 매매나 금전소비대차 등의 쌍무계약처럼 대향적으로 상대방에 대하여 의무를 부담하는 것에 불과한 자는 타인을 위하여 그 사무를 처리하는 자라고 할 수 없다. 이러한 경우의 행위자는 타인의 사무를 처리하는 자가 아니라, 타인을 위한 자기 자신의 사무를 처리하는 자에 불과하기 때문이다. 그 결과 이러한 자기사무 처리자의 상대방에 대한 신의칙 위배행위는 민사상 채무불이행에 불과하고, 배임죄에는 해당될 수 없다. 그러므로 법인대표자가 자신이 대표로 있는 그 법인과의 정상적인 매매나 금전소비대차는 법인을 위한 타인의 사무가 아니라, 법인대표자의 자기를 위한 자기사무인 셈이다.

사정이 이렇다면 법인대표자가 대표권을 남용하여 법인의 재산을 자기 자신의 채무담보로 사용할 경우에도 그 대표자의 자기사무일 수 있을까? 법인대표자의 자기채무를 위해 법인재산에 대한 담보설정행위는 자기사무일 수 없다. 왜냐하면 법인대표자는 법인재산의 관리를 성실히 수행해야 할 임무를 갖고 있으며, 이는 대표자의 자기사무가 아니라, 타인인 법인의 사무를 처리한 것이기 때문이다.

2. 법인대표자의 권한남용행위와 타인의 사무처리에 대한 임무위배 여부

법인은 민사법상 법률행위의 독자적인 행위주체가 될 수 있을지라도, 그 법인의 사무는 법인의 대표자가 처리한다. 즉 법인의 업무는 법인 명의로 처리되더라도 그 법인 명의의 업무에 관한 실질적인 사무처리자는 법인대표자에게 돌아간다. 법인대표자는 그런 업무를 성실히 이행해야 할 법적 책무를 부담한다. 이처럼 법인대표자가 자신의 법인 사무를 임무에 걸맞게 처리해야 할 의무를 지고 있음에도 이를 위반하여 권한을 남용하였다면, 법인대표자는 법인의 사무처리에 관해 성실히 이행해야 할 임무를 위배한 것이다.

또한 법인대표자의 권한남용에 의해서 체결된 제3자와의 법률행위가 법률상 무효로 되었다고 할지라도, 그 대표자의 권한남용은 타인의 사무처리 임무를 위배했다는 점에서는 하등 차이가 없다고 할 것이다. 왜냐하면 배임죄의 본질은 타인의 사무를 적절히 처리해야 될 임무의 위배에서 찾아야 되고, 대표자의 권한남용은 그런 임무위배의 핵심내용이기 때문이다.

3. 법인대표자의 권한남용행위와 손해의 발생과의 관계

법인대표자가 자신에게 주어진 법인의 사무처리 권한을 남용했다고 해서 곧바로 배임죄가 성립되는 것은 아니다. 그러한 권한남용은 타인의 사무를 적법하게 처리해야 할 임무에 위배하는 행위이자, 타인인 법인에 대한 재산상 손해발생의 원인일 수 있지만, 그렇다고 해서 손해발생의 필연일 수 없기 때문이다.

또한 법인대표자의 권한남용으로 체결된 법률행위가 무효로 귀착되었다고 해서 본인에게 재산상 손해를 진혀 가할 수 없는 것도 아니다. 예컨대 회사의 대표이사가 대표권을 남용하여 회사 명의의 약속어음을 발행하여 제3자에게 유통한 경우처럼 상대방이 그 남용의 사실을 알았거나 중대한 과실로 알지 못하여 회사가 상대방에 대하여는 채무를 부담하지 아니한다고 하더라도 회사는 그 약속어음의 소지인에 대하여 어음금채무를 부담할 위험은 특별한 사정이 없는 한 이미 발생한 것으로 볼 수 있기 때문이다.

Ⅲ. 재산상 이익의 취득과 재산상 손해의 발생

1. 형법상 재산의 개념

형법상 재산의 개념은 법률적 관점에서가 아니라, 경제적 관점에서 실질적으로 파악해야 하며, 판례의 대부분도 이러한 경제적 재산설을 따르고 있다. 즉 "재산상 손해의 유무에 관한 판단은 법률적 판단에 의하지 아니하고 경제적 관점에서 실질적으로 판단되어야 한다."[8)]

그럼에도 불구하고 일부 판례는 이른바 '법률적 재산설'에 입각하여 법률행위가 무효이면 재산적 손해도 발생하지 않는다는 입장을 취하고 있다. 즉 "배임죄에서 … 법인의 대표자가 법인 명의로 한 채무부담행위가 법률상 효력이 없는 경우에는 특별한 사정이 없는 한 그로 인하여 법인에 어떠한 손해가 발생하거나 발생할 위험이 있다고 할 수 없으므로, 대표자의 행위는 배임죄를 구성하지 아니 한다."[9)] 다만 이런 경우의 대부분은 법률행위가 무효이면 본인인 피해자에게 대해 실질적인 손해발생이나 손해발생의 가능성이 거의 없을 때에 국한되고 있다.

그럼에도 판례의 이러한 '왔다갔다' 하는 태도는 다음과 같은 점에서 옳지 못하다.

첫째로 형법상 재산에 대한 개념은 원칙적으로 형법의 독자적 관점에서 수미일관되게 파악해야 한다. 어떤 재산이 민사법상 혹은 행정법상의 법률형식에 위배되어 형성된 것이라도 소유자나 점유자가 사실상 평온하게 지배할 경제적인 이익이나 가치를 갖는다면, 그런 재산은 형법상 보호해야 할 실익을 갖는다고 할 것이다. 즉 형법상 재산 개념은 형법의 재산보호 취지에 따라 독자적으로 판단해야 되기 때문에 법질서의 통일성을 이 단계에서 고려할 필요는 없다. 이에 따라 비록 사법상(私法上)으로 정당한 권리가 아니더라도 사실상으로 경제적인 이익이 있는 한, 그것을 형법상 재산 개념에 포함시킴으로써 그에 대한 침해로부터 보호하는 것이 타당해 보인다.[10)]

그러므로 형법상 보호할 만한 재산은 경제적 관점에서 파악하는 것이 정당하고, 이러한 점에서 경제적 재산설은 형법적 재산 개념을 의미한다. 따라서 예컨대 매춘부의 성노동은 경제적 가치로 평가될 수 있어야 하고, 매춘부에게 매음료(賣淫料)를 지불할 의사와 능력이 없음에도 이를 가장(假裝)하여 성노동의 제공을 받은 행위는 사기죄에 해당될 수 있다고 보는 것이 자연스럽다.

둘째로 판례는 배임행위로 인하여 손해의 결과발생이 거의 없는 사안에서는 이른바 '법률적 재산설'을 취하면서, 손해발생이 곧바로 야기되거나 손해발생위험이 상

8) 대법원 2015. 11. 26. 선고 2014도17180 판결.
9) 대법원 2011. 7. 14. 선고 2011도3180 판결; 대법원 2010. 9. 30. 선고 2010도6490 판결; 대법원 2001. 1. 19. 선고 2000도4787 판결.
10) 문형섭, 재산범죄의 이해, 전남대학교출판부, 2006, 30~31쪽 참조.

대적으로 큰, 예컨대 약속어음의 발행과 같은 행위일 경우에는 '경제적 재산설'을 취하고 있다. 판례의 이러한 태도는 논리적이지 않고, 정당하지도 않다.

셋째로 특정경제범죄가중처벌법상 배임죄의 경우 미수범을 처벌하지 않기 때문에 배임행위로 인하여 재산상의 손해가 발생되지 아니하면, 범죄가 성립될 수 없다. 그러나 형법상 배임죄나 업무상 배임죄는 형법 제359조에 의거하여 미수범으로 처벌될 수 있다. 그러므로 법인의 대표이사가 권한을 남용하여 법인의 사무를 그르칠 경우, 이는 형법상 배임죄의 실행을 착수하였다는 점에서 비록 손해발생 혹은 손해의 발생가능성이 전혀 없다고 할지라도 미수범에서 완전히 자유로울 수 없는 것이다. 그럼에도 불구하고 법률적 재산 개념을 취하고 있는 일부 대법원 판례는 법인대표자의 권한남용행위(즉 채무부담행위)가 "법률상 효력이 없는 경우에는 특별한 사정이 없는 한 그로 인하여 법인에 어떠한 손해가 발생하거나 발생할 위험이 있다고 할 수 없으므로, 대표자의 행위는 배임죄를 구성하지 아니 한다."[11]는 판시는 정당하다고 할 수 없다.

2. 배임죄의 구성요건인 '이익을 취득하고, 손해를 가한 때'의 의미

'이익을 취득하고 손해를 가한 때'가 무엇을 의미하는지를 파악하려면 한편으로 '이익의 취득' 개념을, 다른 한편으로 '손해를 가한 때'의 개념을 규명할 필요가 있다. 그런데 이익의 취득은 손해를 가한 때와 대칭관계에 있으므로 후자의 개념을 파악하게 되면, 전자의 개념 역시 쉽게 이해될 수 있다는 점에서, 여기서는 후자의 개념 파악에 주력해 본다.

배임죄에서 '재산상의 손해'란 경제적 관점[12]에서 재산가치의 실질적 감소를 의미한다.[13] 재산가치의 실질적 감소는 기존재산의 감소뿐만 아니라 취득할 이익의

11) 대법원 2011. 7. 14. 선고 2011도3180 판결; 대법원 2010. 9. 30. 선고 2010도6490 판결; 대법원 2001. 1. 19. 선고 2000도4787 판결.

12) 대법원 2013. 4. 11. 선고 2012도15890 판결: "재산상 손해의 유무에 대한 판단은 본인의 전 재산 상태와의 관계에서 법률적 판단에 의하지 아니하고 경제적 관점에서 파악하여야 하므로"

13) 대법원 2012. 6. 28. 선고 2012도2623 판결: "판결회사의 대표이사 등이 그 임무에 위배하여 주식을 고가로 매수함으로 인하여 회사에 가한 손해액은, 그 주식이 회사의 경영권을 행사할 수 있는 이른바 경영권 프리미엄을 지니고 있어 그 가치를 평가하여 주식의 적정가액 산정에 가산하여야 하

상실을 포함한다.[14] 아울러 본인에게 발생된 손해와 이에 의한 이익이 동시에 발생한 경우에는 이를 정산하여 전체적인 차원에서 재산가치의 실질적 감소가 있었는가를 판단해야 한다.

그런데 재산상 위험의 발생만으로도 배임죄의 재산상 손해를 인정할 수 있다는 입장을 취하고 있는 판례[15]뿐만 아니라 학자도 적지 않다.[16]

형법해석의 첫걸음은 문리해석이다. 문리해석이란 법규의 문언을 일상생활에서 통용되고 있는 문자의 의미 그대로 해석하는 것이다. '손해를 가한 때'의 경우, 문리해석이 특히 요구되는 쟁점은 '가한 때'의 의미이다. 그리고 문리해석은 대부분 사전적 해석과 일치한다.

네이버의 우리말 사전에 따르면, '손해'의 개념과 '가(加)하다'의 용어는 다음과 같이 쓰임을 볼 수 있다.

'손해'의 개념은 통상적으로 "① 물질적으로나 정신적으로 밑지거나, ② 해를 입음"을 뜻한다.

'…를(을) 加한다.'의 의미는 "① 보태거나 더해서 늘리다. ② 어떤 행위를 하거나 영향을 끼치다. ③ 어떤 행위를 하도록 영향을 끼치다."이다.

형법이 배임죄의 구성요건으로 '손해를 가한 때'라고 명시하고 있으므로, 여기서 '가하는 대상은 손해'이다. 손해란 통상적으로 '물질적으로나 정신적으로 밑지거나 실해를 입음'의 구체적인 상태를 의미한다. 그것은 이미 발생하거나 가해진 실해이거나 물질적으로 밑지는 것을 의미하지, 실질적인 손해발생을 야기하는 어느 행위 자체나 행위방식을 내포한다고 볼 수 없다.

더욱이 우리의 언어는 과거와 현재 그리고 미래형으로 구분 가능하며, 따라서 언제 손해를 가한 것인지에 대한 판단 역시 과거, 현재 그리고 미래로 확실하게 구분

는 특별한 사정이 없는 한, 통상 그 주식의 실제 매수대금과 그 주식의 적정가액 사이의 차액 상당이라고 봄이 타당하다."

14) 대법원 2005. 4. 15, 2004도7053; 대법원 2007. 3. 15, 2004도5742; 대법원 2007. 6. 15, 2005도4338; 대법원 2009. 8. 20, 2008도12112; 대법원 2011. 4. 28, 2009도14268.

15) 대법원 2015.11.26. 선고 2014도17180 판결: 업무상 배임죄에서 재산상의 손해를 가한 때란 총체적으로 보아 본인의 재산 상태에 손해를 가하는 경우를 말하고, 현실적인 손해를 가한 경우뿐만 아니라 재산상 손해발생의 위험을 초래한 경우도 포함된다.

16) 박상기, 형법각론(제7판), 박영사, 2008; 배종대, 형법각론(제7판), 홍문사, 2010, 405쪽; 유기천, 형법각론강의(상권), 일조각, 1985, 296쪽; 이재상, 형법각론(제5판), 박영사, 2004, 419쪽; 이정원, 형법각론(제3판), 법지사, 2003, 470쪽; 정영일, 형법각론, 박영사, 2008, 407쪽.

할 수 있다. 즉 “손해를 가했다.”는 과거로부터 발생한 경험적 손해이고, “손해를 가한다.”는 현재시점의 존재적 손해이며, “손해를 가할 것이다.”는 미래를 향하여 예견되는 손해를 뜻한다. 따라서 법문에서 ‘손해를 가한 때’라는 표지는 과거시점을 포함하여 손해가 현재 구체적으로 발생하고 있는 상태임을 의미한다고 하겠다.

3. 배임죄가 침해범인지의 여부

1) 형법 제355조 제2항의 문언

형법상 범죄는 당해 범죄구성요건을 통해 법익을 어느 정도로 보호하고 있는지에 따라 침해범과 위험범으로 구별된다. 침해범은 보호법익에 대한 현실적 침해가 있어야 범죄구성요건이 충족되는 범죄임에 반해, 위험범은 법익침해의 위험성만으로도 범죄구성요건이 충족되는 범죄이다.

만일 배임죄를 위험범으로 이해한다면, 타인의 사무를 처리하는 자가 그 임무에 위배되는 행위로써 재산상의 이익을 취득하려 해도 배임죄의 기수가 될 가능성이 높다고 할 것이다. 왜냐하면 행위자가 자신에게 주어진 임무에 위배된 행위로써 재산상 이익을 취득하려는 것은 필연적으로 타인에 대하여 손해를 가할 위험을 야기할 수 있게 되어 배임죄의 성립요건을 충족할 수 있기 때문이다.

배임죄를 위험범으로 이해하게 되면 그 범죄구성요건을 제대로 충족시키지 못한 경우에도 기수범으로 처벌할 수 있게 된다. 이는 죄형법정주의에 반한다. 배임죄에 관한 형법조문을 문언의 의미에 따른 침해범으로 해석하지 않고, 확대해석한 결과 그렇지 않아도 배임죄가 사적자치원칙에 반할 수 있어, 엄격한 해석이 필요함에도 불구하고 배임죄의 처벌의 범위를 확대시킬 수 있기 때문이다. 따라서 재산상 위험의 발생은 현재의 손해가 아닌 미래의 손해에 해당되므로 현재의 손해를 요구하고 있는 배임죄의 재산상 손해에는 해당하지 않는다고 해석해야 마땅하다.

특히 특정경제범죄가중처벌법 제3조는 이득액이 5억원이 넘으면 3년 이상의 유기징역, 50억원이 넘으면 무기 또는 5년 이상의 징역에 처하고 있음을 명시하고 있다. 그러므로 이득액이 5억원이 넘거나 50억원이 넘으면 법정형이 달라진다. 이득액의 차이에 법정형이 달라진다는 점에서 이득액은 범죄구성요건요소의 성질을 가진다. 이런 범죄성립의 구성요소는 단순히 이득액의 존재가능성만으로는 어느 법정형에 속한지를 파악할 수 없기에, 5억이 넘었는지 혹은 50억원이 넘었는지를 판단하기 위해서 이득액의 구체적 액수 존재가 입증되어야 한다. 게다가 구성요건요소는 형사소송법상 엄격한 증명의 대상이다.

2) 미수범처벌 근거로 본 배임죄의 성질

배임죄는 미수범을 처벌한다(형법 제359조). 미수범은 처벌의 범위가 넓어 처벌의 사각지대를 최소화하는 데에는 유용하다. 이로 인해 사회방위의 보호기능은 강화되지만 형법의 보장적 기능은 약화된다. 즉 배임죄가 침해범이라면 타인의 사무를 처리하는 자가 본인에게 손해를 미치게 할 만한 임무위배행위를 하여도 손해의 결과가 발생하지 아니하면 기수범으로 처벌할 수 없게 된다. 따라서 이와 같은 처벌의 사각지대를 극복하기 위해 배임죄의 미수범 처벌을 요구하게 된 것이다.

물론 침해범이 아닌 위험범이라고 해서 미수범의 처벌을 인정해야 할 정당성이 없는 것은 아니다. 추상적 위험범인 현주건조물 등에의 방화(형법 제164조 제1항)나 공용건조물 등에의 방화(형법 제165조) 또는 일반건조물 등에의 방화(형법 제166조 제1항)조차 미수범을 처벌하고 있는바(형법 제174조 참조), 이들 위험범의 경우 범죄가 성립하려면 행위자가 단지 '불을 놓아'야 하는 것에 그치지 않고, 행위자의 그런 행위로 인하여 '소훼'라는 결과가 발생해야 한다. 따라서 행위자가 '불을 놓아'서 '소훼'라는 결과가 발생하지 아니하더라도 공중의 위험발생을 시도했다는 점에서, 그에 대한 처벌의 필요성이 있기에 추상적 위험범임에도 불구하고 미수범을 처벌하고 있는 것이다.[17)]

이에 반해 배임죄의 경우는 '타인의 사무를 처리하는 자가 그 임무에 위배하는 행위'만으로 곧바로 배임죄의 구성요건이 충족되지 않는다. 또한 행위자가 그런 행

---

17) 다음의 범죄도 위험범이지만 같은 맥락에서 미수범을 처벌하고 있다. 예컨대 형법 제172조(폭발성 물건파열)는 폭발성 있는 물건을 파열시켜야 되고, 제172조의2(가스·전기 등 방류)는 가스 등을 방출, 유출 등을 행사해야 하며, 제173조(가스·전기 등 공급방해)는 가스, 전기 등의 공작물을 손괴 또는 제거하는 행위를 전제로 하고 있다. 즉 이들 범죄는 공공의 위험을 야기하기 위하여 행위자가 폭발성 있는 물건의 파열, 가스 등의 방출, 전기 등의 공작물 손괴를 요구하고 있다. 만일 물건의 파열, 가스 등의 방출 또는 공작물의 파괴 등에 이르지 아니하면 미수로 처벌해야 할 여지가 적지 않다.

위 이외에 행위자에 의한 재산상의 이익을 취득했다고 해서 기수범이 되지도 않는다. 이런 요소를 포함하고, 이에 더하여 행위자가 본인에 대한 현실적인 손해의 발생이 있어야 비로소 기수범이 될 수 있는 것이다.

이처럼 배임죄의 기수범은 보호법익을 구체적이고 현실적으로 침해한 경우에 성립된다는 점에서 침해범이고, 그 결과 처벌범위는 협소하게 된다. 이에 따라 사회방위기능을 약화시킬 수 있기 때문에 이를 극복하고자 배임죄에 대해 미수범 처벌을 인정하고 있는 것이다.

3) 특정경제범죄가중처벌법상 5억원 이상의 이득액의 성질과 침해범인지의 여부

특정경제범죄가중처벌법상 손해액이나 이득액이 구성요건요소라면 그것은 재판시에 이미 확정되어 있거나 확정될 수 있어야 한다. 이에 따라 '손해를 가한 때'의 의미도 이미 손해가 발생하였거나 적어도 현재 발생하고 있어야 할 것이다. 반면에 손해액이 배임죄의 양형요소에 불과하다면 자유로운 증명에 의해 손해발생을 추정할 수 있으면 족하다.

(1) 이득액 내지 손해액이 구성요건요소인지

형법상 재산범죄에 있어서 재물이나 재산상 이익 그 자체는 구성요건요소이지만, 그 가액이 얼마인가는 구성요건의 성립 여부에 원칙적으로 영향을 미치지 아니한다. 판례도 형법 제355조 제2항의 배임죄에서 재물의 가액이 얼마인지 문제되지 않는다고 판시한 것은 이런 관점에서 납득할 수 있다.[18] 독일의 경우에도 재산상 이익의 가액이 얼마인지는 역시 중요하게 생각하지 않는다.[19]

그러나 이러한 견해는 우리와 같은 특정경제범죄가중처벌법이 없는 경우에나 가능한 입장이다. 특정경제범죄가중처벌법 제3조 제1항에 따르면 배임행위로 취득한 이득액이 5억원 이상 또는 50억원 이상은 이에 상응하게 법정형이 구분되어 있고, 따라서 특정경제범죄가중처벌법상 이득액이나 손해액은 범죄구성요건의 일부로 되어 있음은 부인할 수 없는 사실이다. 대법원 전원합의체의 다수의견도 이러한 입장

18) 대법원 2012.9.13. 선고 2012도3840 판결.

19) Kindhäuser, in: Kindhäuser/Neumann/Paettgen(hrsg.), Nomos Kommentar zum Strafgesetzbuch, Band 2. 2.Aufl., Baden-Baden, 2005, S. 4233.

을 지지하고 있다.[20]

다만 대법원의 견해가 특정경제범죄가중처벌법의 재산상 이득액을 항상 구성요건요소로 파악하고 있는지에 대해서는 입장이 명백하지 않으나, 확실한 것은 이득액이 5억원 이상 또는 50억원 이상에 해당되느냐와 같은 한계영역에서는 구성요건요소로 보고 있음은 분명하다.[21]

(2) 이득액의 구성요건적 성질

동일한 구성요건 내에서라도 재물이나 재산상의 가액은 구성요건요소와 깊은 관련을 맺고 있다. 왜냐하면 재산범죄에서 재물이나 재산상 이익은 행위의 객체이자 행위의 결과물이므로 구성요건요소인 재산상의 속성에 속하기 때문이다.[22] 더구나 특정경제범죄가중처벌법은 5억원이나 50억원을 전후한 이득액에 따라 법정형을 달리하고 있다.[23] 그런데 이득액이 원칙적으로 양형요소라고 한다면 다음과 같은 문제점에 발생한다. 즉 이득액의 가액이 5억원이나 50억원을 넘어서는 순간에만 구성요건의 요소이고, 그 외의 경우는 양형요소로 전환된다는 사고방식은 사물의 성질상 전혀 논리적이지도 않고, 정당하지도 않는다. 극단적으로 말하자면 5억원에 1원이 못 미치면 양형요소에 불과하고, 5억원이 되면 구성요건으로 전환될 수 있다는 생각은 받아들이기 힘들고, 이런 식의 이득액에 관한 사고방식은 논리법칙에 어긋난다. 다시 말해 배임으로 인한 특정경제범죄가중처벌법 위반의 경우 4억 9천만원은 양형요소이고, 5억원은 구성요건요소로 변하고, 다시금 5억 1천만원은 양형요소로 돌변한다고 보는 것이 된다. 왜냐하면 이득액이 그 다과에 따라 불연속적인 질적 차이를 갖는 것은 아니며 연속하는 양적 차이가 있을 뿐이기 때문이다.

그러므로 특정경제범죄가중처벌법 제3조와 같이 이득액에 따라 법정형을 달리

---

20) 대법원 2012. 9. 13. 선고 2012도3840 판결; 대법원 2007. 4. 19. 선고 2005도7288 전원합의체 판결; 특경법위반(사기)죄에 관한 것으로 10인의 다수의견은 그 가액이 구성요건이라는 입장인 반면, 대법관 김용담, 김황식, 안대희 등 3인은 양형요소로 보았다.

21) 이에 반해 5억원 미만이나 5억원 이상에서 5억원 미만 사이 또는 50억원 이상에서는 단순히 양형요소로 파악하는 듯한 입장처럼 보이나, 불분명하다.

22) 같은 입장으로 이상원, “횡령죄의 이득액과 가벌적 후행행위”(상), 『저스티스』 제131호, 2012. 8, 178쪽.

23) 대법원의 양형위원회에서 마련한 배임죄의 양형기준(표준)도 배임죄로 인한 이득액이 1억원 미만(4월~1년 4월), 1억원 이상 5억원 미만(1년~3년), 5억원 이상 50억원 미만(2년~5년), 50억원 이상 300억원(4년~7년), 300억원 이상(5년~8년)으로 구별하고 있다.

규정하고 있는 한에서는 모든 재산상의 이득액은 단순한 양형요소가 아니라 구성요건요소라고 보는 것이 타당해 보인다.[24)]

이처럼 재산상 이득액 내지 손해액이 구성요건요소라면 그것은 5억원 이상임을 입증해야 하기 때문에, 이득액은 구체적이고 실질적으로 나타낼 수 있어야 한다. 잠재적이고 미래의 손해, 즉 손해발생의 위험은 가액이 구체화되지도 않고, 실해일 수 없으며, 현실화되어 있다고 할 수 없다. 따라서 배임죄의 경우 손해의 발생에 대한 가액의 산정은 구성요건의 요소이며, 이는 손해가 현실적으로 발생한 것을 전제해야 한다.

4) 실해발생과 동 가치로 간주할 만한 불량대출 등의 경우

대법원에 따르면, '재산상의 손해를 가한 때'라 함은 현실적인 손해를 가한 경우뿐만 아니라 '재산상 실해 발생의 위험을 초래한 경우도 포함되는 것'으로 판시하고 있다.[25)] 앞에서 상세히 언급한 바와 같이 법문이 '재산상의 손해를 가한 때'라고 한정하여 현재의 손해야기임을 명시하고 있다. 그럼에도 불구하고 대법원이 이를 '재산상 실해발생의 위험을 초래한 경우'까지 포함시킨 이유는 납득하기 힘들다.

다만 형법상 재산의 개념을 경제적 관점에서 파악할 때 실해의 발생과 동등하게 평가할 만한 재산상 현실적 손해라고 여길 만한 것이 없지 않다. 불량대출[26)]이나 부정대출[27)] 등과 같이 재산상 손해의 현실화에 이르지 아니하였더라도 그런 내용의 대출은 대출을 하자마자 재산상 손해로 평가할 만하기 때문이다.

그러나 자력이 없는 자에 대한 불량대출의 경우라도 그 대출시점에서 보면, 장차 변제기의 회수 불능의 위험이 있는 데 불과할 뿐이다. 다시 말해 불량대출을 하자마자 곧바로 실해가 발생한 것은 아니다. 불량대출의 경우 "채무자가 변제기에 채무를 결코 이행할 수 없다."는 사고방식은 곤란이다. 불량대출의 경우라도 채무자가 자력을 회복하여 대출금을 이행할 수도 있기 때문이다. 물론 통상적으로 대출시점에서 볼 때 대출금의 회수가 어려운 명목상의 채권으로 평가할 수 있지만, 이행기가

24) 같은 입장으로 이상원, 앞의 논문, 178쪽.
25) 대법원 2015. 11. 26. 선고 2014도17180 판결.
26) 대법원 2008. 2. 14. 선고 2007도7716 판결.
27) 대법원 1989. 4. 11. 선고 88도1247 판결.

도래하기 전까지는 본인에게 손해가 현실적으로 발생한 것이 아니다.[28] 그러므로 불량채권의 경우 그 이행기 이전에서는 배임죄의 기수범이 될 수 없을 뿐이지, 미수범의 성립을 방해하는 것은 아니다.[29]

4. 소결론

이상의 사정들을 종합해 보면 배임죄, 특히 특정경제범죄가중처벌법상 배임죄의 성질은 침해범이며, 따라서 손해의 발생가능성이 있다는 것만으로는 특정경제범죄가중처벌법상 배임죄가 성립될 수 없게 된다. 특정경제범죄가중처벌법상 배임죄의 경우 미수범이 존재하지 않기 때문에 이익의 취득가능성과 이에 따른 손해의 발생가능성만으로는 범죄가 성립될 수 없다. 다만 형법상 배임죄나 업무상 배임죄의 미수범으로만 처벌될 수 있을 뿐이다.

최근의 대법원도 특정경제범죄가중처벌법위반(배임)의 경우 이러한 입장을 취하고 있음을 볼 수 있다. 즉 "배임 또는 업무상 배임으로 인한 특정경제범죄가중처벌법 제3조 위반죄는 취득한 재산상 이익의 가액(이하 '이득액'이라 한다)이 5억원 이상 또는 50억원 이상이라는 것이 범죄구성요건의 일부로 되어 있고 이득액에 따라 형벌도 매우 가중되어 있으므로, 특정경제범죄가중처벌법 제3조를 적용할 때에는 취득한 이득액을 엄격하고 신중하게 산정함으로써, 범죄와 형벌 사이에 적정한 균형이 이루어져야 한다는 죄형균형 원칙이나, 형벌은 책임에 기초하고 책임에 비례하여야 한다는 책임주의 원칙이 훼손되지 않도록 유의하여야 한다. 따라서 업무상 배임으로 취득한 재산상 이익이 있더라도 가액을 구체적으로 산정할 수 없는 경우에는, 재산상 이익의 가액을 기준으로 가중처벌하는 특정경제범죄가중처벌법 제3조를 적용할 수 없다."[30]

---

28) 그러나 불량대출의 경우 곧바로 사실상 손해로 간주하고 있는 입장으로는 日本 大判 大正13年 11月 11日 刑集 3巻 788頁. 필자도 '형법연구 Ⅶ'에서 불량대출은 손해의 현실적 발생과 동가치가 있어 보인다는 입장을 피력했으나, 본문에서 언급한 바와 같이 불량대출 그 자체만으로는 아직 손해의 현실화가 이루어지지 않았음이 명백해 보인다.

29) 같은 입장으로는 김신, "채무부담행위와 배임죄의 손해", 법조(제733호), 법조협회(2019. 2), 118~119쪽 참조.

30) 대법원 2015. 11. 26. 선고 2014도17180 판결.

Ⅳ. 대상판결에 대한 평석

제1심 법원과 제2심 법원 모두 ① 근저당권설정행위로 인한 특정경제범죄가중처벌법위반(배임)의 점과 ② 소유권이전행위로 인한 특정경제범죄가중처벌법위반(배임)의 점에 관해 법인대표자가 권한을 남용한 것이고, 그 행위의 상대방도 피고인의 그와 같은 진의를 알았거나 알 수 있었기 때문에, 이는 피해 회사에 대한 대표권 남용행위로서 무효이고 이로 인하여 피해 회사가 사용자책임이나 법인의 불법행위 등에 따른 손해배상책임을 부담할 여지도 없다고 하면서 이 부분에 대하여도 주문에서 무죄로 판단하였다.

이에 반해 피고인인 대표이사의 피해 회사를 상대로 지급명령을 확정시킨 행위와 관련한 문제에 대하여 제1심 법원은 손해발생가능성이 있다고 판단하여 특정경제범죄가중처벌법 제3조의 위반(배임)으로 유죄를 인정하였다. 그러나 제2심 법원은 (1) 대표이사인 피고인과 공모한 이남○ 등 3인 모두가 지급명령이 확정된 이후 모두 이를 포기한 점, (2) 지급명령의 포기와 함께 피해 회사가 이남○ 등 3인에게 재산상 지출이 전혀 없었다는 점, (3) 지급명령이 확정되는 경우 그 효력은 당사자 사이에만 미친다는 점, (4) 피고인이 이남○ 등의 이익을 도모할 목적으로 그 권한을 남용한 것이고, (5) 그 상대방이 피고인의 그와 같은 진의를 알았거나 알 수 있었다는 점에서 법률행위가 무효이고, 이로 인하여 피해 회사가 그 채무 본지에 따른 책임은 물론이고, 사용자책임이나 법인의 불법행위 등에 따른 손해배상조차도 부담할 여지가 없으므로 피해 회사에 대하여 손해발생의 위험이 초래되었다고 볼 수 없다고 판시하고 있다.

결론부터 말하자면 배임죄, 특히 특정경제범죄가중처벌법상 제3조 위반(배임)의 경우는 앞서 살펴본 바와 같이 침해범이며, 따라서 이득액이 5억원 이상인가의 여부는 구체적인 실해를 기반으로 해야 한다. 이런 점에서 특정경제범죄가중처벌법위반(배임)의 경우를 위험으로 파악하여 손해의 발생가능성만으로도 기수범으로 파악하려는 태도는 논리적이지도 않고, 배임죄가 갖고 있는 사적자치에 반할 수 있는 성질에 부합하지도 않다. 이런 점에서 제1심 법원이나 제2심 법원이 배임죄의 성질, 특히 특정경제범죄가중처벌법위반(배임)이 위험범이라고 이해하고 손해의 발생가능성만으로도 유죄를 인정할 수 있다는 태도는 극복되어야 마땅하다.

다만 제2심 법원은 배임죄의 성질을 위험범으로 파악하면서도 사안의 구체적 성질을 검토하여 결과발생의 위험성이 거의 없어 보인 경우에는 특정경제범죄가중처벌법위반(배임)으로 인정할 수 없다는 입장은 그나마 제1심 법원보다 진일보한 것으로 보인다.

Ⅴ. 결 론

대부분 국가에서 배임죄를 인정하지 않은 결정적 이유는 시민사회의 핵심적 원칙인 개인의 사적자치를 보장하기 위한 배려 때문이다. 자본주의의 발전이 철저하게 진행되었던 영국이나 미국뿐만 아니라, 대부분의 국가에서는 형법 제355조 제2항의 배임죄를 잘 알지 못한다.[31)]

우리가 배임죄의 성립을 확대하면 할수록 민사문제에 대한 형사법의 개입은 확대되어 민사의 형사화를 부채질하게 되며, 이는 사적자치의 걸림돌이 될 수 있기 때문이다. 형법이 사회 경제질서에 개입하려면, 범죄의 불법성이 사회적으로 용납할 수 없을 정도로 사회 경제질서에 혼란을 야기할 수 있어야 하고, 이를 극복하기 위해 사법(私法)이나 행정법 등 다른 법률들에 의한 해결을 도저히 기대할 수 없을 때로 국한되어야 한다. 이를 무시한 채 사적자치가 원칙인 사법의 영역에 형사실체법의 적극적 개입은 절제되어야 할 뿐만 아니라, 특히 형법해석을 통한 사적자치의 제한에 적극적 개입은 극도로 자제되어야 한다. 왜냐하면 배임죄의 규정은 개인의 사적자치의 본질적 내용과 영역을 해칠 수 있기 때문이다. 그러므로 배임죄, 특히 특정경제범죄가중처벌법상 배임죄의 적용은 문언에 따라서 엄격하게 적용되어야지 이를 완화하거나 확대해석의 가능성은 반드시 회피되어야 할 것이다.

따라서 배임죄의 주체는 타인의 사무를 처리하는 자에 국한되어야 하고, 부동산의 이중매매에서 매도인의 등기협력사무처럼 타인을 위한 자기의 사무 역시 배임죄의 대상이 될 수 없어야 한다. 게다가 특정경제범죄법상 이득액이 법정구성요건의

31) 미국 모범형법의 규정에도 전형적인 배임죄에 관한 규정이 없다. 이에 관해서는 법무부에서 발행한 "미국모범형법·형사소송법",『법무자료』제50집, 111~130쪽 참조.

요소가 된다는 점에서, 구체적인 이득액의 현실적 산정이 가능해야 하며, 따라서 배임행위로 인해 피해자의 손해의 발생가능성만 있으면 특정경제범죄가중처벌법위반(배임)이 적용된다고 하는 것은 법치국가원칙에 본질적으로 반하는 것이 된다.

대상사건의 경우 손해발생의 결과가 발생하지 않았으므로 특정경제범죄가중처벌법위반(배임)은 기수범이 될 수 없으나, 형법 제356조의 업무상 배임죄에 대한 미수범 인정은 가능해 보인다.

Ⅵ. 대상사건에 대한 대법원 판결

대상사건에 관해 대법원은 법인대표에게 '단순 배임죄의 미수범'이 아닌, '특정경제범죄가중처벌법위반의 기수범'으로 확정하였다. 이하에서 그 판결의 요지를 살펴보면 다음과 같다.

대법원 2017. 7. 20. 선고 2014도1104 전원합의체 판결
[특정경제범죄가중처벌법위반(배임)]

【판시사항】

[1] 배임죄의 성립요건 및 실행의 착수시기와 기수시기

[2] 주식회사의 대표이사가 대표권을 남용하는 등 임무에 위배하여 약속어음 발행을 한 행위가 배임죄의 기수 또는 미수에 해당하는지 판단하는 기준

[3] 갑 주식회사 대표이사인 피고인이, 자신이 별도로 대표이사를 맡고 있던 을 주식회사의 병 은행에 대한 대출금채무를 담보하기 위해 병 은행에 갑 회사 명의로 약속어음을 발행하여 줌으로써 병 은행에 재산상 이익을 취득하게 하고 갑 회사에 손해를 가하였다고 하여 특정경제범죄가중처벌법위반(배임)으로 기소된 사안에서, 약속어음 발행행위가 배임죄의 기수에 이르렀음을 전제로 공소사실을 유죄로 판단한 원심판결에 배임죄의 재산상 손해 요건 및 기수시기 등에 관한 법리오해의 잘못이 있다.

【판결요지】

[1] 형법 제355조 제2항은 타인의 사무를 처리하는 자가 그 임무에 위배하는 행위로써 재산상 이익을 취득하거나 제3자로 하여금 이를 취득하게 하여 본인에게 손해를 가한 때에 배임죄가 성립한다고 규정하고 있고, 형법 제359조는 그 미수범은 처벌한다고 규정하고 있다. 이와 같이 형법은 타인의 사무를 처리하는 자가 그 임무에 위배하는 행위를 할 것과 그러한 행위로 인해 행위자나 제3자가 재산상 이익을 취득하여 본인에게 손해를 가할 것을 배임죄의 객관적 구성요건으로 정하고 있으므로, 타인의 사무를 처리하는 자가 배임의 범의로, 즉 임무에 위배하는 행위를 한다는 점과 이로 인하여 자기 또는 제3자가 이익을 취득하여 본인에게 손해를 가한다는 점에 대한 인식이나 의사를 가지고 임무에 위배한 행위를 개시한 때 배임죄의 실행에 착수한 것이고, 이러한 행위로 인하여 자기 또는 제3자가 이익을 취득하여 본인에게 손해를 가한 때 기수에 이른다.

[2] [**다수의견**] (가) 배임죄로 기소된 형사사건의 재판실무에서 배임죄의 기수시기를 심리·판단하기란 쉽지 않다. 타인의 사무를 처리하는 자가 형식적으로는 본인을 위한 법률행위를 하는 외관을 갖추고 있지만 그러한 행위가 실질적으로는 배임죄에서의 임무위배행위에 해당하는 경우, 이러한 행위는 민사재판에서 반사회질서의 법률행위(민법 제103조 참조) 등에 해당한다는 사유로 무효로 판단될 가능성이 적지 않은데, 형사재판에서 배임죄의 성립 여부를 판단할 때에도 이러한 행위에 대한 민사법상의 평가가 경제적 관점에서 피해자의 재산 상태에 미치는 영향 등을 충분히 고려하여야 하기 때문이다. 결국 형사재판에서 배임죄의 객관적 구성요건요소인 손해 발생 또는 배임죄의 보호법익인 피해자의 재산상 이익의 침해 여부를 판단할 때에는 종래의 대법원 판례를 기준으로 하되 구체적 사안별로 타인의 사무의 내용과 성질, 임무위배의 중대성 및 본인의 재산 상태에 미치는 영향 등을 종합하여 신중하게 판단하여야 한다.

(나) 주식회사의 대표이사가 대표권을 남용하는 등 그 임무에 위배하여 회사 명의로 의무를 부담하는 행위를 하더라도 일단 회사의 행위로서 유효하고, 다만 상대방이 대표이사의 진의를 알았거나 알 수 있었을 때에는 회사에 대하여 무효가 된다.

따라서 상대방이 대표권남용 사실을 알았거나 알 수 있었던 경우 그 의무부담행위는 원칙적으로 회사에 대하여 효력이 없고, 경제적 관점에서 보아도 이러한 사실만으로는 회사에 현실적인 손해가 발생하였다거나 실해 발생의 위험이 초래되었다고 평가하기 어려우므로, 달리 그 의무부담행위로 인하여 실제로 채무의 이행이 이루어졌다거나 회사가 민법상 불법행위책임을 부담하게 되었다는 등의 사정이 없는 이상 배임죄의 기수에 이른 것은 아니다. 그러나 이 경우에도 대표이사로서는 배임의 범의로 임무위배행위를 함으로써 실행에 착수한 것이므로 배임죄의 미수범이 된다.

그리고 상대방이 대표권남용 사실을 알지 못하였다는 등의 사정이 있어 그 의무부담행위가 회사에 대하여 유효한 경우에는 회사의 채무가 발생하고 회사는 그 채무를 이행할 의무를 부담하므로, 이러한 채무의 발생은 그 자체로 현실적인 손해 또는 재산상 실해 발생의 위험이라고 할 것이어서 그 채무가 현실적으로 이행되기 전이라도 배임죄의 기수에 이르렀다고 보아야 한다.

(다) 주식회사의 대표이사가 대표권을 남용하는 등 그 임무에 위배하여 약속어음 발행을 한 행위가 배임죄에 해당하는지도 원칙적으로 위에서 살펴본 의무부담행위와 마찬가지로 보아야 한다. 다만 약속어음 발행의 경우 어음법상 발행인은 종전의 소지인에 대한 인적 관계로 인한 항변으로써 소지인에게 대항하지 못하므로(어음법 제17조, 제77조), 어음발행이 무효라 하더라도 그 어음이 실제로 제3자에게 유통되었다면 회사로서는 어음채무를 부담할 위험이 구체적·현실적으로 발생하였다고 보아야 하고, 따라서 그 어음채무가 실제로 이행되기 전이라도 배임죄의 기수범이 된다. 그러나 약속어음 발행이 무효일 뿐만 아니라 그 어음이 유통되지도 않았다면 회사는 어음발행의 상대방에게 어음채무를 부담하지 않기 때문에 특별한 사정이 없는 한 회사에 현실적으로 손해가 발생하였다거나 실해 발생의 위험이 발생하였다고도 볼 수 없으므로, 이때에는 배임죄의 기수범이 아니라 배임미수죄로 처벌하여야 한다.

[대법관 박보영, 대법관 고영한, 대법관 김창석, 대법관 김신의 별개의견] (가) 배임죄는 위험범이 아니라 침해범으로 보아야 한다. 배임죄를 위험범으로 파악하는 것은 형법규정의 문언에 부합하지 않는 해석이다. 즉 형법 제355조 제2항은 임무에 위배하는 행위로써 재산상의 이익을 취득하거나 제3자로 하여금 이를 취득하게 하여 본인에게 손해를 가한 때에 배임죄가 성립한다고 규정하고 있고, 여기서 '손해를

가한 때'란 문언상 '손해를 현실적으로 발생하게 한 때'를 의미한다. 그럼에도 종래의 판례는 배임죄의 '손해를 가한 때'에 현실적인 손해 외에 실해 발생의 위험을 초래한 경우도 포함된다고 해석함으로써 배임죄의 기수 성립 범위를 넓히고 있다. 실해 발생의 위험을 가한 때는 손해를 가한 때와 전혀 같지 않은데도 이 둘을 똑같이 취급하는 해석은 문언해석의 범위를 벗어난 것일 뿐만 아니라, 형벌규정의 의미를 피고인에게 불리한 방향으로 확장하여 해석하는 것으로서 죄형법정주의 원칙에 반한다.

또한 형법은 다른 재산범죄와 달리 배임죄의 경우에는 재산상 손해를 가할 것을 객관적 구성요건으로 명시하고 있는데, 이는 타인의 사무를 처리하는 자가 임무에 위배한 행위를 하더라도 본인에게 현실적인 재산상 손해를 가하지 않으면 배임죄의 기수가 될 수 없다는 점을 강조하기 위한 입법적 조치로 이해된다. 따라서 재산상 손해가 구성요건으로 명시되어 있지 않은 사기죄나 횡령죄 등 다른 재산범죄의 재산상 이익이나 손해에 관한 해석론을 같이하여야 할 필요가 없다. 배임죄의 경우에는 구성요건의 특수성과 입법 취지 등을 고려하여 임무에 위배한 행위가 본인에게 현실적인 재산상 손해를 가한 경우에만 재산상 손해 요건이 충족된다고 해석하여야 한다.

(나) 의무부담행위에 따라 채무가 발생하거나 민법상 불법행위책임을 부담하게 되더라도 이는 손해 발생의 위험일 뿐 현실적인 손해에는 해당하지 않는다고 보아야 한다.

배임죄는 재산권을 보호법익으로 하는 범죄이므로 배임죄를 침해범으로 보는 한 재산권에 대한 현실적인 침해가 있는 때에 배임죄의 기수가 된다. 그런데 재산권에 대한 침해라는 측면에서 보면 채무가 발생하여 채무를 이행하여야 할 법률상 의무를 부담한다는 것은 재산권에 대한 현실적인 침해가 아니라 재산권이 침해될 위험이 발생한 것으로 보는 것이 자연스럽다. 이는 어떠한 채무가 발생하였다고 하여 그 채무가 언제나 이행되는 것은 아니라는 점에 비추어 보면 더욱 그러하다. 즉 의무부담행위에 따른 채무가 발생하더라도 채무의 기한이나 조건, 채무자의 자력과 변제의사, 채권자의 청구와 수령, 소멸시효 등 여러 사정에 따라 그 채무는 실제로 이행될 수도 있고 이행되지 않을 수도 있다. 그럼에도 채무가 발생하여 그 채무를 이행하여야 할 의무를 부담하게 되었다고 하여 곧바로 배임죄의 보호법익인 재산권이 현실적으로 침해되었다고 해석하는 것은, 법익 침해의 위험에 불과한 것을 현실적인 법익의 침해로 사실상 의제하는 것이어서 보호법익의 보호 정도에 따라 침해범과 위험범을 구별하고 있는 형법의 체계에 부합하지 않는다.

(다) 회사의 대표이사가 대표권을 남용하여 의무부담행위를 한 경우 그 행위가 유효하면 그에 따른 회사의 채무가 발생하고, 무효인 경우에도 그로 인해 회사가 민법상 불법행위책임을 부담할 수 있다. 그러나 의무부담행위에 따른 채무의 발생이나 민법상 불법행위책임의 부담은 그 자체로는 현실적인 손해가 아니라 손해 발생의 위험에 불과하므로, 배임죄는 회사가 그 의무부담행위에 따른 채무나 민법상 불법행위책임을 실제로 이행한 때에 기수가 된다. 따라서 회사의 대표이사가 대표권을 남용하여 회사 명의의 약속어음을 발행한 경우에도 그 발행행위의 법률상 효력 유무나 그 약속어음이 제3자에게 유통되었는지 또는 유통될 가능성이 있는지 등에 관계없이 회사가 그 어음채무나 그로 인해 부담하게 된 민법상 불법행위책임을 실제로 이행한 때에 배임죄는 기수가 성립한다.

[3] 갑 주식회사 대표이사인 피고인이, 자신이 별도로 대표이사를 맡고 있던 을 주식회사의 병 은행에 대한 대출금채무를 담보하기 위해 병 은행에 갑 회사 명의로 액면금 29억 9,000만원의 약속어음을 발행하여 줌으로써 병 은행에 재산상 이익을 취득하게 하고 갑 회사에 손해를 가하였다고 하여 특정경제범죄 가중처벌 등에 관한 법률 위반(배임)으로 기소된 사안에서, 피고인이 대표권을 남용하여 약속어음을 발행하였고 당시 상대방인 병 은행이 그러한 사실을 알았거나 알 수 있었던 때에 해당하여 그 발행행위가 갑 회사에 대하여 효력이 없다면, 그로 인해 갑 회사가 실제로 약속어음금을 지급하였거나 민사상 손해배상책임 등을 부담하거나 약속어음이 실제로 제3자에게 유통되었다는 등의 특별한 사정이 없는 한 피고인의 약속어음 발행행위로 인해 갑 회사에 현실적인 손해나 재산상 실해 발생의 위험이 초래되었다고 볼 수 없는데도, 이에 대한 심리 없이 약속어음 발행행위가 배임죄의 기수에 이르렀음을 전제로 공소사실을 유죄로 판단한 원심판결에 배임죄의 재산상 손해 요건 및 기수시기 등에 관한 법리오해의 잘못이 있다고 한 사례.

제11장
부동산 이중처분과 배임죄의 성립 여부

Ⅰ. 법원의 판결내용

항소심은 원심[1]에서 인정된 피고인의 배임죄에 대한 피고인의 항소를 다음과 같은 법리로 기각하였다.[2]

“배임죄에서 손해를 가한 때란 현실적으로 실해를 가한 경우뿐만 아니라 실해 발생의 위험을 초래하게 할 경우도 포함하는 것이고, 부동산의 매도인이 매수인 앞으로 소유권이전등기 등을 경료하기 이전에 제3자로부터 금원을 차용하고 그 담보로 근저당권설정등기를 해준 경우에는 특별한 사정이 없는 한 매도인은 매수인에게 그 근저당권에 의하여 담보되는 피담보채무 상당액의 손해를 가한 것이다(대법원 1998. 2. 10. 선고 97도2919 판결 참조). 원심이 적법하게 채택하여 조사한 증거들에 의하면 피고인은 2012. 10. 30. 피해자 방ㅁㅁ과 사이에 경남 고성군 고성읍 월평리(이하 ‘월평리’라 한다) 6 토지(2012. 12. 26. 월평리 3으로 합병됨) 중 답 660㎡에 대한 매매계약을 체결하고 계약금과 중도금 명목으로 3,000만원을 지급받았음에도 2013. 2. 25.경 정◇◇으로부터 3,000만원을 차용하면서 월평리 3 토지에 채권최고액 3,900만원의 근저당권을, 2013. 3. 8.경 김△△로부터 5,000만원을 차용하면서 월평리 3 토지에 채권최고액 5,600만원의 근저당권을 각 설정하여 준 사실을 인정할 수 있

1) 2015. 5. 20. 2014고단821 창원지방법원 통영지원 판결.
2) 2015. 7. 23. 2015노1112 창원지방법원 제1형사부 판결.

(다.) (따라서) 이 사건의 피해액은 피고인이 월평리 3 토지에 설정하여준 근저당권들의 채권최고액 합계 9,500만원이다.”

Ⅱ. 문제제기

형법 제355조 제2항의 문언은 다음과 같다. “타인의 사무를 처리하는 자가 그 임무에 위배하는 행위로써 재산상의 이익을 취득하거나 제3자로 하여금 이를 취득하게 하여 본인에게 손해를 가한 때에도 전항과 같다”(즉 5년 이하의 징역 또는 1500만원 이의 벌금에 처한다). 이에 따라 배임죄가 성립하려면 행위자는 ‘타인의 사무를 처리하는 자’가, 자신에게 주어진 ‘임무위배 행위’를 하여, ‘재산상 이익을 취득하고’, ‘본인에게 손해를 가한 때’여야 한다.

형법 제355조 제2항의 문언은 언제나 명확하다고만 할 수 없다. 따라서 이들 문언에 관해 해석의 필요성이 제기된다. 다만 형법의 해석은 죄형법정주의의 원칙을 철저히 준수하는 틀에서 허용될 수 있을 뿐이다.

제1심과 항소심은 피고인이 피해자로부터 계약금과 중도금을 받았다는 점에서 배임죄의 타인사무를 행하는 행위주체로 간주하여 그에게 배임죄(형법 제355조 제2항)의 성립요건을 인정하고 유죄를 선고하였다. 즉 ① 피해자로부터 계약금과 중도금을 받은 피고인을 ‘타인의 사무처리자로 인정하고’, ② 중도금을 받고서도 피고인 자신 명의의 부동산을 담보로 제공한 행위에 대해 피고인은 ‘타인사무에 관한 임무위배를 범’한 것이며, ③ 그로 인해 피고인은 ‘재산상 이익을 취득하고’, ④ ‘본인에게 손해를 가했다’는 것이다.

그러나 피고인은 피해자로부터 등기이전에 필요한 잔금을 완납받지 못하고 중도금을 받았을 뿐이다. 그럼에도 피해자를 위한 등기이전협력의무자로 볼 수 있는지는 부동산 물권변동에 있어서 의사주의가 아닌 형식주의를 채택하고 있는 민법상 받아들이기 쉽지 않다. 또한 부동산의 매매에서 계약금과 중도금을 받기만 하면 해당 부동산의 명의자가 그 부동산을 명의자 자신을 위해 담보로 제공할 경우 그는 배임죄에서 명시한 ‘타인의 사무 처리를 위한 임무’처리자에 해당될 수 있는지, 피해자로부터 잔금을 받지 않은 상태에서 피고인 자신의 부동산에 대한 은행담보로 돈을 빌렸을 때 피해자에게 경제적 손해를 끼친 것으로 볼 수 있는지도 의문스럽다.

이하에서는 이런 문제들에 관하여 판례의 배임죄 인정 법리가 타당한 것인지의 여부를 검토해 본다.

Ⅲ. 항소심의 법리에 대한 비판

1. 항소심 법리

1) 배임죄의 행위주체와 임무위배행위

종래 판례는 부동산의 이중매매나 이중처분이 배임죄가 된다고 보았고, 학설도 강구진의 주장 이래 부동산 이중매매를 배임죄의 전형으로 보았다. 그 근거로 배임죄의 행위주체를 계약금과 중도금을 인수한 매도인의 등기협력의무에서 찾았고, 매도인의 이런 등기협력의무는 타인의 사무에 해당되어 배임죄의 행위주체로서 손색이 없으며, 등기협력의무를 위반하여 제3자에게 부동산을 매도하여 이익을 취득하면, 피해자에게 손해를 발생시키기 때문에 배임죄가 성립된다는 논리였다.

이러한 사고방식은 종례의 대법원 판례에서 흔히 볼 수 있었던 입장으로 "매매계약의 당사자 사이에 중도금을 수수하는 등으로 계약의 이행이 진행되어 다른 특별한 사정이 없는 한 임의로 계약을 해제할 수 없는 단계에 이른 때에는 그 계약의 내용에 좇은 채무의 이행은 채무자로서의 자기 사무의 처리라는 측면과 아울러 상대방의 재산보전에 협력하는 타인 사무의 처리라는 성격을 동시에 가지게 되므로, 이러한 경우 그 채무자는 배임죄의 주체인 '타인의 사무를 처리하는 자'의 지위에 있게 된다."[3]는 것이다. 게다가 "이러한 지위에 있는 자가 그 의무의 이행을 통하여 상대방으로 하여금 그 재산에 관한 완전한 권리를 취득하게 하기 전에 이를 다시 제3자에게 처분하는 등 상대방의 재산 취득 혹은 보전에 지장을 초래하는 행위는 상대방의 정당한 신뢰를 저버리는 것으로 비난가능성이 매우 높은 전형적인 임무위배행위에 해당한다."[4]고 보았다. 제1심과 항소심은 바로 이런 사고방식의 터전 위

3) 대법원 2011. 1. 20. 선고 2008도10479 전원합의체 판결에서 소수의견 참조.

4) 대법원 2011. 1. 20. 선고 2008도10479 전원합의체 판결에서 소수의견 참조.

에서 법리를 세웠다. 그래서 계약금과 중도금을 받은 피고인도 해당 사건의 배임죄의 주체로 인정될 뿐만 아니라 자신의 재산을 제3자에게 처분하게 되면 임무위배행위에 해당된다는 것이다.

2) 손해의 개념

손해에 대한 개념 역시 제1심과 항소심은 대법원의 종래 입장처럼 피해자에게 발생하는 '손해'란 현실적 손해뿐만 아니라 '잠재적 손해'인 '위험성이 있는 손해'까지 포함된다는 입장을 취하고 있다.

2. 비 판

1) (1)에 관한 항소심의 법리 비판

배임죄의 행위주체는 '타인의 사무를 처리하는 자'이고, 그가 처리하는 사무는 법문에 명시된 바와 같이 '타인의 사무'여야 한다. 타인의 사무라는 것은 '타인을 위한 사무'와는 구별된다. 타인을 위한 사무 중에는 '타인을 위한 자신의 사무'도 있을 수 있고, 혹은 '타인을 위한 타인의 사무'도 있을 수 있기 때문이다. 따라서 타인을 위한 사무라도 그 사무의 본질이 행위자 '자신의 사무'에 속하면 그것은 어디까지나 자신의 사무일 뿐이지 타인의 사무일 수 없다.[5)]

그럼에도 학설과 판례의 대부분은 '타인의 사무'를 '타인을 위한 사무'까지도 포함될 수 있는 것으로 해석하고 있다. 이런 해석이 가능한 것은 배신설을 취하기 때문이다. 배신설은 "형법이 배임죄를 횡령죄와 동일한 장에서 규정하고 있고, 또한 구성요건을 '권한을 남용하여'로 하지 않고, '임무에 위배하여'로 하고 있기 때문에 배신설이 형법상 문언해석에 합치된다."는 것이다. 그래서 '임무의 위배'를 '임무의 배신'으로 새길 수 있고, 배임죄의 행위주체는 법령이나 계약에 의해 혹은 신의칙상 당연히 이행될 기대행위의 불이행한, 즉 이행이 기대된 행위에 대한 배신을 하는 자로 파악하게 된다

5) 대법원 2014. 8. 21. 선고 2014도3363 전원합의체 판결.

배임죄의 본실을 배신설에 입각하게 되면, 대내관계에 있는 채무불이행은 신의칙상 기대되는 채무이행행위를 배신한 것이어서 임무에 위배되는 행위이므로 배임죄를 구성하게 된다. 채무불이행은 민사상 계약불이행에 불과한 행위임에도 배임죄로 처벌한다면, 민사상의 문제를 형사화하는 결과를 초래한다. 이를 피하기 위하여 배신설을 취하는 견해는 적용범위를 다시금 제한하려는 노력을 전개하지 않을 수 없게 된다. 그 보다는 채무불이행은 타인을 위한 사무이긴 하지만, 그 사무는 자신의 사무이기 때문에 배임죄에 해당될 수 없다는 것이 논리적이다.

2) (2)에 관한 비판

'손해발생'과 '손해발생의 위험'은 구별되어야 한다. 오늘날 사회가 신용경제를 기반으로 하고 경제거래상 위험은 항상 수반되고 있다는 점에서 손해발생과 손해발생의 위험을 동일시한다면, 거래의 실제와 부합하지 않고, 배임죄의 성립범위를 부당하게 확장하는 우를 범하게 된다.

손해발생과 손해발생의 위험을 동일시하는 판례의 밑바탕에는 손해발생의 위험을 손해발생으로 파악하지 않는다면, 배임행위를 한 후에 손해를 보전하는 경우에 있어서 기수범으로 처벌할 수 없게 되는 부당한 결과가 초래될 수 있다는 사고가 깔려 있다. 이 같은 부당한 결과의 초래는 손해의 개념을 법률적 평가에 따를 경우에 가능하다. 그러나 판례는 경제적 평가에 의해 재산상 손해 여부를 판단하고 있기 때문에, 손해의 개념을 손해발생의 위험으로까지 확대하는 것은 불필요할 뿐이다.

따라서 손해의 발생을 손해발생의 위험초래와 결코 동일시할 수는 없다. 다만 손해발생의 위험이 손해발생과 동등한 정도의 위험을 초래하였다면, 그것은 손해발생으로 파악해도 무방하리라고 본다. 왜냐하면 배임죄는 어디까지나 재산범죄이며, 임무위배행위를 통하여 재산상 손해를 가한 경우에 성립하게 함으로써 재산상 이익을 보호하는 데에 있으므로, 배임행위자가 그 피해자에게 현실적으로 경제적인 손해를 발생케 했거나 현실적 손해와 동일시할 정도로 평가되는 손해의 구체적인 위험을 야기하였다면 거래관행에서 손해로 인정할 수 있기 때문이다.

Ⅳ. 결 론

제1심과 항소심의 배임죄 인정은 잘못이다. 위에서 언급한 것처럼 피고인은 결코 피해자의 사무처리자일 수 없기 때문에 배임죄의 행위주체가 될 수 없다. 최근 대법원의 동향을 살펴보면 동산 이중매매의 경우 배임죄가 성립되지 않다는 입장을 보였고, 그 이후 부동산의 경우에도 비록 대물변제예약 사안이긴 하지만 부동산 이중처분자가 배임죄의 주체가 될 수 없음을 전원합의체로 인정했다. 또한 형법상 배임죄는 미수범을 처벌하고 있고(형법 제359조), '타인에게 손해를 가해야' 기수범으로 처벌될 수 있다는 점에서 피고인의 부동산 이중처분행위는 아직 피해자에게 손해를 발생한 것도 아니다. 따라서 본 사안의 경우 대법원의 부동산의 이중처분 혹은 이중매매는 더 이상 배임죄로 성립될 수 없을 거라고 예상되며, 또한 그런 입장이 반드시 유지되어야만 한다고 본다.

Ⅴ. 해당 사안에 대한 대법원 판결

그럼에도 불구하고 2018년 대법원 전원합의체 판결에서 부동산의 이중매매 건은 배임죄가 성립한다고 보았다. 김신 대법관을 포함한 4명의 소수견해가 매우 설득력 있는 의견을 제시했음에도 불구하고.

판시내용의 요약은 다음과 같다.

부동산 이중매매 배임죄 사건

(대법원 2018. 5. 17. 선고 2017도4027 전원합의체 판결)

【판시사항】

[1] 부동산 매매계약에서 중도금이 지급되는 등 계약이 본격적으로 이행되는 단계에 이른 경우, 그때부터 매도인은 배임죄에서 말하는 '타인의 사무를 처리하는 자'에 해당하는지 여부(적극) 및 그러한 지위에 있는 매도인이 매수인에게 계약 내

용에 따라 부동산의 소유권을 이전해 주기 전에 그 부동산을 제3자에게 처분하고 제3자 앞으로 그 처분에 따른 등기를 마쳐 준 경우, 배임죄가 성립하는지 여부(적극)

[2] 부동산 매도인인 피고인이 매수인 갑 등과 매매계약을 체결하고 갑 등으로부터 계약금과 중도금을 지급받은 후 매매목적물인 부동산을 제3자 을 등에게 이중으로 매도하고 소유권이전등기를 마쳐 주어 구 특정경제범죄 가중처벌 등에 관한 법률 위반(배임)으로 기소된 사안에서, 제반 사정을 종합하면 피고인의 행위는 갑 등과의 신임관계를 저버리는 임무위배행위로서 배임죄가 성립하고, 피고인에게 배임의 범의와 불법이득의사가 인정됨에도, 이와 달리 보아 공소사실을 무죄로 판단한 원심판결에 배임죄에서 '타인의 사무를 처리하는 자', 범의 등에 관한 법리오해의 위법이 있다고 한 사례.

【판결요지】

[1] [**다수의견**] 부동산 매매계약에서 계약금만 지급된 단계에서는 어느 당사자나 계약금을 포기하거나 그 배액을 상환함으로써 자유롭게 계약의 구속력에서 벗어날 수 있다. 그러나 중도금이 지급되는 등 계약이 본격적으로 이행되는 단계에 이른 때에는 계약이 취소되거나 해제되지 않는 한 매도인은 매수인에게 부동산의 소유권을 이전해 줄 의무에서 벗어날 수 없다. 따라서 이러한 단계에 이른 때에 매도인은 매수인에 대하여 매수인의 재산보전에 협력하여 재산적 이익을 보호·관리할 신임관계에 있게 된다. 그때부터 매도인은 배임죄에서 말하는 '타인의 사무를 처리하는 자'에 해당한다고 보아야 한다. 그러한 지위에 있는 매도인이 매수인에게 계약 내용에 따라 부동산의 소유권을 이전해 주기 전에 그 부동산을 제3자에게 처분하고 제3자 앞으로 그 처분에 따른 등기를 마쳐 준 행위는 매수인의 부동산 취득 또는 보전에 지장을 초래하는 행위이다. 이는 매수인과의 신임관계를 저버리는 행위로서 배임죄가 성립한다.

그 이유는 다음과 같다.

① 배임죄는 타인과 그 재산상 이익을 보호·관리하여야 할 신임관계에 있는 사람이 신뢰를 저버리는 행위를 함으로써 타인의 재산상 이익을 침해할 때 성립하는 범죄이다. 계약관계에 있는 당사자 사이에 어느 정도의 신뢰가 형성되었을 때 형사법

에 의해 보호받는 신임관계가 발생한다고 볼 것인지, 어떠한 형태의 신뢰위반 행위를 가벌적인 임무위배행위로 인정할 것인지는 계약의 내용과 이행의 정도, 그에 따른 계약의 구속력 정도, 거래 관행, 신임관계의 유형과 내용, 신뢰위반의 정도 등을 종합적으로 고려하여 타인의 재산상 이익 보호가 신임관계의 전형적·본질적 내용이 되었는지, 해당 행위가 형사법의 개입이 정당화될 정도의 배신적인 행위인지 등에 따라 규범적으로 판단해야 한다. 이와 같이 배임죄의 성립 범위를 확정함에 있어서는 형벌법규로서의 배임죄가 본연의 기능을 다하지 못하게 되어 개인의 재산권 보호가 소홀해지지 않도록 유의해야 한다.

② 우리나라에서 부동산은 국민의 기본적 생활의 터전으로 경제활동의 근저를 이루고 있고, 국민 개개인이 보유하는 재산가치의 대부분을 부동산이 차지하는 경우도 상당하다. 이렇듯 부동산이 경제생활에서 차지하는 비중이나 이를 목적으로 한 거래의 사회경제적 의미는 여전히 크다.

③ 부동산 매매대금은 통상 계약금, 중도금, 잔금으로 나뉘어 지급된다. 매수인이 매도인에게 중도금을 지급하면 당사자가 임의로 계약을 해제할 수 없는 구속력이 발생한다(민법 제565조 참조). 그런데 매수인이 매도인에게 매매대금의 상당부분에 이르는 계약금과 중도금까지 지급하더라도 매도인의 이중매매를 방지할 보편적이고 충분한 수단은 마련되어 있지 않다. 이러한 상황에서도 매수인은 매도인이 소유권이전등기를 마쳐 줄 것으로 믿고 중도금을 지급한다. 즉 매수인은 매도인이 소유권이전등기를 마쳐 줄 것이라는 신뢰에 기초하여 중도금을 지급하고, 매도인 또한 중도금이 그러한 신뢰를 바탕으로 지급된다는 것을 인식하면서 이를 받는다. 따라서 중도금이 지급된 단계부터는 매도인이 매수인의 재산보전에 협력하는 신임관계가 당사자 관계의 전형적·본질적 내용이 된다. 이러한 신임관계에 있는 매도인은 매수인의 소유권 취득 사무를 처리하는 자로서 배임죄에서 말하는 '타인의 사무를 처리하는 자'에 해당하게 된다. 나아가 그러한 지위에 있는 매도인이 매수인에게 소유권을 이전하기 전에 고의로 제3자에게 목적부동산을 처분하는 행위는 매매계약상 혹은 신의칙상 당연히 하지 않아야 할 행위로서 배임죄에서 말하는 임무위배행위로 평가할 수 있다.

④ 대법원은 오래전부터 부동산 이중매매 사건에서, 매도인은 매수인 앞으로 소

유권이전등기를 마칠 때까지 협력할 의무가 있고, 매도인이 중도금을 지급받은 이후 목적부동산을 제3자에게 이중으로 양도하면 배임죄가 성립한다고 일관되게 판결함으로써 그러한 판례를 확립하여 왔다. 이러한 판례 법리는 부동산 이중매매를 억제하고 매수인을 보호하는 역할을 충실히 수행하여 왔고, 현재 우리의 부동산 매매거래 현실에 비추어 보더라도 여전히 타당하다. 이러한 법리가 부동산 거래의 왜곡 또는 혼란을 야기하는 것도 아니고, 매도인의 계약의 자유를 과도하게 제한한다고 볼 수도 없다. 따라서 기존의 판례는 유지되어야 한다.

[**대법관 김창석, 대법관 김신, 대법관 조희대, 대법관 권순일, 대법관 박정화의 반대의견**] 다수의견은 부동산 거래에서 매수인 보호를 위한 처벌의 필요성만을 중시한 나머지 형법의 문언에 반하거나 그 문언의 의미를 피고인에게 불리하게 확장하여 형사법의 대원칙인 죄형법정주의를 도외시한 해석일 뿐 아니라, 동산 이중매매와 부동산 대물변제예약 사안에서 매도인 또는 채무자에 대하여 배임죄의 성립을 부정하는 대법원 판례의 흐름과도 맞지 않는 것이어서 찬성하기 어렵다.

배임죄에서 '타인의 사무'는 먼저 문언의 통상적 의미에 비추어 볼 때, 타인에게 귀속되는 사무로서 사무의 주체가 타인이어야 한다. 즉 본래 타인이 처리하여야 할 사무를 그를 대신하여 처리하는 것이어야 한다. 나아가 배임죄의 본질은 본인과의 내부관계 내지 신임관계에서 발생하는 본인의 재산적 이익을 보호할 의무를 위반하여 타인의 재산권을 침해하는 데에 있다는 점을 고려하면, 신임관계에 기초하여 위와 같은 의미의 '타인의 사무'를 처리하게 된 것이어야 하고, 사무 자체의 내용이나 신임관계의 본질적 내용이 타인의 재산적 이익을 보호·관리하는 것이어야 한다. 따라서 계약의 일방 당사자가 상대방에게 계약의 내용에 따른 의무를 성실하게 이행하고, 그로 인해 상대방은 계약상 권리의 만족이라는 이익을 얻는 관계에 있더라도 그 의무의 이행이 위와 같은 의미의 '타인의 사무'에 해당하지 않는다면, 그것은 '자기의 사무'에 불과할 뿐이다.

부동산 매매계약이 체결된 경우, 계약 체결과 동시에 그 계약의 효력으로 매도인에게는 부동산 소유권이전의무가 발생하고, 매수인에게는 매매대금 지급의무가 발생한다. 매도인이나 매수인의 이러한 의무는 매매계약에 따른 각자의 '자기의 사무'일 뿐 '타인의 사무'에 해당한다고 볼 수 없다. 매도인의 재산권이전의무나 매수인의 대금지급의무는 매매계약에 의하여 발생한 것으로 본래부터 상대방이 처리하여야 할 사무도 아니고, 신임관계에 기초하여 상대방에게 위탁된 것이라고 볼 수도 없으며, 계약상대방의 재산적 이익을 보호·관리하는 것이 매매계약의 전형적·본질적 내용이라고도 볼 수 없기 때문이다. 매매계약에서 당사자들은 각자의 계약상 권리의 만족을 위해 상대방에게 그 반대급부를 이행하여야 하는 대향적 거래관계에 있을 뿐이다. 설사 매도인에게 등기협력의무가 있다거나 매수인의 재산취득사무에 협력할 의무가 있다고 주장해도 그 '협력의무'의 본질은 소유권이전의무를 달리 표현한 것에 지나지 않으니 그 부당함은 마찬가지이다.

만약 매도인에게 매수인의 재산보전에 협력할 의무가 있다고 가정하면, 쌍무계약의 본질에 비추어 상대방인 매수인에게도 매도인의 재산보전에 협력할 의무가 있다고 보아야 균형이 맞다. 그러나 판례는 잔금을 지급하기 전에 소유권을 먼저 이전받은 매수인이 부동산을 담보로 대출을 받아 매매잔금을 지급하기로 한 약정을 이행하지 않고 다른 용도로 근저당권을 설정한 사안에서 매수인인 피고인에게 배임죄가 성립하지 않는다고 판단하여 이를 부정한 바 있다. 다수의견에 따르면 계약 당사자 사이의 대등한 법적 지위의 보장을 전제로 하는 쌍무계약에서 매도인과 매수인의 상대방에 대한 재산보전에 협력할 의무의 유무를 달리 보는 이유에 대한 납득할 만한 설명을 할 수 없다.

또한 다수의견에 따르면, 매도인이 제2매수인으로부터 중도금을 받았다면 제2매수인에 대한 관계에서도 마찬가지로 그 재산보전에 협력하여 재산적 이익을 보호·관리할 신임관계에 있다고 보아야 한다. 그런데 판례는 매도인이 제2매수인에게 소유권이전등기를 마쳐 준 경우에는 제1매수인에 대한 관계에서 배임죄의 성립을 인정하는 반면, 제1매수인에게 소유권이전등기를 마쳐 준 경우에는 제2매수인으로부터 중도금 또는 잔금까지 받았다고 하더라도 그에 대한 관계에서는 배임죄가 성립하지 않는다고 본다. 소유권이전등기를 마쳐 물권을 취득하기 전에는 채권자로서 대등한 법적 지위를 보장받아야 할 제1매수인과 제2매수인에 대하여 배임죄 성립에 있어서 보호 정도를 달리할 논리적 근거는 어디에서도 찾아볼 수 없다.

한편 다수의견과 같이 매수인이 재산보전에 협력할 의무가 있음을 이유로 매도인이 '타인의 사무를 처리하는 자'에 해당하여 그를 배임죄로 처벌할 수 있다고 본다면, 이는 대법원이 종래 동산 이중매매 사건에서 선고한 판시와 배치된다.

[2] 부동산 매도인인 피고인이 매수인 갑 등과 매매계약을 체결하고 갑 등으로부터 계약금과 중도금을 지급받은 후 매매목적물인 부동산을 제3자 을 등에게 이중으로 매도하고 소유권이전등기를 마쳐 주어 구 특정경제범죄 가중처벌 등에 관한 법률(2016. 1. 6. 법률 제13719호로 개정되기 전의 것) 위반(배임)으로 기소된 사안에서, 갑 등이 피고인에게 매매계약에 따라 중도금을 지급하였을 때 매매계약은 임의로 해제할 수 없는 단계에 이르렀고, 피고인은 갑 등에 대하여 재산적 이익을 보호할 신임관계에 있게 되어 타인인 갑 등의 부동산에 관한 소유권 취득 사무를 처리하는 자가 된 점, 갑 등이 잔금 지급기일이 지나도 부동산을 인도받지 못하자 피고인에게 보낸 통고서의 내용은, 갑 등이 피고인에게 요구조건을 받아들일 것을 촉구하면서 이를 받아들이지 않으면 매매계약을 해제하겠다는 취지일 뿐 그 자체로 계약 해제의 의사표시가 포함되어 있다고 보기 어려운 점, 피고인은 매매계약이 적법하게 해제되지 않은 상태에서 갑 등에 대한 위와 같은 신임관계에 기초한 임무를 위배하여 부동산을 을 등에게 매도하고 소유권이전등기를 마쳐 준 점, 비록 피고인이 당시 임차인으로부터 부동산을 반환받지 못하여 갑 등에게 이를 인도하지 못하고 있었고, 갑 등과 채무불이행으로 인한 손해배상과 관련한 말들을 주고받았더라도, 매매계약이 적법하게 해제되지 않고 유효하게 유지되고 있었던 이상 위와 같은 신임관계가 소멸되었다고 볼 수 없는 점을 종합하면, 피고인의 행위는 갑 등과의 신임관계를 저버리는 임무위배행위로서 배임죄가 성립하고, 또한 매매계약은 당시 적법하게 해제되지 않았고, 설령 피고인이 적법하게 해제되었다고 믿었더라도 그 믿음에 정당한 사유가 있다고 보기 어려워 피고인에게 배임의 범의와 불법이득의사가 인정됨에도, 이와 달리 보아 공소사실을 무죄로 판단한 원심판결에 배임죄에서 '타인의 사무를 처리하는 자', 범의 등에 관한 법리오해의 위법이 있다.

제12장

신분범의 행위주체 자격

- 대법원 2014. 5. 22. 선고 2012도7190 전원합의체 판결[1]을 중심으로 -

【판시사항】

[1] 구 도시 및 주거환경정비법 제85조 제5호 위반죄 또는 제86조 제6호 위반죄의 수체로 규정된 '조합의 임원' 또는 '조합임원'의 의미 및 조합설립인가처분이 무효여서 처음부터 같은 법 제13조에서 정한 조합이 성립되었다고 할 수 없는 경우, 그 성립되지 아니한 조합의 조합장, 이사 또는 감사로 선임된 자가 위 '조합의 임원' 또는 '조합임원'에 해당하는지 여부(소극)

[2] 주택재개발정비사업조합의 임원이었던 피고인들이 공모하여, 총회의 결의 없이 철거감리업체를 선정하거나 정비사업 시행과 관련한 자료 등을 공개하지 아니하였다고 하여 구 도시 및 주거환경정비법 위반으로 기소된 사안에서, 위 조합에 대한 조합설립인가처분이 무효여서 처음부터 조합이 성립되었다 할 수 없으므로, 피고인들은 같은 법 제85조 제5호, 제24조 제3항 제5호 및 제86조 제6호, 제81조 제1항의 각 위반행위에 대한 주체가 될 수 없다고 한 사례

【판결요지】

[1] **[다수의견]** (가) 구 도시 및 주거환경정비법(2012. 2. 1. 법률 제11293호로 개정되기 전의 것, 이하 '구 도시정비법'이라 한다) 제8조 제1항, 제13조, 제20조 제1항

1) 이에 관해 자세한 것은 대법원 2014. 5. 22. 선고 2012도7190 전원합의체 판결[도시및주거환경정비법위반] > 종합법률정보 판례 참조.

제5호, 세21조 제1항, 제85조 제5호, 제86조 제6호를 종합하여 보면, 구 도시정비법 제85조 제5호 위반죄 또는 제86조 제6호 위반죄는 각 규정에서 정한 행위자만이 주체가 될 수 있고, 여기에서 그 주체로 규정된 '조합의 임원' 또는 '조합임원'이란 구 도시정비법 제13조에 따라 정비사업을 시행하기 위하여 토지등소유자로 구성되어 설립된 조합이 구 도시정비법 제21조에 따라 둔 조합장, 이사, 감사의 지위에 있는 자이다.

(나) 구 도시정비법 제18조에 의하면 토지등소유자로 구성되어 정비사업을 시행하려는 조합은 제13조 내지 제17조를 비롯한 관계 법령에서 정한 요건과 절차를 갖추어 조합설립인가처분을 받은 후에 등기함으로써 성립하며, 그때 비로소 관할 행정청의 감독 아래 정비구역 안에서 정비사업을 시행하는 행정주체로서의 지위가 인정된다. 여기서 행정청의 조합설립인가처분은 조합에 정비사업을 시행할 수 있는 권한을 갖는 행정주체(공법인)로서의 지위를 부여하는 일종의 설권적 처분의 성격을 가진다. 따라서 토지등소유자로 구성되는 조합이 그 설립과정에서 조합설립인가처분을 받지 아니하였거나 설령 이를 받았다 하더라도 처음부터 조합설립인가처분으로서 효력이 없는 경우에는, 구 도시정비법 제13조에 의하여 정비사업을 시행할 수 있는 권한을 가지는 행정주체인 공법인으로서의 조합이 성립되었다 할 수 없고, 또한 이러한 조합의 조합장, 이사, 감사로 선임된 자 역시 구 도시정비법에서 정한 조합의 임원이라 할 수 없다.

이러한 법률 규정과 법리에 비추어 보면, 정비사업을 시행하려는 어떤 조합이 조합설립인가처분을 받았다 하더라도 그 조합설립인가처분이 무효여서 처음부터 구 도시정비법 제13조에서 정한 조합이 성립되었다고 할 수 없는 경우에, 그 성립되지 아니한 조합의 조합장, 이사 또는 감사로 선임된 자는 구 도시정비법 제85조 제5호 위반죄 또는 제86조 제6호 위반죄의 주체인 '조합의 임원' 또는 '조합임원'에 해당하지 아니한다고 해석함이 타당하며, 따라서 그러한 자의 행위에 대하여는 구 도시정비법 제85조 제5호 위반죄 또는 제86조 제6호 위반죄로 처벌할 수 없다.

[대법관 신영철, 대법관 고영한, 대법관 김창석, 대법관 김신의 반대의견] (가) 구 도시 및 주거환경정비법(2012. 2. 1. 법률 제11293호로 개정되기 전의 것) 제24조 제3항, 제81조 제1항, 제84조, 제85조 제5호, 제86조 제6호를 살펴보면, 조합원 등과 조합의 법적 이익이 정당하게 보호될 수 있기 위해서는 조합의 최종적인 운명에 관계

없이 조합설립인가의 시점부터 조합이 공법상의 지위를 상실하는 확정적인 판단을 받는 시점까지, 또는 목적달성으로 그 지위가 소멸되는 시점까지 조합임원에 대한 법적 명령이나 금지가 유효하게 존재한다고 보아야 한다. 왜냐하면, 위 규정들은 조합설립인가처분에 의하여 법적 실체를 갖게 된 조합이 투명하고 공정하게 운영되도록 하기 위한 목적에서 생겨난 것이기 때문이다.

(나) 조합임원이 총회의 의결을 거쳐야 하는 사항임에도 총회의 의결을 거치지 아니하고 그에 관한 사업을 임의로 추진하였다면 그 시점에서 범죄가 성립된다. 그리고 조합임원이 정비사업 시행과 관련한 서류 및 자료를 인터넷과 그 밖의 방법을 병행하여 공개하지 아니하거나 조합원 또는 토지등소유자의 열람·등사 요청에 응하지 아니하였다면 그 시점에서 범죄가 성립된다. 또한, 조합임원이 시공자 등으로부터 금품을 수수하였다면 그 시점에서 범죄가 성립된다.

위 각 행위 시점에서 그 행위자가 객관적으로 조합임원이었고 자신이 조합임원이라는 사실을 분명하게 인식한 상태에서 조합임원에게 주어진 법적 명령이나 금지를 위반한 이상 그 행위 당시의 형벌규정에 의하여 처벌되는 것은 당연하다. 이 점은 범죄가 성립된 시점 이후에 조합설립인가처분 무효확인 또는 취소의 판결이 확정되었다 하더라도 마찬가지이다. 그리고 이러한 결과는 죄형법정주의를 위반하는 것이라고 할 수도 없다. 범죄행위가 기수에 이른 시점 이후에 생겨난 조합설립인가처분 무효 또는 취소라는 사정을 반영하여 이미 성립된 범죄를 그에 관한 재판의 시점에서 달리 평가할 수 있느냐 하는 문제는 죄형법정주의와는 차원을 달리하는 별개의 문제이기 때문이다.

[2] 주택재개발정비사업조합의 임원이었던 피고인들이 공모하여, 총회의 결의 없이 철거감리업체를 선정하거나 정비사업 시행과 관련한 자료 등을 공개하지 아니하였다고 하여 구 도시 및 주거환경정비법(2012. 2. 1. 법률 제11293호로 개정되기 전의 것, 이하 '구 도시정비법'이라 한다) 위반으로 기소된 사안에서, 위 조합에 대한 조합설립인가처분이 무효여서 처음부터 구 도시정비법 제13조에서 정한 조합이 성립되었다 할 수 없으므로, 피고인들은 구 도시정비법 제85조 제5호, 제24조 제3항 제5호 및 제86조 제6호, 제81조 제1항의 각 위반행위에 대한 주체가 될 수 없고, 피고인들이 위 각 위반행위를 하였더라도 위 각 규정 위반죄로 처벌할 수 없다고 한 사례.

연 구

Ⅰ. 문제의 쟁점

일반범은 형사미성년이 아닌 이상 어느 누구도 행위주체가 될 수 있는 반면, 신분범은 특정한 자격이나 일정한 신분을 가져야만 해당 범죄의 행위주체가 될 수 있다. 대상 판례에서 행위주체는 인가된 조합의 대표 등 임원으로서 특정한 업무이행에 관해 신분을 구비하고 있어야 한다는 점에서 이의 없어 보인다.

입장이 갈라진 것은 다음과 같다. 다수견해에 따르면, "조합설립인가처분 무효확인의 판결이 확정되었다면 어떤 조합이 조합설립인가처분을 받았다 하더라도 그 조합설립인가처분이 무효여서 처음부터 해당 법률조문에서 정한 조합이 성립되었다고 할 수 없게 되고, 그 경우 그 성립되지 아니한 조합의 조합장, 이사 또는 감사로 선임된 자는 특정 범죄의 주체인 '조합의 임원' 또는 '조합임원'에 해당하지 아니한" 것으로 본다. 그 결과, 행정처분의 무효로 해당 조합의 설립이 무효가 되면, 그 조합임원은 기왕에 범했던 해당 범죄에 관한 행위주체 자격의 상실로 처벌할 수 없다는 것이다.

이에 반해 소수견해는 "조합의 최종적인 운명에 관계없이 조합설립인가의 시점부터 조합이 공법상의 지위를 상실하는 확정적인 판단을 받는 시점까지, 또는 목적달성으로 그 지위가 소멸되는 시점까지 조합임원에 대한 법적 명령이나 금지가 유효하게 존재한다고 보아야 한다."고 한다. 그러면서 예컨대 "조합임원이 총회의 의결을 거쳐야 하는 사항임에도 총회의 의결을 거치지 아니하고 그에 관한 사업을 임의로 추진하였다면 그 시점에서 범죄가 성립된다."고 본다.

이들 두 입장 모두 죄형법정주의[2])를 원용하면서 논증을 하고 있다.

다수견해는 관련된 쟁점에 관해 죄형법정주의에 걸맞게 해석되어야 하는데, 그러려면 행정청에 의해 인가된 조합이 무효로 판결된 경우, 조합의 임원의 처벌법규 위

2) 이에 관한 자세한 내용은 필자의 "죄형법정주의의 연혁과 그 사상적 배경", 법학논고(경북대) 제35호, 2011년.

반행위도 소급하여 무효가 되는 것이 마땅하다고 본다. 즉 조합의 인가가 무효처분의 판결을 받게 되면 그 임원이 범했던 기왕의 규범위반행위는 행위주체인 임원의 소급된 자격상실로 처벌될 수 없다는 것이다.

이에 반해 소수견해는 사후에 조합임원의 자격이 무효판결로 소급하여 상실되었다고 하더라도, 조합임원의 자격을 갖고 있었던 실행행위 시에는 이미 범죄가 범해졌으며, 그로 인한 범행의 실체가 존재하였다는 점에서 형법 제1조 제1항에 근거한 죄형법정주의의 행위시법원칙에 어긋나지 않다는 입장이다.

양 입장 모두 임원으로 활동 당시에 해당 규범위반에 관해서는 다툼이 없으므로, 다수견해에 따르면 무죄가 되고, 소수견해에 따르면 당연히 유죄가 된다.

Ⅱ. 신분범과 행위시법주의의 관계

1. 형법 제1조 제1항

형법 제1조 제1항에 따르면, "범죄의 성립과 처벌은 행위 시의 법률에 의한다."고 함으로써 '행위 시의 법률에 의하고 있'음을 명시하고 있을 뿐 신분범의 행위주체도 행위 시에 신분을 유지하고 있어야 함을 표명하고 있질 않다. 그러나 범죄가 성립되고 처벌되는 행위가 행위 시의 법률에 위반될 수 있기 위해서는 그 해당 시점에서 행위주체의 자격을 가져야 됨은 너무도 당연하다. 그러기에 형법의 행위시법주의 규정에서 신분범의 행위자격에 관해 달리 명백한 입장표명이 없음에도, 신분범의 죄가 성립되기 위해서는 외관상 범죄행위가 실현되는 바로 그 때 행위자가 이미 신분을 지니고 있는 것으로 충분하다.

2. 형법규범의 성격과 행위시법주의

형법의 성격은 법적 안정성을 준시하지만, 민법보다는 훨씬 동적이다. 그러기에 민법상 간접점유는 가능하지만, 형법은 간접점유를 인정하지 않고 있다. 이처럼 형법은 민법보다 현실적이고 동적이며, 특정 법익보호를 위해 실행행위의 현실에서 범해지는 구성요건 침해를 벌하고 있다. 이를 통하여 사회적으로 중시되는 법익을 보호할 수 있기 때문이다. 그러므로 형법상 행위주체의 특정 구성요건침해가 사후에 어떤 연유에 의하여 소급되어서 그 침해의 실체가 없어질 수 없다. 이런 점에서 형법상 행위시법주의에 의하더라도 행위 당시에 행위주체의 신분을 구비한 자의 형벌법규위반행위는 여전히 처벌의 대상으로 남아야 되며, 사후에 발생한 문제인 행위주체의 자격 여부에 관해 소급하여 영향을 받지 않는다고 본다.

Ⅲ. 행정처분의 무효가 형사실체법에 미치는 영향과 형법상 개념의 독자성

모든 법률은 나름의 법질서의 통일성을 갖고 있다. 그렇다고 해서 각 법률영역의 독자성이 전혀 없는 것도 아니다. 특히 형법은 인간이 참기 힘든 형벌을 수단으로 하므로 형법법규의 개념과 해석적용이 다른 법질서에 의해 통일되어야 할 정당성이 비교적 적을 수밖에 없다. 그러기에 예컨대 형법상 점유 개념은 민법과 온전히 일치될 수 없음을 누구나 인정하고 있다. 그뿐만 아니라 필자에 의해 논증한 형법상 '위탁금전과 관련한 소유권' 문제도 민법상 소유권 개념으로는 온전한 해명을 할 수 없고, 형법상 독자적인 소유권 개념이 있어야 함을 입증한 바 있다.[3)]

또한 행정처분의 무효의 개념 역시 어떤 절대적 기준을 갖고 있지도 않다. 예컨대 쿠데타로 정권을 장악했던 분의 온갖 행정처분은, 그분의 행위가 반헌법적이고 불법적인 정권탈취라고 해서 유죄확정판결이 난 경우라도, 언제나 무효일 수 없다. 만일 그분의 온갖 행정처분이 무효라고 한다면 관계된 법관이나 검찰의 임용행위조차도 무효가 되는 것이 마땅하며, 국가의 온갖 권력행사는 소급하여 무효가 됨으로써 걷잡을 수 없는 혼란에 빠질 수 있기 때문이다. 그러므로 행정처분의 무효 개념 절대화는 우리 법질서가 언제나 용납할 수 있는 성질일 수 없고, 상대화시킬 수 있는

3) '위탁금전과 소유권개념', 비교형사법연구 제5권 제1호, 2003.

경우도 있는 것으로 보인다. 따라서 행정처분의 무효 개념은 상대적이며, 특정 행정처분의 무효는 원칙적으로 특정 행정행위와 그에 밀접히 관련된 부분에서만 미친 경우가 적지 않음을 종래의 판례에서도 다수 찾아볼 수 있다.

그러므로 행정처분의 무효 개념은 형법상 무효의 개념으로 언제나 인정되어야만 하는 것도 아니며, 인정될 수 있는 경우라고 하더라도 형법의 독자적 무효 개념에 근거해야 함은 자명해 보인다. 따라서 구청에 의해 인가된 조합이 오랫동안 각종의 사업을 추진하였다면 그 추진된 각종 사업의 실체는 조합인가에 대한 행정처분의 무효로 모두 없어지지 않으며, 그 사업의 추진주체도 그 범위 내에서 여전히 남는다. 더구나 그런 행위주체의 범법행위는 사회적으로 중요한 법익을 침해했을 뿐만 아니라 피해자에겐 구체적 피해의 발생을 야기하지 않았는가!

Ⅳ. 외국, 특히 독일의 경우

독일 형법 제14조 제1항과 제3항[4]에서 타인의 대리인이나 기관의 대표 등도 어느 범죄의 행위주체가 될 수 있음을 명시하고 있다. 그리고 대리인이나 기관의 대표 등의 자격에 관해 사후 무효나 취소사유가 있더라도 행위 시에 범한 타인의 대리인이나 그 기관의 대표 등을 처벌할 수 있는 행위주체가 될 수 있음을 확인하고 있다.

이 규정의 성격에 관해서 다음의 두 가지 입장이 주장될 수 있을 것이다. 그 하나는 그런 규정을 일부러 두고 있는 국가에서만 법인이나 조합의 인가에 관한 행정처분의 무효가 확정되더라도 범죄행위의 행위주체 자격을 가질 수 있다는 입장이다. 다른 하나는 행위주체의 행위 시에는 행위자 자신뿐만 아니라 그 상대방 역시 행위주체이 자격을 인정할 수밖에 없는 사정에 처해 있고, 범행의 실체가 고스란히 남아 있기 때문에, 사후에 행위주체의 자격이 소급적으로 적용된다는 것은 생각할 수 없

4) 【타인을 위한 행위】 ① 다음 각호의 1에 해당하는 자격으로 행위한 경우, 특별한 인적 성질, 관계 또는 상황(특별한 인적 요소)이 가벌성의 기초를 이루는 법률은 그와 같은 요소가 대리인에게는 존재하지 아니하고 본인에게만 존재하는 경우에도 그 대리인에 대하여 준용한다
1. 법인의 대표기관 또는 그 기관의 구성원
2. 권리능력 있는 인적 회사의 대표권 있는 사원
…
③ 제1항과 …은 대리권 또는 위임관계에 기초하여 이루어진 법률행위가 무효로 된 경우에도 적용된다.

는 너무도 당연한 규정이라는 입장이다.

필자는 후자의 입장을 지지하고 싶다. 형법은 행위 시의 범행을 처벌할 뿐이며, 그 이전의 행위나 그 이후의 행위에 대해 원칙적으로 벌하지 아니한다. 특히 사후에 대리인에 대한 위임이나 계약이 무효로 되었다고 해서 현실적으로 범했던 당시 행위자의 범행 실체를 인정하면서도 범죄성을 소급해서 부인한다는 것은 논리모순이기 때문이다.

V. 결 론

이상에서 살펴본 바와 같이 필자는 대법원의 소수견해가 형법이론적인 차원, 특히 죄형법정주의 차원에서도 틀리지 않았다고 생각된다. 왜냐하면 행위 당시에 행위자격을 가진 행위주체의 행위실체가 그대로 존재할 뿐만 아니라, 바로 그런 규범위반행위는 회피했어야 하며, 위반행위를 범했으면 실행의 행위주체가 없었던 것처럼 해석할 것이 아니라, 실질적으로 실행했던 행위주체의 자격을 인정한 것은 옳다고 보기 때문이다.

이에 반해 다수견해의 주장인 죄형법정주의 원칙에 철저하기 위해서는 행정처분의 무효는 신분범의 행위주체 자격을 소급하여 원천무효가 되므로 처벌할 수 없다는 사고방식은 극복되어야 할 것이다. 왜냐하면 다수견해에 따르면 조합임원의 법규위반행위가 실체로 존재함에도 조합인가의 무효판결로 임원자격이 소급하여 원초적으로 상실되어 기왕에 범했던 각종 범법행위조차 아무런 실체도 없이 범해지지 않았던 결과를 야기하고 있기 때문이다.

이런 점에서 대법원 전원합의체의 2012도7190 판결은 잘못된 것이고, 소수견해에 따른 결론, 즉 피고인들은 실행행위 당시 행위주체의 자격을 갖고서 처벌되는 규범을 위반했으므로 유죄의 판결을 내렸어야 타당한 것으로 보인다.

제13장
한국에서 '검찰상'과 '검사의 객관의무'

Ⅰ. 문제의 제기

석동현 전 서울동부지검장이 2012년 7월 18일 취임인사에서 다음과 같은 '있어야 할 검찰상'의 모습을 피력한 바 있다.[1)]

그에 따르면 "검찰은 공정한 법치를 실현하는 데 혼신의 노력을 다해야 하며, 우리는 그동안 부정부패사범을 엄정히 처리하고 국민에게 보다 가까이 다가가기 위해 애썼지만 국민은 더 많은 변화를 원하고 있으며, 검찰은 이런 국민의 바람과 비판을 냉철히 직시하고 국민의 신뢰를 공고히 하기 위해 끊임없이 노력해야 한다." 이를 실현하기 위해서는 "모든 업무를 국민 입장에서 판단하고 국민 중심으로 충실하게 수행해야 한다. 국민의 신뢰를 잃은 검찰조직은 더 이상 존재할 수가 없고, 사소한 사건이라도 국민의 이야기에 귀 기울이고 따뜻하게 배려할 때 비로소 가능하다. 검사 각자가 검찰의 대표자라는 사명감으로 담당하는 업무를 국민의 입장에서 처리해 달라."고 당부했다.

여기서 언급된 '신뢰받을 검찰의 모습'에서 핵심은 "첫째로 검찰의 임무는 법치국가의 공정한 실현에 있으며, 둘째로 검찰은 모든 업무를 국가권력의지의 대변자로서가 아니라 정의로운 법의지(Rechtswille)의 실현, 즉 모든 국민의 대변자가 되어 달라."는 점에 있는 것으로 보인다.

---

1) http://www.shinailbo.co.kr/news/articleView.html?idxno=277593.

검사장이 부임하면서 이와 같은 언급을 하는 것이 의례적인 인사말일 수 없는 게 오늘의 우리 현실이다. 왜냐하면 우리 검찰은 이제 국민의 신뢰에 터 잡은 검찰상을 구현하라는 뜨거운 요구에 응답해야 할 사정에 처해 있기 때문이다. 2013년 7월 21일 현재 인터넷포털 다음(Daum)에서 '검찰상'이라는 단어로 검색해 보면 1,860건이고, 정치검사라는 용어는 무려 765,000건이나 실려 있다. 이러한 사실은 검찰이 아직도 국민의 신뢰를 충분히 받지 못하고 있다는 사실을 반증하며, 그래서 국민들은 검찰을 특정 국가권력의 대변자가 아닌, 국민의 대변자로서 제 소임과 역할에 충실할 것을 기대하고 있으며, 검찰은 이에 부응해야 할 시대적 책무를 지고 있다고 생각된다.

채동욱 전 검찰총장도 이와 같은 맥락에서 '있어야 할 검찰의 모습'을 이해하고, 국민으로부터 신뢰받을 수 있는 검찰의 위상 구현에 만전을 기하려는 노력을 보이고 있다.[2)]

그런데 '신뢰받을 검찰의 모습'에 대한 요청은 어제 오늘의 문제가 아니다. 해마다 법조비리가 터져 나오고 있으며, 그때마다 검사들이 관련된 경우가 적지 않았다. 그 경우 검찰은 신뢰받을 검찰상을 구현한다면서 몇 가지 대책을 세우고, 소정의 성과를 제시하는 등 문제의 순간만을 모면하기에 바빴다. 추상적인 용어에 불과한 '있어야 할 검찰상'의 구체적인 구현을 위한 충분한 제도가 뒷받침되지 않고 있기 때문에 아직도 바람직한 검찰의 모습은 원점에서 맴돌고 있으며, 언제라도 다시 검찰비리가 터져 나올 지는 예측하기 어렵지 않아 보인다.

게다가 모든 검찰은 있어야 할 검찰상 내지 국민의 신뢰를 받을 수 있는 검찰상의 추상적인 모습을 모를 리 없다. 검사들 대부분은 자신의 역할, 즉 검찰총장을 위시하여 모든 검사들은 법치국가의 실현을 위한 적임자이자 대변자로 자임하고 있고, 그렇게 활동해야 한다는 사실도 잘 알고 있을 것이기 때문이다.

그러나 검찰이 법치국가 실현의 적임자이자 대변자로 활동할 수 있는 제도적인 뒷받침을 마련하지 아니한 채 우리가 검찰을 향하여 도덕적으로 혹은 윤리적으로

2) 그는 취임 100일을 맞아 "정치적 중립성과 공정성에 대한 의구심을 떨쳐내지 못했고 스스로 비리와 추문에 연루된 부끄러움이 있었다."고 기자들에게 토로한 바 있다(http://www.fnnews.com/view?ra=Sent1201m_View&corp=fnnews&arcid=201307180355078235507823&cDateYear=2013&cDateMonth=07&cDateDay=18).

있어야 할 검찰상을 준수하라 하고, 그래서 신뢰받을 검찰로 거듭 태어나라고 요구하는 것은 매우 쉽다. 그러나 그렇게 할 수 있도록 제도적 장치를 설정하지 않고 이를 실현하기란 어려운 일이다. 그것은 지나간 검찰의 역사가 이를 충실히 입증해 주고 있지 않는가.

그러므로 검찰이 실질적 법치국가원리를 실현할 적임자이자 그 대변자로 그 입지를 세우고자 한다면 검사의 객관의무를 충실히 실행할 수 있는 제도적 기반부터 먼저 조성하는 것이 바람직하다. 검사의 객관의무란 형사사건에서 검사가 단순한 당사자의 입장을 초월하여 피의자, 피고인의 정당한 이익뿐만 아니라 국민의 자유와 인권을 위한 대변자로서 오로지 실체적 진실파악과 정의를 실현해야 할 의무[3]로 이해되어야 한다. 그리고 이러한 의무에 대한 위배가 있을 경우 그런 검사에 대해 단순히 도덕적 비난에만 그칠 것이 아니라 형사처벌의 대상이 되도록 하여 정치적 판단이나 외압에 흔들림이 없이 국민의 자유와 인권 그리고 실체적 진실파악과 사법정의를 실질적으로 실현하는 데 혼신의 힘을 기울일 수 있도록 해야 할 것이다. 바로 그러한 노력이 지속될 경우라야 한국의 검찰은 비로소 국민들로부터 신뢰받는 위상을 지속적으로 유지할 수 있을 것으로 보인다.

Ⅱ. '있어야 할 검찰상'의 역할모델

한국어 사전에는 정치검사라는 용어가 없다. 그럼에도 현실에서는 정치검사란 용어가 관용어처럼 사용되고, 사회여론의 틈바구니에서는 정치검사에 대한 비난으로 가득 차 있는 실정이다. 검찰에 대한 국민의 인식상황이 이러함에도 불구하고 '있어야 할 검찰상'의 역할 모델(Model)이 될 수 있었던 검찰도 역사상으로 적지 않았다.

이들 중에 이른바 '인혁당(人革黨) 사건' 수사를 담당했던 검사들의 태도에서 그 원형을 찾아볼 수 있다. 이용훈(李龍薰) 당시 부장검사를 비롯한 3명의 검사들(崔大賢·金秉裏·張元燦)은 국가권력의지의 대변자로서가 아닌, 국민의 편에 서서 법의

3) 이완규 검사는 자신의 저서(「검사제도와 검사의 지위」, 도서출판 성문기업, 2005, 271쪽)에서 검사의 객관의무를 "검사가 단순한 당사자의 입장을 초월하여 피의자, 피고인의 정당한 이익도 보호하여야 할 의무를 말한다."고 파악하고 있으며, 대부분의 한국의 형사법학자들도 이 견해를 그게 벗어나지 않고 있다.

지(Rechtswille)에 따라 실체적 진실파악과 사법성의를 검사의 직분역할로 여기고 이를 충실히 이행하였기 때문이다. 이들 검사들이 취한 행동이 구체적으로 어떠했는지를 다음에서 살펴보자.[4)]

김형욱(金炯旭) 중앙정보부장은 1964년 8월 14일 기자회견장에서 '인혁당 사건'의 수사결과를 발표하였다. 그 직후인 1964년 8월 17일 서울지검 공안부(부장: 이용훈)에 이 사건이 배당되었다. 공안부에 송치된 피의자들은 구속자가 22명이었으며, 불구속자 12명, 미체포자 13명으로 관련자는 모두 47명이었다.

이용훈 부장검사는 자신의 회고록 「사필귀정의 신념으로」에서 "나를 비롯한 3명의 검사들이 매일같이 집중적으로 수사를 계속하였고, 또 매일 저녁 정기적으로 모여 그날의 조사결과를 서로 교환·보고하면서 이 사건 수사에 총력을 기울였다. 조사를 하여가면서 차츰 피의자들의 피의사실을 증명해 줄 증거에 대해 의문을 가지기 시작했다. 증거를 찾을 수 없었던 것이다. 우리는 그럴수록 더욱 더 엄정하고 치밀하게 조사를 행하였다. 그러나 의문은 점점 더 커져만 갔다. 우리는 우리가 할 수 있는 한의 모든 조사를 끝내고, 그달 29일 일단 수사를 종결지었다. 이 사건 피의사실의 핵심은 피의자들이 북괴에서 넘어온 간첩 김모의 지령에 의하여 대한민국을 변란(變亂)할 목적으로 인민혁명당을 조직해 창당하고, 학생데모를 조종해 오다가 6·3 계엄령 선포로 지하로 잠적해 기회를 노리고 있다가 검거되었다는 데 있다. 그러나 수사결과 보고회의에서 위의 핵심사실을 인정할 수 있는 증거가 없다는 데 4명 모두 의견의 일치를 보았다."고 적고 있다.[5)]

그리고 이 사실을 당시 서울지검 검사장에게 보고하자 검사장은 "빨갱이 사건은 일반 사건과는 다르게 취급해야 하는 것이오. 이 사건에 대한 공소제기는 법무부장관과 검찰총장의 절대적인 명령이므로 당신들은 기소하든지, 아니면 옷을 벗고 물러나든지 둘 중의 하나를 선택하시오. 기소를 해서 무죄가 되더라도 검사들에겐 책임을 안 지운다는데 왜들 그러는 거요? 여러분들이 기소를 안 한다면 나는 검사장을 그만둘 수밖에 없소. 당신들도 사표를 써 가지고 있어요!"[6)]라고 회고하고 있다.

4) 이용훈, "인민혁명당 사건", 사필귀정의 신념으로, 도서출판 (주)리틀윅스, 1994, 95쪽 이하, 특히 100쪽 이하 참조.

5) 위의 책, 99쪽 이하.

6) 위의 책, 103쪽.

이에 이용훈 부장검사는 "검사장으로서 부하에게 어떻게 그런 말을 하실 수 있습니까? 좋습니다. 우리 검사들은 마음의 준비가 다 되어 있습니다. 만일 우리 검사들에게 끝까지 공소제기를 명령하신다면 다 함께 사표를 제출하기로 합의를 보았습니다."[7]라며 자신들의 의지를 굽히지 않았다.

그리고서 이들 4명의 검사는 끝까지 그 사건에 대해 기소하지 않았다. 그러자 "대검찰청으로부터 서울지검 차장검사의 이름으로 기소하라는 지시가 내려왔다고 한다. 그러나 차장검사 역시 기소장 서명을 거부했다. 이에 당황한 검찰 고위층은 서울지검의 다른 검사들에게 위촉했으나 그들도 역시 거부했다."[8]는 대목은 지금에 반추해 보더라도 유신의 서슬이 퍼렇던 시절에 검찰의 소신을 미루어 짐작할 수 있게 한다.

Ⅲ. 검찰, 국가권력의지의 대변자가 될 수밖에 없는 우리의 현실

한국 헌법에는 법관의 지위에 관해 상세히 규정하고 있다. 즉 헌법 제101조 제1항은 "사법권은 법관으로 구성된 법원에 속한다.", 제103조(법관의 독립)는 "법관은 헌법과 법률에 의하여 그 양심에 따라 독립하여 심판한다." 아울러 헌법 제106조는 법관의 신분을 보장하고 있다. 그리고 헌법의 근거에 따라 법원조직법 제46조는 법관의 신분보장에 관해 구체적으로 기술하고 있다. 그 결과 법관은 사법공무원으로서 자격을 지니며, 누구의 지시나 간섭도 받지 않고 오직 헌법과 법률에 의할 뿐 독립성을 갖고 심판에 임할 수 있게 되어 있다.

이에 반해 한국 헌법에서 검찰에 관한 규정은 오직 단 하나의 조문인 헌법 제12조 제3항에서 언급하고 있다. 즉 동조는 "체포·구속·압수 또는 수색을 할 때에는 적법한 절차에 따라 검사의 신청에 의하여 법관이 발부한 영장을 제시하여야 한다."로 규율하고 있어, (법관에게) 검사의 영장 신청권만이 명시되어 있는 셈이다. 그 결과 한국 헌법은 검찰의 지위와 독립성 등에 관해서는 법관과 달리 전혀 언급이 없다. 그리고 형사재판을 포함한 모든 재판의 진행을 위한 법원조직법에서도 검

7) 위의 책, 103쪽.
8) 위의 책, 105쪽.

사의 지위에 관한 명문의 규정은 없다. 검찰의 지위와 권한에 관해서는 오직 검찰청법에 규정을 두고 있을 뿐이다. 그 결과 검찰은 법관과 유사한 사법공무원의 자격과 직무상 독립성을 갖고 있다는 법적 근거는 불명확하게 되어 있는 셈이다. 게다가 검찰청법 제8조(법무부장관의 지휘·감독)에 의하면, “법무부장관은 검찰사무의 최고 감독자로서 일반적으로 검사를 지휘·감독하고, 구체적인 사건에 대하여는 검찰총장만을 지휘·감독한다.”는 규정을 두고 있어, 결과적으로 검찰은 행정부인 법무부에 속하고, 법무부장관의 지시를 따라야 하는 위계구조로 되어 있다. 또한 검찰청법 제7조(검찰사무에 관한 지휘·감독) 제1항은 “검사는 검찰사무에 관하여 소속 상급자의 지휘·감독에 따른다.”고 명시하고 있다. 그 결과 특정 사건에 대한 법무부장관의 지시는 검찰총장을 상대로 하지만, 모든 검사는 소속 상급자의 지시에 따라야 되므로 결과적으로 정치인인 법무부장관의 지시는 검사들의 구체적 사안에 관해 정치적 영향력을 미칠 수 있도록 되어 있는 것이 우리의 현실이다.

물론 상부의 지시를 거부할 수도 있다. 그러나 현실에서 이러한 거부를 실천하는 것은 그리 녹녹하지 않을 것이다. 이용훈 부장검사의 경우만 하더라도 국민을 위한 대변자로서 검찰의 직분을 발휘하려고 노력했기 때문에 결과적으로 검사의 직을 사임해야 했다. 따라서 검사이기 이전에 한 사람의 인간으로 그렇게까지 행할 수 있는 검사들이 존재하기를 우리가 무조건적으로 기대한다는 것 자체는 그다지 합리적이지 않아 보인다.

우리는 어떤 금지규범이라도 그것을 준수할 수 있을 때, 그리고 보통사람이라면 누구라도 준수하는 것이 일반적인 것으로 받아들여질 경우에서야 비로소 그것을 준수하지 않는 사람이 있다면 그에 대하여 충분히 비난할 수 있다. 그러나 우리 모두가 준수하기 어려운 문제인데도 그것을 준수하지 않았다고 하여 일방적으로 무조건 비난하는 것은 능사가 아니다. 바로 그런 경우가 오늘날 한국검찰이 법제도상 처해 있는 현실인지 모른다. 즉 정치적인 사안에 대해 법치주의국가원칙[9]에 철저한 이해가 뒤따르지 아니한 어떤 법무부장관의 지시권이나 검찰 상급자의 지휘·감독권 때문에 어느 검사가 특정한 정치적 판단을 추종했다고 해서, 우리가 그 검사를 무조건

9) 법치국가원칙 일반에 관해서는 허영(許營), 憲法理論과 憲法(제5판), 박영사, 2000, 253쪽 이하 참조; 형사법에서 법치국가원칙에 관해서는 허일태, “형사정책의 지도원리에 관한 基本構想”, 刑法研究 Ⅲ, 진원사, 2007, 6쪽 이하 참조.

정치검사라고 매도하거나 불신하는 것은 타당한 일이 아니기 때문이다.

그렇다면 한국에서 검찰의 위상이 신뢰받지 못하고, 자주 비난의 대상이 되고 있는 이유가 어디에 있는지에 대하여 한국이 검찰제도를 계수했던 독일의 경우를 살펴보면서 그 해답의 실마리를 찾아보도록 하자.

Ⅳ. 독일에서 검사의 객관의무

1. 독일에서 검사제도의 탄생과정과 배경사상

독일에서 중세시대의 형사재판은 고을의 수령이 처리했던 '원님재판'이라고 할 수 있는 규문주의의 형식이었다. 규문주의의 약점은 수사한 자가 피의자에 대한 편견을 재판 시에도 여전히 갖고 있다는 점에서 공정할 수 없었기 때문에 이를 극복할 필요성이 매우 강했다. 그리고 검찰제도는 이런 규문주의를 극복하는 과정에서 새롭게 대두된 자유주의적 법치국가의 이념적 흐름과 함께 출현하게 되었다.[10] 이 자유주의적 법치국가이념은 형사소송법에서 결과적으로 '개혁적 형사소송제도'를 탄생케 하였다.[11] 검찰제도가 태동할 초기에 그것은 정부 내지 국왕의 이익을 대변하고자 도입하려 했음을 부인하기는 어렵다.[12]

18세기만 하더라도 독일에서는 아직 검찰제도가 탄생하지 않았고, 국왕의 분신인 재무관제도가 있었다. 이 제도는 왕실의 직속관청으로 존재하며 '왕의 눈과 귀'의 역할을 담당하는 감시기능의 관청이었다. 즉 재무관은 왕을 위하여 법원을 포함한 모든 관청을 감독하고 국민들이 왕의 지시에 엄격하게 복종하도록 강제하는 임무를 맡았다. 이런 임무를 '법률수호자직'(Gesetzeswächteramt)이라고 불렀고, 당시의 이 용어는 절대주의적 관점에서 '법률'이란 개념과 결부되었다. 이런 의미의 '법률'은

10) 유럽에서 검찰제도의 등장배경에 관해서는 정웅석, 검사의 수사지휘에 관한 연구, 대명출판사, 2007, 23쪽 이하 참조.

11) 독일 검찰제도의 탄생과정과 배경에 관하여 자세한 문헌은 Eb. Schmidt, Einführung in die Geschichte der deutschen Strafrechtspflege, 2. Aufl., 1951, S. 317 ff, 323 ff.

12) 이에 관해 자세한 것은 Heinrich Rüping(번역: 이상문), "Die Geburt der Staatsanwaltschaft in Deutschenland"(GA 1992, 147 ff.), 검사의 지위와 기능, 대검찰청 검찰미래기획단, 2008, 39쪽 이하 참조.

그 내용에 관계없이 통치자의 명령을 의미하였다. 따라서 아직 정의의 이념에 충실한 내용으로 채워진 국가의 의사표시로서 ‘법률’ 개념은 아직 일반화되지 아니하였다. 그 결과 ‘법률수호직’을 담당하는 재무관은 모든 관청과 모든 국민에 대한 영주들의 권력의지를 수호하고 관철시키려 하였다.[13)]

그러나 19세기에 접어들어 법에 대한 책임주의, 법관의 독립성, 정의의 이념에 지향된 법률의 제정 등이 사법 내에 점차 관철되면서 재무관제도는 그 설 자리를 잃게 되었다. 이에 따라 이 제도를 대체하고자 검찰제도가 프로이센을 중심으로 정착하게 된 것이다. 특히 독일의 근대적 검찰제도는 1846년에 마련된 베를린 검찰의 탄생과 궤를 같이 한다.[14)] 베를린 검찰의 탄생과정에서 법제장관인 Savigny와 법무행정장관인 Mühler의 공헌으로 검찰의 성격은 전래되어 왔던 국왕 대변자의 역할, 즉 국가의 권력의지가 아닌, 국민을 위한 법의지의 대표자, 수호자 또는 보존자로 전환하게 되었다.[15)] 진정한 사법기관으로서 오직 실체적 진실파악과 사법정의에의 의지에 대해서만 의무를 부담하는 검찰제도를 도입하려는 노력이 그 불씨를 점화하게 된 것이다. 즉 Mühler는 검찰의 임무를 “검사들은 법의 수호자가 되고, 범죄자를 수사, 소추하며, 곤경에 처한 자를 보호하는 영예로운 마음을 가져야 한다.”고 주장했다.[16)] Savigny도 검찰의 임무에 대해 다음과 같은 입장을 피력하였다. 즉 경찰공무원은 “항상 신속하고 순간적으로 조치를 취하여야 하는 상황에 있으며, 따라서 대체로 많은 것에 대해 착오하고 오판할 수 있다.”고 언급한 반면 “사법적 공무원은 법중심적이며, 따라서 피고인을 위해서도 기능한다.”는 것이다. 즉 사법공무원에 대해서는 편파성이라는 의심이 생기지 않을 수 있다는 점을 명시하였다. 따라서 사법적 공무원으로서 검사가 경찰활동을 통제할 수 있어야 한다는 것을 강조함으로써 검사도 법관과 같은 사법적 성격을 갖고 있음을 확실히 하였다.[17)]

---

13) 이에 관해서는 Eb. Schmidt(역: 박학모), “Die Rechtsstellung der Staatswille im Rahmen der rechtssprechenden Gewalt und ihre Einbeziehung in das Richtergesetz”, 검사의 지위와 기능, 10~11쪽 참조.

14) 베를린 검찰의 탄생에 관해서는 Roxin(번역: 이완규), Zur Rechtstellung der Staatsanwaltschaft damals und heute(DRiZ, 1997, 109 ff), 검사의 지위와 기능, 대검찰청 검찰미래기획단, 2008, 52쪽 이하 참조.

15) 이에 관해서는 Eb. Schmidt(역: 박학모), 앞의 논문, 12쪽.

16) Roxin,(번역: 이완규), 앞의 논문, 53쪽.

17) Eb. Schmidt(역: 박학모), 앞의 논문, 15쪽.

2. 독일 현행법에서 검찰의 객관의무

1) 검찰의 사법기관적 성격

오늘날 독일 법관법은 검찰에 관한 규정을 두고 있지만 검찰이 법관과 동일한 법선언기관은 아니다. 왜냐하면 사건의 대다수가 검사에 의해 종결되고 있긴 하지만, 그것은 결코 법선언작용일 수 없기 때문이다. 또한 독일 법관법 제146조는 검찰의 지시복종관계를 인정하고 있다.[18] 그러나 검찰의 지시복종관계에 관한 이 규정은 지시자나 수용자 모두 진실과 정의의 이념을 추종해야 한다는 점에서 이에 반한 지시자의 지시는 실무상 거의 불가능에 가깝다. 왜냐하면 독일 형법 제344조는 무고한 자에 대한 검사의 소추를 처벌하고 있으며, 형사소송법 제152조 제2항과 동법 제170조 제1항에 의해 범죄혐의가 충분한 자에 대해서는 검사가 공소를 제기해야 할 의무가 있어, 검찰의 유무죄 관련 지시·복종관계는 이론상으로 가능하지 않기 때문이다.

독일 법관법 제141조 이하에서 명시하고 있는 검찰에 관한 규정들이 의미하는 바는 검찰도 법원과 동등하게 대응하는 사법관청이라는 전제에서 출발하고 있다. 더구나 법관법이 검찰제도를 규정하고 있다는 사실은 법관법의 제정과정에서 밝혀진 바와 같이 검찰도 법관처럼 오직 진실과 정의를 실현하기 위한 기관이라는 점을 시사한다. 그러므로 독일 검찰은 사법적 관청(Justizbehörde)의 역할을 수행하고 있을 뿐만 아니라 사법적 관청임이 분명하다고 할 수 있다. 바로 이런 점에서 독일연방대법원도 "검사는 법원과 동등하게 대응하는 사법기관이다."고 판시하였다.[19]

2) 형사실체법상 객관의무

독일 형법은 법관 등의 법왜곡행위를 형사처벌하고 있다(제336조). 즉 공소가 제기된 사건에 관해 법관 등이 고의로 일방 당사자의 이익을 위해 사실관계, 법적용 혹은 양형을 편파적으로 왜곡하는 경우를 처벌하고 있는 것이다. 이것이 의미하는 바는 형사사법을 비롯한 사법권을 행사하는데 있어 오로지 실체적 진실파악과 사법

---

18) GVG §146(Weisungsgebundenheit): Die Beamten der Staatsanwaltschaft haven den diendstlichen Anweisungen ihres Vorgesetzten nachzukommen.

19) BGHSt, 24, 171.

정의 실현을 위해 법과 양심에 따라 사법권을 수행해야 한다는 점이다.[20] 그리고 이러한 요청은 검찰에게도 마찬가지라는 사실을 아래에서 볼 수 있다.

독일 형법 제344조는 “무고한 자에 대한 형사소추나 이런 형사소추를 위해 영향력을 고의로 행사한 자는 1년 이상 10년 이하의 자유형에 처하고, 그 행위가 중하지 아니한 경우에는 3월 이상 5년 이하의 자유형에 처한다.”고 명시하고 있다.

이처럼 무고한 자에 대한 검사의 형사소추를 처벌하는 이유는 다음과 같다. 즉 한편으로 형사사건의 수사나 공소제기 혹은 공소유지와 관련하여 검찰이 자의적으로 혹은 권한을 남용하여 특정한 당사자에게 편파적으로 불리한 처우를 한다면 형사처벌의 대상이 될 수 있다는 점은 법관에게 요구되는 객관의무를 검사에게도 동일하게 인정하고 있는 셈이 된다. 다른 한편으로 검사가 자의적으로 혹은 권한을 남용하여 무고한 사람들을 수사하여 기소하게 되면, 비록 법원에 의해 그자에 대한 무죄가 밝혀진다고 하여도 해당 피고인이나 피의자가 겪게 되는 인격침해는 치명적일 수밖에 없다. 이와 같은 후유증을 사전에 예방하기 위하여 독일은 무고한 자에 대한 검찰의 권한남용에 관해 단순히 도덕적 비난이나 행정벌에 그치게 하지 않고, 특별히 형사처벌하고 있는 것이다.[21]

따라서 독일에서는 검사가 객관의무를 져버리고 특정한 당사자에 대해 고의로 불리한 조치를 취할 경우 처벌될 수 있다는 점에서, 검사의 객관의무는 형사실체법상 담보되어 있는 셈이다.

3) 형사소송법상 객관의무

독일 형사소송법 제152조 제2항에 의하면, 검사는 충분한 범죄혐의가 있는 경우 기소할 의무가 있음을 명시하고 있다. 즉 독일은 기소편의주의를 따르고 있는 한국과 달리 기소법정주의를 취하고 있다. 범죄혐의가 농후한 자에 대한 기소법정주의에 따른 기소강제 때문에, 독일의 검사들에게는 실체적 진실과 정의에 따라야 됨이 더욱 강조된다. 이에 따라 검사의 객관의무 역시 강화될 수밖에 없다.

만일 독일 형사소송법도 한국처럼 기소편의주의를 취했다면 상급자의 지시는 수

20) 법관의 법왜곡행위에 관한 문헌으로는 허일태, “법관의 법왜곡행위에 대한 대책”, 형법연구 Ⅰ, 세종출판사, 1997, 267쪽 이하 참조.

21) 이에 관해 자세한 것은 Hoh, Die Verfolgung Unschuldiger(§344 StGB), S. 70 ff.

사와 공소제기에 깊은 영향을 미칠 수 있을 것이 분명하다. 왜냐하면 기소편의주의는 검사의 재량 여지를 남기고, 그 재량 여지의 범위 내에서 상급자의 지시가 영향력을 발휘할 수 있기 때문이다. 반면 기소법정주의처럼 법률 자체에 재량의 여지가 없을 때, 상급자의 지시가 법률에 위반된 경우에도 불구하고 하급자가 실체적 진실과 정의이념에 반하여 그 지시에 따라 행동한다는 것은 현실적으로 매우 어려운 일이다. 게다가 상급자의 지시로 인하여 공소제기하지 말았어야 할 사안에 대해 고의로 공소를 제기하였다면, 그는 독일 형법 제344조에 의한 처벌이 불가피하기 때문이다.

Ⅴ. 한국에서 검사의 객관의무

1. 객관의무의 존부와 근거에 관한 학설과 판례

한국에서 검사의 객관의무를 인정할 것인지에 관해서는 학설이 나뉘어져 있는데, 인정하는 입장이 압도적인 다수설이다. 그러나 다수설은 검찰을 소송당사자의 일원으로 파악하면서도 이와 모순되는 검사의 객관의무를 인정하는 모습을 보인다.

1) 객관의무 부정설

부정설에 따르면, 한국 형사소송법이 당사자주의를 채택하고 있고, 검사를 행정부에 속하는 행정관으로 파악함으로써 검사의 객관의무를 부정한다. 그러면서 다음과 같이 이유를 제시하고 있다. “검사의 객관의무 내지 공익적 지위의 강조는 형사소송을 더 직권화하고, 범인필벌주의의 관점에서 진실주의의 신앙으로 이끌어 간다. 이는 법의 적정절차이념 및 당사자주의와 모순된다고 본다. 따라서 검사의 객관적·공익적 지위를 부정하고 거기서 유래된다고 해온 권한들을 당사자의 지위에 수렴하는 작업이 필요하다는 것이다. 이런 관점에서 볼 때 기소독점의 통제수단은 ‘시민의 공소권’이라는 이념을 전제로 해야 되며, 이 이념에 의하면 검사는 시민에게 귀속하는 공소권을 시민의 부탁에 따라 행사하여야 할 기관으로서 인정된다고 본다. 그리고 검사의 객관의무나 공익자적 지위라는 표현 속에 국가우월의 권위주의 이데올로기가 숨어 있음을 간과해서는 안 될 것"[22]을 주문하고 있다.

2) 객관의무 긍정설[23]

검사의 객관의무를 인정해야 할 근거에 대해 긍정설은 ① 수사단계에서 피의자에게 불리한 증거뿐만 아니라 유리한 증거도 수집하여야 하고, ② 피고인의 이익을 위하여 상소, 재심청구, 비상상고 등을 할 수 있으며, ③ 고소권자 지정권(형사소송법 제228조), 금치산·한정치산 선고의 청구(민법 제9조 및 제12조), 부재자의 재산관리 청구권(민법 제22조) 및 실종선고의 청구권(민법 제27조) 등은 검사가 공익적 지위에서 유래하였음을 그 이유로 들고 있다.[24] 즉 검사는 공익적 지위에 있으므로 객관의무를 지는 것은 당연하다는 논리이다.

그런데 검사의 객관의무를 긍정하는 입장들은 형사소송법의 해석상 검사에게도 당사자의 지위를 인정하고 있는 것으로 파악하고 있다. 그리고 검사의 객관의무 인정은 검사의 당사자로서의 지위와 배치되지 않으며, 오히려 실질적 당사자주의를 실현하는 것으로 본다. 즉 "법치국가원리의 실현을 위해서는 검사가 객관성을 유지하지 않으면 안 된다는 점을 고려할 때 검사의 객관의무를 인정하는 것은 당연하며, 검사의 객관의무는 검사의 당사자지위와 모순되는 것이 아니라 실질적으로 당사자주의를 실현하기 위한 것이라 할 수 있다."[25]고 한다.

3) 판 례

판례도 검사의 객관의무를 인정하고 있다.[26] 판례는 그 이유를 "인권침해의 소지가 가장 많은 수사 분야에서 국민의 인권과 자유를 보호하기 위하여 우리 헌법과

---

22) 차용석, 형사소송법, 세영사, 1998, 154~155쪽 참조.

23) 강구진, 형사소송법원론, 학연사, 1982, 103쪽 이하; 노명선·이완규, 형사소송법, SKKUP, 2009, 87쪽; 배종대·이상돈·정승환·이주원, 형사소송법(제4판), 홍문사, 2012, 58쪽; 백형구, 형사소송법강의(제8판), 박영사, 2001, 114쪽.; 심희기·양동철, 형사소송법, 삼영사, 2009, 81쪽 이하; 이완규, 앞의 책, 271쪽.

24) 이에 관해서는 이재상, 신형사소송법(제2판), 2008, 박영사, 103쪽.

25) 이재상, 위의 책, 103쪽; 강구진도 비슷한 입장을 피력하고 있다. 즉 "현행 형사소송법이 당사자주의를 바탕하고 있다 하여도 그 테두리 안에서 검사의 준사법적 성격을 인정하는 것은 불가능하지 않다." 강구진, 앞의 책 106쪽.

26) 대법원 2010. 10. 28. 선고 2008도11999 판결; 대전지법 2007. 9. 13. 선고 2006고합4 판결; 창원지방법원 2010. 10. 14. 선고 2010노785 판결.

법률은 검사 제도를 두어 검사에게 준사법기관으로서의 지위를 부여하고 철저한 신분보장과 공익의 대변자로서 객관의무를 지워 사법경찰관리의 수사에 대한 지휘와 감독을 맡게 하고 있다.”[27]고 같이 판시한 바 있다.

4) 검사의 객관의무와 검사의 당사자지위의 모순

다수설의 입장처럼 검사를 형사소송의 당사자로 인정하면서 객관의무를 갖는다는 사고방식은 납득하기 어렵다. 왜냐하면 이들은 상호 모순되는 구조를 갖고 있기 때문이다.

무엇보다 검사를 어느 한편의 충실한 당사자로 인정하게 되면 다음과 같은 문제점이 노출된다. 즉 수사과정에서 검사는 반대편의 당사자인 피의자를 객관적으로 보지 않고, 어디까지나 유죄의 혐의를 밝혀야 할 수사의 대상일 뿐이며, 이미 입건되어 수사가 진행된 사건의 경우, 유죄의 증거확보에 검사 자신의 자존심이 걸렸다고 생각하기 마련이다. 이에 따라 수사과정에서 검사는 피의자의 인권침해를 방지하고, 사법정의를 실현하겠다는 법칙국가원리의 의지보다도 피의자의 유죄 증거를 확보하려는 데 전력을 기울이게 된다.

공판절차에서도 당사자로서의 검사는 주도권을 장악하려고 노력할 것이다. 이에 비례하여 법관은 공판절차에서 상대적으로 소극적인 태도로 변할 우려가 적지 않고,[28] 게다가 공판검사는 실체적 진실파악보다도 피고인의 유죄입증을 위해 맹렬하게 투쟁할 수밖에 없는 구조가 된다.

검찰이 이러한 태도를 취한다는 것은 검찰청법 제4조에서 명시하고 있는 공익의 대표자의 지위에도 반한다. 더욱이 인권침해의 소지가 많은 형사사건 분야에서 국민의 인권과 자유를 보호하기 위하여 한국 헌법과 법률은 검사제도를 두어 검사에게 준사법기관으로서의 지위를 부여하고 철저한 신분보장과 공익의 대변자로서 객관의무를 지우고 있다.[29] 즉 검사는 공익의 대표자로서 오직 실체적 진실에 입각한 국가형벌권의 실현을 위해 노력해야 할 책무를 부담한다.[30] 이러한 책무를 지는 검

---

27) 대법원 2010. 10. 28. 선고 2008도11999 판결; 대전지방법원 2007. 9. 13. 선고 2006고합4 판결
28) 신동운, 신형사소송법(제4판), 법문사, 2012, 729쪽 참조.
29) 대법원 2010. 10. 28. 선고 2008도11999 판결.
30) 이에 관해서는 신동운, 앞의 책, 729쪽 참조.

사가 일방의 당사자의 지위에 선다고 강조하면 할수록, 검사의 객관의무라는 것이 현실에서는 전혀 공허한 구호에 그치게 되는 것은 자명하다.

더욱이 검사가 공익의 대표자라면 적극적으로 일방당사자의 차원일 수 없으며, 같은 맥락에서 수사 및 공판과정에서 해당 피고인의 정당한 이익을 보호하기 위해 피고인에게 유리한 증거를 발견할 경우 이를 법원에 제출하는 것은 당연하다. 대법원도 같은 입장이다.[31]

그 밖에도 검찰이 단순한 당사자의 지위에 머물러 있지 않음을 명백하게 나타내는 많은 근거가 있다. 예컨대 검사를 단순한 반대당사자라고 본다면 우선 검사가 행하는 피고인신문(형사소송법 제296의2조 제1항)을 설명할 수 없다. 왜냐하면 이해관계가 대립하는 당사자 사이에서 일방이 반대당사자를 신문하는 것은 모순이기 때문이다. 또한 검사는 피고인의 이익을 위한 상소제기나 재심의 청구(형사소송법 제424조 제1호)를 할 수 있다. 이들은 검사의 객관의무를 전제로 한 것이다. 따라서 이와 같이 객관의무가 인정되는 검사를 자신의 이익을 추구하기 위하여 피고인과 대립하고 갈등하는 당사자로 이해하는 것은 타당하지 않다.[32]

2. 객관의무에 관련된 규정

한국 검찰청법 제4조 제1항 본문은 "검사는 공익의 대표자로서 다음 각 호의 직무와 권한이 있다."고 명시하고, 동조 제2항은 "검사는 그 직무를 수행할 때 국민 전체에 대한 봉사자로서 정치적 중립을 지켜야 하며 주어진 권한을 남용하여서는 아니 된다."고 규정하고 있다. 그러나 이를 위반한 경우에 대해서 검찰청법은 침묵으로 일관하고 있다. 또한 한국 형사소송법은 기소편의주의를 채택하고 있어서, 검찰청법 제7조에 근거하여 상급자의 검찰사무에 관한 지휘·감독을 매우 쉽게 받을 수 있는 구조를 나타내고 있다.

게다가 검사에 의한 무고한 자의 형사소추에 대해 처벌할 규정도 없으며, 오직 직

31) 대법원 2002. 2. 22. 선고 2001다23447 판결.

32) 배종대·이상돈·정승환·이주원, 앞의 책, 58쪽; 신동운, 앞의 책, 729쪽 참조; 신양균, 형사소송법, 2009, 412쪽.

권남용죄의 적용이 가능할 뿐이다. 그 결과 어느 검사가 고의로 무고한 자를 형사소추하여, 결과적으로 그 피고인이 유죄판결을 받았다고 할지라도 해당 검사를 처벌할 수 없게 되어 있다. 심지어 적지 않은 무고한 사람들이 사법살인으로 희생되었지만, 그것에 책임을 지는 법관이나 검사는 아무도 없었다.

검사의 객관의무 인정을 전제로 이미 언급한 바 있지만, 검사는 피고인의 이익을 위한 상소제기,[33] 재심의 청구, 피고인을 위한 무죄의 변론가능성, 피고인에게 유리한 증거를 제출할 수 있다. 다만 이것들을 강제할 수 있는 제도적 장치가 없기 때문에, 검사의 객관의무라는 것이 현실에서는 달리 실익이 없을 뿐이다.

Ⅵ. 결 론

오늘날 검찰에게 주어진 과제 중에서 국민의 신뢰확보가 급선무일 때, 검찰은 최우선적으로 검사의 객관의무를 실질화해야 할 것이다.

그러기 위해서는 첫째로 수사와 재판에서 검사가 당사자라는 인식은 재고되어야 한다. 검사가 형사소송에서 당사자로 남아 있는 한, 그리고 당사자의 지위를 적극적으로 행사하는 한, 검사는 국민의 입장이 아니라, 필벌주의에 빠지고, 자신이 수사한 사건에 대해 좌우간 범죄의 혐의를 씌우기 위해 노력할 수밖에 없다. 그리고 그러면 그럴수록 국민과의 거리는 멀어질 수밖에 없게 된다.

둘째로 검사는 권력자의 권력의지를 대변하는 사람이 아니라, 법치국가원리를 실천하여 국민을 대변하는 역할을 담당해야 한다. 법치국가원리란 인간의 존엄성과 자유의 가치를 인정하고, 평화로운 인간적 삶의 전제가 되는 정의로운 국민생활의 조성을 도모하자는 것이다. 이를 검찰의 직무와 관련하여 볼 때 검찰은 법관과 같이 범죄혐의자가 누구인가에 관계없이 언제나 실체적 진실파악과 함께 사법정의를 구현하는 데 모든 역량을 발휘해야 한다. 이런 점에서 검찰은 권력자의 입장이 아니라, 언제나 국민의 편에서 실체적 진실파악과 함께 사법정의를 도모하여 사회평화에 기여해야 할 책무를 부담하고 있다고 본다. 그런데 이러한 책무를 실질적으로 수

33) 대법원 1975. 7. 8. 선고 74도3195 판결.

행하기 위해서는 객관의무가 존재한다고 법률에 명시되어 있는 것만으로 부족하다. 검찰에게 객관의무를 양심적으로 이행할 수 있는 권한을 주어야 한다. 예컨대 검사 개개인이 독립된 관청이란 사실을 단순히 이론적으로만 인정할 것이 아니라, 실질적으로 인정될 수 있도록 검찰청법 제7조 제1항의 단서를 다음과 같이 명시할 필요가 있다. "다만, 상급자가 지휘·감독할 경우 그에 대한 정당한 이유를 문서로 제시해야 한다." 이렇게 함으로써 상급자의 지휘·감독이 남용될 여지를 없앨 수 있기 때문이다.

셋째로 검사가 객관의무를 심각하게 위반할 경우, 예컨대 무고한 자에 대한 의도적인 수사진행이나 공소제기를 할 때 형사처벌이 될 수 있도록 규범화 작업이 요구된다.

이러한 작업들이 선행적으로 실현될 때 비로소 검사의 객관의무는 실질적인 생명력을 부여받게 될 것이고, 이에 따라 국민은 검찰을 향해 신뢰와 믿음의 시선을 보내게 될 것으로 확신한다.

제13-1장

韩国的‘检察象’和检察官的客观义务

Ⅰ. 问题的提出

首尔东部地方检察厅前任检察长石东炫在2012年7月18日的就任仪式上，对“标准的检察象”的形象做了一番描述。1)

“检察机关应尽全力实现法治公正，此前我们大力治理腐败，为更加贴近国民做了很多努力，但离国民的希望仍然有一定的距离。检察机关应当正视国民的希望与批评，为赢得国民的信任而进行不懈的努力。”“在进行业务活动时，应当以国民为中心，站在国民的立场思考。失信于国民的检察机关是没有存在的必要的。就算是轻微的案件也要倾听国民的声音、热心对待。请各位检察官怀着自己是检察机关的代表者的使命感，站在公民的立场上履行职责。”

从以上言论中我们可以看出，“受人信任的检察机关的形象”中最核心的内容是“第一，实现法治公正；第二，检察机关不是国家权力意志的代言人，而是全体国民的代言人，检察机关的任务是实现正义的法意志。”

其实检察长就任时的这番话语并不是过场的客套话，它真正反映出当前的现实，检察机关急需取得民众的信赖。2013年7月21日在韩国Daum官方网站搜索引擎上搜索“检察象的形象”，可以检索到1860条，而搜索“政治检察官”，则能检索到765000余条。由此可见，检察机关仍然没有取得民众的信任，民众希望检察机关能够成为国民的代言

1) http://www.shinailbo.co.kr/news/articleView.html?idxno=277593.

人，而不是特定的国家权力的代言人，检察机关应当担负起这样的时代责任。

现任检察总长的蔡东旭对于“标准的检察象”也抱有相同的认识，并且在努力增加民众对检察机关的信任方面做着积极的努力。2)

但是，“受人信任的检察机关的形象”的构建不是一天两天的事情。当今社会，在司法系统每天都会发生违法乱纪的现象，其中检察机关牵涉其中的也不占少数。这对于构建受人信任的检察机关的形象无疑是致命的打击。“标准的检察象”也不过是抽象的用语，要使其真正的实现必须有充分的制度作为保障。在没有充分制度保障的现如今，构建检察机关的形象无疑是在隔靴搔痒，检察机关发生违法乱纪的现象也是在预料之中的。

实际上所有的检察机关都很清楚标准的检察象的形象，也知道受人信任的检察机关的形象。因为，检察官都知道自己的职责，即以检察总长为首的全体检察官是实现法治国家的践行者，自愿成为国民的代言人。但现实中，在缺乏制度保障时要求检察官在道德上或者伦理上遵守检察象的形象，并成为受人们信任的检察官是不现实的。

检察机关若想成为真正能够实现法治国家的践行者和代言人的话，必须从制度上设置规范检察官客观义务的规定，只有这样才能保证检察官规范地履行职责。这里所说的检察官的客观义务指的是，在刑事案件中，检察官不仅应当超越当事人的地位，保护犯罪嫌疑人和被告人的正当利益，而且应当作为保护公民自由和人权的代言人，揭示案件真实情况，履行实现社会正义的义务。3)在违反该义务时，不能仅对相关检察官进行道德层面的批判，而是应当处以相应的刑事处罚。通过这样的措施，才能驱使检察官竭尽全力保护公民的自由和权利，揭示案件真实情况，从而实现社会正义。也只有这样，才能使韩国的检察机关获得国民的信赖。

---

2) 蔡东旭检察总长在就任百天之际向记者们吐露‘对于仍然没有去除民众们对检察机关的政治上的中立性和公正性的怀疑，以及检察机关违法乱纪现象和丑闻事件感到羞愧’(http://www.fnnews.com/view?ra=Sent1201m_View&corp=fnnews&arcid=201307180355078235507823&cDateYear=2013&cDateMonth=07&cDateDay=18).

3) 李完圭检察官在其著作（《检察官制度和检察官的地位》，图书出版成文企业，2005，年版，第271页）中认为检察官的客观义务指的是“检察官超越当事人的地位，保护犯罪嫌疑人和被告人的正当利益的义务。”大部分韩国刑法学者都拘泥于此观点。

Ⅱ. “标准的检察象”的职责模式

政治检察官是在韩国词典中所没有的词语，但在现实社会中，政治检察官却像习惯用语一样被广为使用，特别是在社会舆论中经常作为贬低检察官的词语被使用。虽然人们对现在的检察机关的形象并不认可，但是在历史上也出现过可以作为“标准的检察象”的职责模式。

“标准的检察象”的职责模式的原型可以从负责搜查“人革党事件”的检察官的事迹中找到些许印记。当时的部长检察官是李龙薰，其他三名检察官分别为崔大贤、金秉裹、张元璨。他们认为检察机关的职责并不是国家权力意志的发言人，而是与全体国民一道遵照法意志，揭示案件真实情况，实现司法正义。诸位检察官的事迹如下文所示。[4)]

金炯旭中央情报部长于1964年8月14日的记者见面会上公布了“人革党事件”的搜查结果。8月17日该案件被移交首尔地方检察厅公安部（部长为李龙薰），犯罪嫌疑人共47人被同时移交。

李龙薰部长检察官在他的回忆录《事必归正的信念》一书中描述道“我带领3名检察官，日复一日地进行集中搜查，每天晚上将搜查结果进行交换、汇总、报告，在搜查中我们尽了全力。随着搜查的深入我们发现，无法找到能够证明犯罪嫌疑人涉嫌犯罪的证据。虽然我们又进行了诸多的努力，但是仍没有任何进展。因此，在29日我们做出了终结搜查程序的决定。本案涉嫌犯罪的核心是，犯罪嫌疑人接受北韩间谍金某的指令，以颠覆大韩民国为目的建立人民革命党，操纵学生进行抗议示威，在6·3戒严令公布以后，该组织伺机潜逃，后被举报的事实。但是，由于没有找到能够证明上述核心内容的证据资料，4名检察官在搜查结果报告会上一致认为证据不足。”[5)]

书中还记载，在向当时首尔地方检察厅检察长报告上述内容时，检察长称“赤色分子的案件应当和一般案件区别对待，对该案提起公诉是法务部长官和检察总长的命令，你们要么起诉，要么脱下检查袍立刻辞职，两者中任选其一。就算起诉后做出了无罪判决，检察官们是不承担责任的，你们这是何苦呢？你们如果不起诉的话，我这个检

4) 李龍薰，“人民革命黨 事件”，事必歸正的信念，圖書出版 (子)리틀윅스，1994年，第93页、第100页.
5) 李龍薰，前述书，第99页.

察长也只能辞职了，你们的辞呈也都先准备好！”[6]

对此，李龙薰部长检察官回忆道“身为检察长怎么能对部下说出那样一番话？我们几位检察官已经做好了充分的心理准备，如果检察长最终仍命令提起公诉的话，我们决定一同辞职。”[7]

最后，四名检察官最终没有对该案件提起公诉。“大检察厅得知此事后，命令首尔地方检察厅次长检察官以其名义起诉，次长检察官与调查案件的四名检察官一样拒绝在起诉状上签字，尴尬的检察厅高层再次命令其他检察官起诉，也遭到了同样的拒绝。”[8] 现如今回想起那维新思想气势磅礴的年代，检察官的信念真值得我们久久回味。

Ⅲ. 我们的现实—检察机关必定成为国家权力意志的代言人

韩国宪法对于法官的地位进行了详细的规定。即宪法第101条第1项规定“司法权属于由法官构成的法院”，第103条（法官的独立）规定“法官依据宪法和法律遵照自己的良心独立进行审判”。同时宪法第106条和法院组织法对法官的身份予以了更加周密的保障。因此，法官作为司法公务员，不受任何人和机关的指示和干涉，依据宪法和法律独立行使审判权。

与此相反，韩国宪法对于检察机关的规定仅有一个条文，即宪法第12条第3项规定“实行逮捕、拘留、查扣或搜查时必须严格遵守程序，出示由检察官申请法院发布的令状”。该条文仅规定了检察官向法官申请令状的权利，并没有对检察官的地位和独立性等进行规定。对于包括刑事裁判的所有裁判的进行中检察官的地位，法院组织法也没有明文规定。检察机关的地位和权限仅在检察厅法中有所规定，这使得检察官无法像法官一样享有司法公务员的资格和职务上的独立，皆因没有明确的法律依据。另外，检察厅法第8条（法务部长官的指挥和监督）规定“法务部长官作为检察事务的最高监督者指挥和监督检察官，对于具体的案件，法务部长官只能指挥和监督检察总长。”因此，检察机关隶属于属于行政机关的法务部，形成了遵从法务部长官指示的位阶构

6) 李龍薰，前述书，第103页.
7) 李龍薰，前述书，第103页.
8) 李龍薰，前述书，第105页.

造。检察厅法第7条（检察事务的指挥和监督）第1项又明文规定“检察官行使检察职责时必须接受所属上级的指挥和监督”。也就是说，对于特定的案件法务部长官可以指挥检察总长，而全体检察官又要遵守所属上级的指挥，这也就意味着法务部长官的指挥对于处理具体案件的检察官具有极大的政治影响力，这就是如今我们检察系统的真实情况。

尽管对于来自上级的指示是可以拒绝的，但在现实当中是很难实现的。就连身为部长检察官的李龙薰为了尽到检察官的职责最后也不得不选择了辞职。因此，我们不能奢望所有的检察官都能做到这一点。

对于我们能够遵守的禁止性规定，或者说在大众能够普遍遵守时如果有人不遵守，我们才可以对其进行指责或惩治。但在一般大众都不能普遍遵守时，强求某些人遵守是不现实的。但这样的情况却真实地存在于韩国的检察机关中。即对于某些具有政治性的案件，在某些忽视法治主义国家原则9)的法务部长官的指示权和上级检察官的指挥监督权的影响下，某些检察官作出了迎合政治性指示的判断时，我们对他们一味地进行谴责也是不恰当的。

韩国的检察制度是在借鉴德国的基础上建立起来的，为了揭开韩国检察机关难以获得民众的信赖，经常为人民所批判的内在原因，我们可以对德国的检察制度进行深入的研究和分析。

Ⅳ. 德国检察官的客观义务

1. 德国检察官制度的产生过程和思想背景

德国中世纪时期的刑事裁判采取的是由地方官员处理的被称为“官员裁判”的纠问主义形式。但是，纠问主义有其固有的缺点，就是负责搜查的人可能将对犯罪嫌疑人的偏见带到审判中来，无法保证审判的公正性，由此便产生了完善纠问主义的观点。检

9) 法治国家原则有关的内容可以参考许营，宪法理论和宪法(第5版)，博英社，2000年，第253页；刑事法中的法治国家原则有关的内容可以参考許一泰，“刑事政策指導原理的基本構想”，刑法研究Ⅲ，進園社，2007年版，第6页.

察制度就是在完善纠问主义的过程中，伴随着自由主义法治国家理念的萌芽而产生的。自由主义法治国家理念在刑事诉讼法领域中催化了"改革刑事诉讼制度"的诞生。[10)]检察制度诞生初期，其是为了维护政府和国王的利益而被考虑引入的。[11)]

18世纪，检察制度仍然没有在德国出现，当时有另外一种制度即财务官制度。财务官作为王室的直属机关，充当国王的眼目，起到监督的作用。即财务官监督法院等国家机关行使职权，强制国民严格服从国王的指示。财务官这样的职务又被称为"法律守护者职务"(Gesetzeswächteramt)，在当时该词语被视为法律的代名词，因为它们都意味着统治者的命令。由于以正义为内容的表现国家意志的"法律"概念在当时还没有普及，自然担当"法律守护者职务"的财务官就担负起守护所有官府和领主权利意志的责任。[12)]

到了19世纪，法的责任主义、法官的独立性以及正义的理念等思想在法律制定时得到了深入的贯彻，此时财务官制度已经没有存在的必要了。以普鲁士王国为中心逐渐建立起了代替财务官制度的检察制度。特别是德国近代的检察制度与1846年柏林检察机关的诞生同出一辙。[13)]在柏林检察机关的产生过程中，法制长官Savigny和法务行政长官Mühler功不可没，他们将检察机关的性质从原来的国王的代言人转换为法意志的代言人、公民的守护人。[14)]将检察机关作为真正的司法机关负责揭示真实、维护司法正义的检察制度，就像火种一样被瞬时点燃。即Mühler长官认为"检察机关的任务是检察官要成为法律的守护者，负责罪犯的搜查、诉追，保护处于窘境之人，时刻怀着一颗荣耀之心。"[15)] Savigny长官对于检察机关的任务也有其独到的见解，即"警察公务员经常需要迅速地甚至是瞬间采取相应措施，因此，错误或者误判的情况会时有发生。"同时他又认为"司法公务员以法律为中心，对于被告人也要加以保护"。也就是说，明确了对于司法公务员的公正性产生怀疑是合理的事情。因此，他强调作为司法公务员

---

10) 德国检察制度的诞生过程和背景有关的资料可以参考 Eb. Schmidt, Einführung in die Geschichte der deutschen Strafrechtspflege, 2. Aufl., 1951, S. 317 ff, 323 ff.

11) 相关资料请参考Heinrich Rüping(飜譯: 李相文), "Die Geburt der Staatsanwaltschaft in Deutschenland"(GA 1992, 147 ff.), 检察官的地位和功能，大检察厅检察未来企划团，2008年，第39页。

12) 相关资料请参考Eb. Schmidt(翻译: 朴學模), "Die Rechtsstellung der Staatswille im Rahmen der rechtssprechenden Gewalt und ihre Einbeziehung in das Richtergesetz", 检察官的地位和功能，大检察厅检察未来企划团，2008年，第10-11页。

13) 有关内容请参考Roxin(翻译: 李完圭), Zur Rechtstellung der Staatsanwaltschaft damals und heute (DRiZ, 1997, 109 ff), 检察官的地位和功能，大检察厅检察未来企划团，2008年，第52页。

14) 请参考Eb. Schmidt(翻译: 朴學模), 前述论文，第12页.

15) Roxin, 前述论文，第53页.

的检察官应当可以限制警察的活动，检察官应当具有与法官同样的司法上的性质。[16)]

2. 德国现行法中检察机关的客观义务

1）检察机关的司法机关性质

虽然德国法官法中规定了与检察官有关的内容，但检察官并不属于同法官一样的进行法律宣判的机关。虽然大多数案件的搜查工作都是由检察官来负责，但搜查工作并没有法律宣判的作用。德国法官法第146条规定了检察机关的服从指示关系，[17)]但这种服从指示关系的基础是指示者和接受指示的人必须遵守真实和正义的理念，在实务中指示者几乎不可能做出违反真实和正义理念的指示。这是因为德国刑法第344条规定了对无辜者提起刑事诉追的检察官应当接受处罚的内容，刑事诉讼法第152条第2项和第170条第1项规定对于具有重大犯罪嫌疑之人，检察官必须提起公诉，因此检察机关的服从指示关系在理论上对于是否有罪的判断不会产生任何影响。

德国法官法第141条所规定的有关检察官的规定，其意义在于将检察机关和法院同样作为司法机关看待。法官法中规定检察制度也是由于检察官在揭示案件真实与实现社会正义方面与法官相似的原因。因此，德国的检察机关不仅行使着司法机关的职责，而且可以说检察机关本身就是司法机关。对此，德国联邦大法院的判决中也曾描述过"检察机关是与法院同等的司法机关"。[18)]

2）刑事实体法上的客观义务

德国刑法规定法官等违反法律的行为应当受到刑事处罚（德国刑法第336条）。即对于提起公诉的案件，如果法官等为了一方当事人的利益，在事实认定、法律适用和量刑上偏袒一方时，就会受到处罚。这意味着法官行使司法权时必须把握实体真实，为实现司法正义，按照自己的良心行使司法权。[19)]

---

16) Eb. Schmidt(翻译：朴學模)，前述论文，第15页.

17) GVG §146(Weisungsgebundenheit): Die Beamten der Staatsanwaltschaft haven den diendstlichen Anweisungen ihres Vorgesetzten nachzukommen.

18) BGHSt, 24, 171.

德国刑法第344条明文规定"对于无辜者提起刑事诉追或者故意对提起刑事诉追施加影响力之人，处以1年以上10年以下的自由刑，情节轻微的处以3个月以上5年以下的自由刑。"对于无辜者提起刑事诉追的检察官进行处罚的理由是，刑事案件的搜查或者提起公诉或暂缓提起公诉的过程中，检察官恣意滥用权力，偏袒一方当事人，而使对方当事人处于不利的境地时，检察官也就可能成为刑事处罚的对象，这一点类似于对法官所要求的客观义务，这种客观义务也应当适用于检察官。另一方面，检察官恣意滥用权力对无辜之人进行搜查并提起公诉，即便是法院作出了无罪判决，被告人或者犯罪嫌疑人的人格也受到了相当的损害。为了对这些后遗症进行事前预防，德国对于滥用权力的检察官不单单进行道德层面的抨击或者行政上的处罚，而是利用刑事处罚的方式进行制裁。[20]

由此可见，在德国检察官承担客观义务，对特定的当事人故意采取不利措施时，刑事实体法对此作出了保障，检察官会因此而受到处罚。

3) 刑事诉讼法上的客观义务

德国刑事诉讼法第152条第2项明确规定，在犯罪嫌疑人充分的情况下，检察官有义务提起诉讼。即德国实行的是起诉法定主义，与韩国的起诉便利主义不同。由于根据起诉法定主义对于有重大犯罪嫌疑之人必须起诉，也就是强化了检察官按照实体真实和社会正义行使职能的义务，也就是强化了检察官的客观义务。

如果德国刑事诉讼法也像韩国一样采取起诉便利主义的话，那么上级的指示就会对案件的搜查和提起公诉产生十分深刻的影响。因为起诉便利主义为检察官的裁量留有一定的余地，而上级检察机关就会在这留有的余地中发挥其指示的影响力。与此相反，按照起诉法定主义，法律本身没有留下自由裁量的空间，上级机关没有发挥其指示影响力的空间。上级机关若想进行指示，就必须违反法律，此时下级机关很难按照上级机关的违法指示行动。另外，在上级机关的指示下，对于不应当提起公诉的案件提起公诉的，德国刑法第344条会对该行为进行处罚。

---

19) 有关法官的法歪曲行为有关的文献请参考許一泰，"法官的法歪曲行为的对策"，刑法研究 I，世宗出版社，1997年版，第267页.

20) 相关资料请参考Hoh, Die Verfolgung Unschuldiger(§344 StGB), S. 70 ff.

Ⅴ. 韩国检察官的客观义务

1. 客观义务的存否和相关学说与判例

在韩国，对于是否承认检察官的客观义务，存在不同的学说。承认检察官的客观义务的观点占大多数，属于多数说。但是多数说将检察机关作为诉讼当事人的一员，这看上去是与承认检察官的客观义务相矛盾的。

1）客观义务否定说

韩国刑事诉讼法采取当事人主义，由于检察官是隶属于行政部的行政机关，因此这就否定了检察官的客观义务。“强调检察官的客观义务和公益地位使得刑事诉讼更加职权化，使刑事诉讼从有罪必罚主义不断引导向实体真实主义。这是法的适当程序理念与当事人主义的矛盾之处。因此有必要否定检察官的客观的、公益的地位，将相应的权限集中赋予给当事人。依此观点，控制起诉垄断的手段必须以“市民的公诉权”理念为前提，依照该理念公诉权归市民所有，检察机关仅是依市民的嘱托行使公诉权的机关。检察官的客观义务或者公益者的地位的称谓中，所蕴含的国家优越的权威主义意识形态是不容被忽视的。”[21]

2）客观义务肯定说[22]

主张承认检察官的客观义务的肯定说认为：①在搜查阶段，检察官不仅要搜集对犯罪嫌疑人不利的证据，同时也要搜集对其有利的证据；②为了被告人的利益检察官可以提起上诉、申请再审、非常上告；③检举人的指定权(刑事诉讼法第228条)、请求宣告无行为能力或限制行为能力(民法第9条和第12条)、死亡或失踪人的财产管理请求权(民法第22条)、宣告失踪请求权(民法第27条)等体现了检察官的公益性地位。[23]即由

21) 車鏞碩, 刑事訴訟法, 세영사, 1998年版, 第154~155页

22) 姜求眞, 刑事訴訟法原論, 학연사, 1982版, 第103页; 白亨球, 刑事訴訟法講義(第8版), 博英社, 2001年, 第114页; 李完圭, 前述书, 第271页.

23) 相关资料请参考李在祥, 新刑事訴訟法(第2版), 2008版, 博英社, 第103页。

于检察机关处于公益性地位，所以其承担客观义务也是理所当然的。

但是肯定检察官的客观义务在刑事诉讼法解释上就要承认检察官的当事人地位。承认检察官的客观义务不仅不会背离检察官作为当事人的地位，反而会实现实质的当事人主义。即"为了实现法治国家，检察官必须要保持其客观性，在此观点出发，承认检察官的客观义务也是当然的事情，检察官的客观义务与检察官的当事人地位是不相矛盾的，其目的是为了实现当事人主义。"[24)]

3）判例

判例对于检察官的客观义务也持肯定的态度。[25)]在判例中将其理由表述为"在经常发生侵害人权的搜查领域，为了保护国民的人权和自由，宪法和法律设置了检察制度，赋予了检察机关以准司法机关的地位，使其作为公共利益的代言人，承担客观义务，在搜查阶段指挥和监督司法警察。"[26)]

4）检察官的客观义务和检察官当事人地位的矛盾

多数说所认为的将检察官作为刑事诉讼当事人的同时让其承担客观义务的主张实在是让人难以认同。因为这两者本身就是相互矛盾的。

如果将检察官作为刑事诉讼一方当事人就会出现以下问题。即在搜查过程中检察官不会客观地看待作为对方当事人的犯罪嫌疑人，而是仅把对方看作是有犯罪嫌疑并且其罪行必须被揭露的被搜查对象，由此可以预见到，在立案案件的搜查中，如果找不到证明犯罪嫌疑人有罪的证据将会对检察官的自尊心造成伤害。因此，在搜查过程中检察官将不会顾及是否侵害犯罪嫌疑人的人权以及实现司法正义的法治国家原理，而是会不惜余力地查找证明有罪的证据。

在公诉程序中作为当事人的检察官也会试图掌握主导权，而相应地法官在公诉程序中的态度很可能会变得比较消极，[27)]另外公诉检察官在这种构造下会更加倾向于为证

---

24) 李在祥，前述书，第103页.；姜求眞也持有相似的观点，即"虽然现行刑事诉讼法是以当事人主义为基础的，但是在此基础上承认检察官的准司法性也不是不可以的"（姜求真，前述书，第106页）.

25) 大判 2010. 10. 28. 선고 2008도11999 判決；大田地法 2007. 9. 13. 선고 2006고합4 판결；昌原地方法院 2010. 10. 14. 선고 2010노785 판결.

26) 大判 2010. 10. 28. 宣告 2008도11999 判決；大田地法 2007. 9. 13. 宣告 2006고합4 判決.

27) 申東雲，新刑事訴訟法(第4版)，法文社，2012年版，第729页.

明犯罪嫌疑人有罪而进行“斗争”，而不是去揭示实体真实。

检察机关的这种做法是与检察厅法第4条规定的检察机关是公共利益的代表者的地位不相符的。在常常涉及侵害人权的刑事案件领域，为了保护国民的人权和自由，韩国宪法和法律设置了检察制度，赋予检察机关以准司法机关的地位，保障了检察机关的身份并且使其作为公共利益的代言人承担客观义务。[28]即检察官的职责是作为公共利益的代表人，立足于实体真实，努力实施国家刑罚权。[29]履行该职责的检察官如果处于一方当事人的地位，那么实现检察官的客观义务也就成了空中楼阁，不可能实现。

另外，检察官作为公共利益的代表者是不能成为刑事诉讼的一方当事人的，在搜查中或是在公诉程序中，如果发现了对被告人有利的证据时，为了保护被告人的正当利益应当将证据提交法庭。大法院的判例也持相同的观点。[30]同时，有很多证据可以证明检察机关不能处于当事人的地位。如仅将检察官看作是一方当事人的话，就与刑事诉讼法第296条之2第1项规定的检察官讯问被告人制度产生矛盾。因为具有利害关系的对立当事人之间，一方讯问另一方当事人是与刑事诉讼法相违背的。另外，刑事诉讼法第424条第1号还规定了为了被告人的利益检察官可以提起上诉或申请再审。这些都是以检察官的客观义务为前提的。因此，承担客观义务的检察官为了自己的利益作为与被告人相对立的当事人的做法是不恰当的。[31]

2. 与客观义务有关的规定

韩国检察厅法第4条第1项规定“检察官作为公共利益的代表人享有以下权限”，同条第2项规定“检察官行使职权时应当作为国民的服务人员，保持政治上的中立性，不得滥用权限。”但是对于违反上述规定时如何处理，检察官法“保持了沉默”。韩国刑事诉讼法采取的是起诉便利主义，根据检察厅法第7条的规定，上级检察机关可以很轻易地指挥和监督下级检察机关。

---

28) 大判 2010. 10. 28. 宣告 2008도11999 判決.
29) 相关资料请参考申东云，前述书，第729页。
30) 大判 2002. 2. 22. 宣告 2001다23447 判決.
31) 裵鐘大·李相暾·鄭承煥·李柱元，刑事訴訟法(第4版)，弘文社，2012年，第38页；申洋均，刑事诉讼法，2009年版，第412页；申東雲，前述书，第729页.

对于无辜之人进行刑事诉追的检察官的惩罚措施，没有法律的明文规定，仅有适用滥用职权罪对其进行处罚。其结果是，检察官故意对无辜之人进行刑事诉追，导致其受到有罪判决时，对于该检察官也没有处罚的措施。到目前为止，很多无辜之人作为司法杀人的牺牲者，对他们的死亡应当承担责任的法官和检察官都由于没有相应的法律进行制裁而逍遥法外。

前文中提到以检察官的客观义务为前提，检察官可以为保护被告人的利益提起上诉、[32]申请再审、为被告人进行无罪辩论、提出对被告人有利的证据。但是由于以上这些权利没有制度上的保障，检察官的客观义务在现实中是无法实现的。

Ⅵ. 结论

当前，获得国民的信赖是检察机关所面临诸多问题中最为重要的一个，解决该问题的有效途径就是使检察官的客观义务具有制度上的保障。

首先，应当转变检察官是当事人的观念。检察官在刑事诉讼中如果成为了当事人，并且积极行使当事人的权利，那么检察官就不再是全体国民的代表，就会陷入有罪必罚主义的漩涡，检察官会竭尽全力搜查嫌疑人犯罪的证据，这样一来，检察官与国民之间的鸿沟就会越来越难以逾越。

其次，检察官不是掌权者权力意志的代言人，而是实践法治国家原理的国民的代言人。法治国家原理承认人类的尊严和自由，它是人类和平生活的前提，它为国民安定生活创造条件。如果将法治国家原理与检察官的职责相关联的话，检察官与法官一样对于凡是具有犯罪嫌疑的人进行调查、发现真实，发挥着实现司法正义的作用。由此可见，检察官并不站在掌权者的立场，而是与国民一道负责揭示案件的真实情况，实现司法正义，承担着维护社会和平的任务。

为了使检察官更好地履行职责，不仅要在法律上明确其客观义务，而且要明确在其违反职责时可以对其施以刑事处罚。只有这样才能使检察官的客观义务的实现具有生命力，只有这样才能使检察机关取信于国民。

---

32) 大判 1975. 7. 8. 宣告 74도3195 판결.

제14장

건강한 검찰을 위한 제언

I. 불쌍한 검찰

한국 검찰은 불쌍한 존재이다. 그 이유는 다음과 같다.

첫째로 우리들 대부분은 검찰에게 지나치게 많은 사건해결을 부탁한다. 수사기관에 대한 고소의 숫자는 인구비례로 볼 때 우리나라는 이웃 일본보다 150여배나 많다. 심지어 공공기관조차도 자신들의 문제를 검찰에게 해결해 달라는 모습을 자주 목격한다. 예컨대 국회조차도 자체적인 윤리위원회를 두고 있음에도 스스로 자정능력이 결여된 탓인지 국회 안에서 일어난 불미스러운 사건의 상당부분을 검찰이 해결해 달라고 요구하고 있음을 본다. 이와 같은 현실은 우리 국민이 한편으로 검찰을 '해결사'로 기대하여 형사사건과 관련이 없는 일에 대해서까지 간섭하도록 유혹하면서, 다른 한편으로 문제의 성격상 기대된 만큼 해결사 역할을 수행할 수 없는 경우가 적지 않은 데도 청탁자에게 유리하게 해결되지 않은 것이 편파성 때문이라고 매도하게 된다.

둘째로 오늘날 우리의 검찰은 선진 외국의 검찰에 비해 매우 열악한 근무환경과 감내하기 힘들 정도로 지나치게 많은 사건처리업무에 시달리고 있다. 예컨대 2017년도에 발생했던 형사범죄사건은 전년에 비해 9.3% 감소하였지만 그럼에도 1,824,876여건이나 된다. 이 가운데 즉결처분을 제외한 180여만 이상의 사건을 1,900여명의 전체 검찰이 모두 처리하여도 1인당 1년에 1,000건에 약간 못 미칠 정도로 처리하는 실성인데, 형사사건 수사에 직접 관여하고 있는 검사가 진체 검사의 절반에 불과하다는 점을 고려하면, 실무상 검사 1인당 1년에 2,000여건 가량 처리하고 있는 셈이다. 공휴일을 제외하면 하루 평균 7~8건 이상의 형사사건을 수사하고, 종결하며, 때로는 공소를 제기하고 유지하여 마무리해야 한다. 이는 한국 검찰을 지나치게 혹사하게 할 뿐만 아니라, 매 사건에 대해 신중하고 적법절차에 따른 수사를 가로막은 장벽역할을 한다.

셋째로 검찰을 비난하는 사람들 중에서 그들 자신이나 친·인척이 관련된 일로 형사사건이 발생할 경우 지연이나 학연 등의 온갖 수단과 방법을 동원하여 검찰들에게 사건을 잘 좀 처리해 부탁하지 않을 사람이 얼마나 될까? 최근에도 국회의원을 아내로 두고 있는 모 법관조차 그런 행태에 가담하였다는 언론의 기사를 볼 수 있다.[1] 만일 우리가 검찰에게 부당한 검찰권행사에 의한 법왜곡을 범하도록 유혹하였다면, 우리도 검찰의 법왜곡행위의 한 공범이라는 사실을 고백해야 하고, 국민들에게도 그 사실을 고백해야 한다. 그러한 최소한의 고백도 없이 검찰개혁을 빙자하여 일방적으로 검찰 죽이기에 앞장서는 것은 옳은 방법이 아니다.

이런 점에서 검찰 죽이기에 앞장섰던 어느 언론매체의 법조담당 사회부 기자는 자기 스스로 (사건무마) 청탁을 했다고 고백하면서도 표리부동하게도 검찰 죽이기에 가담하는 것을 보면, 무언가 잘못되어도 한참 잘못되었다는 생각이 든다. 그와 같은 유사한 사례가 어디 비단(非但) 그 신문기자뿐이겠는가?

Ⅱ. 비난받아야 할 검찰

이처럼 한국의 검찰은 불쌍하다. 그러나 검찰의 지금까지의 행적에 비추어 볼 때, 지극히 일부이긴 하지만 비난받아 마땅한 부분도 없지 않다. 특히 힘 있는 권력자나 재벌 등에 대해서는 한없이 약한 모습을 보인 반면, 야당이나 힘 없는 자에 대해서는 한없이 강한 모습을 보인 경우가 적지 않았기 때문이다. 최근에도 정봉주 사건[2]

1) 2012년 3월 7일자 한국일보에 따르면, “나모라는 전 새누리당 의원의 남편인 김모 판사가 부천지청 모 검사에게 2006년 ‘아내를 비방한 네티즌을 기소해 달라’는 취지의 전화를 했고, 전화를 받았던 그 검사는 이 내용을 후임 모 부장검사에게 전달했다고 전해졌다. 김모 판사는 당시 그 검사에게 ‘기소하면 그 다음은 법원에서 알아서 하겠다.’고 말한 것으로 알려졌다.”

만 해도 그렇다. 이른바 'BBK 사건'에 대해 정봉주 전의원과 박근혜[3] 새누리당 대표 모두 엇비슷한 내용으로 타인에 대한 명예훼손적 표현을 하였음에도 정봉주씨에 대해서는 전격적인 수사와 기소를 통하여 형사처벌하였다. 반면에 힘 있어 보이는 박근혜씨에 대해서는 실질적인 수사조차 아예 진행되지도 않고 있다.

검찰은 야당대표를 오랫동안 지냈던 김대중씨에 대해서는 여당정치인에 비해 비교할 수 없을 만큼 가혹하게 대접하였다. 예컨대 노태우 대통령으로 불법자금 20억원을 받았던 김대중에 대해서 검찰은 철저한 수사를 감행하였지만, 그보다 150배나 많은 불법자금, 즉 3,000억원이나 받았던 김영삼씨에 대해서는 수사는커녕 내사조차 벌인 적이 없다. 검찰은 노태우 당시 대통령이 여당대표 김영삼씨에게 준 것을 몰라서 그랬다고 변명할 수도 있다. 그러나 그러한 변명도 진정성이 거의 없어 보인다. 왜냐하면 여당 대통령 후보였던 이회창씨의 불법선거자금 1,000억원이 명확하게 밝혀졌음에도 검찰은 그에 대해 사실상 아무런 수사조차 하지 않았기 때문이다. 이처럼 힘 있어 보이는 여당의 대통령 후보로서 거액을 차떼기로 불법선거자금을 받아서 금품선거라는 가장 악질적인 불법선거를 범하였음에도 우리 검찰은 김대중에게 보여주었던 그 엄중한 잣대를 강자에 대해서는 슬그머니 감추는, 그래서 한없이 약한 모습을 보였다.

그뿐만이 아니다. 전직 대통령이었던 노무현씨에 대한 지루한 수사와 일방적인 흠집내기식 검찰의 수사와 수사내용에 관한 언론플레이는 도를 넘었다. 형법 제126조가 명문으로 피의사실공표죄를 두고 있음에도 불구하고 이를 의식적으로 무시하였다. 그러면서 정작 일반인들의 불법적 방법으로 취득한 사실관계를 타인에게 공표하면 가차 없이 공소를 제기하여 처벌되도록 하는 모습을 보여 주었다.[4]

---

2) 2007년 대선 당시 기자들에게 "이명박 후보가 김경준과 결별했다는 주장은 거짓이다." "BBK는 이명박이 100% 소유하고 있다."는 등 주장을 했다가 공직선거법상 허위사실 유포 혐의 등으로 불구속 기소돼 2011년 12월 대법원에서 징역 1년을 선고받은 바 있다.

3) 2007년 8월 13일 경기도 안양 실내체육관에서 열린 경기합동연설회에서 박근혜 위원장은 이명박 후보를 겨냥해 "지금 검찰이 (이 후보와 관련된) 여러 수사를 다 해놓고 발표하지 않고 있고 5,500명의 투자자들에게 1,000억원대의 막대한 손해를 입힌 김경준씨는 9월에 들어와 BBK의 실소유주가 누구라는 것을 입증하겠다는데 이것으로 우리가 앞날을 내다볼 수 있는 것 아니겠나."라고 말했다. 사흘 뒤 서울 잠실체육관에서 열린 마지막 연설회에서는 김경준씨가 'BBK는 100% 이명박 소유'라며 이 후보와의 '비밀 계약서'가 존재한다고 주장한 것과 관련, "아무리 정치 공작이라고 외쳐 봐도 서류 한 장 나오면 어쩔 수가 없다."는 발언을 하였다.

4) 대법원 2011. 3. 17. 선고 2006도8839 전원합의체 판결.

그래서 묻고 싶나. 일선 수사기관 요원이 법관의 영장에 의하여 도청이나 감청을 할 때 소정의 시일이 넘어서도 감청이나 도청한 경우가 적지 않고, 이처럼 적법절차에 반하여 수집한 증거들을 법정에 제출하거나 게시한 검찰들의 불법행위에 대해 공소를 제기했어야 형평성에 어울리는 것은 아닌지.

Ⅲ. 건강한 검찰을 위한 제언

1. 검찰의 태생적 한계와 권위주의적 유산의 청산

그렇다면 대부분의 검사들이 국가법질서 확립과 사법정의 실현을 위해서 불철주야 노력하고 있음에도 국민들에게 항상 비난의 대상이 되고 있을까? 이것은 아마도 한국검찰제도의 연원에서 일면을 찾아 볼 수 있을 것이다.

한국에서 검찰제도가 처음 생긴 것은 1895년에 발효된 재판소구성법이며, 동법 제38조와 제39조가 검찰의 직무에 관해 규정하고 있다.

> 동법 제37조: 판사는 범죄 죄질에 의하여 初査를 요함으로 사료하는 때는 親行하며 또는 판사 혹 경찰관으로 하여금 행케 함을 득함.
>
> 제38조: 검사는 令狀의 발송, 증거의 수집 내지 재판의 집행, 기타 검찰의 사무를 행함이 가하고, 또는 감옥에 臨檢함으로써 無故로 포나(捕拿) 내지 구류하는 事의 有無를 주의함이 가하고 且 拘留人은 그 審訊을 速行함을 務함이 가함.
>
> 제39조: 검사는 그 직무로 사법경찰관에게 명령함을 득함.

재판소구성법에 따르면, 판사와 경찰관이 수사할 권한을 갖고 있다는 점에서 오늘날 우리나라 검찰의 연혁과는 거리가 다소 멀다. 오히려 현대적 의미의 검찰제도는 우리나라가 일본의 식민지가 된 이후 탄생하였다고 할 수 있다. 그렇기 때문에 한국의 검찰제도는 한국 국민을 위한 봉사와 배려 차원에서 태어나지 않았고, 그보다는 조선에 대한 일본의 식민지 지배의 수월성 확보를 위한 도구로 태어났다. 다음과 같은 내용이 그것을 증명한다.

한국은 1912년 朝鮮刑事令에 근거하여 1890년 日本刑事訴訟法(이른바 明治刑事訴訟法)을 依用하였다. 그런데 朝鮮刑事令의 근본은 이른바 식민통치의 편의를 획책하여 근대적 형사소송의 핵심부분, 특히 강제수사권에 관한 제반 규제를 배제하고 있었다. 일본형사소송법은 일본 본국에서는 强制處分權을 원칙적으로 豫審判事에게 집중되고 있었음에 반하여, 조선에서 적용된 일본형사소송법은 1912년 조선형사령에 의해 검찰의 강제처분권에 대한 본질적 통제가 거의 없게 되었다. 조선형사령 가운데 검찰에 관한 부분을 살펴보면 다음과 같다.

> 제12조: 검사는 현행범 아닌 사건이라도 수사의 결과 급속한 처분을 요할 것으로 思料하는 때에는 공소제기 전에 한하여 令狀을 발하여 檢證, 搜索, 物件差押을 하고, 피고인,[5] 증인을 심문하거나 또는 감정을 명할 수 있다. 단 벌금, 과료 혹은 비용배상의 언도를 하거나 또는 선서를 하게 할 수는 없다.
> 전항의 규정에 의하여 검사에게 許한 식무는 사법경찰관도 또한 假로 이를 행힐 수 있다. 단 拘留狀을 발할 수는 없다.
> 제15조: 검사가 피고인을 구류한 경우에 20일 내에 기소의 절차를 밟지 아니하는 때에는 이를 석방하여야 한다. 형사소송법 제146조 제2항의 규정은 이를 적용하지 아니한다.[6]

여기서 볼 수 있는 바와 같이 식민지 조선 검찰은 강제수사권을 갖고 있어서 검찰 재량으로 영장을 발하여 검증과 수색 및 압수를 마음껏 하였다. 고문수사에 대한 통제장치도 없었고, 위법 수집된 증거에 대한 증거능력배제원칙도 없었다. 수사는 자연스럽게 고문으로 치닫게 되었다. 그러므로 검찰은 무서운 존재였고, 국가의 기관인 검사는 권위주의적 기관의 대표주자로서의 자리매김되었다. 이러한 인식은 식민지 시대 내내 지배되었으며, 1946년 미군정 포고 제176호에 의해 비로소 검찰의

5) 1890년 명치형사소송법은 '피고인'의 용어를 공소제기 전후를 구별하지 않고 통일적인 것으로 사용하였다. 그러므로 여기서는 피의자를 지칭한 것으로 보아야 한다.

6) 明治刑事訴訟法 제146조 제2항: 만일 피고인에 대하여 구류장을 발한 때에는 3일 내에 기소의 절차를 행하여야 한다.

강제수사권이 폐지되었다. 또한 1945년 일본으로부터 해방이 되었어도 우리 고유의 형사소송법은 1954년에서야 비로소 제정·시행되었고 그때까지 일본의 식민지 형사소송법은 미군정 포고령에 배치되지 않은 한, 그대로 적용되었다.

1954년에 제정된 형사소송법은 자유민주주의 기반에 기초를 두었던 법치국가원칙에 철저했던 소송법이었다. 그러나 이승만 독재와 박정희 군사정권 등의 권위주의적 정권의 연속으로 말미암아 정치적 속성을 가질 수밖에 없는 형사사법에서 형사소송법의 운용은 국민보다 정치권력자의 입맛에 춤출 수밖에 없는 사정에 처해졌었다.

그러나 국가는 시민을 위한 수단이지 국가 자체가 국민의 상전일 수 없다. 더구나 한국은 민주공화국이자 자유민주주의 국가라는 점에서 천황제나 권위주의적 국가도 아니다. 그렇다면 모든 권력이 국민으로부터 근거하고, 국가공무원은 국민을 위하여 봉사해야 할 책무가 따른다. 그러므로 국가의 긴 팔인 검찰 역시 언제나 국민의 편에서 국민이 기댈 언덕으로 작용했어야 했다.

이러한 관점에서 살펴 본 검찰의 탄생과정은 대한민국의 국민의 검찰이라기보다는 일본 식민지 내지 일본천황이라는 권력자의 긴 팔로서 역할을 충실히 실행하였던 것이다. 그리고 이러한 역사적 경험은 대한민국의 형사소송법이 제정된 후에도 철저히 극복되었다고 할 수 없는 측면도 있었다.

이러한 비난에 대해 검찰은 다음과 같이 이의를 제기할 수 있다. 공평무사하고 실체적 진실발견과 국민의 입장에서 선 객관의무에 충실하여야 할 법치국가원칙에 어울리지 않았던 정치적 수사를 하였던 사건은 어쩌다가 일어난, 그래서 지극히 일부에 지나지 않는다고. 그리고 여러분들도 그러한 정치적 상황에 처해 있을 때, 당시 검사가 처리했던 것과 근본적으로 달리할 만한 정의감에 투철했겠냐고. 물론 그러한 주장은 과히 틀린 말이 아닐 수 있다.

그러나 그것으로 검찰의 정당성을 합리화하기에는 무리이다. 아무리 법과 밥이 '어'와 '아'의 차이로 4촌간이라고 하지만, 법이 밥을 위한 수단이 될 때 그것은 더 이상 법일 수 없다. 따라서 그렇게 운용하는 검찰은 국민의 이름과 권한위임으로 권력을 행사하고, 국민의 세금으로 공무를 수행하는, 오직 국민을 위한 공복자여야 함에도 국민을 버리고 권력자의 편에서 부역한 부역자일 뿐이지, 국민을 위한 법조인일 수 없다. 더욱이 무고한 자에 대한 검찰의 부당한 사건처리 내지 법왜곡행위는 무고한 범죄혐의자에 대한 치명적인 범법행위일 뿐이다.

2. 수사권 조정과 검찰의 수사지휘권의 활성화 필요성

검찰은 경찰과 수사권의 조정 문제로 오랫동안 싸워왔다. 제3자의 눈으로 볼 때 검찰은 현재의 이중수사제도를 무엇 때문에 그렇게 좋아한지 이유를 알 수 없다. 이중수사는 일선 검찰들에게 수사를 총지휘할 수 있는 수사의 간부화를 가로막고, 검찰을 오히려 경찰화하는 경향을 갖고 있기 때문이다. 또한 이중수사구조는 국민의 입장에서 볼 때 사법비용을 격증시키고, 검찰의 고급인력 대부분을 육체노동에 투입시키는 결과에 다름 아니며, 경찰단계에서 형성된 범죄의 심증을 검찰수사단계에서도 이어지는 수사제도의 규문적 구조로 전락하게 한다.

검찰은 수사의 지휘관이 되어야 한다. 그러기 위해서는 검찰청법 제53조와 제54조가 검찰이 경찰수사에 대한 지휘관으로서의 사문화된 규정의 의미를 넘어서서, 실제로 지휘권을 충실히 활용할 수 있도록 되어야 한다. 즉 검찰은 피의자에 대한 경찰의 수사상 인권남용 내지 침해가 우려되는 모든 수사에 대해 수사지휘를 적극 활용할 수 있어야 한다. 경찰에 대한 검찰의 충실한 수사지휘 없이 이루어진 수사는 결과적으로 검찰수사를 초래하게 만들며, 이는 이중수사를 야기하고 국민을 피곤하게 만든다.

다만 대형 경제범죄나 조직범죄, 국가정보원이나 국회의원 등 고위공직자의 범법행위, 지역유지의 토착비리 등에 대한 수사는 현행 특수부를 확대·재편하여 특수부에서 직접 수사할 수 있도록 하는 방안이 강구됨은 물론이다.

3. 내사와 수사의 구별과 내사에 관한 통제방안

검찰의 수사관행을 보면 형사소송법이 예상하고 있지 않은 內査라는 편법이 널리 사용되고 있다. 내사의 법적 근거는 없다. 다만 검찰사건사무규칙(제121조 참조)과 사법경찰관리집무규칙(제20조 제1항 참조)에 내사의 근거를 두고 있으나, 이는 법적 근거일 수 없으며, 단지 행정조직 내부의 행동준칙일 뿐인 것이다. 그럼에도 불구하고 내사는 현실적으로 굉장한 위력을 발휘하고 있다. 검찰이 압수·수색까지 실행했던 수사를 내사라는 이름으로 무혐의 종결 처분한 사건을 최근에도 목격할 수 있었다.[7)]

내사는 아직 범죄혐의가 확인되지 아니한 상황에서 범죄혐의의 유무를 확인하기 위한 조사활동을 가르킨다. 신문기사나 풍설 등에서 출발하여 범죄혐의가 있는가를 확인하겠다는 내사는 실무상에서 대부분의 경우 이미 본격적인 수사에 해당한다. 검찰은 분명히 범죄혐의가 있다고 판단되는 사건일지라도 이를 내사사건으로 분류해 놓은 다음 증거가 어느 정도 수집되어 인신구속의 가능성이 확보될 때 비로소 입건하는 방식을 취하곤 한다.[8)] 이와 같이 강제수사의 단계에 들어가야 검찰의 조사활동을 수사로 파악하는 검찰관행을 가리켜 언론은 "검찰의 사법처리가 임박하였다."라는 말로 나타내고 있다.

검찰이 수사에 착수해야 할 상황에서 내사 이용을 즐기는 이유는 무엇일까? 그것은 무엇보다 조사의 상대방에게 피의자라는 법적 지위를 부여하게 되면 헌법과 형사소송법상 보장되는 피의자의 다양한 법적 방어장치를 차단할 수 있는 이점을 갖기 때문이다. 즉 사실상 수사이지만 내사종결처분에 대해서는 헌법소원의 제기가 불가능하며,[9)] 피내사자에게는 증거보전신청도 허용될 수 없게 되어 있다.[10)]

이런 관점에서 볼 때 이미 범죄혐의를 인정하여 실질적으로 수사를 행하면서 이

7) 검찰은 2011년 12월 26일 민주통합당 예비경선이 치러진 서울 양재동 교육문화회관에서 금품이 오갔다는 의혹을 수사하기 위해 김 예비후보의 사무실을 압수·수색했다. 그럼에도 불구하고 서울중앙지검 공안1부(이상호 부장검사)는 2012년 2월 2일 "출판기념회초대장을 배포했다는 김 예비후보의 주장과 인천 계양 예비후보자 김모씨 등의 진술에 수긍할 점이 있었다."며 내사 종결했다고 밝혔다.

8) 신동운, "과거청산과 한국 검찰의 장래", 동아법학 제21호, 동아대학교 출판부, 1996, 377쪽 이하 참조.

9) 헌재 1990. 12. 26. 89헌마, 헌집 2권 474쪽: 헌법재판소 전원재판부 1998. 2. 27. 94헌마77도: "진정에 의하여 이루어진 내사사건의 종결처리라는 것은 구속력이 없는 진정사건에 대한 수사기관의 내부적 사건처리방식에 지나지 아니하는 것이고, 따라서 그 처리결과에 대하여 불만이 있으면 진정인은 따로 고소나 고발을 할 수 있는 것으로서, 진정인의 권리행사에 아무런 영향을 미치는 것이 아니므로 이는 헌법소원심판의 대상이 되는 공권력의 행사라고 할 수 없다"고 하여 내사가 법적 규율의 대상이 아니라는 점을 밝히고 있다.

10) 대판 1979. 6. 12. 79도792, 공 1979, 12050.

를 내사 중이라고 표현하고, 인신구속이 임박하였을 때 비로소 입건하여 피의자로서의 지위를 부여한 것은 인신구속부터 일단 하여 놓고 그때부터 수사를 개시하던 조선형사령의 식민지형 수사실무를 사실상 그대로 답습한 것으로 보인다.[11]

따라서 내사 등에 의한 인권침해 내지 수사기간의 장기화 등의 대한 규제가 필요하다. 고소사건을 적법한 절차를 거치지 아니하고 자의적으로 이를 진정사건으로 수리하는 검사의 처분에 대해 헌법재판소가 이를 부당한 것으로 보고 있지만, 검찰은 내사를 계속 활용하고 내사종결처분을 확대하는 경향을 보이고 있어 이에 대한 법적 규율이 필요한 시점이다. 즉 제195조가 정한 수사법정주의에 비추어 볼 때 내사는 수사의 자의적 운영을 가능하게 하며, 피내사자의 법적 지위를 위태롭게 할 뿐만 아니라 긴급체포나 압수·수색과 같은 강제처분이 수사 이전의 단계에서 행해지는 것을 방치하는 결과로 될 수 있고 나아가서는 사건의 내사종결로 피해자가 이의제기를 할 수 없게 만드는 결과로 될 수 있다. 따라서 내사는 수사개시의 단서가 존재하기 이전의 단계에만 가능하다는 점과 강제처분 이외의 임의조사만 가능하다는 점을 명시할 필요가 있다. 즉 형사소송법 제195조의2(내사 등 조사) "검사는 내사, 진정 등의 수사개시 전 단계에서 강제처분 이외의 필요한 조사를 할 수 있다."라는 규정을 둘 필요가 있다.

내사를 형사소송법에 명문화함으로써 기대할 수 있는 수확은 경찰의 내사에 대한 검찰의 지휘권 확보를 가능하게 한다는 점이다. 왜냐하면 진정 등의 수사개시 전 단계에서 강제처분 이외의 필요한 조사인가의 여부를 판단하고 통제할 수 있기 위해서는 내사의 경우에도 일종의 문건작성을 전제로 하여야 하고, 이는 검찰의 지휘·통제대상으로 될 수 있기 때문이다.

4. 법왜곡죄 규정의 신설 필요성

법관과 검찰의 법왜곡에 대한 형사실체법상 규율이 불가피하다. 법관의 재판상 사실관계의 의식적 왜곡이나 적용범주의 지나친 확대 내지 축소해석과 양형의 부당

11) 신동운, 앞의 논문, 383쪽.

한 감형이나 가중, 그 밖에도 무고한 자에 대한 형벌의 부과 등의 행위에 대해서는 형사처벌이 대상이 되는 것이 국제사회의 보편적 원칙이다. 아울러 검사의 부당한 공소제기나 불기소처분 등 피의자에 대한 부당한 법의 적용을 왜곡할 경우 역시 형사처벌의 대상이 되어야 한다.

국민 일반이 법률에 위반된 행위를 했느냐의 여부에 따라 형벌을 가할 수 있는 판단 내지 평가 주체인 법관이나 검찰은 그 누구보다도 적법절차와 적법행위를 준수해야 할 윤리적 책무를 가진다. 그럼에도 불구하고 그런 책무를 지고 있는 법관이나 검찰 스스로가 법을 왜곡하여 무고한 국민 일반에 대해 부당하게 처벌하는 것은 윤리적으로 뿐만 아니라 법률적으로도 용납할 수 없는 일이다. 바로 이러한 이유로 독일을 비롯한 대만, 중국, 프랑스 등 거의 모든 국가, 그리고 조선시대의 대명률뿐만 아니라 우리나라 최초의 완결된 형법전인 1905년에 제정된 형법대전에서도 법관이나 검찰의 법왜곡행위를 처벌하였다.

국민이 부당한 처우에 대해 최종적으로 비빌 언덕은 법원과 검찰일 수밖에 없다. 그런 언덕이 든든해야 한다. 그러기 위해서는 그런 언덕이 법의 왜곡을 일삼을 때 가차 없는 형사제재가 불가피한 것이다.

혹자는 말한다. 그런 법률을 만들어도 검사가 공소를 제기하겠냐고. 물론 아니할 수 있다. 그러나 법을 왜곡한 판사나 검사는 그 법의 왜곡으로 피해를 본 사람으로부터 고소의 대상이 될 수 있으며, 그렇기 때문에 해당 판사나 검사는 고소로 인한 피의자가 됨을 지극히 두려워하게 될 것이다. 아울러 법의 적용에서도 언제나 무엇이 정의인지를 더욱 깊이 모색하여 행동하게 될 것이다.

5. 자랑스러운 검찰의 모습 알리기

온갖 역경을 이겨내고 불의에 타협하지 않으며, 지조를 지켜왔던 수많은 검사들이 있다. 예컨대 이승만 대통령의 절대적인 총애를 받고 있었던 임영신 상공부장관에 대한 검찰의 수사는 법치국가원칙에 철저했다. 이승만 대통령은 임 장관의 유죄가 확정될 때까지 무죄가 추정된다고 하면서 임영신 장관을 감쌌다.

그럼에도 **임 장관 등에 대한 비리사건을 담당한 서울지방검찰청은 2개월여의 수사를 통하여 1949년 5월 28일 수사결과를 발표하였다**. 이에 의하면 “상공부장관 임영신은 비서실장 황용우, 비서관 임영선(임 장관의 동생), 감찰과장 박한서 등 상공부 공무원들과 함께 뇌물을 받고 원조물자인 대두유 40드럼을 무자격자에게 부정배급하였으며, 150여만 원의 공금을 횡령하고, 조선은행 부총재를 속여 미화 5,000달러를 대출받았는가 하면 상공부직할업체의 관리인 직위 또는 수입금지품목의 수입허가 등의 이권을 주고 370여만 원의 뇌물을 받았다.”고 밝혔다.

이에 따라 검찰은 임영신, 임영선, 박성래, 정주성, 전기홍, 황용우, 신학균, 박한서 등 19명에 대하여 업무상배임 및 횡령, 受賂 및 贈賂의 죄를 이유로 현직 국회의원이자 상공부 장관인 임영신을 비롯한 9명을 불구속기소하고 나머지 10명은 구속기소하였다.

1949년 6월 6일 당시 법무부장관이 사임하면서 임영신 상공부장관의 사표가 수리되어 법무부장관에 권승열과 상공부장관에 윤보선이 새로 임명되었다. 1949년 6월 28일 서울지방법원에서 관련자들에 대한 첫 공판이 시작되어 **약 3개월 동안 10여 차례의 공판을 거쳐** 1949년 **9월 17일 임영신, 임영선, 박성래, 정주성, 전기홍, 신학균, 윤구, 이일래, 김춘식 등 9인에게는 무죄를**, 황용우, 편동현, 박한서 등 10인에게는 각각 징역 2년 내지 6월에 집행유예 3년 내지 1년을 선고하였다. 이 판결이 있자 **대검찰청 검사 3인과 서울고등검찰청 차장검사, 서울지방검찰청 검사장, 이 사건의 주임검사 전원 그리고 법무부의 법무과장, 정보과장 등이 집단으로 사표를 제출하는 사태가 일어났으나, 이들의 사표는 모두 반려되었다**.[12)]

또한 제1차 인혁당 사건을 수사했던 이용훈 부장검사는 진실과 정의를 위해서 영예로운 검찰의 지위를 벗어야 했다. 그가 쓴 “사필귀정의 신념으로”으로라는 자서전적 저서에 의하면, 그는 대검중수부의 핵심요원들이 제1차 인혁당 사건의 실체에 대해 수개월의 수사 끝에 그들의 무고함을 확신하였다.[13)] 그들을 수사했던 이용훈 부장검사와 3명의 평검사가 상부의 기소명령에 반발하였다. 그리고 이용훈 부장검

12) 1951년 1월 6일 서울고등법원은 임영신 등에게 무죄를 선고하였고, 1951년 9월 18일 대법원(재판장: 김병로 대법원장)이 검찰의 상고를 기각하여 임영신에 대한 무죄판결이 확정되었다.

13) 이용훈, 사필귀정(事必歸正)의 신념으로(법과 정치와 나의 인생), 리플릭스, 2000, 95쪽 이하, 인민혁명당사건 중에서 ‘검사의 양심을 살려라’에 관한 106쪽 이하 참조.

사는 정의를 위해 옷을 벗었다.[14)]

효당 엄상섭 선생은 어떤가? 검찰 출신인 그분의 삶과 철학 그리고 형법과 형사소송법의 편찬 등의 찬란한 업적을 이 자리에서 자세히 말할 시간이 없다. 몇 가지만 간단하게 기술하자. 그가 실천했던 일 중의 하나는 미군정의 한국검찰 죽이기에 대한 최초의 싸움판을 벌였던 인물이다. 그리고 한국에서의 수사권이 경찰에게 넘어가지 않게 했던 결정적 역할을 하였던 분이었다. 그는 일제강점기에 검사로서 지낸 것을 평생 후회하면서 다시는 지조 없는 짓을 하지 않겠다고 언론에 공표했던 6명의 검사 중 1인이다. 그는 인권침해적 사법의 전형이었던 식민지 형사사법의 실무를 현장에서 겪었고, 해방 후 좌우익 간의 극심한 이념갈등으로 인한 혼란, 6·25 사변에 의한 처참한 동족상쟁과 도탄에 빠진 국민들의 생활고, 게다가 이승만 독재정권의 지속으로 인한 불의와 부패가 만연되고 국민의 기본적 자유가 극도로 침해되는 사회를 몸소 체험하였다. 이 과정에서 국민 개인의 존엄성과 자유가 확보된 사회의 형성과 유지야말로 국민이 인간다운 삶을 누릴 수 있는 유일한 길이라는 신념에 입각하여 그는 자유민주주의와 실질적 죄형법정주의를 신봉하고, 이러한 이념의 실현을 위해 온 몸을 던질 각오로 달성하고자 하였다. 즉 그는 부패한 정치를 펼쳤던 이승만 독재정권에 항거하여 직언을 서슴지 않았으며 국민적 원성이 자자했던 국민방위군 사건을 비롯하여 중석불 사건 같은 중대한 부패사건에 대해 썩은 부위를 잘라내는 작업을 감행하는 데 주저하지 않았다. 선생은 자신이 겪었던 불의에 대한 체험과 항거 그리고 쉼 없는 독서와 연구를 통하여 일제로부터 해방된 신생국가인 한국에서 위정자들이 무엇을 어떻게 해야 국민의 인권이 보장되며, 삶의 질이 높아지고 인간답게 살 수 있을까에 대해 끊임없는 물음을 던지고, 이에 대한 해답을 찾으며 이 땅에 자유민주주의가 실현되도록 진력하였다. 진정한 법조인의 참모습이 무엇인가를 행동으로 보여준 그를 한국 형법의 아버지라고 불러도 무방하다고 보

14) 제1차 인혁당 사건의 대상자들은 10여년 후에 일어난 이른바 민청학련 사건에 대한 북한의 배후로 날조된 '인혁당재건위 사건'의 무고한 피해자로 낙인찍히고, 이들 8명은 세계역사상 가장 부끄러운 사법살인의 희생자가 되었다. 1975년 4월 9일 새벽에 8명의 무고한 사람에 대한 사법살인으로 희생된 8명에 대해 32년간의 어두운 암흑을 깨고 2007년 1월 23일 서울중앙지법 형사합의 23부(재판장 문용선 부장판사)는 재심을 통해 무죄를 선고했다. 인혁당재건위 사건과 관련하여 의문사진상규명위원회는 이미 2002년 중앙정보부의 고문조작사건임을 밝혀내고 중앙정보부의 후신인 국가정보원 '과거사 진실규명을 통한 발전위'도 2005년 이 사건이 당시 유신정권의 요구로 조작한 사건임을 지적한 바 있다.

며, 법률가도 위대한 인물의 반열에 들어갈 수 있다는 것을 우리 형법의 아버지였던 엄상섭 선생이 입증하였다고 할 것이다.

엄상섭 선생뿐만이 아니다. 우리나라 검사 대부분은 실제로 격무에 시달리면서도 사법정의의 실현을 위해 불철주야 노력하고 있다. 그러므로 검찰은 자체적으로 자랑스러운 검찰상을 실천한 분들을 발굴하고 그런 분이 적지 않음을 국민에게 자랑스럽게 소개할 필요가 있다. 김병로 대법관, 류병진 판사, 김홍섭 대법원판사 등에 대해서는 법조인들뿐만 아니라 일반 국민도 많이 알고 지내지만, 검찰 출신들의 위인에 대해서는 거의 알려져 있질 않다. 그건 잘못되었다.

6. 법치국가 실현을 위한 검찰 의식의 전환 필요성

2007년 6월부터 법무부에서 형법개정작업이 전면적으로 진행되고 있다. 그런데 법무부는 형사사건에 대한 수사를 용이하게 하기 위해 이른바 '사법방해죄'를 신설하여 제18대 국회에 제출하였다. 사법방해죄의 내용은 선서조차 하지 않은 참고인의 거짓 진술도 사법을 방해한 것이기 때문에 처벌해야 한다는 것이다. 테러범같이 반인륜적 흉악범에 국한하여 사법방해죄를 신설할 수도 있을 것이다. 그러나 1년에 1천번 이상 거짓말을 상시로 하고 있는 국민 일반에게 형사사건에 관해서 거짓말 좀 했다고 하여 형사처벌하자고 하는 것은 오직 검찰수사의 편의성을 위한 것일 뿐이다. 국민을 위한 검찰이라면 오히려 무고한 자에 대해 사법살인에 적극 관여한 법관이나 검찰에 대한 처벌부터 하자고 해야 되지 않을까? 왜냐하면 국민으로부터 부여받은 국가권력은 국민에게 봉사해야 한다는 사상이 합리적이기 때문이다. 그럼에도 불구하고 일제의 식민지 시대부터 전래된 우리 검찰이 이시은 알게 모르게 일본 천황의 긴 팔로서 역할을 담당하였던 식민지 시대의 검찰관에서 아직도 완전히 벗어나지 못하고 있다고 보여진다. 일본의 천황은 실수를 범하지 않고, 국민에게 시혜를 베풀 수 있다는 사고방식에 젖어, 국가의 긴 팔인 검찰도 실수를 범할 수 없고, 국민의 기본권조차도 국민에게 시혜의 선물로 베풀어 주고 있다는 사상에 아직도 젖어 있음을 부인하기 어렵다.

국가는 감정적 존재일 수 없으며, 이성적이고 윤리적 존재여야 한다. 그렇다면 형벌은 감정적 복수가 아닌, 책임주의에 철저해야 하고 국가행위도 윤리적인 모순을 범하지 말아야 한다. 즉 국가가 윤리적 존재이기 때문에, 국가가 국민에게 절도나 강도를 범하지 말라고 하면서 국가 스스로 절도나 강도를 범할 수 없는 것이다. 마찬가지로 국가가 살인을 범하지 말라고 하면서 스스로 살인의 형벌을 두고 집행하는 것은 윤리적 모순이다.

또한 상습적 절도범에 대한 최적의 형사정책은 그런 자의 팔을 자르는 쪽에 있지만 어떤 국가도 절도범의 팔을 자르지 않는다. 왜냐하면 사람의 팔을 자르는 것은 너무나 잔인한 형벌이라고 보기 때문이다. 이처럼 팔을 자르는 행위가 인간적으로 너무 잔인하다면, 그렇다면 목을 치는 행위는 더 잔인하지 않는지. 그럼에도 불구하고 법무부와 대검찰청 그리고 대부분의 검사들은 사형제도의 존치를 왜들 그렇게 좋아할까?

그것은 수사의 편의성과 국가를 개인적 감정의 형식으로 생각하는 속좁은 착각에 비롯된 것이다. 2004년 1월부터 참여하고 있는 법무부 형사법개정위원회에서 법조인들의 견해는 거의 대부분 중형주의 입장을 취하였다. 그리고 그 이유가 자신의 권한과 지위에 깊은 관련을 맺고 있음을 확인할 수 있었다. 변호사의 자격으로 참여한 대부분이 중형주의를 선호했다. 왜냐하면 중형으로 정해야 형이 기대 이상으로 감형될 수 있고, 이렇게 되면 변호사 선임비용과 밀접한 관련을 가질 수 있기 때문이다. 법관의 자격으로 참여한 위원도 중형주의 내지 사형제도를 선호했다. 왜일까? 그래야만 형을 자신의 재량에 따라 큰 폭으로 양형을 정할 수 있으며, 사형을 시킬 수 있는 것을 무기나 유기로 시혜를 베풀 수 있기 때문이었다. 이런 점은 검찰도 역시 사형제도나 무기형의 존치를 선호했는데, 이는 수사할 때 검찰의 질문에 순순히 답변하면 사형이나 무기형을 구형하지 않겠다는 협박의 방식으로 사용할 수 있기 때문으로 보였다.

국민들 자신의 권리보장 기구로서 기댈 언덕이 되어야 하는 검찰, 경찰수사의 남용방지를 위한 최후의 보루로서 검찰, 용납할 수 없는 법익침해에 대한 철저한 수사와 책임에 상응한 처벌 및 범죄자로서 낙인을 찍은 국가형벌권의 반인권적 단점을 극복하기 위해 불가피하게 요구되는 형법의 최후수단성과 단편성에 깊은 고민을 하는 검찰상을 그려본다.

제15장

한국에서 수사와 내사(內査) 범위와 한계

Ⅰ. 문제의 제기

한국 (개정)형사소송법(이하 '형사소송법'이라고 칭함)[1] 제195조와 제196조 제2항에 따르면 수사기관에 대해 "범죄의 혐의 있다고 사료하는 때에는 범인, 범죄사실과 증거를 수사"할 것을 명시하고 있다. 여기서 수사란 범죄의 혐의가 있다고 생각되는 경우 그 혐의의 진위를 확인하고, 범죄가 발생하였다고 인정되는 때에는 범인을 발견·확보하며, 증거를 수집·보전하는 수사기관의 활동을 말한다.

수사는 이처럼 '범죄의 혐의가 있다고 인정되는 때에 개시되는 수사기관의 활동'이므로 '범죄의 혐의가 있다'고 판단되지 아니한 단계에서 행해지는 조사활동을 수사라고 말할 수 없다. 그렇기 때문에 "범죄의 혐의가 있다."라고 판단되지 아니한 단계에서 행해지는 수사기관의 조사활동을 내사(內査)라고 부른다. 내사의 사전적 의미는 '겉으로 드러나지 아니하게 몰래 조사함'이며, 이런 점에서 내사란 "검찰이나 경찰 등이 범죄를 인지하기 전에 보도·풍설·진정·익명의 신고 등을 통하여 범죄혐의 유무를 확인하기 위하여 수행하는 조사활동을 의미한다."고 말할 수 있다.[2]

1) 2011. 7. 18 법률 제10864호로 개정되어 2012년 1월 1일부터 시행됨.

2) 같은 맥락에서 검찰사건사무규칙(법무부령 제766호) 제141조 제1항: "검사는 범죄에 관한 신문 등 출판물의 기사, 익명의 신고 또는 풍설, 첩보의 입수 등으로 범죄의 존재 여부를 확인할 필요가 있는 때에는 내사사건으로 수리한다." 경찰청 훈령인 경찰내사처리규칙 제8조도 "내사는 범죄첩보 및 진정·탄원과 범죄에 관한 언론·출판물·인터넷 등의 정보, 익명의 신고 또는 풍문 중에서 출처·사회적 영향 등을 고려하여 그 진상을 확인할 가치가 있는 사안을 그 대상으로 한다."고 명시하고 있다.

이처럼 내사는 수사가 아니며, 그것도 은밀한 뒷조사에 불과하다는 점에서 한국 검찰(이하 '검찰')은 2012년 1월에 실시된 민주통합당(이하 '민주당') 예비경선에 돈 봉투를 살포했다(이하 '민주당 돈 봉투 의혹사건'이라고 칭함)는 이유로 민주당 부천 원미갑 예비후보자의 선거사무실을 2012년 1월 30일 오전에 '압수·수색'하였다. 이 압수·수색물의 분석 결과를 토대로 피내사자의 행위는 돈 봉투의 살포가 아닌, 출판기념회 초대장 배포라는 사실이 밝혀지자, 검찰은 2012년 2월 2일 민주당 예비선거 부정의혹의 대상자에 대해 부실한 '조사'를 인정하고 "내사를 종결한 바 있다."[3)]

이 사건의 처리과정에서 볼 수 있는 바와 같이 검찰을 비롯한 수사기관은 강제수사에 해당될 수 있는 수사 활동까지 내사라는 이름으로 포장하고 있다. 이와 같은 관행은 아마도 수사기관의 내사는 인권침해적 요소가 있는 수사에 해당되지 않아 헌법과 형사소송법상 통제대상이 될 수 없다는 생각에서 싹터 온 것으로 보인다. 즉 일종의 강제성이 강한 수사조차 내사로 치장하여 수사기관 자신들의 수사 활동에 대한 사법적 통제를 회피하면서 수사의 효율성을 강화하려는 의도에 기인된 것으로 보인다. 그리고 검찰의 이런 태도는 결코 우연한 것이 아니고, 실무상 관행으로 여기고 있음을 현직 검찰의 다음과 같은 주장에서도 엿볼 수 있다.

> "내사의 방법은 … 증거확보를 위한 압수수색, 출국금지 등을 비롯한 통상 수사절차에서 요구되는 다양한 방법을 사용할 수 있다."[4)]

한편 형사소송법은 검사의 사법경찰관에 대한 수사지휘권의 보장(제196조[5)])과 수사기관의 수사과정에서 목록작성의무(제198조 제3항)를 명시하고 있고, 수사에 관한 필요한 조사(제199조)를 할 수 있음을 규정하고 있다. 이들 규정은 내사와 밀접한 관계를 가진다. 즉 형사소송법 제196조 제1항은 사법경찰관으로 하여금 '모든 수사'에 관하여 검사의 지휘를 받도록 규정하고 있고, 동법 제198조 제3항에 따르면,

---

3) 이에 대해서는 http://www.nocutnews.co.kr/Show.asp?IDX=2048468 참조.

4) 조광웅, "내사절차에서 피내사자의 인권보호에 관한 연구", 법학연구(연세대학교, 2006), 304쪽.

5) 제196조 ① 수사관, 경무관, 총경, 경정, 경감, 경위는 사법경찰관으로서 모든 수사에 관하여 검사의 지휘를 받는다. … ③ 사법경찰관리는 검사의 지휘가 있는 때에는 이에 따라야 한다. 검사의 지휘에 관한 구체적 사항은 대통령령으로 정한다. ④ 사법경찰관은 범죄를 수사한 때에는 관계 서류와 증거물을 지체 없이 검사에게 송부하여야 한다. …

"검사 … 직무상 수사에 관계있는 자는 수사과정에서 수사와 관련하여 작성하거나 취득한 서류 또는 물건에 대한 목록을 빠짐없이 작성"함을 요구하고 있다. 그리고 동법 제199조 제2항에 근거하여 수사기관은 "공무소 기타 공사단체에 조회하여 필요한 사항의 보고를 요구할 수 있다."

형사소송법의 이러한 취지를 이어받아 2012년 1월 1일부터 시행되고 있는 '검사의 사법관리(司法官吏)에 대한 수사지휘 및 사법경찰관리의 수사준칙에 관한 규정(이하 '수사준칙에 관한 규정'이라고 칭함)'[6] 제80조에 따르면, "사법경찰관리가 검사로부터 검사가 접수한 사건에 대하여 수사할 것을 지휘받은 때에는 신속히 수사한 후 사건 송치 전에 검사의 구체적 지휘를 받아야 한다."고 명시하고 있다.

그런데 이 '수사준칙에 관한 규정'이 시행되기 이전인 2011년 12월 30일 지방검찰청에 진정된 조합원 보상금 횡령의혹 사건을 일선 경찰관서에 제출하려다가 수사사건이 아닌, 단순 내사사건이라는 이유로 거부당하는 사례가 발생하였다. 이에 대해 검찰 관계자는 "진정사건을 경찰서에 제출하다 보니 형식상 내사라고 표현됐지만 개념적으로는 수사였는데 경찰이 이를 거부했다."고 밝힌 바 있다. 이에 반해 경찰은 경찰청 수사의 실무지침에 따르면 "검찰로부터 받은 내사사건에 대해서는 접수를 거부하라."라고 명시되어 있어, "이 지침에 따라 접수를 거부하였다."고 하는 주장을 펼치고 있다.[7]

이와 같은 사례를 통하여 검찰이나 경찰은 내사의 개념을 매우 자의적으로 운용하고 있음을 알 수 있다. 즉 검찰은 실질적 의미에서 강제수사조차도 내사로 포장하여 조사하고, 사법경찰에 대해서 내사사건을 실질적 의미의 수사사건이니 지휘를 받아야 된다고 주장한다.[8] 이에 반해 경찰은 검찰에서 송부한 '조합원 보상금 횡령의혹 사건'이 형식적인 관점에서 단순한 진정사건에 불과하다는 이유로 이를 내사사건으로 평가하고 수사지휘의 대상인 수사사건으로 볼 수 없다고 하여 검찰의 수사지휘를 거부하였다.

이런 점에서 본 논문은 첫째로 내사와 수사의 구별실익을 검토하고, 둘째로 내사

---

6) 2011년 12월 30일 대통령령 제23436호 제정.

7) 이에 관한 자세한 보도자료는 세계일보, 2012년 1월 3일자 11면 기사(http://www.segye.com/Articles/NEWS/SOCIETY/Article.asp?aid=20120103004686&subctg1=&subctg2=) 참소.

8) 검찰의 내사 개념에 대한 자의적 운용의 문제는 경찰에서도 적지 않음은 뒤에서 살펴보기로 한다.

의 개념이 무엇이며, 수사와 어떤 차별성을 가지는지, 셋째로 내사의 허용범위는 어디까지인지 등에 관해 규명하고, 끝으로 내사에 관한 입법론을 제시하고자 한다.[9)]

Ⅱ. 내사의 개념과 법적 성질

1. 내사의 법적 근거와 문제점

형사소송법은 '내사'에 관한 일반적 규정을 명시하고 있지 않다. 그렇지만 동법 제195조와 제196조 제2항은 내사를 전제로 하고 있으며, 동법 제199조는 비록 수사에 관한 규정이지만, 내사의 경우에도 적용될 가능성을 열어두고 있다. 그리고 동법 제222조는 변사자의 처리에 관한 내사를 특별히 법률규정으로 인정하고 있다. 그런데 내사에 관한 일반적 규정은 법률이 아닌, 법무부령의 '검찰사건사무규칙'[10)]과 경찰청 훈령인 '경찰내사처리규칙'[11)]에서 규율하고 있다. 이들 규칙에 근거하여 수사기관은 내사사건과 진정사건[12)]을 해마다 약 3만여건 처리하고 있으며, 이들 중에서 약 5% 정도가 입건되어 수사절차로 이행되는 것으로 알려져 있다.[13)]

---

9) 여기서 제기한 문제들 중 상당부분은 다음에 언급된 학자들에 의해 이미 규명되었다고 볼 수 있다. 예컨대 강동욱, "형사절차상 내사의 의의와 한계", 한양법학 제23권 제2집(2012), 11쪽 이하; 강석구·조상제, 내사에 관한 연구, 한국형사정책연구원(연구총서 11-26); 권오걸, "수사절차로서의 내사에 대한 고찰", 형사법연구 제15권(한국형사법학회, 2001), 241쪽 이하; 김재덕, "내사의 허용범위와 통제방안", 이화여자대학교 법학논집 제16권 제1호(2011. 9), 265쪽 이하; 신동운, "내사종결처분의 법적 성질", 법학 제45권 제3호(서울대학교 법학연구소, 2004), 325쪽 이하; 신양균·조기영, "내사의 개념과 허용범위", 형사법연구 제23권 제3호(2011. 가을), 181쪽 이하; 오경식, "내사와 수사의 구별기준에 대한 고찰", 형사법의 신동향 통권 제34호(2012. 3), 48쪽 이하; 李東煥, 형사정차상 내사와 경찰작용상 수사 전 처분, 고려대학교 법무대학원(2008); 정성진, "내사론", 법조 제46권 제3호(법조협회, 1997), 7쪽 이하; 정웅석, "내사사건의 통제방안에 관한 연구", 형사정책 제20권 제1호(2009), 279쪽 이하; 조광웅, "내사절차에서 피내사자의 인권보호에 관한 연구", 법학연구 19권 제2호(연세대학교, 2009), 299쪽 이하; 최창민, "내사와 수사지휘", 2012년 영남형사판례연구회에서 발표한 미발표 논문; 허인석, "내사의 법적 쟁점에 관한 연구", 형사법의 쟁점연구(Ⅱ)(박영사, 2010), 140쪽 이하.

10) 제141조 제1항이 "검사는 범죄에 관한 신문 등 출판물의 기사, 익명의 신고 또는 풍설, 첩보의 입수 등으로 범죄의 존재 여부를 확인할 필요가 있는 때에는 내사사건으로 수리한다."고 명시하여 두고 있고, 동 규정 제142조는 내사·진정사건의 수리절차를, 동 규정 제143조에서 그 처리방법을 규정하고 있다.

11) 경찰청훈령 제563호, 2009년 8월 25일 시행.

12) 한국의 수사기관은 진정사건도 통상 내사사건으로 처리하고 있기 때문에 이를 따로 구분하지 않는다.

내사는 이처럼 법률상 일반적으로 허용되어 있는 것도 아니며, 내사라는 개념의 내용에 대한 사회적 합의가 충분히 도출된 바도 없다. 그런데도 법무부령인 검찰사건사무규칙이나 경찰청의 훈령에 불과한 경찰내사처리규칙에 명시된 내사규정을 근거로 피의자와 피내사자의 지위가 결정되고, 이러한 결정으로 '피내사자'라는 표지에 의해 헌법상 보장된 국민의 기본권이 제한될 수 있다는 것은 심각한 문제라고 할 수 있다.14)

2. 형사소송절차에 반하는 내사의 성격

그럼에도 불구하고 한국의 수사실무와 관행에서는 사실상 강제수사에 가까운 임의동행이나 압수·수색까지 수사가 아닌, 내사행위로 파악한 경우가 적지 않다. 이런 점은 본 논문의 서두에서 밝힌 바 있는 정당의 예비경선 과정에서 불거진 '돈 봉투 의혹사건'에 대해 검찰이 보여준 처리결과를 통해 재확인할 수 있다.

이런 점들을 참작하면서 수사에 대한 내사의 심각한 반형사소송법적 성격을 살펴보면 다음과 같다. ① 한국 헌법과 형사소송법은 '수사'의 대상자를 피의자로 한정하고, 피의자에게 무죄추정을 비롯한 각종의 기본적 인권을 부여하고 있다. 이에 반해 내사의 대상인 피내사자는 단순한 용의자에 불과하다는 점에서 피의자보다 더 두터운 보호의 대상이 되어야 함에도 불구하고 피내사자 자신에 대한 부당한 임의동행이나 압수·수색, 지명수배에 대해 피의자가 가지는 헌법과 형사소송법상 보장된 각종의 권리를 누릴 수 있는 법적 근거의 공백에 방치되어 있다. ② 한국의 사법경찰은 수사에 대해서는 검찰의 수사지휘를 받아야 되지만, 내사에 대해서는 근거규정이 없다. 다만 변사사건(變死事件)의 경우 형사소송법 제222조 제3항15)에 의하

13) 이와 같은 건수는 2000~2005년의 기간 동안 검찰에 접수된 내사·진정사건의 연간 평균이며, 이는 전체 형사사건의 1.6%에 불과하다. 이 중에서 1,500건(5%)만 입건되어 정식 수사절차를 거치게 된다. 이에 관해서는 신양균·조기영, 앞의 논문, 183쪽 참조.

14) 김재덕, 앞의 논문, 273쪽; 신동운, 앞의 논문, 322쪽 참조.

15) 제222조(변사자의 검시) ① 변사자 또는 변사의 의심 있는 사체가 있는 때에는 그 소재지를 관할하는 지방검찰청검사가 검시하여야 한다.
② 전항의 검시로 범죄의 혐의를 인정하고 긴급을 요할 때에는 영장 없이 검증할 수 있다.
③ 검사는 사법경찰관에게 전 2항의 처분을 명할 수 있다.

여 검찰은 사법경찰관에 대해 변사의 의심 있는 사체(死體)에 대해 내사를 지휘할 수 있을 뿐이다. 따라서 사법경찰의 부당한 수사에 대한 통제는 있어도 부당한 내사에 대한 통제수단이 없다. ③ 내사는 수사와 법적 성격을 달리하므로 피내사자에 대해서는 증거보전을 청구할 수 없고,[16] 진정사건에 대한 내사종결처분에 대해서도 재정신청을 할 수 없으며,[17] 헌법소원도 제기할 수 없다.[18]

3. 내사 개념의 필요성 여부와 내사와 수사의 구별기준

1) 내사 개념의 필요성 여부

한국에서는 내사 개념의 독자성을 인정할지의 여부에 관한 깊은 논의과정이 생략된 채, 수사실무상 편의에 따라 폭넓게 허용된 것으로 이해되고 있다.[19] 이는 비록 틀린 것이 아니지만, 논리적으로 바람직한 것은 아니다. 내사는 수사개시의 전제일 뿐이며, 수사개시 개념을 결코 넘어서지 말아야 할 범죄의 단서를 해명하는 수사기관의 활동에 불과하다. 그러므로 내사 개념의 핵심과 한계영역을 명백히 하지 않고, 내사의 개념을 수사개시 개념과 구별하는 것은 수사실무에서 볼 수 있는 바와 같이 내사 개념의 혼돈 내지 내사 개념의 지나친 확장을 가져올 수 있다. 그렇다면 내사 개념의 독자성을 인정해야 할 필요성이 있는가? 이런 질문에 대해서 한국 학자들의 연구는 거의 없다. 다만 신양균·조기영 교수가 공동으로 연구한 논문에서 독일의 경우를 참고로 내사 개념의 독자성과 근거를 밝히고 있을 뿐이다.[20]

그런데 한국의 수사실무를 보면 내사 개념 자체를 부정하는 입장에 가깝다는 생각이 든다. 왜냐하면 수사기관은 내사라는 표현을 사용하고 있으나 그 실질은 피내사자에 대한 강제연행에 가까운 임의동행, 압수·수색, 출국금지, 통신제한조치 등을 실행함으로써 수사를 하고 있기 때문이다.[21]

그럼에도 불구하고 형사소송법상 수사개시 이전의 내사 개념은 불가피하게 전제

16) 대법원 1979. 6. 12. 선고 79도792 판결.
17) 대법원 1991. 11. 5. 선고 91모68 판결.
18) 헌재 1990. 12. 26. 선고 89헌마277 결정.
19) 같은 입장으로 신양균·조기영, 앞의 논문, 186쪽 이하.
20) 신양균·조기영, 앞의 논문, 186쪽 이하, 특히 189쪽 이하 참조.
21) 내사의 현황에 관해 자세한 것은 조광훈, 앞의 논문, 308쪽 이하 참조.

된 것으로 보인다. 형사소송법 제195조와 제196조 제2항에 의거하여 수사기관은 범죄의 혐의가 있다고 인식한 경우에는 수사에 착수해야 하고,[22] 수사기관은 범죄혐의가 있다고 사료되는 바를 해명해야 할 의무를 지고 있음이 분명하기 때문이다. 즉 수사기관이 수사에 착수하기 위해서는 당해 사건에 대해 범죄혐의가 있음을 전제로 해야 하므로, 수사기관은 수사 착수 이전에 해당 사건에 대한 범죄혐의 유무를 해명할 필요가 있게 된다.

예를 들면 어느 기업이 폐수를 불법 배출했다는 신문기사나 TV방송이 있었으나, 기사나 방송 내용으로는 해당 기업의 폐수방출이 법적으로 허용된 것인지의 여부가 불분명할 수 있다. 이런 경우 수사기관은 수질오염을 규제하는 환경보호 관련 법률이 허용하는 한도 여부를 관련 부처에 확인할 필요가 있으며, 이러한 확인은 정당한 것이고 혐의를 질문하고 따지는 조사가 아니라는 점에서 수사라고 할 수 없다.[23] 따라서 내사 개념은 수사와 구별될 수 있는 독자성을 인정받아야 하며, 그 내용과 범위는 수사의 영역을 침범하여 넘어갈 수 없다고 하여야 할 것이다.

한편 형사소송법 제199조의 규정을 내사의 근거로 보는 입장이 있다.[24] 이 견해는 동법 제199조 제2항이 "수사에 관하여는 공무소 기타 공사단체에 조회하여 필요한 사항의 보고를 요구할 수 있다."고 명시하고 있음을 그 근거로 내세우고, 내사의 개념을 광의의 수사의 일부로서 수사의 전단계에서 범죄의 혐의 유무를 확인한다고 하는 수사목적 달성을 위한 조사활동이라고 본다. 그러나 형사소송법 제199조는 동법 제195조와 제196조 제2항의 수사강제 요건을 전제로 허용되고 있는 수사에 관한 규정이지, 내사에 관한 규정이 아님은 법조문의 체계와 명문상 명백하여, 이와 같은 주장은 설득력이 없어 보인다.

2) 수사개시 개념

내사 개념은 수사개시와 구별된다는 점에서 수사개시 개념의 확정과 깊은 상관관계를 가진다. 왜냐하면 수사개시 개념이 무엇이냐에 따라 내사 개념도 달라질 수 있

22) 특히 '검사의 사법경찰관리에 대한 수사지휘 및 사법경찰관리의 수사준칙에 관한 규정' 제17조 제1항: 사법경찰관은 (형사소송)법 제196조 제2항에 따라 범죄의 혐의가 있다고 인식하는 때에는 수사를 개시하고 ….

23) 이에 관해서는 신양균·조기영, 앞의 논문, 190쪽.

24) 이러한 입장으로는 송광섭, 형사소송법, 2010, 236쪽; 정성진, 앞의 논문, 9쪽 참조.

기 때문이다.

수사란 일반적으로 범죄혐의의 발견으로부터 시작하여 공소제기 또는 불기소처분 등의 수사종결처분을 포괄하는 총체적 개념이다. 수사개시란 범죄혐의의 발견을 위한 출발점이다. 수사개시를 위해 형사소송법은 다음과 같은 두 가지 요건의 충족을 요구하고 있는 바, 하나는 '범죄의 혐의가 있다고 사료하는 때'(형사소송법 제195조)라야 하고, 다른 하나는 '수사의 목적을 달성하기 위하여 필요한 조사'[25]라야 한다. 이들 둘 중의 어느 하나라도 충족되지 않았다면 수사개시는 적법하지 않게 된다.

내사의 개념과 밀접하게 관련된 수사개시는 수사기관이 '범죄의 혐의가 있다고 사료하는 때'로부터 시작된다. 그런데 수사개시를 위한 '범죄혐의가 있다고 사료하는 때'의 의미가 무엇인지에 대해 법률상 규정은 없다. 그러나 실무계와 이론가들의 일치된 견해에 따르면 "수사기관의 주관적 혐의를 의미한다."고 한다. 수사기관의 주관적 혐의란 수사기관의 자의적 혐의를 말하는 것이 아니고, 범죄혐의에 대한 주위의 사정을 합리적으로 판단하여 볼 때 범죄혐의가 짙다는 생각에 도달하여야 한다는 것이다. 그러므로 수사기관의 주관적 혐의는 형사소송법 등 관련 법령의 취지와 목적에 비추어 볼 때 구체적인 사정에 근거를 두고 있는 합리적인 혐의일 것을 요한다. 주관적 혐의에 대한 이와 같은 입장은 한국의 판례[26]에서도 확인할 수 있다.

> "수사의 개시에 앞서 이루어지는 조사활동과 이에 기초한 범죄의 혐의가 있는가 여부에 관한 판단, 즉 수사를 개시할 것인가 또는 조사활동을 종결할 것인가의 판단은 수사기관이 제반 상황에 대응하여 자신에게 부여된 권한을 적절하게 행사할 수 있도록 합리적인 재량에 위임되어 있는 행위이다. 그러므로 조사활동과 그에 따른 수사의 개시 여부에 관한 수사기관의 판단을 위법하다고 평가하기 위하여는 형사소송법 등의 관련 법령의 취지와 목적에 비추어 볼 때 구체적인 사정에 따라 수사기관이 그 권한을 행사하여 필요한 조치를 취하지 아니한 것이 현저하게 불합리하다고 인정되거나 경험칙이나 논리칙상 도저히 합리성을 긍정할 수 없는 정도에 이르렀다고 인정되어야 한다."

25) 형사소송법 제199조 제1항에 의하면 "수사기관은 수사에 관하여 그 목적을 달성하기 위하여 필요한 조사를 할 수 있다."

26) 대법원 2006. 12. 7. 선고 2004다14932 판결.

3) 내사와 수사의 구별기준

한국에서 내사와 수사의 구별에 관해서는 다양한 견해들이 제시되고 있다.

첫째로 형식설에 따르면 주관적 혐의가 있어 입건절차를 거쳐야만 수사가 되고, 그 입건 이전의 단계에서 용의자와 그 주변에 대한 수사기관의 일체의 조사를 내사라고 본다.[27) 여기서 입건이란 형사사건으로 접수, 수리되고 사건번호가 부여되는 것을 말한다. 입건의 원인으로서는 고소나 고발뿐만 아니라 범죄인지 등이 있는데, 내사 후의 사건수리는 인지를 통해 입건이 된다. 이런 점에서 검찰실무의 경우 범죄인지시에, 사법경찰관의 경우 범죄인지보고서를 작성하여 입건절차를 통하면 그 이후의 조사는 수사가 되고, 그 이전에의 조사는 내사라고 하게 된다.

둘째로 실질설에 따르면 범죄혐의가 있음을 인지하여 그것을 외부적으로 표현하면, 그때부터의 조사는 수사이고, 수사의 개시에 앞서 이루지는 수사기관의 조사활동을 내사라고 본다.[28)]

셋째로 절충설에 따르면, 실질실에서 말하는 '수사로 보이는 의사가 외부적으로 표시된 상태'라면 모두 '입건절차를 거치도록 하여'야 한다는 입장이다.

생각건대 절충설은 학설이라기보다는 입법론적 관점에서 관철했으면 하는 입장에 불과하다. 게다가 결과적으로 형식적으로 입건되지 않은 한, 수사의 개시는 없다는 논리적 결과를 야기한다. 형식설은 수사개시 시점을 입건이라는 절차를 거친다는 점에서 내사와 수사의 구별시점을 명확하게 알 수 있는 장점이 있다. 하지만 수사기관의 형식적인 절차인 입건조치가 없으면, 피내사자에 대한 각종의 조사행위가 사실상 수사행위임에도 불구하고 헌법과 형사소송법에서 인정되고 있는 피의자의 권리를 피내사자는 보장받지 못할 수도 있다.

그런데 절충설에 의한 실질설에 대한 비판, 즉 실질설의 핵심인 '범죄혐의가 있음을 수사기관이 외부적으로 표시한 순간'이 언제인가를 둘러싸고 끊임없는 논쟁이 벌어질 것이라는 주장[29)]은 전혀 틀린 것은 아닐 수도 있다. 그러나 이와 같은 문제제기는 큰 실익이 없어 보인다. 왜냐하면 절충설의 관점에서 입건을 정식으로 할 만

---

27) 백형구, 형사소송법강의(박영사, 2001), 375쪽; 정성진, 앞의 논문, 7쪽.

28) 같은 취지로 손동권, 형사소송법(2010), 155쪽; 신동운, 신형사소송법(제4판), 36쪽; 신양균·조기영, 앞의 논문, 192쪽 이하, 이은모, 형사소송법(2010), 133쪽.

29) 김재덕, 앞의 논문, 270쪽.

한 사정이 보일 때는 바로 실실설의 입상에서 수사의 시기가 개시되어 해당 사건은 내사가 아닌, 수사활동으로 보아야 하기 때문이다.

Ⅲ. 내사의 허용한계

1. 헌법과 내사

한국 헌법은 제37조 제1항에서 "국민의 자유와 권리는 헌법에 열거되지 아니한 이유로 경시되지 아니한다."고 규정하고 있고, 동조 제2항에는 "국민의 모든 자유와 권리는 국가안전보장·질서유지 또는 공공복리를 위하여 필요한 경우에 한하여 법률로써 제한할 수 있으며, 제한하는 경우에도 자유와 권리의 본질적인 내용을 침해할 수 없다."고 천명하고 있다. 따라서 헌법은 국민의 자유와 권리를 제한하려면 오직 법률로써만 가능할 뿐이며, 그것도 본질적 침해를 할 수 없음을 분명히 하고 있다.

따라서 피내사자에 대한 어떠한 조사나 조치를 취하더라도 법률에 근거해야 되며, 법률에 근거가 없는 경우에 해당하는 내사는 한편으로 피내사자의 기본권이 침해되지 않는 범위에서, 다른 한편으로 범죄위험에 대한 수사기관의 사회방위의무를 수행해야 될 범위 내에서 허용될 수 있다고 생각된다.

2. 임의동행

수사의 실무관행에 따르면, 내사가 최종단계에 이르게 될 때 수사기관은 피내사자 본인의 동의를 얻어 임의동행을 하고, 내사사실에 관하여 자술서를 쓰게 하거나 진술조서를 작성하는 것이 상례이다. 이런 절차를 밟아 범죄혐의가 인정되면 입건이 되어 피내사자의 신분은 피의자로 전환되고, 혐의를 못 찾으면 내사를 계속하거나 내사종결 처분이 된다.[30]

임의동행은 외형상 동의를 얻은 형식을 취하고 있으나 헌법상 보장된 신체의 자

30) 이에 관해서는 김재덕, 앞의 논문, 273쪽 참조.

유(헌법 제12조 제1항 제1문)가 현실적으로 제한되는 사실을 부인할 수 없고, 더구나 정식의 체포·구속단계 이전이라는 이유로 임의동행의 상대방에게 헌법이나 형사소송법상 체포·구속된 피의자에게 부여된 각종 권리보장 장치를 제공하지 않은 것은 불합리하다.[31)]

이에 따라 피내사자의 신병을 확보하여 조사를 진행하여 왔던 종래 수사관행을 타파하기 위한 대책으로 1995년 개정된 형사소송법은 체포영장에 의한 체포(제200조의2), 긴급체포(제200조의3)와 현행범체포(제212조)로 구성되는 새로운 체포제도를 도입하게 되었다. 그러므로 형사소송법에 근거한 체포절차에 적합하지 아니한 일체의 혐의자에 대한 연행방식은 원칙적으로 허용될 수 없음이 분명하다. 다만 경찰관직무집행법 제3조 제2항[32)]과 주민등록법 제26조[33)]의 요건을 충족한 경우에 국한되어 신분확인 등을 위한 인근 경찰관서까지의 동의에 의한 임의동행이 예외적으로 인정될 수 있을 뿐이다. 그러므로 이러한 경우들을 제외하고 피내사자의 동의를 얻었다는 이유로 임의동행 형식으로 수사관서로 해당 당사자를 연행하는 것은 법률상 근거가 없다는 점에서 근절되어야 마땅한 관행인 것이다.[34)]

3. 피내사자의 출석요구와 출석한 피내사자에 대한 조사

피내사자에 대한 수사기관의 출석요구는 현실적으로 강제성을 띠지 않을 수 없

31) 신동운, 신형사소송법(제4판), 196쪽 이하; 신양균, 형사소송법(2009), 134쪽; 대법원 1996. 6. 3. 선고 96모18 판결.

32) 제3조(불심검문) ① 경찰관은 수상한 거동 기타 주위의 사정을 합리적으로 판단하여 어떠한 죄를 … 범하려 하고 있다고 의심할 만한 상당한 이유가 있는 자 또는 이미 행하여진 범죄나 행하여지려고 하는 범죄행위에 관하여 그 사실을 안다고 인정되는 자를 정지시켜 질문할 수 있다
② 그 장소에서 제1항의 질문을 하는 것이 **당해인에게 불리하거나 교통의 방해가 된다고 인정되는 때에는 질문하기 위하여 부근의 경찰서·지구대·파출소 또는 출장소에 동행할 것을 요구할 수 있다. 이 경우 당해인은 경찰관의 동행요구를 거절할 수 있다.**

33) 제26조(주민등록증의 제시요구) ① 사법경찰관리가 범인을 체포하는 등 그 직무를 수행할 때에 17세 이상인 주민의 신원이나 거주 관계를 확인할 필요가 있으면 주민등록증의 제시를 요구할 수 있다. 이 경우 사법경찰관리는 주민등록증을 제시하지 아니하는 자로서 신원을 증명하는 증표나 그 밖의 방법에 따라 **신원이나 거주 관계가 확인되지 아니하는 자에게는 범죄의 혐의가 있다고 인정되는 상당한 이유가 있을 때에 한정하여 인근 관계 관서에서 신원이나 거주 관계를 밝힐 것을 요구할 수 있다.** …

34) 같은 취지의 논지는 신동운, 앞의 책, 194쪽 이하 참조.

나. 왜냐하면 출석하지 않으면 소환하는 수사기관의 입장에서 볼 때 피내사자의 범죄혐의를 인정할 수 있는 계기가 되며, 도주 우려도 있어 보이기 때문이다. 본래 내사라는 것이 일반인들에게는 은밀한 뒷조사에 불과하다는 점에서, 피내사자에게 수사관서에 출석을 요구한다는 것은 이미 범죄의 혐의가 구체적이고 합리적으로 존재한다는 것을 시사하기 때문에 피내사자에 대한 출석요구는 내사의 허용범위를 넘어서 수사의 단계에 들어선 것이 된다.

또한 출석한 조사대상자는 그 신분이 아직 입건 전의 피내사자이든 입건절차를 밟은 후의 피의자이든 수사기관에 의하여 범죄혐의를 받고 있는 자라고 이해해야 할 것이다. 왜냐하면 입건 여부라는 수사기관 내부의 절차 여하에 따라 달리 취급받아야 할 이유가 전혀 없어 보이기 때문이다. 수사실무에서 피내사자를 소환하여 변호인의 접견교통권도 보장되지 않은 위축된 환경에서 진술서를 작성하거나 내사사실에 관한 자술서를 쓰도록 하는 것이 관행이다. 그리고 이런 방식으로 범죄사실을 인지함으로써 피의자신문을 하는 일련의 관행은 심히 잘못된 것으로 청산되어야 마땅하다. 왜냐하면 피내사자를 소환하여 다양한 조사를 통하여 혐의를 인지하는 절차는 전체적인 맥락에서 볼 때 그 자체가 바로 수사가 되기 때문이다.

4. 형사소송법 제199조 제2항에 근거한 공무소 등에의 조회

형사소송법 제199조 제2항에 근거하여 수사기관이 공무소 등에 조회하는 것을 수사기관의 내사근거 법률로 파악하는 견해가 있다. 그 이유로 수사기관의 사실조회는 내사의 전형적인 방법이며,[35] 동조 제2항이 비록 내사에 관하여 직접적으로 언급하지 않고 있지만, 내사란 광의의 수사의 일부로서 수사의 전단계에서 범죄의 혐의 유무를 확인한다고 하는 수사목적을 달성하기 위한 조사활동이기 때문이라는 것이다.[36]

그러나 이러한 해석은 지나친 논리비약이다. 왜냐하면 형사소송법 제199조 제2항

35) 조광훈, 앞의 논문, 122쪽.
36) 송광섭, 앞의 책, 236쪽; 정성진, 앞의 논문, 9쪽.

이 "수사에 관하여는 공무소 기타 공사단체에 조회하여 필요한 사항의 보고를 요구할 수 있다."는 것은 제195조의 "수사는 범죄의 혐의가 있다고 사료하는 때에는 범인, 범죄사실과 증거를 수사하여야" 하는 원칙을 규명하기 위한 수사방법에 지나지 않기 때문이다. 다시 말해 형사소송법 제199조 제2항은 수사방법의 한 내용이지, 그것이 내사를 규율한 것으로 볼 수 없는 것이다.

다만 통신제한조치 허가청구는 내사단계에서도 허용된다고 해야 할 것이다. 그 이유는 통신비밀보호법 제5조를 근거로 통신제한조치의 허가를 청구할 수 있고, 동법 제6조에 의하면 검사는 피내사자별 또는 피의자별로 통신제한조치를 허가하여 줄 것을 청구할 수 있으며, 사법경찰관은 검사에 대하여 피의자별 또는 피내사자별로 통신제한조치에 대한 허가를 신청하고, 검사는 법원에 대하여 그 허가를 청구할 수 있도록 명문으로 규정하고 있기 때문이다. 이에 따라 통신비밀보호법은 피내사자에 대한 통신제한조치를 인정하고 있다.

5. 동의에 의한 압수·수색 등 대물적 강제처분

형사소송법 제199조 제1항 본문에 근거하여 동의나 승낙에 의한 수색이나 검증을 임의수사로 볼 것인지 아니면 강제수사로 볼 것인지에 대한 다툼이 있다. 형사소송법 제216조 이하는 영장에 의하지 않은 압수·수색을 인정하고 있고, 또한 대물적 강제처분은 신체의 자유를 직접적으로 제한하지 않고 있다는 점에서 임의수사로 보아도 무방할 것이다. 그러나 동의에 의한 압수·수색이 비록 임의수사라고 할지라도 그것은 어디까지나 수사의 일종이지, 내사의 일종으로 볼 수 없다. 따라서 수사기관이 내사의 일환으로 압수·수색 등의 대물적 강제처분을 실시하였다고 주장하더라도, 그것은 어디까지나 전형적인 수사일 뿐이지, 내사일 수가 없는 것이다.

한편 검찰사건사무규칙 제142조 제2항에서 내사사건과 관련하여 압수물이 있는 경우 압수물수리절차를 취해야 한다는 규정이 있다.[37] 이 규정을 근거로 내사단계

37) 제142조(내사·진정사건의 수리절차) ① 사건사무담당직원은 다음 각 호의 구분에 따라 내사사건 또는 진정사건을 수리한다. …
② 사건사무담당직원은 **내사사건 또는 진정사건과 관련하여 압수물이 있는 경우에는 이를 압수물**

에서의 압수·수색이 가능하다는 이론구성을 할 여지가 없지 않다. 그러나 국민의 기본권 제한은 법률에 의해서만 가능하고, 단순한 행정규칙에 불과한 이와 같은 규정에 의하여 국민의 기본권을 제한할 수는 없는 것이다.[38] 따라서 동 규칙의 해당 조항에서 압수·수색은 위헌적 소지가 크며, 비록 동의에 의한 압수나 수색이더라도 이는 결코 내사의 방법이 아닌, 수사의 일종으로 이해되어야 마땅하다.

6. 출국금지

출국금지는 수사기관이 수사목적 달성을 위하여 법정절차에 따라 피처분자의 외국으로 거주·이전하는 것을 제한하는 공권력작용이다. 출국금지에 관한 규정은 출입국관리법 제4조에 명시되어 있다. 동조 제1항 제1호에 따르면, “범죄수사를 위하여 출국이 적당하지 아니하다고 인정되는 사람”을, 그리고 제6호는 “제1호부터 제5호까지의 규정에 준하는 사람으로서 대한민국의 이익이나 공공의 안전 또는 경제질서를 해칠 우려가 있어 출국이 적당하지 아니하다고 법무부령이 정하는 사람”을 출국금지할 수 있는 자로 명시하고 있다.

출국금지처분은 국외로의 출국을 하지 못하도록 하는 단순한 행정처분의 일종에 불과하다. 그 절차는 출국금지 사유가 있는 경우 수사기관의 장이 법무부장관에게 요청하고, 법무부장관이 그 가부를 결정하는 순서로 이루어진다.

이와 같은 내용의 출국금지처분이 피내사자에 대해서도 가능한 것인지에 관해 긍정하는 견해가 있다. 그 근거로 출입국관리법 제4조 제1항 제1호에서 명시하고 있는 “범죄수사를 위하여”라고 하는 법문의 내용상 내사도 당연히 포함되므로, 출국금지의 필요성과 상당성이 있다면 출국금지요청이 가능하다는 것이다.[39]

그러나 수사는 한편으로 내사와 구별되며 수사의 범위에는 내사가 결코 포함될 수 없고, 다른 한편으로 국민 모두는 헌법상 거주·이전의 자유를 향유한다는 점을 고려할 때, 헌법상 권리인 거주·이전의 자유를 제한하는 피내사자에 대한 출국금지

사무담당직원에게 인계하여 압수물수리절차를 취하게 하여야 한다.

38) 같은 취지는 김재덕, 앞의 논문, 276쪽.

39) 정동욱, “수사와 출국”, 경영법무(한국경영법무연구소, 2001) 통권 87호, 14쪽.

는 원칙적으로 허용될 수 없다고 새기는 것이 타당해 보인다.

Ⅳ. 결 론

한국에서는 내사에 대한 근거법률이 없으며, 내사의 사전적인 의미도 범죄용의자에 대해 몰래 은밀한 뒷조사를 의미한다. 그럼에도 수사기관은 내사를 임의동행, 피내사자의 소환이나 압수·수색뿐만 아니라 공개적으로 하는 조사한 경우까지 포함하고 있다. 즉 수사기관은 피내사자를 임의동행하거나 소환하는 방식으로 수사관서에 연행하여 진술서를 작성하거나 자술서를 쓰게 하며, 이를 통하여 범죄혐의가 인지되면 그 자리에서 피의자로 입건하는 관행을 취하여 왔다. 이러한 관행은 법률이 아닌, 해당 기관의 내부지침서에 불과한 검찰사건사무규칙이나 경찰청 훈령인 경찰처리내사규칙에 근거를 두고 있을 뿐이다. 이는 헌법 제12조의 적법절차를 강조한 명문규정에 반한다. 게다가 수사기관은 피내사자에 불과한 용의자를 피의자로 취급하여 수사하는 월권행위를 하고 있으면서도, 이에 대한 결과책임을 지지 않기 위해 조사대상자를 피내사자의 신분으로 계속 유지시킨 경우도 적지 않다. 수사기관의 이와 같은 조사행태는 국민의 기본권을 심각하게 침해할 수 있다는 점에서 법치국가원칙상 결코 용인될 수 없다.

이런 점에서 볼 때 2012년 초에 발생한 바 있는 '민주당 돈 봉투 의혹사건'에 대한 검찰의 조사행태는 비난받아 마땅하다. '초대장'에 불과한 봉투임에도 그것을 '돈 봉투'라고 의혹을 제기한 어느 신문사의 기사에 대한 신중한 접근도 없이 검찰은 곧바로 내사에 착수하고 압수·수색까지 감행하였다. 검찰은 이처럼 수사를 진행하였음에도 불구하고 용의자에게 이무런 혐의를 규명하지 못하게 되자, 그 사건에 대해 내사종결 처분하였다.

그런데 이 사건은 애초부터 범죄혐의를 인정할 수 없는 정황이 있었다. 돈에 의한 부정선거를 하기 위해 공개된 장소에서 공개적으로 돈 봉투를 나누어 준다는 것은 한국 선거법상 명백히 금지되어 있고, 한국 선거관리위원회는 그런 문제를 결코 용납한 적도 없었으며, 성숙한 정치인이라면 어느 누구도 그런 짓거리를 공개석상에서 할 수 없기 때문이다.

내사는 범죄를 인지할 만한 수준에 도달하였을 경우에서야 비로소 피내사자를 피의자의 신분으로 파악해야 한다. 내사의 단계에서는 헌법과 형사소송법상 보장된 무죄추정의 원칙에 따라 피의자의 기본권을 침해하지 않은 범위에서 정보를 수집하거나 자료를 요청하는 데에 그쳐야 한다. 범죄를 인지할 만한 단계에 접어들 경우에는 입건의 여부에 관계없이 피내사자에 대해서도 피의자의 권리를 충분히 담보해야 됨은 물론이다. 이를 위해서는 첫째로 검찰사건사무규칙과 경찰청 훈령인 경찰내사처리규칙에 명시된 내사의 허용범위를 헌법과 형사소송법에서 보장된 각종의 인권보장적 규정에 합치하도록 합리적으로 축소해야 하며, 여하한 경우에도 국민의 기본권을 침해할 수 없도록 하기 위해 수사 개념과 차별성을 갖도록 내사의 허용범위에 대해 규율할 필요가 있다. 둘째로 내사에 관한 규정을 형사소송법 제199조 제3항에 명시하여 실무상 관행의 내사를 법률로 인정하고, 그 허용범위를 극히 한정할 필요가 있어 보인다.

이런 점에서 내사의 의미는 수사기관이 보유하고 있는 정보의 확인과 관련자에 대한 정보수집을 위한 질문을 하거나 진정인 조사에 국한되어야 한다. 아울러 수사실무에서 내사를 근거로 압수·수색이 이루어지고 있는 점을 감안하여 내사단계에서 압수·수색 등의 강제처분은 허용될 수 없음을 전제하고 있는 형사소송법 조문에서 내사에 관한 규정을 명시할 필요가 있다. 그런데 형사소송법 제199조 제1항이 임의수사의 요건을 규정하고 있고, 단서에서 강제처분은 법률에 의한 근거를 요하고 있다. 게다가 동조 제2항이 수사기관이 수사 시에 요구되는 조회활동을 허용하고 있음을 감안할 때 동조 제3항에서 내사에 관한 일반적 내용을 명시하면 충분할 것으로 보인다.[40)]

형사소송법 제199조[수사와 필요한 조사] … ③ 수사기관은 수사를 개시하기 위하여 필요한 정보를 수집하거나 요청할 수 있으며, 상대방의 자발적 동의를 얻어 질문할 수 있다.

---

40) 이에 관한 자세한 입법론으로는 신양균·조기영, 앞의 논문, 201쪽 참조.

제15-1장

韩国刑事诉讼法上搜查和内查的范围及其界限

Ⅰ. 问题的提出

韩国刑事诉讼法修正案（以下简称“刑事诉讼法”）第195条和第196条　第2项规定了“搜查机关认为有犯罪嫌疑时，对罪犯、犯罪事实和证据进行搜查”的相关内容。这里的搜查指的是搜查机关认为有犯罪嫌疑时，对嫌疑的真实性进行确认，认定为犯罪时，对罪犯的发现及确认、证据的搜集及保全等采取的一系列的行动。

由于搜查是在“认定有犯罪嫌疑以后才开始的搜查机关的活动”，因此在搜查机关做出“有犯罪嫌疑”的判断之前所为的活动不能称之为搜查，而是称之为内查。内查实际上即秘密调查，从这个意义上可以将内查定义为“检察官或者警察等为了确认是否有犯罪嫌疑，对报道、传闻、陈述、匿名的举报等线索进行调查的活动。

内查不是搜查，其仅仅是秘密的调查，与此相关的案件有2012年1月发生的怀疑民主统合党（以下简称“民主党）在预备竞选中将钱放在信封内用来贿选的事件。2012年1月30日，韩国检察官（以下简称“检察官”）以民主党贿选为由对民主党在京畿道富川市远美区的选举办公室进行了‘扣押搜索’。在对扣押搜查物进行分析以后，检察官认为不属于贿选，仅仅是发送出版纪念会的请柬而已。于是检察官认定该‘调查’行为是不适当的，于2012年2月2日终止了内查程序。

从上述案件的处理结果可以看出，检察官等搜查机关将适用于强制搜查的搜查活动也冠以内查的名义。笔者认为此类惯行产生的原因是，一般认为搜查机关的内查不属了侵害人权的搜查手段，也不属于宪法和刑事诉讼法限制的对象，也就是说搜查机关希望通过将强制性的搜查“装扮”成内查，在回避司法限制的同时能够提高调查的效率。这种作法在检察官中并非少数，而且已经形成了一种习惯，从现任检察官的如下主张中也能洞察到这点。

“内查的方法……可以采用为了保全证据的扣押搜索和禁止出境等通常搜查程序中使用的多种方法。”

刑事诉讼法明文规定了保障检察官对司法警察的指挥权（第196条）和搜查机关在搜查过程中制作目录的义务（第198条第3项），并规定搜查机关可以进行与搜查有关的调查（第199条）。这些规定与内查有着密切的关联。即刑事诉讼法第196条第1项规定“司法警察在搜查时必须接受检察官的指挥”，同法第198条　第3项规定“检察官等与搜查有关的人员在搜查的过程中对于制作的或取得的文书和物品必须制作目录”。同法第199条　第2项规定“搜查机关可以向公务所等公私团体进行查询，并可以要求其报告必要的事项。”

2012年1月1日开始实施的“关于检察官对于司法官吏的司法指挥及对于司法警察官吏的搜查准则的规定”（以下简称‘关于搜查准则的规定’）第80条规定“司法警察官吏在接受检察官的指挥搜查案件时必须按照检察官的指挥迅速搜查，在案件搜查之后移送之前必须接受检察官的指挥。”

但是就在关于搜查准则的规定实施前的2011年12月30日，发生了一起与上述规定相违背的事件。即已向地方检察院陈述的怀疑侵占组合成员补偿金的案件交一线警察部门后，被一线警察部门以不属于搜查案件仅是单纯的内查案件为由而拒绝接收的事件。对于该事件，有关检察官称“该案件虽然在形式上表现为内查案件，但在概念上仍然属于搜查，尽管如此警察还是拒绝接收了该案。”然而，警察却认为“依照警察厅的搜查指南‘警察不得接收检察官的内查案件’警察拒绝接收该案的行为是恰当的。”

通过上述案件可以看出检察官和警察对于内查概念的运用带有很强的任意性。即，检察官连实际意义上的强制搜查案件也包装成内查案件进行调查，认为内查案件也是实际意义上的搜查案件，司法警察应当接受检察官的指挥。相反，作为警察则认为检察官送交的‘怀疑组合成员侵占补偿金案件’属于内查案件，不属于搜查指挥的对象，因此而拒绝接收。

本文首先对区分内查和搜查的价值进行探讨；其次明确内查的概念及其与搜查的区别；然后明确内查的适用范围；最后提出对内查予以立法的观点。

Ⅱ. 内查的概念和法律性质

1. 内查的法律根据和存在的问题

刑事诉讼法对于“内查”没有设置专门的法律条文，仅在 第195条、第196条 第2项和第199条略有涉及。同法 第222条对非自然死亡者的内查作了一些特殊的规定。尽管刑事诉讼法没有对内查作出专门的规定，但法务部令“检察案件事务规则”和警察厅训令“警察内查处理规则” 对内查作了专门的规定。搜查机关以这些规则为依据，每年处理内查案件和陈述案件约3万件左右，其中有5%予以立案并完成了搜查程序。

如上所述，内查在法律上很少被应用，同时对于内查的概念也没有形成统一的认识。即便如此，法务部令“检察案件事务规则”和仅作为警察厅训令的“警察内查处理规则”仍然对内查作出了规定，并以此来决定嫌疑人和被内查人的地位。这样的作法违反了宪法所保障的国民的基本权利，已经成为亟待解决的问题。

2. 违反刑事诉讼程序的内查的性质

从韩国的搜查实务和惯行上看，很多情况下将近似于强制搜查的任意同行和扣押·搜索都当成内查行为。从文章开头叙述的检察官对于正当预备竞选过程中的“怀疑贿选案件”的处理结果中就可以得到再次的确认。

由此可见，内查与搜查相比带有很强的反刑事诉讼法的性质。具体而言表现为以下几点;

① 韩国的宪法和刑事诉讼法将“搜查”的对象限定为嫌疑人，并赋予嫌疑人诸如无罪推定等多种基本人权。而对于内查的对象被内查人来说，本应当给予其更多的保护，

但是由于宪法和刑事诉讼法并没有对此予以规定，所以才发生了对被内查人不当的任意同行、扣押·搜索及指名手配等现象。② 韩国的司法警察在搜查时应当接受检察官的指挥，但是对于内查来说却没有相关的规定。仅在民事诉讼法第222条第3项提及到内查。即对于非自然死亡事件，检察官有权指挥司法警察对尸体进行内查。因此，对于司法警察做出的不当搜查能够进行控制，而对于其做出的不当内查由于没有相关法律规定而无法进行控制。③由于内查的法律性质不同于搜查，所以对被内查人无法行使证据保全请求，对于陈述案件的内查终结处分也无法提出异议，也无法提起宪法诉讼。

3. 设置内查概念的必要性以及内查与搜查的区别标准

1）设置内查概念的必要性

在韩国是否应当设置一个单独的内查的概念历来存有争议，而在司法实务中出于便利考虑一般将内查的概念进行扩大理解。对此虽然我们不能称其为错误的，但至少是不大符合逻辑的。内查概念的核心和界限的不明确，使得在实务中经常将内查和搜查开始的概念相混同，甚至任意扩大内查的概念。针对这些问题，我们是否就能够得出有必要明确内查的概念的结论呢？对于该问题，韩国几乎没有学者进行研究，仅有 申洋均和 赵起滢教授在两人共著的论文中在参考德国的基础上提出了内查概念的独特性和其起源。

韩国的搜查实务明显采取的是否定内查概念的态度。搜查机关虽然使用内查的用语，但实际上对于被内查人采取的是类似于强制搜查的任意同行、扣押·搜索、禁止出国、限制通讯措施等。

尽管如此，刑事诉讼法上在搜查开始前的内查概念还是不可避免地成为了搜查开始的前提。刑事诉讼法第195条和第196条第2项规定搜查机关认为有犯罪嫌疑的可以进行搜查，这是因为法律规定搜查机关在认为有犯罪嫌疑时有义务进行调查。即，搜查机关为了进行搜查必须先以案件有犯罪嫌疑为前提，因此搜查机关必须在进行搜查前先弄清楚案件是否有犯罪嫌疑。

例如电视新闻报道某企业违法排放污水，而根据报道的内容还无法准确地判断企业污水排放是否违法。在此情况下就需要搜查机关到相关部门确认企业的行为是否违反了水质污染的环境保护法律。但是由于搜查机关此时仅是对这一事实的正当确认，并不是认为其有犯罪嫌疑才进行的调查，因此搜查机关的行为并不能称为搜查。因此，从这种意义上来说有必要区分内查与搜查的概念，可以说确认内查的概念和范围并不会影响搜查的领域。

另外，有学者认为刑事诉讼法 第199条是有关内查的规定。第199条第2项规定"搜查机关可以向公务所等其他公私团体进行查询，并可以要求其报告必要的事项。"该学者认为内查作为广义上搜查的一部分，是在搜查的整个过程中为了达成确认有无犯罪嫌疑的目的的一种调查活动。但笔者认为，刑事诉讼法 第199条与同法 第195条和第196条第2项一样，都是将搜查强制要件作为前提的规定，从法律条文的体系和法条内容上看都不是有关内查的规定，所以难以认同该学者的观点。

2）搜查开始的概念

要想区分内查和搜查开始的概念，首先要确定搜查开始的概念以及它与内查的相互关系。因为内查的概念会随着搜查开始概念的不同而产生不同的变化。

搜查指的是从发现犯罪嫌疑到提起公诉或作出不起诉处分等搜查终结处分的全过程。搜查开始指的是为发现犯罪嫌疑的出发点。搜查开始需要满足以下两个要件，一个是'认为有犯罪嫌疑的时候'（刑事诉讼法 第195条），另一个是'为了达到搜查的目的所需的必要调查'。两者必须同时满足，缺一不可。

与内查概念密切相关的搜查开始是以搜查机关'认为有犯罪嫌疑的时候'为起点的。但究竟什么是'认为有犯罪嫌疑的时候'，并没法律予以明确的规定。实务界和理论家们的观点一致认为指的是"搜查机关主观上认为有嫌疑"。搜查机关的主观上认为有嫌疑并不是指搜查机关任意的怀疑，而是指搜查机关对周围情况进行合理判断后得出了较确信的结论。因此，要求搜查机关应当根据刑事诉讼法等相关法令的趣旨和目的，针对具体情况作出合理的怀疑。韩国的判例中也对此予以了肯定。

"在搜查开始前进行的调查活动和在此基础上作出的判断，即开始搜查或者终结调查的判断，是搜查机关根据现实情况合理行使自己的权限所作出的裁量行为。因此，如果想要确认搜查机关的调查活动和作出的搜查开始的判断是违法的，就必须证明搜查机关没有依照刑事诉讼法和其他法令采取相应的措施的作法是不合理的，或者证明按照经验规则和逻辑规则无法认定其合理性。”

3）内查和搜查的区分标准

有关内查和搜查的区别在韩国存有多种见解。

首先，形式说。根据该学说，案件存在主观上的嫌疑并且经过立案程序后才可以进行搜查，在此之前搜查机关对嫌疑人和其周边环境的调查都可以看做是内查。 这里所说的立案指的是作为刑事案件被接收、受理并附上案号的程序。立案的原因不仅仅有告诉或告发，而且还有犯罪认知等，内查以后的案件受理是通过认知立案的。在检察事务中，在犯罪认知时，司法警察要制作犯罪认知报告书，再经过立案程序，此后的调查被认为是搜查，而在此之前的调查则被认为是内查。

其次，实质说。根据该学说，认知存在犯罪嫌疑，且犯罪嫌疑已经表露出来时起，所进行的调查属于搜查，搜查开始之前搜查机关的调查活动属于内查。

最后，折衷说。折衷说认为如果按照实质说的主张‘如果犯罪嫌疑表露出来，有必要进行搜查时’，那么所有的案件就必须要经过‘立案程序’。

笔者认为，折衷说与其说是一种学说，还不如说是一种立法技术。另外，按照折衷说的观点，会产生形式上没有立案就不能开始搜查的结果。形式说主张将搜查开始的时间点看作立案程序，该说明确了内查与搜查相区分的时间点，这是该说的优越之处，但是由于其没有搜查机关形式上的立案措施，对于被内查人来说各种调查行为事实上都是搜查行为，因此被内查人很可能得不到宪法和刑事诉讼法上规定的对嫌疑人的权利保障。

折衷说对实质说进行了批判，即对于实质说的核心思想‘认知存在犯罪嫌疑，且犯罪嫌疑已经表露出来时’的具体时间如何确定，两学说一直存在争论。虽然该批判并不是毫无道理的，但笔者认为这样的争论是没有实际意义的。因为，通过对两学说的对比可知，实际上折衷说所主张的‘正式立案’与实质说所主张的‘搜查开始后的调查属于搜查活动而不是内查’的观点是一致的。

Ⅲ. 内查的适用范围

1. 宪法和内查

韩国宪法 第37条 第1项规定："国民的自由和权利不因宪法没有列举而被忽视"。同条 第2项也阐明："为了保障国家安全、维持社会秩序和公共福利，在必要的情况下可以通过法律对国民的自由和权利进行限制，但此类限制不能侵害到自由和权利的本质"。因此，即使宪法欲限制国民的自由和权利，也必须有法律依据，且不能对自由和权利的本质进行侵害。

所以说对被内查者采取调查措施必须要有法律依据，而在没有法律依据的情况下，内查必须在不侵害被内查者的基本权利的范围内实施，同时搜查机关也可以在其应当履行社会防御义务的范围内采用。

2. 任意同行

按照搜查实务惯例，到了内查的最终阶段时搜查机关在征得被内查人的同意后可以任意同行，要求被内查人书写自述书或者按照法定格式制作陈述书。经此程序后认定有犯罪嫌疑的予以立案，被内查人的身份也随之从被内查人转为嫌疑人，反之认为没有犯罪嫌疑的，可以继续进行内查或作出终结内查的处分。

任意同行表面上采取的是征得同意后的形式，但不可否认的是宪法上保障的身体自由的权利实际上已经受到了限制（宪法 第12条 第1项），尤其是把其作为正式的逮捕或拘留环节之前的理由，对于任意同行的相对人而言，无法获得到宪法或刑事诉讼法赋予被逮捕或拘留的嫌疑人的各种权利保障，这也是不合理的。

因此，为了保护被内查人，打破长久以来形成的搜查惯行，韩国在1995年修订刑事诉讼法时引入了依逮捕令逮捕制度（第200条之2）、紧急逮捕（第200条之3）和现行犯逮捕制度（第212条）。根据上述制度，对于不符合刑事诉讼法规定的逮捕程序的，原则上不允许随意将犯罪嫌疑人带走。法律规定仅在特殊情况下，即在符合警察官职务执行法第3条第2项和居民登录法第26条规定的要件，为了确认其身份等情况下，征得其同意后可以任意同行至附近的警察官署。因此，除上述情况以外，搜查机关以被内查人同意为由而采取任意同行的作法是没有法律根据的，此情况下带走当事人的作法是要被禁止的。

3. 要求被内查人出庭及对出庭的被内查人的调查

在现实中，搜查机关要求被内查人出庭显现出一定的强制性。这是因为如果被内查人不出庭的话，搜查机关依此就可能认定其有犯罪嫌疑。内查对于一般人而言原本是秘密性的调查，然而搜查机关要求被内查人出庭本身就意味着其犯罪嫌疑已经具体化并具有合理性，因此要求被内查人出庭实际上已经超出了内查的适用犯围而进入到了搜查阶段。

另外，出庭的被调查人的身份是立案前的被内查人还是进入到立案程序后的犯罪嫌疑人，也不是十分明确的。而搜查机关一般会将其理解为有犯罪嫌疑的人。这是因为对于搜查机关而言立案属于其内部程序，而根据是否立案来区分被调查人的身份实属毫无必要之举。搜查实务中，被传唤的被内查人与辩护人会见的权利一般都无法得到保障，同时搜查机关命令被内查人制作陈述书或者书写自述书却已经成为了一种惯行。然而这种惯行实际上是错误的行为，是必须予以纠正的。这是因为传唤被内查人，在通过各种方式对其进行调查后认定犯罪嫌疑的程序实际上是属于搜查的范畴，将其应用于被内查人是极不合理的。

4. 刑事诉讼法 第199条 第2项规定的向公务所等的查询

有观点认为刑事诉讼法 第199条 第2项规定的搜查机关向公务所等查询可以看作是搜查机关内查的法律依据。该观点认为搜查机关的事实查询是内查的典型方法，虽然同条第2项没有直接提及内查，但内查指的是在整个搜查阶段确认有无犯罪嫌疑以达到搜查目的的一种调查活动，应当将内查作为广义上搜查的一部分来理解。

但笔者认为该观点并不符合逻辑。刑事诉讼法 第199条 第2项规定："搜查机关可以向公务所等其他公私团体进行查询，并可以要求其报告必要的事项。"该规定是为了阐明第195条"搜查是指认为有犯罪嫌疑时，应当对犯人、犯罪事实和证据进行搜查"这一原则，仅指一种搜查方法而已。换言之，刑事诉讼法 第199条第2项仅规定了一种搜查方法，并没有对内查进行规定。

笔者认为在内查阶段也应当允许提出许可采取限制通信措施的请求。因为，韩国通信秘密保护法 第5条规定"可以请求许可采取限制通信措施。"同法 第6条规定"检察官可以请求许可对被内查人或者犯罪嫌疑人采取限制通信措施，司法警察也可以向检察官申请许可对被内查人或者犯罪嫌疑人采取限制通信措施，检察官可以像法院提出许可申请。"

5. 经同意的扣押·搜索等替代性强制处分

对于刑事诉讼法 第199条 第1项中经过同意或承诺后的搜索或鉴定属于任意搜查还是强制搜查仍存有争议。刑事诉讼法 第216条规定了"无令状扣押·搜索"，同时由于替代性强制处分不直接限制人身自由，因此把经同意的扣押·搜索看作是任意搜查也是可行的。但是即使将经同意的扣押·搜索称之为任意搜查，它也仅是搜查的一种，绝不能将其作为内查的一种。因此，尽管搜查机关主张将扣押·搜索等替代性强制处分作为内查来实施，然而其只是一种典型的搜查方式，绝不是内查。

另外，检察案件事务规则 第142条 第2项规定"存在与内查案件有关的扣押物时，应采取扣押物受理程序。"由此可知，在内查阶段采取扣押·搜索的理论不是没有可行性。但是对国民基本权利的限制只有通过法律规定才可以限制，而检察案件实务规则仅是一项行政规则，其不能限制国民的基本权利。因此，该规则规定的扣押·搜索具有违宪性质，即使是经过同意后采取的扣押或搜索也不属于内查的方法，仍然应该将其理解为搜查的一种。

6. 禁止出境

禁止出境是指搜查机关为了达到搜查的目的，依法定程序利用公权力限制被处分人到外国居住或移居外国。出入境管理法 第4条明确规定了禁止出境的相关事项。该法第1项 第1号规定“为进行犯罪搜查而被认定为不适宜出境者”和第6号规定的“符合 第1号至第5号规定的，被认为是对韩国的利益、公共安全、经济秩序不利，不适宜出境的法务部令指定的人”都作为禁止出境的对象。

禁止出境处分仅是一种禁止前往外国的单纯的行政处分。在具有禁止出境事由时，一般由搜查机关的长官提请法务部长官，最后由法务部长官决定是否准许。

有观点认为禁止出境处分对于被内查人也可以适用。理由是出入境管理法 第4条第1项 第1号规定了“为了犯罪搜查”的内容，从法律条文的内容上看内查也包含在其中，如确有禁止出境的必要性和合理性的，则可以提出禁止出境的申请。

但笔者认为，搜查和内查是有区别的，内查不应包含在搜查的范围之内。同时从国民享有宪法上规定的居住自由的权利这一角度上看，禁止被内查人出境是限制宪法上规定的移居自由的权利，因此对于该规定应当进行修正。

Ⅳ. 结论

韩国虽然对于内查的定义归纳为对犯罪嫌疑人的秘密调查，但目前对于内查没有明确的法律依据。尽管如此，搜查机关仍然将任意同行、传唤和扣押·搜索当作内查的方法公开广泛地使用。搜查机关采用任意同行和传唤被内查人的方式将其带到搜查机关，令其制作陈述书或自述书。通过此方式如果认定其具有犯罪嫌疑的，则当即作为犯罪嫌疑人而立案。实践中搜查机关大多采取这样的方式，其依据是检察案件事务规则和作为警察厅训令的警察处理内查规则。即搜查机关根据检察案件事务规则和警察处理内查规则，将被内查人当成犯罪嫌疑人进行搜查，同时为了逃避责任而将调查对象的身份持续确定为被内查人的情形比比皆是。搜查机关的上述调查行为严重侵害了国民的基本权利，这是在法治国家绝对不能容忍的事情。

因此，在本论文问题的提出部分中阐明的2012年初的“怀疑民主党贿选案件”中，检察官的调查行为是理应受到批判的。在此案中新闻记者将“请柬”误传为“装钱的信封”时，检察官在没有慎重调查后就采取内查方式，甚至采取了扣押·搜索的方式。在检察官进行“恣意”的搜查后，由于找不出嫌疑之处最终按照终结内查来处理。客观分析该事件可以看出，自案件的开始就有理由否定存在犯罪的嫌疑。用钱贿选是韩国选举法上明令禁止的行为，韩国选举管理委员会也绝不会允许此类事件的发生。从常识的角度来考虑，也无法让人相信在公众场合能够发生用金钱贿选的情况。因此，该事件从发生之初就不应存有犯罪的嫌疑。

正如实质说和判例的观点，应把内查作为具有实质性的概念来理解。在能够达到可以被认定为犯罪的标准时，应当将被内查人作为犯罪嫌疑人来处理，并充分保障宪法和刑事诉讼法上规定的犯罪嫌疑人的权利。为此，不仅要合理的缩小检察案件事务规则和警察处理内查规则中规定的内查适用范围，使之与宪法和刑事诉讼法的人权保障规定相一致，保证在任何情况下都不限制国民的基本权利，同时应当对搜查与内查的概念进行本质上的区分。另外，应当在刑事诉讼法 第199条 第3项中增加有关内查的规定，将实务上使用的内查概念通过法律的形式予以确认，同时严格限定内查的适用范围。

从这种意义上来说，内查的概念应局限在搜查机关进行情报的确认和向相关人员搜集情报时的询问或者对于陈述的调查上。同时考虑到在搜查实务中以内查为依据采取扣押·搜索方式的现象，有必要在刑事诉讼法条文中明文规定内查阶段不能适用扣押·搜索等强制处分。刑事诉讼法 第199条 第1项规定了任意搜查的要件，在但书中规定强制处分要求必须有法律依据。另外，由于同条 第2项已经规定了搜查机关在搜查时可以采取向公务所等机关询问的方式，在同条 第3项中没有必要再作规定，而只对内查作一般性的规定就足够了。

> 刑事诉讼法 第199条【搜查和必要的调查】③ 搜查机关为开始搜查，可以搜集或者请求获得必要的情报，在得到相对人自愿同意后可以向其发问。

1) 2011年7月18日 法律10864号修改，2012年1月1日 起施行。
2) 监察案件事务规定（法务部令766号）第141条第1项："检察官需要对报纸等出版物的记载、匿名的举报或者报道、搜集的谍报信息等确认是否存在犯罪时，按内查案件受理。"警察内查处理规则（警察厅训令）第8条规定："内查案件的对象为犯罪谍报信息、陈述及请求、犯罪有关的言论和出版物及网络上的信息、匿名的举报、需要调查其真实性的传闻案件。"
3) 参见http://www.nocutnews.co.kr/Show.asp？IDX=2048468
4) 参见趙光勳, "內查節次에서 被內查者의 人權保護에 관한 硏究", 法學硏究(延世大學校, 2006), 第304 。
5) 第196条 ① 搜查官、警务官、总警、警正、警监、警卫作为司法警察的所有搜查行为都要接受检察官的指挥。… ③ 司法警察官吏在检察官指挥时必须遵从。检察官指挥的有关事项由总统令规定。④ 司法警察必须将搜查时的有关文书和证据物品报送检察官。…
6) 2011年12月30日总统令23436号 制定。
7) 详细报道资料见世界日报2012年1月3日11版。
8) 和检察官一样，警察也存在对内查概念的任意运用问题，这部分内容在后文有详细叙述。
9) 论文中所提出的问题中的一部分有学者已经予以了阐述。如：姜東旭, "刑事節次上 內查의 意義와 限界", 漢陽法學 第23卷 第2輯(2012), 11页 以下; 姜碩九·趙相濟, 內查에 관한 硏究, 韓國刑事政策硏究院(硏究叢書 11-26); 權五杰, "搜查節次로서의 內查에 대한 考察", 刑事法硏究 第15卷(韓國刑事法學會, 2001), 241页 以下; 金載德, "內查의 許容範圍와 統制方案", 梨花女子大學校 法學論集 第16卷 第1 号(2011. 9), 265页 以下; 申东云, "內查終結處分의 法的 性質", 法學 第45卷 제3호(서울大學校 法學硏究所, 2004), 325页 以下; 申洋均·赵起滢, "內查의 概念과 許容範圍", 刑事法硏究 제23권 第3号(2011. 가을), 181页 以下; 吳 号 慶植, "內查와 搜查의 區別基準에 대한 考察", 刑事法의 新動向 通卷 第34 号(2012. 3), 48页 以下; 李東煥, 刑事節次上 內查와 警察作用上 搜查 前 處分, 高麗大學校 法務大學院(2008); 鄭城鎮, "內查論", 法曹 第46卷 第3号(法曹協會, 1997), 7页 以下; 鄭雄奭, "內查事件의 統制方案에 관한 硏究", 刑事政策 第20卷 第1号(2009), 279页 以下; 趙光勳, 前揭論文 (延世大學校 2009), 299页 以下; 崔昌閔, "內查와 搜查指揮", 2012年 嶺南刑事判例硏究會에서 發表한 未發表論文; 許仁奭, "內查의 法的 爭點에 관한 硏究", 刑事法의 爭點硏究(Ⅱ)(박영사, 2010), 140页 以下.
10) 141条第1项规定"检察官需要对报纸等出版物的记载、匿名的举报或者报道、搜集的谍报信息等确认是否存在犯罪时，按内查案件受理。"同规则第142条和第143条分别对内查陈述案件的受理程序和处理方法作出了规定。
11) 警察厅训令第563号，2009年8月25日施行。
12) 由于韩国的搜查机关将陈述案件也作为内查案件来处理，故两者不做区分。
13) 上述案件数是2000年~2005年间检察官接到的内查案件和陈述案件的年平均数，这些案件仅占到全部刑事案件的16%。其中只有1500件（5%）予以立案并完成了搜查程序。相关论文请参考前述 신양균·조기영, 所著论文, 第183页。
14) 参考 金載德, 前述论文, 第273页； 申东云, 前述论文, 第322页。
15) 第222条（非自然死亡者的尸检）① 非自然死亡者或者怀疑为非自然死亡者的尸体，管辖尸体所在地的检察官必须进行尸检。② 通过前项尸检认为有犯罪嫌疑的，情况紧急的可以在没有得到令状的情况下进行鉴定。③ 检察官可以命令司法警察为前两项的处分。
16) 大法院 1979. 6. 12. 宣告 79도792 判决。
17) 大法院 1991. 11. 5. 宣告 91모68 判决。
18) 宪法 1990. 12. 26. 宣告 89헌마277 决定。
19) 持有相同观点的学者有申洋均, 赵起滢, 参见前述论文, 第186页。
20) 申洋均, 赵起滢, 参见前述论文, 第186页, 第189页.
21) 有关内查的现况的资料请参考前述조광훈的论文, 第3008页。
22) 特别是'关于检察官对司法警察官吏的搜查指挥及司法警察官吏的搜查准则规定'第17条第1项规定"司法警察依照刑事诉讼法第196条第2项的规定认为有犯罪嫌疑时开始进行搜查… "
23) 参考申洋均,赵起滢, 前述论文, 第190页。
24) 持该种观点的学者有宋廣燮,刑事訴訟法,2010,236页; 鄭城鎮, 前述论文, 第9页。

25) 刑事诉讼法第199条第1项规定“搜查机关为了达到搜查的目的可以采取必要的调查措施“。
26) 大法院 2006. 12. 7. 宣告 2004다14932 判决。
27) 白亨球, 刑事訴訟法講義(朴英社, 2001), 第375页; 鄭城鎭, 前述论文, 第7页.
28) 与笔者持有相同观点的还有：孫倲權, 刑事訴訟法(2010), 155쪽; 申东云, 新刑事訴訟法(제4판), 第36页; 申洋均·赵起滢, 앞의 論文, 第192页 以下; 李銀模, 刑事訴訟法(2010), 第153页.
29) 参见金載德, 前述论文, 第270页。
30) 参见金載德, 前述论文, 第273页。
31) 参见申东云, 新刑事訴訟法(第4版), 第96页.
32) 参见申洋均, 刑事訴訟法(2009), 134页；大法院 1996. 6. 3. 宣告 96모18 判决。
33) 第3条（不审检问）①警察官对可疑的举动或其他周围环境进行合理的判断后, 对于有充分的理由怀疑有犯罪嫌疑的, 或对了解已经实施的犯罪或者了解打算实施犯罪行为的人可以进行盘问。②该场所对第1项规定的受盘问人不利或会对交通造成防碍时, 可要求其到附近的警察署、派出所或办事处进行盘问, 受害人可以拒绝警察官的同行要求。
34) 第26条（居民登录证的出示要求）①司法警察在履行逮捕犯人等职务时, 如需确认17岁以上居民的身份或居住关系时, 可以要求其出示居民登录证, 对于不出示居民登录证者在没有其他特征能够证明其身份或居住关系的, 如有充分的理由认定其具有犯罪嫌疑的, 可以要求其到邻近的官署查清身份或居住关系。
35) 参见申东云, 新刑事訴訟法, 新刑事訴訟法(第4版), 第194页。
36) 参见趙光勳, 前述论文, 第122页。
37) 参见宋廣燮, 前书, 236页; 鄭城鎭, 前述论文, 第9页。
38) 第142条（内查·陈述案件的受理程序）①案件负责人依下列各项分别受理内查案件或陈述案件…②案件负责人要对涉及与内查案件或正式案件有关联的扣押物时, 要将其移交给扣押物案件负责人并采用扣押物受理程序。
39) 参见金載德, 前述论文, 第276页。
40) 参见鄭東旭, “搜査와 出國”, 經營法務(韓國經營法務研究所, 2001), 通卷87号, 第14页。

제16장

한국에서 수사권에 대한 규제와 통제

Ⅰ. 서 론

중국은 2012년 3월 14일 형사소송법을 또 다시 개정하여 2013년 1월 1일부터 시행하고 있다. 이번 개정으로 중국에서도 피의자의 권익보호조치가 적지 않게 개선되었으며, 부당한 수사에 대한 견제장치에 관하여 고심한 노력을 찾아볼 수 있다. 그럼에도 불구하고 중국 형사소송법 제118조에 따르면 "수사요원은 피의자에 대하여 심문할 때에는 먼저 피의자의 범죄행위 여부를 심문하고, 유죄에 대한 상황내용 또는 무죄에 대한 변명을 진술토록 한 후 문제를 제기한다. 범죄혐의자는 수사요원의 질문에 대하여 반드시 사실대로 대답하여야 한다. 다만 본 사건과 무관한 문제에 대하여 대답을 거부할 권리가 있다"고 명시하고 있다. 여기에서 두 가지 납득하기 어려운 내용을 엿볼 수 있다. 그 하나는 사건과 관련된 내용에 대해서는 진술을 거부할 수 없고 응당 질문에 대답해야 하는 것과, 다른 하나는 사실관계를 근거로 하여 유죄의 답변 또는 무죄의 답변을 해야 하는데 사실을 숨기거나 허위의 사실을 진술해서는 안 된다는 점이다.[1] 그 결과로 수사관은 피의자를 신문하는 과정에서 피의자가 사실대로 답할 수 있도록 물리적 혹은 심리적인 다양한 조취를 강구할 것으로 보인다. 예컨대 잠을 자지 못하게 하는 방식으로 수사를 할 수 있는 길을 열어두고 있는 셈이다. 그러므로 공안의 수사과정에서 수사권의 남용가능성이 있는 형

---

1) 陈瑞华:《刑事侦查结构之比较研究》, 载《中国政法大学学报》1999年 第5期, 第32页。

사소송법 제118조에 관한 대책이 중요한 것이다. 바로 이런 문제점 등을 해결하기 위하여 중국 형사소송법 제8조는 "인민검찰원은 법에 의하여 형사소송의 실행에 대한 법률적 감독을 한다."고 명시하여 공안의 부당한 수사에 관하여 법률적 감독을 할 수 있도록 하고 있다.

수사권과 공소제기권이 공안과 검찰로 이원화된 중국에서 수사권에 관한 규제와 감독은 한국의 경우와 다른 양상을 보일 수밖에 없다. 중국에서는 수사권의 주체가 원칙적으로 공안[2]임에 반해, 한국에서는 검찰이 공소권뿐만 아니라 포괄적 수사권까지 장악하고 있기 때문이다. 이런 점에서 한국에서 수사권의 규제와 감독에 관한 논의는 중국과 사뭇 다르며, 중국의 입장에서는 제한된 의미밖에 없을 것이다.

형사절차는 범죄인에 대하여 국가형벌권을 실현시키는 절차이므로 수사기관의 수사는 국가형벌권 실현의 첫 단계가 된다. 즉 수사기관의 수사를 통해 관련 증거의 확보 등으로 피의자가 범법자임을 충분히 인정할 만한 단계에 도달하면, 검사는 법원에 공소를 제기하게 되고, 법원은 당해 사건에 대하여 유·무죄의 여부를 재판한다. 따라서 범죄혐의자에 대한 수사기관의 수사가 작수되어야 비로소 국가형벌권의 첫 단계가 진행되기 때문에 수사절차는 국가형벌권 행사에 있어서 아주 중요한 역할을 담당한다. 한국 형사소송법상 '수사'란 수사기관이 범인, 범죄사실과 증거를 조사하는 합목적적 활동을 말한다.[3] 즉 수사는 누가 범법행위를 했는지의 여부와 그 범법행위의 내용이 무엇이며, 이를 입증할 만한 증거를 조사하고 규명하려는 활동이다. 이를 위해 수사기관은 피의자를 임의동행, 체포, 구속하거나 혹은 범죄혐의와 관련 있는 물건 등에 대한 압수나 수색을 실행하기도 한다. 이러한 수사 활동으로 피의자의 기본권에 대한 침해를 수반할 수 있으므로, 이를 방지하기 위해 수사에 대한 규제와 통제가 불가피하게 요구된다.

한국 헌법에 따르면 "모든 국민은 인간으로서의 존엄과 가치를 가지며, 행복을 추구할 권리를 가진다."는 것을 천명하고, "국가는 개인이 가지는 불가침의 기본적 인권을 확인하고 이를 보장할 의무를 진다"(헌법 제10조). 수사를 할 경우에도 헌법

2) 중국 형사소송법 제113조: 공안기관은 이미 입안된 형사사건에 대한 피의자의 유죄 또는 무죄, 죄의 경중에 관한 증거자료를 수사, 수집하여야 한다.
현행범 또는 중대한 혐의자에 대하여 법에 의하여 먼저 구류를 시행할 수 있으며 구속요건에 부합되는 피의자는 법에 의하여 구속할 수 있다.
3) 형사소송법 제195조와 제196조 참조.

상의 기본적 인권보장 원칙은 준수되어야 함은 물론이다. 헌법상의 이러한 관섬은 형법과 형사소송법 등의 규정을 통하여 수사권의 남용을 규제하고 통제를 하려는 다양한 제도의 형성을 가능하게 하였다.

따라서 이하에서는 한국에서 수사권남용에 대한 규제와 통제방안이 무엇인가를 살펴보고, 이에 관해 개선되어야 할 문제점이 있다면 그것이 무엇인지, 그리고 이와 함께 어떠한 방향으로 개선해야 할 것인지를 모색해 보고자 한다. 이와 아울러 한국 형사소송법에서는 검찰의 사법경찰관에 대해 수사지휘권을 인정하고 있으므로 이와 관련하여 검찰의 사법경찰관리에 대한 수사지휘권을 우선 검토하고(Ⅱ), 수사권의 일반적인 규제와 통제는 수사 전후에 따라 차이가 있다는 점을 감안하여 수사시의 규제를 살펴보고(Ⅲ), 사후적 통제를 다루고자 한다(Ⅳ).

Ⅱ. 검찰의 경찰에 대한 수사지휘권

1. 수사지휘체계

한국 형사소송법상 수사의 주재자는 검사이다.[4][5] 검사는 공익의 대표자로서 범죄수사에 관하여 사법관리를 지휘·감독할 직무와 권한을 갖는다.[6] 사법경찰관은 이에 대해 모든 수사에 관하여 검사의 지휘를 받으며[7] 사법경찰관리는 검사의 지휘가 있는 때에는 이를 따라야 한다.[8]

형사소송법이 검사와 사법경찰관의 관계를 이처럼 지휘·감독관계로 설정한 이유는 수사과정의 투명성 확보와 적법절차의 준수를 통하여 수사로 인한 인권침해를 최소화하려는 태도라고 생각된다. 즉 수사는 체포와 압수·수색 등의 강제처분의 형식으로 행해지는 경우가 많고, 이로 인해 피의자의 인권침해를 야기할 가능성이 크다. 따라서 수사의 전체 과정을 법률전문가인 검사로 하여금 지휘·감독을 받게 함

4) 노명선·이완규, 형사소송법 제4판, 76쪽.
5) 한국의 검찰제도의 특징에 관해 비교적 자세한 문헌으로는 정웅석, 형사소송법 제3판, 99쪽 이하.
6) 검찰청법 제4조 제1항 제2호.
7) 형사소송법 제196조 제1항.
8) 형사소송법 제196조 제3항.

으로써 수사과정의 투명성 확보와 적법절차의 준수를 통해 시민의 인권보장에 기여하고자 한 것이다.[9]

2. 수사지휘권의 담보

검사의 사법경찰관리에 대한 수사체계의 확립을 위하여 형사소송법은 체임요구권과 구속장소감찰권을 두고 있다. 그 밖에 검사의 사법경찰관리에 관한 지휘체계를 담보할 수 있는 것으로 형법상 인권옹호직무방해죄 등을 두고 있다.

1) 체임요구권

경정 이하의 사법경찰관리가 직무집행과 관련하여 부당한 행위를 하는 경우 지방검찰청 검사장은 해당 사건의 수사중지를 명하고, 임용권자에게 그 사법경찰관리의 교체임용을 요구할 수 있다. 교체임용의 요구를 받은 임용권자는 정당한 사유가 없으면 교체임용을 하여야 한다.[10] 또한 관할 지방검찰청 검사장은 '폭력행위 등 처벌에 관한 법률'에 규정된 범죄가 발생하였는데도 그 사실을 자신에게 보고하지 아니하거나 수사를 게을리하거나 수사능력 부족 또는 그 밖의 이유로 사법경찰관리로서 부적당하다고 인정하는 사람에 대해서는 그 임명권자에게 징계, 해임 또는 교체임용을 요구할 수 있다.[11] 이러한 요구가 있을 경우 임명권자는 2주일 이내에 해당 사법경찰관리에 대하여 행정처분을 한 후 그 사실을 관할 지방검찰청 검사장에게 통보하여야 한다.[12]

2) 구속장소감찰권

검사의 사법경찰관에 대한 수사지휘를 근거로 지방검찰청 검사장 또는 지청장은 불법체포·구속의 유무를 조사하기 위하여 검사로 하여금 매월 1회 이상 管下 수사

9) 같은 취지로 신동운, 신형사소송법 제4판, 55쪽 참조.
10) 검찰청법 제54조 제1항과 제2항.
11) 폭력행위 등 처벌에 관한 법률 제10조 제1항.
12) 폭력행위 등 처벌에 관한 법률 제10조 제2항.

관서의 피의사의 체포·구속상소를 감찰하게 하여야 한다. 감찰하는 검사는 체포 또는 구속된 자를 심문하고 관련 서류를 조사하여야 한다. 이때 검사는 적법한 절차에 의하지 아니하고 체포 또는 구속된 것이라고 의심할 만한 상당한 이유가 있는 경우에는 즉시 체포 또는 구속된 자를 석방하거나 사건을 검찰에 송치할 것을 명하여야 한다.[13)]

3) 인권옹호직무방해죄

인권옹호에 관한 검사의 직무명령을 준수하지 않는 행위는 피의자 등의 인권에 대한 직접적 침해 또는 구체적 위험을 수반할 가능성이 있고, 검사의 인권옹호에 관한 직무집행에 장애를 초래하여 국가기능의 정상적이고 원활한 작동에 장애를 일으킬 위험이 있는바, 이러한 행위에 대해서는 엄중한 제재를 인정하여 인권침해의 가능성을 최대한 억제하고 사법경찰관리의 의무위반행위를 예방할 필요가 있는 것이다.[14)] 이런 점에서 사법경찰관리가 인권옹호에 관한 검사의 직무집행을 방해하거나 그 명령을 준수하지 아니한 때에는 인권옹호직무방해죄로 처벌된다.[15)] 인권옹호직무방해죄에서 '인권'이란 범죄수사과정에서 사법경찰관리에 의하여 침해되기 쉬운 인권, 주로 헌법 제12조에 의한 국민의 신체의 자유를 그 내용으로 한다.[16)] 또한 인권옹호직무방해죄에서의 '검사의 명령'은 '사법경찰관리의 직무수행에 의해 침해될 수 있는 인신 구속 및 체포와 압수·수색 등 강제수사를 둘러싼 피의자, 참고인, 기타 관계인에 대하여 헌법이 보장하는 인권, 그 중 주로 그들의 신체적 인권에 대한 침해를 방지하고 이를 위해 필요하고도 밀접 불가분의 관련성 있는 검사의 명령'[17)] 이라고 할 것이다.

---

13) 형사소송법 제198조의2 제2항.
14) 헌재 2007. 3. 29. 2006헌바69.
15) 형법 제139조.
16) 헌재 2007. 3. 29. 2006헌바69; 신동운, 앞의 책, 56쪽 참조.
17) 헌재 2007. 3. 29. 2006헌바69; 신동운, 앞의 책, 56쪽 참조.

Ⅲ. 형사절차 내에서 수사시에 관한 규제

한국 형사소송법에 의하면 "수사에 관하여는 그 목적을 달성하기 위하여 필요한 조사를 할 수 있다. 다만 강제처분은 법률에 특별한 규정이 없으면 하지 못한다"(제199조). 이에 따라 한국에서 수사는 원칙적으로 임의수사에 의해야 하고, 강제수사는 법률에 규정된 경우에만 예외적으로 허용된다. 수사는 범죄에 관한 실체적 진실을 밝히는 데 필요한 것이지만, 이로 인해 인권의 침해를 야기하므로 인권보장도 도모해야 한다는 양대 이념이 충돌하는 구조이다. 이 문제를 조화롭게 해결하기 위해 수사는 범죄혐의의 존재를 전제로 필요성을 구비해야 할 뿐만 아니라, 그 목적달성을 위해 상당한 수준에 그쳐야 한다(이른바 수사의 비례성 원칙). 그러므로 수사의 필요성이 담보되지 않거나 필요하더라도 그 상당성을 훨씬 초과한 수사는 비례성에 위배되는 위법수사이며, 이러한 수사는 통제의 대상이 된다.

1. 임의수사에 관한 규제

임의수사란 강제력을 행사하지 않고 상대방의 동의나 승낙을 받아서 행하는 수사임에 반해, 강제처분에 의한 수사를 강제수사라고 한다. 그러나 피해자의 승낙에 의한 수색이나 검증과 같은 임의수사의 경우에도 피해자의 법익이 침해될 수 있다는 점을 고려한다면 상대방의 의사에 반하여 그의 법익을 실질적으로 침해하는 모든 처분을 강제수사라고 할 것이고, 이에 반하여 상대방의 법익침해를 수반하지 않는 수사를 임의수사라고 보아야 할 것이다.[18]

임의수사는 상대방의 동의를 요건으로 하지만, 비유형적이고 다양한 방법으로 행하여지는 것이므로 구체적으로 법적 규제를 가하는 것은 매우 어려운 일이다. 그러나 임의수사도 상대방의 법익을 실질적으로 침해할 위험이 적지 않으며, 또한 형사절차에 속하므로 적법절차의 원리에 의한 내재적 규제를 받지 않을 수 없다.

18) 이재상, 신형사소송법 제2판, 213쪽 참조.

1) 임의수사의 한계

(1) 수사의 필요성과 상당성[19)]

수사의 필요성은 수사의 조건에 속하므로 범죄의 혐의가 없으면 임의수사도 허용될 수 없는 것이다. 또한 수사의 필요성이 인정되더라도 수사가 필요한 한도를 초과해서도 안 된다.[20)] 판례도 같은 입장으로 "'범죄수사에 필요한 때'라 함은 단지 수사를 위해 필요할 뿐만 아니라 … 수사의 목적을 달성할 수 없는 경우를 말하고, 그 필요성이 인정되는 경우에도 무제한적으로 허용되는 것은 아니며, … 제반 사정을 종합적으로 고려하여 판단해야 한다."[21)]고 판시하였다.

(2) 자유의사에 의한 승낙

임의수사는 어디까지나 상대방의 승낙을 받아서 행해져야 한다. 여기서 승낙은 상대방의 자발적이고 자유로운 의사를 전제로 한다. 따라서 수사기관의 수사활동은 상대방의 자발적이고 자유로운 의사에 의한 승낙을 받지 않고 진행될 경우 임의수사일 수 없다. 왜냐하면 수사기관의 수사에 직면한 일반시민은 심리적 강제상태에 처해 있어서 자유로운 의사의 형성이 보장되기 어렵기 때문이다.

2) 임의수사의 적법성

(1) 임의동행

임의수사에 속하느냐에 관해 다툼이 없는 것은 아니지만 상대방의 동의를 전제로 하는 제한적 강제수사로 보아야 할 것이다. 왜냐하면 임의동행은 경찰관직무집행법 제3조[22)]와 주민등록법 제26조에서만 허용하고 있어서 이러한 의미의 임의동행은

---

19) 대법원 1971. 3. 9. 선고 70도2406 판결: 법정절차 없이 사람을 경찰서 보호실에 감금한 행위는 수사목적 달성을 위한 적절한 행위라고 믿고 한 행위라 할 수 없다.

20) 이재상, 앞의 책, 216쪽 참조.

21) 대법원 2004. 3. 23. 자 2003모126 결정[준항고에 대한 재항고].

22) 경찰관직무집행법 제3조(불심검문) ① 경찰관은 다음 각 호의 어느 하나에 해당하는 사람을 정지시켜 질문할 수 있다.
1. 수상한 행동이나 그 밖의 주위 사정을 합리적으로 판단하여 볼 때 어떠한 죄를 범하였거나 범하려 하고 있다고 의심할 만한 상당한 이유가 있는 사람
2. 이미 행하여진 범죄나 행하여지려고 하는 범죄행위에 관한 사실을 안다고 인정되는 사람
② 경찰관은 제1항에 따라 같은 항 각 호의 사람을 정지시킨 장소에서 질문을 하는 것이 그 사람

일정한 법정요건을 충족해야 하지만, 상대방의 자유로운 승낙이 있으면 가능하기 때문이다. 그러므로 형사소송법 제199조에 의한 임의동행이 허용되기 위해서는 행위자가 범죄의 혐의가 있다고 생각되어야 할 뿐만 아니라 신체적 속박이나 심리적 압박에 의한 자유의 구속이 있었다고 할 수 없는 객관적 사정이 있는 경우로 국한되어야 한다. 판례도 동일한 취지에서 "피의자가 동행을 거부하는 의사를 표시하였음에도 불구하고 경찰관들이 영장에 의하지 아니하고 피의자를 강제로 연행한 행위는 수사상의 강제처분에 관한 형사소송법상의 절차를 무시한 채 이루어진 것으로 위법한 체포에 해당"[23]함을 인정하였다.

(2) 승낙유치

보호실유치는 보호실구속과 성질상 크게 다르지 않다. 그러므로 피의자의 사전승낙이 있더라도 법률로 규정된 강제처분과 동일한 효과를 가지는 경우에는 영장주의가 관철되어야 한다. 따라서 긴급체포 사유가 없음에도 보호실에 유치하는 경우[24]를 비롯하여 긴급체포 사유가 있어도 체포 또는 구속영장을 받지 않고 피의자를 보호실에 유치하는 것은 영장주의에 반하는 위법한 구금이다.[25]

판례도 같은 입장을 취하고 있다.[26] 이에 따르면, "형사소송법이나 경찰관직무집행법 등의 법률에 정하여진 구금 또는 보호유치 요건에 의하지 아니하고는 즉결심판 피의자라는 사유만으로 피의자를 구금, 유치할 수 있는 아무런 법률상 근거가 없고, 경찰 업무상 그러한 관행이나 지침이 있었다 하더라도 이로써 원칙적으로 금지되어 있는 인신구속을 행할 수 있는 근거로 할 수 없으므로, 즉결심판 피의자의 정당한 귀가요청을 거절한 채 다음날 즉결심판법정이 열릴 때까지 피의자를 경찰서 보호실에 강제유치시키려고 함으로써 피의자를 경찰서 내 즉결피의자 대기실에 10~20분 동안 있게 한 행위는 형법 제124조 제1항의 불법감금죄에 해당"한다고 판시하였다.

에게 불리하거나 교통에 방해가 된다고 인정될 때에는 질문을 하기 위하여 가까운 경찰서·지구대·파출소 또는 출장소로 동행할 것을 요구할 수 있다. 이 경우 동행을 요구받은 사람은 그 요구를 거절할 수 있다.

23) 대법원 2013. 3. 14. 선고 2012도13611 판결
24) 대법원 1971. 3. 9. 선고 70도2406 판결.
25) 대법원 1985. 7. 29. 자 85모16 결정.
26) 대법원 1997. 6. 13. 선고 97도877 판결.

(3) 승낙수색과 승낙검증

수사기관이 영장 없이 압수·수색할 경우 단순히 이의를 제기하지 않는 것만으로 허용된다고 할 수 없을 것이다. 통상의 시민은 수사기관의 압수·수색의 범위와 근거를 잘 모르며, 그런 상황에 처하게 되면 심리적으로 매우 위축될 수밖에 없기 때문이다. 승낙검증의 경우에는 더욱이 피해자가 신체검사에 대한 승낙을 했더라도 그의 신체를 침해한 경우에는 이 역시 허용될 수 없는 것으로 보아야 한다. 그러므로 승낙수색이나 승낙검증이 허용되기 위해서는 한편으로 수색이나 검증을 위한 승낙이 자유로운 분위기에서 이루어져야 하며, 다른 한편으로 수색이나 검증을 당한 상대방의 법익침해를 야기해서는 아니 된다는 점이 중요하다고 할 것이다.

(4) 거짓말탐지기

거짓말탐지기의 사용은 범죄사실의 증명에 이용하기 위하여 인간의 내면세계에서 형성되는 진술의 진위를 기계적인 방법으로 파악하려는 것이다. 2007년 개정된 한국 형사소송법은 위법증거배제법칙을 명문화하여 적법한 절차에 의하지 않고 수집된 증거의 증거능력을 부인하고 있다.[27] 인간의 내면세계를 기계적 방법으로 파악하려는 시도는 한국 헌법 제10조에서 명시한 인간의 존엄과 가치에 대한 본질적 침해로서 적법절차의 원칙에 반하는 것이다. 그러므로 수사기관이 피의자나 참고인의 동의에 의하여 거짓말탐지기를 사용하는 것은 허용될 수 있다는 견해는 찬성하기 어렵다고 할 것이다.[28]

2. 강제수사에 대한 규제

수사기관의 강제처분에 대한 제도적 통제는 헌법상의 요청이다. 한국 헌법은 영장주의의 원칙을 천명하고,[29] 구속적부심사제도를 채택하고 있다.[30] 헌법의 이러한

27) 위법수집증거배제법칙에 관해 비교적 자세한 문헌으로는 신이철, [개정법에 따른] 형사증거법, 110쪽 이하 참조.

28) 같은 입장으로 신동운, 신형사소송법 제4판, 1244쪽 이하 참조.

29) 헌법 제12조 … ③ 체포·구속·압수 또는 수색을 할 때에는 적법한 절차에 따라 검사의 신청에 의

취지에 따라 형사소송법은 강제수사법정주의, 영장제도, 구속 전 적부심사제도 등 수사기관의 강제처분에 대한 사법적 억제를 실시하고 있다.

1) 강제처분법정주의

강제처분은 법률에 규정이 없으면 실행하지 못한다. 이를 강제수사법정주의라고 한다. 강제수사의 허용조건을 법률에 규정하고 있는 것은 강제처분을 가급적 제한하여 인권침해의 위험성을 방지하기 위한 배려의 소산이다. 그러므로 강제처분의 종류와 내용을 법률로 규정하여 강제처분의 적법성의 근거를 명시하는 것은 강제수사의 허용 여부에 관한 법관의 구체적 판단을 쉽게 내릴 수 있도록 하는 데 기여한다. 이런 점에서 강제처분법정주의는 영장주의의 전제로 작동한다.

2) 피의자의 인신구속에 대한 사법적 억제

(1) 영장제도와 구속 전 피의자의 영장실질심사제도

한국 형사소송법은 수사기관의 부당한 인신구속을 억제하기 위하여 영장제도를 채택하고 있다. 그래서 수사기관이 피의자를 체포·구속하기 위해서는 사전에 법관으로부터 체포영장이나 구속영장을 발부받아야 한다.[31] 그러나 예외가 있다. 즉 "피의자가 사형·무기 또는 장기 3년 이상의 징역이나 금고에 해당하는 죄를 범하였다고 의심할 만한 상당한 이유가 있고, 다음 각 호(1. 피의자가 증거를 인멸할 염려가 있는 때, 2. 피의자가 도망하거나 도망할 우려가 있는 때)의 어느 하나에 해당하는 사유가 있는 경우에 긴급을 요하여 지방법원판사의 체포영장을 받을 수 없는 때에는 그 사유를 알리고 영장 없이 피의자를 체포할 수 있다."[32] 영장 없이 체포할 수 있는 긴급체포의 경우라도 피의자를 구속할 경우에는 지체 없이(48시간 내에) 해당 법원의 판사에게 구속영장을 청구해야 한다(제200조의4 제1항).

하여 법관이 발부한 영장을 제시하여야 한다. 다만, 현행범인인 경우와 장기 3년 이상의 형에 해당하는 죄를 범하고 도피 또는 증거인멸의 염려가 있을 때에는 사후에 영장을 청구할 수 있다.

30) 헌법 제12조 … ⑥ 누구든지 체포 또는 구속을 당한 때에는 적부의 심사를 법원에 청구할 권리를 가진다.

31) 형사소송법 제200조의2와 제201조 참조.

32) 형사소송법 제200조의3 참조.

형사소송법은 구속영상청구에 대한 법관의 심사권을 강화하기 위하여 구속영장의 청구를 심사하는 법관이 영장이 청구된 피의자를 직접적으로 심사하는 제도인 영장실질심사제도를 채택하고 있다.[33] 영장실질심사제도란 구속영장의 청구를 받은 판사가 피의자를 직접 심문하여 구속사유를 판단하여 구속의 유무를 결정하는 것을 말한다. 형사소송법은 이와 관련하여 "체포영장에 의한 체포(제200조의2)·긴급체포(제200조의3) 또는 현행범인의 체포(제212조)에 따라 체포된 피의자에 대하여 구속영장을 청구받은 판사는 지체 없이 피의자를 심문하여야 하고(제201조의2 제1항), 체포되지 아니한 피의자에 대하여 구속영장을 청구받은 판사는 피의자가 죄를 범하였다고 의심할 만한 이유가 있는 경우에 구인을 위한 구속영장을 발부하여 피의자를 구인한 후 심문하여야 한다."(제201조의2 제2항)고 규정하고 있다.

이와 같이 한국에서 구속 전 피의자심문제도를 두고 있는 사상적 배경은 다음과 같다. 영장주의가 수사기관의 부당한 구속을 사전에 예방하기 위한 기능을 다하기 위해서는 수사기관이 일방적으로 제출한 수사기록에 의한 형식적인 심사만으로 구속 여부를 결정할 것이 아니라, 법관이 피의자를 직접 심문하여 구속사유가 충족되었는지 여부를 따져 봐야 한다는 데서 출발한다. 또한 청문권은 헌법상 법치국가원리와 적법절차의 이념에서 파생된 핵심적 권리이므로, 구속될 피의자에 대한 충분한 변명의 기회를 부여할 수 있는 청문권을 보장해야 적법절차의 원리가 제대로 실현될 수 있음은 물론이다.

(2) 구속기간의 연장에 대한 허가

수사기관의 자의적인 구속기간 연장을 억제하기 위해서 피의자에 대한 구속기간을 연장하고자 할 경우 법관의 허가를 필요로 하고 있다.[34] 구속기관의 연장 여부의 결정을 신중하게 하려는 취지에서 수사기관에 대해 구속기간의 연장에 관한 소명자료를 제출할 것을 요구하고 있다.[35]

---

33) 형사소송법 제201조의1 참조.
34) 형사소송법 제205조.
35) 형사소송법 제205조 제2항.

3) 대물적 강제수사에 대한 사법적 억제

강제수사는 형사사건의 실체적 진실을 밝히기 위한 불가결한 제도이지만, 이로 인하여 개인의 기본권 침해를 불가피하게 수반하게 된다. 이 때문에 강제수사를 합목적적으로 제한하기 위한 법적 규제가 요구된다.

(1) 영장주의의 원칙

수사기관이 압수·수색 또는 검증을 하기 위해서는 원칙적으로 사전에 법관으로부터 압수·수색영장 또는 검증영장을 발부받아야 한다.[36] 수사기관의 대물적 강제처분에 대한 영장주의원칙은 수사기관의 부당한 압수·수색·검증을 사전에 방지함으로써 개인의 재산권, 주거권 및 프라이버시를 보호하려는 데에 목적이 있다. 수사기관에 의한 도청은 개인의 프라이버시를 침해하는 강제처분이므로 영장이 없으면 이런 일들은 허용될 수 없는 것이다. 판례도 타인의 동의가 없는 불법감청은 허용될 수 없는 것으로 보고, 불법감청으로 얻는 증거는 증거능력이 없는 것으로 판시하고 있다.[37] 상대방의 의사에 반한 사진촬영 역시 개인의 프라이버시를 침해한다는 점에서 원칙적으로 허용될 수 없는 것이다. 그러므로 의사에 반한 사진촬영은 영장의 발부를 받아야 하는 강제처분에 해당된다고 할 것이다.

(2) 영장주의의 예외

대물적 강제수사는 예외적으로 영장의 제시가 없어도 허용될 수 있는 경우가 있다. 이러한 예외에는 사후에 영장발부를 요건으로 하는 경우와 사후에도 전혀 영장을 요하지 않는 경우로 구분할 수 있다. 전자의 경우에는 형사소송법 제216조 제3항에 의한 범죄장소에서의 압수·수색·검증 등이 해당된다. 후자의 경우에는 피의자의 체포를 위한 수색(형사소송법 제216조 제1항 제1호) 등이 이에 해당된다.

---

36) 헌법 제12조 제3항 및 형사소송법 제215조.

37) 대법원 2010. 10. 14. 선고 2010도9016 판결: 수사기관이 갑으로부터 피고인의 마약류관리에 관한 법률 위반범행에 대한 진술을 듣고 추가적인 증거를 확보할 목적으로, 구속수감되어 있던 갑에게 그의 압수된 휴대전화를 제공하여 피고인과 통화하고 위 범행에 관한 통화내용을 녹음하게 한 행위는 불법감청에 해당하므로, 그 녹음 자체는 물론 이를 근거로 작성된 녹취록첨부 수사보고는 피고인의 증거동의에 상관없이 그 증거능력이 없다.

Ⅳ. 수사에 대한 사후적 통제

1. 절차 내 통제

1) 체포·구속적부심사제도

불구속수사의 원칙은 대한민국 형사소송법상의 원칙으로서 구속수사는 헌법에 따른 기본권 제한에 대한 과잉금지의 원칙에 따라 수사의 목적달성을 위한 필요 최소한의 범위에 그쳐야 한다는 것이다. 헌법상의 이런 원칙에 따라 한국 형사소송법은 체포·구속적부심사제도를 두고 있다. 체포·구속적부심사제도란 수사기관에 의하여 체포나 구속된 피의자에 대하여 법원이 체포 또는 구속의 적법 여부와 그 필요성을 심사하여 체포 또는 구속이 부적법하거나 부당한 경우 피의자를 석방하는 제도이다.[38)]

체포·구속적부심사의 청구권자는 체포 또는 구속된 피의자, 변호인·법정대리인·배우자·형제자매·가족, 동거인 또는 고용주이다(형사소송법 제214조의2 제1항). 피의자는 구속된 자이면 족하기 때문에 체포영장이나 구속영장에 의하여 체포나 구속된 피의자뿐만 아니라 불법하게 체포나 구속된 피의자와 긴급체포[39)]나 현행범인의 체포에 의하여 체포되어 구속영장이 발부되지 아니한 피의자도 청구할 수 있다고 해야 할 것이다. 더구나 입법적으로도 제214조의2 제1항이 과거에는 "영장에 의하여 체포 또는 구속된 피의자"라고 규정되어 있던 것을 "영장에 의하여"를 삭제함으로써 해결하였다. 그리고 법원은 체포 또는 구속된 피의자에 대한 심문이 종료된 때부터 24시간 이내에 체포·구속적부심사청구에 대한 결정을 하여야 한다.[40)] 법원의 결정에는 기각결정과 석방결정의 방식이 있다. 기각결정은 적부심사의 청구가 이유

---

38) 형사소송법 제214조의2 참조.

39) 대법원 1997. 8. 27. 자 97모21 결정: 헌법 제12조 제6항은 누구든지 체포 또는 구속을 당한 때에는 적부의 심사를 법원에 청구할 권리를 가진다고 규정하고 있고, (구)형사소송법 제214조의2 제1항은 체포영장 또는 구속영장에 의하여 체포 또는 구속된 피의자 등이 체포 또는 구속의 적부심사를 청구할 수 있다고 규정하고 있는바, 형사소송법의 위 규정이 체포영장에 의하지 아니하고 체포된 피의자의 적부심사청구권을 제한한 취지라고 볼 것은 아니므로 긴급체포 등 체포영장에 의하지 아니하고 체포된 피의자의 경우에도 헌법과 형사소송법의 위 규정에 따라 그 적부심사를 청구할 권리를 가진다.

40) 형사소송규칙 제106조.

가 없다고 인정할 때의 결정임에 반해, 적부심사의 청구가 이유가 있다고 인정한 때에는 결정으로 체포 또는 구속된 피의자의 석방을 명하여야 한다.[41]

2) 체포·구속의 취소

구속의 사유가 없거나 소멸된 때에는 검사는 직권 또는 피의자, 변호인, 형사소송법 제30조 제2항에 규정한 자의 청구에 의하여 구속을 취소해야 한다.[42] 이러한 구속취소제도 역시 수사기관의 피의자에 대한 구속을 시정하는 기능을 갖는다. 그러나 구속취소제도는 구속적부심사제도로 인하여 실무상 거의 활용되고 있지 못한 실정이다.

3) 증거능력의 부정

피의자의 자백이 수사기관의 고문·폭행·협박·기망 등 위법한 방법으로 인하여 임의성이 없다고 의심되는 경우에는 증거능력이 부정된다.[43] 수사기관의 심문절차가 위법인 경우(예컨대 진술거부권의 불고지)에는 자백의 임의성이 인정되더라도 증거능력을 부정해야 하며, 판례도 같은 입장을 취하고 있다.[44] 위법한 압수·수색의 경우에도 압수물의 실질적 증거가치 여부를 떠나서 증거능력을 부정하는 것이 타당하며, 입법적으로도 2007년 6월 제308조의2 신설로 증거능력을 부정하게 되었다. 그렇게 해야만 위법한 압수나 수색을 방지할 수 있기 때문이다. 같은 취지에서 수사기관의 검증절차가 위법인 경우에도 검증조서의 증거능력 역시 부정되어야 할 것이다.

41) 형사소송법 제214조의2 제4항.
42) 형사소송법 제209조에 근거한 동법 제93조 참조.
43) 형사소송법 제309조.
44) 대법원 1992. 6. 23. 선고 92도682 판결: 형사소송법 제200조 제2항(현행법 제244조의3)은 검사 또는 사법경찰관이 출석한 피의자의 진술을 들을 때에는 미리 피의자에 대하여 진술을 거부할 수 있음을 알려야 한다고 규정하고 있는바, 이러한 피의자의 진술거부권은 헌법이 보장하는 형사상 자기에 불리한 진술을 강요당하지 않는 자기부죄거부의 권리에 터 잡은 것이므로 수사기관이 피의자를 신문함에 있어서 피의자에게 미리 진술거부권을 고지하지 않은 때에는 그 피의자의 진술은 위법하게 수집된 증거로서 진술의 임의성이 인정되는 경우라도 증거능력이 부인되어야 한다.

4) 준항고제도(準抗告制度)

형사소송법에 의하면, "검사 또는 사법경찰관의 구금에 관한 처분에 대하여 불복이 있으면 그 직무집행지의 관할법원 또는 검사의 소속검찰청에 대응한 법원에 그 처분의 취소 또는 변경을 청구할 수 있다."[45]

5) 압수·수색에 대한 통제

(1) 압수물의 환부제도

위법한 압수·수색은 수사기관에 의한 압수물의 환부제도(還付制度)에 의해 구제된다.[46]

(2) 준항고제도

검사 또는 사법경찰관의 압수 또는 압수물의 환부에 관한 처분에 대하여 불복이 있으면 법원에 그 처분의 취소 또는 변경을 청구할 수 있다.[47]

2. 형사소송절차 외의 규제와 통제

1) 형사제재

수사기관이 수사과정에서 피의자에 대해 고문이나 폭행을 가하거나 불법으로 피의자를 체포하는 경우에는 형사처벌이 가해진다. 따라서 예컨대 긴급체포가 요건을 갖추지 못해 불법인 경우[48]에는 단순히 위법한 수사로 그치는 것이 아니라, 형법 제124조에 의해 처벌된다.[49] 그 밖에도 수사의 직무를 유기한 경우에는 형법 제122

---

45) 제417조.

46) 형사소송법 제218조의2 참조.

47) 형사소송법 제417조.

48) 불법한 긴급체포의 판단기준에 관해서는 대법원 2008. 5. 29. 선고 2008도2099 판결: 긴급체포의 요건을 갖추었는지 여부는 … 체포 당시의 상황을 기초로 판단하여야 하고, 이에 관한 검사나 사법경찰관 등 수사 주체의 판단에는 상당한 재량의 여지가 있다고 할 것이나, 긴급체포 당시의 상황으로 보아서도 그 요건의 충족 여부에 관한 검사나 사법경찰관의 판단이 경험칙에 비추어 현저히 합리성을 잃은 경우에는 그 체포는 위법한 체포라 할 것이다.

49) 대법원 1985. 7. 29. 자 85모16 결정: 수사기관이 피의자를 수사하는 과정에서 구속영장 없이 피의자를 함부로 구금하여 피의자의 신체의 자유를 박탈하였다면 직권을 남용한 불법감금의 죄책을 면할 수 없고, 수사의 필요상 피의자를 임의동행한 경우에도 조사 후 귀가시키지 아니하고 그의

조의 직무유기죄가, 수사기관이 직권을 남용하여 피의자로 하여금 의무 없는 일을 하게 하거나 피의자의 권리행사를 방해한 경우에는 형법 제123조의 직권남용죄가 적용되어 처벌될 수 있다.

2) 행정처분으로서의 징계처분

형사피의자에 대한 고문, 불법구속, 불법의 압수·수색·검증 등 위법한 수사처분을 자행한 수사공무원에 대해서는 검사징계법·경찰공무원법[50] 등에 의하여 징계처분의 제재가 가해진다. 예컨대 검사의 경우 직무상의 의무를 위반하거나 직무를 게을리하였을 때는 검사징계법 제2조[51]에 위반되므로 소정의 징계처분을 받게 된다.

의사에 반하여 경찰서 조사실 또는 보호실 등에 계속 유치함으로써 신체의 자유를 속박하였다면 이는 구금에 해당한다.

50) 경찰공무원법 제31조 참조.

51) 검사징계법 제2조: 검사가 다음 각 호의 어느 하나에 해당하면 그 검사를 징계한다. … 2. 직무상의 의무를 위반하거나 직무를 게을리하였을 때.

제17장

한국에서 형사절차상 자백의 지위

I. 서 론

한국 형사절차상 자백은 증거의 왕인가? 한국에서 강요된 자백의 방지를 위한 제도적 장치에 어떤 것이 있는지? 결론부터 말한다면 한국 형사절차상 자백은 유죄의 인정에 있어서 특별한 지위를 갖긴 하지만 결코 왕일 수 없다. 왜냐하면 자백의 증거능력 부정을 위한 제도적 통제장치가 다양하게 마련되어 있기 때문이다.

자백은 범죄현장을 직접 체험한 진술자가 스스로 경험한 사실에 대한 진술이자, 자기 자신에게 불리한 진술이다. 인간이 자기방어 본능에 충실함을 감안할 때, 성숙한 인간이 자유로운 판단에 근거하여 자신에게 불리한 사실을 진술한다는 것은 진실일 가능성이 높다. 이 때문에 자백은 경험칙상 사실에 대한 강력한 추인력이 인정되는 특성을 가진다. 더구나 자백은 물적 증거와 결합하여 범죄사실의 전체를 재구성할 수 있고, 수사와 공판과정에서 범인과 피고인의 동일성뿐만 아니라 구체적인 범행형태, 범행동기, 고의의 존재 여부 등 범죄의 입증에서 중요한 역할을 한다.[1)2)]

그러나 자백이라고 해서 언제나 진실하다고만 말할 수 없다. 자백도 허위자백의

---

1) 申梨澈, 刑事證據法, 유스티니아누스, 2011, 79쪽; Wayne T. Westling, “Something is rotten in the Interrogation Room: Let’s try video oversight.” John Marshall Law Review 34. 537, Winter. 2001, p. 546.

2) 실체적 진실 발견과 국가형벌권의 적정한 행사를 동시에 실현해야 하는 한국 검찰은 1954년 형사소송법 제정 시에 자백의 증거능력을 제한하려고 했던 ‘형사소송법초안의 관련 규정’의 삭제를 적극 주장하였다.

가능성을 배제할 수 없고,[3)] 일본의 식민지 지배 기간 동안 자백을 얻기 위한 수사기관의 인권유린 사실을 무수히 경험했던 한국에서는 강제자백에 대한 방지대책을 특별히 법정할 필요가 있었다. 이러한 점들은 1954년 제정형사소송법에 반영되었다. 그래서 한국의 제정형사소송법은 자백의 증거능력을 두 가지 방식으로 제한하였다. 하나는 '임의성 없는 자백의 증거능력'의 부정이고(형사소송법 제309조[4)]), 다른 하나는 임의성이 있더라도 피고인 자신의 '불이익한 자백에 대한 증거능력'을 제한하였다(동법 제310조[5)]).

한국에서 자백의 증거능력 제한을 이처럼 형사소송법에 명시하여 두고 있음에도 불구하고 1945년 8월 일본으로부터 해방된 이후 지난 60여년 동안 고문·폭행·협박 등의 방식으로 범해진 수사기관의 강압행위에 의한 허위자백은 적지 않았다. 그러기에 오늘날에도 허위자백의 위험성이 한국에서 전면적으로 근절되었다고 확신할 수 없는 실정이다. 물론 그동안 한국은 독재정치에 대한 저항과 민주화에 대한 열망의 결과로 권위주의적 정권을 극복하였고, 이런 과정에서 법치국가원칙의 확립과 적법절차의 순수에 대한 부난한 노력이 선개되었나. 이러한 노력의 응답으로 2007년에 형사소송법 제308조의2가 신설되어 **'적법한 절차에 따르지 아니하고 수집한 증거'를 사용할 수 없도록 하였다.**[6)]

그러므로 이하에서는 형사소송법과 판례를 통해서 확립된 자백의 증거능력 제한에 관해 살펴보고자 한다.

---

3) 李基秀, "허위자백의 사례분석을 통해 본 형사절차상 문제점", 『비교형사법연구』 제14호, 한국비교형사법학회, 2012, 165쪽 이하; 그 밖에 거짓말의 심리구조, 자백의 이유 및 그에 대한 심리구조에 대해서는 金忠植, "거짓말 및 자백의 심리분석에 관한 고찰", 『漢南法學硏究』 제2권 제1호, 漢南大學校 科學技術法硏究員, 2014, 43쪽 이하.

4) 제309조(強制 等 自白의 證據能力) 피고인의 자백이 고문, 폭행, 협박, 신체구속의 부당한 장기화 또는 기망 기타의 방법으로 임의로 진술한 것이 아니라고 의심할 만한 이유가 있는 때에는 이를 유죄의 증거로 하지 못한다.

5) 제310조(불이익한 자백의 증거능력) 被告人의 자백이 그 피고인에게 불이익한 유일의 증거인 때에는 이를 유죄의 증거로 하지 못한다.

6) 2007년 6월부터 시행되고 있는 개정형사소송법은 '위법수집증거의 배제'에 관한 규정을 제308조의2에 신설하였다. 그 내용은 "**적법한 절차에 따르지 아니하고 수집한 증거는 증거로 할 수 없다.**"

Ⅱ. 자백의 범위와 지위

1. 자백의 개념

형사절차에서 자백이란 용어는 한국 헌법 제12조 제7항에서 명시하고 있다. 또한 형사소송법도 제309조(자백배제법칙)와 제310조(자백의 보강법칙), 제308조의2(위법수집증거의 배제) 및 제286조의2(간이공판절차 규정)에서 자백이란 개념을 사용하고 있다.[7)]

여기서 자백의 개념을 "범죄사실 또는 그 본질적 부분에 대한 승인을 의미한다."는 입장[8)]과 "자기의 형사책임을 인정하는 진술을 말한다."고 정의하는 견해[9)]도 있다. 다수설은 자백을 '피고인 또는 피의자가 범죄사실의 전부 또는 일부를 인정하는 진술'이라고 정의하면서, 이런 의미의 자백은 진술자 자신에게 불이익한 진술 일반으로 본다. 이에 따라 자신의 범죄사실에 관한 진술이라면, 전부 내지 주요 부분에 대한 진술을 요하지 않고, 형사책임을 인정하는 경우뿐만 아니라, 그 밖에 정당화사유나 면책사유를 주장하는 경우까지도 자백에 해당한다고 새긴다.

생각건대 자백의 개념에 관한 논의는 자백배제법칙뿐만 아니라 자백의 보강법칙의 적용범위에 영향을 미친다는 점에서 그 실익을 찾을 수 있다. 형사소송법은 자백이 아닌 진술의 경우에도 임의성을 요구하고 있다(형사소송법 제317조 제1항)는 점에서 자백의 개념을 적극적으로 제한할 합리적 이유가 없어 보인다.[10)] 따라서 구성요건에 해당하는 사실을 긍정하면서 위법성조각사유나 책임조각사유의 존재를 주장하는 경우에도 인정한 범죄사실에 대해 자백에 해당한다고 보아야 할 것이다. 대법원도 "전과에 관한 사실은 엄격한 의미의 범죄사실과 구별되는 것으로서 피고인의 자백만으로서도 이를 인정할 수 있다."고 판시하여[11)] 범죄사실 자체에 대한 진

---

7) 李範烈, "簡易公判制度에 있어서의 自白에 관한 若干의 考察", 『검찰』 제74호, 1979, 87~90쪽.

8) 金箕斗, 新刑事訴訟法, 박영사, 1979, 144쪽.

9) 徐壹敎, 刑事訴訟法, 박영사, 1979, 175쪽; 鄭榮錫, 刑事訴訟法의 諸問題, 法文社, 1982, 244쪽; 金熙玉, "刑事訴訟法上의 自白", 고시연구(1985년 7월호), 62쪽.

10) 류혁상·權昶國, 증거의 신빙성제고를 위한 효과적인 증거수집 및 현출방안, 한국형사정책연구원, 2005, 113쪽.

11) 大判 1979. 8. 21. 79도1528.

술이 아니라고 하여도 자기에게 불리한 진술을 자백의 개념에 포함시키고 있다.

2. 자백의 주체와 형식

대법원 판례에서 파악할 수 있듯이 범죄사실 그 자체가 아니라고 할지라도 자기에게 불리한 진술을 자백의 개념에 포함시키고 있다. 게다가 자백의 진술을 한 자의 법률상 지위를 따지는 것도 실익이 없다. 그 이유는 피고인의 지위에서 행한 것이든,[12] 피의자의 지위에서 행한 것이든 묻지 않기 때문이다. 참고인이나 증인으로서의 지위에서 행한 경우도 마찬가지이다. 진술형식이나 상대방도 묻지 않으므로 구두에 의한 경우뿐만 아니라 서면에 의한 경우도 상관이 없다. 법관이나 수사기관 앞에서 진술한 경우[13]를 비롯하여 사인(私人)에 대해 진술한 경우도 포함된다. 범행혐의를 받기 전에 행한 것이든 범행 발각 후에 행한 것이든 모두 이에 해당된다고 보여진다. 따라서 일기 등에 기재하는 것처럼 상대방 없이 행하여진 경우를 비롯하여 수사개시 전에 상대방 없이 비망록·수첩이나 상업장부 등에 기재한 것도 범죄사실을 인정하는 내용의 진술은 모두 자백으로 보아야 할 것이다.[14]

이에 반해 판례는 "상업장부나 항해일지, 진료일지 또는 이와 유사한 금전출납부 등과 같이 범죄사실의 인정 여부와는 관계없이 자기에게 맡겨진 사무를 처리한 사무내역을 그때그때 계속적·기계적으로 기재한 문서 등에 피고인이 공소사실에 부합되는 사실을 기재하였더라도 이를 자백이라고 할 수 없다."[15]고 판시한 바 있다.

생각건대 범죄사실의 전부나 일부를 인정하는 자백은 구술의 형식으로 이루어질 수도 있고 서면에 기재하는 방식으로 이루어질 수도 있다. 그 진술이 어디에서 누구에 대하여 행하여졌는지도 자백인지 아닌지의 문제와는 관계가 없으므로 상대방의 존재 여부와 관계없이 자백인 점에는 미친가지인 것이다. 그러므로 피고인이 타인

12) 公判廷에서 自白의 實務上 問題點에 대한 것으로 朴承緖, "刑事證據法 運用의 實態와 基礎的 法理", 『실무연구』 제1집, 서울변호사회, 1979. 4, 355~359쪽 이하. 참조

13) 한국의 경우 수사단계에서 피의자의 자백을 수사상 자백이라고 한다. 이것은 경찰자백과 검찰자백으로 구분할 수 있으니, 그 증거능력의 인정요건에는 차이가 있다(형사소송법 제312조 제1항과 제2항, 제3항).

14) 대법원 1996. 10. 17. 선고 94도2865 전원합의체 판결에서 밝힌 소수견해의 입장도 같은 취지이다.

15) 위 판결.

에게 보일 것을 예상하지 아니하고 자기의 범죄사실을 기재하여 둔 것이라 하더라도, 그 기재 내용을 증거로 삼는 경우에는 이 또한 자백임에는 틀림없어 보인다. 이런 점에서 상업장부와 같이 자기에게 맡겨진 사무를 처리한 내역을 기계적이고 계속적으로 기재한 문서가 피고인의 공소사실에 부합되는 기재를 포함하고 있다면, 이를 자백이라고 보아야 할 것이다.

Ⅲ. 임의성 없는 자백에 대한 '자백배제법칙'

1. 자백배제법칙의 의의와 이론적 근거

헌법 제12조 제7항과 이를 구체화한 형사소송법 제309조는 임의성 없는 자백을 유죄의 근거로 삼을 수 없음을 천명하고 있다. 이에 따라 임의성이 의심되는 피고인의 자백에 대해 증거능력을 부정하는 증거법칙을 '자백배제법칙'이라고 한다.

임의성에 의심이 있는 자백은 증거로 사용할 수 없다는 이러한 자백배제법칙은 헌법 제12조 제7항과 형사소송법 제309조에 규정을 두고 있지만, 그 이론적 근거에 대해서는 다양한 견해의 대립이 있다.[16]

대법원 판례는 1954년 제정형사소송법의 시행 이후부터 1970년대 말까지 허위배제설적 입장에서 논리[17]를 전개하는 경우가 대부분이었다.[18] 1980년대에 들어서면서 위법배제설적인 경향[19]을 보이는 판례들이 나타나기 시작하였으며,[20] 1990년대부터 이를 더욱 철저화하는 경향을 보였다. 즉 판례는 "수사기관이 진술거부권을 고지하지 아니한 채 피의자를 신문하여 자백을 얻어 낸 경우, **그 자백은 위법하게**

---

16) 자세한 것은 李用植, "自白排除法則의 根據와 任意性의 判斷-違法排除說의 관점에서 본 형사소송법 제309조의 의미 재검토-", 『外法論集』 제35권 제3호, 韓國外國語大學校 法學硏究所, 2011, 193쪽 이하 참조.

17) 허위배제설은 임의성 없는 자백은 허위일 위험성이 많고, 이를 증거로 허용하는 것은 실체적 진실발견을 저해할 수 있기 때문에 증거능력이 부정된다는 입장이다.

18) 대판 1959. 10. 31. 4292형상257; 대판 1968. 5. 7. 68도379; 대판 1977. 4. 26. 77도210.

19) 위법배제설은 自白取得過程에서 適正節次의 보장을 확보하기 위해서는 적법절차의 요청에 위반하여 위법하게 취득된 자백에 대해 증거능력을 부정해야 한다는 입장이다.

20) 大判 1983. 3. 8. 82도3248; 大判 1985. 2. 26. 83도2413 등 참조.

수집된 증거이므로 비록 진술의 임의성이 인정되는 경우라도 증거능력이 부인되어야 한다."[21]고 판시하였다. 이에 따라 진술거부권 불고지라는 중대한 위법상황 아래 얻어낸 자백에 대하여 형사소송법 제309조에 근거하지 않고, 일반적인 위법수집증거배제법칙에 의하여 증거능력을 배제하는 입장을 취하였다. 그러나 최근의 판결들은 종래의 입장과는 달리 인권옹호설[22]과 허위배제설을 절충한 견지에서 증거능력을 부정하는 입장을 취하는 것이 대세로 굳어지고 있다.[23] 예컨대 1998년 이후의 판례에 따르면, "임의성 없는 진술의 증거능력을 부정하는 취지는, 허위진술을 유발 또는 강요할 위험성이 있는 상태 하에서 행하여진 진술은 그 자체가 실체적 진실에 부합하지 아니하여 오판을 일으킬 소지가 있을 뿐만 아니라 그 진위를 떠나서 진술자의 기본적 인권을 침해하는 위법·부당한 압박이 가하여지는 것을 사전에 막기 위한 것이"[24]란 점을 분명히 하고 있다.

생각건대 위법배제설이 자백배제법칙의 객관적 적용기준과 통일된 해석원리를 제공한다는 점에서 타당하다. 왜냐하면 이 설에 따르게 되면, 자백배제법칙에 의하여 배제할 수 있는 자백의 범위를 확대할 뿐만 아니라, 적법설자의 요청에 위법하여 취득된 자백이라고 함으로써 증거능력의 표준을 객관화하여 명확하게 할 수 있기 때문이다.

2. 자백배제법칙의 적용범위

자백배제법칙의 적용범위에 관하여는 '기타의 방법으로 임의로 진술한 것이 아니라고 의심할 만한 이유가 있는 때'를 어느 범위까지 인정할 것인지가 문제된다.[25]

21) 大判 1992. 6. 23. 92도682.

22) 인권옹호설은 자백배제법칙을 기본권보장의 증거법적 측면으로 이해하여 인간의 자기결정권을 중심으로 한 피고인의 인권보장을 담보하기 위하여 강제 등에 의한 자백의 증거능력이 배제된다는 입장이다.

23) 大判 1998. 4. 10. 97도3234; 大判 1999. 1. 29. 98도3584; 大判 2000. 1. 21. 99도4940; 大判 2002. 10. 8. 2001도3931; 大判 2005. 11. 10. 2004도42; 大判 2006. 1. 26. 2004도517; 大判 2006. 11. 23. 2004도7900; 大判 2012. 11. 29. 2010도11788; 大判 2012. 11. 29. 2010도3029.

24) 大判 1998. 4. 10. 97도3234 이후부터 大判 2012. 11. 29. 2010도11788까지의 경향임.

25) 임의성에 관한 판단기준으로 참고할 만한 문헌으로는 沈羲基·梁東哲, 爭點講義 형사소송법, 三英社, 2009, 603쪽 이하 참조.

판례에 따르면 "형사소송법 제309조에서 규정된 피고인 진술의 자유를 침해하는 위법사유는 원칙적으로 예시사유로 보아야 하고, 문리적 해석의 당연한 귀결이라 할 것이어서 문언상 '기타의 방법'은 다종다양할 것임은 말할 나위도 없다."고 판시한 바 있다.[26] 따라서 형사소송법 제309조의 예시사유뿐만 아니라 '기타의 방법으로 임의성이 담보되지 아니한 진술'도 자백배제법칙의 적용범위에 포섭된다고 할 것이다.

1) 고문·폭행·협박·신체구속의 부당한 장기화로 인한 자백

고문이나 폭행에 의한 자백은 당연히 증거능력이 없다.[27] 피고인이 직접적으로 고문을 당하지 아니하였다고 할지라도 다른 피고인이 고문당하는 것을 보고(또는 듣고) 자백한 경우 역시 증거능력이 없다고 해야 한다.[28] 대법원은 "임의성 없는 심리상태가 검사의 조사단계까지 계속된 경우 검사 앞에서의 자백도 임의성이 없다."고 판시하였다.[29] 경찰서에서 피고인을 조사한 경찰관이 검사 앞에까지 피고인을 데려간 경우에는 검사 앞에서 임의성 없는 심리상태가 계속되었다고 보기 때문이다.[30] 다만 그 사정이 검사의 수사과정에 영향을 미치지 않은 때에는 임의성 없는 자백이라고 할 수 없고,[31] 단순히 검사의 피의자신문조서가 송치받은 당일에 작성된 것만으로 임의성이 없는 것은 아니라는 태도를 취하고 있다.[32]

신체구속의 부당한 장기화로 인한 자백은 구속의 원인 자체에 대해서는 적법하나 구속 상태가 부당하게 장기화한 경우의 자백을 의미하고, 구속 자체가 불법인 이른바 불법구속 중의 자백과는 구별될 수 있다.[33] 그러나 이들 모두는 사실상 부당한 구속상태에서 얻은 것이고, 모두 증거능력이 없다는 점에서 차이가 없다.[34]

---

26) 大判 1985. 2. 26. 82도2413.
27) 大判 1984. 3. 13. 84도36.
28) 大判 1978. 1. 13. 77도403.
29) 大判 1981. 10. 13. 81도2160.
30) 大判 1992. 3. 10. 91도1.
31) 大判 1983. 4. 26. 82도2943; 大判 1983. 11. 8. 83도2436.
32) 大判 1984. 5. 29. 84도378.
33) 司法研修院, 刑事證據法 및 事實認定論, 2012, 33쪽; 李在詳, 新刑事訴訟法, 박영사, 2013, 558쪽.
34) 裵鍾大·李相暾·鄭承煥·李珠元, 新刑事訴訟法 제4판, 弘文社. 2012, 604쪽 이하; 申東雲, 新刑事訴訟法 제4판, 法文社, 2012, 1265쪽 이하 참조; 申洋均, 刑事訴訟法, 화산미디어, 2009, 756쪽; 申梨澈, 앞의 책, 92쪽.

2) 기망, 기타 방법에 의한 임의성에 의심 있는 자백

① **기망에 의한 자백은 자백취득 과정의 위법으로 인하여 그 증거능력이 배제된다.** 기망의 대상은 사실에 관한 것(예: 공범자가 자백하였다고 하는 것)뿐만 아니라 법률문제(예: 자백을 하더라도 그 진술이 공판절차에서 증거로 사용될 수 없다고 거짓말을 하는 것)도 포함된다. 기망의 정도에 관해서는 착오를 이용하는 것으로는 족하지 않고, 수사기관에 대하여 신문방법이 정당하지 않음을 비난할 수 있는 적극적인 사술(詐術)이 있어야 한다. 예컨대 공범자가 자백하였다고 거짓말을 하거나,[35] 범행현장에서 피의자를 본 사람이 있다고 속여서 자백을 받는 경우, 거짓말탐지기의 검사결과로 피의자의 거짓 진술임이 판명되었다고 기망하여 자백을 받거나, 또는 증거가 발견되었다고 기망하여 자백을 받은 경우가 여기에 해당한다. 그러나 단순한 착오나 논리모순을 이용하는 것은 통상의 신문방법으로 허용된다고 할 것이다. 그리고 사실이나 증거상황에 대한 단순한 침묵은 기망에 해당[36]된다고 할 수 없다.

② **약속에 의한 자백은 문명국가의 기본원리인 공평에 반하는 신문방법으로 인하여 그 증거능력이 배제된다.** 이익의 약속은 자백에 영향을 미치는 데 적합한 것이어야 하므로, 약속이 아닌 통상적인 편의제공에 불과한 담배나 커피를 주겠다는 약속은 원칙적으로 여기에 해당하지 않는다. 그러나 (가) 약속의 내용이 반드시 형사처벌(예컨대 기소·불기소·형의 경중·신병석방 등)과 관계있는 것임을 요하지 않고 가족의 보호 등과 같은 일반적·세속적 이익도 포함된다(예컨대 필로폰중독자에게 필로폰을 주사투약해 주겠다는 약속이나 처자 등의 면회약속 등). 다만 약속은 구체적이고 특수한 것임을 요하며, 단순히 진실을 말하는 것이 유리하다는 일반적인 약속으로는 족하지 않다. 여기서 (나) 이익을 약속하는 자는 약속내용을 실현할 권한이 있거나,[37] 그 권한 있는 자에게 영향을 미칠 수 있다고 믿을 만한 사정이 있는 경우라야 할 것이다.[38]

---

35) 欺罔에 의하여 共犯者가 自白한 경우에 다시 그 自白을 제시하고 다른 共犯者를 追窮하여 自白을 받은 경우는 欺罔에 의한 自白이 아니지만 기망에 의하여 얻은 自白으로부터 얻은 제2차 증거 내지 독수의 과실에 해당하기 때문에 증거능력이 부정된다.

36) 기망이 '사소한 경우'가 아니라면 원칙적으로 기망에 해당한다고 보아야 한다는 견해로는 裵鍾大·李相暾·鄭承煥·李珠元, 앞의 책, 601쪽.

37) 盧明善·李完圭, 刑事訴訟法, 成均館大學校 出版部, 2009, 522쪽.

38) 車鏞碩·崔容誠, 刑事訴訟法 제3판, 21世紀社, 2008, 521쪽.

대법원은 “일정한 증거가 발견되면 피의사가 자백하겠다고 한 약속이 검사의 강요나 위계에 의하여 이루어졌다든가 불기소나 경한 죄의 소추 등 이익과 교환조건으로 된 것으로 인정되지 않는다면 위와 같은 자백의 약속 하에 된 자백이라 하여 곧 임의성 없는 자백이라고 단정할 수는 없다.”라고 판시하면서,[39] ‘불기소나 경한 죄의 소추 등 이익과 교환조건’으로 획득한 자백은 배제되어야 한다는 입장을 간접적으로 취한 바 있다.

③ **형사소송법 제309조는 정형적인 자백배제사유뿐만 아니라, 후단에서 ‘기타의 방법으로 임의로 진술한 것이 아니라고 의심할 만한 이유가 있을 때’에도 자백의 증거능력을 부정하고 있어 자백배제법칙의 적용범위를 확대할 수 있는 비정형적인 자백배제사유도 규정하고 있다.** 판례에 의하면 검찰에서 30시간 동안 잠을 재우지 않은 상태에서 받은 피고인의 자백의 증거능력을 부정하였다.[40] 그 밖에 유도신문만으로는 강제라고 하기 어렵지만, 구체적 상황에 따라 임의성에 영향을 미칠 수도 있으며, 집요한 신문과 장시간의 계속적인 조사 등도 그 정도와 태양 및 다른 사정과 종합하여 자백의 증거능력 유무를 판단해야 할 것이다.

3. 자백배제법칙의 입증 문제 등

1) 인과관계 요부

고문·폭행·협박, 신체구속의 부당한 장기화 등 임의성에 영향을 미치는 사유와 피고인의 (임의성 없는) 자백 사이에 인과관계를 요하는가에 대하여는 견해의 대립이 있지만, 대법원은 “…임의성이 없다고 의심할 만한 이유가 있는 자백은 그 인과관계의 존재가 추정되는 것이므로 이를 유죄의 증거로 하려면 적극적으로 그 인과관계가 존재하지 아니하는 것이 인정되어야 할 것…”이라고 하여 인과관계의 존재를 요하고 있지만, 이는 추정되는 것이라고 보고 있다.[41]

39) 大判 1983. 9. 13. 83도712.

40) 大判 1997. 6. 27. 95도1964; 독일 판례는 30시간 동안 잠잘 기회를 주지 않고 신문을 계속하여 얻은 자백의 증거능력을 부정하였다. 미국도 잠을 재우지 않고 2일 동안 계속 신문한 끝에 얻은 자백의 증거능력을 부정한 바 있다.

41) 大判 1984. 4. 27. 84도2252; 大判 1985. 2. 8. 84도2630.

2) 임의성의 거증책임과 입증

최근 대법원은 “임의성에 다툼이 있는 경우에는 그 임의성을 의심할 만한 합리적이고 구체적인 사실을 피고인이 입증할 것이 아니라, 검사가 임의성의 의문점을 해소하여 입증하여야 한다.”고 판시하였다.[42] 이로 인하여 피고인이 자백의 임의성을 다투는 경우에는 임의성에 영향을 미치는 사유의 부존재를 곧바로 검사로 하여금 입증하도록 함으로써 검사에게 정면으로 거증책임을 지우는 쪽으로 선회하였다. 이러한 태도 변화는 피고인에게 입증부담을 크게 덜어준 것으로 볼 수 있다.[43]

임의성에 대한 입증과 관련하여 대법원은 “피고인이 진술의 임의성을 다투는 경우 법원은 적당하다고 인정하는 방법에 의하여 조사한 결과 그 임의성에 관하여 심증을 얻게 되면 이를 증거로 할 수 있다.”거나,[44] “자백의 임의성은 조서의 형식내용, 진술자의 신분, 사회적 지위, 학력, 지능 정도, 기타 여러 사정을 종합하여 자유롭게 판단할 수 있다.”고 판시하여,[45] 자유로운 증명설의 입장을 취하고 있다.

4. 자백배제법칙의 효과

1) 증거능력의 절대적 배제

임의성을 의심할 만한 이유가 있는 자백은 증거능력이 없다(헌법 제12조 제7항 전단; 형사소송법 제309조). 임의성 없는 자백의 증거능력에 대한 제한은 절대적이므로 이를 피고인의 부인진술에 대한 증명력 감쇄의 탄핵증거가 되지 못하는 것은 물론이고, 피고인이 동의하더라도 증거능력을 가지지 못한다고 해야 한다. 여기서 만약 법원이 이러한 자백을 근거로 유죄판결을 내리게 되면 이는 헌법 제12조 제7항 및 형사소송법 제309조, 그리고 경우에 따라서는 형사소송법 제307조에 저촉되어 법령위반으로서 항소이유(형사소송법 제361조의5 제1호) 및 상고이유(동법 제383조 제1호)에 해당할 수 있다.[46]

---

42) 大判 1998. 4. 10. 97도3234; 大判 2000. 1. 21. 99도4940; 大判 2006. 11. 23. 2004도7900.
43) 申東雲, 앞의 책, 1273쪽; 申梨澈, 앞의 책, 103쪽
44) 大判 1984. 3. 13. 83도3228; 大判 1986. 11. 25. 83도1718.
45) 大判 1986. 9. 9. 86도1187; 大判 1999. 10. 22. 99도3273; 大判 2001. 4. 27. 99도484.
46) 裵鍾大·李相暾·鄭承煥·李珠元, 앞의 책, 608쪽; 盧明善·李完圭, 앞의 책, 525쪽; 申東雲, 앞의 책,

2) 파생증거의 증거능력

임의성 없는 자백에 의하여 수집된 증거의 증거능력

피고인을 고문하여 얻은 자백으로부터 사체나 범행흉기의 소재를 파악하고 이를 발굴한 경우 그 사체나 흉기의 증거능력을 부정할 것인가 하는 문제로서 이른바 '독수의 과실이론'을 인정할 수 있는지가 문제되는데, 종래 판례 중에는 압수된 망치, 국방색 작업복과 야전잠바 등은 피고인의 증거능력 없는 자백에 의하여 획득된 것으로 증거능력이 없다고 하였다.[47]

판례는 '수사기관의 위법수사를 억제하는 가장 효과적인 대응책은 제1차 증거뿐만 아니라, 제2차 증거도 증거에서 배제하는 것'이라고 판시하여 독수의 과실이론을 명시적으로 채택하면서도, "적법절차의 실질적 내용을 침해하지 않고 증거능력을 배제하면 오히려 형사사법정의에 반하는 예외적인 경우에는 유죄의 증거로 사용할 수 있다."고 하여 예외의 가능성을 인정하고 있다.[48] 그리고 제2차 증거의 증거능력 판단에는 "제1차 증거 수집과 제2차 증거 수집 사이의 인과관계의 희석 또는 단절 여부를 중심으로 제2차 증거 수집과 관련된 모든 사정을 전체적·종합적으로 고려한다."고 하여,[49] 제2차적 증거에만 사용하는 추가적인 판단기준을 제시하고 있다.

Ⅳ. 위법수집증거의 배제원칙

1. 자백배제원칙과의 관계

위법수집증거의 배제를 천명하고 있는 형사소송법 제308조의2는 압수물인 유체

1184쪽; 申梨澈, 앞의 책, 106쪽 이하.

47) 大判 1977. 4. 26. 77도210.

48) 이 기준은 1차적 증거뿐만 아니라, 2차적 증거에도 공통적으로 사용될 수 있는데, 예컨대 진술거부권 고지규정은 실질적으로 진술강요를 방지하기 위한 규정이므로 비록 진술거부권을 고지하지 않았더라도 범행을 뉘우치면서 자발적으로 범행 전모를 자백한 경우라면 진술거부권의 실질적 내용을 침해하지 않았다고 볼 수 있다. 그리고 이를 토대로 범행도구를 찾아낸 경우 독수의 과실에 대한 예외로서 증거능력이 있다는 결론이 가능하게 된다.

49) 大判 2007. 11. 15. 2007도3061.

물의 증거능력을 부정하는 데에 그치지 않는다. 동조의 적용대상은 '적법한 절차에 따르지 아니하고 수집한 증거'임을 명시하고 있어서, 증거의 대상이 되는 모든 압수물, 따라서 유체물뿐만 아니라 진술증거도 포함될 수 있다. 그런데 진술증거 중에서 피고인의 자백은 헌법상 특별한 지위를 갖고 있다.[50] 즉 헌법은 '고문 등에 의한 방법에 의하여 자의로 진술된 것이 아니라고 인정되는 자백에 대해 유죄의 증거로 삼을 수 없음을' 천명하고 있다. 이런 헌법규정을 구체화하기 위해 형사소송법 제309조는 자백배제법칙을 규정하고 있다. 이 자백배제법칙에 의하여 증거능력이 배제되는 것은 오직 '자백' 자체이다.

여기서 형사소송법 제308조의2의 위법수집증거배제법칙과 동법 제309조의 자백배제법칙 사이에 적용상 서열관계의 문제가 제기될 수 있다.[51] 그러나 자백배제법칙은 헌법적 차원에서 인정된 증거법칙이고, 위법수집증거배제법칙은 형사소송법 차원에서 인정된 원칙이라는 점에서 자백배제법칙은 위법수집증거배제법칙에 대해 특별관계적 위치에 있다고 할 것이다.[52] 그러므로 임의성이 담보되지 아니하는 증서가 '자백' 자체에만 관계되는 한, 일차적으로 형사소송법 제309조에 의해 증거능력이 배제되어야 할 것이다.

2. 내 용

그러므로 피고인의 자백이 비록 임의성이 담보되었다고 하더라도 그것이 적법절차를 따르지 아니하고 취득한 것이라면 형사소송법 제308조의2에 근거한 위법수집증거의 배제법칙이 적용된다. 대법원은 이미 1992년도에 적법절차에 반하여 취득한 증거의 위법수집증거배제원칙을 명시한 2007년 개정형사소송법과 유사한 입장을 취하였다. 즉 "형사소송법 제200조 제2항은 검사 또는 사법경찰관이 출석한 피의자의 진술을 들을 때에는 미리 피의자에 대하여 진술을 거부할 수 있음을 알려야 한

50) 申東雲, 앞의 책, 1229쪽.

51) 刑事訴訟法 제308조의2(위법증거배제법칙) 명문의 규정을 갖추게 된 시점에서 같은 법 제309조에서의 임의성의 의미를 새롭게 해석해야 한다는 입장으로는 金赫暾, "自白排除法則에서의 任意性의 意味와 展望", 『法學論考』 제45집, 慶北大學校 法學研究院, 2014. 2, 369~388쪽.

52) 같은 입장으로 申東雲, 앞의 책, 1230쪽 참조.

다고 규정하고 있는바, 이러한 피의자의 진술거부권은 헌법이 보장하는 형사상 자기에 불리한 진술을 강요당하지 않는 自己不罪拒否의 권리에 터 잡은 것이므로 수사기관이 피의자를 신문함에 있어서 피의자에게 미리 진술거부권을 고지하지 않은 때에는 그 피의자의 진술은 위법하게 수집된 증거로서 진술의 임의성이 인정되는 경우라도 증거능력이 부인되어야 한다."[53]고 판시하였다.

따라서 피의자의 자백이 임의성을 가진다고 하더라도 그것이 적법절차에 위배하여 취득한 것이라면 증거능력이 없게 됨은 헌법정신에 근거한 판례를 통하여 이미 확립된 원칙이며, 이를 개정형사소송법에서 명시화하였을 뿐이다. 다만 현실에서는 임의성이 담보되는 자백에 대해 적법절차의 위배를 문제삼아 증거능력을 부정하는 경우의 대부분은 자백 자체가 아니라 자백을 기재한 증거서류에 관한 것이다.

1) 자백조서 등의 증거능력 문제

① 자백 자체가 아닌, 자백을 기재한 매체로서의 증거서류에 대해서는 위법수집증거법칙이 적용될 수 있다. 예컨대 적법절차에 위배된 것으로 판명된 불법체포에 의한 피의자 신문조서의 경우 그 신문조서는 형사소송법 제308조의2가 적용되는 것이 마땅하다.

② 형사소송법 제312조는 수사기관 면전의 조서와 관련하여 '적법한 절차와 방식'을 증거능력의 요건으로 삼고 있다. 그러므로 수사기관 면전에서 한 자백이 조서작성 과정의 절차적 위반으로 취득한 것이라면 형사소송법 제312조에 의해서도 증거배제를 할 수 있다. 그럼에도 대법원은 수사기관이 피의자를 신문할 때 미리 진술거부권을 고지하지 아니한 채 작성한 피의자신문조서에 대해 제312조를 적용하지 않고, 위법수집증거배제규정인 제308조의2를 적용하여 증거능력을 부인하고 있다.[54]

2) 참고인 진술의 증거능력

헌법상 지위를 인정받는 자백배제법칙이 우선시되는 상황에서 위법수집증거배제

53) 대판 1992. 6. 23. 92도682.
54) 大判 2009. 8. 20. 2008도8213.

법칙은 피고인 아닌 자의 진술에 대해 중요한 의미를 갖는다. 예컨대 피고인 측의 증인접근권을 부당하게 제한하여 취득한 증인의 증언은 위법수집증거배제법칙에 의하여 증거능력이 배제될 수 있기 때문이다.

이와 관련하여 헌법재판소는 "오늘날의 재판절차는 그 과정에서 상대방에게 예기치 못한 타격을 가하는 일이 없도록 하는 것을 중요한 목표 중의 하나로 하고 있다고 할 것인데, 만약 증인의 증언 전에 일방 당사자만이 그와의 접촉을 독점하고 상대방의 접촉을 제한함으로써, 그 증인이 어떠한 내용의 증언을 할 것인지를 알지 못하여 그에 대한 방어를 준비할 수 없도록 한다면, 결국 그 당사자로 하여금 상대방이 가하는 예기치 못한 타격에 그대로 노출될 수밖에 없는 위험을 감수하라는 것이 되어, 헌법 제12조 제1항 후문이 규정하고 있는 '적법절차의 원칙'에도 반한다."라고 결정한 바 있다.[55)]

대법원 판례도 변호인과의 접견교통이 위법하게 제한된 상태에서 얻어진 피의자 자백의 증거능력을 부인하여 유죄의 증거능력에서 배재하여야 한다는 입장을 취하고 있다.[56)]

V. 자백의 보강법칙(형사소송법 제310조)

1. 보강법칙의 의의

자백은 범죄현장을 직접적으로 체험한 자의 진술이자, 자기에게 불리한 사실의 인정이란 점에서 진실한 경우가 많기 때문에 유죄판단의 강력한 증명자료가 되고 있다. 그러나 객관적 증거도 없이 자백만으로 범죄사실을 인정하는 것은 한편으로 자백편중의 수사관행을 조장하여 인권침해의 비난을 가져올 수 있으며, 다른 한편으로는 허위자백으로 인해 오판의 위험성을 증대시키게 된다.[57)] 이에 따라 유죄인정의 자료로 자백의 사용에 대한 신중을 기하기 위해서 자백의 보강법칙을 채택하

55) 憲裁決 2001. 8. 30. 99헌마496.
56) 大判 1990. 9. 25. 90노1586; 大判 1990. 8. 24. 90도1285; 大判 2003. 9. 26. 2001도2209.
57) 이에 관해 자세한 것은 申東雲, 앞의 책, 1294쪽.

고 있다. 즉 헌법 제12조 제7항 후단에는 "피고인의 자백이 그에게 불리한 유일한 증거일 때에는 이를 유죄의 증거로 삼거나 이를 이유로 처벌할 수 없다."고 명시하고 있으며, 형사소송법 제310조는 다시금 반복적으로 명시하고 있다.

이는 법관이 해당 피고인의 유죄가 입증되었다고 확신하더라도, 그 확신이 피고인에게 불리한 자백에 의한 증거가 유일하고 다른 객관적 보강증거가 없으면, 그 자백은 비록 임의성이 담보되고 적법절차에 의해 취득된 것이라 하여도 유죄의 근거나 처벌의 근거로 사용할 수 없음을 뜻한다.[58] 헌법과 형사소송법에 천명된 자백의 보강법칙은 자백의 강요를 예방하여 형사절차에서 반인권적 수사를 금지하고자 하는데 가장 큰 의의가 있는 것이다.

2. 보강법칙의 필요성

1) 허위자백의 배제

수사과정에서 수사관에 의하여 범죄사실과 관련성에 대하여 다른 사건의 발각을 모면하기 위하여 허위로 범죄사실을 자백하는 경우가 있는가 하면,[59] 반대로 수사관의 호의에 적극적으로 응하기 위하여 허위로 범죄사실을 자백하는 경우도 있을 수 있다. 또는 곧바로 석방되거나 자신에 대한 수사가 종결될 것으로 생각하여 자백하거나, 무죄를 변명하더라도 소용이 없다고 체념한 상태에서 자백에 이르는 경우도 가능하며, 그 밖에 피의자 등의 기억이 불확실하거나 신문과정에서 수사관의 표현이 부적절한 경우 등 다양한 원인으로 인하여 허위자백이 일어날 위험성은 여전히 남아 있다.[60]

자백보강법칙은 이와 같이 허위가 개입할 여지가 적지 않는 자백에 대하여 보강증거를 요구함으로써 실체적 진실에 대한 검토를 강화하고, 이를 통해 오판을 방지하려는 데에 주된 목적이 있다.

---

58) 判例도 같은 立場이다. 대판 2007. 11. 29. 2007도7835 참조.

59) 共犯者에 의한 自白의 心理的 特質로서 指摘되는 것은 基本的으로 自己防禦本能 때문에 責任을 轉嫁하기 위한 허위진술의 위험성이 많다.

60) Ulrich Eisenberg, Beweisrecht der StPO, 5. Aufl., 2006, Rn.731f; 村瀬均, "自白の信用性の評價", 刑事訴訟法の爭點 第3版, 有斐閣, 2002, 174頁.

2) 자백편중의 수사 통제

자백보강증거를 요구하는 것은 수사기관의 강압적 수사관행을 방지하고, 과학수사를 촉진시키는 데 기여한다. 이를 통해 형사절차에서 자백의 편중으로 야기될 수 있는 인권침해의 폐단을 막아보자는 데에도 그 취지가 있는 것이다.

Ⅵ. 결 론

헌법 제103조는 "법관은 헌법과 법률에 의하여 그 양심에 따라 독립하여 심판한다."고 천명하고 있다. 법관이 법률과 양심에 따라 재판을 진행하더라도 유죄를 인정하기 위해서는 증거주의에 입각해야 하고(형사소송법 제307조), 증거의 증명력은 법관의 자유판단에 따른다는 증거주의와 자유심증주의는 형사소송법의 기본원칙이다. 이런 점에서 자백은 유죄판결을 위한 확실한 증거에 해당될 수 있기에 종래에는 자백을 '증거의 왕'으로 간주하여 자백강요를 위한 고문이 오랫동안 허용되거나 묵인되어 왔었다.

그러나 앞에서 살펴본 바와 같이 오늘날 자백은 더 이상 증거의 왕일 수 없게 되었다. 헌법과 형사소송법에 의해서 자백의 증거능력이 다양한 방식으로 통제되고 있음을 볼 수 있기 때문이다. 그렇다고 하더라도 자백은 다른 증거에 비하면 독특한 존재로 취급되고 있다. 피의자나 피고인의 자백은 당해 사건의 수사 및 재판절차에서 현실적으로 차지하는 지위나 역할에 있어서 적지 않게 중요하기 때문이다. 즉 형사소송법상 피고인의 자백은 유죄의 증거로 사용될 수 있으며, 공소범죄사실을 인정할 수 있는 직접증거이기도 한다. 또한 자백은 진술증거에 해당되고, 원경험자인 피고인이 공판정에서 진술한 경우 원본증거가 된다.[61] 따라서 자백을 얻기 위해서 수사기관은 피의자나 피고인에 대하여 온갖 수단을 이용하여 억압적이면서 비인간적인 수사기법을 사용하려는 유혹에 빠지기 쉽다. 이로 인해 피고인 등의 인권침해를 초래할 위험성이 매우 클 수밖에 없다.

그러므로 범죄사실을 인정하기 위한 증거는 가변적인 진술(자백)에 의존하기보다

61) 과거 糾問主義 아래에서 증거법정주의는 자백을 증거의 왕으로 맹신하여 절대적 증명력을 인정하였지만, 오늘날과 같은 彈劾主義 아래에서는 자백도 증명을 요하게 되었다.

는 물적 증거와 아울러 과학수사가 이루어지는 것이 바람직하다. 그러나 때로는 이러한 것만으로 사실관계가 확정되기 어렵기 때문에 수사기관은 실체진실을 발견하기 위해 진술증거를 획득하는 과정에서 자백에 대한 기대가 클 수밖에 없고, 법원 또한 신속한 형사절차를 진행할 수 있다는 효율성으로 인하여 전통적으로 자백을 선호해 왔다.

여기서 자백이 진실한 자백이라면 '증거의 왕'이 될 수 있겠지만, 만약 수사기관 등의 강요 등에 의한 허위자백이 있는 경우라면 '증거의 마왕'이 될 수도 있다. 자백이 현실에서 어떠한 원인에서 야기되든 그 자백은 진실과 다를 위험성을 언제나 내포하고 있기 때문이다. 이러한 허위자백은 사실관계에 대해 실체적 진실과 동떨어질 수 있게 하고 허위자백의 야기는 인권침해를 발생하게 하는 구조가 된다.

이 때문에 형사소송법 제309조는 자백의 임의성이 의심할 만한 사유만 있어도 증거능력을 배제하며, 임의성에 다툼이 있으면 피고인이 아닌, 검사가 그 임의성에 대한 의문점을 해소하는 입증을 하도록 하고 있음은 물론, 여기서 입증의 정도도 합리적 의심 없는 증명 또는 확신의 정도를 요구하고 있다. 그리고 설령 임의성이 없는 허위자백에 대해 피고인이 증거동의를 하더라도 증거능력을 회복할 수 없도록 하고 있음은 물론 탄핵증거로조차도 사용할 수 없도록 하고 있다.

한편, 자백의 임의성이 확실하여 증거능력이 부여된다고 하더라도 자백의 진실성과 신빙성까지 당연히 인정되는 것은 아니다. 판례는 자백의 증명력이 있다고 하기 위해서는 "그 자백의 진술내용 자체가 객관적 합리성을 띠고 있는지," "그 자백의 동기나 이유 및 자백에 이르게 된 경우가 어떠한지," "자백 이외의 정황증거 중에서 자백과 저촉되거나 모순되는 것이 없는가." 하는 점을 합리적으로 따져 보아야 한다는 입장이다.[62] 이러한 자백의 신빙성 요건은 명시적으로 법률적 근거를 둔 것은 아니지만, 대법원은 자백의 증명력 판단을 엄격히 하기 위하여 법관으로 하여금 자백의 신빙성 판단에 보다 신중하고 면밀하게 검토할 것을 요구하고 있다.

더 나아가 피고인이 임의로 한 자백이 증거능력이 있고, 신빙성이 있는 자백에 의하여 법관이 유죄의 심증을 얻었다 할지라도 보강증거가 없으면 여전히 유죄로 인정할 수 없다는 이른바 '자백의 보강법칙'을 헌법과 형사소송법에 규정함으로써 자

62) 大判 1983. 9. 13. 83도712; 大判 1986. 8. 19. 86도1075; 大判 2007. 9. 6. 2007도4959.

유심증주의의 예외를 만들어 허위자백을 방지하기 위한 이중삼중의 철저한 통제장치를 마련하고 있다. 즉 형사소송법은 ① 임의성이 결여된 자백의 증거능력을 절대적으로 배제시키고, ② 임의성이 있더라도 자백의 신빙성을 확신할 수 있어야 하며, ③ 이러한 두 가지 요건을 갖추고 있더라도 적법절차에 위배하여 취득한 자백 역시 증거능력을 부정하며, ④ 자백의 임의성과 신빙성이 담보되고 적법절차에 근거하여 취득한 것이라도 법관이 그 자백이 피고인에게 불이익한 유일의 증거일 경우에는 이를 유죄의 근거로 삼지 못하도록 하고 있다.

제18장

형사사건에 대한 사법구조제도

Ⅰ. 서 론

우리나라에서는 한 때 '돈이 있으면 무죄이지만, 돈이 없으면 유죄'(有錢無罪 無錢有罪)라는 말이 유행한 적이 있다. 이것이 의미하는 바는 범죄를 저지른 자가 자신의 경제력에 따라 능력 있는 변호사를 선임할 수 있으면, 훨씬 유리한 재판의 결과를 이끌어 낼 수 있는 현실을 풍자한 것이었다. 그런데 오늘날 이러한 현상이 완전히 극복되었다고 보기는 어렵다. 왜냐하면 법관이나 검찰의 직에 근무하다가 퇴임한 경력의 변호사는 예전의 직장동료로부터 이른바 전관예우(前官禮遇)의 혜택을 사실상 누리고 있어, 이들을 법률대리인으로 선임할 수 있는 경제적 능력을 가진 자는 자신의 소송에서 그만큼 유리해질 수 있기 때문이다. 바로 이와 같은 문제를 해결하기 위하여 오늘날 한국에서도 법률구조제도[1]에 관한 관심은 매우 높다.

특히 형사사법은 무엇이 범죄이며, 누가 그런 범죄를 범하였고, 그래서 어느 정도 처벌되어야 하는 지를 다투는 국가작용이다. 그런데 이런 모든 것의 기준제시와 평가 작업은 신이 아닌 인간에 의해 이루어지며, 따라서 누가 어떤 범죄로 어떤 형벌을 받을 것인가의 판단에서 인간적 실수와 사회경제적 영향이 언제나 뒤따르게 된다. 게다가 법률의 존재근거는 자력구제의 대안으로 나타난 것이고, 특히 형벌은 복

1) 본 논문은 다음 3인의 논문을 많이 참고하였다. 양정자, "한국의 법률구조제도", 법률구조의 현황과 발전방향, 대한가정법률복지상담원, 2010, 181쪽 이하; 성낙인, "법률복지국가실현을 위한 공단의 역할과 과제", 공법연구 제38집 제3호, 75쪽 이하; 정종섭, "법률복지서비스의 미래 전망 및 정책방향 고찰", 대한법률공단창립 25주년 기념 심포지엄 Ⅲ, 1쪽 이하 참조.

수(復讐)의 대안이란 점에서 사적(私的)인 복수와는 부과내용의 정당성과 절차의 합법성의 유무로 차별성을 가져야 한다. 왜냐하면 형벌 내용이 자의적이고, 부과절차의 적법성이 준수되지 않는다면, 복수와 다를 것이 없기 때문이다. 그러므로 실질적 법치국가의 실현을 목적으로 하는 현대국가는 형사법상 책임주의의 실현과 적법절차 원칙의 준수 및 범죄피해자 보호에 만전을 기해야 한다. 그래서 범법행위가 발생하면, 국가는 범법자에 대해 복수의 방식이 아닌, 책임주의와 적법절차 등 형사사법의 근본원칙에 따라 수사와 재판을 운용하여, 정당한 처벌만이 부과될 수 있도록 해야 할 뿐만 아니라, 범죄피해자에게도 정당한 보상이 이루어지도록 해야 한다.[2)]

범법자를 처리하는 사법기관은 법률전문가이자 막강한 공권력을 배경으로 삼고 있음에 반해, 형사피의자나 피고인은 법에 있어서 문외한이 대부분이다. 양자의 법적 소양과 경제력이 출발선에서부터 다르기 때문에 형사사법의 수월한 접근과 이용의 평등한 실현이 요구된다. 이를 위해 형사피의자나 피고인에 대해서는 특별한 배려, 즉 김칠에 비금갈 수준의 법률구조가 요구되며, 이러한 요구의 이행은 곧 현대 법치국가의 책무인 것이다.

Ⅱ. 사법구조제도 연혁

한국에서 법률구조사업은 민간단체로서 한국가정법률상담소와 서울변호사회의 활동으로 비롯되었다고 말할 수 있다.[3)] 1956년 설립된 한국가정법률상담소는 사회적 약자인 소외계층을 위한 법률상담뿐만 아니라 이들을 위한 소송구조와 법률개혁 활동을 전개하여 왔는데, 민간단체인 이 기관에 의한 사법구조는 모범적 사례라고 할 수 있다.[4)] 그리고 1962년부터 서울변호사회가 소외계층 등을 위한 법률상담을 벌여왔고, 이에 자극받은 각 지방변호사회도 1978년 이후로 법률상담과 법률구조사업을 시행하여 왔다.[5)] 그 밖에 한국인권옹호협회, 한국사형폐지협의회, 가정폭력상

2) 허일태, 형법연구 Ⅵ, 동아대학교 출판부, 2012, 478쪽 이하 참조.
3) 김철수, "한국의 법률구조제도", 대한법률구조공단 창설 5주년 기념강연회 「법률구조제도의 발전 방향」, 대한법률구조공단, 1992. 11, 3쪽.
4) 위의 논문, 3쪽.
5) 김준수, "변호사단체의 법률구조현황", 대한변호사회지, 1980. 8, 10~15쪽

담소, 성폭력상담소, 여성인권시원센터, 성매매피해여성지원센터 등 수많은 비영리 민간단체(NPO)들이 법률상담을 맡아서 처리하여 왔다.

그러나 이러한 사적(私的) 법률구조 활동은 특히 재정적 한계와 전문인력의 부족 등 열악한 사정 등으로 인하여 사법구조를 필요로 하는 모든 국민을 대상으로 전반적이고 실질적인 도움을 주지는 못하고 있다. 게다가 1970년대부터 급속한 경제발전을 경험하면서, 이와 함께 농촌으로부터 도시로의 대대적인 인구이동이 일어나 갖가지 법률적 분쟁이 확산되었다. 이러한 결과는 법률서비스에 대한 국민적 요청을 가중하는 원인이 되었고, 이러한 요청에 부응하기 위해 정부 차원의 제도적인 장치 마련이 불가피해졌다.

이에 따라 법무부는 세계인권선언을 비롯하여 헌법상 기본적 인권존중의 정신 구현과 법률복지의 증진을 목적으로 1972년 7월 '재단법인 대한법률구조협회'(이하 '법률구조협회')를 정부출연금으로 설립하였다. 법무부 차관이 협회장을 겸직하고, 법무부에 협회 본부를 두며, 각 지방검찰청 및 지청에 지부 및 출장소를 설치하였다.

그러나 검찰이 주도하였던 법률구조협회는 갖가지 문제점이 노출되었다. 무엇보다 ① 검찰이 사법구조업무들 담당함으로써 형사사건의 처리에 익숙한 검찰의 성격상 민사와 형사사건의 개념을 혼동하여 사무를 처리한 경우가 적지 않고, ② 수사와 공소제기 및 유지를 담당하고 있는 검찰 본연의 업무이행에 대한 지장을 적지 않게 초래하며, ③ 관주도의 법률구조 업무수행은 정부나 권력기관의 영향 때문에 사법구조업무처리에 공정성을 훼손할 우려가 있음이 지적되었다.[6)]

이러한 문제점을 개선하고 더욱 효과적인 법률구조활동을 실현하기 위해 1986년 12월 '법률구조법'이 제정·공포되어 법률구조의 입법화가 이루어졌다. 이와 함께 종래의 법률구조협회는 1987년 9월 법률구조법에 의해 성립된 '대한법률구조공단'(이하 '법률구조공단')으로 흡수·통합되었다.

---

6) 양정자, 앞의 논문, 6쪽.

Ⅲ. 형사사건에 관한 법률구조 현황

1. 법률구조의 개념과 법적 근거

'법률구조'라는 용어는 1972년 대한법률구조협회가 창설된 이래 사용되어 왔다. 그러나 법률용어로 처음 등장하게 된 것은 1982년 12월 변호사법이 전면 개정되면서 동법 제63조와 제67조에 '법률구조사업' 및 '법률구조기구'라는 용어가 사용되면서 부터이다.[7]

이후 법무부 주도로 1986년 12월 법률 제3862호로 '법률구조법'이 제정되었는데, 동법 제1조에 의하면, "이 법은 경제적으로 어렵거나 법을 몰라서 법의 보호를 충분히 받지 못하는 자에게 법률구조를 함으로써 기본적 인권을 옹호하고 나아가 법률복지를 증진하는 데에 이바지함을 목적으로 한다."고 천명하고 있다. 여기서 법률구조란 "제1조의 목적을 달성하기 위하여 법률상담, 변호사나 「공익법무관에 관한 법률」에서 정한 공익법무관(이하 '공익법무관'이라 한다)에 의한 소송대리, 그 밖에 법률사무에 관한 모든 지원을 말한다."고 정의하고 있다(동법 제2조).

이에 따라 법률구조법상 법률구조란 재판의 관계 여부에 불문하고, 각종 소송상의 구조, 소송대리, 소송수행상의 각종 구조 내지 원조(援助)는 물론이고, 그 밖에도 소송 외의 활동, 예컨대 법률상담, 상대방과의 절충, 화해, 법률서류 작성까지도 포함한 것으로 이해되고 있으며,[8] 또한 이해되어야 한다. 왜냐하면 법률구조는 모든 국민의 실질적인 자유와 법적 평등을 확보하기 위한 국가의 책무이자, 국민복지권의 하나로서 이해되어야 하며, 만일 학식이나 재력의 차이에 의해 재판 접근권이나 자신의 권리보장이 결정적으로 영향을 받게 된다면, 이는 국민의 실질적 평등을 본질적으로 침해하는 셈이 되기 때문이다.[9]

이러한 점에서 헌법의 기본권 보장규정 역시 법률구조제도의 이념적 기초가 된다. 이 가운데 중요한 몇 가지를 살펴보면, 인간의 존엄과 가치 보장을 위한 국가의

7) 안동일, "법률구조입법의 기본방향", 저스티스 19권(1986. 11), 한국법학원, 7쪽 이하.
8) 양정자, 앞의 논문, 4쪽 참조.
9) 허영, 헌법이론과 헌법(제5판), 박영사, 2000, 283쪽 이하 참조.

책무(세10조), 법 앞의 평등(제11조), 적법절차의 보장과 변호인의 조력을 받을 권리와 선임권(제12조 제항), 재판청구권(제27조), 형사보상청구권(제28조), 범죄행위로 인한 피해에 대해 국가구조를 받을 수 있는 권리(제30조), 국가의 사회보장·사회복지증진의무(제34조) 등이다.

그 밖에도 민사소송법상 소송구조제도(제128조 이하), 형사소송법상 국선변호제도(제33조), 소액사건 심판제도, 범죄피해자구제제도, 헌법소원, 형사보상제도, 조정제도 등이 있다.

이러한 점에서 법률구조제도의 주된 목적은 모든 국민이 효과적으로 자신의 권리를 주장하고, 법적 절차에 주체적으로 참여할 수 있도록 하려는 데에 있는 것이며, 따라서 바로 국민의 이러한 요청에 부응할 수 있도록 국가는 법률구조법에서 폭넓은 사법구조가 가능하도록 지평을 넓힐 필요가 있다.[10)]

2. 형사사법에 관한 법률구조의 관련 제도

한국에서 시행되고 있는 형사 관련 법률구조사업은 크게 나누어 국가기관 등에 의한 경우와 민간단체 등에 의한 경우 및 법률구조법 등 법률에 의한 경우로 구별할 수 있다.

1) 국가기관 등에 의한 법률구조

국가기관 및 그 산하단체에 의한 형사 관련 법률구조사업으로는 국선변호인제도, 범죄피해자구제제도, 형사보상제도, 헌법재판제도와 조정제도 등이 있다.

(1) 국선변호인제도

국선변호인제도(Court-appointed Defense system)가 헌법에 천명된 것은 1962년[11)]

---

10) 양정자, 앞의 논문, 182~183쪽; 송상현, "법률구조사업의 세계적 추세와 한국의 현황", 심당 법학논집 1권, 박영사, 2007, 848쪽 이하.

11) 1962년 헌법 제10조 제4항: 누구든지 체포, 구속을 받는 때에는 즉시 변호인의 조력을 받을 권리를 가진다. 다만 법률이 정하는 경우에 형사피고인이 스스로 변호인을 구할 수 없을 때에는 국가가 변호인을 붙인다.

부터이지만, 국선변호인제도의 법적 근거는 1954년 형사소송법 제정 당시부터 존재하였다. 그리고 현행 헌법 제12조 제4항은 "누구든지 체포 또는 구속을 당한 때에는 즉시 변호인의 조력을 받을 권리를 가진다. 다만 형사피고인이 스스로 변호인을 구할 수 없을 때에는 법률이 정하는 바에 의하여 국가가 변호인을 붙인다."고 규정하고 있고, 동법 제12조 제5항 제1문은 "누구든지 체포 또는 구속의 이유와 변호인의 조력을 받을 수 있음을 고지 받지 아니하고는 체포 또는 구속을 당하지 아니한다."고 명시하고 있다.

이에 부응하기 위해 형사소송법은 국선변호인제도를 두고 있으며, 2007년 6월 개정된 형사소송법은 국선변호인제도의 실질화를 도모하기 위해 피의자에 대한 구속영장 청구단계에서부터 국선변호인 선정을 의무화하는 등 그 적용범위를 확장하였다.[12)]

한국에서 피고인과 구속된 피의자에 대한 국선변호사[13)]로 활동한 인원은 1,000명이 넘는다. 그러나 지역에 따라 약간의 편차가 있는데, 2012년 3월 1일 현재 부산지방법원 산하의 경우 변호사 453명 중에서 132명이 국선변호인으로 활동하고 있다.[14)]

a. 피고인에 대한 국선변호인

형사소송법은 일정한 요건 하에 있는 피고인에 국한하여 필요국선, 청구국선, 재량국선이라는 3가지 유형의 국선변호를 인정하고 있다.[15)]

필요국선이란 형사소송법 제33조 제1항에 근거하여 ① 피고인이 구속된 때, ② 피고인이 미성년자일 때, ③ 피고인이 70세 이상일 때, ④ 피고인이 농아자일 때, ⑤ 피고인이 심신장애의 의심이 있는 때, ⑥ 피고인이 사형, 무기 또는 단기 3년 이상의 징역이나 금고에 해당하는 사건으로 기소된 때에 선임할 수 있다.

청구국선이란 피고인의 청구에 의하여 국선변호인을 선정하는 경우를 말하는데, 법원은 피고인이 빈곤, 그 밖의 사유로 변호인을 선임할 수 없는 경우에 피고인의 청구가 있는 때에는 변호인을 선정하여야 한다(형사소송법 제33조 제2항).

재량국선이란 필요국선의 사유가 없고 피고인의 청구가 없더라도 법원이 재량으

12) 형사사건에서 국선변호인에 관한 자세한 문헌으로는 김충식, 대한법률구조공단의 형사법률구조 - 우리나라 국선변호인을 중심으로-, 부산대학교, 2010.
13) 한국에는 2012년 11월 현재 12,349명의 변호사가 있다.
14) 이 중에서 합의부 사건 담당 국선변호사는 50명이고, 단독사건이 82명이다.
15) 신동운, 간추린 신형사소송법(제3판), 법문사, 2011, 26쪽 이하 참조.

로 국선변호인을 선정할 수 있는 경우를 말한다. 법원은 피고인의 연령·지능 및 교육 정도 등을 참작하여 권리보호를 위하여 필요하다고 인정하는 때에는 피고인의 명시적 의사에 반하지 아니하는 범위 안에서 변호인을 선정하여야 한다(형사소송법 제33조 제3항).

그 밖에도 국선변호인의 선정이 필요한 경우가 있다. 첫째로 공판준비절차 단계에서이다. 형사소송법은 공판기일에서 집중심리가 효율적으로 이루어질 수 있도록 공판준비절차를 강화하고(형사소송법 제266조의5 이하), 법원이 공판준비절차를 위해 공판기일을 지정한 사건에 관하여 변호인이 없는 경우, 법원의 직권으로 변호인을 선정하여야 한다(동법 제266조의8 제4항). 둘째로 재심공판절차로 일정한 요건하의 재심청구사건에서 재심을 청구한 자가 변호인을 선임하지 아니한 때에도 직권으로 변호인을 선정하여야 한다(동법 제488조 제4항). 셋째로 '국민의 참여재판에 관한 법률'에 의하면, 피고인에 대하여 변호인이 없을 경우 법원은 직권으로 변호인을 선정해야 한다.

b. **피의자에 대한 국선변호인**

구속영장이 청구된 피의자에 대해서도 국선변호인제도가 있다. 구속영장이 청구된 피의자를 심문할 때 그에게 변호인이 없는 경우 지방법원 판사는 직권으로 변호

〈최근 10년간 국선변호 사건 수 및 예산〉

연도	국선변호 사건	예산	Dollar
2001	56,643	12,800,000,000원	11백만 Dollar
2002	61,370	12,800,000,000원	11백만 Dollar
2003	84,401	14,800,000,000원	12.5백만 Dollar
2004	89,587	16,200,000,000원	14백만 Dollar
2005	62,169	17,300,000,000원	15백만 Dollar
2006	63,973	35,000,000,000원	30백만 Dollar
2007	80,360	35,000,000,000원	30백만 Dollar
2008	91,883	37,100,000,000원	31백만 Dollar
2009	101,559	33,700,000,000원	30백만 Dollar
2010	103,980	33,500,000,000원	30백만 Dollar

인을 선정해야 하기 때문이다(형사소송법 제201조의2 제8항 제1문).

또한 체포·구속적부심의 경우에도 국선변호인제도가 있다. 왜냐하면 체포·구속된 피의자에게 변호인이 없는 때에는 피고인에 대한 국선변호인 선정을 규정한 형사소송법 제33조가 준용되기 때문이다(동법 제214조의2 제1항).

(2) 헌법재판소의 국선대리

아울러 헌법재판소법 제70조는 헌법소원심판을 청구하는 자가 변호사를 대리인으로 선임할 경제적 여력이 없는 경우 헌법재판소에 국선대리인을 선임하여 줄 것을 신청할 수 있도록 하고 있다. 헌법재판에 국선대리인 선임을 신청할 수 있는 자에는 월평균 수입이 230만원 미만인 자, 국민기초생활보장법에 의한 수급자, '국가유공자 등 예우 및 지원에 관한 법률'에 의한 국가유공자 등이다.[16] 따라서 형사법령이 헌법위반으로 판단되어 구체적인 권리침해를 당한 자라면 가난할지라도 국선변호인을 통한 헌법소원으로 권리구제를 받을 수 있다.

그 밖에도 한국사형폐지협회는 사형선고가 예상되는 피고인을 위하여 사형제 폐지를 위한 헌법소원을 제기하고, 사형제의 위헌성을 확보하기 위해 협회회장인 필자를 비롯하여 다수의 변호인이 완전 무료봉사로서 공동 노력을 경주하여 왔다.

(3) 대한법률구조공단에 의한 법률구조

법률구조법에 의거해 1987년 설립된 공단은 모든 국민을 상대로 무료법률상담과 법률정보를 제공하고 있다. 특히 월평균 수입이 260만원 이하의 국민 등 일정한 대상자에 한하여 무료로 형사사건 등에 관한 변호업무를 대행해 주고 있다.

2011년 한 해 동안 공단에서 처리한 법률상담은 124만 건에 이르며, 소송대리도 13만 건에 달한다.[17]

a. 공단의 조직과 인력

공단은 당초 서울(서초구 서초동)에 본부를 두고, 전국 11개 지방검찰청과 지방검찰청 관할 32개 지청에 대응하여 각각 11개의 지부와 32개 출장소 체제로 출범하였

16) 헌법재판소 국선대리인의 선임 및 보수에 관한 규칙 제4조.

17) http://www.klac.or.kr/content/view.do?code=102&order=noticeGb asc boCode desc&page=2&pagesize=15&gubun=&search_value=&vc=410706.

는데, 2012년 현재 하나의 본부와 그 산하에 18개 지부, 40개의 출장소 및 시·군 법원 소재지에 54개 지소 등 112개의 지방사무소를 둔 전국조직으로 확대되어 있다. 2012년 10월 현재 공단에 소속된 직원은 임원 2명, 변호사 79명, 공익법무관 151명, 전문상담인력 등 617명을 포함하여 총 859명이다.

b. **재 정**

법률구조사업에 소요되는 공단의 재원은 국고보조금, 자체자금, 출연금, 기부금으로 충당된다. 정부나 민간단체가 출연한 무료법률구조 적립금으로 공단의 변호사 보수와 법원에 납부하는 인지대와 송달료 등의 소송실비 모두가 지원되기 때문에, 무료법률구조 대상자는 전액 무료로 소송구조를 받을 수 있다.

〈공단의 최근 5년간 연도별 예산 현황〉 단위: 100만원

연 도	2007	2008	2009	2010	2011
총계	48,319	54,132	58,958	62,885	67,994
국고보조금 (비율)	24,420 (50.5%)	26,039 (48.1%)	25,289 (42.9%)	26,273 (41.8%)	29,720 (43.7%)
자체수입 (비율)	23,899 (49.5%)	28,093 (51.9%)	33,669 (57.1%)	36,612 (58.2%)	38,224 (56.3%)

c. **형사사건 사무**

형사사건에 대한 법률상담과 형사변호를 수행한다. 형사사건의 상담은 면접상담, 132 전화상담, 사이버 상담, 기타 상담 등으로 분류되며, 상담을 받을 자격에는 아무런 제한이 없다.

공단 설립 당시 민사와 가사사건에 한정되어 있던 구조대상사건은 1995년 공익법무관이 공단에 배치되는 등 법률구조인력이 확충되면서 다소 확대되었다. 1996년 6월부터 형사사건 가운데 공판절차에 회부된 사건과 소년부송치사건이 대상사건에 추가되었다. 그리고 1999년 7월부터 형사사건 가운데 국선변호사건과 기소 전(前) 구속사건을 추가하였고, 2000년 7월부터는 헌법소원사건이 추가되었다.

d. **형사사건 구조대상자**

공단 설립 당시 형사사건의 법률구조 대상자는 월평균수입 100만원 이하인 경우

였으나, 2012년 10월 현재, 260만원 이하의 자를 포함한 다음의 도표와 같다.

〈공단의 형사 법률구조 대상자 현황〉[18)]

	형사법률구조
법률구조 대상자	1. 국가유공자 및 유족 2. 독립유공자 및 유가족 3. 5·18 민주유공자 4. 생활보장수급자 5. 아동복지법상 요보호아동 6. 기초노령연금 지급대상자 7. 장애인 8. 한부모가정 9. 농·어업인 10. 어획물운반업종사자 11. 참전유공자 12. 고엽제후유의증환자 13. 특수임무수행자 14 북한이탈주민 15. 월평균 수입 260만원 이하의 국민 16. 영세담배소매인 17. 소년·소녀가장 18. 사회연대은행 수혜자 19. 기타 영세민 20. 의사상자 및 유가족 21. 가족관계미등록자 22. 중·장기복무 제대군인 23. 결혼이민자, 귀화자 24. 가정폭력·성폭력사건 관련 구속피의자 또는 피고인 25. 국선변호사건 ※ 밑줄은 국내 거주 외국인을 포함

e. 법률구조신청사건 처리절차

형사사건의 구조범위는 구속사건, 공판절차에 회부된 사건, 소년부송치 사건, 재심사건이며, 피의자·피고인 본인이나 그 대리인이 공단에 주민등록등본, 형사법률구조 대상자임을 소명할 수 있는 자료 등을 첨부한 신청서를 제출하여 접수하면 지부장 및 출장소장에 의해 조사담당변호사가 지정되고, 조사담당변호사는 신정의뢰

18) 법률구조법 제7조 이하, 법률구조사건처리규칙 제5조의2 참조.

인의 진술을 청취한 후, 입승자료를 수집하는 등 사실조사를 통해 구조대상자 및 대상사건 해당 여부, 승소가능성, 집행가능성, 구조의 실익 및 타당성 등을 조사하게 된다. 사실조사의 결과에 따라 지부장 등의 구조 여부 결정이 이루어지고, 수임변호사가 지정되어 구조가 진행된다.

〈형사사건 처리절차〉

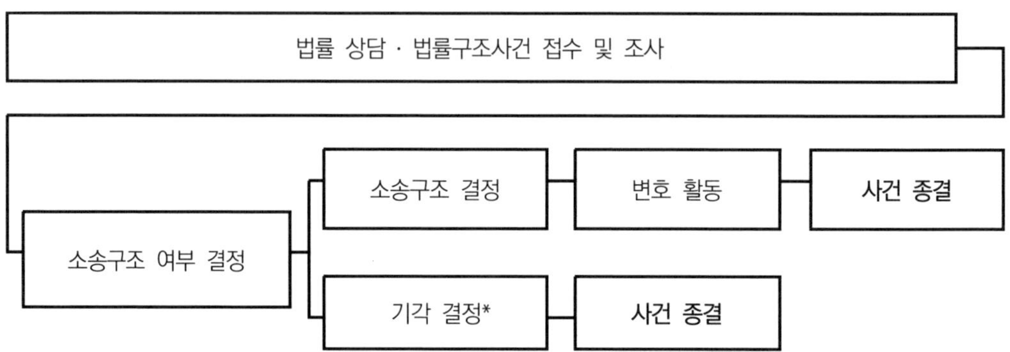

* 기각결정에 이의가 있을 때: 1차에 한하여 통지를 받은 날로부터 7일 이내에 이사장에게 이의신청.

2) 그 밖의 법률구조 관련 제도

형사사건에 관해 형사소송에 의한 구조 이외에 사실상 법률구조의 역할을 하는 제도로서는 범죄피해자구조제도(Criminal victim support system), 형사보상제도 등이 있다.

(1) **범죄피해자구제제도**

헌법 제30조는 범죄로 인한 피해를 구제하는 제도를 두고 있다. 즉 헌법은 타인의 범죄로 인하여 생명, 신체에 대해 피해를 받은 국민은 법률이 정하는 바에 의하여 국가로부터 구조를 받을 수 있다고 규정하고 있다. 이에 근거하여 1987년 11월 '범죄피해자구조법'이 제정·공포되어 1988년 7월부터 시행되고 있다. 그러나 범죄피해자구조법은 2010년 5월 15일 폐지되고, 이를 전면 수정한 '범죄피해자 보호법'이 동일자로 공포·시행되고 있다.

국가가 사적 복수의 대안으로 국가형벌권을 독점하면서 범죄자에 의한 사망이나 상해에 대해 국가는 피해자에게 복수에 버금가는 보상을 해 주어야 할 책무를 부담하게 된다. 이러한 국가의 책무를 실현하기 위하여 정부는 한편으로 범죄피해자보호법을 통하여 범죄피해자를 구조하고, 다른 한편으로 범죄피해자지원센터를 설치하여 피해자 지원을 활성화 하고 있다. 2012년 11월 현재, 전국에 57개의 범죄피해자지원센터가 설치되어 있다.

종래의 범죄피해자구조법은 사람의 생명, 신체를 침해하는 고의범죄행위로 인하여 사망한 자의 유족이나 중한 상해를 당한 자를 구조하기 위하여 "국가는 범죄피해를 받은 자가 가해자의 행방불명 또는 경제적 빈곤의 사유로 인하여 피해자의 전부 혹은 일부를 배상받지 못하고, 그 생계유지가 곤란한 사정 등이 있는 경우에 국한하여 유족에게 범죄피해구조금을 지급한다."고 규정한 바 있다.

그런데 2010년 5월 개정된 범죄피해자 보호법은 종래의 법률에 규정되었던 가해자의 불명 또는 경제적 빈곤의 사유를 삭제하였다.[19] 이를 통하여 개정법률은 구조범위를 더욱 확대함으로써 피해자보호를 두텁게 하고 있다. 게다가 2012년 6월부터 시행되고 있는 개정법률 시행령에 의해 범죄피해자에 대한 구조지급 금액도 종래에 비해 대폭 증가될 것으로 보인다.

즉, 범죄피해자 구조금액은 범죄의 유족범위와 피해자의 상해 정도에 따라 달리 취급된다. 개정된 '범죄피해자보호법 시행령'에 따르면 피해 보상은 종전과 달리 파격적으로 증가하였다. 개정 전에는 범죄로 인한 사망유족금이 최고 3,000만원에 불과하였지만,[20] 개정된 현행 시행령에 따르면 2012년 6월부터 피해자의 유족은 국가로부터 경우에 따라 수억원이 넘는 구조금을 받을 수 있다. 예컨대 최근 매월의 평균수입이 500만원인 피해자가 타인의 고의 범죄로 사망할 경우 그 유족은 1억 8천만원까지 수령할 수 있다.

a. **유족구조금**

유족구조금은 피해자의 사망 당시(신체에 손상을 입고 그로 인하여 사망한 경우

19) 범죄피해자보호법 제16조(구조금의 지급요건) 국가는 구조대상 범죄피해를 받은 사람(이하 "구조피해자"라 한다)이 다음 각 호의 어느 하나에 해당하면 구조피해자 또는 그 유족에게 범죄피해 구조금(이하 "구조금"이라 한다)을 지급한다. 1. 구조피해자가 피해의 전부 또는 일부를 배상받지 못하는 경우, 2. 자기 또는 타인의 형사사건의 수사 또는 재판에서 고소·고발 등 수사단서를 제공하거나 진술, 증언 또는 자료제출을 하다가 구조피해자가 된 경우

20) 2012년 5월까지는 가해자의 고의로 피해자가 중상해나 사망한 경우, 가해자가 자력이 없고 피해자의 직계가족이 1인이면 1,500만원 이하, 3인 이상이면 3,000만원 이하의 범위에서 정부로부터 범죄피해구조금이 지급되었다.

〈최근 범죄피해자 구조금 지급신청 및 처리현황〉

구분 / 연도	신 청		처 리			미제(건)
	건수	금액(천원)	지급결정		부지급결정	
			건수	금액(천원)		
계	**1,055**	**9,851,333**	**633 (60.0%)**	**5,795,533**	**177 (16.8%)**	**245 (23.2%)**
2006	199	1,851,000	117 (58.8%)	1,063,000	33 (16.6%)	49 (24.6%)
2007	260	2,449,000	169 (65.0%)	1,607,000	41 (15.8%)	50 (19.2%)
2008	237	2,225,000	155 (65.4%)	1,411,000	29 (12.2%)	53 (22.4%)
2009	295	3,611,667	205 (69.5%)	2,204,833	46 (15.6%)	44 (14.9%)
2010	343	6,631,934	209 (60.9%)	3,268,041	37 (10.8%)	97 (28.3%)

에는 신체에 손상을 입은 당시를 말한다)의 월급여액이나 매월 실수입액 또는 평균임금에 18개월 이상 36개월 이하의 범위에서 유족의 수와 연령 및 생계유지 상황 등을 고려하여 대통령령으로 정하는 개월 수를 곱한 금액으로 한다.

유족구조금의 산정에서 구조피해자의 월급액이나 매월 실수입액 또는 평균임금(이하 "월급액등"이라 한다)에 곱하는 "대통령령으로 정한 개월 수"란 다음 각 호의 구분에 따른 개월 수에 별표 4의 배수를 곱한 개월 수를 말한다. 다만, 유족구조금액은 평균임금의 36개월분을 초과할 수 없다.

1. 배우자(사실상 혼인관계를 포함한다) 및 구조피해자의 사망 당시 구조피해자의 수입으로 생계를 유지하고 있는 구조피해자의 자녀: 30개월
2. 구조피해자의 사망 당시 구조피해자의 수입으로 생계를 유지하고 있는 구조피해자의 부모, 손자·손녀, 조부모 및 형제자매: 24개월
3. 제1호 및 제2호에 해당하지 아니하는 구조피해자의 자녀, 부모, 손자·손녀, 조부모 및 형제자매: 18개월

b. 장해구조금

장해구조금과 중상해구조금은 피해자가 신체에 손상을 입은 당시의 월급여액이나 월 실질수입액 또는 평균임금에 2개월 이상 36개월 이하의 범위에서 피해자의 장해 또는 중상해의 정도와 부양가족의 수 및 생계유지 상황 등을 고려하여 대통령령으로 정한 개월 수를 곱한 금액으로 한다.

이에 따른 장해구조금의 산정에서 구조피해자의 월급액 등에 곱하는 '대통령령으로 정한 개월 수'란 다음 각 호의 구분에 따른 장해등급별 개월 수에 별표 5의 배수를 곱한 개월 수를 말한다. 다만, 장해구조금액은 최근 3개월 평균임금의 30개월분을 초과할 수 없다. 구체적인 것은 다음 표와 같다.

〈장해구조금액등급표〉

등급	1급	2급	3급	4급	5급	6급	7급	8급	9급	10급
월수	30	27	24	21	18	15	12	9	6	3

(2) 형사조정제도에 의한 범죄피해자 구제제도

형사조정제도는 대검찰청 예규인 '형사조정 실무운용 지침'에 따라 2006년 4월 시범 실시된 이후, 2007년 1월부터 전국 33개 검찰청에 확대 실시되었고, 2007년 8월부터는 전국 모든 검찰청에서 전면 실시하고 있다. 이 제도에 대한 근거규정은 최근 개정된 범죄피해자보호법에 마련되어 있다.21)

이 제도는 차용금, 공사대금 등과 같이 개인 사이 금전거래로 인하여 발생한 사기·횡령·배임 등으로 고소된 재산범죄사건 등의 분쟁에 대해 피해자와 피의자 등 당사자들이 원만하게 화해에 이를 수 있도록 법률전문가와 지역사회 인사들로 구성된 형사조정위원회가 조정을 통하여 사건을 해결하는 절차이다.

21) 동법 제41조 46조. 특히 제41조(형사조정 회부) ① 검사는 피의자와 범죄피해자(이하 "당사자"라 한다) 사이에 형사사건화된 민사적 분쟁을 공정하고 원만하게 해결하여 범죄피해자가 입은 피해를 실질적으로 회복하는 데 필요하다고 인정하면 당사자의 신청 또는 직권으로 수사 중인 형사사건을 형사조정에 회부할 수 있다.

〈형사조정위원회 조정실적〉

구분 / 연도	의뢰건 수	성립	불성립	소환불능	진행 중	성립률(%)
2010	16,671	7,713	6,608	1,074	1,276	50.1

(3) 형사보상제도(Criminal compensation system)

헌법 제28조는 "형사피의자 또는 형사피고인으로 구금되었던 자가 법률이 정하는 불기소처분을 받거나 무죄판결을 받은 때에는 법률이 정하는 바에 의하여 국가에 대해 정당한 보상을 청구할 수 있다."고 천명하고 있다. 이를 근거로 1958년 5월 형사보상법이 제정되었다. 그러나 동법은 2011년 5월 23일 '형사보상 및 명예에 관한 법률'로 전면적으로 개정되었다. '형사보상 및 명예에 관한 법률'에 의하면 형사소송법에 의한 일반절차 또는 재심이나 비상상고절차에서 무죄판결을 받은 자가 미결구금을 당하였을 때에는 동법에 의하여 국가에 대해 그 구금에 관한 보상을 청구할 수 있도록 하고 있다.[22)]

구금에 대한 보상을 할 때에는 그 구금일수에 따라 1일당 보상청구의 원인이 발생한 연도의 '최저임금법'에 따른 일급 최저임금액 이상 대통령령으로 정하는 금액 이하의 비율에 의한 보상금을 지급한다(제5조 보상의 내용). 다만 동법 시행령 제2조에 따르면, 구금에 대한 보상금의 최대한도는 1일당 보상청구의 원인이 발생한 해의 '최저임금법'에 따른 일급 최저임금액의 5배까지로 한다.

그런데 2012년의 최저임금은 시간당 4,580원이며, 하루가 24시간이므로 일급의 최저는 109,180원이고, 최대치는 최저의 5배인 545,980원이 된다. 그리고 사형집행에 대한 보상을 할 경우 그 유족에게 3,000만원의 범위 내에서 지급해야 한다(제5조 제4항).

---

22) 제2조(보상요건) ①「형사소송법」에 따른 일반 절차 또는 재심이나 비상상고 절차에서 무죄재판을 받아 확정된 사건의 피고인이 미결구금을 당하였을 때에는 이 법에 따라 국가에 대하여 그 구금에 대한 보상을 청구할 수 있다.
② 상소권회복에 의한 상소, 재심 또는 비상상고의 절차에서 무죄재판을 받아 확정된 사건의 피고인이 원판결에 의하여 구금되거나 형 집행을 받았을 때에는 구금 또는 형의 집행에 대한 보상을 청구할 수 있다.
③「형사소송법」 제470조 제3항에 따른 구치와 같은 법 제473조부터 제475조까지의 규정에 따른 구속은 제2항을 적용할 때에는 구금 또는 형의 집행으로 본다.

〈형사보상금 지급〉

구분 \ 연도	2005	2006	2007	2008	2009	2010
예산액 (천원)	1,969,848	2,169,848	2,367,112	2,367,112	4,213,780	3,961,348
보상인원 (명)	243	291	259	285	342	5,155
지급금액 (천원)	2,390,000	2,448,000	2,323,000	6,082,103	10,610,675	17,362,009

3. 민간단체와 그 밖의 기관에 의한 법률구조

1) 대한변호사협회

한국 변호사들을 대표하는 대한변호사협회는 1982년 법률구조의 책무를 명시한 변호사법의 개정에 따라 1985년부터 법률구조사업을 시행하여 왔다. 그리고 2003년부터는 대한변호사협회 법률구조재단(이하 '재단'이라 함)을 설립하여 이 재단을 중심으로 법률구조사업을 전개하고 있다. 이 재단의 구조대상은 국민기초생활보장법이 정한 보호대상자, 경제적으로 어려운 자, 고령자나 장애인 등이다. 재단에서 법률구조가 결정되면 신청인을 대신하여 변호사 보수 등 일체의 소송비용을 대단이 지급한다.[23)]

대한변호사협회의 산하에 있는 서울변호사회는 1960년부터 인권상담소를 설치하여 법률구조를 하여 왔으며, 1980년대부터는 본격적인 법률구조사업을 수행하고 있다. 그리고 1993년부터 서울지방변호사회를 비롯한 전국의 14개 지방변호사회[24)]가 당직변호사제도를 유영하고 있으며,[25)] 국민의 호응도 매우 크다. 이 제도는 해당 지방변호사회가 주체가 되어 법률적 조력이 필요한 사람이 체포, 구속된 장소로 당직

23) 다만 대체지급한 소송비용은 구조사건이 종료 후 신청인의 경제적 상황에 따라 상환 여부를 결정한다. 이때 승소가액이 500만원 이하 사건, 패소한 사건, 형사사건 등은 소송비용의 일부 또는 전부 상환이 면제될 수 있다.

24) 총 12,349명의 변호사 중에서 서울(8,973명)아 압도적으로 많고, 경기북부(244명), 인천(352명), 경기중앙(621명), 강원(100명), 충북(115명), 대전(323명), 대구(399명), 부산(453명), 울산(126명), 경남(195명), 광주(267명), 전북(140명), 제주(41명) 등에 분포되어 있다.

25) 정영일, "당직 변호사제도를 통한 형사법률 구조제도의 개선방안", 경희법학 33권 1호, 1998, 81~100쪽.

변호사가 직접 달려가 법률적인 조언과 앞으로의 대처 방안을 무료로 상담해 주는 것을 말한다. 당직변호사제도[26]에는 경찰서 유치장을 찾아가서 상담해 주는 순회당직제도, 공휴일에 당직변호사용 휴대폰으로 상담해주는 휴일당직제도, 평일 긴급한 경우에 접견 및 상담을 요청하면 경찰서로 달려가 도와주는 일반당직제도가 있다. 그리고 체포, 구속된 피의자가 검찰에 의해 기소되기 전 단계에서 경제적인 사정으로 사선 변호인을 선임할 수 없는 경우에 당직변호사를 이용하면 저렴한 비용으로 도움을 받을 수 있다.

2) 한국가정법률상담소

한국가정법률상담소는 인간의 존엄과 법 앞의 평등이라는 이념의 실현을 위해 억울한 자, 가난한 자, 법을 알지 못한 자의 입장에서 이들의 권리보호에 필요한 모든 법률적 구조사업을 무료로 제공하고, 여성의 인권을 회복하여 '가정의 평화가 사회의 평화'라는 이념을 실천하는 것을 목적으로 이태영 여사에 의해 1956년 8월 25일 창설되었다.[27]

본 상담소는 서울에 본부를 두고, 전국적으로 32개의 지부와 서울에 출장소를 설치하고 있다. 한인교포가 많은 미국에도 6개의 지부를 두고 있다. 창립 후 33년 동안 정부의 지원 없이 회원회비,[28] 독지가의 후원금, 각종 단체의 지원을 받아 운영하였으나, 1988년 법률구조법인으로 등록하여 1988년부터 국고의 지원을 받고 있다.

(1) 법률상담

한국인뿐만 아니라 외국인에 대해서도 모든 문제에 대해 광범위하게 무료로 실시하고 있다.[29] 상담방식은 다양하며, 주로 전화상담, 출장상담 및 면담이지만, 인터넷이나 대중매체를 이용하기도 한다. 상담사건의 대부분은 가사사건이다.[30]

---

26) 서울지방변호사회의 당직변호사에 관해서는 http://www.seoulbar.or.kr/ 참조.

27) 이에 관해서는 양정자, 앞의 논문, 22쪽 참조.

28) 현제도 회비를 받고 있으며, 연회비 5만원, 평생회원은 50만원 이상이다.

29) 다만 외국인에 대해서는 사전예약제를 실시하고 있다.

30) 2011년에 157,336건을 상담하였다. 본부상담 71,698건 중에서 법률상담이 69,827건으로 가장 많다. 상담방법별로는 전화상담 30,653건, 출장상담 24,211건, 면접상담 11,073건이 많았다.

(2) 소송구조

소송구조(Lawsuit Aid)는 소송대리, 형사사건 변호, 그 밖에 법률적 지원을 하는 것으로 구조대상사건과 구조대상자에 대해 제한을 두고 있다. 사건의 대부분이 가사사건, 특히 이혼이나 이와 관련된 사건이고 형사사건은 지극히 예외적으로 취급되고 있는 실정이다. 그리고 소송구조는 100인 변호사단(the members of The One Hundred Lawyer's Association)에 가입한 변호사들에 의해 수행되고 있다.[31)]

(3) 소송구조 대상자

① 생활보호법이 정한 요보호자

② 소송을 제기하여 비용을 지출함으로써 생계가 곤란하게 될 자

③ 그 밖에 집행회의가 구조를 요한다고 인정되는 자

(4) 소송비용

법률상담은 무료이다. 소송사건에 대해서는 사건 종료 후에 상담소에서 지출한 소송비용(Lawsuit Costs)과 그 사건의 승소가액 등을 참작하여 산출한 비용을 의뢰자로부터 상환 받고 있다.

3) 대한가정법률복지상담원

대한가정법률복지상담원(Korean Family Legal Service Center)은 1999년 8월 26일 창설되었다. 설립목적은 인간의 존엄과 법 앞의 평등이라는 이념 실현을 위하여 가난한 자, 억울한 자, 불행한 자, 약자의 편에 서서 이들의 인권옹호를 위해 모든 법률적 구조사업을 무료로 제공하고, 사회의 기초단위인 가정에서 평등과 정의가 실현되어 가정의 민주화와 평화가 이룩될 수 있도록 하여, 이를 사회의 민주화, 국가와 세계의 민주화, 인류의 평화와 복지증진에 이바지함에 두었다.

대한가정법률복지상담원은 서울에 본부를 두고 부설기관으로 가정폭력상담소, 3개의 출장소와 지방에 6개(인천, 아산, 부산, 대전, 익산 및 강화·서인천지부) 지부를 두고 있다.[32)] 본 상담원의 업무 대부분은 한국가정법률상담소와 겹치고 있어, 이

31) 1979년부터 결성하여 운영 중에 있으며, 2008년 현재 총 618명이 가입되어 있다.

에 관한 자세한 설명은 피한다.[33)]

Ⅳ. 법률구조제도의 개선 및 발전방안

1. 사법에 대한 접근용이성과 이용의 활성화

한국에서 형사사법의 법률구조제도는 피의자나 피고인 개인에 대한 조력을 위주로 하고 있어, 국가 차원의 시혜적이고 자선적인 구태를 벗어나지 못하고 있다. 법률구조제도가 가난하고 배우지 못한 사람을 위한 것이지만, 개별 구조지원기관은 법률구조에 필요한 변호인을 충분히 확보하지 못하고 있고, 법률구조를 받을 수 있는 요건 역시 앞에서 볼 수 있는 바처럼 엄격한 실정이다. 또한 형사사건의 피의자나 피고인 또는 피해자는 그들 자신의 문제 상황을 정확히 인식하여 스스로 법률구조제도를 이용하거나 범죄피해자구조금을 청구해야 의미를 가진다. 그럼에도 현행 제도는 법률구제가 필요한 사람들이 자신의 법률적 문제가 무엇인지를 식별하고 확인하여 주는 데 별다른 도움을 주지 못하고 있다.

2. 법률구조 대상자의 영역과 지역 확대

법률구조법은 "경제적으로 어렵거나 법을 모르기 때문에 법의 보호를 충분히 받지 못하는 자"를 구조대상으로 하고 있다. 이에 반해 시행규칙은 "경제적으로 어렵고, 법을 모르는 사람"이라고 한정하고 있다.[34)] 이처럼 시행규칙이 모법인 법률구조법의 적용대상을 합리적인 사유 없이 축소 규정하고 있는 것은 위헌적 소지가 있으므로, 이를 하루빨리 해소하여 적용범위를 넓혀야 할 것이다.

아울러 한국에 거주하고 있는 외국인들과 외국에 거주하고 있는 한국인들에게도

---

32) 본 상담원은 개원 이후 2012년 8월까지 13년 동안 187,220건의 상담을 하였다.

33) 이에 관해 자세한 것은 http://lawqa.jinbo.net/xe/ 참조.

34) 법률구조법 시행규칙 제7조 제1항 제10호: 장애인이나 그 밖에 생활이 어렵고 법을 몰라 스스로 법적 수단을 마련하지 못하는 국민.

형사사건과 관련한 법률구조를 확대해야 한다. 특히 생명의 위험 등 인권의 침해를 받고 있는 국내 거주 외국국적의 사람들에 대한 법률구조의 필요성이 크다. 그렇게 함으로써 법률구조를 통한 보편적 인권 보장의 증진과 함께 법률구조의 국제적 연대를 도모할 수 있기 때문이다.

또한 현재에는 오직 구속된 피의자나 피고인에 대해서만 원칙적으로 국선변호인 제도를 두고 있는 바, 이를 긴급체포된 피의자에 대해서까지 확대하는 것이 헌법상 보장된 무죄추정의 원칙(제27조 제4항)에 부합할 수 있어 보인다.

3. 개별 법률구조지원기관의 유기적 연대와 협력

한국 법률구조제도의 가장 취약한 약점은 지원기관 사이에 유기적인 협조나 연계가 이루이지지 않고 있다는 점이다. 공단을 비롯한 각 지원기관은 각자 장·단점이 상존하기 때문에, 각 기관 사이의 상호 협력은 높은 시너지 효과를 거둘 수 있다. 이를 위해서는 무엇보다 법률구조 업무의 중추역할을 맡고 있는 법률구조공단의 현재 위상을 재검토하고, 공단을 중심으로 각 기관이 연대하여 국민의 사법접근권의 수월성과 이용의 활용성을 고양하도록 해야 할 것이다.

이렇게 함으로써 수사의 개시에서부터 공소제기 및 재판과정에 이르기까지 피의자나 피고인의 사법에의 접근성과 활용성을 더욱 효율적으로 실현할 수 있을 것이다.

4. 인권운동 차원에서 법률구조의 세계적 연대 형성

한국의 인구는 약 5,000만명을 넘어 섰으며, 외국에 거주 중인 한국인은 약 700만명에 달하고, 한국 국내 거주 외국인은 약 110만명에 이른다. 또한 한국은 세계 10대 교역국으로 성장하여 경제적인 차원에서도 외국과 밀접한 관계를 맺고 있다. 게다가 최근에는 이른바 한류라는 이름으로 형성된 한국문화가 전세계적으로 유행하고 있다. 이것이 의미하는 바는 우리는 지구촌이라고 표현되는 하나의 세계 속에 살고 있으며, 세계 여러 국가의 사람들과 서로 밀접한 의존관계에 있음을 보여준다. 그러므로 한국인이 한국법률에 의해서 보호받을 수 있는 것이라면 외국인도 역시 동일한 혜택을 받을 수 있어야 한다. 더구나 모든 인간은 인격체로서 존엄의 대상이고, 인간다운 삶을 누릴 권리를 가졌음은 이미 보편적으로 인정되고 있다.

이런 맥락에서 볼 때 오늘날 각국의 법률구조제도는 개별 국가를 넘어서서 국제적으로 연대해야 한다. 인류의 보편적 관점에서 사법의 수월한 접근과 이용의 활성화를 위한 법률구조제도의 개선은 매우 중요한 국제적인 사업임이 분명하다. 따라서 각국은 법률구제제도의 개선을 위해 원활한 정보교류와 교육 및 인력확보에 대하여 지속적으로 노력해야 하며, 법률구조제도를 위한 국제적 연대기구의 설립을 모색해야 할 것이다.

제18-1장
Legal Aid System In Criminal Proceedings in Korea

Ⅰ. Introduction

Not guilty by reason of being rich, guilty by reason of being poor. Until a few years ago, this phrase was often cited to criticize the Korean society where the rich could afford the most capable lawyers to represent them to ensure a favorable judgment. At that time, judge- or prosecutor-turned lawyers were perceived as the most capable because they could curry favor with their former colleagues at trial. Although not as prevalent as in the past, the perception still remains, and the rich who can afford a former judge or a former prosecutor as their lawyer are considered to be in a more advantageous position in a legal proceeding. As a result, the legal aid system[1] has begun to draw attention as a way to solve this problem.

In particular, criminal law is heavily involved with the government system by which one should decide what constitutes a certain crime, who committed the crime, and to

1) This article referred to the following three professors' articles. Yang, Jung-Ja, "Legal Aid System in Korea", Current Status and Developing Plans of Legal Aid System, Korean Family Legal Service Center, 2010, p.181; SUNG, Nak In, "The Roles and Challenges of KLAC to Realize Legal Welfare", *Journal of Korean Public Law Association* No.38-3, p.75; JUNG, Jong-Sup, "Future of Legal Aid and Policy Proposals", Korean Legal Aid Corporation 25th Anniversary Symposium Ⅲ, p.1.

what degree the criminal action shall be punished. The decisions are made not by God but by human beings, and therefore, human mistakes and socio-economic influence are always taken into consideration. Moreover, in that the objective of criminal punishment is retribution, it should be fair and just in its imposition and should follow due process. Arbitrary imposition of punishment without authority would be considered not different from mere revenge. To uphold the rule of law, a society should be capable of applying basic principles of criminal law, such as the principle of nulla poena sine culpa, the principle of due process of law and protection of victims. When a crime occurs, punishment should fit the crime and be imposed with authority through fair investigation and trial, not as personal revenge. Also, investigation and trial should uphold nulla poena sine culpa and due process of law, as well as provide fair compensation to the victims.[2)]

While the prosecutorial bodies consists of legal experts and have the governmental authority, the suspect or the accused are, in most cases, laymen without legal knowledge. To create a level playing field for the suspect and the accused, they need an easier access to the criminal justice system and legal services. To that end, a special consideration should be given to the suspect and defendants to provide legal support that is as competent as the prosecute. Therefore, a society that upholds the rule of law should establish a competent legal aid system.

Ⅱ. History of Korean Legal Aid System

It can be said that the legal aid system was initiated by the Korea Legal Aid Center for Family Relation and the Seoul Bar Association as private lawyers associations.[3)] The Korea Legal Aid Center for Family Relations, founded in 1956, has done numerous law counseling and actively participated in legal aid reform and amending relevant laws. It

2) Hoh, Il tae, *Criminal Law Studies Ⅵ*, Dong-A Univ Press, 2012, p.478.

3) Kim, Cheol Soo, “Legal Aid System of Korea” 5th anniversary celebration lecture of foundation of Korea Legal Aid Corporation. Direction suggestion of Legal Aid (Korea Legal Aid Corporation: 1992. 11) p.3.

now has become the model of legal aid by a private organization.[4] The Seoul Bar Association has provided legal counseling since 1962, and since then, each provincial lawyers association has made the Summary for Founding Legal Aid Funds since October 1978, and operated a legal aid system until today.[5] Moreover, Human Rights League of Korea, Domestic Violent Counselling Center, Sexual Violence Relief Center, Women's Hot Line, Law School Legal Service Center, Human Rights Support Center for Woman have provided law counseling.

Legal aid by private organizations was unsatisfactory in many aspects, mainly for the lack of organizations, budget and manpower. In the 1970s, there was an increasing need for legal aid as social problems increased in this complex society caused by economic development, and the need for an organized legal aid system backed up by the government came to a rise.

So the Ministry of Justice founded, with the goals to uphold basic human rights of the Universal Declaration of Human Rights and the Constitution of the Republic of Korea as well as to enhance the quality of legal aid, the Foundation of Korea Legal Aid Society with government funding in July 1972. Deputy Minister of Justice concurrently holds the chairman position. Its Headquarters is located at the Ministry of Justice and have branches at each district prosecutors' offices and divisional prosecutors' offices.

But the Korea Legal Aid Society, which had been led by the Korean Prosecutors, had some problems such as ① confusing civil cases with criminal cases, ② overloading the prosecutors in conducting their basic functions, and ③ possibility of harming the fairness because of the authority and influence inherent in the governmental agency.[6]

Backed by the increased demand of legal aid, the Korean Legal Aid Act was created in December 1986 to legally support legal aid system as a basis of building a legal-welfare state, and the Korea Legal Aid Corporation (KLAC) was established as a

4) Id. p.3.
5) Kim, Joon Soo, "Present Condition of Legal Aid done by Lawyer Association", *Journal of Korea Lawyer Association*, 1980, pp.10-15
6) Yang, Jung-Ja, "Legal Aid System in Korea", p.6.

legal aid organization under the Act in September 1987.

Ⅲ. Current Status of Criminal Legal Aid in Korea

1. Concept of Legal Aid and Its Legal Ground

In Korea, the concept of legal aid has been commonly known since the Korea Legal Aid Society was founded in June 1972. The concept appeared on the legislation when the Attorney-At-Law Act was wholly amended by Act No. 3594 in December 1982 and started to use the terms Legal Aid Project and Legal Aid Organization in Articles 63 and 67 of the Act.[7)]

Thereafter, the Legal Aid Act(Act No. 3862) was enacted in December 1986. According to the Legal Aid Act, legal aid encompasses counseling and representation by lawyers or public service advocates, also generally known as army lawyers, as well as any legal work performed to provide legal support to the indigent people without legal knowledge, so that their fundamental human rights are protected and even their legal welfare will be enhanced(Legal Aid Act, Arts. 1-2). Thus, the legal aid system in Korea include not only trial support, but also legal counseling and advice outside of trial such as making negotiation and conciliation agreements. Moreover, legal aid supports civil, criminal and administrative cases and even supports preventive legal conflicts such as environment, consumer rights and pollution prevention.

Accordingly, legal aid under the Act is, and should be viewed to include not only legal services and representation in lawsuits and trials, but also other legal services such as legal counseling, mediation, negotiation and drafting legal documents, regardless of case types.[8)] It is because legal aid is a responsibility of a nation and the public welfare

7) An, Dong Il, Fundamental Way of Legal Aid Legislation, Korea Legal Center, p.5.
8) Yang, Jung-Ja, supra note 6, p.4.

rights to realize freedom and legal equality of all people, and if such right or access to a fair trial is undermined because of money or education, that will be fundamental infringement on the equal rights of the people.[9] Moreover, the Constitution which guarantees fundamental human rights is also an important conceptual ground for the legal aid structure.

The following articles of the Constitution provides for a general basis for the legal aid structure. Human dignity and value(Art. 10), equality before the law(Art. 11), due process and right to counsel(Art. 12), right to trial(Art. 27), right to criminal compensation(Art. 28), right to receive aids from the government for damages incurred by other's criminal acts(Art. 30), right to live(Art. 34). In addition, Article 6 of the Universal Declaration of Human Rights and Article 14 of the International Covenants on Civil and Political Rights provides grounds for the legal aid system.

As for the legal aid at trial, Article 33 of the Criminal Procedure Act provides for public defenders and the Civil Procedure Act provides for trial support in Article 33. In addition to legal aid in trials, there are other measures such as compensation order, crime victim aids, constitutional trial and criminal compensation.

The fundamental of legal aid is to make the public effectively claim their rights and participate in legal proceedings with confidence. Thus, our concern is how to enhance the equal access to the justice system and how to institutionalize the legal aid within the current legal justice structure in order to meet the basis of the fundamental of legal aid.[10]

2. Legal Aid in Criminal Proceedings

Criminal Legal Aid Projects can be divided, for convenience, into legal aid performed

9) Huh Young, The Consitutional Theories and the Constitution (5th Ed.), Pakyoung Publishing, 2000, p.283.

10) Yang, Jung-Ja, "Legal Aid System in Korea", pp. 182~183; Song, Sang-Hyun, "Global Trend of Legal Aid and Legal Aid in Korea", *Simdang Law Journal* No. 1, Pakyoungsa Press, 2007, p.848.

by government agencies and their subordinate organizations, other organizations registered as legal aid corporation at the Ministry of Justice according to the Legal Aid Act.

1) Legal Aid from Government Agencies and Subordinate Organizations

There are public defender system, and other legal aid related systems under the legal aid provided by the government agencies and their subordinate organizations. There are indirect systems that act like legal aid such as crime victim aid, criminal compensation system, constitutional trial system, and judicial conciliation.

(1) Court-Appointed Defense system

Although the court-appointed defense system was established in 1962[11], the legal ground for the system was already existent in 1954 when the Criminal Procedure Act was enacted. The Constitution provides, in Article 12 ④, 'any person who is arrested or detained shall have the right to prompt assistance of counsel. When a criminal defendant is unable to secure counsel by his own efforts, the State shall assign counsel for the defendant as prescribed by the Act'. The first sentence of Article 12 ⑤ provides that, 'no person shall be arrested or detained without being informed of the reason therefore and of his right to assistance of a counsel', thus expressly stipulating the 'right to assistance of a counsel' as a fundamental constitutional right.

After a major amendment to the Criminal Procedure Act in June 2007, the court-appointed defense system has been extended and is now available to the criminal suspect under custody.[12]

More than 1000 lawyers have served as court-appointed attorneys to represent criminal

11) Constitution Art. 10-4. 'any person who is arrested of detained shall have the right to prompt assistance of counsel. When a criminal defendant is unable to secure counsel by his own efforts, the State shall assign counsel for the defendant as prescribed by Act.

12) For in-depth study on court-appointed attorneys in criminal cases, see Kim, Choong-Shik, "Criminal Legal Aid from the Korean Legal Aid Corporation-Court-Appointed Attorneys in Korea", Busan University, 2010.

defendants and arrested people.[13] In Busan, as of March 1, 2012, there are 132 lawyers who are serving as court-appointed attorneys, out of 453 lawyers registered in the Busan District Court.[14]

a. Court-Appointed Attorney for Criminal Defendants

The Criminal Procedure Act recognizes 3 types of representation by court-appointed attorneys. These are mandatory representation, requested representation and discretionary representation; and these are available to certain eligible defendants.[15]

The criminal procedure requires that the court should appoint a lawyer to provide mandatory representation if a defendant could not afford one or the lawyer he retained could not be present at trial and if the defendant is ① imprisoned, ② under-age, ③ aged over 70, ④ blind, ⑤ suspected mentally or physically handicapped, ⑥ accused of murder, life imprisonment, imprisonment over 3 years.

Requested representation is provided when a defendant requests an attorney. The court shall appoint a lawyer if a defendant who cannot hire one because of poverty or other reasons, and requests one(Criminal Procedure Act, Art. 33 (2)).

Moreover, the court also has discretion to appoint an attorney for a defendant whom it considers the state counsel system is needed considering his age, intelligence and education to the extent that does not go against his stated opinion to the contrary(Criminal Procedure Act, Art. 33 (3)).

There are other instances where court-appointed attorneys are required. First, the Criminal Procedure Act provides that the court shall enhance the hearing preparation process(Criminal Procedure Act, Art. 266(5)), and that the court has a discretion to appoint an attorney(Criminal Procedure Act, Art. 488(4)), if a defendant does not have a lawyer when a hearing date has been scheduled. Second, the court shall appoint an attorney if a defendant does not have an attorney in certain appeal cases(Criminal

13) There are 12,349 lawyers in Korea as of November 2012.
14) Among them, 50 are in charge of en banc cases; and 82 lawyers handle one-judge cases.
15) Shin, Dong-Woon, Essence of New Criminal Procedure Act (3rd Ed.), Beopmunsa, 2011, p.26.

Procedure Act, Art. 488(4)). Third, in a catch-all provision under the Act on Citizen Participation in Trials, the court has discretion to appoint an attorney for a defendant.

b. Court-Appointed Attorney for the Accused

An accused person against whom an arrest warrant has been issued may also have a court-appointed attorney. A district court judge has discretionary power to appoint an attorney for the arrested during interrogation if the person does not have one(Criminal Procedure Act, Art. 201(2)(8)(1)).

Court-appointed attorneys are available to in arrested and arraignment. If an accused person who has been arrested or arraigned does not have a lawyer, the Criminal Procedures Act Article 33, which provides for appointment of an attorney for defendants, is generally applicable(Criminal Procedure Act, Art. 214(2)(1)).

〈Number of Court-Appointed Attorneys and Budget for 10 Years〉

Year	Defender's The number of events	Budget	Dollar
2001	56,643	12,800,000,000won	11 million Dollar
2002	61,370	12,800,000,000won	11 million Dollar
2003	84,401	14,800,000,000won	12.5million Dollar
2004	89,587	16,200,000,000won	14 million Dollar
2005	62,169	17,300,000,000won	15 million Dollar
2006	63,973	35,000,000,000won	30 million Dollar
2007	80,360	35,000,000,000won	30 million Dollar
2008	91,883	37,100,000,000won	31 million Dollar
2009	101,559	33,700,000,000won	30 million Dollar
2010	103,980	33,500,000,000won	30 million Dollar

(2) Court-Appointed Attorneys in Constitutional Court

Article 70 of the Constitutional Court Act provides for appointment of counsel by the court for indigent petitioners before the Constitutional Court who cannot afford a lawyer.

To be eligible, a petitioner must earn less than 2,300,000 won per month, be a beneficiary of the National Basic Living Security Act, or a beneficiary of the Act on the Honorable Treatment and Support of Persons, Etc. of Distinguished Services to the State.16)

Therefore, if a person's right has been infringed because a criminal law has been held unconstitutional, even an indigent person may have a court-appointed attorney and petition the Constitutional Court for relief.

In addition, The Korean Coalition Against Death Penalty has filed petitions before the Constitutional Court to challenge the sentencing of defendants who are expected have death penalty. In these cases, many pro bono attorneys including myself, as a chairman of the Coalition Against Death Penalty, participated in the proceedings without a fee.

(3) Legal Aid from Korean Legal Aid Corporation

Since the Korean Legal Aid Corporation(KLAC) was established in 1987 pursuant to the Legal Aid Act, the KLAC has provided free legal consultation and other legal services to the general public. In particular, it provides free legal representation in criminal cases to eligible individuals, including those who earns 2,600,000 won or less per month.

In 2011, the KLAC took 1,240,000 cases, among which it represented clients in 130,000 trial cases.17)

a. Organization

The KLAC was first headquartered in Seoul and had 11 district offices and 32 divisional offices to deal with 11 district prosecutors' offices and 32 divisions. In 2012, the KLAC is still headquartered in Seoul, and has a total of 112 offices across the country including 18 district offices, 40 divisional offices and 54 local offices. As of October 2012, the KLAC has 859 employees including 2 managers, 79 attorneys, 151 public service advocates and 617 counselling specialists and other staff members.

16) Constitutional Court Rules on Appointment and Compensation of Court-Appointed Attorneys, Art. 4.
17) http://www.klac.or.kr/content/view.do?code=102&order=noticeGbascbcCode desc&page=2&pagesize=15&gubun=&search_value=&vc=410706.

b. Budgets

The budget to operate the KLAC's legal aid system comes from the government and contributions and donations. Free legal aid services are made possible because attorney fees, court filing and service fees and other costs are covered by donations and supports from the government and private organizations.

〈KLAC Annual Budget for 5 Years〉 Unit: 1 mil won

Year	2007	2008	2009	2010	2011
Total	48,319	54,132	58,958	62,885	67,994
Government (Ratio)	24,420 (50.5%)	26,039 (48.1%)	25,289 (42.9%)	26,273 (41.8%)	29,720 (43.7%)
Other (Ratio)	23,899 (49.5%)	28,093 (51.9%)	33,669 (57.1%)	36,612 (58.2%)	38,224 (56.3%)

c. Criminal Defender Services

Criminal defender services consist of legal consultation and court representation. Consultation is provided through in-person, phone (dial 132), online and other means, and open to the general public without limitation.

Legal aid was limited to civil and family cases when the KLAC was first founded, but the service expanded in 1995 as public service advocates were assigned to work at the KLAC. In June 1996, the KLAC began providing legal aid in criminal hearings and juvenile criminal cases. In July 1999, the legal aid was extended to court-appointed criminal cases and pre-indictment arrest cases; and again in July 2000 to constitutional challenges before the Constitutional Court.

d. Eligibility Criteria in Criminal Cases

When the KLAC was founded, legal aid in criminal cases was provided only to those who earn 1 million won or less per month. As of October 2012, the monthly income cap has been stepped up to 2.6 million won or less, and also included are the following criteria.

〈Eligibility Criteria in Criminal Cases〉[18)]

	Criminal Legal Aid
Eligibility Criteria	1. Persons of Distinguished Services to the State and the bereaved families 2. Persons of Distinguished Services to Independence and the bereaved families 3. Persons of May 18 Democratization Movement and the bereaved families 4. Beneficiaries of Basic Living Security 5. Designated Children under Child Welfare Act 6. Beneficiaries of Basic Senior Pensions 7. Persons with Disability 8. One parent family 9. Farmers and Fishermen 10. Fisheries Transportation/Delivery Workers 11. Veterans 12. Patients suffering from Aftereffects of defoliants 13. Special Military Mission 14. North Korean Defectors 15. Anyone earning 2.6 million won or less per month 16. Small tobacco retailers 17. Head of family children 18. Beneficiaries of the Social Solidarity Bank 19. Other indigent people 20. Designated Persons Killed or Wounded for Righteous Cause and the bereaved families 21. Orphans without Official Record of Family Relations 22. Discharged professional servicemen 23. Immigrants through marriage, Naturalized nationals 24. Suspects or Defendants in domestic violence and sexual violence cases 25. Court-appointed cases ※ Underlined criteria include foreigners residing in Korea

e. Procedure of Legal Aid Cases

Criminal legal aid includes imprisonment cases, hearings, juvenile cases and appeals. After a criminal suspect or her agent submits an application with a resident registration and documents to prove eligibility, an investigating attorney is appointed by a branch

18) See Legal Aid Act Art. 7 et. seq., Legal Aid Management Rules Art. 5-2.

president and out of office head. After the investigating attorney hears the client's testimony, he decides whether her case is applicable as well as probability to win the case, possibility to enforce, actual benefit and validity of legal aid. Depending on the result of the investigation, the branch president decides whether he should provide legal aid and the case proceeds as a specific attorney is appointed.

〈Procedure of Legal Aid in Criminal Case〉

Consulting · Intake of Legal Aid Cases

Whether to take a case or not?

Yes → Representation → Case Closing

No* → Case Closing

*One can appeal the decision not to take the case once within 7 days after receipt of such notice.

2) Other Legal Aid-related system

Other than legal aid in litigation, there are crime victim aid system, criminal compensation system and constitutional challenges as methods of indirect legal aid.

(1) Crime victim support system

The Constitution stipulates that any person who suffers physical and life threatening damages caused by a criminal act of others can be offered support from the state in accordance with the law. Thus the Crime Victim Aid Act was legislated and enacted as Act No, 3969 in November 1987 and took into effect in July 1988. in May 2010, the full text was repealed and replaced by Crime Victim Protection Act.

Because the government is the sole authority to execute retribution in replacement of personal retaliation, it can be said that the government has a responsibility to act for the victims of crimes proportionate for their deaths or injury. To fulfil the responsibility, the government provides support for the victims of crimes pursuant to the Crime Victim Protection Act, and established Support Centers for Crime Victims to better serve crime victims. As of November 2012, 57 Support Centers for Crime Victims has been established throughout the nation to achieve this purpose.

In the old Crime Victim Aid Act, "the State provides crime-victim benefits if the crime victim is not awarded full or partial damages because the criminal is missing or unable to pay damages" to support the bereaved family or seriously injured victims of an intentional crime of bodily harm.

Nevertheless, the amended Crime Victim Protection Act in May 2010 removed the grounds of criminal's missing or inability to pay in the old law.[19] The amended Act provides closer protection by expanding the scope of benefits. It is expected to increase the amount of benefits for crime victims according to the enforcement ordinance of the amended Act that came into effect in June.

In a nutshell, the benefits for crime victims are treated differently based on the degree of the victim's injury and relationship of the bereaved family to the deceased victim. The compensation for the damage has significantly increased than before under the amended Enforcement Decree of the Crime Victim Protection Act, which were merely 30,000.00 won for death.[20] According to the amended Decree, beginning from June 2012, the crime victim's bereaved family can receive hundreds of millions of won according to circumstances. For example, the bereaved family of the crime victim who earned five million won recently can receive up to hundred eighty million won.

19) Crime Victim Protection Act, Art. 16 (Condition for Providing Support Fund): The government shall provide support fund for criminal damages ("Support Fund") to the victim or the bereaved family if the crime victim who are elegible to receive government support ("Crime Victim"), is covered by one of the following: (1) the Crime Victim did not recover damages in part or in full, (2) if the Crime Victim was victimized while reporting, providing tips, testifying, or providing evidentiary materials in police investigation or at trial of a criminal case of oneself or others.

20) Until May 2012, in a case where the offender intentionally caused serious injury or death, if the offender does not have financial resources, compensation was provided up to 15,000,000 won if there is only one immediate family of the victim, and up to 30,000,000 won if there are more than three immediate family members.

〈Present Status of Request for Crime-Victim Support and its Process〉

Class / Year	Requested		Processed			Unresolved(Number of Cases)
	Number of Cases	Amount (1,000 Won)	Decided to pay		Decided not to pay	
			Number of Cases	Amount(1,000 Won)		
Total	1,055	9,851,333	633 (60.0%)	5,795,533	177 (16.8%)	245 (23.2%)
2006	199	1,851,000	117 (58.8%)	1,063,000	33 (16.6%)	49 (24.6%)
2007	260	2,449,000	169 (65.0%)	1,607,000	41 (15.8%)	50 (19.2%)
2008	237	2,225,000	155 (65.4%)	1,411,000	29 (12.2%)	53 (22.4%)
2009	295	3,611,667	205 (69.5%)	2,204,833	46 (15.6%)	44 (14.9%)
2010	343	6,631,934	209 (60.9%)	3,268,041	37 (10.8%)	97 (28.3%)

a. Compensation for Bereaved Family of Deceased Victim

The amount of the compensation benefit for the bereaved family depends on the victim's actual or average monthly income at time of death, or at time of injury if the victim died from injury, which is multiplied by the number of months between 18 to 36, decided pursuant to the Enforcement Decree considering the number of family, family income and living condition.

In calculating the amount of compensation benefit, Table 4 of the Enforcement Decree of the Crime Victim Protection Act provides for the number of months to be multiplied to the actual or average monthly income. The compensation benefit shall not be more than 36 times the monthly income.

1. Spouse (including spouse in common law marriage) and dependent children of the victim at time of the victim's death: 30 months
2. Dependent parents, grandchildren, grandparents and siblings of the victim at time of

the victim's death: 24 months

3. Other children, parents, grandchildren, grandparents and siblings not included in above paragraphs one and two: 18 months

b. Compensation for Disabled Victim

The amount of the compensation benefit for the disabled and injured victim depends on the victim's actual or average monthly income at time of bodily injury, which is multiplied by the number of months between two to 36, decided pursuant to the Enforcement Decree considering the number of family and family income.

In calculating the amount, the number of months that shall be multiplied to the actual or average monthly income appears in the Table 5 of the Enforcement Decree of the Crime Victim Protection Act. The compensation shall not be more than 30 times the average monthly income for three most recent months.

〈Compensation Months and Degree of Disability〉

Degree	1	2	3	4	5	6	7	8	9	10
Months	30	27	24	21	18	15	12	9	6	3

(2) Criminal Dispute Resolution for Victims

A pilot criminal dispute resolution program was introduced in April 2006 pursuant to the Supreme Prosecutors' Office Practice Guidelines for Criminal Dispute Resolution. In January 2007, the criminal dispute resolution system was established in 33 district prosecutors' offices, and it is now operating in all district prosecutors' offices in the nation. The newly amended Crime Victim Protection Act provides for the establishment of the criminal dispute resolution system.[21)]

21) Crime Victim Protection Act, Arts. 41-46. In particular, Art. 41 (Criminal Dispute Resolution) ① A prosecutor may refer, by a request of one of the parties to certain criminal case or in his or her own discretion, a currently investigating criminal case to a criminal dispute resolution, if the prosecutor believes that it is necessary to actually facilitate recovery of the damages sustained by the victim of a crime by fair and amicable resolution of a criminal matter involving civil disputes between the accused and the victim.

A group of legal experts and community leaders forms a dispute resolution body to facilitate amicable resolution of fraud, conversion, embezzlement or other financial crime cases involving transactions between individuals such as personal loans or construction financing.

〈Criminal Dispute Resolution Outcome〉

Criteria / Year	Total Cases	Resolved	Not Resolved	Party Not Answered to Summon	In Progress	Success Rate (%)
2010	16,671	7,713	6,608	1,074	1,276	50.1

(3) Criminal compensation system

Article 28 of the Constitution provides that one who was detained as a criminal suspect or criminal defendant and found not guilty or not indicted has a right to request proper compensation. Based on this, the Criminal Compensation Act was enacted in May 1958. However, the Act was amended, on May 23, 2011, to the Act on Criminal Compensation and Honor Restoration. Under the Act, a person who was acquitted in criminal proceedings in first trial, appeal or non-appeal proceedings under the Criminal Procedures Act, but had been in jail, may request compensation for such jail term pursuant to the Act.[22)]

In calculating the amount of compensation, days in jail shall be multiplied by the minimum wage of the year the person was in jail, and then again multiplied by the rate decided by a presidential decree (Art 5. Amount). Notwithstanding, pursuant to the Article 2 of the Enforcement Decree of this Act, the maximum amount shall not be

22) Art. 2 (Conditions for Compensation) (1) A person who was acquitted of in criminal proceedings in first trial, appeal, or non-appeal proceedings under the Criminal Procedures Act, but had been under custody, may request compensation for such custody pursuant to this Act. (2) A defendant, who is acquitted in appeal or special appeal, may request compensation for custody or enforcement of sentencing, if the person was in custody or sentencing was enforced against that person after trial. (3) For the purposes of the Section 2 of this Article, custody under the Criminal Procedure Act, Art. 270(3) and imprisonment under the same Act, Arts. 473-475 shall be considered custody or sentencing enforcement.

more than 5 times the minimum wage of the applicable year.

In 2012, the minimum wage is 4,580 won. The minimum compensation is 109,180 won for 24 hours, and the maximum is 545,980 won, which is 5 times of 109,180 won. In paying compensation for death sentence, the maximum amount of 30,000,000 won shall be paid to the bereaved family. (Art. 5(4)).

〈Criminal Compensation〉

Year / Classification	2005	2006	2007	2008	2009	2010
budget (1,000 won)	1,969,848	2,169,848	2,367,112	2,367,112	4,213,780	3,961,348
Recipients (Number)	243	291	259	285	342	5,155
Paid Amount (1,000 won)	2,390,000	2,448,000	2,323,000	6,082,103	10,610,675	17,362,009

3. Legal Aid from Civil Organizations and Other Institutions

1) Korean Bar Association

The Korean Bar Association did not step out to the front line but left it to its affiliate organizations for providing legal aid. However, as the Attorneys-At-Law Act was revised in December 1982, the rules of the Association was also revised. Chapter 10 of its rule book defines "Legal Aid Projects" regulations, and the Association allocated 160 million won and started legal aid in June 1985. From 2003, it founded the Korean Bar Association-Legal Aid Foundation and developed legal aid centered at the Foundation. The Foundation provides services to the beneficiaries under the Basic Living Securities, the indigent, the aged, the disabled, etc. Once the Foundation decides to provide legal services, all expenses are paid by the Foundation.[23)]

23) Client may be decided to reimburse the expenses after the case is closed based on his/her financial

The Seoul Bar Association provided legal aid by opening human rights counseling office before 1960, and started a full scale legal aid independently from 1980. The on-call attorney system which has been administered since 1993 widely received positive responses. The amended Attorney-At-Law Act Article 27(1) made in 1998 stipulates that lawyers should engage in pro bono activities for fixed amount of time annually. Thus, every lawyer is obligated to put 20 to 30 hours of pro bono services annually, and any lawyer who does not comply with the rule is subject to fine of 20,000 to 30,000 won to be deposited at the public welfare fund.[24)]

Fourteen local bar associations including the Seoul Bar Association[25)] have on-call attorneys.[26)] On-call attorneys provide free legal services to those in need. When a person is arrested or taken into custody, the person or family calls the on-call attorneys to ask for help. Then one of the on-call attorneys visits the custodial site and provides legal services free of charge. On-call attorneys regularly visit police detention centers, answer phone calls on weekends to give legal advice, and in urgent cases upon request, visit a police office to meet the arrested person on weekdays. In addition, if a suspect in custody who is not yet indicted cannot afford a lawyer, on-duty attorneys provide full legal services at low rates.

2) Korea Legal Aid Center for Family Relations

The Korea Legal Aid Center for Family Relations was established on August 25, 1956 by Dr. Tae-Young Lee, the first female lawyer in Korea. Its fundamental purpose is to realize the equality and dignity of human beings. The Center offers legal consultation

---

ability. Fees may be waived partially or wholly for cases with damages less than 5,000,000 won, lost cases and criminal cases.

24) Hwang, Seung Hem, "Development direction of Legal Aid for Legal welfare state", Symposium commemorating 50 years of foundation of Korean Legal Aid center for Family Relations, pp.19(Korean Legal Aid center for Family Relations: 2008.6)

25) Seoul (8,973), Northern Gyeonggi (244), Incheon (352), Central Geyonggi (621), Gangwon (100), Choongbuk (115), Daejeon (323), Daegu (399), Busan (453), Ulsan (126), Gyeongnam (195), Gwangju (267), Jeonbuk (140), Jeju (41); Total (12,349 lawyers).

26) Jung, Young Il, "Criminal Legal Aid System Improvement Plan through Duty Attorney System", *Kyung Hee Journal of Law* Vol.33, No.1, 1998, pp.81~100.

free of charge, for the sake of protecting the human rights of the poor, desperate, and uneducated people. The Center is also dedicated to uphold women's rights, with the idea that the family brings peace for the society.

The head office of the Korea Legal Aid Center for Family Relations is located in Seoul. There are 32 branch offices, including one in Seoul, and 6 overseas branches for Korean residents in the U.S.

For first 33 years after its foundation, the Center operated under the auspices of donors, members, Christian groups and human rights organizations, as it had no support from the government. In 1988, the Center became the first non-governmental organization recognized by the Ministry of Justice as a legal aid corporation. It has been subsided by the government since 1989.

The Korea Legal Aid Center for Family Relations puts more emphasis on providing legal aid before a legal proceeding initiates than trial legal aid.

(1) Legal Advice

All Korean nationals and foreigners are eligible to receive free legal advice service. The Center covers wide range of legal cases, but most of the cases are related to family and domestic matters. Those in need can get legal aid through interviews, letters, online, and mass media (newspaper, magazine, television program, etc.)[27]

(2) Lawsuit Aid

Lawsuit aid is very useful to those who cannot afford a lawyer because of their financial situation. The service includes procurator, criminal advocate, and other legal supports. Due to the nature of the Center, most cases are related to family and domestic matters. The lawyers who are the members of The One Hundred Lawyer's Association[28] provide services to clients who meet the eligibility criteria under applicable law.

---

27) http://www.lawhome.or.kr

28) The One Hundred Lawyer's Association-Operating since 1979 and signed up 618 people in the country.

(3) Eligibility to trail aid

① Beneficiaries of Basic Living Security

② People whose living could be threatened by expanding lawyer's fee

③ People who are approved by the executive council.

(4) Fees and Costs

No fee is charged for the cases solved through advice before it is taken to the court. However, for the cases taken to the court, the client should reimburse trial costs. Actual trial costs are charged.

3) The Korea Family Legal Service Center

The Korea Family Legal Service Center was established on August 26, 1999, with a goal to uphold human dignity and legal equality. The Center strives to contribute to promoting democratization of the society, the nation and the world, the world peace and social welfare by realizing domestic peace and equality at a family level and by providing free legal services to the poor and the weak who have been treated unfairly.

The Center is based in Seoul, and as its branches, has one domestic violence consulting center, three local offices, and six district offices (in Incheon, Asan, Busan, Daejeon, Iksan, and Gangwha-West Incheon).[29] The functions of the Center are similar to those of the Korea Legal Aid Center for Family Relations.

Ⅳ. Proposals for Improvement and Development of Korea's Legal Aid

1. Improving Accessibility and Ease of Use of Justice System

It can be said that the Korean criminal legal aid is still viewed as government

29) The Center handled 187,220 consulting cases for 13 years until August 2012.

dispensation and welfare when the legal aid is heavily focused on providing support for the accused person and defendant. Legal aid organizations lacks attorneys and also the eligibility requirements for the aid are too rigorous to provide sufficient legal aid to the indigent and the uneducated. Furthermore, legal aid is available only after a criminal suspect, the accused or a crime victim can fully understands the situation, use the legal system voluntarily or request for the crime victim support by themselves. Nevertheless, the current legal aid system do not give much help to the poor and the uneducated to fully identify and assess their legal problems.

2. Expansion of Legal Aid Recipients and Area

The Legal Aid Act is to protect those in economic difficulty or not adequately protected by law due to ignorance about law. However, the Legal Aid Act Enforcement Decree limits the recipients to those in economic difficulty and in ignorance about la w.[30] The scope of application should be immediately expanded because it is unconstitutional that the Enforcement Decree is written to narrow the scope of the underlying Legal Aid Act without any reasonable grounds.

Also, legal aid in criminal cases should be made available to foreign immigrants in Korea and Korean nationals abroad. In particular, legal aid is necessary to protect immigrants in Korea whose basic human rights are violated risking their lives. By providing legal aid to immigrants, it is possible to uphold universal human rights and to enhance global coalition for legal aid.

Currently, court-appointed attorneys are provided only to defendants and the accused who are under custody. To better serve the Doctrine of presumption of innocence that is guaranteed under the Korean Constitution (Art. 27(4)), the court-appointed attorney system should be made available to those who are arrested without warrant.

30) Enforcement Decree of the Legal Aid Act Article 7 (1)-10: citizens not capable to have legal recourse due to ignorance of law or otherwise difficulty in their life such as handicapped.

3. Alliance and Cooperation among Legal Aid Organizations

The most notable vulnerability in the Korean legal aid system lies in the lack of alliance and cooperation among legal organizations. Strategic alliance and cooperation can create significant synergy because each organizations has different advantages and disadvantages. Most of all, it is necessary to recognize the importance of legal aid corporations, which play a key role in legal aid, and these legal aid corporations take the lead to consolidate cooperation among legal aid organizations in order to enhance public access to the justice system through legal aid.

Then legal aid would be more efficiently provided to the criminal suspects and defendants from the outset of criminal investigation to hearings and trial.

4. Human Rights and Global Coalition for Legal Aid

The Korean population has exceeded 50 million, and approximately 7 million Koreans live abroad. There are also 1.1 million foreigners living in Korea. Korea has developed into one of the top ten trading countries, building close relations with other nations. At the same time, the Korean pop culture is gaining global popularity. What this implies is that we live in one world, a global village, and we are all dependent upon each other living across the globe. Therefore, protection provided to the Korean nationals should be made available to others as well. Moreover, it is universally recognized that all human beings have the right be treated with respect and the right to pursue a dignified life.

In this context, international cooperation beyond a national level is also crucial in legal aid. Considering the universal importance of providing easier access and use of the justice system, the enhancement of the legal aid system is certainly an important global project. Each nation should make continued efforts to share their information with other nations on legal aid, provide training and have more trained lawyers. Therefore, it is timely to propose establishing a global coalition for legal aid.

제19장

개혁의 시대, 한중형사소송법학회의 임무

Ⅰ. 개혁의 시대

우리들은 현재의 상황을 두고 언제나 '개혁의 시대'라고 부르길 좋아한다. 현재는 개혁의 시대가 아닌 적이 없었다. 사회적 환경은 항상 변화해 왔고, 이에 따라 인간질서 역시 그 환경질서에 상응해야 되었기 때문이다. 그럼에도 오늘날 개혁의 시대라는 용어는 종전보다 훨씬 더 절박한 시대적 사명의 전제로 인식되고 그에 걸맞은 해결책의 모색을 요청하고 있다. 과학기술의 엄청난 발전으로 인해 오늘날 사회환경은 종래 우리가 경험했던 그 어떤 세대와 비교할 수 없을 정도로 빠르게 진화됨으로써 우리는 이미 제4차 산업혁명의 시대에 들어서 있다. 즉 이제 인간능력을 대신하거나 혹은 뛰어넘을 수 있는 과학기술의 진보를 이룩하였다.

이러한 과학의 진보와 이로 인해 변화된 사회환경적 요소를 충분히 고려된 형사사법의 정의실현이 우리 형사법학자들에게 주어진 당면한 임무이다. 즉 형사사법절차에서 인권 보장에 기여할 수 있도록 개혁의 시대에 걸맞은 제도적 장치를 찾아내고, 개선하며 보완하는 작업의 지속적 이행이야말로 오늘날 형사법학자들의 주된 임무여야 한다. 이러한 임무수행을 위해 우리는 헌법 규범내용(한국이나 중국 헌법에는 '모든 국가권력은 국민으로부터 나온다는 점, 국민이 기본권 보장과 이를 위한 적법절차 내지 법치국가원칙의 준수'를 천명하고 있다)을 임무수행의 주요한 근거와 한계로 인식하면서 국민의 자유와 평등 그리고 사회적 정의 실현을 위한 형사사법의 개선과 운용을 도모하는 데에 최선을 다해야 할 것이다.

Ⅱ. 상상의 질서로서 법의 존재

지구상에 수많은 동물들이 살고 있지만, 인간을 제외한 모든 포유류 동물은 집단을 이루는 개체수가 많아도 통상 150마리를 넘지 않는다. 개체수가 20~40마리가 넘으면 또 다른 집단으로 분류되기 십상이다. 오직 인간만이 수만에서 수백만 혹은 수억을 연대하게 만든다. 최근 박근혜-최순실게이트와 관련하여 수백만의 국민들이 상호 연대의식을 갖고 거리를 뛰쳐나와 박근혜의 대통령 퇴진을 외쳤다. 때론 특정 종교나 특정 국가의 구성원이라는 이유로 수십억명까지 서로 한 통속이라는 상호연대의식을 갖고 있는 것을 볼 수 있다. 이렇듯 인간이 상호간에 만난 적이 없고 알고 지내지 않으면서도 상호연대가 가능한 것은 공통의 신념이나 신화에 근거하거나 혹은 특정 국가를 기꺼이 인정하고 신뢰하기 때문이다. 화폐의 경우가 전형적이다. 예컨대 미화 100달러의 명목가치는 한화 11만 3천원에 상당하지만 실질적 제조비용은 어쩌면 100원 이하일 수도 있다. 그럼에도 모든 미국인을 비롯하여 미국에 적대적인 국가의 국민들까지 그런 달러의 가치를 기꺼이 믿고 신뢰한다. 그것이 비록 상상의 산물임에도.

상상의 산물인 것은 헌법을 비롯한 온갖 법률도 마찬가지이다. 헌법과 법률은 개인의 자유와 평등 그리고 사회적 정의 실현을 위한 가상의 실재인 것이다. 그러므로 법질서는 비록 가상의 실재에 불과하지만 인위적으로 쉽게 바꾸기 어려운 인위적 본능에 기반을 두고 있다. 이런 점에서 모든 질서에는 사물의 본성에 따른 정의로운 실체를 찾을 수 있다는 자연법주의자의 사상은 그리 틀린 것이 아니다. 그렇다면 격변의 시기에도 그 상황에 적합한 사물의 본성에 걸맞은 형사사법을 형성할 수 있다는 신뢰, 법해석과 법운용 역시 헌법규범과 헌법정신의 취지에 따라 자유와 평등 그리고 사회적 정의 실현에 기여할 수 있다는 신뢰야말로 형사사법의 최대목적인 건강한 사회를 형성하고, 그 속에서 개인의 인격을 최대한 꽃피울 수 있게 만든다.

또한 헌법은 모든 법률에 대해 존재근거이자 상위법이며, 따라서 헌법의 이념에 반하는 악법의 존재가 가능하고, 그런 불법은 헌법규정이나 헌법정신에 반하지 않도록 극복되어야 마땅하다. 그러므로 오늘날처럼 급변하는 개혁의 시대에서도 헌법과 헌법정신에 어울릴 뿐만 아니라, 사물의 본성에 걸맞은 정당한 법률의 모색과 그 정의로운 운용이 우리 모두의 책무여야 하며, 그것이 사법정의를 실현한다는 확고한 신뢰와 믿음이 필요하다.

Ⅲ. 형벌권의 발생근거와 형벌권 행사의 정당성

1. 형벌부과의 근거

국가가 형성되기 이전에 복수는 개인에게 스스로를 보호할 수 있는 유일한 수단이었다. 복수라는 것은 피해를 당한 자의 가해자에 대한 앙갚음이다. 복수의 절차와 방식은 정해진 바가 없으므로, 언제 어떻게 어느 정도로 복수할 것인가에 대한 예견가능성도 없고, 앙갚음의 내용과 정도도 제각각이었다. 이에 따라 필연적으로 복수는 복수를 낳게 되었다. 복수를 통하여 얻게 되는 가족이나 집단의 위안과 평화는 상대를 제압할 수 있을 만큼 충분한 개인적 능력이나 무력을 갖고 있을 때에만 가능하였다.

이에 따라 사회방위를 위해 무엇이 불가피한 것인지에 관해 인간의 이성이 눈을 뜨자마자 복수로 인하여 야기되는 문제점을 해소하여 각 개개인의 인권을 충실히 누릴 수 있는 방안이 절실히 필요하게 되었던 것이다. 바로 이러한 요청으로부터 사인의 복수를 대신할 국가의 강력한 공권력인 형벌의 필요성이 정당화되었다. 그런데 형벌은 복수의 대안으로서 손색이 없을 정도로 국민에 대해 강력한 위하력(威嚇力)을 발휘하는 수단이어야 하지만, 복수와는 내용의 정당성과 절차의 합법성의 유무로 차별성을 가져야 했다. 왜냐하면 형벌이 사적 복수를 미연에 충분히 방지할 정도로 실효성을 갖지 못할 때, 그리고 형벌 부과절차의 적법성이 철저히 준수되지 않음으로써 야기되는 부당성은 다시금 복수를 할 수밖에 없는 사정으로 내몰리게 되기 때문이다. 그러므로 형벌은 그 누구에게도 참기 어려운 고통을 내용으로 해야 하지만 형벌의 형성과 형벌부과의 절차는 사적인 복수와는 질적으로 달라야 한다는 점에서 적법절차와 책임주의 등 법치국가원리가 작동하는 형사사법의 기본원칙과

절차를 충실히 준수할 수 있도록 해야 한다.

① 이런 점에서 국가 형벌권은 엄정한 사전경고를 통하여 복수를 야기할 만한 범법행위의 실행을 사전에 방지하려는 데에 일차적 목적을 가져야 한다(**형벌목적의 범죄예방 최우선화 관철**).

② 그럼에도 불구하고 범법행위가 발생하면, 국가는 범법자에 대해 복수의 방식이 아닌, 적법절차 등 형사사법의 근본원칙에 따라 수사와 재판을 적정하게 운용해야 하고(**적법절차의 철저한 준수**),

③ 아울러 국가는 범죄로 야기된 피해자의 손실에 대해 복수에 버금갈 정도의 충분한 보상을 피해자에게 제공해야만 한다(**중대한 범죄로 야기된 피해자의 손해에 대한 국가의 보상책임원칙**). 다만 국가가 범죄피해자에게 지급하는 범죄피해보상금은 원인 야기자 부담의 원칙에 따라 가해자에 대한 구상권의 행사와 벌금, 범죄로 인하여 발생한 수익의 몰수 등을 통하여 조달되어야 한다.

④ 범죄로 인한 법익 침해라는 긴급상황에 처한 범죄피해자에게는 범죄를 야기하는 자에 대하여 즉시 정당방위나 긴급피난 또는 자력구제와 같은 사적 긴급형벌권(복수의 성격)의 행사를 폭넓게 허용해야 한다. 즉 그것은 국가의 시혜적 혜택이 아닌, 천부인권으로 인정해야 되기 때문입니다.

2. 공권력으로서 형벌권 행사의 정당성

형벌은 복수의 대안으로서 잠재적 범죄를 사전에 예방할 수 있어야 한다. 그러기 위해서 형벌의 본질은 단순히 범죄행위에 대한 응보로서 복수일 수 없으며, 복수와 달리 행위자의 행위책임에 어울리는 형사제재라야 한다. 즉 형벌은 범죄의 불법성과 책임에 상응하도록 처벌의 강도도 비례성의 원칙에 입각해야 하고, 인간이 참기 어려운 고통을 내용으로 해야 하지만 그것을 넘어 인간성을 말살해버리는 정도의 가혹한 성격을 가져서는 안 된다. 더욱이 형벌은 복수와 달라야 하므로, 부당한 형벌은 복수와 본질적 차이가 없다는 점에서 부당한 형벌의 부과는 결코 허용될 수 없다.

이처럼 형벌은 인간이 참기 힘든 고통을 가하면서, 과거에 형벌을 받았던 전과자에 대해서도 범죄를 저질렀던 악한 사람이라는 사회적 낙인을 찍는다. 이와 같은 전과자라는 사회적 낙인은 사회생활을 정상적으로 영위해 나가는 데에 치명적인 부작용을 수반한다. 수형자의 현재는 물론이고 미래의 삶에 대해서도 치명적일 수 있는 형벌은 사회적으로 명백한 해악을 끼치는 악행에 대해서만 부과해야 된다는 결론은 자명하다. 그러므로 국가형벌권은 사회적으로 보호 필요성을 갖는 중요한 법익 침해행위에 국한하여 행사되어야 하지만, 형벌 이외의 수단으로 사회방위가 불가능한 경우에만 예외적으로 허용되어야 한다.

더구나 형벌권자는 언제나 그것의 남용가능성을 갖는다. 범죄가 발생하면 수사기관은 혐의자 또는 피의자를 소환하거나 구속하여 신문한다. 소추기관은 피의자에 대해 범행 여부를 철저하게 추궁하며, 혐의점이 발견되면 형벌권의 실행을 위해 최선을 다하게 된다. 이 과정에서 수사와 소추가 사실상 자신들의 인사고과에 반영되며, 또한 고유한 권한이고, 그런 권한을 행사하는 데에서 나름의 공명심이나 정의감 등 자기만족을 갖기 때문에 무리한 수사와 소추를 시도하기도 한다.

수사기관의 이러한 태도에는 문제점이 적지 않다. 왜냐하면 ① 악행을 범하는 모든 범죄가 적발되는 것이 아니며, 범죄의 암수는 범죄통계에 잡히는 범죄보다 언제나 훨씬 많아서 검거된 자만이 특별한 고통을 받게 되며, ② 형벌을 받은 수형자는 현재에 경험하는 형벌의 고통으로만 끝나지 않고 전과자로서 낙인이 찍히기 때문이다.

이처럼 형벌의 고통과 전과자의 낙인가능성 및 국가형벌권의 남용가능성으로 인해 단순한 범죄혐의자에 대한 일방적인 형벌부과는 되도록 삼가야 한다. 의심스러울 때에는 피의자나 피고인의 이익으로 판단해야 하고, 확정판결 전이라면 무죄추정의 원칙이 고수되어야 한다는 것은 범죄의 수사와 재판의 절차에서도 유지되어야 한다.

Ⅳ. 형벌부과 절차의 적법성

1. 형사소송법에 관한 입법자의 입법형성에 관한 원칙

형사소송법에 관한 수정이나 신설 등의 경우에도 역시 헌법상 법치국가원칙은 철저히 준수되어야 한다. 입법자는 형사소송질차를 규율함에 있어서 형사피고인인 국민을 단순한 처벌대상으로 전락시키는 결과를 초래하는 등 헌법적으로 포기할 수 없는 요소를 무시할 수 없기 때문이다.

2. 형벌권의 실현과정과 국민에 의한 사법참여와 감시

형벌권 실현의 핵심주체는 수사기관과 재판기관이다. 현대국가에서 수사권과 재판권은 본질적으로 국민으로부터 위임받은 것이지, 절대군주로부터 위임받는 것이 아니다. 만일 국민이 아닌, 군주로부터 사법권을 위임받아 형사사법을 행사하였다면, 국왕은 실수를 범하지 않는다는 원칙에 따라 절대군주의 긴팔로서의 역할을 충실하게 실현할 수 있도록 형사사법의 실현과정에서 충분한 재량의 여지를 갖게 된다. 이러한 체제에 의할 경우 사법권의 행사는 중대한 과오를 범하더라도 그런 권력행사의 남용자에 대해 처벌하는 것을 삼가는 방향으로 나아간다.

그러나 오늘날 한국이나 중국은 군주주의체제 국가가 아니며, 국민주권으로부터 권한을 위임받은 자가 국민을 대표해서 입법권, 행정권 및 사법권을 행사하는 것을 원칙으로 삼고 있다. 따라서 사법권 역시 국민의 위임에 의해 행사되어야 하는 것이라면 잘못된 권한행사에 대해서는 국민에 의한 감시와 평가를 받아야 마땅하다. 그럼에도 불구하고 아직까지 한국에서는 법관이나 검찰의 사법왜곡행위에 대해 처벌하지 않고 있다. 최근 재심을 통해 무죄로 밝혀졌던 '인혁당재건위 사건'에서 볼 수 있듯 무고한 국민들을 고문에 의해 증거를 조작하고 피고인들에 대한 온갖 증거들이 조작되었다는 피고인들과 그 변호인들의 아우성을 들은 척도 하지 않았던 법관들(심지어 대법관까지)은 합리적 의심이 없을 정도로 유죄의 입증이 형성되어야 한다는 최소한의 원칙을 저버리고 그들 8명에 대해 대법원에서 사형을 확정하고 무엇이 그리도 그렇게 바쁜지 다음날 곧바로 집행해 버렸다. 이 사건에 관여했던 법관들 심지어 대법관들이나 공소를 제기했던 검찰은 인혁당재건위 사건과 관련하여 살인범의 공동정범이 아니라고 할 수 있을까? 그런 살인범들은 아직까지 떵떵거리면서 살고 있으며, 처벌하지 않는 것이 정상일 수 있을까. 이런 종류의 사법살인이나 혹은 사법왜곡행위에 대해서는 여타의 국가들처럼 사법왜곡죄를 규정하여 처벌하는 것이 사법권의 국민의 통제를 위해 불가피한 것으로 보인다.

3. 윤리적 존재로서 국가의 형벌실현과정에 관한 준수의무

국가가 윤리적 존재라고 한다면 국가 스스로는 법률 등을 통하여 국민에게 약속한 것을 실현해야 한다. 그러므로 헌법이나 형사소송법 등에서 적시한 적법절차의 철저한 준수, 무죄추정, 위법수집증거의 증거능력배제, 전문증거의 원칙적 배제, 임의수사원칙, 불구속재판의 원칙, 구두변론주의, 집중심리주의, 피의자 신문 시에 변호인 참여권 보장 등은 원칙적으로 철저히 준수되어야 한다. 따라서 민주적 법치주의가 실현되는 국가라면 이와 같은 형사절차법상의 원칙들은 이를 근본적으로 금지하거나 제한해서는 안 되는 것이다.

Ⅴ. 한중형사법연구회의 임무

한중형사법연구회는 단순히 만남의 광장일 수 없다. 과학기술의 엄청난 발전에 의한 격변의 시대인 오늘날 종래보다 더욱 깊은 상호이해와 신뢰 그리고 비교법적 연구를 통하여 각기 자국의 형사사법의 진전에 의미 있는 기여를 해야 하는 책무를 진다. 그러기 위해서는 믿음의 산물인 법률제도뿐만 아니라 상호 상대국의 학술연구회와 그 성과에 대해 깊은 신뢰를 두고 지속적으로 활발하게 교류하여야 한다.

아울러 한중형사법학회는 ① 국민의 사법참여를 위한 적극적 보장 방안, ② 국민에 의한 사법감시의 체재확립과 사법왜곡의 방지대책, ③ 과학수사의 적극적 활용과 형사사건에서 적법절차의 철저한 담보, ④ 인신구속제도의 개선과 변호인의 조력을 받을 권리의 실질적 보장, ⑤ 공판중심주의적 법정심리절차의 확립, ⑥ 범죄피해자의 보호방안, ⑦ 법률구조제도의 실질적 개선 등을 주된 임무로 삼고, 국민을 위한 국민에 의한 국민의 기본권 보장에 만전을 기하도록 노력해야 할 것이다.

제20장

전원합의체의 변경을 요하는 대법원 형사실체법 판례*

1. 보안처분의 소급효 인정

형법상 보호관찰(대판 1997. 6. 13. 97도703), '아동·청소년성보호법'상 고지명령, 공개명령(대판 2011. 3. 24. 2010도14393), '특정 범죄자에 대한 위치추적 전자장치 부착 등에 관한 법률'상의 위치추적 전자장치 부착명령(대판 2010. 12. 23. 2010도11996) 등을 보안처분이라고 하고, 이에 대해서는 피고인에게 불리한 소급효가 인정된다고 한다.

한편 '가정폭력범죄의 처벌 등에 관한 특례법'상의 사회봉사명령은 보안처분이라고 하면서도 피고인에게 불리한 소급효를 인정하지 않았다(대결 2008. 7. 24. 2008어4).

○ 보호관찰, 신상공개, 전자감시 등의 성격이 무조건 보안처분이라고만 할 수 없으며, 보안처분이라고 할지라도 소급금지원칙이 적용된다는 방향으로의 변경이 필요하고, 판례 사이의 일관성을 유지해야 한다.

2. 형법 제1조의 행위 시

[대판 1997. 11. 28. 97도1740(성수대교 붕괴사건에 관한 판례)]. 형사소송법 제252

* 이에 관한 연구는 한양대학교 법학전문대학원 오명근 교수와 필자가 공동으로 작업한 것이다.

조 제1항에 정한 '범죄행위'에는 당해 범죄행위의 결과까지도 포함하는 취지로 해석함이 상당하므로, 교량붕괴사고에 있어 업무상과실치사상죄, 업무상과실일반교통방해죄 및 업무상과실자동차추락죄의 공소시효도 교량붕괴사고로 인하여 피해자들이 사상에 이른 결과가 발생함으로써 그 범죄행위가 종료한 때로부터 진행한다고 보아야 한다."

○ 다수설은 형법 제1조의 행위 시란 범죄행위 종료 시를 말하고 결과발생 시는 포함되지 않는다고 한다. 범죄행위란 결과범에서 결과를 포함하는 개념이므로 일반 결과범이나 격시범(隔時犯)에서는 결과발생 시가 범죄행위 종료 시라고 할 수 있다. 그러나 격시범에도 해당되지 않는 경우에는 범죄행위 종료 시를 행위 시로 보아야 할 것이다.

3. 형법 제1조 제2항에 대한 동기설

[대판 1980. 7. 22. 79도2953] 형법 제1조 제2항은 형벌법령 제정의 이유가 된 법률이념의 변경에 따라 종래의 처벌 그 자체가 부당하거나 과형이 과중하였다는 반성적 고려에서 법령을 개폐하였을 때에만 적용되는 것이고 그 이외의 다른 사정의 변경에 따른 필요에 대처하기 위하여 법령을 개폐하는 경우에는 그 법령이 개폐되었다고 하여도 행위 당시의 전 법령에 따라 위반행위가 처단되어야 하는 것이다.

○ 동기설은 죄형법정주의를 훼손하는 다음과 같은 문제점을 품고 있다.

첫째, 동기설은 피고인에게 유리한 제1조 제2항, 제3항을 축소해석하는 것으로서, 피고인에게 유리한 규정을 축소해석하는 것은 허용되지 않는다는 판례의 입장(대판 2010. 9. 30. 2008도4762 등)과 배치된다.

둘째, 독일 형법 제2조 제4항 본문은 한시법의 전면적 추급효를 인정하고 있다. 독일 형법의 동기설은 이로 인한 형벌권의 확장을 줄이기 위해 등장한 이론이다. 따라서 독일 형법의 동기설은 피고인에게 유리한 축소해석임에 비해, 우리나라의 동기설은 피고인에게 불리한 축소해석이다.

셋째, 법률이념의 변경인지 사실관계의 변경인지에 대한 명백한 기준이 없으므로 법적 안정성을 해할 우려가 있다.

4. 결과적가중범의 공동정범

[대판 1991. 11. 12. 91도2156] 수인(數人)이 합동하여 강도를 범한 경우 그 중 1인이 사람을 살해하는 행위를 하였다면 그 범인은 강도살인죄의 기수 또는 미수의 죄책을 지는 것이고, 다른 공범자도 살해행위에 관한 고의의 공동이 있었으면 그 또한 강도살인죄의 기수 또는 미수의 죄책을 지는 것이 당연하다 하겠으나, 고의의 공동이 없었으면 피해자가 사망한 경우에는 강도치사, 강도살인이 미수에 그치고 피해자가 상해만 입은 경우에는 강도상해 또는 치상, 피해자가 아무런 상해를 입지 아니한 경우에는 강도의 죄책만 진다고 보아야 할 것이다.

○ 상해에 대한 고의의 공동이 없으면 강도상해의 죄책을 지는 것이 아니라, 강도치상의 죄책만을 진다는 것이 논리적이다.

5. 결과적가중범의 교사·방조범

[대판 1997. 6. 24. 97도1075] 상해를 교사하였는데 피교사자가 이를 넘어 살인을 실행한 경우, 일반적으로 교사자는 상해죄에 대한 교사범이 되는 것이고, 다만 이 경우 교사자에게 피해자의 사망이라는 결과에 대하여 과실 내지 예견가능성이 있는 때에는 상해치사죄의 교사범으로서의 죄책을 지울 수 있다.

○ 상해교사행위와 과실치사상죄의 결합범은 인정하지 않고 있음에도 불구하고 상해치사죄의 교사범을 인정하는 것은 상해교사치사죄를 인정하는 것과 같게 된다. 과실범에 대한 교사범은 인정될 수 없으므로 진정결과적가중범에 대한 교사범은 인정되지 않아야 한다.

6. 부진정결과적가중범과 중한 결과에 대한 고의범의 죄수

[대판 2008. 11. 27. 2008도7311] 부진정결과적가중범에서 고의로 중한 결과를 발생하게 한 행위가 별도의 구성요건에 해당하고, 그 고의범에 대하여 결과적가중범에 정한 형보다 더 무겁게 처벌하는 규정이 있는 경우에는 그 고의범과 결과적가중범이 상상적 경합관계에 있지만, 위와 같이 고의범에 대하여 더 무겁게 처벌하는 규정이 없는 경우에는 결과적가중범이 고의범에 대하여 특별관계에 있으므로 결과적가중범만 성립하고 이와 법조경합의 관계에 있는 고의범에 대하여는 별도로 죄를 구성하지 않는다.

○ 중한 결과에 대한 고의범의 형벌이 부진정결과적가중범의 형벌보다 무거운 때에는 고의로 중한 결과를 발생시킨 자의 형벌이 과실로 중한 결과를 발생시킨 자의 형벌보다 가벼울 수 없기 때문에 부진정결과적가중범을 전혀 인정할 필요가 없는 것이다. 예컨대 현주건조물일수치사죄에서 중한 결과에 대한 고의범인 살인죄의 형벌이 현주건조물일수치사죄의 형벌보다 무겁기 때문에 현주건조물일수치사죄는 애초부터 굳이 부진정결과적가중범이라고 해석할 필요가 전혀 없다.

7. 법률의 부지

[대판 2011. 10. 13. 2010도15260; 대판 2010. 4. 29. 2009도13868; 대판 2009. 5. 14. 2007도5531; 대판 2008. 5. 29. 2007도10914; 대판 2008. 3. 14. 2007도11263; 대판 2007. 11. 15. 2007도6775 외 다수 판결]. "단순한 법률의 부지의 경우를 말하는 것이 아니고 일반적으로 범죄가 되는 행위이지만 자기의 특수한 경우에는 법령에 의하여 허용된 행위로서 죄가 되지 아니한다고 그릇 인식한" 것이라고 한다.

○ 법률의 부지라는 개념을 인정하는 것은 다음과 같은 문제점이 있다.
첫째, 우리 형법에는 법률의 부지에 관한 명문의 규정이 없다. 따라서 명문규정이 있는 일본 판례에서 유래한 해석론이 우리 형법에도 그대로 타당할 수는 없게 되었다.

둘째, 법률의 부지가 범죄성립에 영향을 미치지 않는다는 판례의 태도는 이미 형법이론적으로는 극복되었다고 할 수 있다. 왜냐하면 위법성의 인식가능성이 책임의 핵심요소인데, 법률의 부지는 위법의 인식가능성이 없을 수도 있기 때문이다.

셋째, 판례에서 법률의 부지이론으로 해결하고 있는 사례들 대부분은 식품위생법, 건축법, 상표법 등과 같은 행정형법위반행위이다. 역사적으로 볼 때 법률의 부지이론은 자연범에나 타당한 이론이다. 살인, 상해, 강도 등과 같은 자연범을 범하고 그것을 금지하는 법률이 있음을 몰랐다고 하는 변명을 받아들이기는 곤란할 것이기 때문이다.[1] 그러나 행정범에까지 법률의 부지 이론을 적용하는 것은 문제이다.

넷째, 판례에 의하면 법규정을 몰라 자신의 행위가 위법하다는 것을 아예 생각조차 하지 않은 경우에는 법률의 착오가 되지 않는다. 그러나 이 경우 행위자가 위법성을 인식하였다고까지 하는 것은 사실을 왜곡하는 것이라고 할 수 있다.

다섯째, 법률의 부지를 인정한 판례들 중에는 법률의 부지이기 때문에 법률의 착오에 해당하지 않는다고 한 판례들도 있지만, 나아가 법률의 부지이기 때문에 정당한 이유가 없다고 한 판례들도 많이 있다.[2] 이는 판례도 법률의 부지가 법률의 착오의 한 예에 불과하다는 것을 부지불식간에 인정하고 있음을 보여주는 것이라고 할 수 있다.

여섯째, '법률의 부지'란 용어는 정확하게 말하면 '법률의 부지에서 야기된 법률의 착오'라고 할 수 있다. 그런데 형법 제16조에서 법률의 부지를 제외하는 것은 피고인에게 유리한 규정을 축소해석하는 것으로서 허용되지 않는 해석이다.

일곱째, 일본 형법은 법률의 부지를 인정하면서도 형을 감경할 수 있도록 하고 있다. 그러나 우리 판례는 법률의 부지에 대해 임의적 감경도 허용하고 있지 않다.

---

1) 자연범과 법정범을 구별하는 확실한 기준은 없지만, 자연범의 성격이 분명한 범죄에 대해서는 법률의 부지이론이 설득력이 있다. 같은 취지, 신동운, 409쪽.

2) 대판 1997. 6. 27. 95도1964; 대판 2007. 11. 15. 2007도6775 등.

8. 간첩죄의 실행의 착수시기

[대판 1984. 9. 11. 84도1381; 대판 1958. 10. 10. 4291형상294] 간첩의 목적으로 외국 또는 북한에서 국내에 침투 또는 월남하는 경우에는 기밀탐지가 가능한 국내에 침투 상륙함으로써 간첩죄의 실행의 착수가 있다.

○ 간첩이란 국가기밀을 탐지, 수집하는 행위를 말하므로 그 실행의 착수시기는 탐지, 수집행위를 개시한 때라고 해야 한다. 판례는 학설에서는 인정하지 않는 주관설에 의해 실행의 착수시기를 정하는 것이다. 국가기밀을 탐지, 수집하기 위해 국내에 침투 또는 월남하는 행위는 기껏해야 간첩활동의 예비에 불과하기 때문이다.

9. 예비의 중지에서 중지미수 유추적용 부정

[대판 1999. 4. 9. 99도424; 대판 1991. 6. 25. 91도436; 대판 1966. 4. 12. 66도152 전합] 중지범은 범죄의 실행에 착수한 후 자의로 그 행위를 중지한 때를 말하는 것이고 실행의 착수가 있기 전인 예비·음모의 행위를 처벌하는 경우에 있어서 중지범의 관념은 이를 인정할 수 없다.

○ 실행의 착수 후 중지한 사람은 형벌을 면제받을 가능성이 있지만 실행의 착수조차 하지 않은 사람은 형벌을 면제받을 가능성이 없다는 비판이 제기된다. 즉 예비행위를 한 사람이 형벌을 면제받기 위해서는 실행의 착수를 한 후 중지해야 한다는 부당한 결론이 된다는 비판이 제기된다.

10. 목적의 성격

[대판 1994. 12. 23. 93도1002] 형법 제152조 제1항과 제2항은 위증을 한 범인이 형

사사건의 피고인 등을 모해할 목적을 가지고 있었는가 아니면 그러한 목적이 없었는가 하는 범인의 특수한 상태의 차이에 따라 범인에게 과할 형의 경중을 구별하고 있으므로, 이는 바로 형법 제33조 단서 소정의 '신분관계로 인하여 형의 경중이 있는 경우'에 해당한다.

○ 신분은 행위자요소인데, 목적은 고의, 과실, 불법영득의사 등과 같이 주관적 구성요건요소로서 행위요소이지 행위자요소일 수 없기 때문이다.

11. 형법 제33조 단서

[대판 1984. 4. 24. 84도195] 상습도박죄나 상습도박방조죄에 있어서의 상습성은 행위의 속성이 아니라 행위자의 속성으로서 도박을 반복해서 거듭하는 습벽을 말하는 것인바, 도박의 습벽이 있는 자가 타인의 도박을 방조하면 상습도박방조죄에 해당하는 것이다.

[대판 1994. 12. 23. 93도1002] 신분관계로 인하여 형의 경중이 있는 경우에 신분이 있는 자가 신분이 없는 자를 교사하여 죄를 범하게 한 때에는 형법 제33조 단서가 형법 제31조 제1항에 우선 적용됨으로써 신분이 있는 교사범이 신분이 없는 정범보다 중하게 처벌된다.

○ 제33조는 비신분자가 신분범에 가공한 경우를 처벌하는 것인데, 상습도박자가 도박죄에 가공한 경우에는 신분자가 비신분범에 가공한 것이므로 제33조가 적용될 수 없고, 제31조 제1항을 적용해야 한다. 제33조 단서를 적용한다고 하더라도 제33조 단서는 "중한 죄로 벌하지 아니한다."고 규정하고 있는데, 이는 '가공한 비신분자를 신분자보다 더 중하게 벌하지 아니한다.' 혹은 '가공한 자를 피가공자보다 더 중하게 벌하지 아니한다.'라는 의미로 해석해야 하기 때문이다.

12. 죄 수

(1) [대판 1989. 9. 12. 89도54] 간통죄는 각 성교행위마다 범죄가 성립한다.

○ 피해자와 범행수법이 동일한 경우 포괄일죄를 인정하거나 연속범을 인정하는 판례들과 조화되지 않는다. 판례는 "단일하고도 계속된 범의 아래 동종의 범행을 일정기간 반복하여 행하고 그 피해법익도 동일한 경우에는 각 범행을 통틀어 포괄일죄로 보기 때문이며,[3] 수뢰죄에 있어서 단일하고도 계속된 범의 아래 동종의 범행을 일정기간 반복하여 행하고 그 피해법익도 동일한 것이라면 돈을 받은 일자가 상당한 기간에 걸쳐 있고, 돈을 받은 일자 사이에 상당한 기간이 끼어 있다 하더라도 각 범행을 통틀어 포괄일죄로 보고 있다.

(2) [대판 1983. 4. 26. 83도323] 강간죄의 성립에 언제나 직접적으로 또 필요한 수단으로서 감금행위를 수반하는 것은 아니므로 감금행위가 강간미수죄의 수단이 되었다 하여 감금행위는 강간미수죄에 흡수되어 범죄를 구성하지 않는다고 할 수는 없는 것이고, 그때에는 감금죄와 강간미수죄는 일개의 행위에 의하여 실현된 경우로서 상상적 경합관계에 있다.

○ 강간죄의 폭행은 '사람의 신체'에 대한 유형력의 행사일 필요가 없고 사람에 대한 유형력의 행사이면 족하다. 따라서 감금행위는 사람에 대한 유형력의 행사라고 할 수 있으므로 강간죄의 항거 불가능 혹은 현저히 곤란한 폭행에 감금행위도 포함된다고 해석해야 할 것이다.

13. 몰수와 추징

[대판 1999. 1. 29. 98도3584] 수뢰자가 자기앞수표를 뇌물로 받아 이를 소비한 후

---

3) 대판 2015. 10. 29. 2015도10948: 동일한 피해자에 대하여 수회에 걸쳐 기망행위를 하여 금원을 편취하였는데 범의가 단일하고 범행 방법이 동일한 경우, 사기죄의 죄수(=포괄일죄).

자기앞수표 상당액을 증뢰자에게 반환하였다 하더라도 뇌물 그 자체를 반환한 것은 아니므로 이를 몰수할 수 없고 수뢰자로부터 그 가액을 추징하여야 한다.

○ 수표나 현금은 물체 그 자체가 중요한 것이 아니라 가액이 중요하므로, 가액을 반환한 경우에도 다시 추징하는 것은 결코 허용될 수 없는 이중처벌의 위험을 야기한다.

14. 교사의 체벌행위

[대판 2004. 6. 10. 2001도5380] 초·중등교육법령에 따르면 교사는 학교장의 위임을 받아 교육상 필요하다고 인정할 때에는 징계를 할 수 있고, 징계를 하지 않는 경우에는 그 밖의 방법으로 지도를 할 수 있는데, 그 지도에 있어서는 교육상 불가피한 경우에만 신체적 고통을 가하는 방법인 이른바 체벌로 할 수 있고,

○ 체벌의 인정은 야만적 행위를 의미하므로, 징계권의 행사로서의 체벌은 금지되어야 하며, 다만 경우에 따라 형법 제20조에 의한 사회상규에 위배되지 않는 행위로 위법성이 조각된다고 하는 것이 바람직하다.[4)]

15. 대판 2000.7.28. 2000도2466; 대판 1981.3.10. 80도3321

시간적 차이가 있는 독립된 상해행위나 폭행행위가 경합하여 사망의 결과가 일어나고 그 사망의 원인된 행위가 판명되지 않은 경우에는 공동정범의 예에 의하여 처벌할 것이다.

○ 사망의 결과가 발생한 경우까지 적용범위를 확대하는 것은 피고인에게 불리한

4) 대법원 1991. 5. 28. 선고 90다17972 판결: 교사의 학생에 대한 체벌이 징계권의 행사로서 정당행위에 해당하려면 그 체벌이 교육상의 필요가 있고 다른 교육적 수단으로는 교정이 불가능하여 부득이한 경우에 한하는 것이어야 할 뿐만 아니라 그와 같은 경우에도 그 체벌의 방법과 정도에는 사회관념상 비난받지 아니할 객관적 타당성이 있지 않으면 안 된다.

유추해석이고, 제263조는 자기책임원칙에 반하는 위헌적 규정이므로 극히 제한적으로 해석해야 한다.

16. 특수폭행 등의 '휴대'의 개념

[대판 2002. 9. 6. 2002도2812] '휴대하여'는 '이용하여'를 포함한다.

○ '휴대하여'의 통상적인 의미는 몸에 지니고 있음을 의미할 때, 이를 '이용하는 경우'까지 확장하는 것은 피고인에게 불리한 유추해석으로 죄형법정주의에 반한다.

17. 과실범의 공동정범

[대판 1979. 8. 21. 79도1249] 형법 제30조에 '공동하여 죄를 범한 때'의 '죄'라 함은 고의범이고 과실범이고를 불문하므로 두 사람 이상이 어떠한 과실행위를 서로의 의사연락 하에 이룩하여 범죄가 되는 결과를 발생케 한 것이라면 과실범의 공동정범이 성립된다.[5]

○ 형법 제30조의 '공동하여 죄를 범한 때'란 고의범의 경우 2인 이상이 공동하여 죄를 범하는 것으로서, 공동정범이 성립하기 위해서는 주관적 요건으로서 공동가공의 의사와 객관적 요건으로서 공동의사에 기한 기능적 행위지배를 통한 범죄의 실행사실이 필요하다(대판 2015. 10. 29. 2015도5355)고 설시하면서, 과실범의 경우는 두 사람 이상이 어떠한 과실행위를 서로의 의사연락 하에 이룩하여 범죄가 되는 결과를 발생케 한 것이라면 과실범의 공동정범이 성립된다고 판시하고 있다. 하나의 법조문을 경우에 따라 전혀 다르게 해석하고 있을 뿐만 아니라, 과실범의 공동정범 인정은 죄형법정주의에 어긋난다.[6][7]

5) 대판 1997. 11. 28. 97도1740; 대판 1994. 5. 24. 94도660; 대판 1994. 3. 22. 94도35.

6) 기존의 판례를 추종하게 되면, 성수대교 붕괴 사건[대판 1997. 11. 28. 97도1740]에 대한 판례에서 설시하는 것처럼 "성수대교와 같은 교량이 그 수명을 유지하기 위하여는 건설업자의 완벽한 시공, 감독공무원들의 철저한 제작시공상의 감독 및 유지·관리를 담당하고 있는 공무원들의 철저한 유

18. 범행의 일부에 가담한 경우

[대판 1982. 11. 23. 82도2024] 타인이 미성년자를 약취·유인한 행위에는 가담한 바 없다 하더라도 사후에 그 사실을 알면서 약취·유인한 미성년자를 부모, 기타 그 미성년자의 안전을 염려하는 자의 우려를 이용하여 재물이나 재산상의 이익을 취득하거나 요구하는 타인의 행위에 가담하여 이를 방조한 때에는 단순히 재물 등 요구행위의 종범이 되는데 그치는 것이 아니라 종합범인 위 특가법 제5조의2 제2항 제1호 위반죄의 종범에 해당한다.

○ 승계적 공동정범을 인정하지 않는 판례나 포괄일죄의 범행에 일부에 가담한 경우에는 일부에 대해서만 공동정범이 인정된다는 판례들과 배치된다.

19. 전파가능성설

[대판 2010. 10. 28. 2010도2877] 공연성은 불특정 또는 다수인이 인식할 수 있는 상태를 말하고, 비록 개별적으로 한 사람에게 사실을 유포하였다고 하더라도 그로부터 불특정 또는 다수인에게 전파될 가능성이 있다면 공연성의 요건을 충족하지만, 반대로 전파될 가능성이 없다면 특정한 한 사람에게 한 사실의 유포는 공연성이 없다고 할 것이다.

○ 불특정 또는 다수인에게 직접 사실을 적시하지 않고, 특정한 한 사람에게 사실을 적시해도 공연성이 있을 수 있다는 것은 피고인에게 불리한 유추해석이다.

지·관리라는 조건이 합치되어야 하는 것이므로, 위 각 단계에서의 과실 그것만으로 붕괴원인이 되지 못한다고 하더라도, 그것이 합쳐지면 교량이 붕괴될 수 있다는 점은 쉽게 예상할 수 있고, 따라서 위 각 단계에 관여한 자는 전혀 과실이 없다거나 과실이 있다고 하여도 교량붕괴의 원인이 되지 않았다는 등의 특별한 사정이 있는 경우를 제외하고는 붕괴에 대한 공동책임을 면할 수 없다."라는 이상한 결론을 맺게 한다. 왜냐하면 공동정범이 성립하기 위해서는 범죄라는 작품을 공동으로 하거나 적어도 행위를 공동으로 하여야 하는데, 이 사례에서는 범죄를 공동으로 하였다는 정황도 없고, 행위의 공동을 인정할 만한 근거가 없기 때문이다.

7) 과실범의 공동정범 인정에 관해 비판적 입장에 관해서는 특히 허일태, "과실범의 공동정범에 대한 대법원 판례의 변천", 동아법학 제25호, 1999, 183쪽 이하 참조.

20. 일반인의 출입이 허용된 장소

[대판 1997. 3. 28. 95도2674] 일반인의 출입이 허용된 음식점이라 하더라도, 영업주의 명시적 또는 추정적 의사에 반하여 들어간 것이라면 주거침입죄가 성립한다.

○ 도청장치를 설치하는 것은 영업주의 의사에 반하는 것이지만, 돈을 내고 음식점 집의 방에 들어간 것은 영업주의 의사에 반하는 것이 아니므로 주거침입죄가 성립할 수 없다.

21. 재물 대 재산상 이익의 관계

[대판 2003. 5. 13. 2003도1178] 우리 형법은 재산범죄의 객체가 재물인지 재산상의 이익인지에 따라 이를 재물죄와 이득죄로 명시하여 규정하고 있는데, 형법 제347조가 일반 사기죄를 재물죄 겸 이득죄로 규정한 것과 달리 형법 제347조의2는 컴퓨터등사용사기죄의 객체를 재물이 아닌 재산상의 이익으로만 한정하여 규정하고 있으므로, 절취한 타인의 신용카드로 현금자동지급기에서 현금을 인출하는 행위가 재물에 관한 범죄임이 분명한 이상 이를 위 컴퓨터등사용사기죄로 처벌할 수는 없다.

○ 판례는 부당대출의 경우 배임죄를 언제나 인정하고 있는데(예컨대 대판 2005. 10. 28. 2005도5996), 은행원이 현금으로 부당대출을 해 준 경우에는 채무자가 재물을 취득한 것이므로 배임죄가 성립하지 않는다는 이상한 결론에 이른다. 또한 판례는 타인의 신용카드로 현금자동지급기에서 위임범위를 초과하여 현금을 인출한 경우 컴퓨터등사용사기죄를 인정하는데(대판 2006. 3. 24. 2005도3516), 이 경우에는 현금이 재산상 이익이 되는 이유를 설명할 수 없다.

22. 절도죄와 점유이탈물횡령죄

[대판 1988. 4. 25. 88도409] 어떤 물건을 잃어버린 장소가 당구장과 같이 타인의 관리 아래 있을 때에는 그 물건은 일응 그 관리자의 점유에 속한다 할 것이고, 이를 그 관리자 아닌 제3자가 취거하는 것은 유실물횡령이 아니라 절도죄에 해당한다

○ 고속버스나 지하철에서 물건을 주운 경우와 같이 관리자가 물건을 발견하지 못하였다면 점유이탈물횡령죄를 인정해야 한다. 어쨌든 판례 사이에 논리를 일치시켜야 한다.

23. 절도피해자와 금융기관

[대판 2007. 3. 15. 2006도2704] 친척 소유 예금통장을 절취한 피고인이 현금자동지급기에 예금통장을 넣고 조작하는 방법으로 다른 금융기관 피고인 명의 계좌로 이체한 경우, 그 범행으로 인한 피해자는 그 친척 거래 금융기관이므로 친족상도례를 적용할 수 없다.

○ 은행은 법률상 그리고 적어도 사실상 아무런 손해를 입지 않으므로 피해자라고 하기 어렵다.[8)]

24. 사자(死者)의 생전점유

[대판 1993. 9. 28. 93도2143] 피해자를 살해한 방에서 사망한 피해자 곁에 4시간 30분쯤 있다가 그 곳 피해자의 자취방 벽에 걸려 있던 피해자가 소지하는 물건들을 영득의 의사로 가지고 나온 경우 피해자가 생전에 가진 점유는 사망 후에도 여전히

8) 은행 등에 예치한 금전에 관한 형법상 소유권 개념에 관해서는 허일태, "위탁금전과 형법상 소유권개념", 비교형사법연구 제5권 제1호, 2003, 265쪽 이하 참조.

계속되는 것으로 보아야 한다.

○ 사자에게 법률상, 사실상 점유를 인정할 수 없으므로 피해자의 방의 관리자의 점유를 침해하는 것으로 보아야 할 것이다.

25. 준강도의 기수시기

[대판 2004. 11. 18. 2004도5074 전합] 준강도로서 강도죄의 예에 따라 처벌하는 취지는, 강도죄와 준강도죄의 구성요건인 재물탈취와 폭행·협박 사이에 시간적 순서상 전후의 차이가 있을 뿐 실질적으로 위법성이 같다고 보기 때문인바, 이와 같은 준강도죄의 입법취지, 강도죄와의 균형 등을 종합적으로 고려해 보면, 준강도죄의 기수 여부는 절도행위의 기수 여부를 기준으로 하여 판단하여야 한다.

○ 준강도죄는 강도죄에 비해 불법과 비난가능성이 그다고 할 수 없기 때문에 강도죄보다 불리하게 해석해서는 안 된다. 강도죄에서는 재물을 취득하였어도 폭행·협박이 미수에 그치거나 폭행·협박과 재물강취 사이에 인과관계가 없는 경우에는 강도미수죄가 성립한다. 그러나 위 판결에 의하면 준강도 기수가 되어 강도죄보다 준강도죄를 불리하게 해석하는 결과를 초래한다. 따라서 폭행·협박과 절도 모두 기수가 되어야 한다고 해야 한다.

26. 합동절도범과 강도상해죄

[대판 1991. 11. 26. 91도2267] 합동하여 절도범행을 하는 도중, 사전에 구체적인 의사연락이 없었다고 하여도, 피고인이 체포를 면탈할 목적으로 피해자를 힘껏 떠밀어 상처를 입게 한 경우, 폭행의 정도가 피해자의 추적을 억압할 정도의 것이었던 이상 피고인들은 강도상해의 죄책을 면할 수 없다.

○ 절도를 합동으로 할 고의는 있었으나 폭행·협박을 공동으로 할 고의가 없었던

경우에는 폭행·협박 부분에 대한 고의책임을 인정할 수 없으므로 준강도를 인정할 수 없다. 혹여 죄책을 인정하더라도 준강도상해가 아닌 준강도치상죄를 인정해야 한다.

27. 금전차용과 용도고지

판례는 용도를 속이고 돈을 빌린 경우, 사기죄를 인정하기도 하고(대판 1996. 2. 27. 95도2828; 대판 1995. 9. 15. 95도707), 부정하기도 한다(대판 1993. 1. 15. 92도2588; 대판 1984. 1. 17. 83도2818).

[대판 2005. 9. 15. 2003도5382] 타인으로부터 금전을 차용함에 있어서 그 차용한 금전의 용도나 변제할 자금의 마련 방법에 관하여 사실대로 고지하였더라면 상대방이 응하지 않았을 경우에 그 용도나 변제자금의 마련 방법에 관하여 진실에 반하는 사실을 고지하여 금전을 교부받은 경우에는 사기죄가 성립하고, 이 경우 차용금채무에 대한 담보를 제공하였다는 사정만으로는 결론을 달리할 것은 아니다.

○ 변제의사와 능력에 대해 기망을 한 경우에는 사기죄의 기망이라고 할 수 있지만, 자금의 사용용도와 변제자금 마련 방법에 대해 사실대로 고지하지 않은 경우(예를 들어 마약을 사기 위해 돈을 빌리면서 생활비에 쓰겠다고 한 경우)에도 기망을 인정하면 사기죄가 재산범죄가 아닌 도덕적 범죄가 된다. 이와 같은 동기의 착오에서도 변제의 의사와 능력을 속이는 경우 거래의 신의칙에 반한다고 할 수 있지만, 일반적으로 돈을 빌릴 때에 진정한 용도를 고지하지 않는 것은 거래의 신의칙에 반한다고 할 수 없기 때문이다.

28. 자기명의 신용카드의 부정사용

[대판 2006. 3. 24. 2006도282; 대판 2005. 8. 19. 2004도6859] 카드회원이 일시적인 자금궁색 등의 이유로 그 채무를 일시적으로 이행하지 못하게 되는 상황이 아니라

이미 과다한 부채의 누적 등으로 신용카드 사용으로 인한 대출금채무를 변제할 의사나 능력이 없는 상황에 처하였음에도 불구하고 신용카드를 사용하였다면, 사기죄에 있어서 기망행위 내지 편취의 범의를 인정할 수 있다. … 사기죄의 피해자는 S카드 주식회사라고 할 것인데 … 다만, 이 경우 현실적인 피기망자와 처분행위자는 법인의 임원 또는 직원으로서 당해 업무를 담당한 자 또는 그 업무에 관여한 다수의 자이다.

○ 정상적으로 발급받은 카드를 부정사용한 경우 가맹점을 피기망자라고 할 수는 있지만, 카드회사가 피기망자라고 할 수는 없다. 신용카드 승인은 기계가 하는 것이고 사람이 하는 것은 아니다. 만약 이 판결의 논리를 따른다면 컴퓨터등사용사기죄도 모두 사기죄라고 할 수 있다. 이 경우에도 현실적인 피기망자와 처분행위자는 카드회사의 임직원이라고 할 수 있기 때문이다. 신용카드업은 고리대금업이므로 카드회사가 신용카드 발급과 회원관리에 신중해야 하고 그 위험을 형사사법기관에 부담시켜서는 안 된다. 이 판결은 형사사법기관을 카드회사의 수금사원으로 전락시키는 매우 부당한 판결이다.

29. 편취 및 탈취한 현금카드의 부정사용

[대판 2007. 5. 10. 2007도1375]

[1] 예금주인 현금카드 소유자를 협박하여 그 카드를 갈취한 다음 피해자의 승낙에 의하여 현금카드를 사용할 권한을 부여받아 이를 이용하여 현금자동지급기에서 현금을 인출한 행위는 모두 피해자의 예금을 갈취하고자 하는 피고인의 단일하고 계속된 범의 아래에서 이루어진 일련의 행위로서 포괄하여 하나의 공갈죄를 구성하므로, 현금자동지급기에서 피해자의 예금을 인출한 행위를 현금카드 갈취행위와 분리하여 따로 절도죄로 처단할 수는 없다. 왜냐하면 위 예금 인출 행위는 하자 있는 의사표시이기는 하지만 피해자의 승낙에 기한 것이고, 피해자가 그 승낙의 의사표시를 취소하기까지는 현금카드를 적법, 유효하게 사용할 수 있으므로, 은행으로서도 피해자의 지급정지 신청이 없는 한 그의 의사에 따라 그의 계산으로 적법하게

예금을 지급할 수밖에 없기 때문이다.

[2] 강도죄는 공갈죄와는 달리 피해자의 반항을 억압할 정도로 강력한 정도의 폭행·협박을 수단으로 재물을 탈취하여야 성립하므로, 피해자로부터 현금카드를 강취하였다고 인정되는 경우에는 피해자로부터 현금카드의 사용에 관한 승낙의 의사표시가 있었다고 볼 여지가 없다. 따라서 강취한 현금카드를 사용하여 현금자동지급기에서 예금을 인출한 행위는 피해자의 승낙에 기한 것이라고 할 수 없으므로, 현금자동지급기 관리자의 의사에 반하여 그의 지배를 배제하고 그 현금을 자기의 지배하에 옮겨 놓는 것이 되어서 강도죄와는 별도로 절도죄를 구성한다.

○ 피해자의 승낙은 자발적인 것이어야 하고 하자 있는 승낙은 승낙으로서의 효력이 없다. 따라서 피기망자 혹은 피공갈자의 승낙은 승낙으로서의 효력이 없기 때문에 현금카드를 편취한 경우와 탈취한 경우를 구별할 필요가 없다. 다만, 현금카드를 편취 혹은 탈취하여 현금을 인출한 경우 전체적으로 편취죄와 탈취죄만이 성립한다고 해야 한다.

30. 1인회사와 횡령, 배임죄의 주체

[대판 1987. 2. 24. 86도999] 1인회사에 있어서도 행위의 주체와 그 본인은 분명히 별개의 인격이므로 그 법인인 주식회사 소유의 금원을 임의로 소비할 때 횡령죄는 성립하는 것이다.

[대판 1984. 9. 25. 84도1581] 일인주주 회사의 경우에도 일인주주 겸 대표이사가 타인인 회사의 사무를 처리하는 자로서 본죄의 주체가 될 수 있다.

○ 이러한 입장은 법률적으로만 평가한 것인데, 경제적 관점에서 본다면 회사와 본인의 모든 재산적 이해관계가 일치할 경우에는 횡령죄나 배임죄의 주체가 될 수 없다고 해야 할 것이다.

31. 중간생략등기형 명의신탁

[대판 2010. 9. 30. 2010도8556; 대판 2001. 11. 27. 2000도3463] 명의신탁 약정에 따라 매도인으로부터 바로 그 제3자에게 중간생략의 소유권이전등기를 경료한 경우, 그 제3자가 그와 같은 명의신탁 약정에 따라 그 명의로 신탁된 부동산을 임의로 처분하였다면 신탁자에 대한 횡령죄가 성립한다.

○ 계약명의신탁의 경우 횡령죄의 성립을 부정하다면 중간생략등기형 명의신탁도 횡령죄 성립을 부정하는 것이 논리 일관된 해석이다. 더구나 중간생략등기형 명의신탁자는 횡령죄에 있어서 타인 재물의 보관자의 지위에 있지 않기 때문에 횡령죄가 성립될 수 없다.

32. 신수배정과 배임죄

[대법원 2009. 5. 29. 선고 2007도4949 전원합의체 판결] 회사의 이사로서는 주주배정의 방법으로 신주를 발행하는 경우 원칙적으로 액면가를 하회하여서는 아니 된다는 제약 외에는 주주 전체의 이익, 회사의 자금조달의 필요성, 급박성 등을 감안하여 경영판단에 따라 자유로이 그 발행조건을 정할 수 있다고 보아야 하므로, 시가보다 낮게 발행가액 등을 정함으로써 주주들로부터 가능한 최대한의 자금을 유치하지 못하였다고 하여 배임죄의 구성요건인 임무위배, 즉 회사의 재산보호의무를 위반하였다고 볼 것은 아니다. 그러나 주주배정의 방법이 아니라 제3자에게 인수권을 부여하는 제3자 배정방법의 경우, 제3자는 신주 등을 인수함으로써 회사의 지분을 새로 취득하게 되므로 그 제3자와 회사와의 관계를 주주의 경우와 동일하게 볼 수는 없다. 제3자에게 시가보다 현저하게 낮은 가액으로 신주 등을 발행하는 경우에는 시가를 적정하게 반영하여 발행조건을 정하거나 또는 주식의 실질가액을 고려한 적정한 가격에 의하여 발행하는 경우와 비교하여 그 차이에 상당한 만큼 회사의 자산을 증가시키지 못하게 되는 결과가 발생하는데, 이 경우에는 회사법상 공정한 발

행가액과 실제 발행가액과의 차액에 발행주식수를 곱하여 산출된 액수만큼 회사가 손해를 입은 것으로 보아야 한다.

○ 회사의 이사는 주주가 아니라 회사의 사무를 처리하는 자이므로 신주발행으로 인해 주주가 손해를 입었느냐가 아니라 회사가 손해를 입었느냐에 따라 배임죄의 성립 여부를 따져야 한다. 이렇게 보면 신주배정방식인지 제3자배정방식인지는 중요하지 않다.

33. 현주건조물방화치사죄와 강도살인죄의 관계

[대판 1998. 12. 8. 98도3416] 재물을 강취한 후 피해자들을 살해할 목적으로 현주건조물에 방화하여 사망케 한 경우 강도살인죄와 현주건조물방화치사죄의 상상적 경합이다.

○ 살인의 고의가 강도살인죄에서와 현주건조물방화치사죄에서 이중평가된 것이므로 강도살인죄와 현주건조물방화죄의 상상적 경합이라고 해야 한다.

34. 뇌물과 직무의 대가관계 요부

[대판 2008. 6. 12. 2006도8568] 판례는 뇌물과 직무 간의 대가관계가 필요하다고 하면서, 다만 대가관계는 전체적 대가관계를 의미하므로 개개의 직무행위와 대가관계는 필요 없다고 하여 소위 '포괄적 뇌물죄'라는 개념을 받아들이고 있다. 그러나 판례는 "정치자금·선거자금 등의 명목으로 이루어진 금품의 수수라 하더라도 그것이 정치인인 공무원의 직무행위에 대한 대가로서의 실체를 가지는 한 뇌물로서의 성격을 잃지 아니한다."라고 함으로써 여전히 대가관계를 요구하고 있다.

○ 독일 구형법상의 뇌물죄 규정은 대가관계를 명문으로 요구하고 있었다. 따라서 독일 구형법의 해석에서는 공무수행과 이익 사이에는 대가관계가 있어야 한다고

해석해야 하고, 대가관계가 없어도 된다고 해석하는 것은 형벌권의 적용범위를 명문의 규정보다 부당하게 확대하는 것이어서 허용될 수 없는 해석이 되었을 것이다. 하지만 현행 독일 형법은 구법에 규정되어 있던 '대가로'라는 표현을 삭제하였다. 이에 따라 뇌물죄의 성립에 대가관계는 필요 없는 것으로 해석할 수 있다고 한다.

○ 이러한 독일의 해석론에 비추어 보더라도 대가관계를 명문으로 규정하고 있지 않은 우리 형법의 해석론으로는 대가관계를 요한다고 해석하지 않아도 되고, 또 이렇게 해석할 필요도 없다. 뇌물과 직무의 인과관계가 있으면 족하고 대가관계까지 필요로 한다고 해서는 안 된다.

35. 범인은닉죄의 객체

[대판 2014. 3. 27. 2013도152] 범인도피죄는 수사, 재판 및 형의 집행 등에 관한 국권의 행사를 방해하는 행위를 처벌하려는 것이므로 '죄를 범한 자'는 범죄의 혐의를 받아 수사대상이 되어 있는 사람이면 그가 진범인지 여부를 묻지 않고 이에 해당한다.

○ '죄를 범한 자'에 '수사대상이 되어 있는 자'까지 포함시키는 것은 피고인에게 불리한 유추해석이다. 왜냐하면 예컨대 민사상 거래관계를 지속하여 왔던 자로 인해 일부 피해가 발생하였다고 하여 그자를 고소하게 되면, 그는 '죄를 범한 자'의 개념에 포함될 수 있는 부당한 결과를 야기하기 때문이다.

제 2 편

법률시평

제1장

형사법적 관점에서 인간의 존엄과 형사책임의 근거

범법자에게 형벌을 가하기 위한 전제가 성립되기 위해서는 성숙한 인간은 불법행위를 피할 수 있어야 한다. 그럼에도 범법자가 불법행위를 감행하였다는 점에서 형벌이란 고통 방식의 비난을 감수할 책임을 져야 한다. 따라서 성숙한 인간은 무엇 때문에 형벌이란 죄책의 책임을 져야 될 근거를 갖는지, 우리 헌법은 왜 인간을 존엄한 것으로 간주하며, 인간의 존엄에 대한 국가의 책무근거가 무엇이기에 인간존엄 확보를 위한 형벌의 사용은 왜 최후수단으로만 사용되어야 하는지를 검토해 볼 만한 가치가 있어 보인다.

형법은 헌법상 보장된 인간 존엄성의 확립을 위한 실존조건이다. 여기서 인간으로서의 존엄성이란 ① 국가는 그 존립 자체에 목적을 갖는 것이 아니라, 오히려 국민의 존엄성 보장의 목적을 위한 수단이자 봉사자로서 역할을 지고 있으며, ② 국민이나 인간만이 국가 존립 확보와 사회평화의 형성과 및 유지를 위해 헌신하여 왔기 때문에, 국가는 국민의 그러한 헌신에 대한 보답으로서 인간의 존엄성을 담보해야 할 응분의 책무를 부담해야 하며, ③ 한국인 내지 인간은 오늘날과 같은 문화를 창조하고 계승 발달시켜 왔던 존재이자 건전한 사회발전과 평화유지에 기여할 능력과 지혜를 구비하고 있어서 건강하고 풍요로운 사회를 위한 사회적 책무를 지고 있으며, 이러한 책무에 대한 반항에 대해서는 국가형벌권으로, 책무의 순응에 대해서는 국가의 인간에 대한 존경을 헌법적으로 보장함을 의미한다.

국가형벌권은 개인적 복수의 대안으로 탄생되었다. 복수는 복수를 야기할 수밖에 없다는 점에서, 사회불안의 악순환을 야기하고, 이의 고리를 끊기 위해 복수를 금지하고, 국가가 형벌권을 독점하여 복수를 야기할 만한 범법행위에 대해 국민의 이름으로 참기 어려운 고통을 가함으로써 다시는 범법행위를 할 수 없도록 예방하는 데에 주된 목적을 두었다. 즉 형벌의 근본목적은 헌법상 보장된 평화롭고 인간의 인간다운 삶을 영위하는 데 있으므로, 과거의 잘못된 범행에 대해 그에 비례하는 방식의 형사제재를 통하여 현재와 장래의 범죄예방에 기여하게 함으로써 평화로운 사회를 달성하려는 데 있는 것이다.

그런데 형벌은 과거의 잘못된 책임을 전제로 한다. 여기서 책임의 존립근거를 인간의 자유의지, 즉 의사자유에서 찾는 입장도 있다. 그러나 인간의 의사자유(意思自由)라는 것은 각 개인의 인지와 지각을 통해서 형성되는데, 이러한 인지와 지각은 가장 기초적인 관점에서 볼 때 우리의 신경원과 신경원 사이를 연결하는 신경충동 전달기제인 시냅스의 생성과 역할에 따라 발달하게 된다. 그리고 이른바 변연엽(limbic lobe)과 뇌궁(formix)을 포함하여 '파페츠 회로(circuit of Papez)'를 이루게 되는데, 뇌궁은 뇌 중심에 위치한 모든 종류의 신경신호에 관여하는 결정적인 중예역인 시상의 영역으로 뻗어 있는 섬유다발이다. 변연계에 손상을 입으면 그에 상응해서 기억이 손상된다.[1] 이는 인간의 인지능력과 이에 근거한 활동능력에 결정적 영향을 주게 되는데, 뇌의 물질적 기능은 인간의 순수 의사자유에 결정적 영향을 끼친다는 입장과 상호 모순되는 것이다. 인간의 생명이란 각종 세포로 구성된 유기체가 주변에서 얻은 에너지를 이용하여 자신을 재생산할 수 있게 해주는 과정의 총체로부터 비롯된 것이며, 인간의 마음은 뇌의 작업과 뇌가 통제하는 몸의 활동을 위해 존재한다.

따라서 "인간의 의사자유는 인간의 신체적·유전적·환경적 요인에 의해 확실하게 의존되어 있는 것이지, 이것으로부터 완전하게 독립될 수 없다"는 결론을 내릴 수 밖에 없게 된다. 더욱이 뉴런의 수가 적은 하등동물의 경우에는 어느 세포가 어느 세포와 연락하는 지를 유전자가 엄격하게 지배하지만, 뉴런의 수가 늘어나면 날수록 그만큼 자유도가 확대되는 것이다. 인간은 대뇌피질에만 140억 개 정도의 뉴런이 있고, 뇌 전체로는 1,000억 개나 된다. 이처럼 많은 뉴런을 인간이 가짐으로써 다른 동물보다 본능으로부터 훨씬 자유스러운 것은 사실이다. 그렇다고 인간의 뇌 상

1) 이에 관해서는 아담 지먼 지음(김미선 역), 뇌의 초상, 출판사 지호, 2011, 179쪽 참조.

태와 별개로 인간의 의사가 순수하게 자유스럽다고 말할 수 없다. 그러므로 우리가 책임의 전제로서 인간의 의사자유가 인간의 육체, 특히 뇌의 구조와 역할과 무관하게 존재하느냐라는 식으로 질문하게 된다면, 이는 잘못된 질문이어서 올바른 대답을 할 수가 없다.

이러한 잘못된 질문을 우리는 거의 200년 동안 쉼 없이 무의미하게 되풀이하여 왔다. 우리는 모든 성숙한 인간에게 "목적적으로 행동하고 합리적으로 사고하며, 그 환경을 효과적으로 처리하는 개인적인 종합적·전반적 능력인 지혜"를 보유함을 과학적으로 인정하고 있다. 특히 이러한 지혜의 핵심요소인 지능의 인자와 구조, 지능의 유전적 요인과 환경적 요인 그리고 지능의 발달에 대하여 현대과학은 많은 것들을 과학적으로 입증하고 있다. 이에 따라서 IQ검사를 비롯하여 인간의 지능을 과학적으로 측정하는 기술이 일상에서 이용될 정도로 축적되고 있다.

인간사회에서 목적적으로 조정할 수 있는 인간의 지혜는 사회발전과 문화창조의 원동력이 되고 있는 현실에서 이제는 인간의 지혜가 인간의 의사자유를 대신하여 사회평화를 발전·유지해야 할 책무의 존재근거로 되어야 한다. 다시 말해 책임의 근거는 인간이 의사자유를 가졌다는 가설에서 출발할 것이 아니라, 성숙한 인간이라면 인간다운 삶을 유지해야 할 사회적 책무를 준수할 수 있는 지혜 내지 능력을 지녔다는 데서 구해야 할 것이다. 그러므로 성숙한 인간이라면, 제한된 범위 내이긴 하지만 사물의 인과과정을 조종하고 지배하여 '행위'라는 작품을 형성하는 능력을 가졌을 뿐만 아니라, 그 작품 활동 과정에서 야기된 위험을 예상하고 그것을 회피하는 능력까지도 겸비하고 있음을 우리는 부정할 수 없다. 인간은 이러한 능력을 바탕으로 그의 과학적 지식에 기초하여 자신의 활동을 지배하거나 조절함으로써 우리의 문화형성에 기여하는 작품 활동을 할 수 있는 유일한 존재이며, 사회적으로 봐서 이득이 되는 작품 활동뿐만 아니라, 악영향을 끼치는 활동도 가능한 이중적 존재이기도 하다. 그렇기 때문에 인간은 문화 창달에 부정적인 영향을 줄 수 있는 사회침해적 행동을 회피할 수 있는 지혜를 가지고 있을 뿐만 아니라, 그러한 침해적 행동을 회피해야 할 책무도 지게 된다. 이와 같은 지혜와 책무에 근거하여 공동생활에 위험이 되는 행동을 피할 수 있었음에도 불구하고 위험을 야기한 자에 대하여는 불가피한 경우에 한하여 최후의 수단인 형법적 대응을 강구하게 된다.

제2장

국가권력 남용의 문제와 해결방안

서울 '용산철거민 참사 사건'(이하 '용산참사'라 칭함)은 2009년 1월 경찰이 서울 용산구 한강로의 한 빌딩 옥상에서 농성을 벌이던 철거민을 강제 진압하는 과정에서 화재가 발생해 철거민 5명과 경찰관 1명이 사망한 사건이다.

이 용산참사는 개인적 사업장에 시공업체와 결탁한 국가공권력이 안전을 무시하고 무리하게 투입됨으로써 발생된 것으로, 국민의 안전을 도모해야 할 국가공권력이 도리어 국민의 생명과 안전에 치명상을 입히는 결과를 야기하였다. 다시 말해 용산참사는 국민의 안전을 최우선으로 해야 할 국가공권력이 오히려 이를 무시하고 특정 업체의 앞잡이 노릇을 통해 저지른 잘못된 공권력의 비극이었다. 왜냐하면 공권력은 인간의 안전과 생명에 대한 존엄성을 최대한 보호하고 지켜주는 데 그 존립의 정당성을 담고 있는 것이지, 공권력이 오히려 국민의 그것을 짓밟아서는 아니 되기 때문이다. 그런 점에서 용산참사는 시민을 보호해야 할 국가공권력이 오히려 시민을 유린하는 전형적인 모습을 드러낸 부당한 공권력의 표본이 되었다. 쌍용자동차사태 또한 동일한 맥락에서 부당한 공권력 남용을 보여 주었다.

회사와 노조의 관계는 사적 자치가 지배되어야 한다. 그렇지만 현실은 우월적 지위를 누리고 있는 대다수의 회사에 대해 노조는 약자의 지위를 벗어나지 못하고 있다. 그러기에 우리 노동법은 노조의 권익을 위해 다소 두텁게 보호하고 있다. 즉 회사 내지 회사의 임직원은 노조에 비해 회사 자체의 운명을 좌우할 수 있는 지배적 지위에 있다.

그럼에도 불구하고 회사의 공장폐쇄에 맞서 농성에 들어간 쌍용자동차 노조원들에 대해 국가의 공권력은 앞장서서 노조의 활동을 근본적으로 위축시키기 위해 노조에 배달될 의료, 음식물, 식수 등의 반입조차 차단하여 노조원의 생명과 신체의 위해를 야기시켰다. 뿐만 아니라 국가는 노조원의 저항에 대해 국가공권력을 투입하여 적지 않은 불상사를 낳게 하였다.

인권은 지배자나 다수자를 위한 것이라기보다는 피지배자나 소수자가 인간으로서의 대접, 즉 기본적 인권의 최소한 내지 본질적 부분을 보장받기 위한 법치국가의 기본원칙이다. 왜냐하면 지배자나 다수자는 자신들의 결정과 판단에 따라 자신들의 이익을 위해 설계하고 실행할 수 있어, 그들 자신들을 위한 인권의 보장이라는 보호를 필요로 하지 않는 것이 원칙이기 때문이다.

쌍용자동차 사태에 대한 이와 같은 국가공권력의 개입과 남용은 박정희 정권시절에 경험했던 유신독재에서나 찾아볼 수 있는, 그래서 현대국가에서 찾기 어려운 세계적 웃음거리가 되었다.

오늘날 야기되고 있는 이러한 공권력 남용 시태는 광우병 우려에 대한 국민적 저항을 막기 위한 시도 이래로 지속되고 있다. 즉 이명박 정부는 국민적 저항에 대하여 법치를 내세워 강경 일변도로 민의의 표출인 집회의 자유를 지나치게 간섭하고 제한하며, 표현의 자유에 대해서도 국가가 앞장서서 재갈을 물리는 일들을 서슴지 않게 남발하고 있다. 심지어 인권운동자들에 대한 정보기관의 사찰은 이들 운동자들의 활동의 자유를 위축시키고 있는 실정이다.

현 정부는 국가공권력의 남용을 법치라는 이름으로 정당화하려고 하고 있다. 그런데 법치라는 것은 법치국가원칙의 준말로서, 그 의미와 내용도 시민의 자유와 평등의 진작 그리고 정의의 실현을 도모하여, 시민사회에서 각 개인의 능력을 최대한 꽃피우는 데에 기여하는 방향으로 지향됨을 뜻한다. 만일 법치가 개인의 자유로운 활동을 보장하는 데 기여하지 않고, 오히려 억제하고 규율하려는 데 그친다면, 이를 형식적 법률주의라고 할 수 있으며, 따라서 독일의 나치정권도 어엿한 법치주의에 충실했다고 할 수 있다.

그렇기 때문에 역사가들은 나치정권의 법치를 실질적 의미의 법치국가원칙으로 이해하지 않고 반인권적, 반법치국가적, 반인도적인, 따라서 극복의 대상으로서의 자의적이고 형식적 법치주의로 파악하였다. 이처럼 법치국가원칙이란 개인의 자유와 평등 그리고 인간의 존엄을 꽃피우기 위한 법률적인 제도장치이자, 국가사회에서 인간이 인간답게 살 수 있도록 하려는 인권의 보장장치를 핵심적 요소로 하고 있는 것이다.

이런 관점에서 본다면 이명박 정권의 법치형태는 자신들의 기득권과 정권유지를 위한 자의적이고, 제멋대로의 통치형태로서, 권위주의시대에서나 찾아볼 수 있는, 그래서 법치국가원칙과 전혀 어울리지 않는 형태임을 지적하지 않을 수 없다.

이러한 잘못된 이명박 정권식의 법치를 극복하고, 참된 법치국가원칙의 실현을 위해서는 우리는 첫째로 실질적 법치국가원칙의 내용과 정신을 올바르게 파악하는 것이 필요하다. 둘째로 반법치국가적 형태의 법률주의에 대해서는 그것의 문제점을 지속적으로 지적하고, 따라서 실질적 법치국가원칙에서 볼 때 무엇이 문제인지를 따져보아야 한다. 셋째로 실질적 법치국가원칙의 실현을 위해서는 참여와 활동을 통하여 실질적 인권보장을 위해 개선방안이 무엇인지를 설득력 있는 대안제시가 요구된다.

제3장

법무부 형법 개정과정과 개정작업의 올바른 방향

우리 형법은 1953년 9월 18일 제정되어, 동년 10월 3일 시행되었다. 1945년 8월 15일 해방과 함께 불거진 친일청산 문제로 인한 대립 및 좌우익 간의 첨예한 갈등, 게다가 미증유의 6·25사변 중에 제정되었기 때문에 사회가 안정되자마자 곧바로 형법개정의 재정비작업에 착수했어야 했었다. 더구나 제정형법은 일본의 군국시대인 태평양전쟁의 수행과정에서 입안되었고, 이에 따라 개인의 인권보다 국가나 사회를 우선시했던 1941년 일본 개정형법가안을 주된 모델로 삼았다.

그럼에도 1980년대 중반까지 약 30년이 넘도록 형법개정작업에 대한 요청이 근본적으로 제기되지 아니하였다. 이런 상황에서 김기춘의 박사학위논문 '형법개정에 관한 연구'가 1984년에 발표되면서 비로소 개정작업의 필요성이 강력하게 제기되었다. 이에 호응한 법무부가 김종원 교수를 위원장으로 하는 '형법개정위원회'를 구성하여 1985년부터 1992년 말까지 7년 동안의 노력으로 개정안을 마련하였다. 이 형법개정안의 핵심내용은 다음과 같다.

① 국가권위주의와 전시형법적(戰時刑法的) 요소를 일소하고, 존속범죄에 대한 형의 가중을 재검토하며, 구성요건의 세분화와 명확화를 실현하고 죄형법정주의를 형법에 선언하고, 환경범죄에 관한 규정을 신설하였다. ② 고의와 과실 개념을 비롯한 결과적 가중범을 재정립하고, 간접정범을 정범의 하나로 규정하였다. ③ 형법은 특수한 가치관을 강제하여서는 아니 된다는 사상에 기초하여 혼인빙자간음죄, 간통죄와 도박죄 등을 폐지하고자 하였다. ④ 자연과학의 발전과 새로운 위험의 대누로 인하여 국민들의 사회생활상에 근본적 위험을 야기하고 있는 새로운 신종범죄를 신

설하였다. 예컨대 컴퓨터범죄, 환경범죄, 인질범죄 등. ⑤ 범죄인의 사회복귀를 원활히 하고 형벌과 보안처분의 개별화 이념을 달성하기 위하여 보호관찰의 적용을 확대하며 사형을 제한하고, 사회보호법상의 보안처분을 형법에 도입하기로 하였다. ⑥ 형법개정에 있어서 범죄의 배열 순서를 합리적으로 조정하고 어려운 법률용어를 알기 쉬운 일상용어로 대체하였다.

그러나 1995년 12월 29일 형법개정안 중에서 간통죄의 존폐에 관한 찬반 양측의 팽팽한 입장차이로 개정안 전체에 대한 국회통과가 무산되었다. 다만 개정안 중에서 벌금형의 현실화를 실현하고, 컴퓨터범죄 등 사회변화의 추세에 걸맞은 몇 가지 범죄를 신설하는 부분개정에 그치고 말았다. 그 후 의원입법 형식으로 10차례 이상의 형법개정이 있었지만, 이 역시 제한적인 범위를 넘어서지 못했다.

이런 상황에서 2007년 6월 초 법무부 주관으로 형법의 전면적 개정목적 아래 형법개정위원회가 구성되었다. 이런 전면적 형법개정작업 착수배경에는 두 가지 사유에 기인하였다. 하나는 1953년 형법제정 이후 그간의 사회발전과 윤리의식의 대변화로 인한 범규범과 현실 간의 괴리가 지나쳤기 때문에 이를 해소했어야 할 법무부의 책무를 느꼈으며, 이를 위해 형벌체계의 합리적 재정립과 함께 범죄구성요건의 신설 및 폐지 및 적정 양형의 구현을 통한 국민의 사법신뢰 증진을 도모하고, 형법과 형사특별법 상호간의 불균형을 정비하고자 하였다. 다른 하나는 2005년부터 추진되어 왔던 사법제도개혁의 제도적 보완의 필요성이 대두되었고, 2007년 4월 30일 국회를 통과한 사법개혁적 법률인 개정형사소송법의 성공적 시행을 뒷받침하기 위한 형사실체법의 정비가 요구되었기 때문이다. 그리고 이때 개정형법의 기본방향은 다음과 같은 목표로 설정되었던 바, 이는 1985년의 형법개정의 기본방향과 큰 차이점을 갖지 아니하였다.

1. 기본권보장에 관한 헌법정신의 구현
2. 형법이론 발전에 따른 범죄론 재정비
3. 사회변화로 인한 범죄화 및 비범죄화 현상 반영
4. 형사정책적 고려에 의한 형벌제도 및 법정형 조정
5. 각종 형사특별법의 형법으로 흡수·통합
6. 평이한 법률용어로 개선

이와 같은 원칙 아래에서 형법개정작업은 진행되었고, 진행 도중 다양한 의견들의 분출로 난항을 겪기도 하였다. 그럼에도 절충과 조정을 통하여 개정작업이 순조롭게 진행되었다. 그 결과 당초 법무부가 예정했던 2010년 정기국회 전까지 형법개정안이 마무리될 것으로 보였다. 그러나 그 무렵 예상치 못할 정도로 잔인하고 반인륜적인 연쇄살인범이나 성폭력을 수반한 살해행위 등 중범죄가 지속적으로 나타났다. 이런 현상에 크나 큰 위험을 느끼면서 분노한 국민들과 국민의 이런 심정을 이용하여, 전시형법적 성격의 지나친 엄벌주의인 현행형법도 역부족으로 생각한 우리 국회는 2010년 3월 31일 징역형 등에 관한 형벌 등을 대폭 강화하여 버렸다. 즉 종래 유기징역의 상한이었던 15년을 2배가 되는 30년까지로 연장하고, 유기징역의 가중상한도 종전의 25년에서 50년으로 대폭 연장해 버렸다. 이와 같은 형벌의 연장에 의한 중형주의가 사회적으로 도저히 용납하기 어려운 중범죄에 대한 사회방위 차원에서 필요할 수 있다.

그러나 강력범조자노 형사실무에서는 형법상 법정형의 범위 내에서 처벌되는 경우가 미미하고, 실형을 선고받은 대부분이 법정형의 하한 이하로 처벌받고 있다. 이런 점을 주목한다면, 지나친 엄벌주의는 일반 국민들에게 형벌로 엄포를 놓은 결과를 초래하며 또한 범죄와 형벌 사이의 책임주의원칙에 반할 수 있다. 그럼에도 형법개정위원회의 다수입장은 국민의 대표기관인 국회의 권위를 존중해야 한다는 차원에서 형벌의 법정형을 지나치게 연장한 개정형법을 정당한 것으로 전제하여 형법전을 개정하기로 하였다.

알다시피 우리 형법전은 이른바 태평양전쟁이 한창이던 1941년의 일본 개정형법가안을 입법모델로 삼았다. 그런데 일본 개정형법가안은 주로 치안의 유지를 강화하고, 국가와 공공에 대한 범죄를 확장하고 처벌을 가중한 국가주의적 경향이 매우 강한 가안이었다. 우리 형법이 이런 가안을 입법모델로 삼았고, 게다가 6·25사변 중에 제정되었기 때문에 자연스럽게 중형주의에 입각하게 되었다. 형법의 개정작업은 우리 형법의 이런 중형주의의 문제점을 극복하자는 데 큰 목표를 두었기 때문에 국회에서 통과된 징역형의 형기연장 법안까지 개정형법의 핵심대상으로 삼았어야 했다.

이뿐만이 아니다. 우리 헌법은 인간존엄의 불가침성(헌법 제10조)과 국민의 자유와 권리의 본질적인 내용에 대한 침해금지(제37조 제2항 후단)를 천명하고 있다. 즉 인간의 생명권이 기본권 중에서 가장 중요하고 본질적인 것임은 다언을 요하지 않기 때문에, 우리 헌법은 형벌권에 의한 생명권의 침해금지를 선언하고 있음이 분명하다. 그럼에도 불구하고 개정위원회의 다수입장은 개정형법에서 사형제도의 존치를 허용하기로 가결하였다.

우리는 사상을 강요할 수 없다. 그것은 양심의 자유를 침해하기 때문이다. 그러므로 사상을 처벌할 수도 없다. 이런 이유로 단순 음모에 불과한 행위에 대해서는 형사처벌에서 제외하고 있는 것이 로마법 이래의 전통이다. 그럼에도 불구하고 우리나라는 모든 예비죄의 구성요건에 음모행위를 항상 포함시키고 있는 사상형법을 다수 두고 있다. 1953년 전쟁 중에 제정되었기 때문에 당시의 사회상 불가피한 측면이 존재할 수도 있다. 그러나 이제는 형법의 근본원칙에서 출발해야 한다. 왜냐하면 범죄는 기수범을 처벌의 원칙으로 삼고, 미수를 예외적으로 처벌하는 것이 법치국가의 원칙이기 때문이다. 게다가 법률상 예외는 엄격해야 한다. 사정이 이렇다면 예비·음모죄는 예외의 예외에 해당하므로 처벌에 있어서 매우 제한적이어야 하며, 그렇기 때문에 독일, 스위스와 일본의 형법에서는 우리나라보다 아주 제한된 범위에서만 처벌하며, 그것도 음모로 처벌하는 경우가 거의 없다는 사실을 주목할 필요가 있다. 그런데도 개정형법에서 예비·음모가 줄어들 기미가 보이질 않는다.

형법총칙 분야 중 국회 논의과정에서 논란이 클 것으로는 보호감호제도의 도입에 관한 것으로 예상된다. 살인·강간·방화 등 강력범죄로서 1년 이상의 징역형을 3회 이상 선고받고, 형의 종료 후 5년 이내에 다시 1년 이상의 징역형을 선고받는 경우 최대 7년까지 보호감호에 처하고, 보호감호 계속 여부를 1년마다 재심사한다는 내용이다. 종래 보호감호제도가 위헌성으로 인해 폐지되었음을 감안하여 보호감호요건을 다소 강화한 것은 사실이나, 위헌성을 다소라도 회피하기 위해서는 보호감호를 우선 실시하고, 보호감호를 이행한 자에 대해 형기를 삭감하여 주는 방향으로 개선되어야 할 것이다. 보호감호가 위헌결정이 되었음에도 불구하고 법률에 의한 경과규정으로 아직도 80여명 정도가 보호감호에 처해 있다는 현실을 보면 보호감호에 대한 법치국가적 관점이 인권보호에 얼마나 중요한가를 여실히 보여준다.

그나마 개정형법 논의에서 가장 큰 성과로서는 죄형법정주의의 사상을 더욱 심화시킬 수 있는 장치를 제도화했다는 점이다. 즉 현행 형법상 작량감경제도를 합리적으로 통제할 수 있는 장치의 설정이 그것이다. 즉 현행 형법 제53조의 작량감경 규정은 법관으로 하여금 작량하여 형을 선고할 수 있게 하고 있어, 실무상 법관은 피고인의 정상에 따라 광범위한 재량으로 법정형의 하한 이하로 형을 선고할 수 있다. 바로 이 때문에 무전유죄, 유전무죄라는 시중에서 회자되는 말이 빈말이 아닐 수 있었던 것이다. 그러나 개정형법에서는 작량감경을 정상감경으로 명칭을 변경하고, 정상감경 사유의 기본적 사유를 법률적으로 명시하고, 이 기본적 사유의 범위 내에서 합리적 근거를 들어 정상감경할 수 있도록 하였기 때문이다.

제4장
'인권운동'의 방향

우리 헌법 제1조 제2항은 "대한민국의 주권은 국민에게 있고, 모든 권력은 국민으로부터 나온다."고 천명하고 있다. 이를 실현하기 위해 우리는 보통선거를 통해 대통령과 국회의원을 자율적으로 뽑아서, 이들에게 국정을 맡기고 있다. 이런 식의 국가, 이른바 '대의민주주의의 국가'는 사회적 약자나 소수자의 인권보호와 긴밀한 조화를 이룰 수 있는 것처럼 보인다.

그러나 대의민주주의의 국가는 시민의 인권을 충실하게 보장할 것이라는 생각은 일면의 진실에 불과하다. 현대국가의 정당성은 시민의 보통선거를 통해서 이루어지지만, 선거는 철저하게 다수결의 원칙이 지배하는 정치의식에 불과하다. 게다가 투표력의 평등성과 자율성을 보장하는 보통선거를 금과옥조로 삼는 대의민주주의는 다수결이 전체 시민의 의사를 충실히 대변할 수 있다고 의제한다.

그런데 대의민주주의를 통해 다수자의 이익이 충실히 보장될 수 있다고 하여도 선거의 패자, 즉 소수자의 이익까지 담보되지 않는다. 다시 말해 대의민주주의는 단 한 표의 차이라도 뒤진 패자에게는 아무런 역할을 남겨주지 않고, 지배의 결정권은 주로 다수자의 관점에서 출발한다. 그 결과 선거에 뒤진 패자 내지 소수자는 다수자의 타율적 지배를 받게 되며, 주도권을 쥔 권한주체는 그 권력을 남용하려는 경향을 갖고 있음을 우리는 역사로부터 수없이 배워왔다.

이런 점에서 인권담론은 다수자나 강자의 지배에 대한 불신에서 출발한다. 그리고 다수결원리에 입각한 사회에서는 다수자에 대한 인권침해를 별도로 논의할 실익이 거의 없다. 사회에서의 다수자나 강자는 스스로 제도를 지배하고 형성할 수 있기에 자신들이 원하는 방식과 내용에 따라 의제를 설정하고 운영하기 때문이다.

그래서 인권보호는 사회적 약자나 소수자를 위한 원군이자 피신처이다. 이들을 보호하는 장치로서 인권의 중요성과 피신처의 확보는 현대국가에서도 여전히 유효할 수밖에 없다. 현대사회에서도 사회적 약자나 소수자의 양산은 불가피한 현실이기 때문이다. 그러므로 인권의 보장이란 다수자나 사회적 강자의 횡포로부터 사회적 약자나 소수자의 권리가 유린당하지 않도록 하는 제도적 안전장치의 마련을 의미하고, 이러한 제도 마련의 노력은 우리 사회에서도 불가피한 것이다. 그리하여 사회적 약자나 소수자의 권익까지 충분히 보장될 수 있도록 하여 모든 시민이 자신의 인격을 최대한 꽃피울 수 있도록 기여하고 배려하려는 목표가 다름 아닌 '인권운동'이 추구하는 방향이어야 한다.

일찍이 함무라비 법전에서 천명된 법의 핵심적 기능 역시 사회적 약자 내지 소수자의 인권보호였다는 사실은 오늘날에도 사회적 약자와 소수자를 위한 권익보호 노력이 여전히 유효하고, 주목해야 할 과제임을 입증하고 있는 셈이다.

제5장

범죄예방과 피해자 보상을 위한 국가의 역할

성폭력으로 인한 인격모독과 돌이킬 수 없는 신체훼손을 야기한 가해자 조○순에게 12년의 징역형이 선고되었다. 피해자에 대한 용납할 수 없는 반인륜적 범행에 비해 양형이 지나치게 가볍다고 보는 것이 대다수 국민의 감정이다. 더욱 가혹한 형벌을 가해야 한다고 하면서, 거세형벌까지 언급하는 분들도 적지 않다. 감정적으로 보면 틀린 말은 아닐 것이다.

우리나라는 1년에 통상 1,100건 정도의 살인사건이 발생한다.[1] 이들 중에서 사형선고를 받은 사람은 불과 1~3명에 불과하고, 10년 이상의 중형을 선고받은 살인범은 33% 내외에 불과하다. 살인은 강간죄보다 훨씬 무거운 범죄이지만, 우리 국민 대부분은 살인범에 대한 양형이 터무니없이 낮다고 보지 않으며, 형벌을 더욱 가중해야 한다는 입장은 거의 없다.

이런 점을 감안한다면, 조○순에게 선고된 12년의 징역형은 사안에 비해 그리 가볍다고 할 수 없다. 다만 그와 같은 성폭력범은 대부분 경향범의 성격을 가질 수 있으므로 재범 개연성이 확인될 때에는 적절한 사회적 격리조치가 요구된다.

형벌이란 종래의 사적 복수로 인한 사회혼란을 막기 위한 대안으로 작용한 것이다. 왜냐하면 사적 복수는 복수를 야기하고, 복수의 악순환을 유발하여 사회의 평화를 담보할 수 없게 되므로, 이를 피하기 위하여 복수의 대안으로 국가형벌권을 불가

---

1) 살인사건 발생 건수

연도	2002	2003	2004	2005	2006	2007	2008	2009	2010
살인	1,064	983	1,082	1,091	1,064	1,124	1,120	1,390	1,232

피하게 인정하게 된 것이고, 따라서 국가형벌권의 허용은 국가가 모든 범죄로부터 국민의 안정을 전적으로 책임진다는 것을 전제로 하기 때문이다. 즉 국가형벌권을 장악하게 된 국가는 ① 무엇보다 모든 범죄발생을 사전에 충분히 예방하는 데에 일차적 목적을 두어야 하고, ② 그럼에도 범죄가 발생하게 되면 그 범인을 철저히 색출하여 책임과 적법절차에 따라 그에 합당한 처벌을 해야 하며, ③ 범죄피해를 당한 자를 위해서 국가 스스로 범죄예방 내지 침해방지 책무를 다하지 못하였다는 점에서 그 피해자에 대해 복수에 버금갈 구제를 해야 할 의무를 진다.

국가형벌권 행사의 근거를 이와 같이 이해할 때, 모든 개인은 사적 복수를 그만두어야 할 의무를 부담하고, 다만 국가에 의한 긴급방위가 불가능한 범위 내에서 예외적으로만 가해자에 대한 자력구제, 특히 정당방위나 긴급피난 등의 행사가 허용되어야 할 근거를 갖게 된다. 따라서 개인적 법익에 대한 침해에 대해 개인의 자력구제가 불가능한 경우, 국가는 복수의 대안으로 취득한 형벌권을 통해서 피해자를 완벽하게 보호해야 하는데 그러하지 못했다는 책무에 근거하여 범죄피해자에게 범죄피해에 대한 구조를 해야 될 의무를 진다.

그럼에도 성폭력의 희생자인 '나영이 사건'[2]과 같은 중대범죄 희생자 모두를 위해서 우리나라는 2008년에 16억원 내외의 금액을 지원하였다. 그것도 가해자가 무자력자여야 하는 등 신청조건이 까다롭고, 신청을 하더라도 60% 내외만이 구조금의 지급을 받았다. 더욱이 그 구조금 금액은 살인피해자조차도 최고 3천만원에 불과했으며, 피해자의 유가족이 1명만 있으면 그것도 1,500만원에 그쳤다.

이에 반해 독일은 개인이 당한 중대한 범죄에 대해 국가가 책임을 지고 구조하며, 국가는 가해자에 대해 구상권을 행사하는 방식으로 진행하고 있다. 따라서 독일은 살인 등 중대범죄 피해자에 대해 민사상 손해배상 금액에 해당하는 손해를 국가로부터 받을 수 있게 된다. 만일 독일 방식을 우리나라에 적용한다면, 일용근로자에 해당하는 젊은 사람이 피살되었을 경우에도 대략 2억원 내외의 보상을 받을 수 있다는 계산이 나온다. 영국은 '범죄피해자보상계획'에 따라 1등급부터 25등급까지 분류하고, 최고등급에 해당될 때에는 25만 파운드, 우리 돈으로 약 4억 5천만원가량까지 보상을 받는다.

---

2) 2008년 8세 된 여아가 성폭행되어 그 여아의 성기능과 인격의 본질적 침해를 야기했던 사건.

우리나라는 해마다 범죄로 인해 벌금형을 선고하고,[3] 범죄가해자에 대한 이의 집행으로 2010년에도 약 1조 3천억원가량의 벌금액의 수입을 올렸다. 벌금은 범죄로 인한 것이므로, 범죄예방이나 범죄피해자의 처우개선 등에 사용되어야 마땅한 것이다. 그럼에도 우리나라는 벌금수입은 무조건 국고수입으로 전환되고, 범죄예방이나 피해자 처우와 아무런 관련성을 갖지 않게 되어 있다.

이런 사고방식은 잘못되었다. 벌금은 마땅히 범죄피해자의 처우개선에 사용되어야 한다. 이 돈의 약 10%를 중대범죄 피해자 구조에 사용한다면, 국가의 범죄방지 책무와 그 피해자에 대한 국가구조의무의 이행을 상당부분 상쇄할 수 있고, 나영이와 같은 피해자에 대한 국가의 실질적 구조도 가능하게 될 것이다. 국정책임자들의 인식의 전환이 요구되었다.

다행스러운 것은 법무부가 2010년에 '범죄피해자보호법'을 개정하고, 더 나아가 2012년 6월 대통령으로 '범죄피해자보호법 시행령'을 전면 개정하여 범죄피해자의 보호를 선진국 수준으로 격상시켰다는 점이다. 이에 따라 범죄피해자가 사망한 경우, 그 유족은 사유가 발생하기 이전 3개월 동안 월급이나 월수입의 평균에 해당하는 것을 기준으로 하여 최장 36개월에서부터 18개월까지의 금액을 청구할 수 있도록 전면 개정했다. 만일 피해자가 중상해를 입은 경우, 피해의 정도에 따라 중상해 발생 이전의 3개월 평균 수입을 기준으로 최장 30개월에서 3개월까지 구분하여 장해구조금을 청구할 수 있도록 했다. 그리고 국가는 가해자에 대해 구상권을 행사할 수 있도록 함으로써 선진국 수준의 범죄피해자 구조를 개선하였다.

---

3) 2010년 기준으로 약 2조 6천억원가량을 벌금형으로 선고했다.

제6장
법치국가에서 용납될 수 없는 '집회의 원천봉쇄'

정부는 2009년 5월 20일 한승수 국무총리 주재로 관계부처 장관회의를 열고 "폭력시위가 예상되는 대규모 도심 집회를 원천적으로 금지하겠다."는 방침을 밝혔다. 동년 5월 16일 정부 대전청사 일대에서 벌어진 화물연대의 시위를 계기로 마련한 강경대책이다. 그 시위에서 죽창이 등장하는 등 과도한 측면을 빌미삼아 대규모 도심 집회를 원천봉쇄하겠다는 정부방침은 국민의 기본권에 대한 지나친 제한이자 도전에 해당될 수 있다.

집회·시위의 자유는 헌법이 보장하는 중요 기본권이다. 물론 기본권의 제한은 질서유지나 공공복리 등을 이유로 제한할 수 있다. 하지만 기본권의 본질적 제한은 헌법 제37조 제2항 단서에서 전면적으로 금지하고 있음을 주목해야 한다. 이런 점에서 경찰의 편의적 판단으로 대규모 도심 집회를 원천적으로 금지하겠다는 발상은 헌법상 용납될 수 없는 일이다. 왜냐하면 집회금지는 집회의 자유를 제한하는 최후의 수단이기 때문이다. 같은 맥락에서 헌법재판소도 2003년 대사관 등 외교기관 주변 100m 이내에서의 집회를 금지한 '집회 및 시위에 관한 법률'(집시법) 조항에 대해 위헌 결정을 내렸다. 권위주의적 정권 시절 정권유지 차원에서 악용되었던 집시법은 민주화가 뿌리내리면서 집회의 자유를 보장하는 쪽으로 바뀌어 왔고, 헌법재판소도 이런 경향에 동참하고 있음을 볼 수 있다.

헌법적 결단에 따라 제정된 집시법(제1조)도 "이 법은 적법한 집회 및 시위를 최대한 보장하고 위법한 시위로부터 국민을 보호함으로써 집회 및 시위의 권리보장과 공공의 안녕질서가 적절히 조화를 이루도록 하는 것을 목적으로 한다."고 명시하고 있다. 이 조문의 어디에도 도심 집회의 무조건적이고 전면적인 원천봉쇄를 가능하게 하는 근거를 발견할 수 없고, 발견할 수 있어서도 아니 된다. 헌법에 반하기 때문이다.

따라서 폭력시위의 가능성이 있다고 해서 아예 집회 자체를 원천봉쇄하는 것은 법치국가임을 포기하는 일이다. 더구나 집회자유에 대한 제한의 근거를 폭력 가능성의 여부에 두고, 이에 대한 판단을 경찰의 자의적 판단에 맡기게 하려는 정부의 발상은 헌법상 보장된 집회·시위에 관한 기본권을 행정 편의적으로 재단하는 것이다. 이와 같은 발상은 인권을 중시하는 법치국가에서 찾아보기 어려운 대목이다.

폭력 가능성에 대한 경찰의 판단은 자의적 경향으로 흐를 속성을 무시할 수 없고, 이것이 지나치면 과잉통제가 되며, 과잉통제는 과격한 폭력을 불러일으킬 수 있다. 때문에 집회금지엔 신중에 신중을 기하되, 시위 과정의 불법 폭력행위에 단호히 대처하는 것이 무엇보다 중요하다.

그러므로 정부는 집회 및 시위의 원천봉쇄에만 집착할 것이 아니라, 오히려 집회·시위의 과정에서 불법 폭력행위를 가능하게 하는 명백하고도 현존하는 위협이 있는지를 파악하고, 만일 그것이 확인되면 시위과정에서 불법적이고 폭력적 행위를 대처하는 데에 온갖 노력을 경주해야 할 것이다.

그럼에도 노무현 전 대통령의 갑작스러운 서거에 대한 국민들의 애도와 추모열기가 확산되고 있는 가운데, 수많은 경찰병력들이 서울시청 앞 광장과 청계천광장 일대를 비롯하여 곳곳에 긴급 투입되어, 시민들의 통행을 통제하고 있거나 아예 봉쇄하는 곳도 적지 않는 실정이다. 혹시 일어날지도 모르는 대규모 집회를 사전 차단하고 있다는 것이 경찰청의 설명이다. 국민의 안녕과 기본권을 보장해야 할 경찰이 오히려 특정 정권을 위한 경찰로 행동하는 것으로 오해될 소지를 보여주고 있다.

경찰의 이러한 모습을 볼 때, 정부가 추진하는 도심 집회의 원천봉쇄를 가능하게 할 경우 헌법상 보장된 집회·시위의 자유가 극도로 제한될 것이 명백하고 확실해 보인다.

제7장

민사사건의 형사화와 개선방안

한국에서 계약불이행과 같은 민사상의 분쟁이 일어나면, 계약피해자는 이를 민사적으로만 해결하지 않고, 형사적 수단을 사용하여 처리하려는 관행이 일반화되고 있다. 이와 같은 '민사사건의 형사화' 경향은 잘못된 것이다. 왜냐하면 민사사건에 대해서는 국가의 간섭이 배제되고 사적자치가 지배되어야 하는 분야인데, 이를 형사화하여 국가형벌권의 개입을 유도하고 허용하는 것은 민사법의 근본원칙인 사적자치에 대한 모순이기 때문이다. 즉 사법상(私法上)의 법률관계는 개인의 자유로운 의사에 따라 자기책임 아래에서 규율되어야 하는데, 사적자치가 지배되어야 할 사안에 대해서까지 국가형벌권의 개입을 촉진하여 의도적으로 형사화하는 것은 사법상 기본원칙을 파괴하는 행위이다. 따라서 사적자치가 허용되고, 보장되는 범위 내에서는 국가형벌권의 개입은 기본적으로 금지되어야 한다.

그럼에도 불구하고 우리의 현실은 사적자치가 지배되어야 할 민사사건에 있어서까지 형사화하려는 경향이 지나칠 정도이다. 이 문제를 더 이상 방치하여 두면, 사적자치를 전제로 하여 시장경제체제를 수호하려는 헌법이념에 반하는 통제국가의 위기에 직면할 수 있고, 또한 우리 스스로 모든 국민의 전과자화를 조성하는 꼴이 된다. 이제는 이러한 잘못된 경향에 대해 강력하고 적절한 대처방안을 제시하기 위해 그 원인을 점검하고 대안을 제시할 필요성이 있다.

민사사건의 형사화 원인은 ① 국민의 잘못된 법의식에서 비롯된 것이다. 한국사회는 계약문화가 정착되지 아니한 관계로 각종 민사상 분쟁에 쉽게 휘말릴 가능성이 많다. 금전을 빌리는 때에도 차용증을 쓰지 않는 경우가 많고 심지어 전세계약의 경우에도 계약서를 완벽하게 작성하는 경우가 드물다.

② 법조인의 법조윤리 부재에서 기인한 경우도 적지 않다. 즉 유력한 증거를 확보하는 방안으로 자신이 맡은 민사사건을 일단 형사화하도록 변호사가 의뢰인에게 고소를 종용하는 일이 적지 않기 때문이다. 수사기관도 문제이다. 고소사건의 내용이 단순한 민사사건인지의 여부를 확인할 필요가 있음에도 고소가 제기되면 무조건 입건부터 하려는 관행은 결과적으로 민사사건을 형사화하는 데 일조한다.

③ 민사재판의 지연과 위증 때문에 민사사건을 형사화하여 해결하는 경향이 크다. 민사재판에 의한 권리의 실효성 확보에 시간과 비용이 많이 소요된다. 게다가 민사소송에서의 위증 만연으로 이해당사자는 민사문제를 형사화하여 해결하려고 한다.

④ 대법원의 적절한 대응의 부재에도 원인이 있다. 민사사건의 형사화가 가져다주는 피해가 엄청남에도 불구하고 대법원은 이 문제를 등한시하거나 심지어 형사화의 경향을 부채질하는 경우도 있다. 예컨대 대법원은 단순한 민사사건에 불과할 수 있는 부동산이중매매에 대해 배임죄가 성립한다고 판시하고 있다.

민사사건의 형사화를 극복하기 위해 ① 국민의 법의식 제고와 허위의식의 극복이 무엇보다 요구된다. 신뢰사회의 정착은 계약문화의 활성화와 허위문화의 극복에 있기 때문에, 한국에서 계약문화 정착을 위한 준법정신의 강화가 어느 때보다 절실히 요구되며, 아울러 사소한 거짓말에 대해서도 용납할 수 없는 사회적 분위기를 형성해야 한다.

② 재산상 거래과정에서 발생한 남고소(濫告訴)의 억제방안을 강구해야 한다.

③ 민사소송의 실효성 확보, 특히 재판 전 증거개시 제도의 도입이 검토되어야 한다. 왜냐하면 현행 민사소송법에 근거할 때 증거확보가 매우 곤란한 경우가 적지 않게 발생하고 있기 때문이다. 게다가 소환된 증인이 출석한 경우에도 위증이 만연하고 있어서, 정의로운 판결을 기대하기 어렵다. 바로 이런 점을 고려하여, 피해자에게 문서열람제도 내지 증거공개를 요구할 수 있도록 함으로써 민사소송상 효율적인 증거수집제도를 정착시킬 필요가 있다.

④ 무고죄 성립 규정의 구체화 필요성이 크다. 부동산투기에 뛰어들어 재산상 손해를 보게 되면, 사기에 의해 부동산매매가 이루어졌다는 식으로 고소하고, 신용카드이용액에 대해 연체만 하여도 신용카드업자는 고소를 일삼기 때문이다.

제8장

그럼에도 불구하고 사형제는 폐지되어야 한다*

우리나라는 1997년 12월 말에 23명의 사형수에 대한 집행 이후, 14년 8개월 동안 사형집행을 하지 않고 있다. 국제엠네스티는 사형집행을 10년 이상 하지 않은 국가를 실질적 사형제폐지국으로 분류하고 있으며, 그 요건을 충족한 한국은 이미 4년 8개월 전부터 실질적 사형제폐지국으로 등재되어, 인권국가의 반열에 올라와 있다. 한국의 이런 상황을 부러워한 일본변호사연합회는 사형제폐지연구회를 2011년 말에 구성하고, 올 6월 초에 전직 법무성 장관 2명을 포함한 14명의 법조인이 한국을 방문하여 실질적 사형제폐지국으로 격상된 배경, 사형제폐지운동협의회를 비롯한 각계의 의견을 청취하였다.

한편 최근 국내에서 반인륜적 흉악범이 연속적으로 발생하고 있고, 이를 근절하기 위한 방법으로 인간이기를 포기한 흉악범들에 대해서는 사형집행을 재개해야 한다는 입장이 제기되고 있다. 그러나 이런 주장은 한국의 인권국가 지위를 포기할 뿐만 아니라, 사형제 존치에 대한 합리적인 설득력도 없다. 그 이유는 다음과 같다.

① 현대국가는 반인륜적 살인범조차도 그자에 대해 동일한 형식의 복수로서의 형벌제도를 두고 있지 않다. 복수는 복수를 낳고 사회불안을 가중시킨다는 점에서 복수는 극복된 구시대의 사상이기 때문이다.

② 국가는 감정적 존재가 아닌, 윤리적이고 이성적인 존재이다. 그러므로 국가가 절도를 하지 말라고 요구하면서 국가 스스로 절도하는 것을 용납할 수 없듯이, 국가가 타인을 살해하지 말라고 요구하면서 타인을 살해하는 사형제는 윤리적으로 모순

---

* 2012년 9월 6일 한겨레.

된다.

③ 모든 인권국가에서는 반인륜적 흉악범에 대해 손발을 절단하는 등의 신체절단의 형벌을 부과하지 않는다. 그 이유는 이런 형벌은 잔인하고 비인도적 형벌이기 때문이라고 설명한다. 손발을 절단하는 것이 잔인하여 용납할 수 없는 형벌이라면, 사람을 죽이는 것은 더욱 잔인한 형벌이어서 결코 허용될 수 없어야 하지 않을까.

④ 우리 헌법 제37조 제2항 단서는 (기본적 인권을) "제한하는 경우에도 자유와 권리의 본질적인 내용을 침해할 수 없다."고 명시하고 있다. 여기서 기본적 인권의 본질적 내용은 생명이며, 이는 부인할 수 없는 사실이다. 예컨대 손발에 대한 절단형이 신체자유에 대한 본질적 침해라고 하여 용납할 수 없는 형벌이라면, 신체의 자유의 본질적 내용은 인간의 육체와 그 육체에 대한 생명의 결합으로 생긴 자유이다. 즉 신체의 자유 중에서 인간의 생명인 정신을 제거하면 인간의 육체만 남게 되는데, 생명이 없는 육체는 시체에 불과하다. 인간의 시체가 신체의 자유의 본질적 부분일 수 없으며, 생명을 전제로 하고 있는 신체만이 신체의 본질적 자유를 가질 수 있기 때문이다.

⑤ 우리나라는 유럽평의회와 'EU에서 인도된 범인에 대해 사형집행을 할 수 없도록 하는 등의 범죄인도조약'을 2009년에 체결하였고, 2011년에는 국회가 이를 비준했다. 이 때문에 EU에서 우리나라로 인도된 범인이 흉악범죄를 범했어도 사형을 집행할 수 없게 되었다. 이에 반해 우리나라에서 범한 반인륜적 흉악범에 대해 사형집행이 가능하다는 것은 '법 앞의 평등권'을 천명한 헌법상 평등권에 반한다.

⑥ 사형제가 품고 있는 위와 같은 문제점을 해소하고, 사형제와 동일한 정도로 반인륜적 흉악범의 재범가능성을 영원히 차단할 수 있는 '가석방 없는 절대적 종신형'은 사형제의 대안으로 이용될 수 있기 때문이다.

제9장

성범죄자 전자발찌[1)]

베카리아를 중심으로 유럽에서 확산된 계몽주의적 형법학에 의하면, 범죄는 개인의 의지에 의한 규범침해라는 입장이었다. 이런 상황에서 근대범죄학의 아버지라고 할 수 있는 롬브르조는 그의 저서 『범죄인론』(1876)을 통하여 그 유명한 '생래적 범죄인설'을 주장하였다. 그에 의하면 생래적 범죄인은 태어나면서부터 범죄를 저지를 수밖에 없는 운명을 타고 태어난 사람이라고 했다. 이를 계기로 범죄의 발생 원인이 개인의 자유의지를 넘어 기질에 있는가, 환경에 있는가, 아니면 기질과 환경의 복합적 요소에 기인하는가에 대한 논란으로 확산되었다. 이러한 논란은 아직도 계속되고 있으나, 오늘날 다수견해에 따르면, 범죄에 이르는 인격은 선천적 원인에 의한 인격규정인자와 출생 당시에 있었던 개인적 환경 그리고 사회 전반의 경제적·문화적 관계에 따라 형성된다고 본다.

이에 따라 범죄자에 대한 처우도 각 개인이 갖는 특성에 걸맞아야 그 효과가 극대화할 수 있게 된다. 즉 정상인은 형벌의 충격을 통하여, 기질적 범인은 치료감호나 보안처분 등의 조치가 더욱 효과적일 것이다.

성범죄자도 역시 다른 범죄와 마찬가지로 유전이나 선천성에 의한 인격규정인자를 비롯하여 출생과 성장 시의 개인적 환경 그리고 사회 전반적 환경에 의해 형성된다는 것을 부인할 수 없다. 다만 성범죄자의 특성은 다른 어떤 범죄보다 재범가능성이 아주 높다는 점이다. 이는 성범죄자의 인격형성은 인격규정인자가 결정적으로 작용함을 의미한다. 따라서 성범죄자에 대한 대책은 징역과 같은 형벌의 부과만으

1) 2007년 11월 19일 잡지(위클리 에듀).

로 효과적일 수 없다. 성범죄자의 기질적 요인을 제거하거나 완화하기 위해 치료와 함께 교육이 필요하며, 더욱 중요한 것은 재범가능성을 통제할 수 있는 대책이다.

재범가능성에 대한 확실한 통제방법으로는 재범성향이 매우 높은 성범죄자의 자유를 박탈하는 징역형이 효과적이긴 하지만, 형벌은 책임의 영역을 넘어설 수 없다는 점에서 징역형은 한계를 가진다. 또한 매건법(Megan's Law)[2)]에서 그 효시를 찾아 볼 수 있는 성범죄자의 신상공개제도도 성범죄에 대한 효과적 대책으로 부족함이 국내외적으로 입증되고 있다.

이러한 이유로 우리나라도 2007년 4월에 성범죄자에 대한 전자발찌 부착 법률인 '특정 성폭력범죄자에 대한 위치추적 전자장치 부착에 관한 법률'이 국회에서 통과되었다. 이 법률은 형벌의 집행 후에도 5년간 전자발찌를 일정요건의 성범죄자에게 부착해야 된다는 점에서 인격의 본질적 침해가 우려된다. 이런 점을 해소하기 위해 이 법의 적용과 운용에 있어서 인권침해의 소지를 가급적 줄여야 할 것이다.

---

2) 아동을 대상으로 성범죄를 저지른 전력이 있는 인물에 대한 정보를 지역사회에 제공하여 지역단위 차원에서 감시하도록 한 법률로 1996년 미국에서 제정되었다. 명칭은 1994년 7월 뉴저지 주에서 상습 성범죄자에게 희생당한 소녀 메건 니콜 칸카(Megan Nicole Kanka)의 이름에서 따왔으며, 이 법은 각 주정부가 의무적으로 성범죄자에 대한 신상 정보의 제공을 규정하고 있다.

제10장

개인정보의 유출과 대응방안

우리 헌법은 각 개인의 자유스런 활동과 그 능력을 최대한 꽃피울 수 있도록 환경을 조성해 주어야 할 책무를 지닌 자유민주주의 국가임을 천명하고 있다. 이러한 자유민주주의 국가에서는 국민 각자가 자신의 삶을 자유롭게 설계하고 자신의 개성과 인격을 최대한 발휘하는 생활환경을 조성해야 한다. 이런 점에서 형법은 개인의 사생활을 두텁게 보호할 수 있도록 사생활비밀침해죄를 비롯하여 명예훼손죄 등을 두고 있다.

그럼에도 불구하고 우리나라에서는 사생활의 비밀에 속하는 중요한 개인정보가 너무도 쉽게 수집될 수 있다. 그것도 합법적으로. 예컨대 우리가 신용카드를 발급받거나 인터넷 서비스를 받고자 한다면, 우리는 '개인정보 수집 및 이용에 동의'해야 된다. 동의하지 않으면 가입할 수 없기 때문이다. 법률 또한 그것을 가능하게 해주고 있다.

개인정보가 이처럼 마구잡이로 수집될 수 있는 환경에서 이번에 야기된 대량의 불법정보유출 사건은 예견된 재앙이었다. 사생활에 관한 1억 4천만 건의 개인정보가 인터넷 시장에 널려 있고, 이의 취득 또한 그러 어렵지 않는 게 현실이다. 특정 인물에 대한 신상털이는 이제 일상화가 되었을 정도로 되었다. 이 때문에 대다수 국민의 사생활은 극도로 위축되고 있다. 뿐만 아니라 명예훼손과 재산상 손해의 발생에 대해서도 무방비 상태로 노출되어 있다. 게다가 최근에 발생한 개인정보의 대량 유출사건은 직접적인 금융범죄를 유발시킬 수 있다. 그래서 앞으로 얼마나 많은 사람들이 사생활침해와 경제적 불이익을 받게 될 것인지에 관해 예측이나 추산조차

할 수 없어 보인다.

물론 카드사 측에서는 “유출된 정보(성명, 주민등록번호, 전화번호, 주소 등 ‘개인식별정보’와 카드번호 및 유효기간, 결제계좌, 타사 카드정보 등으로 알려졌음) 중에는 결제 시에 추가로 요구되는 CVC(카드 뒷면 3~4자리), 비밀번호 등 핵심 정보가 포함돼 있지 않아 부정사용 가능성은 매우 낮으며, 다만 해외쇼핑몰이나 홈쇼핑 등에서는 카드번호 및 유효기간만으로도 결제가 가능한 경우가 있어 피해가 발생할 수 있다.”고 한다. 그러나 피해발생 가능성이 거의 없을 것이란 카드사 측의 주장을 액면 그대로 믿는 사람들은 그다지 많지 않아 보인다. 이에 관한 단적인 사례가 사건발생 직후 종래의 카드를 폐기처분하고, 재발급을 신청한 사람들이 일거에 수백만명을 넘었기 때문이다.

이에 대한 정부의 대책은 요란하지만 정작 가슴에 다가온 대책은 거의 없어 보인다. 우리나라에서는 합법적으로도 너무 쉽게 사생활에 관한 정보를 수집할 수 있고, 그래서 수많은 개인적 정보가 수집되어 있는 마당에 단순히 수집되어 있는 정보의 유출을 예방하는 대응책만으로는 실효성이 별로 없는 대책이라고 생각된다. 왜냐하면 그렇게 수집된 개인정보는 유출될 만한 어떤 계기나 동기가 발생하면 제아무리 유출예방에 심혈을 기우렸다고 해도 언제든지 유출될 가능성이 열려 있기 때문이다.

몇 가지 사례를 들어 보자. 첫째로 개인의 사생활에 관한 수집 정보의 종류와 배포 범위가 외국에 비해 턱없이 광범위하다는 점이다. 우리나라의 3대 통신사(SKT, KT, LGU+)가 수집하는 정보는 정보보호법에 근거해 “성명, 주민번호, 여권번호, 아이핀(i-pin) 번호, 생년월일, 내/외국인, 성별, 휴대폰 번호, 연계정보, 중복가입정보, 주소, 연락 전화번호, Email 주소, 계좌(카드) 정보”를 요구하고 있다. 이들 3대 통신사가 수집한 개인정보 취급 위탁업체의 수도 수천 개가 넘는다. 게다가 이들 통신사는 모두 개인정보를 유관 업무회사에 제공할 수 있다. 법률로 보장해주고 있기 때문이다. 이에 반해 미국에서 제일 큰 통신회사 버라이존(Verizon)은 이름, 주소, 전화번호, 이메일, 신용카드 정보, 사회보장번호, 운전면허번호를 요구할 수 있다. 그럼에도 미국에서 각 개인은 우리나라와 같은 주민등록제도가 없을 뿐더러 조사 회사에 자신의 개인정보 제공에 동의하지 않을 수 있다. 일본의 통신회사 NTT도코모는 가입자의 주민등록번호를 요구하지 않는다. 일본은 주민등록번호제도가 없기 때문이다. 게다가 NTT도코모는 11개 회사에만 가입자 정보를 제공하는데 그친다.

둘째로 현재 진행되고 있는 빅데이터가 주민등록번호제도와 결합할 때 엄청난 파급효과를 가진 사생활침해의 위험이 도사리고 있다. 게다가 이런 사실을 아는 이가 별로 없다. 각 개인의 위치 정보, 교통카드, 상품 구매 기록뿐만 아니라 인터넷 서핑 기록도 정말 사적으로 보호되어야 할 개인정보이다. 내가 언제 무슨 물건을 구매하고, 지하철과 버스를 타고 어디에 갔는지를 누구나 알게 되는 걸 원하는 사람은 아마 아무도 없을 것이다. 그럼에도 불구하고 이런 정보가 우리의 주민등록번호와 결합하게 되면, 누구나 그 사실을 알 수 있도록 해준다. 외국에서의 빅데이터는 개인적인 주민등록번호와 연결되어 있지 않기 때문에 인터넷을 통하여 개인정보를 통째로 파악할 수 없다. 그러나 우리나라는 주민번호와 이런 정보들을 연결시켜 놓고, 사실상 길거리에 방치해 놓고 있다. 그러므로 한국국민에 대한 개인정보의 대량 유출이나, 일종의 유행병으로 도지고 있는 신상털기 등의 사례들이 그걸 잘 말해준다.

사정이 이렇다면 우리는 무엇을 어떻게 해야 할까?

최선의 대책은 신상정보 수집 자체를 원천적으로 금지하는 데서 출발해야 한다. 국가기관이 개인의 신상에 관한 정보를 불가피하게 파악해야 할 정당한 이유가 없는 한에서는 누구의 개인정보 수집도 금지되어야 마땅하다. 그런데 우리 국민은 누구나 주민등록번호를 갖고 있다. 이 주민등록번호를 알기만 한다면 그 해당된 자의 신상, 예컨대 학벌, 재산, 가족, 병역, 질병 등을 포함한 그 사람의 인격에 관한 대부분을 파악할 수 있는 것이 오늘의 현실이다. 이런 주민등록번호를 모든 국민들에게 강제적으로 부여하고, 이것이 없으면 은행에서 계좌를 개설하거나 카드의 발부 등 일상생활에서의 활동을 거의 못하게 하는 괴물이다. 국가기관이 맘만 먹으면 이 주민등록번호를 이용하여 언제든지 특정인의 사생활을 파해칠 수 있었다. 이제는 개인조차도 아주 쉽게 타인의 주민등록번호를 알 수 있게 되었으며, 심지어 대통령의 주민등록번호도 예외가 아닌 것이 현실이다. 그러므로 사생활에 관한 정보의 대량 유출을 막기 위해서는 무엇보다 새판을 짜야 한다.

이를 위해서는 첫째로 사생활에 관한 개인정보 수집 허용은 최소한에 그칠 수 있도록 수집자의 범위를 정하고, 수집의 내용과 한계 등을 법률로 제한해야 한다. 아울러 선택적 동의도 가능할 수 있게 해야 한다.

둘째로 주민등록번호제도를 전면적으로 폐지하고, 이의 대안을 모색하여 주민등록번호만 알면 각 개인의 정보를 낱낱이 파악할 수 있는 환경을 근절해야 한다.

셋째로 주민등록번호제도의 폐지가 사실상 어렵다면, 주민등록번호를 무작위 번호로 전면적으로 개편해야 한다. 그리고 정부기관을 제외한 어떤 회사도 주민번호를 수집할 수 없게 해야 한다.

넷째로 수집된 개인정보는 법률상 특히 허용되어야 할 정당한 사유가 없는 경우에는 제3자에게 제공할 수 없게 해야 한다.

다섯째로 국가기관에 의해 수집된 주민등록번호 등 개인정보가 국가기관의 고의나 과실로 유출된 경우, 이로 인해 발생한 손해에 대해서는 그 국가기관의 책임을 물을 수 있어야 한다.

제11장

박근혜·최순실 게이트의 역설*

언론과 검찰을 통해서 밝혀진 박근혜·최순실 게이트의 실체가 드러나면서 이들의 헌법과 헌법정신의 유린 및 국정농단이 백일하에 드러났다. 이는 어쩌면 예견된 일로 보인다. 그 이유는 다음과 같다.

박근혜 대통령의 부친 박정희는 세계 역사상 유례가 없는 두 번씩이나 쿠데타를 통해 헌법과 국정을 유린했다. 즉 그는 이승만 독재에 항거하여 승리한 4·19혁명의 시민의식을 5·16군사쿠데타로 짓밟아버리고 세운 독재정권도 부족하였던지, 또다시 '10월 유신'의 쿠데타로 자신의 영구집권을 자행했던 인물이다. 그에 대한 평가는 외국의 주요 언론과 언론인뿐 아니라 상식적인 사람들이라면 우간다의 '이디 아민'과 같은 부류의 독재자로 여겼다. 박근혜 대통령은 그럼에도 불구하고 그녀의 가장 존경스런 인물이 다름 아닌 박정희였기에, 박정희식의 권위주의 내지 퇴행적 민주주의가 예견되었기 때문이다.

사정이 그렇기 때문에 그녀가 대통령이 되는 것을 피했어야 옳았다. 그러나 박근혜가 그런 독재자의 딸이자, 그런 인식을 갖고 있는 줄 알면서도 박정희 독재를 찬양하고 그에 빌붙어 왔던 불의에 친숙하고 자신의 이익을 위해 변신에 능한 수구꼴통 인사들과 언론들이 그런 그녀를 대통령으로 만든 일등공신들이었다. 이들 공신들과 관련 언론매체들이 이제 와서 대단한 정의감을 보인 것처럼 떠들어대고 있는 형태가 참으로 역설적이다. 왜냐하면 박근혜가 대통령으로서의 자질과 능력이 전혀 없고 박정희적 사고방식에 젖어 있는, 그래서 대한민국의 품격을 높일 만한 인물일

* 교수신문, 2016년 12월.

수 없음을 그녀의 언행을 통해서 이미 밝혀졌고, 상식적 사람들이라면 모두가 알 수 있었기 때문이다. 예컨대 박근혜의 대변인이었던 전여옥의 증언을 봐라. 국민들 다수가 이제야 사태의 전모를 알게 되었지만, 그녀의 대통령으로서 자질과 행동방식은 국제적인 웃음거리로 넘쳐나고, 그럴수록 우리 국민들을 참으로 부끄럽고 창피하게 만들고 있다.

그럼에도 불구하고 이번 사태의 핵심인 박근혜는 반헌법적인 자신의 행동에 대해서조차 잘못이 없단다. 어쩌면 그녀가 착각하고 있는 줄 보인다. 이조시대의 국왕은 실수를 범하지 않는 법이다. 왜냐하면 국왕 자신의 말과 행동이 곧바로 법이기 때문이다. 박근혜 역시 박정희의 대를 이은 대한민국의 국왕으로 군림하고 있어 보인다. 그러기에 11월 12일에 개최된 백만 시민들의 촛불집회와 함성(박근혜 대통령 하야하라)을 들은 척도 하지 않고 있다. 더욱이 11월 26일에는 그 전보다 훨씬 많이 참가한 190만 국민들의 함성이 전국에 울려 퍼졌으나, 이런 외침 역시 무시하고 있다.

그러나 대한민국은 민주공화국이지, 박근혜가 여왕일 수 없다. 그러므로 수백만의 외침은 박근혜·최순실 게이트의 실체적 진실을 철저히 규명하고, 헌법유린과 국정농단의 범법자와 부역자에 대해서는 지위고하를 막론하고 그에 상응하는 책임에 따라 처벌되어야만 한다는 광범위한 국민적 공감대인 것이다. 모든 권력은 국민으로부터 나오며, 누구나 법 앞에 평등하다는 것이 우리 헌법의 입장이며, 이는 누구나 지켜야 되는 자유시민의 상식이기 때문이다.

아직도 우리 국민의 특색을 냄비근성이라고 폄하하고, 지금의 대규모 평화적 집회조차 조만간 바람에 꺼질 것이라고 보는 분들도 없지 않다. 그러나 도시국가를 제외하고 세계적으로 가장 높은 IQ를 지니고 교육열 또한 강국인 한국인의 시민의식과 정보력으로 미루어 볼 때 박근혜·최순실 게이트에 대한 분노와 저항행태는 결코 일시적으로 폭발했다가 끝나지 않을 것이다. 지금껏 5차례의 대규모 집회에서도 그 유례를 세계사에서도 찾기 힘들 정도의 성숙한 시민의식의 면모를 지속적으로 보여주고 있지 않는가. 성숙한 시민의식은 아마도 이 땅에서 불의와 부패가 판치는 것을 끝내 거부하고 사회정의가 실질적으로 실현되어야 한다는 사명의식으로 승화되어 있기 때문일 것이다.

한편, 4·19혁명이 군사쿠데타로 사실상 실패로 끝나면서 건강하고 성숙된 시민의

식이 사라져갔다. 그에 대신하여 박정희의 군사정권의 유산으로 권력자와 가진 자들은 권위주의적 행태와 갑질을 일삼을 수 있는 터전을 남겼다. 특히, 수구꼴통들로 대변되는 분들은 자신의 지역적 이기주의와 결합하여 세월이 지날수록 더욱 공고히 연대의식으로 뭉쳤고, 이들은 그들만의 콘크리트 지지층으로 확대 재생산되어 왔었다. 이런 이유로 이들은 정치적 실권과 경제적 이익을 과독점 상태를 점하게 될 수 있었다. 이런 상태에서 권위주의와 힘 있는 자의 갑질이 알게 모르게, 때로는 의도적으로 형성하여 고착시키거나 고착화되어 갔고, 진보와 보수 간의 갈등이며 세대 간, 심지어 지역감정의 골까지도 깊어만 가게 했다. 이렇게 되면 안 된다는 것을 누구나 알면서도 이를 극복하기 위한 헌신적인 노력을 기우린 분들이 극소수에 그쳤고, 김대중과 노무현 정부에서 노력했지만 성공하지도 못하였다. 2016년 9월까지만 하여도 어느 누구도 그런 잘못된 구도를 퇴출시키고, 부패와 권위주의적 고리인 잘못된 시각을 바로잡을 수조차 없는 것으로 보였다.

세상일이란 참으로 알 수 없다. 바로 박근혜·최순실 게이트가 수구꼴통의 잘못된 시각을 바로잡아 주는 결정적 계기가 되었으니 말이다. 이 게이트야말로 지금껏 편향된 시각과 권위주의적 갑질문화를 척결할 수 있는 결정적 계기를 마련해 준 기회가 되었기 때문이다. 이런 점에서 박근혜·최순실 게이트는 자유·민주국가에서 있을 수 없는 일이긴 하지만, 어느 면에선 참 고마운 사태이기도 하다.

제12장

생활위험의 정당한 분배

Ⅰ. 문제되는 사안들

사례 1) 1억원 상당의 독일산 Mercedez Benz 차량을 소유하고 있는 A는 B의 400만원 상당 국산 Matis 중고차와 접촉사고를 냈다. 사고 조사 후 접촉사고에 대한 과실의 비율은 A에게 80%, B에게는 20%가 있는 것으로 밝혀졌다. 그런데 Benz의 차량수리비는 3,000만원, 마티즈의 차량수리비는 50만원으로 계상(計上)되었다.

이에 따라 A는 B가 가입한 차량 보험사에 대해 600만원 요구하고 있다.

사례 2) 1,000만원 상당의 외국산 고급양복을 입고 다니는 C는 자신의 옷을 D가 경영하는 세탁소에서 드라이클리닝 하였다. 그러나 D의 부주의로 인하여 C의 양복에는 얼룩이 져버렸다. C는 D에게 손해배상으로 100만원을 요구하고 있다.

Ⅱ. 쟁 점

이러한 사안들에서는 자신의 호화스러운 자동차, 양복 등에 타인의 과실로 인하여 발생한 손해에 대한 부당한 손해배상이 문제된다. 다시 말해 비록 과실은 있지만 자신이 누리는 고급생활에 대해 발생한 손해를 타인에게 대부분 전가하다는 부당한 측면이 관건이 된다. 물론 과실이 있다는 사실이 전제되지만 과실로 인한 손해배상을 이유로 이와 같이 형평에 반하는 요구를 하는 것은 과연 정당한가?

연 구

Ⅰ. 문제의 제기

키케로[1]가 정의(正義)의 개념을 "각자에게 그의 것을 돌려주는 것"이라고 기술한 이후, 우리 모두는 대체로 '정의란 그런 것'이란 점에 동의하고 있다. 그러나 구체적으로 무엇이 정의인가에 관해 ① 그것을 평균적 배분(예컨대 칸트), 혹은 ② 비례적 배분(예컨대 아리스토텔레스), 아니면 형편이 어려운 사람일수록 이익이 되게 하는 배분(예컨대 존 롤즈)이라야 한다는 입장으로 구분할 수 있다.

그런데 이들 견해 가운데 어느 것도 모든 상황에 대한 보편적인 정의기준은 될 수 없어 보인다. 예컨대 선거권이나 공무담임권 같은 개인의 인격에 관련된 권리에 대해서는 평균적 배분이, 경제력 등 개인적 능력에 관해서는 비례적인 배분(예컨대 조세부담)이, 그리고 사회의 최하위 빈곤층에 대한 복지실현에 관해서는 롤즈의 사회적 정의론이 나름의 설득력을 얻고 있기 때문이다. 이런 점에서 이들 정의론은 우리 사회의 현행 법률체계 내에서 각각의 상황에 따라 상당부분 부합하여 적용되고 있다고 할 수 있다.

그럼에도 불구하고 위에서 언급한 사안들을 현행법으로 해결하려 할 때, 무언가 부당하다는 느낌을 지울 수 없다. 왜냐하면 예컨대 사례 1)의 경우 교통사고를 주도적으로 야기한 사람은 A이고, 그가 소유한 차량이 특별한 고가여서 그 수리비용도 통상적인 경우와 달리 터無이 비싼 이유로 B가 그 교통사고 발생에 부수적으로 기여함에 불과해도 B의 차량 보험회사는 B의 찻값보다 훨씬 비싼 600만원의 거금을 벤츠 차량 수리비로 지불해야 되기 때문이다. 사례 2)에서도 통상적인 세탁비용은 의류의 가액에 거의 상관없이 일률적으로 정해지고 드라이클리닝의 요금도 부산의 경우는 바지 한 벌에 3,000원 정도밖에 되지 않는다. D가 주의의무를 다하지 못한

1) 키케로의 법철학에 관해서는 Arthur Kaufmann, 법철학입문(허일태 역), 82쪽 이하 참조.

것은 사실이지만, 지나치게 비싼 옷을 소유한 C가 그 옷이 특별히 고가라는 이유만으로 그 옷의 세탁비용보다 334배나 많은 100만원을 손해배상으로 청구할 수 있다는 것도 지나쳐 보인다. 경험상 바지에 얼룩이 생기게 하는 일이 보통 사람들의 생활상 흔히 저지를 수 있는 사소한 실수이고, C가 세탁을 맡기면서 자신의 옷이 특히 고가의 옷이라는 점을 고지했다는 정황도 없으며(특별한 세탁비를 지불하겠다는 의사표시도 없었다는 점에서), 세탁요금이 고작 3,000원에 불과한 점에 대비하여 볼 때 그 부담이나 책임이 너무 무겁기 때문이다. 더구나 현대사회에서는 생활상 부담해야 할 위험이 적지 않아 사소한 사고나 경미한 손해에 대해서는 그와 같은 위험을 감수하는 경우가 많아지고 있다는 점에서 사안들의 경우는 더욱 부당한 것이 아닌지 의문이 든다.

물론 현실에서는 각 사례의 경우 부당한 결과가 그리 크지 않을 수 있다. 왜냐하면 가해자의 이런 위험에 대한 대책이나 해결책으로 이미 오래 전부터 보험제도가 등장하여 위험의 분산을 도모하고 있기 때문이다. 여기서 보험이란 "같은 종류의 경제적 어려움에 놓여 있는 다수인이 사회적 위험단체를 구성하여 일정비율의 금액을 분담하고, 특정인에게 발생한 우연한 사고에 대하여 일정한 보험금액을 지급함으로써 경제생활의 불안을 제거 또는 경감하여 위험을 분산시키는 제도"를 말한다. 그리고 오늘날 적지 않게 정착되어 있는 각종의 보험에 가입된 사람이라면 사례 1)과 2)의 경우 모두 현실적으로 크게 곤경에 처할 소지는 적어 보인다.

그러나 지나친 과시욕으로 통상보다 훨씬 고가의 물품을 선호하는 사람들이 격증하고 있고, 이들과의 충돌이나 갈등으로 야기되는 손해배상의 금액은 보통사람들로서는 경우에 따라 감당하기 어려운 치명적 경제적 손실을 입게 될 수 있고, 급격한 사회적 비용의 증가가 초래되기도 한다. 즉 고가의 사치물품을 선호하는 사람들이 다수 증장함에 따라 현실의 보통사람들은 그 자신의 의도와는 상관없이 그런 물품과 관련된 분쟁에 직면하게 되고, 이에 관한 침해가 현실적으로 야기될 때 보통 사람들이 경제적으로 감내하기 어려운 사태가 발생할 수도 있다.

그나마 오늘날 이런 위험에 대비하기 위하여 각종의 보험에 가입한 사람은 위험의 분산을 통하여 앞의 사안과 같은 문제를 큰 비용을 들이지 않고 해결할 수 있지만, 보험에 전혀 가입하지 않은 사람들은 여전히 치명적인 재산상 손해를 감당해야 하는 위험에 노출되어 있다. 게다가 자동차대물보험에 가입되었다고 하더라도 종전보다 근본적으로 고액의 대물보험을 들 수밖에 없기 때문에 보험료의 비용증가라는 문제점도 여전히 남게 된다.

그래서 이하에서는 첫째로 제기된 사안과 관련하여 현행법은 어떤 해결기준을 갖고 있는지 그리고 그것의 적용결과를 검토하고, 이러한 해결기준과 그 결과가 정당한 것인지를(Ⅱ), 둘째로 제기된 사안의 정당한 해결을 위해서는 어떤 원칙이나 기준이 세워져야 하는지를 규명해 보고자 한다(Ⅲ).

Ⅱ. 대상 사례에 관한 현행법상 해결방식

1. 민법 제750조에 의한 해결방식

대상 사례는 모두 행위자과실에 의한 위법행위로 타인에게 손해를 가하거나 손해발생에 기여한 경우에 해당될 수 있다. 이러한 사례에 대해서는 원칙적으로 민법 제750조가 적용된다. 왜냐하면 동조는 “고의 또는 과실로 인한 위법행위로 타인에게 손해를 가한 자는 그 손해를 배상할 책임이 있다.”고 명시적으로 규정하고 있기 때문이다.

민법 제750조의 불법행위에 의한 손해배상청구권을 행사하려면 첫째로 행위자는 고의나 과실에 의한 위법행위를 범해야 하고, 둘째로 행위자의 그런 행위가 타인에게 손해를 가해야 하며, 셋째로 그 손해는 가해자의 행위에 의하여 발생한 것이라야 한다. 즉 가해자의 행위와 피해자가 입은 손해발생 사이에는 인과관계가 있어야 한다.

1) 불법행위에서의 과실

과실의 핵심내용은 주의의무위반인데, 주의의무는 무엇을 기준으로 하는 지에 관해서는 구체적 과실과 추상적 과실의 입장으로 의견이 양분되어 있다.

그런데 개인의 구체적인 주의능력을 기준으로 삼는 구체적 과실의 경우, 사회의 보통사람으로서 주의할 것으로 신뢰하고 행동하는 피해자는 가해자의 개인적인 주의능력 여하에 따라 배상을 받을 가능성 여부가 판가름된다는 점에서 공평하다고 할 수 없다. 더구나 도로교통에서는 신뢰의 원칙이 확립되어 있다는 점에 비추어볼 때 사회의 보통사람에게 요구되는 일반적 주의능력을 기준으로 하는 추상적 과실이 타당해 보인다. 통설과 판례도 역시 이러한 입장을 지지하고 있다.

아울러 민법 제750조의 과실은 경과실뿐만 아니라, 중과실도 포함한다고 해석해야 한다. 왜냐하면 중과실이 아닌 경과실의 경우에만 민법 제757조(도급인의 책임)[2]와 제765조(배상액의 경감청구)[3] 그리고 실화책임에 관한 법률에서 예외적으로 특례를 인정하고 있기 때문이다.

사례 1)과 2)의 경우 통설과 판례의 입장에서 볼 때, 모두 주의의무 위반이 있었고, 적어도 경과실이 존재하기 때문에 과실행위에 의한 불법행위의 성립을 인정할 수 있다.

2) 손해의 발생과 인과관계

불법행위가 성립하려면 가해행위로 인한 손해가 발생해야 한다. 이때의 손해는 현실적으로 발생한 것에 국한되며, 발생 가능한 것을 포함하지 않는다. 그리고 손해는 가해행위자의 행위로 발생되어야 한다.

사례 2)의 경우 D의 가해행위가 있었는지에 관해 의문은 없어 보이지만, 사례 1)의 경우 B는 A가 주도적으로 유발한 교통사고에 대한 가해자에 해당하는지에 관해 의문이 없지 않다. 왜냐하면 당해 교통사고를 주도적으로 야기한 사람은 A이고, B는 결과발생에 20%만 기여하였을 뿐이기 때문이다. 그럼에도 판례와 학설은 이와 같은 사안에서도 B의 가해행위를 중요하게 고려하고 있는 것으로 보인다.

민법상 인과관계의 존부를 평가하는데 있어서는 조건설(*condicio sine qua non*)을

---

2) 도급인은 수급인이 그 일에 관하여 제삼자에게 가한 손해를 배상할 책임이 없다. 그러나 도급 또는 지시에 관하여 도급인에게 **중대한 과실이 있는 때**에는 그러하지 아니하다(민법 제9650호 2009. 5. 8. 일부개정).

3) ① 본장의 규정에 의한 배상의무자는 그 손해가 고의 또는 **중대한 과실에 의한 것**이 아니고 그 배상으로 인하여 배상자의 생계에 중대한 영향을 미치게 될 경우에는 법원에 그 배상액의 경감을 청구할 수 있다.
② 법원은 전항의 청구가 있는 때에는 채권자 및 채무자의 경제 상태와 손해의 원인 등을 참작하여 배상액을 경감할 수 있다(민법 제9650호 2009. 5. 8. 일부개정).

원칙적으로 취하는 입장도 있다.[4] 그러나 이 학설은 적지 않은 문제점을 안고 있다. 왜냐하면 ① 예컨대 乙을 벼락 맞아 죽게 할 의도로 천둥번개를 동반한 폭우가 쏟아지는 상황에서 甲이 乙에게 심부름을 보냈는데, 실재로 乙이 심부름 가다가 벼락으로 사망한 경우 甲의 행위와 乙의 피해 사이에는 객관적 반복가능성이 거의 없음에도 불구하고 인과관계를 인정할 수밖에 없게 되고, ② Contergan 사건에서 볼 수 있었던 것처럼 피임약의 어떤 성분이 어떤 작용을 거쳐 태아를 장애아로 만들었는지를 밝힐 수 없는 경우와 같이 손해발생을 야기한 원인행위를 정확히 가려낼 수 없을 때에는 인과관계가 부정될 가능성이 내재하고 있기 때문이다.

그러므로 민법상의 인과관계도 합법칙적 조건설에 의해 해결하는 것이 타당해 보인다. 왜냐하면 우리의 일상생활에서 일정한 행위가 발생하면 동일한 사정 아래에서는 언제나 그러한 결과가 발생한다는 사실, 즉 객관적으로 반복할 개연성이 있을 경우에 한하여 그러한 결과는 그 사람의 원인행위라고 사회적으로 평가내릴 수 있기 때문이다.

그러나 합법칙적 조건설을 취하더라도 앞의 사안에서 B에게 그 결과발생에 대한 귀속주체로 곧바로 인정하는 데에는 문제점이 없지 않다. 왜냐하면 A가 당해 교통사고를 주도적으로 유발한 것이고, 이 교통사고에 부수적으로 개입한 B가 주의의무를 다하여 운전했다 하더라도 그 교통사고를 피할 수 없었다면 B에게 결과발생에 대한 책임귀속의 낙인을 찍을 수 없기 때문이다.

그러므로 사례 1)의 경우를 세분하여 A가 교통사고를 주도적으로 유발했을 때 B가 아닌 다른 어느 누구도 B와 동일 또는 유사한 도로주행 상황에서 A와의 교통사고를 피할 수 있는 경우와 없는 경우로 구별해 볼 수 있을 것이다.

만일 B의 상황이 후자라면 B가 과실로 교통사고를 유발한 것은 틀림없지만, 교통사고발생은 A이 주도로 유발된 것이고, B가 주의의무를 다하여 운전했다 하더라도 그 사고를 회피할 수 없었다면 B의 귀책으로 돌리기는 어려워 보인다. 형법에서는 이런 경우 B에게 과실의 귀책을 묻지 아니 한다.[5]

4) 김준호, 민법강의(제2전정판), 1652쪽.

5) 대법원 1993. 1. 15. 선고 92도2579 판결[공1993. 3. 1.(939),777] "신호등에 의하여 교통정리가 행하여지고 있는 ㅏ자형 삼거리의 교차로를 녹색등화에 따라 직진하는 차량의 운전자는 특별한 사정이 없는 한 다른 차량들도 교통법규를 준수하고 충돌을 피하기 위하여 적절한 조치를 취할 것으로 믿고 운전하면 족하고, 대향차선 위의 다른 차량이 신호를 위반하고 직진하는 자기 차량의 앞

같은 맥락에서 사례 1)의 사정이 이와 같다면, B는 당해 교통사고의 발생에 대해 불법행위책임이 없다고 해석할 수 있을 것이다.

3) 소결론

학설이나 판례에 따르면, 위의 사안 모두 가해자의 과실이 있음을 전제로 삼고 있고, 그로 인해 피해가 발생하였으며, 이와 함께 가해행위와 피해발생 사이에 인과관계를 인정하는 데 어려움은 없어 보인다. 따라서 사례 1)의 경우 A는 B의 차량보험회사에 600만원을 청구할 수 있으며, 특별한 사정이 없는 한 B가 가입한 차량보험회사는 A에게 600만원을 지불해야 할 것이다. 그리고 사례 2)의 경우에 있어서도 민법 제750조에 의한 해결을 구할 때, D에 대한 C의 100만원 청구는 받아들여질 것이다.

그리고 이때 사례 1)의 경우는 크게 부당하지 않을 수 있다. 왜냐하면 자동차 운전자는 통상 대물보험에 가입하며, 최근에는 고가 외제차의 홍수로 인한 고액의 손해배상을 염려하여 대물보험을 2억원까지 든 경우도 허다하고, 대물보험보상한도액이 2억원까지 확대되었다고 하더라도 보험료는 몇 천원의 증가에 그칠 뿐이기 때문이다.

그렇지만 B가 대물보험에 가입하지 않았다면, 문제는 달라진다. 즉, B는 사고발생에 부수적으로 개입하였을 뿐인데, 자기 소유 차량에 대한 손해발생의 감수를 넘어서 고가의 자동차 소유자이자 사고발생을 주도적으로 유발하여 그 손해발생에 결정적 책임을 져야 할 A에게 B 자신이 도리어 거액의 수리비를 지불하는 것은 정당하다고 보기 어렵기 때문이다.

그러므로 만일 B의 교통사고 기여가 지극히 사소하고, 사고 당시 상황에서 B가 아닌 다른 누구라도 그런 사고를 회피하기 어려웠다면, A는 자신의 잘못된 운전에 의해 교통사고를 주도적으로 야기했음에도 불구하고 B나 B측에 대해 거액의 수리비나 손해배상을 청구하는 것은 부당해 보인다.

을 가로질러 좌회전할 경우까지 예상하여 그에 따른 사고발생을 미리 방지하기 위한 특별한 조치까지 강구하여야 할 업무상의 주의의무는 없고, 위 직진차량 운전자가 사고지점을 통과할 무렵 제한속도를 위반하여 과속 운전한 잘못이 있었다 하더라도 그러한 잘못과 교통사고의 발생과의 사이에 상당인과관계가 있다고 볼 수 없다.”

2. 민법 제765조와 그 밖의 특별법에 의한 해결방식

1) 민법 제765조에 터 잡은 해결(사례 1)의 경우)

헌법 제37조 제2항은 기본권의 제한을 엄격히 하고, 기본권의 본질적 제한은 여하한 경우에도 금지하고 있다. 이러한 관점에서 민법 제765조와 이에 터 잡은 '실화책임에 관한 법률'[6]에 의하면 손해배상금 지불로 생계에 중대한 지장을 초래할 경우 손해배상을 경감해 줄 수 있도록 하고 있다.

즉 실화책임과 생계유지 곤란의 경우 가해자의 행위가 경과실에 해당하면 다시금 가난한 사람인지 여부에 따라 배상금액을 결정한다. 이러한 방식은 정당한 배상의 차원이 아니라 생계유지를 배려해야 한다는 후생적 복지 차원의 지극히 우연적이고 개별적인 해결방식이라는 점에서 문제가 없는 것은 아니다. 그러나 중과실과 경과실을 구별하고 그것에 상당부분 상응한 책임을 귀속시키는 방식은 부분적이긴 하지만 적극적 책임주의의 실현이라는 점에서 긍정적으로 판단할 수 있다.

그러나 위의 사례는 실화책임의 문제에 해당되지 않을 뿐더러 중대한 생계곤란의 문제에도 해당되지 않는다.

B는 교통사고의 핵심적이고 주체적인 유발책임자라기보다 A의 사고유발에 수동적으로 개입하고, 관여의 기여도 근본적으로 사소할 뿐이다. 그렇다면 사례의 경우 다시금 어떻게 해결하는 것이 정당한 것인지에 대한 의문이 남게 된다. 이에 관해서는 Ⅲ에서 구체적으로 살펴보도록 하자.

---

6) 제1조(목적) 이 법은 실화의 특수성을 고려하여 실화자에게 **중대한 과실이 없는 경우** 그 손해배상액의 경감에 관한 「민법」 제765조의 특례를 정함을 목적으로 한다.
제2조(적용범위) 이 법은 실화로 인하여 화재가 발생한 경우 연소로 인한 부분에 대한 손해배상청구에 한하여 적용한다.
제3조(손해배상액의 경감) ① **실화가 중대한 과실로 인한 것이 아닌 경우** 그로 인한 손해의 배상의무자(이하 "배상의무자"라 한다)는 법원에 손해배상액의 경감을 청구할 수 있다.
② 법원은 제1항의 청구가 있을 경우에는 다음 각 호의 사정을 고려하여 그 손해배상액을 경감할 수 있다.
1. 화재의 원인과 규모
2. 피해의 대상과 정도
3. 연소 및 피해 확대의 원인
4. 피해 확대를 방지하기 위한 실화자의 노력
5. 배상의무자 및 피해자의 경제상태
6. 그 밖에 손해배상액을 결정할 때 고려할 사정

2) 소비자기본법에 터 잡은 해결(사례 2)의 경우)

세탁물 피해보상의 경우 소비자기본법 제19조 제5항에 의한 사업자의 책무[7]와 제16조(소비자분쟁의 해결) 제2항[8]에 근거한 '세탁물에 관한 소비자 피해보상규정'이 우선적으로 적용될 수 있다.

세탁물에 관한 소비자피해보상규정에는 세탁물의 사고시 배상액을 산정하는 방법이 구체적으로 정해져 있지 않다. 따라서 배상금액에 대하여 세탁업자와 의견이 일치하지 않을 경우 세탁업에 관한 소비자피해보상규정의 배상액 산정방법에 따르도록 하고 있을 뿐이다.

세탁업에 관한 소비자피해보상규정은 10단계로 구분되어 있는데, 피해의류의 구입 후부터 사고발생시까지의 경과일수를 피해의류의 내용연수로 나눈 값이 속하는 단계의 배상비율에 의해 보상받게 된다.

[피해배상과 배상비율] 구입 후 경과일수를 피해의류의 내용연수로 나눈 값

1단계(95% 보상): 0 ~ 15일 미만
2단계(85% 보상): 15 ~ 45일 미만
3단계(70% 보상): 45 ~ 90일 미만
4단계(60% 보상): 90 ~ 135일 미만
5단계(50% 보상): 135 ~ 180일 미만
6단계(45% 보상): 180 ~ 225일 미만
7단계(40% 보상): 225 ~ 270일 미만
8단계(35% 보상): 270 ~ 315일 미만
9단계(30% 보상): 315 ~ 360일 미만
10단계(20% 보상): 360일 이상

---

7) "사업자는 물품 등의 하자로 인한 소비자의 불만이나 피해를 해결하거나 보상하여야 하며, 채무불이행 등으로 인한 소비자의 손해를 배상하여야 한다."

8) "국가는 소비자와 사업자 사이에 발생하는 분쟁을 원활하게 해결하기 위하여 대통령령이 정하는 바에 따라 소비자분쟁해결기준을 제정할 수 있다."

[구입 후 경과월수를 피해의류의 내용연수로 나눈 값의 산출방법]

예컨대 구입 후 2년(24개월) 된 1,000만원짜리 추동용 신사복(내용연수: 4년)을 세탁소에서 과실로 탈색이 된 경우 구입가의 45%인 450만원을 보상받을 수 있다. 왜냐하면 24개월(730일 경과일수)÷4년(추동용 신사복의 내용연수)=182.5일이고, 182.5일은 6단계(180~225일 미만)에 해당되어 45%를 배상받을 수 있기 때문이다.

사례 2)의 경우 당사자 사이에 합의가 이루어지지 않고, C는 그 옷을 2년 입었더라도 세탁업에 관한 소비자피해보상규정을 근거로 D에게 최소한 450만원이란 손해배상금을 청구할 수 있어 보인다. 따라서 '세탁업에 관한 소비자피해보상규정'은 내용연수가 길고 턱없이 비싼 옷에 대해서는 세탁업자에게는 훨씬 불리하게 작용할 여지가 크다고 할 것이다.

이 때문에 '세탁업에 관한 소비자피해보상규정'은 위의 사안에 대한 정당한 해결책의 기준이 되기 어렵다.

3. 민법 제2조의 신의성실에 기초한 해결방식

민법 제2조는 다음과 같이 규율하고 있다. "① 권리의 행사와 의무의 이행은 신의에 좇아 성실히 하여야 한다. ② 권리는 남용하지 못한다." 신의성실과 권리남용금지원칙은 비록 동일한 내용은 아니더라도 상호 밀접한 관계에 있음을 부인하기 어렵다. 왜냐하면 권리의 행사가 신의성실하게 이루어진다면 결코 권리남용의 결과는 초래되지 아니하므로, 권리의 남용은 권리행사를 신의성실에 반할 때 가능하기 때문이다. 아마도 이런 이유에서 민법 제2조는 표제를 '신의성실'로만 명기했을 것으로 추정된다.

판례에 의하면, 민법상 신의성실원칙과 권리남용금지원칙은 다음과 같이 정의하고 있다 "민법상 신의성실의 원칙은 법률관계의 당사자는 상대방의 이익을 배려하여 형평에 어긋나거나, 신뢰를 저버리는 내용 또는 방법으로 권리를 행사하거나 의무를 이행하여서는 아니 된다는 추상적 규범으로서, 신의성실의 원칙에 위배된다는 이유로 그 권리의 행사를 부정하기 위하여서는 상대방에게 신의를 공여하였다거나, 객관적으로 보아 상대방이 신의를 가짐이 정당한 상태에 있어야 하고, 이러한 상대방의 신의에 반하여 권리를 행사하는 것이 정의 관념에 비추어 용인될 수 없는 정도의 상태에 이르러야 한다."[9] "권리의 행사가 주관적으로 오직 상대방에게 고통을 주고 손해를 입히려는 데 있을 뿐 이를 행사하는 사람에게는 아무런 이익이 없고, 객관적으로 사회질서에 위반된다고 볼 수 있으면, 그 권리의 행사는 권리남용으로서 허용되지 아니하고, 그 권리의 행사가 상대방에게 고통이나 손해를 주기 위한 것이라는 주관적 요건은 권리자의 정당한 이익을 결여한 권리행사로 보여지는 객관적인 사정에 의하여 추인할 수 있으며, 어느 권리행사가 권리남용이 되는가의 여부는 개별적이고 구체적인 사안에 따라 판단되어야 한다."[10]

따라서 판례는 민법 제2조의 성격을 한편으로 강행규정으로 파악하고,[11] 다른 한편으로 계약의 성립과 불성립에 관한 판단기준으로 인정하고 있다.

판례의 이러한 태도는 이점이 없는 것은 아니지만, 문제점도 적지 않다. 왜냐하면 사적자치가 주도적인 역할을 하는 민법에서는 법률규정 대부분이 임의규정의 성격을 가질 수밖에 없을 뿐만 아니라 계약당사자가 장래의 모든 상황까지 충분히 계산하면서 계약을 체결할 수 있는 특별한 존재일 수는 없기 때문이다. 더구나 사회적 환경과 인간의 성향은 언제나 변할 수 있고, 그 어떤 법률도 사회적 내지 문화적 지반에 관계없이 영향을 받지 않는다고 말할 수는 없다.

이런 점을 감안할 때 민법의 규정을 탄력적으로 적용하고, 특정 사안에 대한 정당한 해결기준이 없을 경우에 대비하여 민법 제2조를 통하여 사회경제적 혹은 문화적인 토대에 걸맞은 해결기준을 판례나 계약을 통하여 해결해야 할 것이다. 따라서 민법 제2조는 누구든 권리의 행사와 의무의 이행을 성실히 수행할 것을 요구하고, 이에 위반된 경우 계약의 취소나 해지 등에만 그친다고 할 수 없을 것이다. 사안에 따라서 계약의 내용을 사회적 상황에 걸맞게 사정 변경할 수 있음은 물론 책임의 정

---

9) 대법원 2012. 10. 25. 선고 2011다9372 판결; 대법원 2003. 8. 22. 선고 2003다19961 판결; 대법원 2011. 2. 10. 선고 2009다68941 판결 등 참조.

10) 대법원 2012. 6. 14. 선고 2012다20819 판결; 대법원 2010. 12. 9. 선고 2010다59783 판결 참조.

11) 대법원 1995. 12. 22. 선고 94다42129 판결[공1996. 2. 15.(4),473], "신의성실의 원칙에 반하는 것 또는 권리남용은 강행규정에 위배되는 것이므로 당사자의 주장이 없더라도 법원은 직권으로 판단할 수 있다."

도나 손해의 부담 등도 감경하거나 혹은 가중할 수도 있다고 할 것이다.

공법이나 형법에서 흔히 적용되고 있는 이른바 과잉금지원칙 내지 비례성의 원칙은 민법의 신의성실원칙으로부터 도출된 원칙으로 보여지며, 신의성실원칙이나 권리남용금지원칙 역시 비례성의 원칙이나 과잉금지원칙의 척도에 따라 당사자 사이의 균형을 바로잡을 수도 있을 것이다.

사정이 이렇다면 민법 제2조의 정신을 살려서 앞의 사안에 대해 무엇이 정당한 것인지를 규명해 볼 필요가 있다.

Ⅲ. 정당한 해결기준의 시안

1. 자연법적 기본원리와 결과발생에 대한 귀속책임

토마스 아퀴나스(1225~1274년)는 "누구도 타인의 권리를 침해해서는 안 된다."라는 명제로 법률상 금지원칙을 도출했다.[12] 이러한 아퀴나스의 사상은 오늘날 서구뿐만 아니라 전세계 모든 법치국가의 기본원칙으로 자리 잡혀 있다. 이에 따라 어느 누구도 타인의 권리를 침해하지 않았다면, 자신의 책임범위 내에 있지 않은 손해나 범죄행위에 대해서까지 책임을 지우는 것은 용납되지 않는, 이런 원칙을 책임주의라고 부르며, 현대법사상의 근간을 이룬다.

따라서 어떤 특정인이 자신의 자동차로 운전 중에 일어난 교통사고에서 그자가 교통사고 발생의 결정적인 유발자라면, "누구도 타인의 권리를 침해해서는 안 된다."는 법언에 의할 때 그자는 자신의 운전 중에 주도적으로 야기한 교통사고와 자신의 차에 대한 피해발생에 대해 스스로 전적인 책임을 부담하는 것이 정당해 보인다.

따라서 사례 1)의 경우, A가 교통사고의 주도적인 핵심유발자라면, B의 교통사고 관여가 타인인 A의 차량에 대해 능동적으로 A의 법익침해를 야기한 정황이 입증되지 않는 한, A의 차량수리비를 B의 차량보험회사가 부담해 준다는 것은 정의롭지 못한 일이다.

12) Arthur Kaufmann, 앞의 책, 90쪽 참조.

그리고 이때 특정인의 삶의 방식(예컨대 고가의 자동차 운전)은 결과발생 범위, 즉 손해의 크기를 결정할 수 있지만, 손해의 정도가 크다고 해서 무조건 타인에게 손해의 일부라도 전가할 수 있는 원인되는 것은 아니다. 왜냐하면 그 특정인의 주도적인 불법행위 때문에 결과발생이 야기되고, 상대방의 결과발생 기여가 타인의 권리를 적극적으로 침해하는 한계를 벗어나지 않을 경우, 손해발생과 타인의 원인행위는 아무런 상관이 없기 때문이다.

따라서 사례 1)의 경우 A가 결과발생 자체를 주도적으로 유발하고, 이때 제3자의 개입이 종속적인데 불과하다면 특히 제3자가 그때 그곳에서 운전하였을지라도 동일한 결과발생이 야기될 수 있었다면, 벤츠 소유자(A)가 B측에 600만원의 수리비를 청구하는 것은 부당하다.

2. 현대사회의 특징과 법의 기능

어떤 법도 인간이 그것을 준수할 수 있고, 또한 준수할 경우 사회생활에서 개인의 능력을 총체적으로 발휘할 수 있으면 비로소 정의로운 법이 될 수 있다. 그러므로 법이란 인간이 자신의 인격을 꽃피우기 위한 최소한의 조건이자, 사회평화 달성을 위해 준수할 수 있고, 준수해야 할 내용으로 구성되어야 한다. 이때 법은 특별한 사람들의 기호를 충족시키는 데 있지 않고, 보통 사람들의 생활능력과 생활수준을 전제로 한다.

그러므로 과실의 기준도 구체적인 개인의 능력이 아니라 사회에서 보통사람들의 주의능력을 기준으로 삼고 있다. 이를 위한 주된 논거는 일상생활에서 상대방의 능력을 정상적인 평균인으로 신뢰하여 거래하고 있고, 자동차 운전의 경우에도 이러한 신뢰의 보호는 이제 확고한 원칙으로 자리매김되고 있기 때문이다.

우리는 일상생활에서 발생되는 기회비용이나 손해발생 역시 이와 같은 맥락에서 파악할 수 있을 것이다. 예컨대 도로상에서의 자동차 교통사고 시에 보통사람들은 상대방을 보통의 평균적인 능력자로 신뢰하고, 손해의 발생에 대한 예견도 특별한 사정이 없는 한 일반인들이 통상적으로 예상하는 손해를 신뢰할 것으로 보인다. 그리고 한국에서 운행되고 있는 자동차의 구입금액은 대부분 1억원 이하이고, 그것을 상회하는 경우는 1%를 넘지 않을 것이다. 그리고 구입가가 1억원에 상당하는 신차였다고 하더라도 중고가격은 5,000~6,000만원에 불과한 경우도 많을 것이다.

이러한 점에서 자동차 교통사고 시의 손해산정은 일반인들이 통상적으로 예견하고 있는 최고한도를 5,000~6,000만원으로 삼고, 수리비용도 외제차라고 하여 외국에서 수입된 부품을 사용하는 것을 원칙으로 삼을 필요는 없으며, 국내에서 통상적으로 수리될 수 있는 부품가격을 기준으로 비용을 산정하는 방법도 고려해 볼 만하다. 왜냐하면 우리가 행위주체에 대한 주의능력을 행위자 개인능력을 기준으로 따지지 않으면서, 물건에 불과한 행위객체에 대해서는 단순히 구입가격을 기준으로 피해의 산정을 하는 것은 정당하다고 보기 어렵기 때문이다.

행위객체는 객관적으로 평가하기 쉬운 면이 있을 것이다. 그러나 평가하기가 쉽다고 하여 행위객체에 대해서는 구입가격에 따라 산정하고, 행위대상이 인격체인 경우에도 그 인격의 고유한 가치가 평가하기 어렵다는 이유로 개인의 수입능력을 무조건 평가기준으로 삼는 것이 정당하다고 할 수 없을 것이다.

특히 허영심을 충족시키고자 고가의 사치품으로 사람들을 법으로 굳이 보호할 정당성이 있는지도 의문이다. 이런 점에서 법은 보통사람이 예견하고 또한 그래서 지킬 수 있는 것에 대해서만 그 이름이 어울린다면, 교통사고와 같은 경우 고가의 외제차 운전자에게 부당한 이익을 돌려주지 않기 위해서도 교통사고 비용 산정 시에 타인의 법익을 주도적으로 침해하는 자에게는 자신의 손해에 대해 전적으로 책임을 지게 해야 할 것이다. 뿐만 아니라 상대방의 피해에 대해서도 자신의 과실 기여만큼 배상하거나 수리비를 제공해야 할 의무가 있다고 생각된다.

3. 신뢰원칙의 일환으로서 과잉금지원칙의 적용

민법상 신의성실원칙 내지 권리남용금지원칙은 기왕의 판례와 달리 단순히 계약의 취소나 무효에 그치지 아니하고, 배상액이나 수리비용을 산정하는 데에 있어서 책임주의에 걸맞게 작동할 수 있는 근거규정으로 파악된다. 그리고 민법상 신의성실 원칙은 형법 제20조의 사회상규나 혹은 비례성의 원칙, 공법상 과잉금지원칙에 사상적으로 연결되어 있다. 따라서 위의 사안에 대해서도 비례성의 원칙 내지 과잉금지원칙을 적용하는 것이 전혀 불가능한 것은 아니다.

그런데 비례성의 원칙이나 과잉금지원칙은 판례에서 확립된 바와 같이 첫째, 그 행위의 동기나 목적의 정당성, 둘째, 행위의 수단이나 방법의 상당성, 셋째, 보호이익과 침해이익의 법익균형성, 넷째, 그 행위 외에 다른 수단이나 방법이 없다는 보충성 등의 요건이 갖추어져야 한다.[13)]

신의성실원칙을 사안에 대입해 볼 때 의미 있는 것은 특히 보호이익과 침해이익의 균형성과 행위의 수단이나 방법의 상당성에 있다. A의 운전행위가 사고를 유발한 결정적 주체이고, 그가 좀 더 주의를 기울였더라면 교통사고를 회피할 수 있었다면 자신의 자동차사고로 인한 자기 차량의 수리비를 B나 B측에 상당부분 부담하게 하는 것은 비례성의 원칙에 어긋나 보인다. 왜냐하면 B의 과실은 A에게 귀속된 과실책임으로 야기된 교통사고에 지극히 부수적으로 개입한 것에 불과하고, 게다가 B의 과실행위가 A의 생활영역을 주도적으로 침해한 것은 아니며, 오히려 A의 과실행위로 B의 생활영역이 침해되었다고 보이기 때문이다.

13) 대법원 2002. 12. 26. 선고 2002도5077 판결[공2003. 2. 15.(172),555]: 본 판례가 형사사건이어서 비례성의 원칙에 긴급성을 추가하고 있다.

제 3 편

학술활동의 일면

제1장

형사법 관련 3개 법학회의 국가보안법 폐지를 위한 성명서*

일제 말기 특히 식민지 조선에 대한 강제통제의 수단으로 사용되었던 반인륜적 악법이었던 '일제의 치안유지법'이 여순사건의 여파로 1948년 12월 1일 국회에서 통과되었다. 이 법의 반법치국가적 성격 때문에 6·25사변 중에 제정형법입안자들의 공통된 의견으로 제정형법에서 폐지하기로 합의되었다. 그러나 1953년의 형법 제정시가 6·25사변 중이고, 국가보안법의 폐지가 국민들에게 공산주의에 대한 포용적 의미를 심어줄 수 있다는 우려의 제기에 따라 근소한 표차로 존치되었다. 그리고 1953년의 법무부의 제정형법안에서는 국가보안법을 폐지를 전제로 한 형법각칙 규정을 광범위하게 두었었다. 이러한 사정을 익히 파악하고 있는 형법학자들은 국가보안법이라는 특별형법이 폐지되더라도 내란이나 외환에 대한 규범적 방위수단에는 근본적 결함이 없음을 이유로 국가보안법의 즉시 폐지에 뜻을 모았다. 그리고 그것을 프레스센터에서 발표하기로 하였다.

드디어 발표일로 정한 2004년 9월 20일이 되었다. 집이 부산인 관계로 오전 11시에 프레스센터에서 발표하기 위해 새벽 4시경에 일어났다. 즉시 간단히 샤워를 하고 연구실이 있는 동아대 부민동 캠퍼스에 택시로 갔다. 어제 작성한 국가보안법 관련 성명서의 두루뭉술하고 미지근한 내용을 확실하게 폐지 쪽으로 가닥을 잡아야 하겠다는 양심의 소리를 거절할 수 없었기 때문이었다. 아침 7시 서울행 KTX로 부산역을 출발하고서 얼마 되지 않는 시간에 문화일보의 기자로부터 전화를 받았다. 오늘 발표할 성명서의 핵심내용을 알고자 하였다. 그럴 수 있다고 하면서 11시에 프

* 2004년 9월 20일.

레스센터에서 발표가 있으니 나와 달라고 되레 요청하였지만, 식간신문의 특성상 10시까지는 취재가 완성되어야 한다는 간곡한 부탁에 국가보안법 폐지를 촉구하는 내용이라고만 알려주었다.

10시가 못되어 프레스센터에 도착하였더니, 이미 신동운 교수와 송광섭 교수가 나와 있었다. 또 배종대 교수도 합류하였다. 그리고 한인섭 교수, 서거석 교수, 조국 교수도 곧바로 왔다. 오늘 발표를 어떤 순서로 그리고 질문과 대답에 관련한 합리적인 공동행동방안을 모색하기 위해 식당이 있는 프레스센터 12층으로 함께 이동하였다. 조용히 이야기할 만한 장소가 아니어서 다시금 지하 1층으로 내려갔다.

11시에 발표할 성명서 내용에 관해 완전폐지 쪽으로 할지, 폐지와 함께 형법에서 보완을 촉구하는 쪽으로 할지, 아니면 국가보안법을 유지하면서 특별한 독소조항만을 삭제할 것으로 할지에 관한 입장 조율을 최종적으로 내려야 했다. 이 문제에서 가장 걸림돌로 작용하고 있는 '적국' 개념을 어떻게 할지에 약간의 논란이 있었다. 결국 신동운 교수의 주장처럼 북한은 적국의 개념에 현행 형법의 개념으로도 충분히 포섭될 수 있고, 만일 북한을 구체적으로 특정하여 규율한다면 또 다른 문제점을 불러일으킬 수 있다는 점에 동감하였다. 배종대 교수와 신동운 교수의 협조로 작성한 오늘 발표된 성명서의 문안에 따르게 될 때에도 완전폐지와 같은 맥락이어서 '국가보안법 폐지에 관한 3개 형사법 관련 학회의 공동성명서'는 내가 준비한 문안을 그대로 발표하기로 하였다. 그리고 성명서 발표 후의 기자들 질문에서 더욱 분명하게 완전폐지의 입장에서 의견을 개진하기로 하였다. 이때가 10시 45분. 우린 성명서 발표장이 있는 12층으로 올라왔다.

성명서 발표식장에는 천진호 교수, 오영근 교수, 차병직 변호사, 서보학 교수, 이정원 교수, 김성돈 교수, 황보원 교수가 나와 있었다. 주요 신문기자들과 KBS와 MBC 그리고 SBS 등 다수의 매스컴에서도 관심을 가져주었다.

11시 정각이 되면서 서보학 교수의 사회로 성명서를 낭독하였다. 양심이 행동과 만날 때 행복함을 그 순간 맛보았다. 형사법학 관련 3대 법학회(한국형사법학회, 한국비교형사법학회, 한국형사정책학회)를 대표하여 성명서를 낭독한 후, 기자들의 첫 질의는 다음과 같았다. "그렇다면 국가보안법을 대체입법 없이 전면 폐지해야 하는가?" 그 질문에 대해 우린 "현행 형법에 의해서도 국가안보의 기본적이고 핵심적

법익을 충분히 보호할 수 있고, 자유민주적 기본질서를 유지하는 데에 걸림돌이 될 만한 점이 없기 때문에 국가보안법의 전면폐지를 촉구한다."고 응수하였다. 기자들의 구체적이고 끈질긴 질의에 대해 배종대 교수, 신동운 교수, 한인섭 교수와 조국 교수 등도 동참하여 국가보안법을 전면 폐지해도 현행 형법에 의한 국가안보 보호에 아무런 문제점이 없음을 차분하게 설명하였다. 또한 우리 형법 제정자들은 국가보안법의 전면 폐지를 전제로 하였다는 형법을 입법하였다는 점도 지적하였다.

그날 발표한 성명서의 내용은 다음과 같다.

"국가보안법 논쟁에 대한 전국 형사법 전공교수의 입장"

국가보안법의 존폐를 둘러싼 최근의 찬반논의는 오로지 정치적 논리에 의해 확대재생산됨으로써 국론분열을 가속시키고 있다. 국가보안법에 대한 전문가집단인 전국의 형사법 전공교수들은 이 논의에서 철저하게 배제된 채 국가의 근간에 관련되는 법률의 운명이 정쟁의 수단으로 전락한 오늘의 현실을 개탄하지 않을 수 없다. 이에 형사법 전공교수 일동은 국가보안법의 문제점에 대한 전문가적 입장을 피력함으로써 정치권이 냉정하게 국가보안법의 문제점을 직시할 수 있도록 하면서 올바른 국론형성에 기여하고자 한다.

○ 국가안보가 국가의 중대한 과제의 하나일 때, 그것에 대한 규율은 국가의 기본법률인 형법에 맡기는 것이 옳다.
국가보안법은 형법이 제정되면 그 내용을 형법에 흡수하여 폐지하려고 했던 한시적 법률이었다. 형법초안자의 한 사람인 김병로 당시 대법원장도 여순반란사건 때문에 제정된 국가보안법이 한시적 법률이었음을 인정하여, 형법의 제정과 관련된 국회발언에서 "이제 이 형법만으로도 국가보안법에 의해 처벌할 대상을 처벌할 수 있다"고 한 바 있다.

○ 국가보안법의 주요내용은 현행형법으로도 얼마든지 대체가 가능하다.
국가보안법이 폐지되면 마치 '적전에서 무장이 해제'되는 것처럼 국민들을 감성적으로 호도하는 것은 어떠한 이론적 근거도 없으며, 국민들의 막연한 불안심리만을 부추길 뿐이다. 국가보안법을 폐지하더라도 형법에 의한 처벌공백이 발생할 여지가 거의 없기 때문이다. 다만, 이로 인해 국민 대다수에게 심각한 불안심리가 야기되고 이를 무시할 수 없게 된다면, 형법의 관련조문을 개정·보완할 필요가 있을 것이다.

○ 국가보안법은 우리 정부가 비준·공포한 국제인권규약 제18조(사상과 양심의 자유), 제19조(의사표현의 자유)를 위반하고 있다.
우리나라가 국제사회의 떳떳한 일원이 되기 위해서는 과거의 어두운 권위주의국가 이미지를 벗고 인권국가로 거듭나야 한다. 유엔을 비롯한 국제사회는 이미 오래 전부터 남북한의 특수상황을 인정하더라도 국가보안법의 존재와 인권보장은 양립하기 어렵다는 입장을 피력하면서 국가보안법의 폐지를 권고한 바 있다. 국제사회에서 국가보안법이 인권침해의 상징처럼 되어 있는 현재의 상황은 국익에 도움이 되지 않는다.

제2장

한국비교형사법연구회의 창립모임과 창립취지*

Ⅰ. 창립모임

독일유학을 마치고, 1984년 9월 초순에 귀국했다. 국민대학에서 전임강사대우로 9월 중순부터 형사법에 관한 강의를 시작하였다. 그리고 동년 10월부터 동아대학교 법과대학에서 조교수로 임용되어, 독일 형사법에 관한 주제로 특강형식의 강의를 맡았다. 10여명의 학생들이 수강하였고, 이들 중에는 정한중 군과 하태영 군도 있었다. 85학년도 제1학기에는 형법총론을 맡아 강의하고 있었고, 그해 5월경 부산지검에서 재임하고 있었던 성민경 제2차장 검사로부터 연락이 왔다. 검찰과 함께 공동으로 연구하자고. 좋은 아이디어라고 답하고, 가능하면 빠른 시일 안에 만나기로 하였다. 그렇게 하여 87년 가을 부산지방검찰청 회의실에서 부산과 경남지역의 형사법교수님들과 부산지방검찰청 소속 검사님들이 함께 모여 제1차 연구회를 가졌다.

그러나 이 연구회는 그 이후에 계속되지 못했다. 성민경 제2차장 검사가 서울 북부지청으로 전근을 가버린 이후, 검찰과의 연결고리가 끊어졌기 때문이다. 그렇지만 이를 계기로 한국에서도 학자와 실무가의 연결가능성을 깨닫게 되었다. 그리고 1986년도 한국형사법학회의 경찰대학에서 공동 형사법학술행사와 1987년 동아대학교 법과대학에서 공동 형사법학술행사는 형사법이론가들만 모여서 실무상 실익과 관련이 별로 없는 이론적 쟁점에만 함몰하는 모습을 지켜보았다. 즉 법학은 실용적

* 1998년 7월.

학문이어야 함에도 불구하고, 우리의 형사실무가가 문제삼고 있는 쟁점을 눈여겨보면서 그 쟁점에 관해 정당한 해결근거가 무엇인지 등을 고민하지 않았다. 그 보다는 독일이나 일본에서 논의되고 있는 행위론이나 형법상 불법의 반가치 문제 등에 대해서 지나치게 집착하고 있었다.

물론 형법상 행위론이나 형법상 불법성의 내용을 탐구하는 것은 틀린 것이 아니다. 다만 이런 문제들도 실무상의 문제를 합리적으로 해결하는 데에 기여할 수 있는 범위에서 논의가 이루어져야 하는 것은 분명하다. 그런데 우리는 이런 고리와 관계없이 순수 이론적 흥미에서만 논하려는 경향이 강하였다. 그래서 바로 우리 형사법학회의 이런 모습을 극복하기 위해 형사법의 연구자들을 학자에만 국한하지 말고, 형사실무가들과 함께하는 연구회, 그리고 실무상 쟁점이 되고 있는 바로 그런 문제들을 함께 고민하고 해결하려는 연구회의 결성이 필요하다는 생각이 간절했다.

생각이 간절할수록 주변의 교수님들이나 검사님들께 그런 생각을 피력하고, 함께 연구회를 결성할 것을 촉구하였다. 그러나 연구회의 결성 촉구만으로 아무 것도 형성되지 못하고, 세월은 빠르게 흘러갔다.

마침 1996년은 동아대학교 설립 50주년이고, 법과대학에서도 '형법을 통한 권위주의적 권력행사의 극복과 법치주의의 확보'라는 주제로 50주년 기념행사를 가졌다. 이 과정에서 당시 부산지검 제2차장으로 재임하고 있던 김진환 차장검사를 만나게 되었고, 그로부터 연구회의 결성에 협력을 받기로 했다. 그리고 김상호, 이경호, 이정원, 천진호, 강기정, 정행철, 장중식 교수님 등이 적극적으로 협력하여 1998년 7월에 학술연구회의 발기를 위해 첫 모임을 가졌다. 그해 8월에 한국비교형사법학회의 창립을 위한 총회를 동아대학교 법과대학 제101 강의실에서 개최하였다.

Ⅱ. 창립취지

창립취지는 다음과 같다.

"오늘날 한국의 상황과 여건은 법률문제에 관한 여러 가지 문제를 제기하게 됩니다. 이론적 및 실무적 충분한 고려 없이 행해지는 졸속입법, 사회의 정의감과 공평감정에 부합하지 못하는 법집행 및 이와 결부된 법조부조리현상 등은 해방 이후 50

년이라는 제2 건국 시기에 즈음해서도 해소되지 않고 있습니다. 이는 형사사법의 절차적 법치주의가 우리나라의 법 저변에 아직 완전히 정착되었다고 보기 어려운 상황에 처해 있고, 또한 형사실체법이 헌법적 이상에 걸맞지 않게 방치되어 있다는 데 원인을 찾을 수 있습니다. 따라서 어쩌면 형사판례와 이와 결부된 형사법적, 형사정책적 연구들이 활성화되지 못하고 있는 것은 적어도 한국적 풍토에서는 불가피한 일로 보입니다. 이러한 문제의식 속에서 잘못된 형사법적 문제들을 직시하고, 감시하며, 나아가 발전적 대안과 입법 및 해석모델을 찾아내는 데 소홀할 수 없음은 오히려 형사법을 연구하는 우리들의 사명일 것입니다.

그러나 이러한 작업들이 몇몇의 학자들만이나 실무가들만의 토론으로서는 뚜렷한 해결책을 제시하기 어려울 것입니다. 그러므로 형사법에 관심을 가진 학자 및 실무가들이 공동하여 지속적 모임을 갖고, 형사사법에 관한 허심탄회한 의견개진과 연구결과 발표를 위한 장이 필요하다고 사료되며, 이것을 구체화하기 위해 현재 처해 있는 한국적 형사사법의 문제점에 대한 연구와 토론 및 연구결과의 출판을 도모하고 증진시킬 수 있는 가칭 '한국비교형사법학회'란 단체를 결성하고자 합니다."

이 연구단체를 구성, 운영함에 있어서 상세한 논의는 구성원 상호간의 토론과 양해가 있어야 하겠지만, 우선 다음과 같은 일반원칙에서 출발하고자 합니다.

1. 형사법을 전공하는 자로서 대학에서 강의를 하고 있거나, 형사법 박사과정에 재학 중인 자 또는 그 이상의 자격을 소지한 자와 국내외의 변호사 자격을 취득하고 형사법에 관심이 있는 자를 본 회의 정회원으로 한다. 형사법전공자로서 석사과정에 재학중이거나 석사학위를 취득한 자는 본회의 준회원으로 한다.
2. 본회는 1인의 회장과 2인의 부회장 그리고 연구, 총무, 섭외, 재정, 출판이사를 두며, 감사와 간사를 각각 1인씩 둔다.
3. 회장은 연장자 순서로 보하는 것을 원칙으로 한다.
4. 임원의 임기는 1년을 원칙으로 한다.
5. 정기회는 매년 2차례(여름과 겨울) 개최한다.

제3장

영남형사판례연구회의 창립과정과 연구회 활동*

Ⅰ. 영남형사판례연구회의 창립계기

1992년 2월 22일 서울 '반도유스호텔'에서 제1회 형사판례연구회가 개최되었다. 이재상 교수의 구상으로 구성된 '형사판례연구회'는 권광중 고법부장판사, 문영호 부장검사 등 학계와 법조실무자 21명이 참가하였다. 제1회 발표자와 주제는 심희기 교수의 "변호인과 구속피의자와의 접견지체와 구제방법" 그리고 석동현 검사의 "부녀매매죄에 있어서 부녀의 매매"였다. 실무상 실익이 깊은 주제 때문인지 심도 깊은 논의와 토론으로 이어졌다. 형사법학계와 법조실무계가 공동으로 형사법에 관한 판례연구가 성공할 수 있음을 보여주었다.

필자는 서울에서 구성된 형사판례연구회에 지속적으로 참가하면서 1993년 1월 11일 제11회에 주제발표를 하였다. 이때 발표한 '법률의 부지의 효력'이란 판례평석을 시작으로 그 이후 형사판례연구회에서 10여 차래의 발표를 하였다. 그리고 제1회 연구발표회에 참가 이래로 10여년 이상 매월 첫째 월요일 개최된 형사판례연구회 발표나 토론에 참여하기 위해 서울과 부산을 오갔다.

처음의 시도는 1987년이었다. 당시 성민경 제2차장검사가 부산지역의 형사법교수와 검찰들과 함께 매년 분기마다 한 차례씩 도합 4차례의 형사사건의 현안에 관한 토론을 하기로 약속하고, 그해 가을 어느 날 부민동 지방검찰청 회의실에서 학술행

* 2018년 3월.

사를 개최하였다. 그러나 성민경 차장검사가 이듬해 초에 서울 북부지청장으로 전출가면서 매년 매분기마다 개최하기로 하였던 형사법학술행사가 유명무실되었다.

서울에서 개최되고 있는 형사판례연구회에 참가하기 위해 서울을 오가는 동안 부산에서도 형사법학자와 법조실무가들이 함께 모여 형사판례연구회를 진행할 여건이 성숙되어졌다고 생각하였다. 이런 생각을 갖고 김진환 부산지방검찰청 차장검사를 만났다. 김진환 차장검사의 소개로 1996년 9월 어느 날 저녁에 김진환 차장검사와 변동걸 수석부장판사와 함께 가칭 '영남형사판례연구회'의 발표회를 갖기로 약속하였다. 첫 학술회의 개최는 1997년 3월 둘째 주 월요일부터하기로 하였다. 매 발표마다 형사법교수 한 분과 법조실무자(판사나 검사) 한 분씩 맡기로 하였다. 그리고 특별한 이변이 없었으면, 영남형사판례연구회는 아마 그때 출발하였을 것이다. 그리했다면 올해로 창립 22주년을 맞이하게 되었을 것이다.

그러나 예기치 않게 돌발 사태가 발생하였다. 동아대학교 개교 50주년 기념행사로 치러진 1996년 10월의 국제학술대회에서 제가 주제 발표한 "법관의 법왜곡행위에 대한 대책"의 내용에 대해 법원 쪽에서 매우 불쾌하게 생각하고, 변동걸 부산지방법원 수석부장판사를 통하여 저에게 유감의 의사를 표명하였다. 아울러 지난번에 함께 진행하기로 약속했던 영남형사판례연구회에 법원 측에서 참가하지 않겠다고 통보하였다.

그 일로 영남형사판례연구회의 활동이 2~3년이나 늦어졌다. 그런데 마침 손기식 부장판사가 1997년에 고등법원 부장판사로 승진되어 부산에서 근무하게 되었고, 당시 부산지검에 재직 중이었던 정진규 차장검사도 역시 영남형사판례연구회의 발족에 흔쾌히 참여하겠다는 의욕을 보였다.

한편 서울에서 이재상 교수의 주도로 매우 활성화되어 있던 '형사판례연구회'가 연례 행사로 매년 2월 초에 부산에서 연구회를 개최하여 오고 있었던 바, 1999년 2월에 개최된 그 행사에 부산을 비롯해 영남지역의 모든 형사법교수와 검찰 그리고 형사판례에 관심 있는 법관과 변호사들을 초빙하였다.

그리고서 1999년 3월 둘째 월요일인 13일 부산역 부근에 소재한 '아리랑호텔 2층'에서 손기식 고등부장판사, 정진규 제2차장 검사, 차맹기 검사, 고흥 검사 등과 김상호 교수, 정행철 교수, 이경호 교수, 이정원 교수, 천진호 교수, 조상제 교수, 김선복 교수 등 20여명의 회원들이 모여 학술행사를 시삭하였다. 검찰 측 연락담당은 고흥 검사가 맡았고, 대구와 경북지역 연락은 천진호 교수가 그리고 저는 주제발표자의 선정과 행사진행 및 부산과 경남지역의 연락을 맡았다.

Ⅱ. 연구회의 활성화

처음에는 매 홀수 달인 3월, 5월, 7월, 9월, 11월 그리고 다음해 1월, 이런 식으로 진행되었다. 주제발표는 학계와 법조계 각각 1인씩 맡았고, 주제는 발표자 자신들이 선택하였다. 발표는 가볍게 할 수 있도록 했었지만 토론은 거의 무한대로 이루어졌다. 이른바 끝장토론을 하였다. 그래서 연구회의 발표가 끝난 즉시 뒤풀이를 하였다. 그 뒤풀이 장소에서도 조금 전에 발표했던 주제에 대한 토론이 끝없이 이어지곤 하였다. 역사적인 첫 발표는 검찰 측에선 차맹기 검사가 했다.

세월이 흐르면서 손기식 고법부장판사는 초창기부터 2년 동안 한 번도 빠지지 않고 꼬박 참석하였다. 2년이 지나자 서울로 전근을 갔다. 손부장의 후임으로 김대휘 고법부장이 부산으로 오면서 학술행사에 적극 참여하였다. 검찰 측도 변화가 있었다. 연구회에 빠짐없이 꼬박 참석하였던 정진규 차장검사 대신에 홍석조 차장검사도 부산에서 근무하는 동안 형사판례연구회에 매우 열성적으로 참여하였다.

또한 최석윤 교수(해양대)와 최병각 교수(동아대)의 가세로 판례연구회는 더욱 활성화되었다. 이제는 매월 학술행사가 개최되었다. 게다가 '영남형사판례연구회'에 대한 부산지방검찰청 검사장의 관심도 높아지면서 부산지검과 동부지검의 부장검사와 평검사들이 매월 15명가량 참가하게 되었다.

또한 2012년부터는 부산지방변호사회와 MOU를 체결하고, 소속 변호사들이 본회에 적극 참여하기로 약정하였다. 이를 계기로 매회 3~4명의 변호사들도 참여하고 있다.

아울러 영남형사판례연구회 회원 모두는 서울의 '형사판례연구회'의 구성원이 자동적으로 될 수 있도록 연계를 해두었다. 따라서 영남형사판례연구회에서 발표한 논문은 자동적으로 '형사판례연구회'의 『형사판례연구』에 게재될 수 있었다.

무려 200회째의 연구발표가 2018년 3월 부산검찰청 회의실에서 있었다. 내년 3월

이면 창립 20주년이 된다. 본 판례연구회는 학자들뿐만 아니라 법조실무자들과 공동으로 연구회를 운영해 온 전국 유일의 연구회이다. 또한 발표현장에서의 발표와 토론만으로 끝내지 않고, 장소를 옮겨서 약간의 반주를 들면서 새벽까지 즐겨 해당 사안에 관해 끝장토론을 하는 연구회임을 자랑스럽게 생각한다.

Ⅲ. 영남형사판례연구회 활성화에 기여한 특별한 분들

1. 검 사

김진환: 영남형사판례연구회의 창립하는 데에 큰 역할을 하였고, 부산지방검찰청 검사들의 연구회 참여를 뒤에서 독려하여 주었다.

정진규: 제1회 영남형사판례연구회이 구성부터 연구회의 활성회에 힘썼다. 검찰 측의 참가와 주제 발표를 계속적으로 독려하였다.

홍석조: 정진규 제2차장 검사의 후임으로 부산지검에 재직하면서 빠짐없이 학술행사에 적극적으로 참여하였고, 부산지검에서 다수의 검사들이 영남형사판례연구회에 참여할 수 있도록 가교역할을 하였다.

노환균: 부산지방검찰청의 제2차장 검사로 부임하였을 때를 비롯하여 검사장의 자격으로 부산지방검찰창 차장검사로 부임하여서도 형사판례연구회에 항상 참가하였다. 단순히 참가만으로 끝나지 않고, 검찰 측의 입장이나 사정을 허심탄회하게 털어 놓아 높은 설득력을 과시하였다.

2. 법 관

손기식: 부산고등법원의 부장판사로 부임하여 1999년 3월 13일 월요일에 개최한 영남형사판례연구회 활동을 위한 아리랑호텔 2층을 무료로 사용할 수 있게 하여 주었을 뿐만 아니라, 부산고등법원 재임기간 동안 한 차례도 빠지지 않고 판례연구회

에 참석하면서 법원 측의 입장을 곧잘 개진하곤 하였다.

김대휘: 손기식 고법부장판사의 후임으로 2000년 봄부터 영남형사판례연구회에 지속적으로 참여하였다. 참여하여 항상 자신의 의견을 개진하여 영남형사판례연구회의 활성화에 일익을 담당하였다.

3. 교 수

천진호(동아대 교수): 회장직을 역임하였으며, 초창기부터 연구회활동에 크게 기여하였음.

김선복(부경대 교수): 회장직을 역임하였으며, 초창기부터 학회에 열성적으로 참가하였고, 발표와 토론에도 적극적이었음.

안원하(부산대 교수): 회장을 역임하였으며, 형사판례연구회를 활성화 함.

민영성(부산대 교수): 회장을 역임하였으며, 판례연구회 100회 기념을 위해 연구회의 이름으로 판례집을 출간하는 등 영남형사판례연구회 활성화에 기여함.

최석윤(해양대 교수): 회장직을 역임하였으며, 최병각 교수와 쌍벽을 이룰 정도로 학회에 열성적으로 참가하였고, 발표와 토론에 적극적이었음.

최병각(동아대 교수): 회장직을 역임하였으며, 동아대 법대에 재직하자마자 영남형사판례연구회의 총무를 맡았다. 최교수의 건의로 영남형사판례연구회를 매월 쉼없이 개최하게 되었다. 연구회 회원 중에서 가장 많은 연구회 참석과 함께 가장 껄끄러운 질문을 많이 함으로써 학회 발전에 누구보다 이바지하였음.

권오걸(경북대 교수): 회장직을 역임하였으며, 대구에서 재직하고 있음에도 연구회 활성화에 기여하였다.

차정인(부산대 교수): 2016년부터 연구회의 회장을 맡아서 연구회의 활성화를 이어오고 있을 뿐만 아니라, 200회째 연구회의 발표와 그것을 기념하는 성대한 기념식을 부산지검과 함께 가짐.

제4장

나의 2000년 가을학기

어떻게 가을학기를 보냈는지를 잠시 살펴보면, 9월 첫 번째 월요일에는 서울에서 개최된 형사판례연구회에 참석하고, 세 번째 월요일에는 영남형사판례연구회를 주관하였으며, 10월 6일 동의대학교에서 독일의 Hans Lillie 교수가 “독일의 사법개혁 논쟁”이라는 주제로 ‘Verbrechen과 Vergehen’에 해당되는 범죄에 따라 달리 구성된 법원과 심급과정을 설명하였고, 私講師인 Dietlinde 박사는 사면(赦免)의 법적 한계를 발표하는 행사에 참가하여 토론을 하였다. 그 행사 직후 Lillie 교수에게 한국비교형사법학회의 창립계기와 활동상을 설명하고, 이 학회가 국제간의 학회로 발달되도록 공동노력하자는 약속을 하였다. Lillie 교수는 2002년에 Halle 대학교에서 국제비교형사법학회를 개최하고, 아시아권에서 30명을 초청하겠다고 구두로 약속하였다. 10월 중순에는 세종문화회관에서 사형의 대체형으로서 절대적 종신형이라는 논문을 사형폐지협회에 발표하였다. 10월 25일에는 순천대학교 법학과에서 같은 논문을 보완하여 강연을 하였고, 11월 1일에는 동아대학교에서 수여한 학술상을 받았다(상금 400만원과 상패 금 20돈). 11월 4일에는 목포대학교에서 열린 한국형사법학회에 참가하였으며, 11월 8일에는 순천대학교에서 한국비교형사법학회가 열렸다. 11월 25일에는 저희 동아대학교 법과대학에서 추계법철학학술대회가 법철학교육의 문제점과 개선방안이라는 대주제로 열렸고, 본인은 한국의 법철학교육의 실상과 개선안에 대해 전국법과대학교수를 대상으로 설문조사를 실시하여, 그것을 기초로 발표를 하였다. 이 글은 동아대학교 대학원에 재학 중인 이덕인 군의 도움을 크게 받아 쓰여진 것이었다. 그리고 11월 세 번째 월요일에는 영남형사판례연구회를 개최하였다. 그리고 마지막 월요일에는 대법원에서 개최된 형사실무연구회에 참가하였으며, 형사법학회지인 형사법연구 제14호에 “진정부작위범의 고의와 착오”라는 논문을 투고하였고, 형사정책학회지에는 "사형의 대체형으로서 절내적 종신형"이라는 논문을 그리고 오선주 교수의 회갑논문집을 위해 "객관적 귀속에 대한 착오"라는 글을 마무리하여 제출하였다.

이들 중 몇 가지만을 상론해서 설명해 보자.

2000년 11월 6일에 형사판례연구회를 주관하였는데, 이 때 경성대학교 심재무 교수와 정종권 검사가 발표를 하였다. 특히 심 교수의 논문 "교사의 징계권으로서 학생체벌"은 이제 학부형이 된 연구회 참가자들에 의해 열띤 토론의 장을 만든 계기가 되었다. 참석자 모두 다 한결같이 체벌권의 허용은 용납될 수 없으며, 검사들은 각 학교마다 중요사례에 대해서 사건을 수사단계에서 마무리하지 말고, 적어도 공소제기까지는 해야 한다는 입장을 취했다. 정종권 검사의 논문인 "명의신탁 하에서 부동산처분"은 부동산실명제와 더불어 많은 문제가 제기되고 있어서인지 이미 서울형사판례연구회와 영남형사판례연구회에서도 다루어진 바가 있었다. 경북대학교 천진호 교수의 노련한 사회와 아울러 핵심이 된 쟁점을 명확히 부각시켜 논의를 진행하게 하는 모습이 인상적으로 보였다.

11월 11일은 1998년 부산에서 창립된 한국비교형사법학회의 학술행사가 처음으로 경상도라는 지역을 넘어서 전남 순천대학교에서 개최되었다. 발표주제는 책임능력에 관한 문제였다. 법학과가 신설된 후 처음으로 전국적 규모의 학회를 개최한 순천대학교 법학과는 학과 교수님 전원이 이 행사를 위해 열성적으로 노력하였고, 특히 김인선 교수의 노력은 돋보였다. 이분들의 노력 때문에 서울에서 배종대 교수를 비롯해 신동운 교수, 전남대 안동준 교수, 전북대 서거석 교수와 신양균 교수, 충남대 박광섭 교수, 경북대 천진호 교수, 경남대 이정원 교수와 하태영 교수, 해양대 이경호 학장과 최석윤 교수, 동의대 정행철 한국비교형사법학회 회장 등 전국에서 다수의 교수와 대학원생들이 참가하여 성황을 이루었다. 비록 발표내용은 학회의 취지와 거리가 다소 있는 것이 사실이었지만, 다수가 함께 모여 발전의 방향을 논의하고, 친목을 다지면서 동계학술대회를 대전의 목원대학교에서 개최키로 약속하였다.

학술행사를 마치고 잘 차려진 저녁식사를 순천지역의 대표적 변호사인 유○○씨의 비용으로 맛있게 먹으면서 주위의 사람들과 우의를 나누었다. 식후 주암호 근처 전망 좋은 곳에 자리잡은 아담한 호텔로 이동했다. 그 곳은 어느덧 참가회원 모두를 대자연 속으로 몰아넣은 위력으로 우리를 대자연에 파묻게 하였다. 12일 아침에 일어나 넓은 호수와 함께 멀리서 높아만 보이는 산들이 아름다운 조화를 이루어 보는 이로 하여금 즐겁고 여유로운 마음을 절로 일게 하였다. 아침식사를 끝낸 후 지난 10월에 들렀던 선암사를 동료들과 함께 다시 가 보았다. 선암사로 가는 길과 선암사 주변을 돌면서 비록 잠깐이지만 속세를 벗어난 만족감이랄까 그런 기분이 마음속 깊이 스며들어 왔다.

11월 17일에는 서울에서 형사정책학회 이사회와 편집회의가 있었다. 소집일 10일 전에 학회간사인 이호중 교수가 심사해야 될 7편의 논문을 보내왔었다. 읽어본 논문들 대부분이 지난번보다 알차다는 인상을 받았다. 특히 책임능력에 관한 선문대학교의 한정환 교수의 논문은 비록 형사법에 관한 논문이었지만, 문제의 핵심을 분명히 하고, 그에 대한 해결방안까지도 설득력 있게 제시된 논문으로 보였다. 그러나 형사정책지에는 가능하면 형사정책지의 순수성을 지킨다는 명목 때문에 싣게 할 수 없게 되어서 아쉬웠다. 난 그런 식의 논문을 쓰는 사람을 나도 모르게 고백한 논문이었다. 그 밖에도 6편의 논문을 다 읽었는데, 논문의 실익 차원에서 볼 때, 모두가 형사정책지에 실을 만한 글들이었다. 다만 아쉬운 것이 있다면, 논문은 자료가 아니라는 것, 즉 외국에서의 경향은 대부분 자료의 성격이 강하다는 점을 논문을 쓰는 사람들은 자성해야 할 것이다. 그리고 논문을 평가하는 사람들도 그 자신 정말로 평가할 만한 자리에 있는가를 자성해야 할 부분이라고 생각한다. 그 이유는 평가자의 논문 다수가 평가의 대상이 되어서 그 논문들 다수가 좋은 평가를 받아 학회지에 실었던 경험을 여러 번 가진 사람이어야, 남들의 글에 대해서도 평가할 입장에 설 수 있다고 보이기 때문이다. 게다가 평가자 스스로 논문심사가 충분히 된 연구지에 논문을 거의 게재하여 본적이 없는 분도 계시고, 또한 그런 분들일수록 논문의 내용보다도 형식이나 각주와 같은 사소한 문제를 가지고 논문이 게재 가능하느냐의 여부를 따지는 경우를 종종 보았다. 좋은 논문이 되기 위해서는 물론 형시적인 요건을 갖추는 것도 중요하지만, 그보다는 형사실무에 유용하면서 인권보장과 범죄로부터 사회방위를 철저하게 할 수 있는 형사에 관한 입법정책을 제시하거나 종래 잘못된 실무상의 관행이나 학설을 바로잡아 주는 데 있다고 본다.

11월 25일과 26일

2000년 추계 한국법철학학술대회가 25일 동아대학교 법과대학 103세미나실에서 열렸다. 대주제는 "한국 법철학교육의 현황과 전망"이었고, 이 대주제에 관해서는 한국외국어대 김지수 교수가 발표를 하였다. 이 대주제는 다시금 3개의 소주제로 구체화하였는데, 그 중의 하나는 "한국 법철학 교육의 현황과 전망"이고, 발표는 내가 하였다. 그 두 번째는 "수입법학과 죽은 법학"으로 경희대학교 강희원 교수가 맡았다. 세 번째는 "법철학 교육과 사법시험"이라는 주제로 연세대학교 김정오 교수가 발표를 하였다. 이 행사를 위해서 나는 두 가지 작업을 하였는데, 그 중의 하나는 해방 이후 2000년 현재까지 한국 법철학에 관련된 문헌을 체계적이고 종합적으로 색인하여, 한국의 법철학연구가 어떻게 발전하여 왔는지를 그리고 각 시기마다 무엇이 핵심문제로 대두되었는지를 밝히려 하였으며, 또한 법철학을 연구하거나 연구하고자 하는 분들께 기왕에 나와 있는 법철학에 관한 모든 문헌의 목록을 제시해 줌으로써 법철학연구의 촉매제 역할을 할 수 있도록 하였다. 이 작업을 실질적으로 수행한 사람은 동아대학교 대학원에 재학 중인 이덕인 군이었고, 그를 도운 학생들로는 손승호 조교, 박지혜와 민희진 법대 1학년생 및 부산의대 재학생인 민애진이도 한몫을 하였다. 다른 하나의 작업은 한국의 법철학 교육현황에 대한 설문조사와 그것의 분석이었다. 즉 한국의 법철학 교육에 관한 각종의 객관적 자료를 수집하고, 무엇이 오늘날 한국 법철학을 이 지경으로 만들었는지에 대한 문제인식 그리고 그 개선방안이 무엇인지를 얻기 위해 전국 법과대학 교수 800분에게 한국법철학교육의 현황과 문제점 그리고 개선방안에 대해 그들의 회답을 통해서 그것들을 분석하여 보았다. 또한 이러한 연구가 법철학이 학제적 연구에서 어떤 것을 핵심문제로 삼아야 하는지 그리고 법철학을 하면서 법철학적 입장표명을 했어야 할 불가피한 사정을 눈감아버렸던 우리들의 자화상을 되새겨보는 기회로 삼고자 하였다.

11월 27일

대법원 형사실무연구회와 신성택 전 대법관 정년퇴임을 위한 논문증정에 참가하다: 27일 새벽에서 아침까지 무려 20회 이상을 변소에 갔다. 내 평생 그렇게도 짧은 시간에 그렇게도 많이 변소에 들락날락한 적이 없었다. 전날 생선회를 욕심 부려 너무 많이 먹은 탓이었을 것이다. 아침도 먹지 않고, 평소에 잘 가던 정내과에 가서 진찰과 함께 1시간 동안 링거주사를 맞았다. 다행스럽게 설사는 더 이상 계속되지 아니하였지만, 피곤한 몸을 이끌고 퇴임식과 연구회에 참가하였다. 전부터 알고 지낸 송진훈 대법관과 형사실무연구회의 전 회장인 신성택 변호사, 현 회장인 이용우 대법관을 비롯해서 김대휘 판사, 신동운 교수 등이 반갑게 맞이하여 주었다. 그리고 그날 다른 약속 때문에 참석하지 못한 손기식 부장판사가 보낸 개정판 교통형법을 받았고, 신성택 전 대법관 퇴임기념논문집도 받았다. 이 후자의 책에는 2000년 7월에 제가 발표한 논문 "법률의 부지와 대법원의 태도"도 실려 있었다.

그리고 그 책의 말미 부근에 지난 8월 교육문화회관에서 "시민에게 듣는다"라는 토론회에 박원순 변호사가 발표한 "사법부의 신뢰회복"은 법조계, 특히 법관들에게 지대한 각성을 하게 한 계기가 아니었을까 하는 생각이 들었다. 그의 사법부에 대한 요구는 헌법이념과 실정법규에 충실한, 그러면서도 적극적인 법해석을 통하여 시민의 권익보호에 앞장서는 법조계가 되어야 하며, 업무과중에 시달리고 있는 법조계의 업무를 경감해 가는 방향으로 가면서 사법부의 신뢰회복을 위해 노력하여 줄 것을 주문하였다. 그런 점에서는 박원순 변호사의 입장에 공감하였지만, 그러나 그분과 다음과 같은 점에서는 전혀 달랐다. 한국 판사의 오판 경험은 통계수치로도 30%가 넘는다. 오판은 그러나 과실에 의해서도 일어날 수 있으므로, 오판을 한 법관들을 무조건적으로 처벌되어야 한다고 비난한다면, 그것은 지나치다. 물론 법관이 헌법적 소송관에 입각하여 재판한다면, 형사재판의 오판은 크게 줄일 수 있을 것이다. 그러나 문제가 되는 것은 법관이 의도적으로 법을 왜곡한 경우이다. 이는 전관예우를 통해서 극명하게 보여주는 문제이다. 지난날 전관예우가 관행처럼 있어왔던 것은 우리 사회에 그만큼 법왜곡 현상이 빚어졌다는 말이 된다. 그러나 어디 전관예우만인가? 조작된 인혁당재건위 사건에서 법관이 헌법적 원칙에서 재판하였다면, 결코 사형을 내릴 수 없는 사건에 대해 법관, 심지어 대법원 판사들까지 법을 왜곡하여 무고한 8명에 대해 사형을 선고하고, 이들 사형수는 사형이 선고된 다음 날 새벽에 형장의 이슬로 사라졌지만, 의도적 살인에 가담했던 당시의 법관들이 처벌되었다는 소식은 들어본 적이 없다. 더욱이 양심의 가책을 받았다는 법관들조차도 없었다.

이는 제1차 인혁당 사건에 대해 안기부로부터 수사 자료를 넘겨받은 당시 이용훈 검사는 충분한 수사를 마친 후, 사실관계가 심히 왜곡된 진실을 발견하고, 양심의 가책을 받아 제1차 인혁당 사건에 대해 공소제기를 할 수 없다고 판단하였다. 고위 검사의 공소제기 요청을 뿌리치고 스스로 검찰복을 벗었다는 점과는 무척이나 대조적인 일이다. 어디 제1차 인혁당 사건뿐일까?

이런 법왜곡행위를 한 자에 대한 처벌의 문제에 있어서 박 변호사는 법관의 양심에 호소할 뿐인데 반하여, 나는 그런 법관들이 다시는 발생하지 않도록 사전에 예방하고, 또한 의도적인 법왜곡행위로 특정한 당사자가 부당한 불이익을 당하게 되면, 법왜곡을 한 법관은 형사처벌되어야 한다고 생각한다.

11월에는 바쁜 일정 중에서도 6일에 "객관적 귀속이론과 허용된 위험의 법리"의 원고를 탈고하였고, 10일에는 "사형의 대체형으로서 절대적 종신형"이라는 논문을 완성하여 형사정책학회지에 제출하였다. 25일에는 "한국 법철학 교육의 현황과 전망"이라는 논문을 완성하여 발표하였다. 그리고 12월 3일에는 현석 고 김병규 교수 회고담을 써서 장영민 교수에게 4일 보냈다. 4일 오후에는 서울 양재동에서 열리는 형사판례연구회에 참가하였다. 이날의 테마는 손동권 교수가 "상소심에서 공소장의 변경문제"와 안경옥 교수의 "배임죄의 사실상 신임관계"를 다루었다.

이날 토론회는 망년회라는 이유로 깊이 있게 다루어지지 못했으나, 항소심에서 고소취소가 공소장의 변경을 가져올 수 있느냐의 문제에 대한 종래의 여러 입장을 정리하는 선에서 끝냈다. 배임죄의 성립에 있어서 사실상의 신임관계를 요구하는 것으로 족하다고 보면, 그러한 신임관계의 배신은 곧바로 배임죄가 구성될 수 있게 된다는 단점이 생긴다. 배임죄라는 것은 본래 타인의 사무를 처리하는 자가 위임된 사무의 처리를 배신해서 위임자에게 손해를 야기할 때 처벌할 수 있도록 하는 범죄로서, 자본주의의 발달과 더불어 범죄성이 강해졌으며, 독일에서는 나치의 영향 때문에 나치시대에 가벌성의 범위를 확장하였다. 형법이라는 것이 형벌을 수단으로 하고, 그 형벌은 대부분의 사람에게는 인간이 참기 힘든 고통을 수반할 뿐만 아니라, 한 번 처벌되면 그 당사자는 전과자라는 낙인이 찍혀 인간다운 삶을 누릴 수 없는 일종의 천벌의 성격을 갖게 된다. 바로 그 때문에 형벌을 수단으로 하는 형법은 다른 수단, 즉 민법 등에 의해 해결이 가능할 때에는 자제해야 되며, 더구나 사적

자치를 기본 골격으로 하는 현행 헌법과 민법 체계 아래서는 사적 자치를 원칙적으로 존중해야 한다. 그런데도 사적 자치의 범위 내에 있다고 보이는 행위를 배신하거나 타인의 사무를 처리하는 지위가 단순히 타인의 사무를 이행하는 데 협조해야 될 일을 하지 않았다고 해서 또는 타인의 사무를 처리하는 데 단순히 신의를 저버렸다는 이유로 가벌성을 인정하여 형법이 개입하면, 이는 형법의 기본원칙에 어울린다고 할 수 없을 것이다. 따라서 단순히 사실상의 신임관계에 근거하여 위임된 사무를 처리하다가 신의성실에 반하여 타인에게 손해를 가하는 행위가 배임죄가 된다고 하는 것은 형법의 해석상 무리일 수 있다.

제5장

제43회 사법시험 1차 출제 참가(형법)*

2001년 1월 말에 고시과 사무관으로부터 전화가 왔다. "제43회 사법시험 형법과목의 선정위원으로 참가해 달라고." 난 즉시 대답하길, 저에게 그런 기회를 준 것은 고마운 일이지만, 이제 제1차 시험 선정 작업은 소장학자들의 몫이 되어야 한다고 정중하게 거절하였다(그렇게 한 이유는 최근인 1999년에도 제41회 사법시험의 형사정책 과목 선정 작업에 참가하였고, 그 전에도 행정고시 등 이와 유사한 일에 참여한 적이 여러 번 있었던 까닭에서였다). 그랬더니 재검위원으로라도 참가해 달라는 부탁을 받고, 재차 거절할 수가 없어서 승낙을 하였다. 8일간이나 외부와 두절된 생활을 해야만 했고, 재검위원으로서 역할과 책무를 다할 수 있을지 걱정이 다소 되기도 하였지만 소집일인 2월 11일 오전 8시 30분까지 소집 장소에 도착하기 위해서 하루 전날인 10일 저녁 9시편 비행기로 서울로 출발하였다. 밤 10시경에 도착한 김포공항에서 의류와 약 등 필수품으로 가득 찬 큰 가방을 끌고 5호선 전철을 탔다. 공덕동에서 내릴까, 광화문에서 내릴까 하다가 광화문에서 내렸다. 종로 2가까지 무거운 가방을 끌고 서울호텔에서 여장을 풀었다. 아침에 가족들에게 연락도 못한 채, 그 유명한 청진동 해장국집에서 아침을 해결하고 8시 반이 못 되어서 소집 장소에 도착했다. 이미 많은 사람들이 모여 있었다. 대기 중인 버스에 몸을 실은 우리는 어느새 간간이 눈덩이가 묻혀 있었고, 앙상한 나뭇가지만 무성한 한적한 산중에 소재한 한화리조트에 도착하였다. 그 때가 오전 11시 조금 못되었다. 도착 즉시 리조트 8층의 입구에서부터 공항보다 더 철저한 검색을 당하였다. 의류 등이 든 큰 가방을

* 2001. 2. 11. ~ 2001. 2. 18.

열어 소지품을 샅샅이 뒤져 외부로 통신할 수 있는 장비가 있는지를 확인하였다. 이것을 보면서 혹시라도 있을 시험 문제와 답안지 유출을 막기 위해 불가피한 조치가 아닌가 하는 생각이 들었다. 그러면서 앞으로 있을 8일간은 사회와 철저하게 두절된 일종의 수감 생활이 되겠구나 하는 예감이 현실화되고 있음을 느꼈다. 배정된 방은 수원대에서 헌법의 재검위원으로 참가한 송희성 교수와 함께 쓰게 되었다.

12시 반에 점심을 먹고 나서 오후 3시경부터 제43회 사법시험에 출제될 문제지를 넘겨받았다. 이 문제지는 두 분의 형법교수와 한 분의 사법연수원 교수가 출제한 것이었다. 넘겨받은 문제지에 대해서 재검위원이 해야 될 일은 출제된 문제의 시비 소지를 없애기 위해 오해의 소지가 있을 수 있는 문제를 걸러내고, 수험서 등에서 기왕에 발표된 동일하거나 유사한 문제를 찾아내며, 문장을 다듬는 것과 함께 문제 상호간에 정답을 암시하는 것을 배제하는 방식의 작업이었다.

문제선정위원들은 제43회 사법시험에 출제될 문제의 선정 작업을 2월 8일부터 11일 오전까지 지속하여, 종래 41회 때까지 시행하여 왔던 것보다는 훨씬 긴 시간 동안 하였다. 나는 형법에 대한 재검위원이어서 선정위원들이 시험문제를 충분한 시간을 가지고 선정·검토하였을 것이고, 또한 그들은 평소 학문적 열정을 가진 분들이라 그 문제지에 대한 재검작업에 별로 큰 문제가 없으리라고 생각되었지만, 막상 재검토 작업을 진행하여 보니 적지 않은 문제점들이 노출되었다. 즉 정답이 두 개가 될 수 있는 문항들이 보였고, 이미 수험서 등에 유사하거나 비슷한 문제유형으로 출제된 것들도 더러 있었으며, 그 밖에도 출제위원의 출제의도가 불분명하여, 수험생들에게 오해를 불러일으킬 수 있는 문항도 발견되었다. 즉 설문의 문장을 간결하고 조리 있게, 그리고 문법적으로 올바르게 기술하여, 수험생들이 출제자의 의도를 분명하고 확실하게 파악할 수 있도록 조치를 취해야 될 문항도 눈에 띄었다. 또한 출제문제가 적절한 경우에도 교과서 자체가 잘못 서술되어 있어, 학생들의 편의를 위해 불가피하게 시험문제를 다른 것으로 대체해야 하는 경우도 발생하였다. 특히, 수험생들의 절대 다수가 읽고 있는 책에서 그런 부정확한 부분이 두 군데나 발견하게 되어서, 이로 인하여 선정위원과 재검위원 모두 한나절이나 아까운 시간을 보내기도 하였다.

재검위원으로 활동하면서 제43회 사법시험에 참여한 우리들이 사법시험출제와 관련하여 몇 가지 생각해 볼 만한 것을 적어 본다면 다음과 같다.

첫째로 교수들 가운데에 일부이긴 하지만 저서나 논문의 앞부분에서는 법치국가원칙이니 죄형법정주의의 근본원칙을 큰 목소리로 주장하면서 뒷문에서는 언제 그런 주장을 했느냐고 슬그머니 그 근본원칙을 무시하고 저버리는 경우가 가끔 적지 않다는 점이다. 뿐만 아니라 동일한 쟁점에 대한 해석에 있어서도 앞쪽 페이지와 뒤쪽 페이지가 전혀 다른 결론을 내리는 경우도 종종 보였다. 더 우스운 것은 그런 잘못된 결론에 대해 잘못이 있는가에 대한 검토조차 없이 무조건 그런 결론을 추종하는 학자도 있다는 점이다. 이러한 잘못된 저서나 논문 때문에 수험생들이 선의의 피해를 볼 수 있음은 예정된 것이다.

둘째로 다른 분들의 글을 비판하거나 인용할 때, 그 분들이 의도한 것을 전체적인 맥락에서 이해하지 않고 부분적으로만 파악하여 원저자의 결론과 전혀 다른 결론을 내린 경우도 종종 볼 수 있다. 이는 단순히 학자의 주관적 가치판단의 문제가 아니라, 진실의 왜곡이어서 도덕적으로 용납될 수 없는 일임에 틀림없다. 판례의 인용시에도 법률적 평가뿐만 아니라, 사실관계도 왜곡되어서는 안 된다. 예컨대 절취한 오토바이를 원래 자리에 가져다 놓은 것과 7~8m 떨어진 곳에 그것도 잘 보이지 않는 지점에 가져다 놓은 것에 대해 근본적인 차이가 있음에도 불구하고, 원래 자리에 가져다 놓았다고 인용하여 대법원 판례와는 전혀 다르게 사실을 왜곡한 경우를 생각해 볼 수 있다. 이러한 사실관계의 왜곡은 결과적으로 법률판단의 왜곡으로 이어질 우려가 있어서 수험생에게 큰 혼란을 불러일으킬 수 있다.

셋째로 법학, 특히 형법학은 용어의 조작을 통해서 사고의 회전을 배가시키려는 학문이 아니다. 형법학은 실용학문이어야 하며, 할 수만 있다면 국민 모두가 납득할 수 있는 용어를 사용해야 되겠지만, 형법 전문가인 형법교수뿐만 아니라, 현직 검사나 판사 또는 변호사는 물론이고 법과대학에서 형법학점을 취득한 학생이면 누구라도 이해할 수 있는 용어사용과 용어조작이 이루어져야 한다고 생각한다. 이런 생각과 관련하여 이번 사법시험 출제문항에서 예컨대 '결과불법'이라는 용어는 법률용어로 일반화되어 있다고 볼 수 없어서, 이런 상태에서 이 용어를 사용하는 것은 다소 지나치다고 사료된다. 왜냐하면 결과불법이 결과불법성 내지 결과반가치의 의미와 같은 뜻인지 아니면 다른지, 다르다면 어떻게 다른 지가 확실하게 규명되지 않았기 때문이다. 오늘날 우리나라에서는 범죄행위의 불법성을 오로지 과실도 없는 결과불법성에서만 파악하려는 입장이 있는 것도 아니고, 모든 범죄는 행위반가치와 결과반가치가 결합하여 이루어지고 있다는 점에서도, 어떤 범죄행위를 결과불법 내지 결과반가치만으로 이해할 때 당해 문제를 어떻게 해결하느냐라는 식의 문제는 피하는 것이 바람직하다는 생각이 들었다.

넷째로 사법시험 1차용의 시험문제일지라도 문장작성에 세심한 주의가 필요하다는 생각이 들었다. 법률문장은 모름지기 명확해야 한다. 문장이 명확하게 되려면, 주어와 목적어 그리고 동사 등이 분명하게 나열되어야 한다. 또한 중복적인 언어는 피하는 것이 바람직하다. 예를 들어 '잠을 자고 있는 유부녀'라는 표현에서 '자고 있는 유부녀'라고 하는 것이 더 간결하게 보인다.

다섯째로 재검위원으로 함께 일한 제42회 사법시험 동차(1차와 2차를 같은 해에 합격) 합격자들의 도움이 매우 크다는 사실이다. 이들의 도움은 수험생의 입장에서 사법시험 출제문제를 검토할 수 있는 결정적 계기를 준다고 사료되며, 또한 이들은 예년의 사법시험 난이도와 비교해서 적절한 것인지의 여부 및 유사 내지 동일 문제를 추려내는 데 일가견이 있었다.

여섯째로 출제위원과 재검위원의 합석 아래 마지막 검토가 역시 필요하다는 생각이 절로 들었다. 형법의 경우만 하더라도 시험 문제지를 인쇄소로 보내기 직전인 2월 15일 오전에 제43회 사법시험 출제문제에 대해 최종 검토를 하였다. 그 전날 모든 것이 완결되었다고 믿었던 나는 처음에 그런 작업을 의아스럽게 생각했지만, 그 작업은 필수적이어야 한다는 사실이 판명되었다. 그 이유는 선정위원과 재검위원이 함께 고찰한 최종 문제지에서 의심스런 사안이 발생하여 급기야 서둘러 수정해야만 했기 때문이다.

일곱째로 선정위원과 재검위원 사이를 중재할 수 있는 중량감 있는 중립적 인사가 한 분쯤 있었으면 하는 생각이 들었다. 그런 분으로는 대부분의 사법시험 관여자가 존경할 수 있는 전직 대법관 출신이나 헌법재판소의 재판관 출신으로 학구적인 인물이었으면 좋겠고, 그런 분을 선정하여 중재역할을 부여하는 방안을 신중하게 고려할 필요가 있어 보였다. 왜냐하면 선정위원과 재검위원 사이는 전문가의 입장과 수험생의 입장 차이만큼이나 미묘한 차이를 보일 수 있고, 또한 실제로 그런 차

이를 보였기 때문이다.

끝으로 오랜 기간의 외부와 두절된 합숙기간을 좀 더 개선하기 위해서는 당장은 힘들겠지만, 단지 탁구나 장기와 바둑 정도의 시설의 구비만으로는 부족하고, 가능하다면 조그마한 수영장이나 최소한 헬스시설의 구비 또는 사우나 시설 중 어느 하나 정도를 마련하는 것이 바람직하다는 생각이 들었다.

2월 15일 오후 정오가 넘어 출제문제를 인쇄소에 보낸 후에서야 기분이 홀가분해졌다. 일행들의 다소 지친 표정으로 보아 지나온 며칠간의 일정이 어떠했는지를 읽어볼 수 있었다. 그런 마음을 알기 때문인지 바깥에 함박눈은 그칠 줄 모르게 내리고 있었다. 그날 아침 새벽부터 그렇게 쏟아진 눈이 해질녘까지 계속되었다. 오후 5시경에 눈 쌓인 곳의 강설량을 팔 등을 걷고 측정을 해보니 25cm는 족히 넘게 보였다. 옆에 있던 동료교수가 28cm 정도라고 한다. 난생처음 그렇게 많은 눈이 지속적으로 내리고, 또한 그렇게 높게 쌓인 눈을 목격했다. 지난 달 13일 부산에도 함박눈이 내렸지만, 그것은 새벽부터 오후 1시경까지 뿐이었고, 그것도 13cm의 적설량에 불과하였다. 15일 저녁은 대설이 화제가 되어 사람들의 대화도 그리고 TV를 켜봐도 온통 눈으로 도배하였고, 여기 한화리조트 역시 온 산이 하얀 눈으로 뒤덮혀 있었다. 함박눈이 내리고 있는 먼 산은 틀림없는 한 폭의 수려한 동양화였으나, 시간이 지날수록 그 동양화는 너무도 열심히 그린 탓인지 자연인지, 하늘인지, 산인지 분간할 수가 없었다.

18일 오후 3시가 되어서야 본의 아니게 외부와의 모든 연락이 단절된 합숙생활을 경험한 우리들은 통신의 자유가 얼마나 소중한지를 절감하면서 아주 즐거운 마음으로 한화리조트를 떠나 서울로 향하였다.

합숙기간 동안 오랜만에 정말로 오랜만에 탁구시합을 하였다. 독일 유학시절 그래도 꽤나 잘 쳤다고 생각한 나는 아주대 조상제 교수와 한 팀이 되어, 14일에는 전패를 당하였다. 그리고 그 다음날은 1승 3패로 발전하였고, 16일에는 막강한 팀인 연세대 박상기 교수와 고려대 하태훈 교수 조에 대해서도 1승 1패를 하는 등 3승 1패로 공동승리를 하였다. 그러니까 그사이 비약적 발전을 한 셈이었다. 심심하니까 장기를 하루에 몇 판씩 두었는데 승률은 반반이었다. 지극히 일부 교수가 장기에 이기기 위해서 너무나 집착하는 것을 보고, 그 이기는 것이 무엇이 그렇게 중요할까

하고 다소 의아한 생각이 들었다.

한화리조트에 들어온 날로부터 송희성 교수님으로부터 여러 가지 좋은 이야기를 거의 매일 들었다. 첫째로 과거의 어려운 고비를 딛고 알차게 살아가는 그 모습도 좋아 보였지만, 그 어느 곳보다 생존의 법칙이 철저하게 지배된 학원강사 생활에서 전국적으로 우뚝 솟아, 수많은 제자들을 길러낸 그래서 이른바 별칭인 전국교수임으로 통한다는 사실과, 둘째로 불의에 대해서 침묵하지 않고 그것을 옳지 않다고 당당하게 말할 수 있는 생활태도, 그리고 어려운 역경에 처해 있는 사람들을 위해 헌신하는 모습, 끝으로 한국법의 전반에 걸쳐 유기적으로 이해하여 강의나 저서를 통하여 한국 입법의 문제점과 학자들의 단견이나 잘못된 문제해결에 대해 구체적인 문제점을 직시하고, 그에 대한 대안을 제시하는 혜안을 가지고 계셨다는 점에서 존경스런 마음이 절로 났다.

제6장

제41회 행정고시 제2차 시험 교정학

교정학을 시험과목으로 선택하고 있는 학생들이라면, 시설수용자의 처우와 그 개선방안이 언제나 중심문제일 수밖에 없을 것이다. 이 번 시험에서도 예외는 아니다. 그렇다면 응시자들은 그 점을 헤아려 집중적으로 공부하면, 교정학은 고득점할 수 있는 과목 중의 하나일 것이다. 그래서 그런지 필자는 제41회 행정고시 제2차 시험 교정학 응시자 중에서 80점 이상의 고득점을 준 경우가 다소 있으며, 85점 이상을 준 경우도 있다. 그런가 하면 40점 이하의 과락점수를 받은 응시자도 더러 보였다.

이런 차이의 근본원인이 어디에 있느냐 하면은 응시자가 "교정학이 형사사법절차 중에서 한 부분이지만, 헌법을 토대로 전체 사법절차를 올바르게 인식하고 있었느냐"의 여부에 달려 있었다. 그에 대한 예를 특히 제1문에서 볼 수 있었다.

제1문. 미결수용자에 대한 현행법상 처우의 내용과 개선방안을 논하시오.(50점)

이 문제에 대한 응시자의 대다수는 주로 헌법상과 행형법상의 미결수용자의 지위만을 언급하였다. 그러나 미결수용자가 구치소나 미결수용시설에 수용되고 있거나 수용되어야 할 자임을 고려한다면, 미결수용자란 유죄의 확정판결에 의한 형집행을 받기 전에 구치소와 미결수용실에 수용된 자를 말한다고 할 수 있다. 이러한 의미에서 미결수용자의 현행법상의 처우에는 미결수용자가 구체적으로 누구이며, 어떠한 지위에 있는가를 살펴보아야 할 것이다. 이런 점을 고려하여 본다면 미결수용자의 종류는 기소 전의 구속자와 기소 후 형의 확정판결을 받기 전의 구속자 그리고 사형의 확정판결을 받았지만 형의 집형이 시작되자마자 곧바로 집행이 끝나게 되어

버릴 수 있는 사형수에 대한 형집형의 미결이 있다. 그러므로 미결수용자에 대한 처우는 그 지위에 따라 다르게 되므로 오직 행형법이나 헌법에 국한하여 미결수용자의 처우와 개선방안을 논하는 것은 좋은 답안을 작성할 수 없을 것이다. 형사소송법도 미결수용자의 처우에 있어서 매우 중요한 역할을 한다는 것을 간과해서는 안 된다. 즉 미결수용자의 처우와 개선방안을 논할 때, 이들의 현행법상 관련이 있는 중요 법률 모두, 특히 형사소송법과 행형법에 나타난 그들의 지위에 대한 차이점에 착안해서 그들의 법적 지위를 검토하고 처우의 내용을 언급하며 그리고 그에 대한 개선방안을 강구했어야 했다.

또한 응시자들은 헌법과 형사소송법에서 무죄추정의 원칙을 수없이 보아왔을 것이다. 이 무죄추정의 원칙이란 처음부터 아무런 죄가 없거나 혐의가 없는 자에 대해서는 별 의미가 없다. 왜냐하면 그가 죄를 전혀 범하지 아니하였는데도 불구하고 그 자에 대해 혐의를 덮어 씌운다는 것은 법치국가에서 있을 수 없는 일이기 때문이다. 무죄추정의 원칙이 큰 의미를 갖게 된 지는 오히려 범죄혐의가 객관적으로 분명하게 있는 자에게 있다. 아무리 유죄의 혐의가 객관적으로 있는 자라 하더라도 유죄의 판결이 확정될 때까지는 적어도 죄 없는 자로 다루는 것이 인권을 중시 여기는 현대헌법의 취지에 어울리기 때문이다. 그렇다면 미결수용자는 범죄수사 시 필요한 범위에서 또는 재판을 신속하게 진행하기 위해서 또는 형의 집행을 제대로 집행하기 위해서 미결수용시설에 수용되었기 때문에 그러한 시설수용의 필요성과 그 정당성을 넘는 처우의 남용은 개선되어야 마땅하다. 그런데도 불구하고 예를 들면 사형이 확정된 자를 제외한 미결수용자는 미결수임에도 불구하고 유죄가 확정된 수형자처럼 죄수복을 입히고, 손과 팔이 얽매인 채 재판정에 등정케 하고, 사형수는 사형의 집행을 받을 때까지 밧줄로 얽매여 있어야 하며, 미결수와 변호인의 접견·교통권은 법률이 허용하고 있는 것보다 훨씬 제한된 상태에서 운용되고 있다. 그 예로 미결수에 대한 변호인의 접견·교통권이 별다른 제한이 없음에도 불구하고 구속된 피의자에 대한 검찰 또는 기타 수사관리의 심문 시에 변호인이 참여하는 것을 사실상 허용하지 않는 것은 잘못된 것으로 보인다.

이러한 점들을 기본바탕으로 해서 첫째로 미결수용의 의의와 미결수용자의 종류를 바르게 정리하고, 둘째로 미결수용자의 법적 지위로서 헌법상의 지위, 형사소송법상의 지위 그리고 행형법상의 지위를 빠짐없이 논하고, 셋째로 미결수용자에 대한 현행법상의 처우의 내용과 그 한계를 헌법상, 행형법상 그리고 형사소송법상으로 분리해서 서술하고, 끝으로 개선방안에 관해서 헌법적 사고방식에 입각하면서도 수사기관이나 재판기관 그리고 집행기관에 대한 근본적인 장애를 유발하지 않는 범위에서 그리고 사회방위를 침해하지 않는 선에서 미결수용자에 대한 처우를 개선하는 방안을 균형성 있게 기술하는 답안일수록 후한 점수를 주었다.

끝으로 미결수용자에 대한 처우문제는 어디까지나 법적 근거에 의해 논의되어야 하기 때문에, 그에 대한 헌법상의 규정으로는 기본적 인권의 보장으로서 헌법 제10조, 신체의 자유 등에 관한 헌법 제12조, 재판을 받을 권리와 무죄추정에 관한 헌법 제27조, 국민의 자유와 권리의 존중 및 기본권제한의 한계를 규정한 헌법 제37조를 참작해야 한다. 구 행형법상으로는 행형법 제63조의 참관금지 규정, 행형법 제64조의 미결수용자의 분리수용, 행형법 제65조의 미결수용자의 이발, 행형법 제66조의 변호인 접견 등, 행형법 제67조의 작업과 교회(敎誨), 행형법 제68조의 유치장 등에 관한 규정을 두고 있다. 형사소송법상으로는 제30조의 변호인선임권, 제34조의 변호사와 접견·교통권, 제89조에 의한 접견권과 의사의 수진, 제90조의 변호인의뢰권, 제91조에 의한 비변호인과의 접견·교통권, 제94조 이하의 보석의 청구, 제214조의2에 의한 체포와 구속의 적부심사권 등이 있다. 이러한 규정들을 근거로 미결수용자의 법적 지위와 그 처우내용 그리고 개선방안을 논한다면 좋은 답안이 될 수 있을 것이다.

제2문. A교도소의 수형자 甲은 행장성적이 우수한 1급 수형자로서 1년 후에 석방될 예정이었고, 소 내에서 자기노작으로 컴퓨터조립기술을 익혔다. 甲이 출소 후에 이 기술을 사회에서 활용하기 위해서는 보다 많은 종류의 컴퓨터를 지속적으로 조립할 필요가 있었지만, 시설 내 작업시설이나 영치금으로는 이를 해결할 방안이 없었다. 이 경우에 현행법상 A교도소장이 甲에게 취할 수 있는 조치를 약술하시오.(25점)

교도소장이 甲에게 컴퓨터조립기술 연마에 도움을 줄 수 있는 조치로는 A교도소 내의 처우에 의해서는 불가능함으로써 결과적으로 사회적 처우(경우에 따라 개방교도소의 이송조치)를 할 수밖에 없을 것이다. 그러므로 고시응시자는 답안의 서론에

甲의 사회처우의 필요성을 적시해야 한다.

교도소장이 사회처우가 필요한 甲에게 취할 수 있는 조치로 우선 행형법 제44조 제3항에 의거한 귀휴제를 들 수 있다. 귀휴는 그러나 甲이 1년 이상 복역해야 하고, 그 형기의 2분의 1을 경과해야 하는데, 甲이 그 요건을 충족했는지가 불분명하며, 설령 甲이 그 요건을 충족하고 있다 할지라도 귀휴기간이 3주 이내에 불과하기 때문에 기술연마에 지속성이 필요한 컴퓨터조립작업에는 귀휴제도가 甲에게 별 도움을 줄 수 없는 것으로 보인다.

교도소장이 취할 수 있는 두 번째 방법은 행형법 제35조 제2항에 의거한 외부통근제가 있다. 수형자의 외부통근에 대한 요건으로서 모범수형자이면 가능하기 때문에, 甲은 행장성적이 우수한 1급 수형자여서 외부통근이 가능한 자에 속한다 할 것이다. 그러므로 교도소장은 甲에게 외부통근을 시킬 수 있다. 그러나 외부통근에 대한 문제점으로는 계호상의 어려움을 포함하여, 그 밖에도 선별과 내부갈등 등 적지 않는 점이 지적되고 있다. 또한 이 제도의 정착을 위해서는 대상 직종의 개발과 노동계약의 확립 등의 선제요건이 충족될 필요가 있어 보인다.

세 번째 가능한 조치방법으로는 가석방이 있다. 甲에게 가석방의 조치를 내리기 위해서는 형기의 3분의 1이 경과하여야 하는데 甲이 그 요건을 충족했는지가 불분명하다. 그의 행상은 양호하여 개전(改悛)의 정이 있기 때문에 그가 형기의 3분의 1 이상을 복역하였다면 교도소장은 법무부차관이 위원장인 가석방심사위원회에 가석방심사를 청구할 수 있을 것이다.

네 번째 가능한 방법으로는 행형법 제44조 제2항에 의거한 개방시설로 이송을 고려해 볼 수 있을 것이다. 왜냐하면 개방시설에서는 사회생활에 필요하다고 인정되는 적합한 처우를 할 수 있어, 거기에 수용된 자는 사회생활에 필요한 처분을 받을 수 있기 때문이다.

그리고 끝으로 외부민간지원 요청, 컴퓨터업체로부터의 위탁방식에 의한 시설 내 교도작업 알선 등을 고려해 볼 수 있을 것이다.

제3문 "우리나라의 전통적 교정시설인 교도소에 해당되지 않는 교정시설들을 열거하고 그 필요성과 수용대상을 설명하시오."(25점)

이 문제에 대한 출제자들의 의도는 국내의 특별한 교정시설의 의의와 그 종류를 열거하고, 특별시설수용의 필요성과 그 수용대상을 충실하게 설명할 수 있는 능력이 있는지 여부를 평가하고자 하였다. 그러나 상당수의 응시자가 국내의 특별한 교정시설을 그 대상으로 삼지 않고, 외국모델을 열거하였을 뿐만 아니라, 특별한 교정시설을 이해하는 데도 일부는 협의로 다른 일부는 광의로 이해하고 있었다. 그래서 답안을 작성한 응시자들의 이익을 위해서 교정시설을 협의로 파악한 경우와 광의로 파악한 경우 모두 점수를 매기는 데 차이를 두지 아니하였다.

따라서 교정시설을 협의로 파악한 경우에는 첫째로 서론을 올바르게 기술하면 5점 만점을 주고, 둘째로 특별시설의 종류로 개방시설, 보호감호소, 치료감호소, 소년교도소 및 소년원에 대한 필요성과 수용요건 그리고 수용대상을 정확하게 기술하면 20점을 주고자 하였다. 그리고 교정시설을 광의로 파악한 응시자에게도 앞에서 열거한 5개의 시설 외에 소년분류심사원, 보호관찰등에관한법률 제71조 이하에 의한 한국갱생보호공단 그리고 보호관찰등에관한법률 제14조 이하에 근거한 보호관찰소를 추가하여 그 필요성과 사업내용을 바르게 설명하면 역시 20점 만점을 주기로 하였다.

상당수 응시자는 물론 이러한 출제자의 의도를 정확하게 이해하여 답안을 작성하였으나, 일부는 외국모델에 대하여 광의의 교정시설을 중심으로 답안을 작성하였다. 비록 외국모델을 중심으로 답안을 작성한 경우라도 그에 대한 이해가 풍부하고 그리고 바르게 정리된 답안이면 그에 상응한 후한 점수를 주려고 노력하였다.

제7장

사형제의 폐지를 위한 대안*

담당 아나운서: KBS 이규원의 질문

1. 사형제를 둘러싼 논란, 여전히 계속되고 있는데요. 우리 사회 현실에서 사형제… 어떻게 논의되어야 한다고 보십니까?

○ 사형제를 그대로 존치할 것인가의 여부를 국민에게 묻는다면 영원히 존치할 수밖에 없습니다. 국민은 인간으로서의 감정을 갖고 있어서 살인 등과 같은 반인륜적 범죄에 대해 마땅히 사형시켜야 한다는 복수심을 갖기 때문입니다. 그런데 국민은 국가의 구성원이고, 국가는 개인과 달라 복수와 같은 감정적 형벌이 아닌, 이성적 형벌을 내려야 할 책무를 집니다. 그러므로 우리나라에서도 감형 없는 절대적 종신형을 사형제의 대안으로 도입할 것인가로 논의되어야 합니다. 이런 제도는 범죄인으로부터 사회방위를 철저히 하고, 범법자에 대해 범죄의 책임을 끝까지 물을 수 있기 때문입니다.

2. 그렇다면 우리 사회가 사형제를 폐지하고 다른 형벌로(감형 없는 종신형) 대체할 만큼 사형제 폐지에 대해 충분히 공감대가 형성되었다고 보십니까?

○ 사형제를 찬성하는 사람들 1,004명을 대상으로 감형 없는 절대적 종신제를 사형제의 대안으로 도입하는 것에 찬성 여부를 조사해 보니, 이들 중 369명, 약 37%가 그럴 경우 사형제를 폐지해도 좋다는 입장을 보였습니다. 사형제의 존폐에 관한 여

* 2010년 9월 3일, KBS 인터뷰.

론조사를 해 보면 사회적 분위기에 따라 큰 차를 보이지만 대체로 60% 약간 상회하여 사형제를 찬성하고 있고, 35% 정도가 폐지 쪽에 있습니다. 그렇다면 감형 없는 절대적 종신형을 대안으로 사형제를 폐지할 것인가를 묻는다면 아마도 57% 정도가 사형제의 폐지 쪽에 있게 됩니다. 이러한 점을 상기한다면 우리 사회에서 감형 없는 절대적 종신형을 사형제의 대안으로 삼을 만한 공감대가 형성되었다고 봅니다.

3. **하지만 아직까지도 강호순, 김길태와 같이 인면수심의 범죄를 저지른 흉악범에게 법정 최고형을 구형하고, 또 일각에서는 사형을 집행해야 한다는 목소리가 높은데요?**

○ 반인륜적 흉악범에 대해 우리 형법은 사형까지 선고할 수 있도록 법정형을 정해 놓았기 때문에 검찰은 반인륜적 범죄인에 대해 법정 최고형을 구형할 법률상의 근거를 갖고 있기 때문입니다. 사형의 집행을 국민으로서 요구하는 것은 감정의 차원에서 얼마든지 가능하지요. 그러나 국가는 윤리적 실체이며, 모든 것을 이성적으로 판단하고 결정해야 한다는 점에서 감정적 형벌을 내릴 수 없습니다.

4. **국민의 법감정 측면에서 사형제라는 명목이 있는 것과 완전히 폐지하는 것은 다르다 … 명목상이라도 사형제가 법에 존재하는 것이 법질서 유지에 긍정적인 측면이 크다 … 이런 주장은 어떻게 보십니까?**

○ 예, 그런 주장을 가끔 듣습니다. 그런데 역사는 그렇지 않다는 것을 아셔야 합니다. 죽산 조봉암을 사법살인했던 이승만 정권의 불법성을 이 땅에 다시는 발을 붙이지 못하게 하기 위해 4·19혁명 직후인 1960년 5월 개정된 헌법에서 기본권의 본질적 침해를 금지하는 규정을 당시의 헌법 제28조 제2항에 추가하였습니다. 그런데 다음 해에 박정희 장군이 군사혁명으로 정권을 잡은 후 무고한 사람들도 사형에 처해졌습니다. 명목상으로 있었기 때문에 실질적으로 사형에 처해질 수 있는 것입니다. 그것을 부정할 수 있나요.

5. **그렇다면 현재 감형 없는 종신형과 같은 절대적 종신형을 사형의 대체 형벌로 삼고 있는 나라는 어떤 나라들인가요?**

- 충분히 사형에 버금가는 범죄 억제의 효과를 거두고 있는지… 사회적 합의, 국민적 공감대 이끌어내고 있는지…

○ 명목상으로 감형 없는 종신형을 형법전에 규정하고 있는 국가는 거의 없습니다. 그러나 사형제를 폐지한 독일을 비롯하여 많은 국가들은 사회방위상 용납할 수 없는 범행에다가 재범의 우려가 확실하게 높은 경우에는 가석방을 허용하고 있지 않습니다. 그러므로 적지 않은 수형자가 교도소에서 일생을 보내고 거기서 마감합니다.

○ 그러나 우리나라의 경우 무기형을 선고받아 확정된 수형자라도 통상 20년 정도의 형을 살면, 가석방이 가능하게 됩니다. 그 결과 무기형으로 교도소에서 수형생활 중에 사망한 경우가 우리나라에서는 매우 이례적입니다.

6. 하지만 일각에서는 장기간의 구금생활로 인해 정신적·육체적으로 억제하는 절대적 종신형제가 오히려 인간의 존엄을 침해하고, 헌법정신에 어긋난다. 이렇게 해석하기도 하는데요?

- 또 사회 복귀가 원천적으로 차단되는 만큼 '수형자의 재사회화'라는 형벌제도의 목적과 취지에도 맞지 않는 것 아닐까요?

○ 절대적 종신형을 받아야 할 분들은 우리나라에서 지난 10년 동안 사형선고를 받았던 피고인들의 반인륜적 범행과 이에 대한 사회적 격분에다가 다시금 재범할 가능성이 아주 큰 경우에 국한해야 할 것입니다. 사회방위를 위해서 그런 정도의 인권침해는 비례성의 원칙에 반한다고 하기 어렵기 때문입니다. 사회방위를 위해 재범가능성이 확실하고 또한 범행이 반인륜적일 경우 어떤 국가도 그런 범법자에 대한 가석방을 쉽게 허용하기 힘들 것입니다. 가석방의 경우가 예외적으로 없을 수 있어 라는 사실만으로 사회방위의 고려도 없이 절대적 종신형은 무조건 안 돼 하는 목소리는 자제되어야 마땅합니다.

7. 사형제를 폐지하는 것보다 점진적으로 사형 선고를 줄여가고, 절대적 종신형과 병행해서 법관들도 판결 과정에서 선택의 폭을 넓히는 문제는 어떻게 보십니까?

○ 그것은 형벌만 더욱 가혹하게 하는 셈입니다. 그것은 사형제도의 존치에다가

결과적으로 절대적 종신형이라는 형벌까지 새롭게 부가되기 때문입니다.

8. 사형제는 존폐부터 사형제 이후 대체 형벌 논의까지, 여전히 논란을 거듭하고 있는데요. 앞으로 사형제 논의의 방향, 어떻게 되어야 한다고 보십니까?

○ 전세계 197개 국가 중에서 2009년도에 사형을 집행한 국가는 18개국뿐입니다. 그리고 사형제를 법률상 또는 사실상 폐지한 국가도 139개국이나 됩니다. 아직까지 법률상 또는 사실상 폐지하지 않은 국가가 58개국이나 있지만, 이들 국가 중에서도 해마다 2~3개국 정도가 폐지하고 있어서 앞으로 20년이 지나면 사형제의 존치국가는 극히 제한적일 것입니다. 사형제의 폐지는 인권의식의 신장과 더불어 비례하기 때문입니다. 그러므로 우리나라에서도 현재의 사실상 폐지국가에서 더욱 진전할 수 있도록 차제에 더 이상 사형제의 존부 여부에 대한 논의를 한층 업그레이드하여 사형제의 대안을 찾는 일에 매진해야 합니다.

제8장

'성매매알선 등 행위의 처벌에 관한 법률' 제21조 제1호의 위헌성*

* 수신 : 동아대 허일태 교수님

* 발신 : CBS 라디오 <시사자키 정관용입니다> (표준FM 98.1)

- 진행 : 정관용 교수님
- 제작 : 소병철PD(010-8823-4802), 유창수PD(010-2269-2679)
  정한성 PD(010-3302-9282)
- 구성 : 조승엽 작가(010-8731-5463)

CBS **뉴스시사 프로그램 <시사자키 정관용입니다>**

1. **프로그램명** : CBS **<시사자키 정관용입니다> (매일 저녁** 6:00-8:00)
2. **인터뷰 일시** : 2013**년** 1**월** 11**일(금) 오후** 7**시부터 약** 10**분 동안**
   (생방송 전화 인터뷰)
3. **질문요지** :

1) 2004년 9월부터 시행된 '성매매 처벌 특별법', 위헌적 요소가 많다고 보시죠? 위헌이라고 보시는 가장 큰 이유, 무엇을 들겠습니까?

○ '성매매알선 등 행위의 처벌에 관한 법률'(성매매 처벌 특별법) 자체가 위헌이란 입장이 아니라, 동법 제21조 제1항, 즉 "성매매행위를 한 사람은 1년 이하의 징역, 300만원 이하의 벌금, 구류 또는 과료에 처한다."는 규정이 위헌이라는 것입니다.

첫째, 성년 남녀의 자유스러운 의사결정에 따른 성행위는 비록 매매의 형식을 취

* 2013년 1월 11일, CBS 라디오방송.

했다고 하더라도 헌법 제11조가 명시한 자기결정권에 속하므로, 성매매에 의한 성행위를 처벌하는 것은 헌법상 보장된 성적 자기결정권의 침해를 가져온다는 점.

둘째, 특정인을 상대로 하는 성매매행위, 예컨대 축첩이나 현지처의 경우는 처벌하지 않으면서도 불특정인을 상대로 하는 성매매행위만을 처벌하는 것은 헌법상 보장된 평등권 내지 형평성의 원칙에 반한다는 점.

2) 그런데 반론도 많습니다. 하나하나 여쭤보죠. 성적 자기결정권이 중요하지만 성매매는 사회질서를 문란하게 만들지 않으냐? 그리고 성매매는 현지처나 축첩과 달리 다수를 상대하는 일이기 때문에 영향력이 다르다 … 이런 주장에 대해서는 어떻게 반론하시겠습니까?

○ 예, 성매매행위는 도덕적으로 비난의 대상이 되어야 마땅합니다. 그러나 형벌은 사회질서유지를 위한 최후수단이어야 하기 때문에, 사회적으로 결코 용납될 수 행위들에 국한되어야 합니다. 그래서 모든 도덕적 비난의 대상이 범죄로 될 수 없습니다. 왜냐하면 성도덕의 문제는 지극히 개인적이고 윤리적인 문제여서, 가급적 국가개입이 삼가야 되기 때문입니다. 그런데도 지극히 사적이고 내밀한 성행위를 국가형벌권으로 막아야 된다는 사상은 개인의 사생활에 대한 국가공권력의 과도한 개입을 의미하고, 이것은 우리의 헌법질서가 예정하고 있지 않다고 생각됩니다.

○ 성매매행위가 현지처나 축첩과 본질적 차이를 대상의 다수인지의 여부에 둔다는 생각은 납득하기 어렵습니다. 성매매를 처벌하는 본질적 근거는 매매방식에 의한 성행위이지 않습니까? 2~3명에 국한하여 이들을 상대로 돈을 받고 지속적으로 성매매행위를 하는 경우는 처벌에서 제외되어야 하나요. 만일 어느 분이 여러 사람을 위한 현지처의 역할을 했다면 그것은 처벌의 대상인 성매매행위와 본질이 다른 것인가요.

3) 그리고 형사처벌을 최소화해야 한다. 즉 성매매는 처벌보다는 교화대상이라고 말씀하셨는데, 그렇다면 신체매매 행위나 장기매매를 인정하는 것과 다르지 않다. 이런 주장도 있습니다. 이런 주장에 대해서는 어떻게 생각하시나요?

○ 신체나 장기를 매매하는 것은 생명과 신체에 대한 본질적 침해입니다. 그래서

우리 헌법은 생명과 신체의 존엄을 보장하고 있습니다. 그러나 성매매에 의한 성행위만으로는 신체의 일부가 침해될 수 없으며, 더욱이 생명에 대한 침해가능성은 더더욱 없습니다. 이런 점에서 성매매에 의한 성행위는 결코 신체매매나 장기매매와 동일한 성격을 가질 수 없습니다.

4) 성매매 특별법이 위헌 판결을 받게 되면, 곧 성매매가 합법화 되는 것을 의미하는 것 아닌가요?

○ 그렇지요.

- 성매매 특별법이 위헌 판결을 받게 되면 성산업이 폭발적으로 증가할 것이다. 이런 주장에 대해서는 어떻게 생각하시나요?

○ 그렇지 않습니다. 헌법소원이 제기된 것은 단지 성매매 자체일 뿐이며, 성매매를 알선하여 사업화하는 업주를 여전히 처벌하는 데는 아무런 문제가 없기 때문입니다.

5) 위헌 판결을 받을 경우, 성매매 특별법으로 처벌을 받았던 사람이라도 재심을 통해서 무죄판결을 받을 수 있게 되는 건가요?

○ 헌법재판소법 제47제 제2항 단서와 동법 제3항에 의하면, 위헌으로 결정된 법률 또는 법률의 조항에 근거한 유죄판결에 대해서는 재심을 청구할 수 있다고 명시하고 있으므로 재심을 통해서 무죄판결을 받을 수 있게 됩니다.

제9장

흉악범죄의 신상공개에 관한 문제*

질문: 서울시립대학 신문사 류송희 기자

답변: 동아대학교 법학전문대학원 허일태

질문 1. '대부도 살인사건'의 피의자인 조성호씨에 대한 신상이 공개됐습니다. 반면 '부천 초등학생 시신 훼손사건' 피의자 신상이 공개되지 않은 바 있어, 논란이 일고 있습니다. '대부도 살인사건'과 '부천 초등학생 아들 시신 훼손사건'에 대한 신상공개 판단이 적법한 적절한 것이라고 생각하시는지 여쭈어보고 싶습니다.

○ 대부도 토막살인 사건을 수사 중인 안산단원경찰서 수사본부는 이미 검거된 피의자의 얼굴과 실명을 공개하였습니다. 대부도 살인사건의 피의자에 대한 신상공개는 잘못된 것이고, 법적으로도 문제가 있어 보입니다. 이에 반해 '부천 초등학생 아들 시신훼손 사건'에 대한 신상공개를 거부한 수사기관의 판단은 적법한 것이며, 올바른 태도라고 여겨집니다.

질문 2. '부천 초등학생 아들 시신 훼손사건'의 피의자 신분을 공개하지 않는 이유들 중에서 경찰은 '아동학대범죄의 처벌 등에 관한 특례법' 제35조를 적용했기 때문에 부모의 신상을 공개할 수 없다고 밝힌 바 있습니다. 이에 따르면 흉악범죄자 신상공개와 관련해서 '아동학대범죄의 처벌 등에 관한 특례법'과 '특정강력범죄의 처벌에 관한 특례법'이 충돌하는 부분이 있는 것은 않은지 궁금합니다.

○ '아들 시신훼손 사건'에 대한 신상공개의 거부를 명시한 '아동학대범죄의 처벌 등에 관한 특례법' 제35조와 '특정강력범죄의 처벌에 관한 특례법'(이하 '특강법'이라고 칭함)의 충돌하는 부분이 있다고 하는데, 충돌하는 부분이 있긴 하지만 양법의

* 2016년 5월 22일.

적용을 헌법정신에 비추에 해석할 경우 그 충돌을 피할 수 있다고 생각합니다.

○ 그 이유는 다음과 같습니다. 모든 범죄혐의자에 대한 신상공개는 원칙적으로 헌법 제27조 제4항과 이를 근거로 구체적인 실정법인 형사소송법 제275조의2에서 명시한 '무죄추정의 원칙'에 반합니다. 더구나 이런 무죄추정의 원칙은 범죄를 확실히 범했던 자에게도 원칙적으로 적용되어야 합니다.

○ 다만 특정강력범죄와 같은 흉악한 범죄를 범하고, 아직도 체포되지 않은 상황에서는 그와 같은 범죄를 더 이상 범할 수 없도록 예방하기 위한 불가피한 경우에 국한하여 예외적으로 신상을 공개할 정당성이 있습니다. 그래야만 그러한 흉악범의 재범을 막을 수 있어 범죄예방에 기여할 수 있기 때문입니다. 이와 관련하여 '특강법' 제8조의2는 '피의자의 얼굴 등을 공개'하기 위해 다음과 같은 요건을 요구하고 있습니다.

① 범행수단이 잔인하고 중대한 피해가 발생한 특정강력범죄사건일 것, ② 피의자가 그 죄를 범하였다고 믿을 만한 충분한 증거가 있을 것, ③ 국민의 알권리 보상, 피의자의 재범방지 및 범죄예방 등 오로지 공공의 이익을 위하여 필요할 것 등입니다.

○ 특강법상 피의자의 얼굴공개 인정요건인 '국민의 알권리' 차원에서만 본다면, 대부도 사건과 '초등학생 아들 시신훼손 사건에 관한 신상공개 여부 문제는 서로 간에 차이가 있어 보이지 않습니다. 그러나 국민의 알권리는 헌법상 명시적인 기본권이 아니고, 다만 헌법 제37조 제1항에서 보장하는 '경시될 수 없는 권리'에 불과합니다. 따라서 국민의 알권리가 흉악범일지라도 그 개인의 명예를 비롯한 각 개인의 인간으로서 존엄 문제와 부딪쳤을 때에는 헌법정신의 기초가 되는 헌법 제10조에 의거한 인간의 존엄에 대한 보장이 국민의 알권리에 우선되어야 합니다. 그러므로 타인에 대한 사실의 적시로 명예를 훼손하게 되면 국민의 알권리 차원에서는 죄가 될 수 없지만, 현행 형법에 의해 처벌됩니다. 다만 진실한 사실 적시로 오로지 공익이 목적인 경우에 국한하여 처벌을 면할 수 있을 뿐입니다. 형법 제310조가 이를 명시하고 있습니다. 뿐만 아니라 형법 제126조는 수사기관의 피의사실공표조차 처벌하고 있습니다. 이 조문 역시 법치국가원칙으로서 헌법상 무죄추정을 철저히 보호하려는 데에 그 핵심이 있습니다.

○ 이런 점에서 모든 범죄에 대해 피의자에 대한 얼굴 등의 신상공개는 자제되어야 합니다. 다만 신상공개를 통하여 그런 범죄의 재범가능성을 막기 위한 불가피한 경우를 적시한 '특강법' 제8조의2의 요건에 부합하는 경우, 즉 아직도 범인이 잡히지 않아, 유사한 범죄를 범할 개연성이 큰 경우에 국한하여 예외적으로 피의자의 얼굴공개 등의 신상공개는 가능하다고 보아야 할 것입니다. 이러한 경우에도 '아동학대범죄의 처벌에 관한 특례법' 제35조 제2항은 "신문의 편집인·발행인 또는 그 종사자, 방송사의 편집책임자, 그 기관장 또는 종사자, 그 밖의 출판물의 저작자와 발행인은 아동보호사건에 관련된 아동학대행위자…의 주소, 성명, 나이, 직업, 용모, 그 밖에 이들을 특정하여 파악할 수 있는 인적 사항이나 사진 등을 신문 등 출판물에 싣거나 방송매체를 통하여 방송할 수 없다."고 명시하고 있습니다. 즉 '아동학대범죄의 처벌에 관한 특례법' 규정은 '얼굴 공개 등의 신상공개'를 금지하고 있는 바, 이는 오히려 헌법상 무죄추정의 원칙에 부합한 규정이며, 단순히 '특강법'과 저촉된다는 논리로 얼굴 등의 공개를 해야 한다는 입장의 근거가 될 수 없다고 할 것입니다.

질문 3. '특정강력범죄의 처벌에 관한 특례법'의 기준이 모호하다는 비판이 일고 있습니다. '특정강력범죄의 처벌에 관한 특례법'의 한계점이나 보완해야 할 부분이 있다면 무엇이라고 생각하시는지 의견을 여쭈어보고 싶습니다.

○ '특강법' 제8조의2 제1항 제3호에서 명시한 요건인 '국민의 알권리 보장, 피의자의 재범방지 및 범죄예방 등 오로지 공공의 이익을 위하여 필요할 것'이란 요건 모두가 충족되어야 합니다. 단순히 국민의 알권리를 위해서 이미 검거된 흉악범 피의자의 얼굴 등을 공개할 수 없다고 해석하는 것이 오히려 헌법정신에 부합한 것으로 보이기 때문입니다. 그러므로 '특강법'에서 보완해야 할 점은 적용대상의 범죄혐의자를 체포나 구속한 경우에는 신상공개를 삼가는 규정을 두는 것이 헌법정신에 합치한다는 점에서 이의 보완이 필요해 보입니다.

제10장

‘플리바게닝’ 제도와 중요참고인 출석의무제도*

질문자: 부산 MBC

답변: 허일태

질문 1. 플리바게닝제도와 중요 참고인 출석의무제도는 무엇을 의미합니까.

○ 김칠이 도입하려는 플리바게닝제도는 유죄답변협상제도라고 부르기도 합니다. 이는 검사가 피의자와 유죄답변 협상을 통하여 피의자의 유죄 인정에 대한 반대급부혜택으로써 형의 감경이나 다른 가벼운 범죄로 인정하는 제도입니다.

중요 참고인 출석의무제도는 피의자의 범죄사실에 대해 핵심적으로 알고 있거나 알 수 있다고 생각되는 피의자 아닌 제3자를 수사기관이 강제적으로 구인할 수 있도록 하기 위하여 그런 참고인에게 출석의무를 부과하려는 제도입니다. 검찰은 수사편의를 위하여 오래 전부터 이런 제도를 요구하여 왔습니다.

질문 2. 플리바게닝제도의 필요성은?

○ 뇌물범죄, 마약류 관련 범죄, 조직범죄 등은 수사가 쉽지 않고, 증거확보가 어렵습니다. 이런 경우 유죄답변협상제도가 도입되면 증거확보가 힘든 범죄피의자의 자백확보가 비교적 쉬워지고, 따라서 수사를 신속하게 진행하여 범인 처벌에 큰 도움을 줄 수 있기 때문이다.

질문 3. 플리바게닝제도에 대한 법원의 반대이유는?

○ 검찰수사 단계에서 범인의 형량에 대한 협상이 된다는 것은 법관에 의한 재판을 받도록 하고 있는 우리 헌법 및 형사사법의 체계에 맞지 않는다. 또한 부정부패 척결

* 부산 MBC 라디오, 아침의 발견, 금: 07:15~07:50 생방송.

이라는 검찰본연의 임무에 위반되며, 범죄자가 수사를 돕는다는 이유로 형을 면제받거나 대폭 반감된다는 것은 정의관념과 국민정서에 반할 수 있기 때문입니다.

질문 4. 중요 참고인 출석의무제도와 플리바게닝제도의 도입에 의한 인권침해 소지는?

○ 중요 참고인 출석의무제를 시행하게 되면, 해당 참고인은 본인의 의사에 반해 강제 구인될 수 있게 됩니다. 이는 헌법상 보장된 자기결정권을 본질적으로 침해할 우려가 적지 않습니다. 또한 플리바게닝제도가 시행되면, 유죄협상을 통해 감형을 기대하는 피의자와 유죄협상을 하지 않음으로써 불안감을 갖게 되는 피의자가 생기게 됩니다. 특히 자신이 무죄임에도 불구하고 고군분투한 수사과정과 법정 다툼에서 해방되고자 쉽게 유죄를 인정하여 상대적으로 가벼운 형벌 등으로 해결하려는 경향을 갖게 될 것입니다.

질문 5. 이들 제도의 도입으로 검찰권한의 남용시각이 있는데.

○ 없지 않아 보입니다. 사안별로 법원의 판단을 받는다고 해도 법원의 판단을 받지 않는 경우가 적지 않을 것이고, 받는다고 해도 법에 의해 강제구인할 수 있기 때문에, 요건이 충족되면 법원도 강제구인을 허용할 수밖에 없게 될 것입니다.

질문 6. 한국에서 플리바게닝제도의 도입에 대한 신중한 이유는?

○ 우리나라 국민은 나보다는 우리를 매우 중요시 여깁니다. 심지어 남편조차 내 남편이라 하지 않고 우리 남편이라고 할 정도입니다. 그래서인지 학연이나 지연 등에 대한 연대성이 아주 강하여 배신을 경멸하고 의리를 중시합니다. 이런 이유로 플리바게닝제도가 도입되더라도 영미국가처럼 동일한 효과를 보기는 어려울 것입니다.

질문 7. 검찰은 수사에서 손을 떼야 한다는 의견에 대해?

○ 찬성입니다. 현재는 경찰수사와 검찰수사로 피의자는 이중수사를 받고 있습니다. 사건은 따뜻할수록 진실합니다. 또한 오늘날 경찰의 수사능력과 적법절차에 의한 수사가 상당한 수준에 이르고 있기 때문에 수사는 원칙적 경찰이 하고, 검사는

철저한 수사지휘를 통하여 인권침해적 수사를 방지하고, 유죄가 확신된 피의자에 대해서만 공소제기와 그 유지에 힘써야 할 때라고 생각됩니다. 이중수사로 인해 피해는 엄청난 사법비용 때문에 국민뿐만 아니라 수사를 당하고 있는 피의자와 수사기관에게도 돌아왔습니다. 이제는 시정할 때입니다.

제11장
유기천 학술상의 수상소감*

I.

저에겐 소박하지만 어릴 적부터의 꿈이 있었습니다. 이 꿈의 배경은 다음의 두 가지였습니다.

그 하나는 중학교 2학년 가을 어느 날 집 근처에 왔을 때 동네사람들이 저의 집 앞에서 웅성거리는 것을 봤습니다. 당시만 해도 고흥군에서 상당한 재력가였던 저의 집은 큰형님의 무모한 사업 확장으로 인하여 그 몇 달 전부터 무언가 나쁜 일이 터질 것만 같았던 분위기는 결국 그날 저의 집 일체의 재산에 붉은 딱지로 나타났습니다. 끼니를 걱정하게 되었고, 이런 파산에 결정적 역할을 했던 그분은 갑자기 온대간대 없이 사라져 버렸으며, 일할 수 있었던 사람은 저 혼자였습니다. 그 후 3년 반을 가족의 생계를 위해 일했습니다. 배고픔은 참을 수 있었지만 사람들의 괄시와 냉대는 참으로 참기 어려웠습니다. 그래서 결심했습니다. 모든 사람은 인간으로서의 가치를 갖고 있고, 차별받지도 차별하지도 말며, 모두 함께 더불어 살아야 한다고.

나머지 하나는 초등학교 4학년 때 석가모니에 대해 공부하게 되면서 다음과 같은 구절을 알게 되었습니다. "꽃이 피면 곧 지고, 사람은 나면 이윽고 죽는다." 사람이 죽는다는 사실은 이미 오래 전부터 알았고, 동네의 어르신들이 돌아가신 것을 일찍부터 보아왔기 때문입니다. 그러나 석가모니를 통하여 저도 필연적으로 죽게 될 수

* 2016년 9월 27일.

밖에 없다는 사실의 인식은 “내가 누구이며, 어디에 있고, 무엇을 어떻게 하여야 그런 필연적인 죽음에 대한 보상이 될 수 있을까”를 고민하게 되었습니다.

이러한 고민의 결론은 제가 15세 때에 확립되었습니다. 그것은 “건강이 허락하는 한, 열심히 일하여 건강한 사회형성과 저의 주변 분들의 삶에 다소라도 도움을 주겠다.”는 것이었습니다. 그런 꿈을 꾸어 오며 생활한지도 이제 어언 50여년이 되었습니다.

이런 꿈을 가졌던 저였기에 그 꿈의 실현을 위해서 지속적으로 반성하고, 흔들림 없이 살아야 했음에도 불구하고 때론 그렇지 못할 때도 많았습니다. 예컨대 공익과 사익이 충돌했을 경우 저는 사익을 위해 행동했을 때도 적지 않았습니다. 더구나 실정법상의 범죄를 여러 번 저질렀음에도 들키지 않았던 행운도 가졌습니다. 그래서 그런지 저는 권위적인 정권과 이로 인한 불법이 존재했던 시절에 그것이 나쁘다고 말만을 앞 세웠지, 행동으로 나아가지 못했습니다. 용기가 없기도 했지만, 또한 그럴 만한 자질 자체가 없었던 사람이었기 때문입니다.

Ⅱ.

이런 점에 비추어 보면, 반인권적 권력남용이 난무하였던 이승만 독재정권에 대항하여 정의실현을 위해 헌신하였고 형법과 형사소송법의 제정 작업을 통하여 법치국가의 기틀을 닦았던 ‘효당 엄상섭 선생님’이나 이른바 ‘부역자처벌법’의 문제점을 발견하고, 이를 적법행위의 기대가능성이론 등 책임주의 원칙을 실현하여 수많은 무고한 국민을 살렸을 뿐만 아니라 어떤 외압에도 흔들리지 않고 오로지 실체적 진실과 정의이념에 충실한 재판을 하셨던 ‘유병진 판사님’, 그리고 권위주의 정권 단생과 그 유지의 핵심이었던 박정희 대통령에 대해서 당시로서는 상상하기도 힘들었던 발언, 즉 총통제 운운했던 ‘유기천 교수님’의 용기와 양심에 따른 행동이 존경스럽기 그지없습니다.

유기천 교수님에 관해서는 이미 많은 선생님을 통하여 학자로서뿐만 아니라 교육자로서의 탁월성과 위대성을 다양한 면에서 감격스러운 모습으로 그려져 있습니다. 좋은 일입니다. 왜냐하면 우리 사회는 법학의 경우만 하더라도 적지 않은 위인들이 있었음에도 불구하고 무시되는 경우가 많았기 때문입니다. 왜 그런 지에 관해 확신은 없습니다만, 저의 생각으론 "배고픈 것은 참을 수 있지만, 배 아픈 것은 참을 수 없다."는 우리네의 통상적 사고방식의 전통 때문이 아닌지 모르겠습니다. 그러면서도 때로는 법률상 도저히 용납될 수 없었던 어떤 분들에 대해 너무도 관대하여, 심지어 그런 분들의 위대성을 묘사하고 있는 사람들도 적지 않다는 것은 우리의 슬픈 현실입니다.

저는 유기천 교수님과 개인적인 인연은 전혀 없습니다. 인연이라면 유기천 교수님의 형법책들과 논문 몇 편을 읽어 본 것이 고작입니다. 교과서의 경우는 한두 번을 제외하고는 대부분 그것도 부분적으로만 읽었습니다. 그럼에도 교수님의 형법책들과 논문들은 저에게 다음과 같은 점에서 깊은 감동을 주었습니다.

첫째로 교수님의 형사법상 핵심사상은 '인간존엄성의 확보'에 두고 있습니다. 이를 위해서는 교수님의 생각으론 다음의 3가지 원칙이 충실히 구현될 것을 전제로 삼았습니다. 이들 3가지 원리는 서로 별개의 것이 아니라, 인간의 존엄확보를 위해 불가피하게 서로 유기적으로 밀접하게 연결되어 있다는 점을 강조하였습니다.

1. 법치국가원리

유 교수님은 인간존엄의 확보를 위해 법치국가원칙의 정립 필요성을 역설하십니다. '법과 평화'(법제월보 1965년 5월호)라는 논문에서 다음과 같이 강조하고 있습니다. "인류사회를 통치하는 방법은 '법의 지배'에 의한 통치방법과 '힘의 지배'에 의한 통치방법으로 대분할 수 있는데 독재자가 국가원수의 명령이라는 힘으로 법을 실천하는 '힘의 지배' 하에 있는 사회는 문명한 인간사회에서는 생각할 수 없다. 국내적으로 질서 있는 복지국가를 수립하고 국제적으로 세계평화를 이룩하기 위해서는 법의 지배에 의한 사회의 건설이 당면 관심사다." 즉 교수님의 견해에 따르면, 문명한 사회란 독재사회와 달리 법의 지배를 통하여 달성되어야 하며, 이는 '법 앞에서의 평등'과 '법을 통한 정의' 실현이 가능할 수 있는 사회, 즉 민주사회의 기본이 되며, 따라서 법의 지배의 사상은 자유사회를 위한 핵심적 연결고리가 됨을 설파하고 있습니다.

2. 민주주의

유 교수님은 인간존엄의 확보 차원에서 무엇보다 민주주의의 실현이 자유사회 형성의 핵심적 절차로 인식하였고, 그래서 자유사회의 형성을 위한 실질적인 대책은 현대적 의미의 '민주주의의 실현'에 있다고 보았습니다. 이런 민주주주의의 실현을 위한 법이념의 맹아를 법의 지배에서 찾으면서, 민주사회란 사회 안에서 법의 지배를 통한 개인의 자유, 국가를 상대로 하는 개인의 권리 확보에 있음을 강조하고 있습니다.

3. 자유주의 내지 자유사회의 형성

유기천 교수님은 '인간존엄의 확보'를 위해 자유주의 내지 자유사회가 충실하게 형성되어야 할 것으로 보았습니다. 이 점은 1957년에 발표된 논문에서 확인할 수 있습니다. "형법의 해석은 형법의 두 구성요소인 범죄와 형벌의 정확한 이해로부터 발전하며, 이것은 건전한 민주주의 철학으로부터 도출된다. '자유사회'의 기본요건인 인간의 존엄성이라는 상위가치의 실현을 위한 법제의 건설에 과학적이고 윤리적인 지식이 적용되어야 할 시기이다. 형법은 과학과 윤리를 통합한 세계관의 산물이어야 한다."

그렇습니다. 시민사회가 법의 지배를 통하여 자유롭게 자기결정을 하고, 그에 따라 책임질 수 있는 사회의 형성 없이 각 개인의 존엄을 결코 보장될 수 없을 것입니다. 이런 점에서 인간존엄은 모든 법학, 특히 형법학에서 핵심사상의 본질임은 당연한 것이며, 이를 유기천 교수님은 일찍부터 파악했던 것입니다.

둘째로 그는 인문학뿐만 아니라 과학적 탐구 정신이 대단한 분으로 느끼게 했습니다. 그의 형법교과서와 논문들에서 무엇보다 법사상 내지 법철학적 사상이 탁월해 보였습니다. 형법총론 교과서의 첫 페이지에서부터 Kelsen, Holland, Salmond와 Aristoteles와 이들의 핵심사상을 인용하고, Welzel이며, Lasswell, Kant 등 수많은 학자들의 다양한 사상을 그의 교과서나 논문 등의 이곳저곳에서 담뿍 녹아 있었습니다. 게다가 교과서만 하더라도 당시의 다른 어떤 교과서보다도 각주가 풍부하였습니다. 종래의 대부분 교과서가 주로 일부 국가의 문헌에 의존한 경향이었지만, 교수님의 경우는 이를 넘어서 영미 등 다양한 외국문헌과 외국의 판례를 적지 않게 인용하고 있었습니다.

셋째로 그의 교과서나 논문 등은 현행법의 해석론과 입법론의 차이를 분명하게 인식하고 있었고, 철저하게 해석론 중심으로 엮었습니다. 입법론의 경우를 서술할 때에는 현행형법의 문제점을 충분히 인식하고, 개정해야 할 부분과 어떤 내용으로 개정해야 할 것인지도 규명하고 있습니다. 또한 형사법학을 종래의 주관주의나 객관주의 관점에서만 논하는 것을 극복하고, 이것들을 초월하여 전체로서의 종합적 관점 내지 구체적이고 사리에 합당한 결론을 이끌어 내려고 노력하였습니다. 예컨대 1961년 3월호의 ‘고시계’에 실린 교수님의 ‘실행의 착수’라는 논문도 이런 점을 입증해 줍니다.

넷째로 형사법학을 연구실이나 교실 안에서만 살아있어서는 아니 된다는 것을 인식하고, 실무상 실익이 있는 것을 쟁점화하고, 아울러 관련 판례를 당시의 다른 교과서에서는 유례를 찾아보기 힘들 정도로 정리해 두었습니다. 이렇게 함으로써 형법학도 현실의 형사법상 문제점을 정의롭게 해결하려는 태도를 취하고 있었습니다.

다섯째로 한국의 형법이 하늘에서 떨어진 것이 아님을 밝혀주고 있다는 점입니다. 현행법상 각 조문의 유례와 내용을 비교법적으로 검토하였기 때문에, 그의 교과서를 읽은 독자들에게 형법학의 깊이를 더할 수 있도록 배려하였습니다.

이런 여러 점에서 볼 때 유기천 교수님은 탁월한 형법학자이자 교육자였다는 여러 선생님들의 평가는 자연스레 보입니다.

Ⅲ.

교수님은 이와 같은 탁월성과 위대성을 가졌음에도 다음과 같은 한두 가지 점에서 다소 아쉬움을 느낍니다. 이런 불온한 생각은 교수님과 결코 비교할 수 없는 그저 천학비재(淺學菲才)한 저의 무식한 소치로 볼 때 그렇다는 것입니다. 여기서는 오직 하나만을 말씀드리겠습니다.

교수님은 형벌과 관련하여 사형제도의 존폐문제와 이의 해결문제를 문화현상으로 파악하고, 사형의 존치문제도 사회가 요청하면 그것은 허용될 수 있다는 식으로 서술하고 있습니다.

교수님의 사형제도에 관한 이런 생각은 교수님의 핵심사상인 '인간의 존엄확보'를 위한 실천적 수단인 법의 지배, 민주주의와 자유사회의 형성에 다소 어울리지 않아 보입니다. 그 이유는 다음과 같습니다.

① 현대국가는 반인륜적 살인조차도 그와 완전히 동일한 형식의 복수로서의 형벌제도로 처벌하지 않습니다. 복수는 복수를 낳고 사회불안을 가중시킨다는 점에서 동해동복의 복수는 이미 극복된 구시대의 사상이기 때문입니다. ② 국가는 감정적 존재가 아닌, 윤리적이고 이성적인 존재입니다. 그러므로 '국가가 절도를 하지 말라'고 금지하면서 국가 스스로에 의한 절도가 허용되지 않듯이, '국가가 타인을 살해하지 말라'고 요구하면서 타인을 살해하는 사형제도를 허용하는 것은 윤리적으로 모순됩니다. ③ 오늘날 모든 인권국가에서는 손발을 자르는 등의 신체절단의 형벌을 부과하지 않습니다. 그 이유는 이런 형벌은 잔인하고 비인도적 형벌이기 때문이라고 설명합니다. 수족을 절단하는 것이 잔인하여 용납할 수 없는 형벌이라면, 사람을 죽이는 것은 더욱 잔인한 형벌이어서 결코 허용될 수 없어야 하지 않을까요. ④ 우리 헌법 제37조 제2항 단서는 (기본적 인권을) "제한하는 경우에도 자유와 권리의 본질적인 내용을 침해할 수 없다."고 명시하고 있습니다. 여기서 기본적 인권의 본질적 내용이 생명이라는 사실은 부인할 수 없습니다. 예컨대 신체를 훼손하는 절단형이 신체자유에 대한 본질적 침해라고 하여 용납할 수 없는 형벌이라면, 신체의 자유의 본질적 내용은 인간의 육체와 그 육체에 대한 생명의 결합으로 생긴 자유입니다. 즉 신체의 자유 중에서 인간의 생명인 정신을 제거하면 육체만 남게 되는데, 생명이 없는 육체는 시체에 불과합니다. 인간의 시체가 신체의 자유를 이루는 본질적 부분일 수 없으며, 생명을 전제로 할 때라야 신체의 본질적 자유를 가질 수 있습니다. ⑤ 우리나라는 과거 권위주의 정권 아래에서 정치적 목적으로 반인륜적인 사법살인을 적지 않게 자행하여 왔습니다. 사형제도가 존치하고 있었기 때문에 무고한 사람들이 희생될 수 있었습니다. ⑥ 사형제도를 둘러싼 위와 같은 문제점을 해소하

고, 반인륜적 흉악범의 재범가능성을 영원히 차단하려면 '가석방 없는 절대적 종신형'이 사형제의 대안으로 이용될 수 있습니다.

Ⅳ.

특별한 재능과 대단한 연구업적도, 게다가 체계서 하나도 없는 제가 '(재)유기천교수기념사업출판재단'으로부터 제4회 유기천법률문화상을 수상하게 된 것을 큰 영광으로 생각합니다. 이 자리를 빌려 유훈 유기천재단 이사장님을 비롯하여 오늘 이 자리에 참석하신 여러 어르신들과 선후배 여러분들에게 깊은 감사를 드립니다. 또한 저에게 이렇게 큰 상의 대상자로 추천해 주신 한국형사정책학회의 이인영 회장님과 이미 2014년에 이 상을 수상할 수 있도록 추천해 주셨던 김신 대법관님을 비롯하여 학술상 심사위원 여러분에게도 머리 숙여 감사드립니다.

한편 저보다 탁월하신 분들이 많음에도 불구하고, 제가 이 큰 상을 수상하게 된 것 역시 저의 사욕과 부끄러움을 모르는 소치이기에, 정작 받았어야 할 분들께 송구합니다.

제 4 편

해전(海田) 허일태(許一泰)의 약력

Ⅰ. 年 譜

1951년 3월 10일(음력) 전남 고흥군 나로도에서 부(父) 허관실(許官室, 1903~1971)과 모(母) 고재예(高在禮, 1913~1988)의 4남 2녀 중 4남으로 출생. 이경님(1956년생, 1986년 이후 현재까지 동아대학교 교수로 재직)과 1980년 결혼하여 슬하에 '다은'(딸, 1987년생), '다움'(아들, 1991년생)이를 두고 있다. '다은'이는 2013년부터 변호사로 활동 중이며, 사위 황호진 역시 변호사로 일하고 있다.

[학력]

1968년 5월 고등학교 졸업자격시험 합격

1974년 2월 국민대학 법학과 졸업(법학사)

1978년 2월 부산대학교 대학원 졸업(법학석사)

1984년 7월 독일 뷔르츠부르크 대학 졸업(법학박사)

[경력]

1984년 9월~1985년 2월 국민대학교 법과대학 전임대우강사

10월~2008년 2월 동아대학교 법과대학 교수

1996년 3월~1998년 2월 동아대학교 법학연구소 소장

1998년 8월 한국비교형사법학회 창립준비 위원장

1999년 2월 영남형사판례연구회 창립준비 위원장

2월~2003년 영남판례연구회 회장

8월~2003년 12월 '비교형사법연구'의 편집위원장

2000년 2월~2002년 2월 한국형사정책학회 부회장

5월~2007월 1999년도 학문분야평가 법학분야 평가위원

2001년 2월 제43회 사법시험 및 군법무관임용시험 제1차시험위원

2002년 1월~2003년 12월 한국형사법학회 부회장

10월~2004년 9월 인권순회교육단 강사

2003년 1월~2003년 12월 한국형사정책학회 회장

2004년 1월~현재 한국형사정책학회 고문
1월~2004년 12월 한국형사법학회 회장
1월~2007년 5월 법무부 형사법개정특별분과위원회 위원
1월~2008년 1월 중국 인민대학 형사법률과학 연구소 객좌교수
1월~현재 중국 서북정법학원 객좌교수
1월 사법시험 제1차 출제위원
9월~2005년 5월 법무부 정책위원회 위원
6월~2016년 3월 부산고등검찰청 항고심사위원
2005년 1월~현재 한국형사법학회 고문
1월~2005년 12월 한국비교형사법학회 회장
1월~2006년 12월 한국법철학회 부회장
3월~2005년 10월 동아대학교 법과대학 학장 및 경찰법무대학원 원장
6월~2007년 9월 대검찰청 부설 검찰정책자문위원회 위원
9월~2009년 9월 부산광역시 소청심사위원
2006년 1월~현재 한국비교형사법학회 고문
4월~2007년 4월 부산교도소 교정행정자문위원회 위원
6월~2009년 6월 중국 무한대학 객좌교수
2007년 6월~2016년 8월 법무부 형법개정위원회 위원
8월~2013년 7월 한중형사법연구회 회장
2008년 3월~2017년 2월 대법원 형사실무연구회 부회장
3월~2016년 8월 동아대학교 법학전문대학원 교수
4월~2009년 12월 재단법인 석파학원 이사
9월~2010년 9월 동아대학교 법학연구소 소장
2009년 3월~2012년 2월 동아법학회 회장
2010년 1월~2013년 12월 국제 엠네스티 한국지부 법률가위원회 위원장
1월~2016년 8월 한국사형폐지운동협의회 의장
3월~2015년 12월 부산지방변호사회 법관평가위원회 부위원장
7월~2016년 8월 법무부 형법개정위원회 법정형정비소위원회 위원장
7월~2010년 9월 일본 규슈대학교 한국학연구소 객원교수

10월~현재 북경사범대학 형사법률과학연구원 객좌교수
2011년 1월~2014년 12월 한국법학교수회 감사
3월~2013년 2월 국민대학교 총동창회 부회장
2015년 4월~현재 부산법원 시민사법참여단자문교수
2016년 4월~현재 부산고검 검찰시민심사회 위원
9월~현재 동아대학교 법학전문대학원 명예교수
2017년 12월~현재 부산고등검찰청 국가송무상소심의위원회 위원 및 위원장
2019년 3월~현재 부산지방검찰청 인권자문위원회 위원장

[상벌]

2000년 11월: 제17회 동아학술상 수상
2003년 동아대학교 교수업적평가 최우수 교수
2004년 동아대학교 교수업적평가 최우수 교수
2005년 동아대학교 교수업적평가 최우수 교수
2006년 동아대학교 교수업적평가 최우수 교수
2007년 동아대학교 교수업적평가 최우수 교수
2008년 동아대학교 교수업적평가 최우수 교수
2009년 동아대학교 교수업적평가 최우수 교수
2010년 동아대학교 교수업적평가 최우수 교수
2011년 동아대학교 교수업적평가 최우수 교수
2005년 6월 23일: 법무부장관(김승규)의 감사패
12월 17일: 한국형사법학회 회장(박상기) 공로패
2006년 5월 26일: 한국비교형사법학회 회장(서거석) 공로패
2009년 9월 27일: 부산광역시장(허남식) 감사패
2010년 11월 25일: 제3회 한국범죄방지재단(이사장 정해창) 학술상
2011년 3월 28일: 부산지방변호사회(회장 장준동) 공로패
2012년 3월 19일: 검찰총장(한상대) 공로패
2015년 9월 27일: (재)유기천교수기념사업출판재단(이사장 유훈) 유기천법률문화상

Ⅱ. 저서, 역서 및 편저

1. Die Verfolgung Unschuldiger §344 StGB, 뷔르츠부르크 대학, 1984
2. 독일형법총론(번역), 법문사, 1991
3. 형사정책(허일태 외 2인 공역), 형사정책연구원, 1993
4. 안락사에 관한 연구, 형사정책연구원, 1994
5. 법학입문, 세종출판사, 1996
6. 법철학입문(번역), 세종출판사, 1996
7. 형법연구 Ⅰ, 세종출판사, 1997
8. 인간적인 법을 찾아서, 세종출판사, 1997
9. 법철학의 기본문제(번역), 세종출판사, 1998
10. 독일형법총론(개정판), 세종출판사, 1998
11. 법학방법론(번역), 세종출판사, 2000
12. 법학방법론입문(번역), 세종출판사, 2001
13. 형벌과 인간의 존엄, 동아대학교 출판부, 2001
14. 권력과 자유(엄상섭 저, 허일태/신동원 편저), 동아대학교 출판부, 2002
15. 효당 엄상섭 형법논집(신동운/허일태 편저), 서울대학교 출판부, 2003
16. 법철학입문(개정판), 동아대학교 출판부, 2003
17. 형법연구 Ⅱ, 동아대학교 출판부, 2004
18. 형법연구 Ⅲ, 진원사, 2007
19. 인간의 존엄과 권력, 동아대학교 출판부, 2007
20. 일본형법이론사의 종합연구(허일태 책임번역), 동아대학교 출판부, 2009
21. 형법연구 Ⅳ, 동아대학교 출판부, 2009
22. 형법연구 Ⅴ, 동아대학교 출판부, 2010
23. 형법개정안과 인권(허일태 외 5인 공저), 경인문화사, 2011
24. 독일의 법과 행정(허일태 외 6인 공저), 우공출판사, 2011
25. 주석 형법(허일태 외), 한국사법행정학회, 2011
26. 형법연구 Ⅵ, 동아대학교 출판부, 2012

27. Lebensschutz im Strafrecht(Die Verfassungswidrigkeit der Todestrafe in Korea), Herausgegeben von Il-Su Kim/Berg Schünemann), Kic, 2013
28. 한국의 법철학자(허일태 외), 세창출판사, 2013, pp.106~126.
29. Legal Philosophers in Korea, Korean Association of Legal Philosophy, Sechang Publishing co., pp.90~110.
30. 형법연구 Ⅶ, 동아대학교 출판부, 2016년 2월

Ⅲ. 논 문

1. "형사 관계 공무원 범죄의 본질과 입법정책", 동아법학 제2호, 1986
2. "서독형법총론의 검토", 동아법학 제3호, 1987
3. "김퓨터범죄", 부산법조 제6호, 1987
4. "방법의 착오", 한국판례형성의 제문제, 한국법학교수회, 1989
5. "결과적 가중범과 책임주의", 김종원교수 화갑기념논문집, 1991
6. "자유형제도의 문제와 개선방안에 관한 연구", 형사정책 제6호, 1991
7. "경찰수사권의 독자성", 수사연구, 1992
8. "외국인재소자의 처우", 형사정책, 1992년 제3권 제3호, 1992
9. "한국형법개정시안의 특징과 우리의 헌법정신", 법정신문, 1992
10. "법률의 부지의 효력", 형사판례연구 제1호, 1993
11. "1849년 독일제국헌법상 소유권개념에 대한 해석", 동아법학 제16호, 1993
12. "연속범의 죄수", 동아법학 제15호, 1993
13. "금지착오", 고시계, 1993년 3월호
14. "형법개정안의 범죄론에 대한 비판적 검토", 성시탁교수회갑기념논문집, 1993
15. "안락사에 대한 연구", 형사정책 제4권 제4호, 1993
16. "형법개정안의 형벌론에 대한 비판적 검토", 손해목교수회갑기념논문집, 1993
17. "과실범의 공동정범이 가능한가?" 고시계, 1994년 3월호
18. "형법상 행위개념의 재구성", 차용석박사회갑기념논문집, 1994
19. "생명의 종기", 고정명교수화갑기념논문집, 1995

20. "형법상의 장기적출", 김선수교수화갑기념논문집, 1996
21. "형사절차에 있어서 방어권의 체계", 동아법학 제21호, 1996
22. "환경범죄에 관한 대처현황", 동아법학 제21호, 1996
23. "연속범의 죄수", 판례월보, 1996년 6월호
24. "신용카드사기", 저스티스, 1996년 9월호
25. "법관의 법왜곡행위에 대한 대책", 박양빈교수화갑기념논문집, 1996
26. "교통사고처리특례법 제3조 제2항", 이명구교수화갑기념논문집, 1996
27. "무죄추정의 원칙", 정성근교수화갑기념논문집, 1997
28. "법과 의사", 동아법학 제22호, 1997
29. "범죄행위의 불법성", 동아법학 제22호, 1997
30. "강도살인", 판례월보, 1997년 8월호
31. "연속범의 죄수", 형사판례연구 제5호, 1997
32. "종래의 행위론에 대한 비판적 검토", 고시연구, 1997년 9월호
33. "사형제도의 폐지필요성", 이형국교수화갑기념논문집, 1997
34. "형법체계의 윤곽", 동아법학 제23호, 1997
35. "한국의 사형제도의 위헌성", 저스티스 1998년 6월호
36. "검찰의 법왜곡행위와 이에 대한 대책", 형사법연구 제11호, 1999
37. "과실범의 공동정범에 대한 대법원 판례의 변천", 동아법학 제25호, 1999
38. "간통죄 폐지를 위한 변론", 동아법학 제26호, 1997
39. "과실범의 공동정범에 대한 판례연구(성수대교사건)", 인권과 정의 제275, 1999
40. "이른바 醫師 殺人罪", 형사판례연구 제7호, 1999년
41. "응급환자의 치료중지와 의사의 법적 책임", 비교형사법연구 창간호, 1999
42. "간접정범의 실행착수", 고시계, 1999년 10월호
43. "비디오촬영의 허용과 촬영된 비디오테이프의 증거능력", 형사법연구 제12호, 1999
44. "불능미수범에서 위험성의 의미", 형사법연구 제13호, 2000
45. "불능미수범에서 위험성개념에 대한 판례평석", 형사판례연구 제8호, 2000
46. "사형제도폐지를 위한 우리의 임무", 비교형사법연구 제2호, 2000
47. "사이버범죄의 현황과 대책", 동아법학 제27호, 2000

48. “법률의 부지와 대법원판례에 대한 비판”, 형사재판의 제문제 제3권, 2000
49. “사형의 대체형벌로서 절대적 종신형”, 형사정책 제12권 제2호, 2000
50. “진정부작위범의 고의와 착오”, 형사법연구 제14호, 2000
51. “형사절차에서 적법절차의 원리”, 동아법학 제28호, 2000
52. “객관적 귀속이론에서 허용된 위험의 법리”, 오선주교수화갑기념논문집, 2001
53. “한국 법철학교육의 현실과 전망”, 법철학연구 제4권 제1호, 2001
54. “부동산이중매매와 배임죄”, 형사법연구 제15호, 2001
55. “피고인에게 불리한 판례의 변경과 소급효금지원칙”, 형사판례연구회 , 2001
56. “형법의 시간적 적용범위”, 동아법학 제29호, 2001
57. “검찰의 중립화 방안”, 동아법학 제30호, 2002
58. “부산광역시 폭력범죄피해조사연구”, 형사정책 제13권 제1호, 2001
59. “부산지역 청소년폭력범죄피해조사연구”, 비교형사법연구 제3권 제1호, 2001
60. “위험사회의 출현과 법의 기능변화”, 비교형사법연구 제3권 제2호, 2001
61. “사형제도 폐지를 위한 변론”, 형사법연구 제16호 특집, 2001
62. “구건축법상 불법용도변경죄와 형법의 적용범위”, Jurist, 2002년 1월호
63. “권리행사의 빙자와 공갈죄의 성립여부”, 형사법연구 제17호, 2002
64. “기소편의주의와 기소재량에 대한 통제”, 형사정책 제14권 제1호, 2002
65. “형법 제20조의 ‘사회상규에 위배되지 아니하는 행위’의 재조명”, 비교형사법연구 제4권 제1호, 2002
66. “형법체계의 소고”, 박재윤교수화갑기념논문집, 2002
67. “권위주의시대의 반인륜적 범죄행위와 소급효 금지원칙”, 동아법학 제31호, 2002
68. “형법전 시행의 반세기 회고: 형법상의 행위개념에 관한 고찰”, 형사법연구 제18호, 2002
69. “의학적 충고에 반한 퇴원조치와 의사의 형사책임”, 비교형사법연구 제4권 제2호, 2002
70. “엄상섭선생의 형법사상과 형법이론”, 형사법연구 제19호, 2003
71. “자백거부와 선고유예”, 형사판례연구 제11호, 2003
72. “위탁금전과 형법상 소유권개념”, 비교형사법연구 제5권 제1호, 2003

73. “제정형법의 기본사상과 기초이론”, 형사법연구 제20호, 2003
74. “국가보안법의 폐지당위성”, 형사정책 제16권 제1호, 2004
75. “독일과 프랑스의 수사권배분에 관한 비교법적 고찰”, 비교형사법연구 제6권 제1호, 2004
76. “위대한 법조인 효당 엄상섭의 형법사상”, 동아법학 제34호, 2004
77. “중환자에 대한 의사의 퇴원조치 및 산소호흡기 장치 제거가 살인죄 등에 해당되는지의 여부”, 형사재판의 제문제 제4권, 2004
78. “배임죄에서의 행위주체와 손해의 개념”, 비교형사법연구 제6권 제2호, 2004
79. “형사소송법개정안에 대한 비판적 고찰”, 동아법학 제35호, 2004
80. “국제형사사법의 공조의 국내법과 국제법상 근거와 현황”, 비교형사법연구 제6권 제2호 특집호, 2005
81. “한국형법의 아버지, 효당 엄상섭”, 검찰 동우, 2005
82. “韓國刑事訴訟法修正案考察”, 刑事法前沿 第2卷, 2005
83. “남고소해소를 위한 대책”, 형사정책 제17권 제1호, 2005
84. “가장납입과 형사책임”, 형사법연구 제23호, 2005
85. “關于以終身監禁代替死刑的檢討”, 刑事法前沿 第2卷, 2005
86. “형법해석의 한계”, 형사판례연구 제13호, 2005
87. “남고소에 대한 형사실체법의 대응방안”, 동아법학 제36호, 2005
88. “배임죄의 성립에 관련된 몇 가지 문제점”, 형사재판의 제문제 제5권, 2005
89. “死刑の 代替刑罰, 絕對的 終身刑”, 사뽀로법학, 2005
91. “자유형의 합리적 재정립에 관한 제언”, 동아법학 제37호, 2005
92. “韓國刑法的沿革與基本思想”, 中韓刑法 第1輯, 2005
93. “헌법에 비추어 본 형사실체법의 문제점과 개선방안”, 형사법연구 제25호, 2006
94. “형사실체법 정비를 위한 근본적 고찰”, 형사정책 제18권 제1호, 2006
95. “사형의 대안으로서 절대적 종신형의 도입방안”, 형사정책연구 제17권 제2호, 2006
96. “형사특별법의 문제와 개선방안”, 한국범죄방지재단, 2006
97. “민사사건의 형사화에 대한 억제방안”, 비교형사법연구 제8권 제1호 특집호, 2006
98. “國際刑事司法共助與國內的根據現況”, 中韓刑法研究 第4輯, 2006

99. “오상과잉방위와 형법 재21조 제3항”, 형사법연구 제26호 특집호, 2007
100. “이항녕선생의 법사상과 문학에 관한 단상”, 이청조교수정년기념논문집, 2007
101. “한국형법의 개혁과 발전”, 동아법학 제39호, 2007
102. “법왜곡행위와 사법살인의 방지를 위한 입법정책”, 형사정책연구 제18권 제2호, 2007
103. “인혁당재건위사건과 사법살인”, 동아법학 제40호, 2007
104. “형사법적 관점에서 인간의 존엄과 형사책임의 근거”, 고려법학 제49호, 2007
105. “바오로 김홍섭 선생의 생애와 법사상”, 법학연구(전북대) 제25집, 2007
106. “사형의 관념에 관하여”, 비교형사법연구 제9권 제2호, 2007
107. “한국에서 사형제도 존치의 제 요인과 사형제도 폐지를 위한 전략”, 김인선교수화갑기념논문집, 2007
108. “刑事政策的觀點上 人的尊嚴和刑罰限界”, 中國刑事政策報告, 2008
109. “韓國對濫用指控現象的解除對策”, 刑事法前沿 第4輯, 2008
110. “협박죄의 성질과 기소시기”, 동아법학 제41호, 2008
111. “2007년 형사판례 동향”, 인권과 정의 제377호, 2008
112. “韓國死刑的過去, 現在和未來”, Criminal Law, Volume. 13, 2008
113. “장도(張燾)의 형법이론과 형법사상”, 인권과 정의 제380호, 2008
114. “代干死刑的觀念”, 中韓刑法比較研究, 제5집, 2008
115. “협박죄의 성질과 기수시기”, 동아법학 제41호, 2008
116. “간통죄의 위헌성”, 저스티스 제104호, 2008
117. “형법대전의 내용상 특징 -적용범위와 죄형법정주의를 중심으로-”, 형사법연구 제20권 제2호, 2008
118. “인위적 분만개시와 사람의 시기”, 한국형사법의 신전개(이재상교수 정년기념논문집), 2008
119. “살인죄에 대한 정비방안”, 한국형법학의 오늘(이영란교수정년기념논문집), 2008
120. “수사절차에서 가혹행위의 예방과 억제”, 동아법학 제43호, 2009

121. "2008년 형사판례", 인권과 정의 제391호, 2009
122. "영산홍사건(대법원 2008. 10. 23. 선고 2008도6080 판결)", 형사법연구 제21권 제2호, 2009
123. "살인범죄피해자의 인권현실과 그 보장방안", 형사정책 제21권 제1호, 2009
124. "한국에서 증인보호방안에 관한 소고", 동아법학 제44호, 2009
125. "사형제도의 세계적 추세와 위헌성", 동아법학 제45호, 2009
126. "독일 변호사회의 성격과 활동", 부산법조 제27호, 2010
127. "유병진 판사와 그의 법사상", 동아법학 제46호, 2010
128. "재산범죄와 형법상 재물의 개념", 법학논총(전남대) 제30권 제1호, 2010
129. "지적도상의 경계와 경계침범죄의 성립여부", 동아법학 제47호, 2010
130. "현행 형법상 작량감경제도의 문제와 개선방안", 형사법연구 제22권 제2호, 2010
131. "죄형법정주의의 연혁과 그 사상적 배경", 법학논고(경북대) 제35호, 2011
132. "한국형법에 대한 일본형법사상 영향과 한계", The Annual Report(Research Center for Korean Studies), Volume 11, 2011.
133. "형법개정에서 '구류형의 존폐에 관한 연구' -경찰청의 입장을 중심으로-", 고려법학 제61호, 2011
134. "보험계약상 고지의무와 보험금 사기의 고의", 동아법학 제52호, 2011
135. "조건부 기소유예제도에 관한 연구", 법학연구(전북대) 제33집, 2011
136. "정신장애 범죄자에 대한 강제적 의료조치와 보안처분", 법학논총(한양대) 제28집 제4호, 2011
137. "한국형법 개정의 올바른 방향"(형법총칙을 중심으로), 비교형사법연구 제14권 제2호, 2012
138. "한국에서 수사와 내사 범위와 한계", 동북아법연구(전북대) 제6권 제3호, 2013
139. "무수혈과 관련된 의료과실치사죄", 형사판례연구 제21호, 2013년 6월, pp.103~136.
140. "근대 한국 법률용어에 관한 고찰" -일본어와 관련된 법률용어를 중심으로-, 국제한국어응용언어학회 제1호, 2013년 7월, pp.151~170.
141. "재산범죄에서 이득액에 관한 연구", 비교형사법연구 제15권 제2호, 2013년

12월, pp.295~312.

142. “한국에서의 ‘검찰상’과 검사의 객관의무”, 형사소송이론과 실무, 제5권 제2호, 2013년 12월, pp.7~24.

143. “대표이사의 대표권한남용행위와 배임죄와의 관계”, 형사재판의 제문제(차한성대법관퇴임기념논문집), 2014, pp.176~191.

144. “보험계약상 고지의무와 보험금사기”, 형사재판의 제문제(차한성대법관퇴임기념논문집), 2014, pp.85~103.

145. “Criminal Punishment for Inchoate and Thought Crimes: A Critical Analysis of South Korean Criminal Law”, Yonsei Law Journal, Vol.5 No.1, May 2014, pp.41~74.

146. “한국에서 환경범죄에 대한 형법적 대응방안” -형법에 의한 형벌과 환경행정법에 의한 행정벌의 분업화를 중심으로-, 비교형사법연구 제16권 제2호, 2014년 12월, pp.437~459.

147. “한국에서 개인정보유출과 대응방안에 관한 고찰”, 형법연구 Ⅶ(허일태 저), 2016년 2월, pp.495~506.

148. “배임죄 해석의 나아갈 방향”, 형사법연구 제27권 제1호, 2015년 3월, pp.3~36.

149. “한국에서 형사절차상 자백의 지위”, 형사소송 이론과 실무 제6권 제2호, 2014년 12월, pp.7~28.

150. “한국에서 수사권의 규제와 통제”, 형사소송 이론과 실무 제7권 제2호, 2014년 12월, pp.

151. “형벌권의 내용과 한계”, 검찰동우 통권 40호, 2015년 7월, pp.101~108.

152. “형법학에서 위법과 불법”, 법학논총 제35집 제2호, 전남대학교 법학연구소, 2015년 8월, pp.49~83.

153. “한국에서의 부패방지에 관한 대책”, 형사정책연구 제26권 제3호, 2015년, pp.157~185.

154. “감청의 문제와 개선방안”, 부산법조논집 제10호, 2015년, 부산지방변호사회

155. “부동산명의신탁과 횡령죄의 성립여부”, 대법원 형사실무연구회, 2015년 12월 22일 발표논문.

156. 범죄의 예비·음모에 대한 형사처벌과 사상형법의 극복, 형법연구 Ⅶ, 동아대학교 출판부 2016.
157. "한국 형법상 법률용어의 순화와 체계정합성을 위한 제언", 국제한국어응용언어학회 제7회 국제학술대회, 2016년 7월 8일 발표논문, pp.261~271.
158. "법인대표자의 대표권남용과 배임죄의 성부", 대법원 형사실무연구회, 2016년 9월 26일 발표논문, pp.1~15.
159. "대법원 전원합의체판결에 의해 변경이 불가피한 대법원 판례", 2015년 12월 22일.
160. "법률의 부지", 형법판례 150선, 박영사 2016, pp.82~83.
161. "불능미수", 형법판례 150선, 박영사 2016, pp.98~99.
162. "생활위험의 정당한 분배", 한양대학교 법학연구소, 2013년 6월 발표논문
163. "동아시아의 사형제도 현실과 미래" -일본, 중국 그리고 한국을 중심으로-, 저스티스(통권 제158권 제3호, 특집호 Ⅱ) 한국법학원, 2017년 2월호, pp.777~811.
164. "개혁의 시대, 한중형사법학자들의 임무", 2017년 제10차 한중형사소송법학술대회, 9월 6일 기조발표 논문.
165. 부동산 이중처분과 배임죄의 성부, 법률신문사 2018년 2월 23일자.
166. 신분범의 행위주체 자격, 형법연구 Ⅷ, 2019년 3월.
167. 한국 형법의 기초개념, 형법연구 Ⅷ, 2019년 3월.
168. 형법상 범죄론, 형법연구 Ⅷ, 2019년 3월.

[저자 약력]

허 일 태

저자는 독일 뷔르츠부르크대학교에서 형법학으로 1984년 7월 박사학위를 취득하였다. 1984년 동아대학교 법과대학 교수로 임용되었으며, 현재는 동아대학교 법학전문대학원 명예교수이다. 한국형사법학회 회장, 한국비교형사법학회 회장, 한국형사정책학회 회장, 법무부 정책위원회 위원, 대검찰청 부설 검찰정책자문위원회 위원, 대법원 형사실무연구회 부회장 등의 직을 역임하였으며, 현재 법무부의 법무자문위원회 형사법개정 특별분과위원회 위원과 동 위원회 산하의 법정형조정소위원회 위원장, 국제엠네스티 법률가위원회 한국지부 회장, 한국사형폐지협의회 의장, 동아법학회 회장 및 부산고등검찰청 상소심위원회 위원장의 직을 맡고 있다.
저서로는 『형법연구Ⅰ』, 『형법연구Ⅱ』, 『형법연구Ⅲ』, 『형법연구Ⅳ』, 『형법연구Ⅴ』, 『형법연구Ⅵ』, 『형법연구Ⅶ』, 『형벌과 인간의 존엄』, 『안락사에 관한 연구』, 『인간적인 법을 찾아서』, 『법학의 이해』, 『인간의 존엄과 권력』을 집필하였으며 『독일형법총론』, 『법학방법론』, 『법철학입문』, 『법학방법론 입문』, 『일본형법이론사의 종합적 연구』, 『법철학의 기본문제』, 『형사정책』 등 해외의 학술연구 성과물을 번역하였다. 편저로는 『권력과 자유』(엄상섭 저/허일태·신동운)과 『효당 엄상섭 형법논집』(신동운·허일태)가 있다. "형법상 행위개념의 재구성", "한국의 사형제도 위헌성", "법률의 부지의 효력", "형법 제20조의 '사회상규에 위배되지 아니하는 행위'의 재조명", "법관의 법왜곡에 대한 대책", "위험사회의 출현과 법의 기능변화", "배임죄의 나아갈 방향" 등 160여 편의 연구논문을 형사법관련 학회지 등에서 발표하였다.

형법연구 Ⅷ

초판인쇄 2019년 4월 15일
초판발행 2019년 4월 20일

지은이 허일태
펴낸이 박노일

총괄기획 김중용·최준규
편 집 심성보·김인숙

펴낸곳 pnc publishing and culture 피앤씨미디어
경기도 고양시 일산동구 강송로 153 310-1501
등록 제396-2012-000203호
전 화 070)7550-3758 팩 스 02)718-8554
홈페이지 www.pncmedia.co.kr 이메일 pnc@pncmedia.co.kr
ISBN 979-11-5730-614-5 93360

정 가 35,000원